S0-BDO-651

CoinWorld

Guide to U.S. Coins, Prices & Value Trends

By William T. Gibbs
and
Coin Values Values Analysts
Steve Roach, Tom Mulvaney,
Tony Cass and Gerald Tebben

Twenty-fourth Edition
2012

A SIGNET BOOK

SIGNET
Published by New American Library, a division of
Penguin Group (USA) Inc., 375 Hudson Street,
New York, New York 10014, USA
Penguin Group (Canada), 90 Eglinton Avenue East, Suite 700, Toronto,
Ontario M4P 2Y3, Canada (a division of Pearson Penguin Canada Inc.)
Penguin Books Ltd., 80 Strand, London WC2R 0RL, England
Penguin Ireland, 25 St. Stephen's Green, Dublin 2,
Ireland (a division of Penguin Books Ltd.)
Penguin Group (Australia), 250 Camberwell Road, Camberwell, Victoria 3124,
Australia (a division of Pearson Australia Group Pty. Ltd.)
Penguin Books India Pvt. Ltd., 11 Community Centre, Panchsheel Park,
New Delhi - 110 017, India
Penguin Group (NZ), 67 Apollo Drive, Rosedale, Auckland 0632,
New Zealand (a division of Pearson New Zealand Ltd.)
Penguin Books (South Africa) (Pty.) Ltd., 24 Sturdee Avenue,
Rosebank, Johannesburg 2196, South Africa

Penguin Books Ltd., Registered Offices:
80 Strand, London WC2R 0RL, England

Published by Signet, an imprint of New American Library,
a division of Penguin Group (USA) Inc.

First Signet Printing, November 2011
10 9 8 7 6 5 4 3 2 1

Copyright © Amos Press, Inc., 2011
All rights reserved

 REGISTERED TRADEMARK—MARCA REGISTRADA

Printed in the United States of America

Without limiting the rights under copyright reserved above, no part of this publication
may be reproduced, stored in or introduced into a retrieval system, or transmitted,
in any form, or by any means (electronic, mechanical, photocopying, recording, or
otherwise), without the prior written permission of both the copyright owner and the
above publisher of this book.

PUBLISHER'S NOTE
The publisher does not have any control over and does not assume any
responsibility for author or third-party Web sites or their content.

If you purchased this book without a cover you should be aware that this book is
stolen property. It was reported as "unsold and destroyed" to the publisher and
neither the author nor the publisher has received any payment for this "stripped
book."

The scanning, uploading, and distribution of this book via the Internet or via any
other means without the permission of the publisher is illegal and punishable by
law. Please purchase only authorized electronic editions, and do not participate
in or encourage electronic piracy of copyrighted materials. Your support of the
author's rights is appreciated.

Foreword

The information included in the *2012 Coin World Guide to U.S. Coins, Prices & Value Trends* has been compiled and edited by William T. Gibbs, *Coin World* news editor, with proofreading and fact-checking assistance by Fern Loomis, *Coin World* editorial assistant. Price guide values have been researched by *Coin World* Associate Editor Steve Roach and valuing analysts Tom Mulvaney, Tony Cass and Gerald Tebben. Roach also wrote Chapter 4. Graphic designer Cinda McAlexander designed the cover and Jennifer Lenhart designed the book.

For more than a half century, since 1960, *Coin World* has reported on people, laws, new issues, auctions, pricing trends and other elements that affect the hobby and business of collecting coins and related items.

In the *Coin World Price Guide*, the *Coin World* editors present in an easy-to-use format a wealth of information and insights. The retail value guide included in the *Coin World Price Guide* is from *Coin World's Coin Values*, a monthly price guide magazine available by subscription either in print in a glossy magazine or in digital form. The value of the information included in this section has been proven over time.

To contact the editors of *Coin World* or request subscription information, write to *Coin World*, P.O. Box 150, Dept. 02, Sidney, Ohio 45365-0150.

Visit Coin World Online at **www.CoinWorld.com.** Check out the latest coin values at **www.CoinValuesOnline.com**. Download the free *Coin World* iPad app at iTunes.

Contents

Contents

Contents

Contents

Chapter 15: Proof and Uncirculated coins, continued
Chapter 16: Glossary of terms   445

Introducing the guide

1

Welcome to the world of coins. *Coin World's 2012 Guide to U.S. Coins, Prices and Value Trends* is designed for the collector, whether neophyte or advanced. However, it should also be useful to the noncollector who has inherited some old coins or who has just become interested in coins, and to the history buff interested in facets of American history virtually ignored in most history textbooks.

This year's feature is titled "Found Treasure." Most of us dream of finding some great rarity, whether it's a mint Plymouth Superbird in a neighbor's barn, an original copy of the Declaration of Independence or, if you're a coin collector, a rare coin. **Chapter 2** tells stories of people who had the good fortune to chance upon rare coins, ranging from a collector who found a rare die variety of early half dollar while digging in the ground to a noncollector who learned the gold coin given to him by family members decades ago was a great rarity that, when sold at auction, realized $345,000.

Our comprehensive analysis of the rare coin market during the period from August 2010 to August 2011, written by *Coin World* Associate Editor Steve Roach, follows the annual feature and circulating commemorative chapters, and then we get right into what many of you buy this book for—the retail price guide of U.S. coins. Within the valuing section, we also present the technical specifications for each series, such as size, weight, composition and specific gravity.

Following the valuing section are chapters devoted to mintages, Proof and Uncirculated Mint sets and commemorative coins. Then you'll find a chapter about the art and science of grading (determining a coin's level of preservation and ultimately its value), a background history of U.S. coins, and a look at Mint marks and why they are important.

We then discuss the history and latest techniques of coin manufacturing, followed by an illustrated guide to error and die variety coins. You'll also find a glossary of often-encountered terms.

Why do people collect coins?

People collect coins for many different reasons.

You may want to collect coins because of their historical sig-

nificance. Coins reveal much about a nation. For example, the word LIBERTY, appearing on most United States coins, says volumes about Americans' love of freedom. The motto E PLURIBUS UNUM, Latin for "out of many, one," defines the nation's character, forged from 50 states and the many peoples who make up such a diverse country. The motto IN GOD WE TRUST was introduced during the Civil War and, while at first optional, became mandatory after Theodore Roosevelt, facing strong public criticism, backed down from his insistence the motto *not* be used on new gold coins introduced in 1907 (he thought the motto's use sacrilegious). Even today, the use of the motto—or its disappearance from a coin—elicits strong emotions in some.

You may collect coins for their artistic beauty. The country's greatest sculptor at the beginning of the 20th century, Augustus Saint-Gaudens, sculptured classical designs for gold $10 and $20 coins (a version of one of which was resurrected in 2009). Many other U.S. coins are amazing examples of the coiner's art. Others, sadly, are unattractive at best.

You may, like some people, collect for financial reward. This book is not an investment advisory; *Coin World* has always promoted coin collecting, not coin investing. Many authors are willing to give you their personal recommendations. However, we would be remiss if we did not point out that many individuals have profited from collecting U.S. coins. As is true for any investment, investing in rare coins is a calculated risk. The collector should know exactly what he is buying and understand the risks.

The risks may be great, but so may be the rewards.

You may collect simply for the love of collecting. A true collector can't explain to the uninitiated the inner joy that comes from owning a 160-year-old half cent that costs less than $40, or a unique misstruck coin pulled from circulation at face value, or an 1861 Seated Liberty half dollar that may have been struck by the Confederate States of America after it took control of the three U.S. Mints located south of the Mason-Dixon Line.

Regardless of your vantage point, we hope you will find this book useful, educational and entertaining.

Tips for new collectors

Beginning collectors soon learn that there are no "wrong" ways or "right" ways to collect coins and related items. No one way or method of collecting is objectively better than another. However, there are right and wrong ways to do many things collectors routinely do.

Here are some useful tips any collector, beginning or experienced, can benefit from considering:

➤ Never hold a coin by placing your fingers on the coin's surfaces. Instead, hold the coin by its edge. The human skin contains oil and contaminants that can damage a coin's surfaces.

➤ Never speak or sneeze while bending over a coin. While this advice may sound silly, it's practical. Saliva and mucus can damage a coin's surfaces if contact is made.

➤ Avoid the impulse to clean your coins. Experienced hobbyists use chemicals to safely remove undesirable toning from a coin, and dirt and other substances can be removed without harming the coin; however, these techniques are best left to the expert. Cleaning coins with abrasive cleaners like scouring powder or pencil erasers will damage them; never use an abrasive cleaning method. As for the impulse to clean naturally toned coins, they usually should be left alone. A patina—the film that builds up on the surfaces of the coin—forms on copper and silver coins as a natural result of the chemical reaction of the coinage metal to the environment. This film may actually help protect the metal from further reactions. In

Wrong way to hold a coin.

Right way to hold a coin.

addition, many collectors and dealers find natural toning attractive, and will even pay a premium for pleasingly toned coins.

➤ Store your coins properly. Hobbyists have found that certain types of plastic used in coin holders and flips (plastic holders creased in the middle, with the coin housed on one side) actually damage the coins placed in them. Avoid storage materials made of polyvinyl chloride (PVC); ask your dealer what is safe. In addition, some forms of paper envelopes and albums contain high amounts of sulfur, a substance that will cause copper and silver coins to tone. Do not leave your coins exposed to sunlight, high heat or high humidity for very long; all can damage a coin.

➤ Learn about grading. **Chapter 7** discusses grading in more detail. Even a basic knowledge of what grading represents is important if you begin to buy coins from others. That's because the higher the grade or condition a coin is in, the more it is worth. However, if a collector does not know whether a coin's grade is represented accurately, he might pay more than a coin is worth, if the coin grades lower in the wider marketplace than its seller indicates.

Getting started

Collecting can be fun for the individual and for the entire family. It can be as easy as getting a couple of rolls of coins from a bank and placing the coins into folder-style albums (one of *Coin World's* most popular columns is "Found in Rolls," written by a collector who searches through many rolls every week), or a family trip to a local coin show (coin shows are held every weekend in some part of the United States; there's probably one in your area within the next few months).

Presidential dollars, State quarter dollars and Jefferson 5-cent coins are good places to start since their designs have changed, offering multiple designs. It takes little effort to go to the bank, buy several rolls of the coins and put individual dates and Mint marks into the holes of an inexpensive album or holder. Most coin stores carry some sort of album or holder for the coins. After going through the rolls and saving the coins needed, take the unwanted coins back to the bank and get some more, or just spend them. If you have duplicates of some coins, trade them with other collectors for the dates you need.

Sorting pocket change and searching new rolls from the bank brings enjoyment to many beginners. It's inexpensive and doesn't take a lot of time or effort. You may want to substitute Roosevelt dimes for the quarter dollars or 5-cent coins, or maybe the Lincoln cent, but the goal is still the same—collecting an example of each date and Mint mark for any given series.

Coin collecting opens many doors: economics, history, art and technology, both old and new. Welcome to the world of collecting and U.S. coins!

Found treasure

2

For a pair of friends, one a coin collector and the other a noncollector, conversation eventually takes a turn familiar to almost every collector: "I have a couple of old coins. Would you mind looking at them for me to see whether they have any value?" the noncollector asks. Much of the time, a collector who is asked this question and agrees to look at the friend's coins is presented with a collection or accumulation that turns out to be filled with common materials, interesting but not necessarily of great monetary value: modern Proof sets, circulated silver coins, older Lincoln cents with the Wheat reverse and maybe the occasional Morgan dollar or Peace dollar. For an Ohio collector and his friend with a couple of old coins, however, the outcome in 2010 was anything but routine.

The collector agreed to look at the coins and found that the accumulation contained several gold coins, including two $20 double eagles, each worth more than $1,000 just in bullion value in 2010, that fact alone making the family's holdings a better than average accumulation. Checking a reference book, the collector determined that one of the double eagles was common, though still of sizeable bullion value; the other coin, however, was rare—so rare that the family was initially unbelieving when the information was relayed to them—and when the coin was offered at auction a few months later, it brought $345,000! While a discovery of this magnitude is atypical, it is not unique, as the stories related in this chapter will show. Some of you reading this chapter about "found treasure" might just have a rare coin worth hundreds, maybe even thousands of dollars, or more.

Collectors in all categories of collectibles love the idea of finding a rare item unexpectedly. For collectors of 1960s and 1970s muscle cars, found treasure might be a 1970 Plymouth Superbird or 1970 Chevelle LS6 hidden in a barn. For a bibliophile, the treasure might be a rare first edition priced at a pittance on the shelves of a secondhand bookstore. And for a coin collector, found treasure might be a rare die variety lurking unidentified in a dealer's inventory or even in the dealer's "junk box" of bargain-priced coins, a 2000-P Sacagawea dollar pulled out of a box of Cheerios cereal during a joint promotion by General Mills and the United States Mint in 2000, or maybe a rare coin found buried in the ground or secreted within an old piece of family luggage. (When

the editor of this book was a teenaged collector some 40 years ago, he found a 1913-S Barber dime tucked away inside an elastic side pocket of an old suitcase of his mother's. The coin has the second-lowest mintage of any of the regular issues in the series, just 510,000 pieces, and today is worth a bit more than $100 in its low-grade condition—not a great amount, yet still the best find the editor has personally made.)

This chapter tells the stories of a small number of collectors and noncollectors who "found treasure"—coins that generated headlines in *Coin World* and that, in many cases, realized sizeable sums of money when sold into the marketplace.

A friend's 1856-O double eagle

In June 2010, Ohio collector John McCloskey, a specialist in Seated Liberty silver coinage among other numismatic specialities, was asked by a friend to look at some coins he and other family members held. The coins "could be traced back to James Bullock, a gentleman who owned a farm near the city of Livermore, Ky., during the early years of the 20th century," McCloskey wrote in a Page One article in the July 26, 2010, issue of *Coin World.* "When Bullock died on June 26, 1923, his estate included a collection of at least six gold coins that were passed down to his heirs as treasured family heirlooms. These coins have passed through three generations of family descendents over the years since his death and are now spread out among several family members," among them McCloskey's friend.

Only four of the six coins survive into the 21st century. Two double eagles—a gold $20 coin authorized in 1849 and struck for circulation from 1850 to 1933—were destroyed in a house fire in 1997, according to the family member who contacted McCloskey about the coins. A gold $10 eagle had been worn on a necklace and bore telltale signs typical of coins used as jewelry; such pieces, unless rare, are generally worth only their bullion value. "The remaining three pieces from the Bullock Collection were brought to me for evaluation and study," McCloskey wrote in his account of the discoveries. "One of these pieces is an 1890 Coronet eagle with minimal field marks and nice original surfaces. The second piece is an 1856-S Coronet double eagle, again a nice piece with minimal wear and beautiful surfaces from its storage in bank vaults for so many years." The third piece astonished McCloskey and the collecting community at large.

"As luck would have it, the final piece turned out to be an 1856-O Coronet double eagle! Since I had never seen an example of this date I

This 1856-O Coronet gold $20 double eagle rested in a family's holdings for decades until 2010, when a coin collector friend of a family member identified the coin as extremely rare. When sold at auction, the coin brought $345,000.

wasn't quite sure just what I had discovered. I knew that New Orleans Mint double eagles from the late 1850s were rare, but I wasn't sure just how rare because I had never collected the double eagle series," McCloskey wrote.

"After my evaluation session with the owner I went home and checked the June 2010 issue of *Coin World's Coin Values* and realized that I had just stumbled upon a great rarity that was completely unknown to the numismatic community. I then called the owner and told him that the 1856-O double eagle was listed at $220,000 in an Extremely Fine grade and that the piece might bring considerably more than that at auction considering its beautiful original surfaces and minimal field marks. I don't think that the family really believed my estimate of the coin's value but it began to sink in after I showed them the price listing in my copy of *Coin Values*."

"Once we realized that we had a treasure on our hands," McCloskey said, he asked to retain the coin for a deeper examination. As a longtime numismatist, researcher and writer, McCloskey knows how to look at coins with a critical eye. He explained how he confirmed the identity of the coin: "The reported mintage for the 1856-O Coronet double eagle was a miniscule 2,250 pieces and there is only one known reverse die for this issue. The New Orleans Mint mark is centered below the eagle's tail feathers and is also centered over the N in TWENTY in the denomination. The O Mint mark is closer to the tail feathers than it is to the letter N below." (Numismatists studying a particular series have learned a lot about individual coins. By noting the precise locations of certain design elements placed onto a die by hand—Mint marks, numer-

als in the date, individual letters in an inscription and so on—numismatists have been able to chart differences between dies.) By studying the coin and comparing it with photographs and descriptions of the diagnostic marks of known 1856-O Coronet double eagles, McCloskey was able to confirm that his friend's coin matched those known characteristics.

The discovery of the coin was electrifying. Just 20 to 30 pieces are known and examples appear in the marketplace only occasionally, to be snapped up by eager collectors; the example examined by McCloskey was unknown to the collector community until the announcement of its discovery. Q. David Bowers writes in *A Guide Book of Double Eagle Gold Coins* that "the acquisition of an 1856-O has been the dream of every advanced specialist in the double eagle series."

Most of the surviving pieces are worn, with distracting marks, but even those coins bring six-figure prices when sold. The former Bullock coin did show signs of circulation, grading Extremely Fine 45+, but was especially "clean," meaning it was relatively free of distracting marks that coins can pick up in circulation and in casual handling.

The owner of the coin decided to consign the coin to auction with Heritage Auction Galleries, a Dallas firm. The company had sold two other examples of the 1856-O double eagle in 2009, each in the same numerical grade as the Bullock specimen and each having been in the marketplace for a period of time; each brought more than a quarter million dollars when sold. In the catalog description for the Bullock coin, the cataloger stated, "The importance of this discovery coin cannot be overstated, as a high-grade specimen that has reposed in family holdings, completely unknown to the numismatic community, for the better part of the past century." The cataloger noted that though the total population certified by the two top grading services was 23 pieces, some duplicate listings were likely. "We would be unsurprised to learn that as few as 16 separate coins exist today that are theoretically available in the marketplace," according to the Heritage cataloger.

When offered at auction in September 2010, the coin brought an astonishing $345,000, quite the windfall for the family, who for so long had no idea of the great rarity in their hands. But resting in a longtime family holding is not the only way a great rarity can be discovered. Some can be found in a pile of dirt.

1817/4 Capped Bust 50¢—in a pile of dirt

During the summer of 2005, contractor George Williams of upstate New York and his coin collector son Cullinan, then 14 years old, were

returning from the bank when Cullinan mused to his father, "I wonder if you'll ever find old coins or artifacts on your job." Two days later, Williams and son Nial, then 8, hit pay dirt—literally.

Williams told *Coin World* staff writer Erik von Klinger about the discovery for an article in the Oct. 24, 2005, issue. "I'm a mason," he said. "I was doing some foundation work, cement block work, and I had to backfill by the foundation to bring the grade up so water would pitch away. I had to bring in fill from a sand and gravel dealer and rough-grade. ...

"I was raking with the dirt and I hear a 'clink.' There was what appeared to be a slug or a knock-out [from an electrical connection box]. It was in very heavy clay dirt. I pulled it up and tossed it on this little concrete porch and heard a 'cling,' like a coin, not just a chunk of metal."

As the following passages, some from the article written by von Klinger for the Oct. 24 issue of *Coin World,* relate, Williams described what happened over the next few hours and days:

Williams called to Nial, who brought a hose and turned water on the piece. The boy excitedly cried that he saw a date: 1877! No, 1817!

"Now we're pretty excited," Williams said. He telephoned Cullinan, who had a three-year-old edition of *A Guide Book of United States Coins.* He looked it up and said it's probably worth 30 or 35 dollars," Williams said. "I put it in the sleeve of my car door and forgot about it."

When he arrived home, he found Cullinan waiting by the door.

"Let me see the coin," Cullinan said eagerly.

The father sat down, tired.

"He's poring over it, kept looking and looking. 'I think it's this other variety!' OK, I'm half listening. 'Dad, this is in very, very extremely good condition.' 'Clasp of hair on the shoulder is distinct.' He's making a little list. He's making a case; it's Extremely Fine at the high end."

Cullinan turned to more resources. He went to the Internet and printed a copy of Downey's commentary on the 1817/4 Capped Bust half dollar in Collectors Universe's CoinFacts.com Web site.

The father was surprised to see that the example pictured was from a misaligned obverse die like his. He had taken the lack of a rim at the top as a sign someone had shaved the coin for silver.

Soon he was reading about the "covert signature" of assistant Mint engraver John Reich: a notch on the outside point of the 13th star. From the 10 known obverse dies for 1817 Capped Bust half dollars, only two have this notch: the 1817/4 and another overdate, 1817/3.

Williams asked Cullinan to hand him the coin and a magnifying glass.

There was the notch. "When I saw that, I became a believer. I knew it wasn't an 1817 over 3."

Coin dealer Jim Lauris had become a family friend. He aided Cullinan when the boy took an interest in coins around the time the State quarter dollar program began in 1999. He had visited the Williams home on coin business. Cullinan had largely lost interest in coins for about two years but just that summer the interest revived. Williams called Lauris on a Thursday night. Lauris said he couldn't meet right away, because he was preparing to be away for a big antiques show on the weekend. On Friday, Williams took the coin to another dealer.

"He threw it back on the counter and said it was fake," Williams recounted. Both he and Cullinan started pointing out features, but the dealer pointed instead to a small bright spot showing through the mostly black surfaces. The dealer said the shiny spot was the only place where silver plating remained, and the piece was made of lead.

The dealer put the coin on a scale to weigh it. Williams was skeptical as the dealer put a pamphlet under one end of the scale, to make it level. To Williams, the scale still looked crooked.

"He said the weight was way off." (Authenticators would find it barely lighter than a freshly minted half dollar of that time.)

"Our bubble had burst," Williams said. "We went home with our hearts sunk."

On arriving home, though, "We were sure he was wrong." The dealer had said if the blackness would come off, he would be proved wrong.

Williams now applied Tarnex, a tarnish remover, with a soft cloth.

"In about three minutes, the black was off. My son protested the whole way," objecting to the means his father was using to clean the coin.

Cullinan had thought the coin would grade Extremely Fine 45.

"Now he said some eyebrow detail was gone and I had made a mistake."

Williams was satisfied that he could now make out details better. The 4 under the 7 suddenly stood out.

Excited all over again, father and son drove after church on Sunday to the antiques show site to find Lauris. Arriving early in the afternoon, they found that he had already left.

"But we ran into two other rare coin dealers, with beautiful

booths." Both thought the coin was a genuine example of the rare variety. "One said, you guys are going to be rich. The other was really enthusiastic. He wants to take it to a show in Chicago where he thinks he can broker a sale. He's really a believer."

Lauris came to the Williams home during the week. Also thinking it genuine after examining it, he recommended certification by ANACS and began explaining submission procedures. If the coin was so valuable, though, Williams was reluctant to mail it.

"We decided to take a road trip. It was a drivable distance and it was summertime."

ANACS authenticators reserved judgments until they could take the coin to the upcoming Long Beach

A contractor, digging in a pile of fill dirt in New York state in the summer of 2005, uncovered a centuries old half dollar. The man's 14-year-old coin collecting son later identified the coin as an 1817/4 Capped Bust half dollar, a rare overdate die variety (see close-up image). The coin, the eighth such variety identified, sold at auction for $253,000. Not long afterward, a ninth example was found by a woman, in her father's estate, and sold for $87,499.99.

(Calif.) Coin, Stamp & Collectibles Expo "and confer with some of the foremost experts" on Capped Bust half dollars, he said. "They were very poker-faced during this period." ANACS eventually certified the coin as the 1817/4 overdate—the coin is only the eighth known example of the die variety.

The Capped Bust half dollar series, issued from 1807 to 1839, is a favorite for die variety collectors, particularly the Lettered Edge pieces (issued into 1836, when the Reeded Edge version was introduced). The half dollar was the largest silver coin issued during that period (no silver

dollars were issued from 1804 to 1836) and the true workhorse U.S. coin denomination, with millions of pieces struck. Just one date is missing from the 1807 to 1839 period, 1816, a remarkable accomplishment during a period when coinage production was often sporadic. Striking millions of coins required lots of dies. The large numbers struck, the wide availability today and the number of dies used all factor into the Capped Bust half dollar's popularity with collectors of die varieties.

Researchers have charted all known die marriages—the pairings of obverse and reverse dies. Each pairing of a unique obverse die and unique reverse die represents a die marriage or die variety, which with other known varieties is cataloged in several reference books for collectors. While noncollectors might wonder what the fuss is all about and why anyone would care about the minute difference in placement of a numeral in the date, for example, specialists love the distinctiveness of each die marriage. Collectors of the series dream of finding a rare die variety, unattributed, in a dealer's inventory, at a fraction of its market price (the practice of finding unattributed rare varieties in dealer inventories is called "cherry-picking"). Few collectors of the series, however, would hope to find a rare die variety in a pile of dirt.

After holding onto the coin briefly, Williams decided to consign the half dollar to Heritage for auction. The coin was sold on Jan. 5, 2006, for $253,000, including the auction firm's 15 percent buyer's fee. Williams attended the auction with Sheridan Downey, a California dealer considered one of the leading specialists in Capped Bust half dollar varieties. Williams described for *Coin World* staff write von Klinger the action, which was reported in a Jan. 23, 2006, *Coin World* article:

"They tell me that there were seven bidders, but frankly I didn't see anything. It was over in less than 30 seconds," Williams said. "The room erupted in applause. I felt honored that Sheridan Downey, who had given me good counsel all along, came to stand with me. He later asked me to sign his catalog. I was elated with the thought of getting that much money."

Von Klinger wrote that for Williams, the day of the sale "passed in a blur of meeting people that I [had] only spoken with on the telephone," Williams said, "and attending every meeting or seminar on Capped Bust half dollars, I met lots of very fine people and we had some great discussions how and where I found the coin as well as where the coin fell in the ranking of 1 to 8. ... All agreed that the final arbiter of the ranking would be the amount that someone would be willing to pay at the auction. ...

"There was electricity in the air that Platinum Night [the name of the Heritage auction]. Greg Rohan, president of Heritage, was an extremely gracious host. ... I was made to feel right at home.

"Every seat was taken in a packed house. I had a nervous moment just prior to getting started when Greg Rohan approached me. I thought that he was going to ask me and my nonbidding guest to move to a seat further back in the room to make room for some of the important bidders who were in the back. Instead he asked if I would mind standing up when he introduced me to the assembled crowd."

Williams' discovery was remarkable but not unique. About two years later, a ninth example of the 1817/4 Capped Bust half dollar surfaced, this time in the holdings of a Colorado woman. As senior staff writer Paul Gilkes reported in the Dec. 17, 2007, issue of *Coin World,* the coin's owner, who requested anonymity, had received the coin from her father's dispersal of his coin collection to her and her three siblings 10 years before. She said she received several silver dollars, as well as many foreign coins her father gathered during his World War II military service. She said she did not know how the 1817/4 Capped Bust half dollar came to be in her father's possession. The woman said she believed the coin might be something special. She purchased coin reference books each of the past eight years to see if other examples surfaced and what current values were. She tried to sell the half dollar along with her other coins to a local dealer in Colorado Springs, but decided to pass because the total offer was only around $100.

The woman's location was fortunate—Colorado Springs is home to the headquarters of the American Numismatic Association, the world's largest coin collector organization. The staff there recommended to her a third-party grading service located in a suburb of nearby Denver. The grading service authenticated the coin as the rare overdate. The owner also consigned the coin to Heritage, which auctioned the coin during the summer of 2008. While the coin exhibited significant wear and was damaged in several places, it still realized $87,499.99.

So far, we have described finds made by noncollectors. But collectors, too, have made remarkable finds while searching for specific rarities, including a rare Lincoln cent struck during the 20th century.

1969-S Lincoln, Doubled Die Obverse cent

Lincoln cents have been struck for circulation every year since 1909, when the coin was issued to mark the centennial of the birth of Abraham Lincoln. No coin in the history of the world has been

struck in larger quantities than the Lincoln cent, whose numbers total billions. The Lincoln cent is a gateway coin, the perfect denomination with which to start collecting. Many pieces issued since 1959, when the Lincoln Memorial reverse design was issued as a replacement for the original Wheat reverse, can be found in circulation, and numerous pieces issued since 1909 are priced at only a few dollars in circulated or even Mint State grades. Still, some rarities exist—the 1909-S Lincoln, v.d.b. cent and the 1914-D cent, among regular issues. And then there are the rare die varieties. While by the mid-20th century, die production was largely mechanized and many of the types of varieties found on Capped Bust half dollars, for example, could no longer be produced, other forms of varieties had been made possible as new die-making techniques were introduced, including the doubled die. Modern die making involves the hubbing of design elements into a piece of blank die steel. A hub is a raised, right-reading piece of steel that when impressed into a die blank, forms a die with an incused, mirror image design. Until the 1990s, hubbing required several impressions of a hub into a die blank to fully form a die. If, between hubbings, something caused the registration between hub and partially formed die to be less than perfect, a doubled die could occur, manifesting as doubled design elements on the die and on the coins struck from the doubled die.

As a class of die variety, doubled dies are relatively common. More than a thousand doubled dies have been identified for Lincoln cents alone. Most show only minor doubling; such pieces are generally of interest only to specialists. Occasionally, however, the misregistration between hub and die is significant, resulting in strong doubling on the coins struck from the affected die. Such happened in 1955, when what is probably the best known doubled die in any series was produced. Almost as famous as the 1955 variety, and much rarer (about 40 are certified by the two major grading services), is the 1969-S Lincoln, Doubled Die Obverse cent, struck at the San Francisco Assay Office.

The 1969-S Doubled Die Obverse cent was introduced into circulation during a period when government officials were investigating the creation of counterfeit 1969 Lincoln, Doubled Die Obverse cents purportedly struck at the Philadelphia Mint. The supposed Philadelphia Mint coins were fabrications, and because the San Francisco Assay Office Doubled Die Obverse cents surfaced at about the same time, they also fell under government suspicion. Officials of the Secret Service—whose responsibilities include combatting the counterfeiting of U.S. coins and paper money—seized several of the 1969-S Doubled

Die Obverse cents as being of suspect origin. Eventually, however, the 1969-S cents were accepted as genuine Mint products, and they have been in strong demand ever since.

The wonderful thing about doubled die coins is that they can be found in circulation. Collectors often report finding minor doubled die varieties in their change or in rolls of coins they have searched. On rare occasion, however, a collector will find one of the rarer varieties—and during a period of a few months in 2007 and 2008, two collectors in Michigan each found a 1969-S Lincoln, Doubled Die Obverse cent in a roll of coins.

Two Michigan collectors each found a 1969-S Lincoln, Doubled Die Obverse cent in rolls of Brilliant Uncirculated cents they had inspected in 2007 and 2008. The variety is one of the most sought-after doubled dies in the Lincoln cent series. One of the coins brought $126,500 at auction in January 2008.

Michigan collector Michael Tremonti was the first to make a lucky find, on Oct. 3, 2007. Tremonti told Michigan error and die variety specialist Ken Potter that on Oct. 3, he had some spare time, so he decided to search through rolls of cents for varieties. Potter wrote about the discovery in the July 29, 2010, *Coin World:* "Upon opening the first of two Uncirculated rolls of 1969-S Lincoln cents, he searched through more than half the roll finding exactly what he has found so many times before in rolls of 1969-S cents—nothing except some examples exhibiting common, value-

less, strike doubling. He then flipped the final 15 or 20 coins to heads-up and immediately spotted what he knew had to be a 1969-S Lincoln, Doubled Die Obverse cent. He was able to spot it with the naked eye."

Tremonti contacted Potter, who is a fixture at Michigan coin shows and attributes die varieties for collectors. Potter wrote: "Having never met, I was unaware of his level of expertise, so I just assumed that his find was one of the exceedingly common examples of strike doubling

found on this date. Die variety specialists know that 1968-S, 1969-S and 1970-S Lincoln cents are notorious for exhibiting this form of doubling damage. (On such strike doubled pieces, the S Mint mark is often doubled; the S Mint mark on the 1969-S Doubled Die Obverse cent exhibits no hub doubling.)"

Tremonti was insistent, however, that he had found the real thing, so Potter agreed to look at the coin. Tremonti lived a short distance from Potter's place of employment in 2007 and was able to meet the collector/dealer. When Potter examined the cent, "To my surprise, what I beheld was a Brilliant Uncirculated example of the 1969-S Lincoln, Doubled Die cent."

The discovery was a good one. The 1969-S Lincoln, Doubled Die Obverse cent generally brings a five-figure price even in slightly circulated condition, with Mint State examples bringing high five-figure prices and more. Tremonti's coin would set a price record for the variety when it was sold at auction by Heritage in January 2008: $126,500.

The publicity that Tremonti's discovery received prompted another Michigan collector to search for the variety as well. That second collector, who asked for anonymity, also contacted Potter about his discovery. The second collector did not divulge much about his discovery, only to relate that he found it in a roll of Uncirculated 1969-S Lincoln cents. In addition, this second piece also exhibits strike doubling, commonly seen on the cents struck at the San Francisco Assay Office during the late 1960s. Strike doubling occurs during striking or a moment after the coin is struck; it results from secondary contact between the freshly struck coin and a die. Strike doubling and doubled dies are unrelated and to the trained eyes of a numismatist, generally look nothing alike.

Whether this collector has sold his coin is uncertain.

Other 1969-S Lincoln, Doubled Die Obverse cents may hide within rolls of cents of that date, so anyone with one or more rolls might want to break them open and examine each cent.

Having a rare die variety rest unidentified in a collection happens more often than one might expect. Even some classic large cent rarities go unidentified for long periods of time.

Of chains and stars

The first U.S. coin struck at the Philadelphia Mint was the 1793 Flowing Hair, Chain cent. The design proved so unpopular that newspapers of that era published unflattering reviews of the coin. The portrait of Liberty with her flowing locks of unkempt hair was deemed a "fright";

the interlinked chain of 15 links, meant to represent the unity of the 15 states, instead was seen as a bad omen for liberty. One of the reverse dies was so imperfectly engraved that the engraver failed to leave room enough on the coin to properly balance the inscription UNITED STATES OF AMERICA; he chose instead to abbreviate AMERICA as AMERI., closing the abbreviation with a period. Production of the design lasted only a few days, with an estimated mintage of just 36,103 pieces. The low mintage, quaint designs and place in history as the first coin struck at a U.S. Mint facility make the Chain cent one of the most desired of U.S. coins. Even damaged, low-grade pieces can sell for several thousands of dollars.

Every so often, a new example of the Chain cent surfaces in an unexpected place. In January 2011, a Dutch coin dealer announced that an example of the coin had surfaced in November 2010 after residing in the owner's collection since 1993, unidentified during that time as a rarity, in a grouping of coins purchased for the equivalent of a few hundred dollars. In the Jan. 24, 2011, issue of *Coin World,* dealer Theo Peters of Muntenveiling International Coin Auctioneers, Amsterdam, the Netherlands, described how the coin surfaced. According to Peters, "in November of 2010 a local guy stepped into my coin store. He showed me the coin, plus some printouts from eBay and other info he obtained from Google. To me, being specialized in Dutch coins, and having a general knowledge of world coins, it did not appear very nice or important. Also, I could not tell him whether the coin was real or not," Peters said. Peters recommended the owner have the coin authenticated at the Paris office of Professional Coin Grading Service, an American grading firm. PCGS authenticated the coin and graded it Extremely Fine 45.

The coin appeared in Peters' February 2011 auction, where it brought the equivalent of $52,870 U.S.

Another early and rare large cent that is always in demand is the 1794 Liberty Cap, Starred Reverse cent (some 50 to 60 pieces exist). The coin is distinguished from other 1794 Liberty Cap cents by 94 minute stars stamped within the dentils on the reverse. Researchers do not know why the stars were added to the reverse die.

Since the stars are so tiny, they can easily be overlooked during a casual inspection of a 1794 Liberty Cap cent, particularly if the example is worn or damaged. Collectors of the series memorize the other diagnostics for the die variety and examine every example of the date in the hopes of finding an unattributed example. Periodically new examples are found in just this way, most recently in late 2010. A Pennsylvania collector reported that he had identified a damaged, heavily worn 1794

Liberty Cap, Starred Reverse cent that he had purchased from a friend for $25. The Pennsylvania collector who purchased the new find said he planned to put the coin up for public auction and split the profits with the friend from whom he purchased the coin in July. The Pennsylvania man said the coin had been among coins his friend's late father had had for many years. While the price, if it has been sold, is not known, Starred Reverse cents can sell for thousands of dollars even when heavily worn.

The Pennsylvania collector was able to identify the worn, damaged 1794 Liberty Cap cent as the Starred Reverse variety because he had familiarized himself with the coin's unique diagnostics, as had the finders of the other coins described in this chapter. Knowing a rare coin's unique characteristics enables one to distinguish the piece from other similar looking but more common pieces. That is true not only for older coins such as the 1794 Liberty Cap, Starred Reverse cent, but also for such recent pieces as a rare 2000 Sacagawea dollar given away in boxes of Cheerios cereal in early 2000.

The unexpected prize in boxes of cereal

In 1999, United States Mint officials were preparing for the 2000 launch of the new "Golden dollar," a manganese-brass clad dollar coin depicting a Liberty figure in the guise of Shoshone guide Sacagawea on the obverse and a Soaring Eagle design on the reverse. The Sacagawea dollar, as the coin is popularly called, was intended as a replacement for the Anthony dollar. Officials hoped that the new golden dollars would become more popular than the much maligned Anthony dollars (which were struck in large quantities in 1979, struck in smaller numbers in 1980 and 1981 when public demand failed to materialize, and struck again in 1999 only when dollar coin inventories at the Federal Reserve finally fell to levels requiring replacement with new coins). In order to encourage widespread use of the new Sacagawea dollars in circulation, Mint officials planned a multifront promotional campaign, announced in October 1999: a float in the Macy's Thanksgiving Day Parade in New York City in November, major nationwide public advertising campaigns, and promotions through major retailers and financial services institutions. Among the promotional avenues was the inserting of the new dollar coins randomly into specially marked boxes of Cheerios cereal.

Mint Director Philip Diehl, in an Oct. 15, 1999, interview with *Coin World,* said that General Mills officials had approached the Mint earlier in the year about inserting a new Lincoln cent in special boxes of the cereal. Diehl said that Mint officials recommended that in addi-

During late 1999 and 2000, the United States Mint and General Mills conducted a promotion involving millions of 2000 Lincoln cents and 5,500 2000-P Sacagawea dollars (shown here in the promotional packaging). The dollars were later identified as preproduction strikes with a distinctive reverse bearing different details in the eagle's tail feathers (see close-up images, with preproduction strike at top and regular strike at bottom). The "Cheerios" dollars can sell for thousands of dollars.

tion to the use of the Lincoln cents as a promotional item, a smaller number of 2000 Sacagawea dollars also be included in random boxes of the cereal. Under the revised promotional effort, each of the 10 million specially marked boxes were to contain a 2000 Lincoln cent, with every 2,000th box also to contain a 2000-P Sacagawea dollar. General Mills officials agreed to the counterproposal.

In order to be able to launch the Cheerios program at the start of 2000, the 2000-dated cents and dollars had to be struck in 1999. The 2000 Lincoln cents inserted into the cereal boxes proved to be nothing unusual, just the standard Lincoln cent; the 2000 Sacagawea dollars, however, would be identified years later as bearing an early, somewhat different reverse than would be used for the remainder of the series through 2008.

As reported in the July 4, 2005, issue of *Coin World,* the 5,500 2000-P Sacagawea dollars placed into the boxes of Cheerios were struck with a reverse die produced from a different hub than that used for the regular issue Sacagawea dollars. The same die or another die produced from the same hub for the 5,500 dollar coins was also the version used for striking the reverse for a dozen Proof 2000-W Sacagawea 22-karat

gold dollars that were placed aboard the space shuttle *Columbia* during its July 23, 1999, space mission. Chicago dealer and numismatist Thomas K. DeLorey had been given an opportunity to examine a 2000-P Sacagawea dollar during a Mint promotional stop in the fall of 1999. When he acquired circulation examples early in 2000, he noted that one area of the coin's features looked different than what he remembered from his brief inspection of an example of the coin in 1999. However, it took DeLorey five years of research and interviews with Mint officials, including the designer of the reverse of the coin, to confirm his suspicions.

The major difference between the pre-production strikes used in the cereal promotion and the coins struck for general distribution can be found on the eagle's tail feathers. The central line of the tail feather shaft is raised on the Sacagawea dollars found in the Cheerios packages and on the special gold versions, but recessed on coins struck for circulation. The tail feathers on the Cheerios dollars also have more detail than the tail feathers on the coins struck for circulation. According to U.S. Mint officials, the changes to the design for the circulating issues were deliberate to make the tail feathers more realistic.

Once news spread about the distinctive hub used for the die that struck the Sacagawea dollars for the Cheerios promotion, prices for the coins soared. Today, the coin is valued at about $4,000 Mint State 65 and at about $9,000 in MS-68.

The number of certified Cheerios 2000-P Sacagawea dollars suggests that only a fraction of the 5,500 or so dollars inserted into the boxes of cereal have been identified. How many more examples rest in a kitchen junk drawer, tossed there in their promotional packaging more than a decade ago when a family found one of the coins in a box of Cheerios? If anyone reading this book has one of the coins, it is recommended that the coin be submitted to one of the major grading services for certification. While such certification will require the payment of a fee, the cost is well below the potential value of the coin. If you've found such a Cheerios dollar, let *Coin World* know at **cweditor@coinworld.com**.

Numismatic treasures can turn up in the most unexpected places. What treasures do you have hidden away?

Circulating commems 3

Have circulating commemorative coins lost their luster? During the State quarter dollars program of 1999 to 2008, as many as 140 Americans and more people overseas collected the circulating commemorative coins. People who ordinarily would not have paid much attention to the coins in circulation suddenly were examining every quarter dollar they encountered in search of the latest issue. Collectors reported a common refrain from friends and casual acquaintances alike was, "Is the new quarter out yet?" Similar interest was shown in the Westward Journey Nickel series of 2004 and 2005—four circulating commemorative 5-cent coins celebrating the bicentennial of the Louisiana Purchase and the Lewis and Clark Exposition. Collecting coins from circulation had become fun again. And Congress kept authorizing new series.

In fairly quick order late in the first decade of the 21st century, Congress enacted new legislation authorizing an annual Presidential dollar series, four 2009 Lincoln cents commemorating the bicentennial of the birth of Abraham Lincoln, five 2009 quarter dollars celebrating the District of Columbia and the four U.S. territories, an annual Native American dollar and, beginning in 2010, the third circulating quarter dollars program—called the America the Beautiful program—celebrating national parks, national forests and other natural and historic sites in each state, the District of Columbia and the territories. With multiple circulating coin programs available, Congress and the Mint anticipated that public excitement with coins would continue—except that it has not, at least not to the levels of the State quarter dollars. Several factors might explain the lessened interest.

One is circulating commemorative coin overload. Even longtime collectors who welcomed the State quarter dollars program began wondering whether a third quarter series was necessary. The addition of circulating commemorative cents and two different programs for circulating dollar coins has led some collectors to say "Enough!"

Another is spotty distribution of the newer coins. The law authorizing the State quarter dollars program required the U.S. Mint and Federal Reserve to make special efforts to ensure the coins would be widely available in circulation; the two entities permitted banks to order the coins by design as they became available. With the exception of the

Presidential dollars, no such provisions have been made for the other circulating commemorative coins issued from 2009 onward.

A third reason the newer coins are harder to find in circulation in some regions has to do with the economy. Mintages for circulating coins are down, with the 2009 figures the lowest since the early 1960s. When the economy is bad and less spending occurs, coinage mintages tend to drop in tandem. The coins already in circulation in some regions of the country are sufficient that banks need not order large numbers of new coins. Thus the distribution of the new circulating commemorative coins is virtually nonexistent in some areas (for example, the editor of this book, living in west-central Ohio, has found no 2009, 2010 or 2011 quarter dollars in circulation).

Another problem is unique to the circulating dollar coins: They do not circulate widely, with U.S. residents preferring dollar notes to dollar coins. The Presidential dollars are piling up in Federal Reserve vaults (as of mid-2011, 1.252 billion pieces are sitting in vaults; the Dallas Fed has had to build an additional storage facility just to hold the dollars), unneeded in circulation. The Federal Reserve has ordered no Sacagawea dollars (and none of the Native American dollars) since 2001, the second year of the program. Yet the Mint is required by law to strike four Presidential dollars every year and a new Sacagawea, Native American dollar every year. As this book was being prepared, legislation was introduced in Congress that would essentially halt dollar coin production until inventories fall to certain levels.

The future of circulating commemorative coins is a little uncertain. But how did we get the coins in the first place? To understand, we have to look back to the 1970s, when the possibility of circulating commemorative coins was first raised.

A long road to circulating commems

That new circulating commemorative coins would be struck and placed into circulation would have surprised collectors a few decades ago. Since the early 1960s, Mint hostility to coinage redesign had become entrenched. By the end of the 20th century, however, Congress and the Mint both had embraced circulating commemorative coins. As of 2012, just one denomination has not been redesigned as a circulating commemorative coin: the Roosevelt dime. Every other current circulating U.S. coin from the Lincoln cent to the dollar either has circulated with commemorative designs or is currently circulating.

Consider this list, by date:

1975 to 1976: quarter dollar, half dollar and dollar, with designs commemorating the Bicentennial of the Declaration of Independence

1999 to 2008: quarter dollar, with designs commemorating each of the 50 states

2004 to 2005: 5-cent coin, with designs commemorating the bicentennials of the Louisiana Purchase and the Lewis and Clark Expedition

2007 to 2016 (or later): golden dollar, with designs commemorating most or all deceased U.S. presidents, four issues annually

2009: cent, with designs commemorating the bicentennial of the birth of Abraham Lincoln, with four commemorative reverses

2009: quarter dollar, six coins commemorating the District of Columbia and five U.S. territories

2009 to 2016 (or later): dollar, one Sacagawea dollar each year with a commemorative reverse honoring a Native American theme

2010 to 2019 (and maybe later): quarter dollars commemorating a national park, historic site or memorial in every state, the District of Columbia and the U.S. territories

Upon reading this list, two things should quickly become apparent: (1) U.S. circulating commemorative coins are a largely 21st century phenomenon; and (2) such programs are set to continue for many years.

Bicentennial coinage

Collectors some 30 years ago would never have imagined the prevalence of circulating commemorative coin programs today. Had Treasury Department officials had their way, the Mint would have issued no Bicentennial coinage for the 1976 celebration.

Treasury's response to collectors lobbying for circulating and noncirculating commemorative coins for the Bicentennial was (1) production of such coins conflicted with the Mint's main purpose, i.e., to provide coinage for commerce; and (2) circulating commemoratives also would encourage hoarding of new designs and trigger coin shortages.

Until the Bicentennial, the Mint never issued a true circulating commemorative coinage. Circulating coins honoring Abraham Lincoln and George Washington were introduced on significant birthdays of the men depicted on the coins (100 years for Lincoln in 1909, 200 years for Washington in 1932), but these coins were intended as permanent replacements for the old designs and are not considered true circulating commemoratives. The coins bear no commemorative inscriptions.

When the Washington quarter dollar was authorized, officials noted that the coin was not to be considered a "special coin"—a Mint phrase used to describe commemorative coins—in any way.

Treasury opposition did not keep collectors from lobbying for "special coins," especially as the nation's 200th birthday neared. Collectors had been lobbying for a Bicentennial coinage since the mid-1960s. By the early 1970s, collectors' wish lists grew: Bicentennial designs on all circulating coins, plus noncirculating commemoratives, including a gold coin. Treasury officials opposed all such recognition of the Bicentennial. However, by November 1972, as collectors' lobbying efforts intensified, Treasury officials agreed to add the date 1776 to all 1976 coins—a concession that fell below the collector community's proposals.

Congress, however, listened to the collector electorate and rejected Treasury's do-nothing attitude. Members of Congress in January 1973 began introducing legislation proposing Bicentennial coinage. As the number of Bicentennial coin bills grew, Treasury officials, realizing that Congress was likely to authorize some sort of coinage over their objections, decided to support a modest plan: changing the reverses of the half dollar and dollar. Collectors, however, complained that the Treasury's

Bicentennial coins

do-little proposal fell short of what they believed the nation should do in recognition of the Bicentennial (neither denomination circulated widely). Treasury officials relented a little more in July 1973, agreeing to support legislation that would include the quarter dollar in the redesign effort. Finally, in October 1973, the modest, three-coin Bicentennial coinage bill became law.

Production of the three Bicentennial coins began in 1975 with the 1776-1976 date used for both the 1975 and 1976 production.

Despite Mint worries about the hoarding of the new designs, no coinage shortages developed. The Bicentennial quarter dollars can still be found in circulation occasionally, and the two higher denominations can be found in bank rolls at some banks.

After the Bicentennial coin program ended, coinage redesign and circulating commemorative coins again became a nonissue. As far as Treasury officials were concerned, it wasn't going to happen again.

Mint officials in Canada, however, embraced a circulating commemorative coin program to celebrate that nation's 125th anniversary of confederation in 1992. It placed a commemorative design on the circulating dollar coin and issued 12 commemorative 25-cent coins, each bearing a design commemorating a Canadian province or territory.

State quarter dollars

Collectors in the United States awaited each new Canada 125 25-cent coin as eagerly as collectors did in Canada. American collectors also began calling for a similar program in the United States—50 circulating commemorative coins, one for each state. In July 1995, they found a powerful ally in the House of Representatives who could make their dream come true: Rep. Michael Castle, R-Del.

Castle was chairman of the House subcommittee in charge of coinage legislation in the mid-1990s. At the time, many collectors, dealers and hobby leaders were becoming concerned with too many noncirculating commemorative coinage programs, a concern Castle shared. He convened a hearing on the issue and invited hobby leaders to testify. During the meeting, several of hobby leaders giving testimony advocated a State quarter dollars program. Castle embraced the idea, and introduced legislation calling for such a program. A State quarters program became law in 1996.

Under the program, five State quarter dollars were issued annually. The program opened in 1999 with the release of the Delaware quarter dollar and closed in 2008 with the issuance of the Hawaii coin.

New profits, and a change in philosophy

The popularity, and profit, of the State quarter dollars program birthed a changed philosophy at the United States Mint: Coinage redesign is good, especially for the bottom line. As many as 140 million individuals, many of whom had previously shown little interest in collecting coins, collected the new quarter dollars, eagerly awaiting each newest release. Mint officials, who earlier had worried that coin shortages might result from

One of 12 Canada
125 25¢ coins

the widespread hoarding or collecting that any new designs might encourage, found that no such shortages arose, despite hundreds of millions of State quarter dollars being pulled from circulation and held in collections. Mint officials also appreciated the profits they derived from the program, and not only from sales of collector versions of the coins.

The Mint derives revenue from sales of circulating coins to the Federal Reserve Bank. In Fiscal Year 1998, the last year for the old-style Washington quarter dollar, the Mint's revenues from sales of quarter dollars to the Federal Reserve totaled $419.3 million. In FY2000, quarter dollar revenues totaled more than $1.5 billion. While revenue has dropped since then, every quarter dollar pulled from circulation represents profit to the Mint.

In less than a decade, the official Mint position of opposing design change was replaced by a position of expanding coinage redesign through circulating commemoratives. In April 2002, the Mint director told collectors at a forum in Ohio that the Mint was considering changing the designs of the Jefferson 5-cent coin in 2003 to reflect the bicentennial of the Louisiana Purchase and the Lewis and Clark Expedition. The comments were met with strong collector support, and Mint officials seemed poised to change the designs of the 5-cent coin in 2003. In a reversal of positions as compared to the 1970s and 1990s, opposition arose in Congress in June 2002 from the Virginia delegation when it heard of the Mint's plans. (Jefferson was a native Virginian, and Monticello, depicted on the 5-cent coin, is located within the state.) Virginian legislators introduced legislation in 2002 that would permit the redesign of the 5-cent coin from 2003 through 2005 to commemorate the two bicentennials, but would require that Jefferson and Monticello appear on the coin from 2006 onward. The bill did not become law in that Congress, but a new version did pass in the next Congress. It became law in April 2003.

Because of the lateness in the bill's passage, Mint officials did not have enough time to change the designs of the 5-cent coin in 2003.

In 2004, Mint officials introduced two new reverses on the coin: The first celebrates the bicentennial of the Louisiana Purchase with a design based on the Jefferson Indian peace medal Lewis and Clark distributed to native leaders; and the second depicts the larger boat the expedition used along the Missouri River for a portion of the journey. Both coins retain the existing obverse portrait of Jefferson.

The Mint introduced a new Jefferson portrait in 2005 and two more commemorative reverses. The new portrait is an off-center, right-facing portrayal of Jefferson, the portrait abutting the slightly higher rim at the left side of the obverse. The first of the year's special reverses depicts a plains bison, one of the many animal species Lewis and Clark Expedition members saw during their journeys. The second reverse depicts a scene of the Pacific Ocean coastline to represent the end of the westward journey of Lewis and Clark.

The Mint marketed the series as the Westward Journey Nickel program. All four 2004 and 2005 circulating commemorative Jefferson 5-cent coins proved popular.

In 2006, the Mint introduced another new Jefferson portrait. The new portrait depicts Jefferson facing the viewer. For the reverse, Mint officials considered a number of new renditions of Monticello, but in the end reverted to the original design introduced in 1938. However, a Mint engraver did restore to the design all of the detail that the Mint engraving staff had removed from the coin over the decades, resulting in a sharper, crisper design than had been used in years.

With coinage redesign and circulating commemoratives now embraced by collectors, Treasury and Mint officials, and members of Congress, two other denominations were singled out for change: the cent and the dollar. The same 2005 act approved changes to both coins.

With the State quarter dollars program nearing its December 2008 end, its creator, Rep. Castle, began looking for a similar coin program—one that would pump multiple new coin designs into circulation every year, and both promote coin collecting and continue a concept that the State quarter dollars represent: coinage as history lessons. Castle conceived of depicting every U.S. president on a circulating dollar coin, struck on the same manganese-brass clad planchets used for the Sacagawea dollars. He predicted that not only would the program be embraced by collectors, it would encourage wider circulation of a dollar coin (historically, dollar coins have

never circulated widely in the United States). Others in Congress, looking to the 200th anniversary of the birth of Abraham Lincoln in 2009, started promoting new designs for a circulating Lincoln cent. Both measures became part of the Presidential $1 Coin Act of 2005.

Dollars, cents and quarter dollars

Beginning with the release of the George Washington Presidential dollar Feb. 19, 2007 (the official federal holiday celebrating Washington's Birthday), four Presidential dollars will be issued every year, through 2016 at least, and possibly beyond. Sitting presidents and living former presidents are ineligible to be depicted. Any former president must be deceased at least two years before becoming eligible for depiction on one of the coins.

First Presidential dollar

By mid-2008, it had become clear that the Presidential dollar program had not resulted in the wide circulation of the coin in commerce, as noted earlier in this chapter. The failure of the coin to circulate had the same affect on mintages as it did for the earlier Anthony and Sacagawea programs: The mintages for the Presidential dollars (like the Anthony and Sacagawea coins) have fallen steadily since the production of the Washington coin.

The celebration of the 200th anniversary of the birth of Abraham Lincoln in 2009 included the production of four 2009 Lincoln cents with commemorative reverses, each marking a period in Lincoln's life: his birth and early childhood in Kentucky, his formative years in Indiana, his professional life in Illinois and his presidency in Washington, D.C.

Long before any of the cents had been struck, many in the coin collecting community predicted that they would be a hit with collectors since the Lincoln cent has long been one of the most popular series. No one, however, was prepared for just how popular the coins became.

The first 2009 Lincoln cent was placed into circulation Feb. 12, on the 200th birthday of Abraham Lincoln. A ceremony was held at Larue High School in Hodgenville, Ky., not far from the site of the Lincoln birthplace, concluding with a cent exchange. Individuals were afforded an opportunity to acquire rolls of the cents, and after officials determined they had enough coins on hand to meet the demand of those present, individuals were permitted to acquire $25 boxes of rolled cents at face value. Some persons at the event immediately offered participants size-

able profits for their rolls and boxes of cents.

The pattern was repeated at the release ceremonies for the second, third and fourth 2009 Lincoln cents. Large crowds showed up at most of the venues (driving, horizontal steady rain spawned by a spin-off storm from Hurricane Ida soaked the Washington, D.C., area the day of the ceremony for the last cent, keeping crowd numbers low) in order to acquire rolls of the cents, with many selling the coins for a profit immediately after. In 2010, a new reverse design depicting a Union shield was introduced, to be used for the foreseeable future.

The other one-year circulating commemorative coin program of 2009 saw the release of the six coins in the Washington, D.C., and U.S. Territories quarter dollars series. The Mint and local officials conducted launch and coin-exchange ceremonies for all six issues honoring the District of Columbia and the territories of Puerto Rico, Guam, American Samoa, U.S. Virgin Islands and Northern Mariana Islands.

Also in 2009, the Sacagawea dollar was reimagined as a circulating commemorative coin platform. Under the Native American $1 Coin Act, passed in 2007, the Mint annually will issue a Sacagawea dollar with a new reverse design emblematic of an American Indian or tribal contribution. The traditional Sacagawea reverse has disappeared. As noted earlier, the Federal Reserve has ordered none of the Native American dollars for circulation. The Mint sells rolls of the coins to collectors for numismatic premiums and has made them available in larger quantities at face value in order to encourage their use in circulation. Few of the dollars, however, actually circulate.

2009 obverse   Childhood

Formative Years   Professional Life   Presidency

Thus in 2009, the Mint produced a record four circulating commemorative programs: Presidential dollars, Native American dollars, Lincoln Bicentennial cents and District of Columbia-Territorial quarter dollars.

In 2010, the America the Beautiful quarter dollars program began, with coins for the states, Washington, D.C., and the territories to be issued in the order the sites shown on the coins

One of the America the Beautiful quarters

were authorized. The Treasury secretary has the authority to order a second round of America the Beautiful coins once the first series has ended, if he or she so chooses.

The 2012 America the Beautiful quarter dollars, the Presidential dollars and the Sacagawea, Native American dollars will continue an amazing period of regular coinage redesign. The stagnant designs of the Roosevelt dime, which have not been changed since their introduction in 1946, and the Kennedy half dollar, redesigned just once for the Bicentennial more than 30 years ago, have become the oddities rather than the norm. The embracement of circulating commemorative coins and other coin redesign has been an incredible reversal of government policy.

Frequent design change has fulfilled the desire of coin collectors nationwide, though the concept of circulating commemorative coins has lost some of its luster as noted earlier. Still, it is clear to many longtime observers that the coinage redesign has helped the hobby of coin collecting to grow by bringing in fresh, new collectors, some of whom have begun collecting older coinage.

Despite some of the concerns about too many new designs in circulation, few among us would likely desire a return to the old days, when Mint officials considered new designs anathema and the coins in circulation looked identical. For the most part, change has been good.

Coin market analysis   4

The rare coin market in the period between August 2010 and August 2011 was dominated by dramatic increases in the price of bullion, with gold crossing the $1,800 an ounce barrier to post an all-time record and silver reaching tantalizingly near its 1980 all-time high of just over $50 an ounce.

During those 12 months, the industry saw the joining of two large auction firms to form a viable competitor to market leader Heritage Auctions, the grading services refined their "Plus" grading and dealt with "coin doctoring," and multiple million-dollar rarities traded hands publicly and privately.

2010 America the Beautiful 5-ounce .999 fine silver bullion quarter dollars created a frenzy at the start of 2011, while Proof American Eagle silver and gold bullion coins kept collectors and dealers busy. A fast and furious rise in the generic Mint State Morgan dollar market accompanied the escalating price of silver that brought millions of dollars of 90 percent silver coins back into the numismatic marketplace after decades of hiding in Mason jars and shoeboxes.

Numerous discoveries were reported during the reporting period, as fresh material continued to come to market—some no doubt as a result of the mainstream publicity that the precious metal market received—yet many coin collectors with no reason to sell held tight to their collections, creating what dealers considered a certain lack of "freshness" in the collector coin market.

Gold records set

Gold kept setting records during the review period, breaking the $1,300 an ounce level for the first time on Sept. 28, 2010. On March 2, 2011, gold hit $1,441.30 an ounce during the day's trading. It broke the $1,500 an ounce barrier on April 20, 2011; $1,600 on July 19, 2011; $1,700 on Aug. 8, 2011; and amazingly on Aug. 11 hit an all-time record high of $1,817.11 an ounce on the futures market. The sharp rise of gold prices in early August was due to increased demand for gold as a safe haven following the downgrade of the U.S. debt and the escalating European Union debt crisis, as investors feared a "double dip" recession.

While gold peaked, generic U.S. gold coins lagged during the year, with issues including Saint-Gaudens and Coronet gold $20 double eagles trading at substantial discounts to their 2009 prices at the end of 2010. Circulated generic coins kept pace with the market, while Mint State examples saw their premiums evaporate. In September 2009, when gold was trading at the $1,100 an ounce level, MS-64 Saint-Gaudens double eagles were trading at $2,070 each in wholesale markets. A year later with gold around $1,270 an ounce, these were priced at $1,660 and in August 2011, as gold approached $1,800 an ounce, the Saint-Gaudens double eagles have only risen to their 2009 levels. Some issues saw dramatic falls such as Indian Head gold $10 eagles in MS-64, which fell from $2,500 in September 2009 to $1,600 a year later. In August 2011 these coins were trading at less than $2,000 in wholesale markets.

A further consequence of $1,800 gold is that the premiums between grades have evaporated. In August 2011, the difference between a Very Fine Saint-Gaudens double eagle and an MS-65 coin was less than $500. Two years ago the price difference approached $1,000. MS-64 Saint-Gaudens double eagles traded at less than a 5 percent premium over MS-63 examples in August 2011. In the past five years, this premium has ranged between 20 and 50 percent.

The hobby got some mainstream news attention when the "numismatic trial of the century" began July 7 in a Philadelphia federal court to determine whether the government or a Philadelphia family owned 10 1933 Saint-Gaudens double eagles. The 10 coins were allegedly discovered in 2003 in a safe deposit box and were submitted to the government for authentication a year later. The 10-member jury held that the government—not the Langbord family—was the rightful owner of the coins.

While media reports during the trial suggested the value of the coins to be more than $75 million—based on the 2002 auction of one example for $7,590,020—the likely value of the 10 coins was closer to $20 to $30 million. While the government has not yet made known its plans for the coins, Certified Acceptance Corp. offered to pay the government $20 million for the 10 coins, which will likely not be sold.

ATB 5-ounce coin madness

At the start of 2011, collectors went crazy for 2010 America the Beautiful 5-ounce .999 fine silver bullion coins. The mintages were strictly limited to not more than 33,000 of each design, and the coins

were made available only through authorized purchasers who were held to tight restrictions on the amount that they could charge for the coins and on methods used, to make sure that the coins were sold to the public and not to other dealers.

While the original selling-price for the five-coin sets averaged $900 to $1,000, the first completed sales on eBay of sets in January 2011 were at $2,728 and $2,705 respectively. Certified Numismatic Guaranty Corp. MS-69 sets realized more than $5,000 at the start of the year. The sets were the talk of the Florida United Numismatists convention in Tampa in January. Uncertified sets were trading at the show for $3,000 while NGC MS-69 sets were selling for $4,500. The consensus at the show was that very few—if any—of the coins would grade MS-70 and that the Yosemite and Hot Springs coins were the hardest to find in MS-69. That has since held true, while the demand for the coins has sharply declined. By Feb. 1, 2011, uncertified five-coin sets had fallen to the $2,000 level, and by Feb. 8, 2011, the prices collapsed to the $1,400 level as more authorized purchasers made their sets available to collectors. As of August 2011, uncertified sets were selling for as low as $1,275 each as collector interest diminished, likely after considering the expense involved in keeping up with the set as it grows by five coins each year.

Generic Morgan $1s benefit from silver's rise

Rising silver prices meant that regular collector coins like circulated Washington quarter dollars and Franklin half dollars became far more expensive for collectors. Even post-1992 Proof 90 percent silver coins from Silver Proof sets were trading in large quantities for their melt value as buyers broke up the sets to access the silver coins.

As silver rose, dozens of modern commemorative silver dollars were trading at melt value and the premiums of many silver coins simply evaporated. As silver broke $40 an ounce in April 2011, 1892 and 1893 World's Columbian Exposition commemorative half dollars traded at the same price as 1964 Kennedy half dollars.

Mint State generic Morgan dollars showed huge jumps during the year, fueled by demand from telemarketers. In July 2010, these coins were trading at $47 in MS-64, $125 in MS-65 and MS-66 coins were at $220. In April 2011, the prices rose to $97, $202 and $365 respectively and coins that were once "better dates" became generic. Examples included the 1883-O Morgan dollar, which lost its $50 premium over

common dates in MS-65 and better-date circulated coins such as 1894-O and 1894-S dollars traded for just $10 more than their melt value.

Gold broke $1,500 an ounce right before the Central States Numismatic Society show in Rosemont, Ill., which coincided with silver hitting almost $50 an ounce on April 28 (silver would tumble to the $34 level on May 6).

The rising price of silver during the spring of 2011 had an impact especially on MS-63 and MS-64 Morgan dollars because, as prices increased, the grading services received an influx of dollars for grading, with the majority of the submitted coins grading MS-60 to MS-64. The supply of MS-65 and MS-66 coins did not increase in a meaningful way, keeping some price pressure on these higher grade coins. Mint State Peace dollars also showed sustained demand during the period as did Walking Liberty half dollars.

American Eagles keep things interesting

The market for Proof American Eagle gold and silver bullion coins in the period remained robust, with 2010 Proof production of all three metals eventually taking pressure off of the existing supplies, which were running low after the Mint stopped production of Proof 2009 American Eagles.

The Mint let collectors play a guessing game as to whether or not it would produce 2010-W Proof American Eagle gold coins, and the Mint's September 2010 announcement that it would release the coins sent the market for Proofs tumbling from $2,000 an ounce to $1,575 an ounce in the course of a few weeks. Proof American Eagle gold coins with original Mint packaging, which could be included in Individual Retirement Accounts, were most coveted, and just a box and papers for a 1986 American Eagle 1-ounce gold $50 coin—with no coin—can trade for as much as $150. The 2011-W gold issues were released April 21.

Proof 2010-W silver American Eagle coins went on sale Nov. 19, 2010, priced at $45.95 with a household limit of 100. Sellers could immediately sell their allotment for $49 a coin, a fast profit. On May 2, 2011, when silver was at almost $50 an ounce, wholesale dealers were paying $95 for examples with original packaging. Just two weeks later the market for these was all but dead as buyers waited for release of the 2011-W issues. The 2011-W issues were released June 30, and buyers could quickly sell their 100-coin allotment for $65 a coin, versus the original price of $59.95. During the period under review (August

2010 to August 2011), premiums for the scarcer Proof 1993-P, 1995-P, 1996-P and 1997-P American Eagle bullion coins essentially evaporated.

In October 2010, the Mint increased the premium it charged its authorized purchasers for American Eagle silver bullion coins from $1.50 to $2 per coin, following a 2009 increase from $1.40 to $1.50 per coin and a 2008 jump from $1.25 to $1.40 per coin.

Industry changes

During the previewed year, the hobby focused on a continuing problem: coin "doctoring." Coin doctoring is the process of attempting to improve the appearance of a coin, and the market has a shifting definition of what is and isn't appropriate. In July 2010, the Professional Numismatists Guild adopted a definition of "coin doctoring" only to have members reject the approved definition the following year. PNG dealers agree to refrain from knowingly dealing in doctored coins without fully disclosing their status to their customers, but there is significant wiggle room in what is—and is not—considered "doctored." While some practices are universally condemned—such as manipulating the surfaces of Proof coins to remove hairlines, adding metal to coins to simulate full heads on Standing Liberty quarter dollars or adding material to coins' surfaces to make a Cameo effect on a Proof coin—other practices like gentle cleaning, toning or retoning a coin exist in a gray area. Ultimately the PNG allowed the grading services and the market to define coin doctoring, rather than present the exhaustive 200-word definition originally adopted.

Also in the year, Professional Coin Grading Service expanded its Plus designation to include a broader group of submission tiers. Before the change, coins submitted to PCGS for grading were only evaluated for a Plus grade if they were submitted under the Secure Plus grading tier. In contrast, the other major grading service, Numismatic Guaranty Corp., has evaluated all submitted coins for the "+" designation under most tiers since adopting the designation. The market continues to respond favorably to the "+" designation as indicating coins that are nice for the grade.

At the end of 2010, Stack's Bowers Galleries was formed by the merger of Bowers and Merena Auctions and Stack's. The new firm fought Heritage for consignments, as Heritage worked to expand its presence on the East and West coasts. This battle came to a head as both firms worked to fill their 2011 summer American Numismatic

Association convention auctions. Stack's Bowers had the official ANA auction while Heritage presented its auction before the show. Sellers benefited from favorable consignment terms and it remains to be seen whether the official Stack's Bowers auction or the Heritage auction will realize more.

Strong auctions at coin conventions

The 2010 American Numismatic Association World's Fair of Money in Boston, Aug. 10 to 14, 2010, was considered a moderate-to-good show, with $60 million realized in associated auctions that were considered strong, but attendance that fell below pre-show expectations. The top auction lot was a 1794 Flowing Hair dollar certified Mint State 64 by NGC that realized $1,207,500.

The official Heritage auctions generated $46 million, a new record for a Heritage ANA event. Perhaps the biggest surprise came from a 1944 Walking Liberty half dollar graded MS-68 by PCGS that sold for an amazing $109,250. This is not a rare coin, with more than 20,000 certified examples with an average grade of MS-63.8, but the trophy will undoubtedly be a centerpiece in a registry set as the single finest Walking Liberty half dollar graded by PCGS. By contrast, the sole NGC MS-68 example realized $6,900 at a March 2010 Heritage auction.

The $109,250 Walking Liberty half dollar was cited by NGC chairman Mark Salzberg in January 2011 as possibly indicative of a bubble forming for low-population common coins. He urged collectors to look at "top of the pop" coins from a value perspective, noting that for $100,000 a collector could buy two genuinely rare Matte Proof Saint-Gaudens $20 double eagles.

Also making news at the Heritage ANA auction was the offering of the Steven Duckor Collection of Barber half dollars. Another major set had come to market in January 2009 as part of the Dale Friend Collection, so some market observers wondered how deep the bidding would go with 74 expensive examples hitting the market at once and with two of the top bidders of the past several years now removed from the market. The prices were generally strong, although at least three of the coins that had entered the Duckor Collection from the 2009 Friend auction realized less than their 2009 purchase price, including a 1907-D Barber half dollar graded MS-67+ that sold for $29,900 in 2010 versus the $53,187.50 that it sold for in 2009. A 1905 MS-68+ Barber half dollar—the single finest certified Barber half dollar—realized $132,250,

while the other MS-68 example in Duckor's collection brought $63,250.

Some other singularly interesting coins included a fresh-to-market 1856-O Coronet $20 double eagle graded Extremely Fine 45+ by NGC that sold for $345,000 at Heritage's Sept. 23, 2010, Long Beach auction. It was the subject of a July 26 front page story in *Coin World* that recapped its discovery in an Ohio collection (see Chapter 2 for details).

The Florida United Numismatists show in Tampa was led by the O'Neal Collection of Indian Head half eagles that featured a 1909-O example graded MS-66 that realized $690,000. It last sold at auction in 1998 for $374,000, after bringing just $71,500 when offered in 1989.

Also included in the FUN auction were a handful of coins that pedigreed back to former Mint Director Frank A. Leach and were held by his family for more than a century. The coins were the subject of a front-page Dec. 27 *Coin World* story and were led by an extraordinary 1907 Indian Head eagle graded Proof 67 that realized $2.185 million. That coin's success showed the market's hunger for irreplaceable, fresh, rare, beautiful coins, confirming the strength at the top of the market.

Some surprises on eBay

Several individual online auctions proved the opposite of the popular phrase "buy the coin, not the holder," and showed that eBay continues to be a viable marketplace where discoveries are made.

For example, on Nov. 14, 2010, a New Jersey seller offered a 1924 Saint-Gaudens double eagle in an NGC MS-62 "black" slab. It realized $3,805 with nine competing bidders, far surpassing the $1,600 level where typical examples in current NGC slabs were trading. These slabs were used during the first several months of NGC's operation, roughly from September through November 1987, and estimates on the number of surviving black holders range from 35 to 200. They're an interesting part of the history of grading services and have found near-legendary status among slab collectors.

Another kind of "black" holder also surprised on eBay when 13 bidders competed for a lot described as a "Unique 1880-O Non-CC GSA Hardpack Morgan Dollar," which sold for $13,113 on May 29, 2011. Many silver dollars—typically Carson City Morgan dollars—were released by the General Services Administration in the 1970s housed in hard plastic holders. These once traded for little premiums, but this changed when NGC began grading GSA Morgan dollars in their original black holders. The seller believed it was likely the only 1880-O GSA Morgan dollar and

bidders agreed. The same seller sold an 1864 Seated Liberty dollar in a GSA "softpack" on eBay for $10,301 on April 24, 2011.

Going forward

The coin market shows few signs of slowing down, although a "graying" of the hobby as collectors age and fewer young collectors enter the marketplace may prove problematic. As gold and silver hit records, the public is inundated with reminders to look in their closets and drawers for coins, which may continue to bring the occasional rarity out of the woodwork.

The debate about "coin doctoring" has made collectors more aware that great differences in quality can exist within a given grade. Services like CAC and the expansion of Plus grading have taken some of the responsibility out of collectors' hands to educate themselves on what an accurately graded coin looks like, but few things can replace developing a relationship with a dealer who can also grade coins.

The uncertainty in the economy as of August 2011 is a double-edged sword for the hobby. On one hand, it has increased bullion prices, which both brings new collectors into the market and drives some long-term collectors away. Conversely, many collectors, spooked by the last downturn in 2008, may feel the need to reign in their discretionary spending on their collections.

Values of U.S. coins

Rare coin prices rise and fall based upon the interests of collectors, investors and dealers, the overall economy, changes in precious metals prices and a host of other factors.

We make no predictions in these pages about what the future may bring for rare coins. We provide the reader with information. The *Coin Values* listings that follow give a guide as to retail value. However, users of this book should note that the price information included here was compiled in the summer of 2011, and while many of the values given will not change substantially, some may. Users seeking the latest pricing information should consult the information published monthly in *Coin World's Coin Values,* available by subscription either in print in the monthly *Coin World Special Edition* or in digital form, in the weekly updates at Coin Values Online (**www.CoinValuesOnline.com**), which is accessible free to subscribers, and via *Coin World's* iPad app, which can be downloaded at iTunes.

We will note that, historically, the rare coin market appears to move in cycles. Q. David Bowers, a longtime and well-respected dealer, was one of the first in the hobby to write about price cycles. The overall market moves in cycles, with peaks and slumps. (See **Chapter 4** for *Coin World* Associate Editor Steve Roach's examination of the market from August 2010 to August 2011.)

Individual series also experience cyclical movements, with gold coins popular in some years, Proof sets and rolls in other years, and high-grade "modern" U.S. coins at yet other times.

How coins become rare

The first factor that makes a coin rare is its mintage. The term "mintage" is the number of examples struck for any given date at a specific Mint. However, mintage figures are often deceptive. For example, the United States Mint struck 312,500 1933 Indian Head gold $10 eagles. However, perhaps as few as 30 to 40 pieces exist.

What happened? The coins were struck shortly before President Franklin D. Roosevelt signed an executive order forbidding Americans to own certain gold coins. The only gold coins not banned from private

ownership were those with numismatic value held by collectors and dealers. Only a few of the 1933 Indian Head eagles struck were released (acquired over the counter from the government at face value by collectors and others, which was legal); the rest were melted.

Another case of how mintage figures can be misleading is evident in the two 1883 Liberty Head 5-cent coin subtypes. Two distinct subtypes were struck that year. The first bears the denomination on the reverse in the form of the Roman numeral V; the word CENTS does not appear. After larcenous individuals began gold-plating the Liberty Head, Without CENTS 5-cent coin and passing it off as the similarly sized gold $5 half eagle, a new subtype was struck. The second subtype bears the word CENTS in addition to the Roman numeral V.

Approximately three times as many of the second, With CENTS subtype were struck (mintage: 16 million) as the first, Without CENTS version (mintage: 5.5 million). However, prices for the more "common" subtype are much higher than for the lower mintage piece. Why?

The sudden replacement of the 1883 Liberty, No CENTS 5-cent coin led to the quick withdrawal of the coin by the public, certain they had a rarity. The much more common subtype entered circulation and stayed there, with many more pieces eventually consigned to the melting pot as they became too worn and were withdrawn by banks. Thus, since collectors saved many more examples of the first version than of the second, higher mintage, version, the second is the rarer.

As coins circulate, they become worn, scratched and damaged. Eventually, they are returned to the Mint for melting. Gold and silver coins have been melted in large quantities by the government and by private individuals. When gold surpassed $800 an ounce and silver reached $50 an ounce in January 1980, millions of common-date gold and silver coins were melted for their precious metal content. A worn 1964 quarter dollar, for example, worth a dollar or less to a collector in 1978, had a bullion value of $9.04 when silver hit $50 an ounce! Coins considered common are probably much scarcer than thought because of the widespread melting.

During 2010 and 2011, when the price of gold hit new records, and silver reached a level not seen since in 1980, untold thousands more of the precious metal coins were melted, including new 2007 First Spouse gold $10 coins, modern commemorative silver coins and more.

Researchers study survival rates by degree of preservation. One author studied nearly 340 auction catalogs from 1921 to 1979 and listed, by grade, date, Mint mark and major die variety, every gold coin

offered in those sales. At least three grading services publish population reports of the coins they grade, another indicator of the survival rate for a particular coin in a particular condition. These population reports can be misleading, however, in that a single coin may be submitted to a grading service (or services) many times by an owner hoping to get a higher grade for the piece at some point. A coin submitted a half dozen times may be listed in the firm's population report a half dozen times, thus artificially inflating the number of coins that have been graded.

Unexpected supplies of coins turning up on the market can also have an impact on the rare coin market. A 1903-O Morgan silver dollar in Uncirculated condition was listed in a popular price guide published in 1962 as being valued at $1,500, and a 1904-O Morgan dollar, also in Uncirculated condition, was priced at $350. A year later, in the next edition of the same price guide, the 1903-O Morgan dollar was priced at $30 in the same grade, a loss of more than $1,400, and the 1904-O dollar was worth just $3.50, 1 percent of its value a year earlier!

The drastic falls in value resulted when the Treasury Department emptied some of its vaults as citizens exchanged ever-increasing numbers of silver certificates for silver dollars. Numerous bags of the 1903-O and 1904-O Morgan dollars, in storage for nearly 60 years, were suddenly released at face value. Market prices plummeted.

It is unlikely that such extreme examples will occur again. The Treasury Department sold the last of its silver dollar holdings beginning in 1972 in a series of seven sales, through the General Services Administration. Some private hoards of certain coins may still exist.

Demand and dealer promotion can also affect a coin's price.

Another form of promotion affecting values in recent years is felt most strongly among the "modern" coins—roughly those coins struck since 1934 (or 1965, according to some), including all of the series currently still in production. The interest in ultra high-grade examples of these coins has resulted in some incredible prices being paid for "common" coins in "uncommon" high grades.

Much of this increased interest is being driven by collectors building "registry sets." Professional Coin Grading Service and Numismatic Guaranty Corp., two major grading services, maintain databases at their Web sites where collectors can register the coins in their collections. Points are awarded for every coin, with higher-grade coins awarded more points. The competition to own the highest-graded set of a particular series of coins has helped drive prices for even common coins to incredible levels.

While many collectors are paying high prices for high-grade but otherwise common coins, other, more traditional collectors believe the market for such coins will eventually collapse and the values of these coins will drop. Time will tell who is right about this modern coins market.

About the coin values

The values in this price guide were compiled by Steve Roach, Tony Cass, Tom Mulvaney and Gerald Tebben for *Coin World*. Many different sources are used in determining the values, including dealer price lists (both buy and sell), prices quoted on several dealer trading networks, Internet transactions, public auction prices, realistic (and confirmed) private transactions and any additional information acquired by the staff.

Values are for properly graded, problem-free, original coins with attractive color. Values given here are generally for sight-seen coins (coins that dealers demand to see before bidding on them), as opposed to sight-unseen coins (which dealers offer to buy without looking at first, although at considerably lower bids than sight-seen coins). A sight-seen coin is generally acknowledged to be of higher value than a sight-unseen coin, even if the two coins bear the same grade.

Coin World neither buys nor sells coins. This valuing section is published as a reader service and may or may not be the same as an individual's or a firm's buy or sell prices.

About grading

Among the most important factors affecting a coin's value is its grade or level of preservation. The concept of grading is discussed in **Chapter 7**. All new collectors are strongly urged to read that chapter before attempting to determine the values of their coins.

In the valuing section that follows, grades are designated by letter-number abbreviations (for example, F-12 or MS-65) in the black bar that stretches across the values columns for each coin series. The grades read from left to right, from the lowest grades to the highest. You will note that generally, for any given coin, values will increase as the grades get higher. For example, a coin grading F-12 (Fine 12, meaning it has considerable circulation wear, but still retains some design details) might be worth 50 cents, while the same coin grading AU-50 (AU means About Uncirculated, which means the coin has only a touch of circulation wear at the highest points of the design) might be $50. Coins with no circulation wear are designated as Uncirculated or Mint State (abbreviated

MS, in an 11-point range from MS-60 to MS-70, the latter representing a coin rated by the grader as perfect). The same coin worth 50 cents in F-12 grade and $50 in AU-50 might be worth $100 in MS-63, $250 in MS-65 and $1,000 in MS-67.

The price gaps for some coins in Mint State can be staggering. An increase of a single point in grade, say from MS-64 to MS-65, might in some examples translate to a difference in value of thousands of dollars or even tens of thousands of dollars.

Unless otherwise noted, condition (grade) designations given here are for the lowest possible level of each grade range.

Some of the grades used in the values section bear an additional letter representing a further refinement. These are defined at the beginning of each design type (for example, turn to the listing of values for Winged Liberty Head dimes, where the "B" that is found as part of some Mint State grades is defined as "full split bands," a reference to well-struck examples with the bands around the fasces on the reverse being fully formed or "split"). These refinements affect the value of the coins.

Users should also be aware that coins that have been graded by some third-party grading services may not meet market standards for the assigned grades, and thus would bring lower prices than coins graded by another grading service. Coins assigned the "same" grade but by a lower-tier "grading standard" may be worth less money, either because they grade below market standards or because the upper tier services have more "name recognition" among buyers. A coin graded MS-70 by one firm might sell for $35,000, while one of the same type, date and Mint and graded MS-70 but by another firm might sell for $1,000. The values that follow are for coins accurately graded to market grading standards (although no universally accepted standard is recognized).

Buyers are advised to consult with experienced and knowledgeable collectors and dealers for advice on a coin's grade and whether a particular grading service is judged to meet market standards.

Reading a value's listing

It is not possible to configure each line of values to the market peculiarities of each date and variety of every series of U.S. coin. Therefore, gaps may appear in the listing.

A dash listed among the values usually indicates a coin for which accurate market information is not available due to rarity or lack of activity in the marketplace. An asterisk indicates no coins issued.

Liberty Cap, Left half cent

Date of authorization: April 2, 1792
Dates of issue: 1793
Designer/Engraver: Adam Eckfeldt
Diameter: 23.50 mm/0.93 inch
Weight: 6.74 grams/0.22 ounce
Metallic content/Specific gravity: 100% copper/8.92
Edge: Lettered (TWO HUNDRED FOR A DOLLAR)
Mint mark: None

	AG-3	G-4	VG-8	F-12	VF-20	EF-40	AU-50	AU-58	MS-60B
1793	2500.	4500.	7500.	10000.	12500.	20000.	32500.	55000.	100000.

Liberty Cap, Right half cent

Date of authorization: April 2, 1792
Dates of issue: 1794-1797
Designers: (Large Head): Robert Scot
(Small Head): Scot-John Gardner
Engraver: Robert Scot
Diameter: 23.50 mm/0.93 inch
Weight: 1794-1795: 6.74 grams/0.22 ounce
1795-1797: 5.44 grams/0.18 ounce
Metallic content/Specific gravity: 100% copper/8.92
Edge: 1794-1795: Lettered (TWO HUNDRED
FOR A DOLLAR)
1795 (Type of 1796): Plain
1796: Plain
1797: Most Plain, Some
Lettered, Some Gripped
Mint mark: None

	AG-3	G-4	VG-8	F-12	VF-20	EF-40	AU-50	AU-58	MS-60B
1794	250.	500.	750.	1750.	3500.	5000.	10000.	17500.	25000.
1795 Lettered Edge, Pole	200.	450.	750.	2000.	2500.	5000.	8500.	15000.	20000.
1795 Plain Edge, Pole, Punctuated Date	250.	500.	1000.	1500.	2000.	4000.	7500.	15000.	20000.
1795 Plain Edge, No Pole	200.	500.	800.	1500.	2000.	3750.	7500.	15000.	25000.
1795 Lettered Edge, Pole, Punctuated Date	200.	450.	750.	3000.	5000.	7500.	10000.	17500.	30000.
1796 With Pole	15000.	20000.	27500.	35000.	40000.	55000.	100000.	185000.	225000.
1796 No Pole	20000.	30000.	40000.	60000.	85000.	—	—	—	—
1797 Plain Edge	300.	400.	750.	1000.	2000.	5000.	10000.	20000.	—
1797 Plain Edge, Low Head	400.	600.	1200.	1750.	—	—	—	—	—
1797 Plain Edge,1 above 1	250.	350.	700.	900.	1850.	4500.	8500.	15000.	17500.
1797 Lettered Edge	1000.	2000.	3250.	7000.	15000.	—	—	—	—
1797 Gripped Edge	8000.	20000.	—	—	—	—	—	—	—

—— = Insufficient pricing data

Draped Bust half cent

Date of authorization: April 2, 1792
Dates of issue: 1800-1808
Designers: Obverse: Gilbert Stuart-Robert Scot
Reverse: Scot-John Gardner
Engraver: Robert Scot
Diameter: 23.50 mm/0.93 inch
Weight: 5.44 grams/0.18 ounce
Metallic content/Specific gravity: 100% copper/8.92
Edge: Plain
Mint mark: None

	G-4	VG-8	F-12	VF-20	EF-40	AU-50	AU-55	MS-60B	MS-63RB
1800	50.	75.	125.	250.	750.	1000.	1750.	2500.	8500.
1802/0 Reverse of 1800	25000.	40000.	50000.	65000.	100000.	—	—	—	—
1802/0 Reverse of 1802	1500.	2000.	5000.	7500.	—	—	—	—	—
1803	60.	100.	150.	350.	750.	2000.	3500.	7500.	17500.
1803 Widely Spaced 3	60.	100.	150.	350.	750.	2000.	3500.	7500.	17500.
1804 Plain 4, Stemless	50.	75.	100.	150.	450.	550.	700.	1250.	5000.
1804 Plain 4, Stems	75.	125.	200.	300.	750.	1500.	3500.	—	—
1804 Crosslet 4, Stemless	50.	75.	100.	150.	400.	500.	700.	1250.	5000.
1804 Crosslet 4, Stems	50.	75.	100.	150.	400.	500.	700.	1250.	5000.
1804 Spiked Chin	75.	100.	125.	250.	750.	1000.	1250.	1750.	7500.
1805 Medium 5, Stemless	85.	125.	150.	300.	750.	1000.	1500.	2000.	7500.
1805 Large 5, Stems	85.	125.	150.	300.	750.	1000.	1500.	2000.	7500.
1805 Small 5, Stemless	—	—	—	—	—	—	—	—	—
1805 Small 5, Stems	2000.	2500.	3500.	5500.	30000.	—	—	—	—
1806 Small 6, Stemless	50.	75.	100.	150.	400.	650.	750.	1500.	7500.
1806 Small 6, Stems	250.	500.	850.	1500.	5000.	8500.	12500.	—	—
1806 Large 6, Stems	50.	75.	100.	150.	400.	650.	750.	1500.	7500.
1807	75.	100.	125.	250.	500.	750.	1250.	1750.	10000.
1808	100.	150.	200.	300.	650.	1250.	2000.	2500.	10000.
1808/7	200.	350.	750.	1500.	4000.	12500.	15000.	—	—

—— = Insufficient pricing data

Classic Head half cent

Date of authorization: April 2, 1792
Dates of issue: 1809-1835
Designer/Engraver: John Reich
Diameter: 23.50 mm/0.93 inch
Weight: 5.44 grams/0.18 ounce
Metallic content/Specific gravity: 100% copper/8.92
Edge: Plain
Mint mark: None

	G-4	VG-8	F-12	VF-20	EF-40	AU-50	AU-58	MS-60B	MS-63RB
1809	50.	75.	100.	150.	400.	500.	750.	1000.	2500.
1809 Circle in O	150.	250.	500.	850.	2000.	3500.	5000.	—	—
1809 9 Over Inverted 9	45.	75.	100.	125.	450.	650.	1250.	2000.	3250.
1810	75.	125.	150.	250.	750.	1000.	2000.	2250.	10000.
1811 Wide Date	1000.	1750.	2500.	3000.	8500.	12500.	17500.	—	—
1811 Close Date	750.	1500.	2000.	2500.	7500.	10000.	15000.	—	—
1825	50.	65.	75.	85.	250.	450.	650.	1000.	2500.
1826	50.	65.	75.	85.	150.	225.	350.	700.	1750.
1828 13 Stars	45.	60.	70.	80.	125.	225.	350.	450.	1500.
1828 12 Stars	50.	75.	100.	150.	500.	650.	1000.	1500.	2750.
1829	45.	60.	70.	80.	150.	225.	400.	500.	1500.
1831 Original	—	—	—	—	—	—	—	75000.	—
1831 Restrike, Reverse of 1836	—	—	—	—	—	—	—	—	—
1831 Restrike, Reverse of 1840	—	—	—	—	—	—	—	—	—
1832	45.	60.	65.	75.	125.	225.	300.	400.	1000.
1833	45.	60.	65.	75.	125.	225.	300.	400.	1000.
1834	45.	60.	65.	75.	125.	225.	300.	400.	1000.
1835	45.	60.	65.	75.	125.	225.	300.	400.	1000.

—— = Insufficient pricing data   * = None issued

Coronet half cent

Date of authorization: April 2, 1792
Dates of issue: 1849-1857
Designers: Obverse: Robert Scot-Christian Gobrecht
Reverse: John Reich-Gobrecht
Engraver: Christian Gobrecht
Diameter: 23.50 mm/0.93 inch
Weight: 5.44 grams/0.18 ounce
Metallic content/Specific gravity: 100% copper/8.92
Edge: Plain
Mint mark: None

Note: For copper-alloy coins, the letter B following a numerical grade (as in MS-63B) is shorthand for brown, RB represents red and brown, and R stands for red. It is common practice for grading services to qualify copper coins. In addition to a Mint State grade, a copper coin is assigned as brown, red and brown, or red. Generally, full red coins are valued higher than red and brown coins, which in turn are valued higher than brown coins, all else being equal.

	AG-3	G-4	VG-8	F-12	VF-20	EF-40	AU-50	MS-60B	MS-63RB
1849 Large Date	—	40.	50.	75.	100.	250.	350.	750.	2000.
1850	—	40.	50.	65.	80.	125.	250.	500.	1500.
1851	—	40.	50.	60.	75.	100.	175.	275.	850.
1852 Original	—	—	—	—	—	—	—	—	*
1852 Restrike	—	—	—	—	—	—	—	—	*
1853	—	40.	50.	60.	75.	100.	275.	400.	750.
1854	—	40.	50.	60.	75.	100.	250.	400.	750.
1855	—	40.	50.	60.	75.	90.	200.	350.	550.
1856	—	50.	60.	75.	85.	125.	275.	500.	1000.
1857	—	55.	75.	100.	125.	175.	300.	600.	1250.

—— = Insufficient pricing data   * = None issued

Flowing Hair, Chain cent

Date of authorization: April 2, 1792
Dates of issue: 1793
Designer/Engraver: Henry Voigt
Diameter: 28.50 mm/1.13 inches
Weight: 13.48 grams/0.43 ounce
Metallic content/Specific gravity: 100% copper/8.92
Edge: Vine and bars, or lettered
(ONE HUNDRED FOR A DOLLAR)
Mint mark: None

	AG-3	G-4	VG-8	F-12	VF-20	EF-40	AU-50	MS-60B	MS-63RB
1793 AMERI.	7000.	12500.	17500.	25000.	40000.	75000.	175000.	250000.	—
1793 AMERICA, No Periods	6500.	10000.	15000.	20000.	37500.	55000.	150000.	225000.	—
1793 AMERICA, Periods	6500.	10000.	15000.	20000.	37500.	55000.	150000.	225000.	—

—— = Insufficient pricing data

Flowing Hair, Wreath cent

Date of authorization: April 2, 1792
Dates of issue: 1793
Designers: Obverse: Henry Voigt-Adam Eckfeldt
Reverse: Eckfeldt
Engraver: Adam Eckfeldt
Diameter: 28.50 mm/1.13 inches
Weight: 13.48 grams/0.43 ounce
Metallic content/Specific gravity: 100% copper/8.92
Edge: Vine and bars, lettered
(ONE HUNDRED FOR A DOLLAR)
Mint mark: None

	AG-3	G-4	VG-8	F-12	VF-20	EF-40	AU-50	MS-60B	MS-63RB
1793 Vine and Bars Edge	1500.	3000.	4000.	5500.	10000.	15000.	25000.	100000.	—
1793 Lettered Edge	1750.	3500.	4500.	6000.	12500.	17500.	35000.	—	—
1793 Strawberry Leaf	350000.	500000.	750000.	950000.	—	—	—	—	—

Liberty Cap cent

	Date of authorization:	April 2, 1792
Dates of issue:	1793-1796
Designers:	(1793-1794): Joseph Wright
	(1794-1796): Wright-John Gardner
Engravers:	(1793-1794): Joseph Wright
	(1794-1796): Robert Scot
Diameter:	28.50 mm/1.13 inches
Weight:	1793-1795: 13.48 grams/0.43 ounce
	1795-1796: 10.89 grams/0.35 ounce
Metallic content/Specific gravity:	100% copper/8.92
Edge:	Plain, or lettered
	(ONE HUNDRED FOR A DOLLAR)
Mint mark:	None

	AG-3	G-4	VG-8	F-12	VF-20	EF-40	AU-50	MS-60B	MS-63RB
1793	7500.	15000.	20000.	30000.	50000.	100000.	300000.	—	—
1794 Head of 1793	1000.	2500.	5000.	10000.	12500.	25000.	50000.	200000.	—
1794 Head of 1794	700.	1000.	1250.	1500.	2000.	3500.	5000.	17500.	—
1794 Exact Head of 1795	700.	1000.	1250.	1250.	2500.	5000.	8500.	30000.	—
1794 Starred Reverse	12500.	17500.	25000.	40000.	70000.	125000.	725000.	—	—
1794 No Fraction Bar	750.	1100.	1500.	2000.	4500.	6500.	10000.	—	—
1795 Plain Edge	300.	500.	750.	1250.	2000.	4000.	5500.	12500.	—
1795 Lettered Edge	300.	500.	750.	1500.	3000.	5000.	8500.	15000.	—
1795 Jefferson Head, Plain Edge									
	8500.	17500.	25000.	35000.	50000.	—	—	—	—
1796	500.	750.	1000.	2000.	5000.	10000.	20000.	50000.	—

—— = Insufficient pricing data

Draped Bust cent

Date of authorization: April 2, 1792
Dates of issue: 1796-1807
Designers: Obverse: Gilbert Stuart-Robert Scot
Reverse: Joseph Wright-Scot
Engraver: Robert Scot
Diameter: 28.50 mm/1.13 inches
Weight: 10.89 grams/0.35 ounce
Metallic content/Specific gravity: 100% copper/8.92
Edge: Plain, lettered
(ONE HUNDRED FOR A DOLLAR), gripped
Mint mark: None

	AG-3	G-4	VG-8	F-12	VF-20	EF-40	AU-50	MS-60B	MS-63RB
1796 Reverse of 1794	300.	750.	2000.	3000.	5000.	10000.	17500.	—	—
1796 Reverse of 1796	250.	700.	1750.	2500.	3250.	6500.	12000.	35000.	—
1796 Reverse of 1797	250.	700.	1750.	2500.	3250.	6500.	12000.	35000.	—
1796 LIHERTY	1000.	2000.	3000.	5000.	10000.	20000.	40000.	100000.	—
1797 Reverse of 1795, Gripped Edge									
	250.	500.	750.	1500.	2500.	7500.	20000.	—	—
1797 Reverse of 1795, Plain Edge									
	125.	250.	350.	750.	1250.	4000.	8500.	20000.	—
1797 Reverse of 1797, Stems									
	200.	500.	750.	1000.	1500.	3000.	4000.	10000.	—
1797 Reverse of 1797, Stemless									
	250.	500.	750.	1500.	3000.	10000.	25000.	—	—
1798 Reverse of 1795	150.	250.	500.	750.	1000.	3500.	8500.	—	—
1798/7 1st Hair Style	125.	200.	400.	800.	2250.	5000.	15000.	—	—
1798 1st Hair Style	75.	125.	150.	350.	750.	3000.	5500.	40000.	—
1798 2nd Hair Style	75.	125.	150.	350.	700.	2250.	3250.	15000.	—
1799	2000.	3500.	8000.	15000.	25000.	100000.	—	—	—
1799/8	2500.	4000.	9000.	20000.	30000.	—	—	—	—
1800 Normal Date	70.	100.	125.	325.	700.	2000.	3500.	17500.	—
1800/1798 1st Hair Style	100.	125.	300.	700.	1800.	4000.	8000.	—	—
1800/79 2nd Hair Style	75.	100.	250.	500.	1500.	4000.	7500.	25000.	—
1801	50.	75.	125.	500.	750.	2000.	4000.	8500.	—
1801 3 Errors Reverse	125.	250.	700.	1500.	3250.	7500.	15000.	125000.	—
1801 1/000	100.	200.	500.	1000.	1750.	5000.	8500.	20000.	—
1801 100/000	250.	500.	750.	1250.	2000.	5500.	10000.	—	—

—— = Insufficient pricing data

DRAPED BUST CENT (CONTINUED)

	AG-3	G-4	VG-8	F-12	VF-20	EF-40	AU-50	MS-60B	MS-63RB
1802	40.	65.	100.	200.	500.	1000.	2000.	8500.	—
1802 Stemless	40.	65.	100.	200.	500.	1750.	2500.	—	—
1802 1/000	50.	75.	125.	300.	600.	1850.	3000.	12500.	—
1803 Small Date, Small Fraction									
	50.	75.	100.	150.	500.	1000.	2000.	7500.	—
1803 Small Date, Large Fraction									
	50.	75.	100.	150.	500.	1000.	2000.	7500.	—
1803 Large Date, Small Fraction									
	3000.	5000.	10000.	15000.	30000.	—	—	—	—
1803 Large Date, Large Fraction									
	65.	100.	200.	500.	1500.	3500.	5000.	—	—
1803 Stemless	55.	100.	175.	400.	500.	2000.	3000.	7500.	—
1803 100/000	55.	100.	175.	400.	500.	1500.	2500.	10000.	—
1804	1000.	2000.	3000.	4500.	7500.	15000.	—	—	—
1804 Restrike, struck circa 1860									
	—	—	—	—	—	—	—	1250.	—
1805 Pointed 1	50.	75.	125.	250.	500.	1250.	3000.	7500.	—
1805 Blunt 1	50.	75.	125.	250.	500.	1250.	3000.	7500.	—
1806	65.	100.	175.	300.	550.	1500.	3250.	8500.	—
1807 Large Fraction	50.	75.	125.	225.	400.	1500.	2500.	8500.	—
1807 Small Fraction	50.	100.	200.	350.	600.	2500.	—	—	—
1807 Small Fraction, Comet									
	60.	125.	250.	400.	750.	3000.	6500.	17500.	—
1807/6 Large 7	75.	150.	300.	450.	800.	1500.	2500.	10000.	—
1807/6 Small 7	2500.	4000.	6000.	10000.	18000.	55000.	150000.	—	—

—— = Insufficient pricing data

Classic Head cent

Date of authorization: April 2, 1792
Dates of issue: 1808-1814
Designer/Engraver: John Reich
Diameter: 28.50 mm/1.13 inches
Weight: 10.89 grams/0.36 ounce
Metallic content/Specific gravity: 100% copper/8.92
Edge: Plain
Mint mark: None

Note: For copper-alloy coins, the letter B following a numerical grade (as in MS-63B) is shorthand for brown, RB represents red and brown, and R stands for red. It is common practice for grading services to qualify copper coins. In addition to a Mint State grade, a copper coin is assigned as brown, red and brown, or red. Generally, full red coins are valued higher than red and brown coins, which in turn are valued higher than brown coins, all else being equal.

	AG-3	G-4	VG-8	F-12	VF-20	EF-40	AU-50	MS-60B	MS-63RB
1808	50.	75.	175.	300.	750.	1750.	4000.	20000.	30000.
1809	100.	175.	300.	500.	1500.	4000.	5000.	15000.	27500.
1810	45.	65.	125.	250.	600.	2000.	4750.	15000.	27500.
1810 10/09	50.	75.	150.	300.	750.	2000.	4500.	10000.	20000.
1811	85.	150.	250.	400.	1000.	2500.	4500.	10000.	20000.
1811/0	125.	200.	300.	600.	1500.	4000.	10000.	50000.	75000.
1812 Small Date	45.	75.	125.	250.	600.	1250.	2500.	8500.	17500.
1812 Large Date	45.	75.	125.	250.	600.	1250.	2500.	8500.	17500.
1813	55.	85.	150.	300.	700.	1500.	3000.	7500.	15000.
1814 Plain 4	45.	75.	125.	250.	600.	1750.	3250.	7500.	15000.
1814 Crosslet 4	45.	75.	125.	250.	600.	1750.	3250.	7500.	15000.

Coronet cent

Date of authorization: April 2, 1792
Dates of issue: 1816-1857
Designers: (1816-1835)
Obverse: Robert Scot
Reverse: John Reich
(1835-1839)
Obverse: Scot-Christian Gobrecht
Reverse: Reich
(1839-1857)
Obverse: Scot-Gobrecht
Reverse: Reich-Gobrecht
Engravers: (1816-1835) Obverse: Scot
Reverse: Reich
(1835-1839) Obverse: Gobrecht
Reverse: Reich
(1839-1857) Obverse: Gobrecht
Reverse: Gobrecht
Diameter: 28.50 mm/1.13 inches
Weight: 10.89 grams/0.35 ounce
Metallic content/Specific gravity: 100% copper/8.92
Edge: Plain
Mint mark: None

	G-4	VG-8	F-12	VF-20	EF-40	AU-50	AU-55	MS-60B	MS-63RB
MATRON HEAD									
1816	30.	50.	75.	150.	250.	500.	1000.	1500.	2500.
1817 13 Stars	20.	25.	30.	75.	125.	200.	350.	500.	1250.
1817 15 Stars	40.	60.	100.	200.	450.	1000.	1500.	2000.	—
1818	20.	30.	40.	75.	150.	300.	450.	600.	1250.
1819/8	30.	45.	60.	125.	250.	500.	600.	850.	3000.
1819 Large Date	25.	35.	50.	100.	200.	350.	500.	650.	1500.
1819 Small Date	25.	35.	50.	100.	200.	350.	500.	650.	1250.
1820	—	—	—	—	—	—	—	—	—
1820/19	25.	30.	40.	100.	300.	500.	750.	1500.	—
1820 Large Date, Curl Top 2	—	—	—	—	—	—	—	—	—
1820 Large Date, Plain Top 2	20.	25.	30.	75.	150.	400.	450.	600.	1500.

—— = Insufficient pricing data

	G-4	VG-8	F-12	VF-20	EF-40	AU-50	AU-55	MS-60B	MS-63RB
1820 Small Date, Curl Top 2	35.	50.	75.	150.	250.	750.	1000.	2000.	5000.
1821	50.	75.	150.	550.	1500.	3000.	3500.	5000.	35000.
1822	25.	30.	40.	100.	350.	750.	1250.	2500.	22500.
1823	125.	250.	500.	1500.	5000.	12500.	20000.	40000.	—
1823/2	100.	200.	500.	1000.	3500.	7500.	10000.	25000.	—
1823 Restrike	—	—	—	500.	600.	750.	850.	1000.	2000.
1824	25.	30.	50.	150.	500.	1000.	1500.	2000.	5000.
1824/2	30.	50.	100.	500.	1250.	2500.	5000.	7500.	50000.
1825	25.	30.	40.	150.	500.	1000.	1750.	2000.	5000.
1826	25.	30.	40.	80.	350.	550.	750.	1000.	2500.
1826/5	30.	50.	75.	250.	1500.	2500.	3500.	4000.	7500.
1827	25.	30.	40.	80.	300.	500.	650.	750.	2000.
1828 Large Narrow Date	25.	30.	40.	70.	200.	500.	600.	750.	3500.
1828 Small Wide Date	30.	35.	50.	100.	250.	750.	1250.	1750.	4000.
1829 Large Letters	20.	25.	35.	50.	200.	500.	750.	1000.	3000.
1829 Medium Letters	35.	50.	100.	350.	750.	2500.	3500.	5000.	—
1830 Large Letters	20.	25.	30.	60.	200.	325.	550.	800.	2000.
1830 Medium Letters	75.	100.	300.	750.	2000.	3500.	4250.	10000.	—
1831 Large Letters	20.	25.	30.	50.	225.	300.	500.	750.	2500.
1831 Medium Letters	20.	25.	50.	75.	250.	450.	750.	1000.	3000.
1832 Large Letters	20.	25.	30.	50.	200.	300.	500.	750.	1500.
1832 Medium Letters	20.	25.	30.	50.	200.	300.	500.	750.	1500.
1833	20.	25.	30.	50.	200.	300.	500.	750.	1500.
1834 Small 8, Large Stars, Medium Letters									
	20.	25.	30.	50.	200.	300.	500.	750.	1500.
1834 Large 8, Small Stars, Medium Letters									
	20.	25.	30.	50.	200.	300.	500.	750.	1500.
1834 Large 8, Large Stars, Medium Letters									
	200.	400.	650.	1000.	3000.	4000.	5000.	6500.	—
1834 Large 8, Large Stars, Large Letters									
	20.	30.	35.	60.	500.	1000.	2000.	2250.	3000.
1835	—	—	—	—	—	—	—	—	—
1835 Small 8, Small Stars	20.	25.	30.	50.	225.	300.	500.	750.	3000.
1835 Large 8, Large Stars	20.	25.	30.	50.	300.	450.	700.	1000.	4000.

MODIFIED MATRON HEAD, HEAD OF 1836

	G-4	VG-8	F-12	VF-20	EF-40	AU-50	AU-55	MS-60B	MS-63RB
1835 Head of 1836	20.	25.	30.	50.	200.	400.	650.	750.	2000.
1836	20.	25.	30.	50.	150.	350.	400.	500.	1500.
1837 Plain Cord, Medium Letters	20.	25.	30.	45.	100.	250.	350.	500.	1500.
1837 Plain Cord, Small Letters	20.	25.	30.	45.	125.	300.	375.	550.	1750.
1837 Head of 1838	20.	25.	30.	70.	90.	200.	300.	400.	750.
1838	20.	25.	30.	70.	90.	200.	300.	400.	750.
1839 Head of 1838	20.	25.	30.	75.	100.	225.	350.	450.	850.
1839/6	300.	650.	1500.	2000.	5000.	10000.	12500.	—	—
1839 Silly Head	25.	30.	50.	100.	150.	350.	550.	1000.	3000.
1839 Booby Head	25.	30.	50.	85.	125.	325.	550.	1000.	2500.

—— = Insufficient pricing data

Head of 1840

Head of 1844

CORONET CENT (CONTINUED)

	G-4	VG-8	F-12	VF-20	EF-40	AU-50	AU-55	MS-60B	MS-63RB
BRAIDED HAIR, HEAD OF 1840									
1839 Petite Head, Head of 1840	20.	25.	50.	75.	125.	350.	650.	850.	2500.
1840 Large Date	15.	20.	25.	40.	75.	250.	350.	650.	2000.
1840 Small Date	15.	20.	25.	40.	75.	250.	350.	650.	2000.
1840 Small Date, Large 18	20.	25.	30.	50.	150.	300.	600.	1000.	2500.
1841	20.	27.	32.	45.	85.	250.	400.	550.	1250.
1842 Large Date	20.	27.	32.	50.	75.	200.	300.	450.	950.
1842 Small Date	20.	27.	32.	50.	75.	250.	350.	500.	1750.
1843 Petite Head, Small Letters	20.	27.	32.	50.	75.	250.	300.	450.	1000.
1843 Petite Head, Large Letters	30.	40.	50.	75.	100.	400.	500.	850.	2000.
BRAIDED HAIR, HEAD OF 1844									
1843 Mature Head, Large Letters	25.	30.	35.	60.	85.	300.	350.	500.	1250.
1844	20.	27.	32.	50.	70.	200.	350.	400.	1000.
1844/81	50.	75.	100.	250.	500.	1000.	1250.	1500.	5000.
1845	20.	27.	35.	50.	75.	200.	300.	550.	2000.
1846 Small Date	20.	27.	32.	40.	50.	100.	150.	200.	750.
1846 Medium Date	20.	27.	35.	40.	75.	250.	350.	600.	2500.
1846 Tall Date	35.	50.	75.	100.	250.	750.	1000.	1500.	5000.
1847	20.	27.	32.	40.	50.	125.	250.	350.	1250.
1847 7/Small 7	35.	50.	100.	150.	200.	500.	750.	1500.	3500.
1848	20.	27.	32.	40.	50.	100.	200.	300.	850.
1849	20.	30.	35.	50.	75.	250.	375.	450.	2000.
1850	20.	27.	32.	40.	50.	100.	150.	200.	500.
1851	20.	27.	32.	40.	50.	100.	150.	200.	500.
1851/81	30.	40.	50.	75.	150.	250.	500.	750.	2000.
1852	20.	27.	32.	40.	50.	100.	150.	200.	500.
1853	20.	27.	32.	40.	50.	100.	150.	200.	500.
1854	20.	27.	32.	40.	50.	100.	150.	200.	500.
1855 Upright 5s	20.	30.	35.	50.	75.	175.	200.	250.	400.
1855 Slanted 5s	20.	30.	35.	50.	75.	175.	200.	250.	400.
1855 Slanted 5s, Knob on Ear	25.	35.	50.	75.	100.	250.	400.	550.	1000.
1856 Upright 5	20.	27.	32.	40.	50.	100.	175.	200.	500.
1856 Slanted 5	20.	27.	32.	40.	50.	100.	175.	200.	500.
1857 Large Date	75.	100.	150.	200.	225.	300.	400.	500.	1250.
1857 Small Date	75.	100.	150.	200.	250.	350.	450.	550.	1500.

—— = Insufficient pricing data

Flying Eagle cent

Date of authorization: Feb. 21, 1857
Dates of issue: 1856-1858
Designers: Obverse: Christian Gobrecht-
James B. Longacre
Reverse: Longacre
Engraver: James B. Longacre
Diameter: 19.30 mm/0.76 inches
Weight: 4.67 grams/0.15 ounce
Metallic content/Specific gravity: 88% copper, 12% nickel/8.92
Edge: Plain
Mint mark: None

Note: Mint State 65 and Proof 65 copper values are for coins with full red original color; lower Mint State and Proof grades reflect examples that are red and brown.

	G-4	VG-8	F-12	VF-20	EF-40	AU-50	MS-60	MS-65	PF-63
1856	7000.	8000.	10000.	12000.	14000.	16000.	20000.	75000.	20000.
1857	30.	40.	50.	70.	150.	200.	350.	3500.	10000.
1858 Large Letters, AM joined	30.	40.	50.	70.	150.	200.	350.	3500.	10000.
1858/7 Large Letters, early die state									
	70.	100.	200.	400.	800.	1500.	3500.	50000.	*
1858 Small Letters, AM separated									
	30.	40.	50.	70.	150.	200.	350.	5000.	10000.

Indian Head cent

Oak Wreath, Shield

Date of authorization: Feb. 21, 1857
Dates of issue: 1859-1909
Designer/Engraver: James B. Longacre
Diameter: 1859-1864: 19.30 mm/0.76 inch
1864-1909: 19.05 mm/0.75 inch
Weight: 1859-1864: 4.67 grams/0.15 ounce
1864-1909: 3.11 grams/0.10 ounce
Metallic content: 1859-1864: 88% copper, 12% nickel
1864-1909: 95% copper, 5% tin and zinc
Specific gravity: 1859-1864, 8.92; 1864-1909, 8.84
Edge: Plain
Mint mark: 1908-1909, reverse under wreath

Note: For copper-alloy coins, the letter B following a numerical grade (as in MS-63B) is shorthand for brown, RB represents red and brown, and R stands for red. It is common practice for grading services to qualify copper coins. In addition to a Mint State grade, a copper coin is assigned as brown, red and brown, or red. Generally, full red coins are valued higher than red and brown coins, which in turn are valued higher than brown coins, all else being equal.

INDIAN HEAD CENT (CONTINUED)

COPPER-NICKEL / SHIELD ADDED

	G-4	VG-8	F-12	VF-20	EF-40	AU-50	AU-58	MS-60	MS-62	MS-63	MS-64	MS-65	MS-66	PF-63	PF-64	PF-65	PF-66
COPPER-NICKEL																	
1859	15.	20.	30.	60.	125.	200.	250.	275.	450.	650.	1300.	4000.	6000.	1600.	3000.	6000.	9000.
SHIELD ADDED																	
1860 Pointed Bust	17.	25.	35.	65.	125.	150.	225.	275.	350.	550.	1500.	8000.	—	*	*	*	*
1860 Broad Bust	13.	17.	27.	50.	85.	125.	175.	185.	225.	375.	600.	1400.	5000.	1000.	2300.	3500.	8500.
1861	22.	32.	50.	75.	100.	150.	190.	200.	225.	350.	700.	1300.	4600.	1200.	4000.	8000.	32000.
1862	12.	13.	15.	20.	35.	65.	90.	100.	125.	200.	400.	1100.	2750.	900.	1300.	2500.	5000.
1863	10.	12.	14.	18.	30.	60.	85.	95.	125.	200.	400.	1100.	2750.	900.	1500.	3500.	8500.
1864	20.	35.	40.	70.	125.	160.	200.	225.	250.	300.	600.	1700.	10000.	1000.	1700.	3500.	7500.

BRONZE

	G-4	VG-8	F-12	VF-20	EF-40	AU-50	AU-58	MS-60B	MS-62RB	MS-63RB	MS-64RB	MS-65RB	MS-66RB	PF-63RB	PF-64RB	PF-65RB	PF-66RB
1864 L on Ribbon	50.	75.	130.	200.	275.	325.	425.	500.	600.	1200.	3000.	6325.	30000.	25000.	65000.	200000.	—
1864	10.	20.	30.	50.	75.	90.	125.	150.	200.	350.	500.	1500.	3000.	1600.	2000.	12000.	—
1865 Plain 5	10.	15.	25.	30.	45.	65.	125.	175.	300.	600.	900.	3450.	15000.	550.	1200.	7500.	—
1865 Fancy 5	10.	15.	22.	27.	40.	60.	110.	200.	325.	600.	800.	2000.	15000.	*	*	*	*
1866	50.	70.	100.	125.	200.	250.	350.	425.	1300.	1500.	3000.	5000.	12500.	500.	800.	5000.	—
1867	55.	75.	110.	135.	200.	250.	350.	400.	700.	1400.	2000.	6000.	—	500.	900.	6000.	—
1867/7	100.	150.	200.	300.	500.	700.	1000.	1500.	2500.	20000.	—	—	—	*	*	*	*
1868	40.	50.	80.	135.	200.	275.	375.	450.	660.	1000.	2000.	4500.	25000.	500.	900.	6000.	—
1869	90.	125.	250.	400.	500.	600.	750.	900.	1500.	2000.	2500.	5000.	20000.	500.	900.	3500.	—
1869/9	150.	250.	475.	600.	800.	900.	1200.	1300.	1500.	—	2000.	—	—	*	*	*	*
1870	70.	125.	275.	350.	425.	525.	650.	700.	1400.	1500.	2300.	4000.	18500.	500.	900.	3000.	—
1871	90.	150.	300.	350.	450.	525.	800.	1000.	1600.	2500.	3000.	7000.	35000.	400.	850.	3000.	8000.
1872	100.	200.	400.	500.	625.	750.	1100.	1300.	1600.	4000.	10000.	20000.	50000.	300.	1000.	4500.	9000.
1873 Closed 3	50.	75.	125.	175.	250.	325.	550.	600.	1500.	2200.	3250.	8000.	15000.	300.	500.	3000.	—
1873 Doubled LIBERTY Die 1 bold	300.	750.	1200.	2000.	3500.	7000.	10000.	18000.	35000.	—	—	—	—	—	—	—	—

——— = Insufficient pricing data   * = None issued

INDIAN HEAD CENT (CONTINUED)

	G-4	VG-8	F-12	VF-20	EF-40	AU-50	MS-60B	MS-62RB	MS-63RB	MS-64RB	MS-64R	MS-65RB	MS-65R	MS-66R	PF-63RB	PF-64RB	PF-65RB	PF-65R	PF-66R
1873 Open 3	25.	35.	70.	100.	175.	225.	300.	350.	375.	550.	2000.	1200.	10000.	—	—	—	—	—	—
1874	15.	25.	50.	70.	110.	165.	250.	275.	350.	400.	1000.	750.	4000.	5000.	300.	500.	3000.	—	—
1875	18.	35.	60.	80.	125.	175.	250.	300.	350.	500.	1000.	900.	3000.	5000.	350.	700.	7500.	—	—
1876	30.	45.	80.	150.	250.	300.	375.	400.	500.	700.	1000.	1100.	3000.	7500.	300.	500.	2500.	2500.	—
1877	800.	1000.	1500.	2000.	2500.	3000.	4000.	4500.	5000.	7000.	9000.	15000.	20000.	70000.	4000.	5000.	14000.	20000.	20000.
1878	30.	40.	75.	150.	250.	300.	450.	500.	560.	900.	1000.	1000.	3000.	7500.	275.	500.	1500.	1500.	8000.
1879	8.00	12.	16.	35.	75.	80.	100.	150.	180.	250.	900.	400.	1500.	3500.	250.	300.	1500.	1500.	2500.
1880	3.00	5.00	7.00	12.	30.	50.	75.	85.	125.	225.	375.	400.	1500.	3500.	200.	300.	1500.	1500.	3200.
1881	3.00	5.00	7.00	9.00	22.	35.	60.	75.	125.	200.	375.	425.	1500.	3500.	200.	300.	1500.	1500.	3200.
1882	3.00	5.00	7.00	12.	22.	35.	60.	75.	125.	200.	375.	375.	2550.	3500.	200.	300.	1500.	1500.	2500.
1883	3.00	5.00	7.00	10.	20.	33.	60.	75.	125.	200.	400.	375.	1500.	3500.	200.	300.	1500.	1900.	2500.
1884	5.00	6.00	9.00	14.	35.	50.	75.	85.	150.	225.	500.	500.	1500.	4025.	200.	300.	1400.	1400.	2000.
1885	7.00	9.00	14.	35.	75.	90.	125.	150.	200.	350.	600.	900.	2000.	5000.	200.	350.	1700.	1700.	—
1886 Feather between I and C	5.00	8.00	22.	70.	150.	200.	250.	275.	300.	450.	1500.	1200.	5000.	7500.	265.	350.	2800.	2800.	4000.
1886 Feather between C and A	10.	20.	35.	75.	175.	200.	300.	400.	550.	800.	1500.	2500.	15000.	50000.	400.	700.	10000.	10000.	32000.
1887	2.75	4.00	6.00	8.00	35.	40.	65.	75.	150.	350.	900.	400.	2000.	12000.	200.*	400.*	5000.*	—	—
1888/7	2000.	3000.	5000.	9000.	14000.	20000.	40000.	50000.	75000.	100000.	—	—	—	—	—	—	—	—	—
1888	3.00	4.00	7.00	10.	25.	40.	65.	75.	150.	350.	900.	500.	1660.	8500.	225.	350.	4000.	4000.	3500.
1889	2.00	3.00	6.00	10.	25.	35.	60.	45.	125.	225.	750.	375.	1200.	10000.	200.	380.	2200.	2200.	—
1890	1.75	2.50	4.00	5.00	12.	25.	35.	45.	100.	225.	600.	375.	1650.	5500.	200.	300.	2000.	2000.	—
1891	1.75	2.50	4.00	5.00	15.	25.	35.	45.	100.	225.	600.	375.	1200.	—	200.	400.	2000.	2000.	—
1892	1.75	2.50	4.00	5.00	12.	25.	35.	45.	90.	225.	600.	375.	1400.	3500.	200.	300.	1300.	1300.	4325.
1893	1.75	2.50	4.00	5.00	12.	25.	35.	45.	90.	225.	400.	450.	1400.	2000.	200.	300.	1300.	1300.	—
1894	5.00	7.00	14.	22.	55.	75.	100.	125.	175.	275.	500.	375.	1125.	4000.	200.*	300.*	1300.*	1300.*	—
1894/1894	35.	50.	90.	150.	250.	450.	750.	1500.	1700.	2500.	6500.	7500.	—	—	—	—	—	—	—
1895	1.75	2.50	4.00	5.00	13.	25.	35.	40.	65.	175.	450.	400.	1000.	4000.	200.	300.	1300.	1300.	3000.
1896	1.75	2.50	4.00	5.00	12.	27.	40.	45.	60.	175.	400.	250.	900.	2500.	220.	400.	2000.	2000.	—

—— = Insufficient pricing data   * = None issued

INDIAN HEAD CENT (CONTINUED)

	G-4	VG-8	F-12	VF-20	EF-40	AU-50	MS-60B	MS-62RB	MS-63RB	MS-64RB	MS-64R	MS-65RB	MS-65R	MS-66R	PF-63RB	PF-64RB	PF-65R	PF-66R
1897	1.75	2.50	4.00	5.00	12.	25.	35.	40.	60.	150.	400.	250.	978.	3000.	300.	300.	1200.	3000.
1898	1.75	2.50	4.00	5.00	12.	25.	35.	40.	60.	125.	275.	250.	700.	3000.	200.	300.	1100.	—
1899	1.75	2.50	4.00	5.00	12.	25.	35.	40.	60.	100.	200.	200.	600.	2000.	200.	300.	1100.	2000.
1900	1.75	2.50	4.00	5.00	14.	20.	30.	40.	50.	100.	225.	225.	700.	2500.	200.	300.	1100.	2000.
1901	1.50	2.50	4.00	5.00	8.00	20.	30.	35.	50.	100.	200.	175.	500.	1500.	200.	300.	1100.	2500.
1902	1.50	2.50	4.00	5.00	8.00	20.	30.	35.	50.	100.	200.	175.	680.	1500.	200.	300.	1200.	2500.
1903	1.50	2.50	4.00	5.00	8.00	20.	30.	35.	50.	100.	200.	175.	520.	1500.	200.	400.	1200.	2500.
1904	1.50	2.50	4.00	5.00	8.00	20.	30.	35.	50.	100.	225.	175.	500.	1700.	200.	300.	1200.	2500.
1905	1.50	2.50	4.00	5.00	8.00	20.	30.	35.	50.	100.	200.	175.	680.	1500.	200.	300.	1100.	2500.
1906	1.50	2.50	4.00	5.00	8.00	20.	30.	35.	50.	100.	200.	175.	748.	1500.	200.	300.	1100.	2500.
1907	1.50	2.50	4.00	5.00	8.00	20.	30.	35.	50.	100.	200.	175.	500.	1500.	200.	300.	1300.	2500.
1908	1.50	2.50	4.00	5.00	8.00	20.	30.	35.	50.	100.	200.	175.	748.	2000.	200.	300.	1300.	3000.
1908-S	80.	90.	110.	125.	175.	225.	300.	350.	450.	600.	1400.	900.	2500.	6038.	*	*	*	*
1909	10.	15.	17.	20.	25.	35.	40.	50.	75.	100.	200.	300.	720.	1500.	200.	300.	1400.	2000.
1909-S	550.	575.	625.	700.	825.	900.	1100.	1200.	1400.	1750.	3000.	2500.	5000.	8500.	*	*	*	*

—— = Insufficient pricing data   * = None issued

Lincoln, Wheat cent

Date of authorization:	Feb. 21, 1857 April 22, 1864; Dec. 18, 1942
Dates of issue:	1909-1958
Designer:	Victor D. Brenner
Engraver:	Charles Barber
Diameter:	19.05 mm/0.75 inch
Weight:	1909-1942, 1944-1958:
	3.11 grams/0.10 ounce
	1943: 2.69 grams/0.09 ounce;
	or 2.75 grams/0.09 ounce
Metallic content:	1909-1942: 95% copper, 5% zinc and tin
	1942: 95% copper, 5% zinc
	1943: zinc-coated steel
	1944-1946: 95% copper, 5% zinc
	1947-1958: 95% copper, 5% zinc and tin
Specific gravity:	1909-1942, 8.84; 1943, 7.8; 1944-1946, 8.83;
	1947-1958, 8.84
Edge:	Plain
Mint mark:	Obverse under date

Note: For copper-alloy coins, the letter B following a numerical grade (as in MS-63B) is shorthand for brown, RB represents red and brown, and R stands for red. It is common practice for grading services to qualify copper coins. In addition to a Mint State grade, a copper coin is assigned as brown, red and brown, or red. Generally, full red coins are valued higher than red and brown coins, which in turn are valued higher than brown coins, all else being equal.

Also, the letter C following a numerical grade for a Proof coin stands for "cameo," while the letters DC stand for "deep cameo." Cameo coins have contrasting surface finishes: mirror fields and frosted devices (raised areas). Deep cameo coins are the ultimate level of cameo, with deeply frosted devices. Cameo and deep cameo coins bring premiums.

LINCOLN, WHEAT CENT (CONTINUED)

BRONZE ALLOY

	AG-3	G-4	VG-8	F-12	VF-20	EF-40	AU-50	AU-58	MS-60B	MS-63B	MS-63RB	MS-64RB	MS-64R	MS-65RB	MS-65R	MS-66R	MS-67R	PF-63RB	PF-64RB	PF-65RB	PF-66RB	PF-66R
1909VDB	7.00	11.	13.	15.	17.	18.	20.	24.	25.	35.	75.	100.	125.	175.	750.	2000.	—	5000.	40000.	50000.	*	—
1909-S VDB	650.	750.	900.	1150.	1300.	1400.	1600.	1800.	2000.	2400.	3500.	4500.	4500.	7000.	20000.	100000.	*	*	*	*	*	*
1909	2.00	4.00	4.50	5.00	6.00	7.00	14.	18.	20.	30.	50.	100.	100.	250.	600.	4000.	—	500.	1000.	3500.	3500.	*
1909-S	60.	100.	125.	140.	175.	225.	250.	300.	325.	400.	550.	750.	850.	900.	1400.	3700.	70000.	*	*	*	*	*
1909-S/Horizontal S	75.	135.	150.	175.	250.	300.	350.	400.	450.	500.	650.	850.	900.	1000.	3700.	14000.	*	*	*	*	*	*
1910	0.15	0.25	0.50	0.75	1.00	5.00	10.	15.	20.	20.	50.	80.	150.	150.	350.	1000.	10000.	500.	2000.	3000.	3000.	*
1910-S	8.00	18.	22.	25.	30.	50.	75.	90.	95.	150.	225.	325.	225.	800.	1000.	3000.	50000.	*	*	*	*	*
1911	0.20	0.35	0.50	1.50	2.50	7.50	12.	17.	22.	50.	100.	225.	225.	600.	800.	2000.	22000.	500.	1000.	3500.	10000.	*
1911-D	3.00	5.00	6.00	9.00	22.	50.	85.	90.	100.	175.	500.	750.	900.	2000.	3000.	2000.	—	*	*	*	*	*
1911-S	25.	48.	50.	52.	58.	75.	150.	175.	185.	350.	700.	1400.	1250.	3200.	9000.	45000.	—	*	*	*	*	*
1912	0.50	1.50	1.75	2.00	5.50	12.	25.	30.	35.	80.	125.	250.	250.	500.	2000.	2000.	25000.	500.	1000.	7500.	—	*
1912-D	4.00	6.00	10.	12.	27.	70.	100.	150.	150.	300.	500.	750.	1000.	2000.	15000.	15000.	—	*	*	*	*	*
1912-S	15.	24.	27.	30.	42.	80.	110.	175.	185.	325.	500.	1000.	1400.	4000.	15000.	—	—	*	*	*	*	*
1913	0.25	0.75	1.00	1.50	3.00	18.	25.	35.	40.	85.	150.	250.	275.	600.	2000.	600.	34500.	500.	1000.	2000.	5500.	*
1913-D	2.00	3.00	4.00	5.00	12.	55.	75.	85.	85.	250.	400.	700.	1000.	1000.	2000.	2000.	—	*	*	*	*	*
1913-S	7.00	14.	18.	22.	30.	60.	100.	150.	200.	400.	700.	1500.	2000.	6000.	45000.	45000.	—	*	*	*	*	*
1914	0.25	0.50	1.00	2.00	6.00	21.	37.	45.	50.	75.	150.	250.	250.	1300.	6000.	75000.	—	500.	1000.	2500.	5500.	*
1914-D	150.	200.	250.	350.	450.	1000.	1500.	1900.	2000.	4500.	7000.	10000.	9000.	35000.	—	—	—	*	*	*	*	*
1914-S	16.	25.	30.	35.	45.	90.	175.	85.	95.	125.	200.	300.	350.	2000.	25000.	25000.	—	*	*	*	*	*
1915	0.75	1.50	3.00	4.00	18.	65.	85.	85.	76.	150.	125.	300.	350.	2000.	9000.	—	—	500.	1000.	3500.	—	*
1915-D	1.00	1.50	2.50	3.50	7.00	25.	45.	85.	100.	300.	500.	450.	825.	1525.	2000.	25000.	—	*	*	*	*	*
1915-S	10.	20.	25.	30.	35.	75.	100.	250.	310.	625.	625.	3000.	3000.	2500.	7000.	—	—	*	*	*	*	*
1916	0.15	0.40	0.50	0.75	2.50	8.00	13.	15.	20.	50.	80.	125.	125.	500.	1000.	3500.	3500.	500.	1000.	15000.	20000.	*
1916-D	0.50	1.00	2.00	3.00	7.00	18.	30.	75.	75.	150.	250.	750.	750.	3000.	3000.	—	—	*	*	*	*	*
1916-S	1.00	1.50	3.00	4.00	8.00	30.	45.	85.	100.	250.	500.	3000.	1250.	10000.	35000.	35000.	—	*	*	*	*	*
1917	0.15	0.25	0.50	1.00	2.00	5.00	15.	18.	20.	30.	75.	250.	175.	700.	2000.	700.	12250.	*	*	*	*	*
1917 Doubled Die Obverse	150.	200.	250.	300.	500.	1500.	2000.	2500.	3000.	6000.	9000.	—	—	—	—	—	—	*	*	*	*	*
1917-D	0.50	1.00	1.50	2.00	5.00	35.	45.	60.	65.	150.	400.	1000.	750.	3000.	3500.	—	—	*	*	*	*	*
1917-S	0.32	0.50	1.00	1.50	2.50	12.	25.	65.	70.	300.	600.	2000.	175.	700.	2000.	65000.	—	*	*	*	*	*

—— = Insufficient pricing data   * = None issued

LINCOLN, WHEAT CENT (CONTINUED)

	AG-3	G-4	VG-8	F-12	VF-20	EF-40	AU-50	AU-58	MS-60B	MS-63RB	MS-64RB	MS-64BN	MS-65RB	MS-65BN	MS-66RB	MS-66R	MS-67R	PF-63RB	PF-64RB	PF-65RB	PF-65R	PF-66RB	PF-66R
1918	0.15	0.25	0.50	0.50	1.00	4.00	10.	12.	15.	45.	75.	150.	200.	500.	3000.	—	15000.	*	*	*	*	*	*
1918-D	0.50	1.00	1.50	2.00	5.00	15.	35.	65.	75.	200.	350.	700.	1400.	1500.	2800.	40000.	—	*	*	*	*	*	*
1918-S	0.15	0.50	1.00	1.50	4.00	12.	35.	50.	75.	250.	100.	900.	2250.	300.	15000.	65000.	—	*	*	*	*	*	*
1919	0.15	0.25	0.50	1.00	1.00	2.00	6.00	7.00	9.00	25.	50.	125.	100.	300.	700.	700.	3000.	*	*	*	*	*	*
1919-D	0.25	0.75	1.00	1.00	5.00	12.	35.	55.	60.	150.	450.	800.	1750.	1250.	4000.	12000.	—	*	*	*	*	*	*
1919-S	0.15	0.50	0.75	1.00	2.50	2.50	20.	11.	50.	30.	50.	100.	125.	300.	15000.	60000.	—	*	*	*	*	*	*
1920	0.10	0.25	0.50	1.00	1.50	6.00	7.00	40.	50.	75.	30.	250.	50.	300.	2500.	1000.	—	*	*	*	*	*	*
1920-D	0.50	1.00	1.50	3.00	5.50	17.	35.	50.	75.	125.	250.	450.	300.	500.	2500.	30000.	20000.	*	*	*	*	*	*
1920-S	0.25	0.50	1.00	1.50	3.00	15.	35.	75.	100.	250.	100.	2000.	500.	2500.	1000.	—	—	*	*	*	*	*	*
1921	0.30	0.50	1.00	1.50	3.00	11.	22.	40.	45.	85.	125.	700.	200.	500.	1500.	1500.	20000.	*	*	*	*	*	*
1921-S	0.75	1.00	2.00	3.50	6.00	35.	75.	85.	110.	450.	600.	2000.	1000.	20000.	20000.	—	—	*	*	*	*	*	*
1922 Missing D, Strong Reverse, Die Pair 2	400.	750.	900.	1250.	1500.	3000.	6000.	9000.	11000.	35000.	40000.	60000.	75000.	175000.	—	—	—	*	*	*	*	*	*
1922 Missing D, Weak Reverse, Dies Pairs 1, 3 & 4	—	100.	—	250.	375.	650.	750.	850.	1000.	2500.	—	—	—	—	—	—	—	*	*	*	*	*	*
1922 Weak D	15.	25.	30.	40.	50.	75.	100.	250.	150.	250.	40.	300.	40.	750.	3000.	15000.	—	*	*	*	*	*	*
1922-D	15.	20.	22.	25.	30.	40.	75.	125.	150.	250.	200.	85.	150.	500.	1250.	—	5750.	*	*	*	*	*	*
1923	0.10	0.25	0.50	1.00	2.00	6.00	10.	12.	15.	50.	85.	85.	150.	125.	500.	—	—	*	*	*	*	*	*
1923-S	0.25	3.50	5.00	7.00	10.	45.	85.	210.	200.	700.	1750.	5000.	2500.	2000.	20000.	—	25000.	*	*	*	*	*	*
1924	20.	40.	50.	60.	70.	125.	150.	250.	255.	600.	900.	900.	2500.	1600.	1250.	35000.	25000.	*	*	*	*	*	*
1924-D	0.50	1.25	1.50	2.50	5.00	50.	75.	110.	110.	600.	900.	900.	2500.	2500.	600.	600.	2500.	*	*	*	*	*	*
1924-S	0.10	0.25	0.50	1.00	1.50	3.50	6.00	8.00	10.	25.	40.	75.	175.	175.	50000.	—	—	*	*	*	*	*	*
1925	0.50	1.00	1.50	3.00	6.00	15.	30.	75.	80.	150.	475.	625.	700.	5000.	5000.	20000.	—	*	*	*	*	*	*
1925-D	0.50	0.75	1.25	2.00	3.00	12.	35.	65.	90.	350.	1000.	1000.	4000.	2300.	—	—	1500.	*	*	*	*	*	*
1925-S	0.10	0.25	0.50	0.75	1.00	2.50	5.00	7.00	9.00	18.	35.	35.	60.	150.	450.	450.	—	*	*	*	*	*	*
1926	0.50	1.50	2.00	3.00	5.00	15.	35.	80.	85.	250.	375.	750.	900.	5000.	5000.	—	1750.	*	*	*	*	*	*
1926-D	0.50	2.00	—	14.	18.	35.	75.	125.	150.	1000.	3500.	3500.	7000.	175000.	175000.	—	—	*	*	*	*	*	*
1926-S	5.00	9.00	12.	—	1.50	2.00	5.00	7.00	9.00	18.	35.	35.	60.	150.	450.	—	—	*	*	*	*	*	*
1927	0.10	0.25	0.50	1.50	1.50	7.00	25.	55.	65.	125.	200.	200.	500.	2500.	2500.	—	—	*	*	*	*	*	*
1927-D	0.50	1.00	1.50	2.00	3.00	7.00	25.	55.	65.	125.	200.	200.	600.	500.	450.	—	—	*	*	*	*	*	*

—— = Insufficient pricing data   * = None issued

LINCOLN, WHEAT CENT (CONTINUED)

	AG-3	G-4	VG-8	F-12	VF-20	EF-40	AU-50	AU-58	MS-60B	MS-63RB	MS-64RB	MS-64R	MS-65RB	MS-65RB	MS-66R	MS-67R	PF-63RB	PF-64RB	PF-65R	PF-66R
1927-S	0.50	1.25	1.50	3.00	5.00	15.	40.	65.	70.	275.	600.	1500.	2530.	12500.	—	—	*	*	*	*
1928	0.10	0.25	0.50	1.00	1.50	2.00	4.00	5.00	8.00	18.	30.	75.	60.	150.	450.	1750.	*	*	*	*
1928-D	0.50	0.75	1.00	2.00	3.00	6.00	18.	22.	35.	90.	125.	400.	350.	2000.	10000.	—	*	*	*	*
1928-S	0.50	1.00	1.50	2.50	3.50	9.00	30.	65.	75.	150.	300.	750.	750.	4250.	40000.	—	*	*	*	*
1929	0.10	0.25	0.50	1.00	1.50	2.50	5.00	7.00	9.00	14.	35.	50.	50.	125.	500.	2500.	*	*	*	*
1929-D	0.25	0.50	1.00	1.50	2.50	6.00	14.	22.	23.	35.	75.	200.	175.	850.	5000.	—	*	*	*	*
1929-S	0.25	0.50	1.00	2.00	3.00	7.00	15.	22.	23.	40.	75.	125.	125.	700.	4500.	—	*	*	*	*
1930	0.10	0.25	0.35	0.50	0.75	1.00	3.00	4.00	5.00	8.00	18.	45.	50.	75.	125.	750.	*	*	*	*
1930-D	0.15	0.25	0.50	0.75	1.00	2.00	6.00	9.00	14.	28.	45.	60.	75.	160.	1100.	7500.	*	*	*	*
1930-S	0.15	0.25	0.50	0.75	1.00	2.00	7.00	8.50	12.	15.	25.	55.	66.	125.	575.	25000.	*	*	*	*
1931	0.25	0.50	1.00	2.00	2.50	5.00	10.	12.	22.	35.	60.	75.	80.	150.	500.	10000.	*	*	*	*
1931-D	3.00	5.00	7.00	8.00	9.00	14.	35.	45.	60.	90.	125.	400.	450.	1200.	5000.	—	*	*	*	*
1931-S	90.	110.	120.	130.	140.	150.	170.	180.	190.	225.	275.	375.	425.	700.	2000.	—	*	*	*	*
1932	0.50	1.50	2.00	3.00	4.00	6.00	12.	15.	20.	30.	50.	65.	80.	125.	400.	5000.	*	*	*	*
1932-D	0.50	1.50	1.50	2.00	3.00	4.00	10.	15.	20.	35.	45.	75.	75.	150.	700.	13000.	*	*	*	*
1933	0.50	1.50	2.00	2.50	3.00	7.00	12.	14.	20.	30.	45.	75.	75.	175.	450.	3500.	*	*	*	*
1933-D	1.00	3.50	4.00	5.00	7.00	12.	18.	20.	25.	35.	50.	80.	75.	175.	800.	5000.	*	*	*	*

—— = Insufficient pricing data   * = None issued

LINCOLN, WHEAT CENT (CONTINUED)

	EF-40	AU-50	AU-58	MS-60B	MS-63RB	MS-65R	MS-67R	PF-63RB	PF-65R	PF-67R
1934	1.25	4.00	7.00	10.	12.	35.	300.	*	*	*
1934-D	5.00	9.00	18.	30.	35.	60.	500.	*	*	*
1935	0.75	1.00	10.	20.	25.	50.	150.	*	*	*
1935-D	0.85	2.00	5.00	10.	12.	30.	217.	*	*	*
1935-S	2.50	5.00	20.	30.	35.	125.	7000.	*	*	*
1936	0.70	1.00	2.00	3.50	5.00	20.	100.	—	—	—
1936 Doubled Die Obverse	175.	—	—	—	2000.	3500.	—	*	*	*
1936 Satin Finish	*	*	*	*	*	*	*	350.	2000.	—
1936 Brilliant Finish	*	*	*	*	*	*	*	450.	2500.	10000.
1936-D	0.85	1.00	3.00	5.50	7.00	20.	150.	*	*	*
1936-S	1.50	2.00	4.00	8.50	11.	30.	200.	*	*	*
1937	0.50	0.75	2.00	3.50	5.00	20.	105.	75.	300.	6000.
1937-D	0.65	1.00	2.00	4.00	6.00	21.	151.	*	*	*
1937-S	0.65	1.00	1.50	3.00	5.00	33.	522.	*	*	*
1938	0.50	1.00	4.00	8.00	11.	25.	175.	50.	250.	2500.
1938-D	0.85	1.00	4.00	8.00	11.	27.	124.	*	*	*
1938-S	0.80	1.00	3.00	6.00	8.00	23.	200.	*	*	*
1939	0.35	0.50	1.00	2.50	3.50	15.	100.	50.	250.	4000.
1939-D	1.00	1.50	3.00	5.50	8.00	20.	112.	*	*	*
1939-S	0.75	1.00	2.00	3.00	4.00	18.	129.	*	*	*
1940	0.40	0.50	1.50	3.00	4.00	18.	150.	40.	250.	7000.
1940-D	0.60	0.70	2.00	3.50	5.00	16.	108.	*	*	*
1940-S	0.60	0.90	3.00	5.50	8.00	21.	299.	*	*	*
1941	0.50	0.55	1.50	2.50	3.50	20.	125.	40.	250.	2000.
1941-D	1.00	1.50	2.50	4.00	5.50	18.	150.	*	*	*
1941-S	0.80	1.00	3.00	5.50	7.50	27.	185.	*	*	*
1942	0.40	0.50	1.00	1.50	2.50	20.	412.	40.	250.	—
1942-D	0.40	0.50	1.00	1.50	2.00	20.	305.	*	*	*
1942-S	1.00	1.50	5.00	12.	15.	19.	140.	*	*	*

ZINC-COATED STEEL

	EF-40	AU-50	AU-58	MS-60B	MS-63RB	MS-65R	MS-67R	PF-63RB	PF-65R	PF-67R
1943	0.40	0.65	1.00	2.00	3.00	22.	80.	*	*	*
1943-D	0.60	0.75	1.50	3.00	4.00	29.	120.	*	*	*
1943-D/D	—	—	—	—	466.	1250.	10000.	*	*	*
1943-S	0.75	1.00	4.00	8.50	12.	25.	120.	*	*	*

SHELL-CASE BRASS

	EF-40	AU-50	AU-58	MS-60B	MS-63RB	MS-65R	MS-67R	PF-63RB	PF-65R	PF-67R
1944	0.20	0.35	0.50	0.75	1.50	14.	125.	*	*	*
1944-D	0.30	0.35	0.50	0.75	1.50	20.	128.	*	*	*
1944-D/S	250.	300.	350.	400.	500.	4000.	—	*	*	*
1944-S	0.25	0.35	0.50	0.75	1.50	11.	116.	*	*	*
1945	0.25	0.40	0.50	0.75	1.00	10.	105.	*	*	*
1945-D	0.25	0.40	0.50	0.75	1.00	10.	128.	*	*	*
1945-S	0.25	0.30	0.50	1.00	1.50	10.	105.	*	*	*
1946	0.20	0.25	0.35	0.50	1.00	11.	90.	*	*	*
1946-D	0.20	0.25	0.50	0.75	1.00	10.	100.	*	*	*
1946-S	0.30	0.35	0.50	0.75	1.50	15.	150.	*	*	*
1946-S/D	—	100.	125.	175.	300.	600.	—	*	*	*

BRONZE ALLOY

	EF-40	AU-50	AU-58	MS-60B	MS-63RB	MS-65R	MS-67R	PF-63RB	PF-65R	PF-67R
1947	0.05	0.10	1.00	3.00	4.00	10.	135.	*	*	*
1947-D	0.05	0.10	0.25	0.50	1.00	9.00	140.	*	*	*
1947-S	0.05	0.10	0.50	1.00	1.50	40.	500.	*	*	*
1948	0.05	0.10	0.50	1.00	1.50	10.	250.	*	*	*
1948-D	0.05	0.10	0.50	1.00	1.50	11.	400.	*	*	*
1948-S	0.05	0.10	1.00	2.25	3.00	9.00	163.	*	*	*
1949	0.05	0.10	1.00	2.25	3.00	15.	250.	*	*	*

—— = Insufficient pricing data   * = None issued

LINCOLN, WHEAT CENT (CONTINUED)

	EF-40	AU-50	AU-58	MS-60B	MS-63RB	MS-65R	MS-67R	PF-63RB	PF-65R	PF-67R
1949-D	0.05	0.10	1.00	1.50	2.00	25.	40.	*	*	*
1949-S	0.05	0.10	1.50	3.00	4.00	16.	245.	*	*	*
1950	0.05	0.10	0.50	1.00	1.50	15.	500.	35.	100.	720.
1950-D	0.05	0.10	0.50	1.00	1.50	8.00	250.	*	*	*
1950-S	0.05	0.10	0.75	1.25	1.75	10.	255.	*	*	*
1951	0.05	0.10	1.00	1.50	2.00	15.	95.	25.	60.	270.
1951-D	0.05	0.10	0.35	0.50	1.00	10.	95.	*	*	*
1951-S	0.05	0.10	0.50	1.25	2.00	12.	75.	*	*	*
1952	0.05	0.10	1.00	2.25	3.50	18.	75.	13.	50.	210.
1952-D	0.05	0.10	0.25	0.35	0.75	11.	75.	*	*	*
1952-S	0.05	0.10	1.00	3.00	4.00	14.	150.	*	*	*
1953	0.05	0.10	0.25	0.50	1.00	16.	90.	10.	35.	155.
1953-D	0.05	0.10	0.25	0.50	1.00	11.	135.	*	*	*
1953-S	0.05	0.10	0.50	1.00	1.50	12.	175.	*	*	*
1954	0.05	0.10	0.25	0.35	0.75	15.	175.	5.00	22.	90.
1954-D	0.05	0.10	0.25	0.35	0.75	12.	100.	*	*	*
1954-S	0.05	0.10	0.25	0.35	0.75	14.	190.	*	*	*
1955	0.05	0.10	0.25	0.35	0.75	18.	55.	5.00	18.	55.
1955 Doubled Die Obverse										
	1800.	2000.	2200.	2500.	4000.	40000.	—	*	*	*
1955-D	0.05	0.10	0.25	0.35	0.75	15.	100.	*	*	*
1955-S	0.05	0.10	0.50	0.75	1.25	15.	175.	*	*	*
1956	0.05	0.10	0.25	0.35	0.75	11.	175.	2.00	5.00	60.
1956-D	0.05	0.10	0.25	0.35	0.75	10.	55.	*	*	*
1956-D/D	—	—	—	—	—	100.	—	*	*	*
1957	0.05	0.10	0.25	0.35	0.75	11.	125.	2.00	5.00	30.
1957-D	0.05	0.10	0.25	0.35	0.75	10.	75.	*	*	*
1958	0.05	0.10	0.25	0.35	0.75	12.	50.	2.50	6.00	30.
1958 Doubled Die Obverse										
	—	—	—	—	—	—	—	*	*	*
1958-D	0.05	0.10	0.15	0.35	0.90	11.	75.	*	*	*

—— = Insufficient pricing data   * = None issued

Lincoln, Memorial and later cents

Date of authorization: Feb. 21, 1857; April 22, 1864;
Sept. 5, 1962; Dec. 22, 2005
Dates of issue: 1959-2008
Designers: Obverse: Victor D. Brenner
Reverse: Frank Gasparro
Engravers: Obverse: Charles Barber
Reverse: Gilroy Roberts
Diameter: 19.05 mm/0.75 inch
Weight: 1959-1982: 3.11 grams/0.10 ounce
1982-present: 2.50 grams/0.08 ounce
Metallic content: 1959-1962: 95% copper, 5% zinc and tin
1962-1982: 95% copper, 5% zinc
1982-present: 97.5% zinc, 2.5% copper
(99.2% zinc, 0.8% copper planchet
plated with pure copper)
2009 collector coins: 95% copper,
3% zinc and 2% tin
Specific gravity: 1959-1962, 8.84; 1962-1982, 8.83;
1982-date, 7.17; 2009 collectors, 8.84
Edge: Plain
Mint mark: Obverse under date

Note: For copper-alloy coins, the letter B following a numerical grade (as in MS-63B) is shorthand for brown, RB represents red and brown, and R stands for red. It is common practice for grading services to qualify copper coins. In addition to a Mint State grade, a copper coin is assigned as brown, red and brown, or red. Generally, full red coins are valued higher than red and brown coins, which in turn are valued higher than brown coins, all else being equal.

Also, the letter C following a numerical grade for a Proof coin stands for "cameo," while the letters DC stand for "deep cameo." Cameo coins have contrasting surface finishes: mirror fields and frosted devices (raised areas). Deep cameo coins are the ultimate level of cameo, with deeply frosted devices. Cameo and deep cameo coins bring premiums.

2009 Lincoln, Bicentennial cents

2009 obverse

Childhood

Formative Years

Professional Life

Presidency

Designers: Obverse: Victor D. Brenner
Reverse:
    Childhood, Richard Masters
    Formative Years, Charles L. Vickers
    Professional Life, Joel Iskowitz
    Presidency, Susan Gamble
Engravers:
Reverse:
    Childhood, Jim Licaretz
    Formative Years, Charles L. Vickers
    Professional Life, Donald Everhart II
    Presidency, Joseph F. Menna

Note: Because of space limitations in the values section, the Childhood cent is coded as KY for Kentucky, home of Lincoln's childhood; the Formative Years cent is coded as IN, for Indiana, where Lincoln spent time as an older child and young man; the Professional Life cent is coded as IL, for Illinois, where Lincoln became a lawyer, practiced law and first entered politics; and the Presidency cent is coded DC, for the District of Columbia, where Lincoln served as president.

2010 Lincoln, Union Shield cent

Designers: Obverse: Victor D. Brenner
Reverse: Lyndall Bass
Engravers: Obverse: Original 1909 model
digitally scanned
Reverse: Joseph F. Menna

LINCOLN, MEMORIAL CENT (CONTINUED)

	AU-50	AU-58	MS-60B	MS-63RB	MS-65R	MS-67R	PF-63RB	PF-65R	PF-67R	PF-69DC
MEMORIAL REVERSE										
1959	0.10	0.15	0.20	0.30	20.	175.	—	12.	40.	—
1959-D	0.10	0.15	0.20	0.30	16.	695.	*	*	*	*
1960 Large Date	0.10	0.15	0.20	0.30	10.	175.	1.00	12.	19.	—
1960 Small Date	2.00	2.50	4.50	6.50	17.	282.	14.	20.	70.	—
1960-D Large Date	0.10	0.15	0.20	0.30	10.	50.	*	*	*	*
1960-D Small Date	0.10	0.15	0.20	0.30	12.	75.	*	*	*	*
1961	0.10	0.15	0.20	0.30	10.	125.	0.60	10.	40.	—
1961-D	0.10	0.15	0.20	0.30	20.	203.	*	*	*	*
BRASS ALLOY										
1962	0.10	0.15	0.20	0.30	10.	250.	0.60	10.	40.	90.
1962-D	0.10	0.15	0.20	0.30	20.	350.	*	*	*	*
1963	0.10	0.15	0.20	0.30	12.	225.	0.60	10.	60.	—
1963-D	0.10	0.15	0.20	0.30	15.	225.	*	*	*	*
1964	0.10	0.15	0.20	0.30	10.	90.	1.00	10.	40.	—
1964-D	0.10	0.15	0.20	0.30	12.	125.	*	*	*	*
1965	0.10	0.15	0.20	0.30	25.	45.	*	*	*	*
1966	0.10	0.10	0.15	0.25	25.	75.	*	*	*	*
1967	0.10	0.10	0.15	0.25	25.	40.	*	*	*	*
1968	0.10	0.10	0.10	0.15	12.	1175.	*	*	*	*
1968-D	0.10	0.10	0.10	0.15	12.	50.	*	*	*	*
1968-S	0.10	0.10	0.10	0.15	14.	335.	1.00	6.00	12.	—
1969	0.10	0.10	0.15	0.25	15.	4000.	*	*	*	*
1969-D	0.10	0.10	0.10	0.15	10.	150.	*	*	*	*
1969-S	0.10	0.10	0.10	0.15	20.	75.	1.00	6.00	12.	—
1969-S Doubled Die Obverse	15000.	—	40000.	50000.	85000.	—	*	*	*	*
1970	0.10	0.10	0.10	0.15	11.	350.	*	*	*	*
1970-D	0.10	0.10	0.10	0.15	6.00	90.	*	*	*	*
1970-S Low 7	0.10	0.10	0.10	0.15	19.	—	0.75	6.00	10.	—
1970-S Level 7	—	—	—	25.	78.	—	50.	55.	100.	—
1970-S Doubled Die Obverse	—	—	—	5000.	20000.	—	*	*	*	*
1971	0.10	0.10	0.15	0.25	30.	75.	*	*	*	*
1971-D	0.10	0.10	0.15	0.25	8.00	60.	*	*	*	*
1971-S	0.10	0.10	0.10	0.15	9.00	75.	1.50	6.00	15.	—
1972	0.10	0.10	0.10	0.15	7.00	65.	*	*	*	*
1972-D	0.10	0.10	0.10	0.15	20.	60.	*	*	*	*
1972-S	0.10	0.10	0.15	0.25	30.	125.	1.50	6.00	8.00	—
1972 Doubled Die Obverse	400.	425.	450.	500.	900.	—	*	*	*	*
1973	0.10	0.15	0.20	0.30	10.	50.	*	*	*	*
1973-D	0.10	0.15	0.20	0.30	13.	150.	*	*	*	*
1973-S	0.10	0.15	0.20	0.35	10.	100.	1.00	6.00	10.	130.
1974	0.10	0.15	0.20	0.30	12.	40.	*	*	*	*
1974-D	0.10	0.15	0.20	0.30	10.	75.	*	*	*	*
1974-S	0.10	0.15	0.20	0.35	12.	45.	1.00	6.00	10.	120.
1975	0.10	0.15	0.20	0.30	9.00	205.	*	*	*	*
1975-D	0.10	0.15	0.20	0.30	15.	100.	*	*	*	*
1975-S	*	*	*	*	*	*	4.00	6.00	8.00	—
1976	0.10	0.15	0.20	0.30	20.	40.	*	*	*	*
1976-D	0.10	0.15	0.20	0.30	20.	150.	*	*	*	*
1976-S	*	*	*	*	*	*	3.00	12.	20.	—
1977	0.10	0.15	0.20	0.30	20.	250.	*	*	*	*
1977-D	0.10	0.15	0.20	0.30	20.	125.	*	*	*	*
1977-S	*	*	*	*	*	*	2.00	6.00	8.00	—

—— = Insufficient pricing data   * = None issued

LINCOLN, MEMORIAL CENT (CONTINUED)

	AU-50	AU-58	MS-60B	MS-63RB	MS-65R	MS-67R	PF-63RB	PF-65R	PF-67R	PF-69DC
1978	0.10	0.15	0.20	0.30	20.	250.	*	*	*	*
1978-D	0.10	0.15	0.20	0.30	15.	250.	*	*	*	*
1978-S	*	*	*	*	*	*	2.50	6.00	8.00	—
1979	0.10	0.15	0.20	0.30	15.	100.	*	*	*	*
1979-D	0.10	0.15	0.20	0.30	10.	125.	*	*	*	*
1979-S Filled S	*	*	*	*	*	*	3.00	7.00	30.	—
1979-S Clear S	*	*	*	*	*	*	3.00	10.	—	—
1980	0.10	0.15	0.20	0.30	10.	500.	*	*	*	*
1980-D	0.10	0.15	0.20	0.30	12.	200.	*	*	*	*
1980-S	*	*	*	*	*	*	1.50	6.00	8.00	—
1981	0.10	0.15	0.20	0.30	10.	95.	*	*	*	*
1981-D	0.10	0.15	0.20	0.30	12.	238.	*	*	*	*
1981-S	*	*	*	*	*	*	2.50	7.00	10.	—
1982 Large Date	0.10	0.15	0.20	0.30	8.00	60.	*	*	*	*
1982 Small Date	0.10	0.15	0.20	0.40	10.	70.	*	*	*	*
1982-D Large Date	0.10	0.15	0.20	0.30	8.00	50.	*	*	*	*
1982-S	*	*	*	*	*	*	2.50	—	—	20.

COPPER-PLATED ZINC

	AU-50	AU-58	MS-60B	MS-63RB	MS-65R	MS-67R	PF-63RB	PF-65R	PF-67R	PF-69DC
1982 Large Date	0.05	0.15	0.20	0.35	8.00	70.	*	*	*	*
1982 Small Date	0.05	0.15	0.20	0.85	10.	70.	*	*	*	*
1982-D Large Date	0.05	0.15	0.20	0.40	9.00	50.	*	*	*	*
1982-D Small Date	0.05	0.15	0.20	0.35	7.00	30.	*	*	*	*
1983	0.10	0.15	0.15	0.25	8.00	60.	*	*	*	*
1983-D	0.10	0.15	0.15	0.25	7.00	70.	*	*	*	*
1983-S	*	*	*	*	*	*	2.50	—	—	20.
1983 Doubled Die Reverse	—	—	—	200.	500.	725.	*	*	*	*
1984	0.10	0.15	0.15	0.25	7.00	50.	*	*	*	*
1984-D	0.10	0.15	0.15	0.25	7.00	45.	*	*	*	*
1984-S	*	*	*	*	*	*	4.00	—	—	20.
1984 Doubled Die Obverse	—	—	—	155.	300.	550.	*	*	*	*
1985	0.05	0.15	0.15	0.25	6.00	70.	*	*	*	*
1985-D	0.05	0.15	0.15	0.25	6.00	25.	*	*	*	*
1985-S	*	*	*	*	*	*	4.00	—	—	20.
1986	0.10	0.15	0.15	0.80	6.00	40.	*	*	*	*
1986-D	0.10	0.15	0.15	0.30	9.00	50.	*	*	*	*
1986-S	*	*	*	*	*	*	6.00	—	—	20.
1987	0.10	0.15	0.15	0.60	6.00	50.	*	*	*	*
1987-D	0.10	0.15	0.15	0.25	6.00	50.	*	*	*	*
1987-S	*	*	*	*	*	*	3.00	—	—	20.
1988	0.10	0.15	0.15	0.25	6.00	50.	*	*	*	*
1988-D	0.10	0.15	0.15	0.25	6.00	35.	*	*	*	*
1988-S	*	*	*	*	*	*	9.00	—	—	20.
1989	0.10	0.15	0.15	0.25	6.00	60.	*	*	*	*
1989-D	0.10	0.15	0.15	0.25	6.00	35.	*	*	*	*
1989-S	*	*	*	*	*	*	9.00	—	—	20.
1990	0.10	0.15	0.15	0.25	6.00	40.	*	*	*	*
1990-D	0.10	0.15	0.15	0.25	6.00	40.	*	*	*	*
1990-S	*	*	*	*	*	*	4.50	—	—	20.
1990-S No S	*	*	*	*	*	*	3400.	4000.	—	—
1991	0.10	0.15	0.15	0.25	7.00	50.	*	*	*	*
1991-D	0.10	0.15	0.15	0.25	6.00	45.	*	*	*	*
1991-S	*	*	*	*	*	*	20.	—	—	20.
1992	0.10	0.15	0.15	0.25	6.00	35.	*	*	*	*

———— = Insufficient pricing data   * = None issued

LINCOLN, MEMORIAL CENT (CONTINUED)

	AU-50	AU-58	MS-60B	MS-63RB	MS-65R	MS-67R	PF-63RB	PF-65R	PF-67R	PF-69DC
1992 Close AM in AMERICA										
	—	—	—	—	—	—	*	*	*	*
1992-D	0.10	0.15	0.15	0.25	6.00	35.	*	*	*	*
1992-D Close AM in AMERICA										
	—	—	—	—	—	—	*	*	*	*
1992-S	*	*	*	*	*	*	3.00	—	—	20.
1993	0.10	0.15	0.15	0.25	6.00	40.	*	*	*	*
1993-D	0.10	0.15	0.15	0.25	6.00	35.	*	*	*	*
1993-S	*	*	*	*	*	*	5.00	—	—	20.
1994	0.10	0.15	0.15	0.25	9.00	20.	*	*	*	*
1994-D	0.10	0.15	0.15	0.25	6.00	50.	*	*	*	*
1994-S	*	*	*	*	*	*	5.00	—	—	20.
1995	0.10	0.15	0.15	0.25	6.00	50.	*	*	*	*
1995 Doubled Die Obverse										
	—	—	14.	55.	100.	*	*	*	*	
1995-D	0.10	0.15	0.15	0.25	6.00	55.	*	*	*	*
1995-S	*	*	*	*	*	*	6.00	—	—	20.
1996	0.10	0.15	0.15	0.25	6.00	45.	*	*	*	*
1996-D	0.10	0.15	0.15	0.25	6.00	35.	*	*	*	*
1996-S	*	*	*	*	*	*	3.00	—	—	40.
1997	0.10	0.15	0.15	0.25	3.50	60.	*	*	*	*
1997-D	0.10	0.15	0.15	0.25	3.50	60.	*	*	*	*
1997-S	*	*	*	*	*	*	3.00	—	—	20.
1998	0.10	0.15	0.15	0.25	3.00	30.	*	*	*	*
1998 Wide AM in AMERICA										
	—	—	7.50	13.	100.	425.	*	*	*	*
1998-D	0.10	0.15	0.15	0.25	3.50	25.	*	*	*	*
1998-S	*	*	*	*	*	*	3.00	—	—	20.
1998-S Close AM in AMERICA										
	—	—	—	—	—	—	*	*	*	*
1999	0.10	0.15	0.15	0.25	3.50	25.	*	*	*	*
1999 Wide AM in AMERICA										
	—	—	—	175.	500.	1400.	*	*	*	*
1999-D	0.10	0.15	0.15	0.25	3.50	15.	*	*	*	*
1999-S	*	*	*	*	*	*	3.00	—	—	25.
1999-S Close AM in AMERICA										
	*	*	*	*	*	*	—	—	—	—
2000	0.10	0.15	0.15	0.25	3.50	15.	*	*	*	*
2000 Wide AM in AMERICA										
	—	—	—	7.00	40.	140.	*	*	*	*
2000-D	0.10	0.15	0.15	0.25	3.50	15.	*	*	*	*
2000-S	*	*	*	*	*	*	3.00	—	—	25.
2001	0.10	0.15	0.15	0.25	3.50	15.	*	*	*	*
2001-D	0.10	0.15	0.15	0.25	3.50	25.	*	*	*	*
2001-S	*	*	*	*	*	*	3.00	—	—	50.
2002	0.10	0.15	0.15	0.25	3.50	15.	*	*	*	*
2002-D	0.10	0.15	0.15	0.25	3.50	15.	*	*	*	*
2002-S	*	*	*	*	*	*	3.00	—	—	42.
2003	0.10	0.15	0.15	0.25	3.50	20.	*	*	*	*
2003-D	0.10	0.15	0.15	0.25	3.50	15.	*	*	*	*
2003-S	*	*	*	*	*	*	3.00	—	—	42.
2004	0.10	0.15	0.15	0.25	3.50	20.	*	*	*	*
2004-D	0.10	0.15	0.15	0.25	3.50	15.	*	*	*	*
2004-S	*	*	*	*	*	*	3.00	—	—	42.
2005	0.10	0.15	0.15	0.25	2.50	15.	*	*	*	*
2005 Satin Finish	—	—	—	1.00	4.00	13.	*	*	*	*

—— = Insufficient pricing data   * = None issued

LINCOLN, MEMORIAL AND LATER CENT (CONTINUED)

	AU-50	AU-58	MS-60B	MS-63RB	MS-65R	MS-67R	PF-63RB	PF-65R	PF-67R	PF-69DC
2005-D	0.10	0.15	0.15	0.25	2.50	15.	*	*	*	*
2005-D Satin Finish	—	—	—	1.00	5.00	18.	*	*	*	*
2005-S	*	*	*	*	*	*	3.00	—	—	40.
2006	0.10	0.15	0.15	0.25	2.50	15.	*	*	*	*
2006 Satin Finish	—	—	—	3.00	6.00	12.	*	*	*	*
2006-D	0.10	0.15	0.15	0.25	2.50	15.	*	*	*	*
2006-D Satin Finish	—	—	—	2.00	5.00	11.	*	*	*	*
2006-S	*	*	*	*	*	*	—	4.00	—	42.
2007	0.10	0.15	0.15	0.25	3.50	15.	*	*	*	*
2007 Satin Finish	—	—	—	2.00	5.00	10.	*	*	*	*
2007-D	0.10	0.15	0.15	0.25	3.50	15.	*	*	*	*
2007-D Satin Finish	—	—	—	2.00	5.00	10.	*	*	*	*
2007-S	*	*	*	*	*	*	—	4.00	6.00	35.
2008	0.15	0.20	—	0.35	6.00	15.	*	*	*	*
2008 Satin Finish	—	—	—	—	—	—	*	*	*	*
2008-D	0.15	0.20	—	0.35	6.00	15.	*	*	*	*
2008-D Satin Finish	—	—	—	—	—	—	*	*	*	*
2008-S	*	*	*	*	*	*	—	4.00	6.00	22.

BICENTENNIAL REVERSES

	AU-50	AU-58	MS-60B	MS-63RB	MS-65R	MS-67R	PF-63RB	PF-65R	PF-67R	PF-69DC
2009 KY	—	—	—	1.00	1.50	5.00	*	*	*	*
2009 KY Satin Finish	—	—	—	—	—	—	*	*	*	*
2009-D KY	—	—	—	1.00	1.50	5.00	*	*	*	*
2009-D KY Satin Finish	—	—	—	—	—	—	*	*	*	*
2009-S KY	*	*	*	*	*	*	—	—	—	15.
2009 IN	—	—	—	1.00	1.50	5.00	*	*	*	*
2009 IN Satin Finish	—	—	—	—	—	—	*	*	*	*
2009-D IN	—	—	—	1.00	1.50	5.00	*	*	*	*
2009-D IN Satin Finish	—	—	—	—	—	—	*	*	*	*
2009-S IN	*	*	*	*	*	*	—	—	—	15.
2009 IL	—	—	—	1.00	1.50	5.00	*	*	*	*
2009 IL Satin Finish	—	—	—	—	—	—	*	*	*	*
2009-D IL	—	—	—	1.00	1.50	5.00	*	*	*	*
2009-D IL Satin Finish	—	—	—	—	—	—	*	*	*	*
2009-S IL	*	*	*	*	*	*	—	—	—	15.
2009 DC	—	—	—	1.00	1.50	5.00	*	*	*	*
2009 DC Satin Finish	—	—	—	—	—	—	*	*	*	*
2009-D DC	—	—	—	1.00	1.50	5.00	*	*	*	*
2009-D DC Satin Finish	—	—	—	—	—	—	*	*	*	*
2009-S DC	*	*	*	*	*	*	—	—	—	15.

UNION SHIELD REVERSE

	AU-50	AU-58	MS-60B	MS-63RB	MS-65R	MS-67R	PF-63RB	PF-65R	PF-67R	PF-69DC
2010	—	—	—	1.00	1.50	5.00	*	*	*	*
2010 Satin Finish	—	—	—	—	—	—	*	*	*	*
2010-D	—	—	—	1.00	1.50	5.00	*	*	*	*
2010-D Satin Finish	—	—	—	—	—	—	*	*	*	*
2010-S	*	*	*	*	*	*	—	—	—	15.
2011	—	—	—	1.00	1.50	5.00	*	*	*	*
2011-D	—	—	—	1.00	1.50	5.00	*	*	*	*
2011-S	*	*	*	*	*	*	—	—	—	15.

—— = Insufficient pricing data   * = None issued

2 cents

Date of authorization: April 22, 1864
Dates of issue: 1864-1872
Designer/Engraver: James B. Longacre
Diameter: 23.00 mm/0.91 inch
Weight: 6.22 grams/0.20 ounce
Metallic content: 95% copper, 5% zinc and tin
Specific gravity: 8.84
Edge: Plain
Mint mark: None

Note: For copper-alloy coins, the letter B following a numerical grade (as in MS-63B) is shorthand for brown, RB represents red and brown, and R stands for red. It is common practice for grading services to qualify copper coins. In addition to a Mint State grade, a copper coin is assigned as brown, red and brown, or red. Generally, full red coins are valued higher than red and brown coins, which in turn are valued higher than brown coins, all else being equal.

	F-12	VF-20	EF-40	AU-50	AU-58	MS-60B	MS-63RB	MS-65R	PF-63RB	PF-65R
1864 Small Motto	375.	475.	750.	875.	1200.	1400.	1600.	6000.	20000.	85000.
1864 Large Motto	30.	35.	50.	80.	100.	110.	165.	2000.	650.	4500.
1865	30.	35.	50.	80.	100.	110.	165.	2000.	500.	3500.
1866	30.	35.	50.	80.	100.	110.	165.	2000.	500.	3500.
1867	40.	50.	65.	100.	135.	150.	175.	2000.	500.	3500.
1867 Doubled Die Obverse										
	300.	500.	700.	1000.	1400.	2000.	3500.	—	*	*
1868	50.	60.	80.	130.	145.	160.	200.	2500.	500.	3500.
1869	55.	65.	90.	150.	175.	200.	250.	2000.	500.	3500.
1870	60.	85.	150.	200.	250.	275.	350.	2500.	500.	3500.
1871	70.	125.	175.	225.	275.	300.	425.	2500.	500.	3500.
1872	650.	800.	1000.	1200.	1400.	1800.	2500.	10000.	700.	3500.
1873 Closed 3, Proof Only										
	1700.	1800.	2000.	2300.	2500.	*	*	*	3500.	5000.
1873 Open 3, Restrike, Proof Only										
	1800.	2000.	2300.	2600.	2800.	*	*	*	4000.	6000.

—— = Insufficient pricing data   * = None issued

Copper-nickel 3 cents

Date of authorization: April 22, 1864
Dates of issue: 1865-1889
Designer/Engraver: James B. Longacre
Diameter: 17.90 mm/0.71 inch
Weight: 1.94 grams/0.06 ounce
Metallic content: 75% copper, 25% nickel
Specific gravity: 8.92
Edge: Plain
Mint mark: None

	VG-8	F-12	VF-20	EF-40	AU-50	MS-60	MS-63	MS-65	PF-63	PF-65
1865	20.	25.	30.	40.	70.	100.	150.	650.	1500.	7500.
1866	20.	25.	30.	40.	70.	100.	150.	650.	500.	2000.
1867	20.	25.	30.	40.	70.	100.	150.	800.	500.	2200.
1868	20.	25.	30.	40.	70.	100.	150.	650.	500.	2000.
1869	20.	25.	30.	40.	70.	125.	175.	750.	500.	2000.
1870	22.	30.	35.	40.	70.	125.	175.	750.	500.	2500.
1871	25.	30.	35.	45.	75.	125.	175.	800.	500.	2200.
1872	28.	35.	40.	50.	80.	125.	250.	1200.	500.	1700.
1873 Closed 3	25.	30.	35.	50.	80.	175.	325.	3000.	500.	1700.
1873 Open 3	25.	30.	35.	50.	80.	200.	375.	5000.	*	*
1874	25.	30.	35.	45.	100.	150.	200.	1400.	500.	1700.
1875	25.	35.	40.	60.	110.	165.	300.	900.	500.	1700.
1876	30.	35.	50.	70.	125.	200.	300.	2000.	500.	2200.
1877 Proof Only	1300.	1400.	1500.	1600.	1700.	*	*	*	2500.	5000.
1878 Proof Only	750.	800.	850.	900.	1000.	*	*	*	1200.	1500.
1879	90.	110.	125.	135.	200.	250.	350.	850.	500.	1100.
1880	135.	150.	175.	210.	275.	325.	400.	850.	500.	1100.
1881	25.	30.	35.	50.	80.	100.	175.	700.	450.	1100.
1882	200.	225.	250.	300.	350.	400.	450.	1200.	600.	1100.
1883	275.	325.	360.	425.	500.	650.	1000.	10000.	600.	1100.
1884	550.	700.	750.	800.	900.	1100.	1500.	10000.	650.	1100.
1885	600.	750.	850.	900.	1000.	1150.	1200.	20000.	650.	1100.
1886 Proof Only	350.	375.	400.	450.	500.	*	*	*	650.	1100.
1887/6 Proof Only	375.	400.	450.	500.	550.	*	*	*	750.	1500.
1887	400.	450.	500.	550.	650.	750.	900.	1750.	750.	1500.
1888	75.	85.	100.	125.	200.	300.	400.	850.	450.	1100.
1889	125.	175.	225.	250.	300.	350.	450.	850.	450.	1100.

—— = Insufficient pricing data   * = None issued

Silver 3 cents

Date of authorization: March 3, 1851
Dates of issue: 1851-1873
Designer/Engraver: James B. Longacre
Diameter: 14.00 mm/0.55 inch
Weight: (1851-1853): 0.80 grams/0.03 ounce
(1854-1873): 0.75 grams/0.02 ounce
Metallic content: (1851-1853): 75% silver, 25% copper
(1854-1873): 90% silver, 10% copper
Weight of pure silver: (1851-1853): 0.60 grams/0.02 ounce
(1854-1873): 0.67 grams/0.02 ounce
Specific gravity: 1851-1853, 10.11; 1854-1873, 10.34
Edge: Plain
Mint mark: 1851-O only, reverse right field

	VG-8	F-12	VF-20	EF-40	AU-50	MS-60	MS-63	MS-65	PF-63	PF-65
1 OUTLINE OF STAR										
1851	45.	60.	70.	80.	175.	200.	280.	950.	—	—
1851-O	55.	70.	125.	200.	300.	400.	900.	3250.	*	*
1852	43.	60.	70.	80.	175.	200.	280.	950.	*	*
1853	43.	60.	70.	80.	175.	250.	350.	950.	*	*
3 OUTLINES OF STAR										
1854	50.	60.	70.	135.	250.	400.	800.	3500.	15000.	40000.
1855	75.	90.	150.	225.	350.	750.	1500.	10000.	6000.	18000.
1856	55.	65.	85.	150.	225.	350.	800.	3700.	5000.	20000.
1857	50.	65.	75.	150.	250.	375.	800.	3500.	4000.	15000.
1858	45.	60.	70.	135.	225.	350.	800.	3500.	3000.	9000.
2 OUTLINES OF STAR										
1859	45.	60.	100.	125.	175.	200.	425.	1600.	700.	2500.
1860	45.	60.	85.	100.	175.	200.	400.	1200.	700.	5000.
1861	43.	60.	85.	100.	175.	200.	300.	1000.	700.	2500.
1862	50.	70.	85.	125.	195.	225.	300.	1000.	700.	2000.
1862/1	55.	65.	80.	110.	175.	250.	375.	1000.	—	—
1863	400.	450.	500.	550.	650.	800.	1500.	2500.	500.	1500.
1863/2 Proof Only	500.	600.	700.	900.	1000.	*	*	*	1200.	6000.
1864	400.	425.	450.	550.	700.	800.	1500.	2000.	500.	1500.
1865	450.	550.	600.	650.	700.	800.	1500.	2000.	500.	1500.
1866	400.	450.	500.	550.	650.	800.	1500.	2000.	500.	1500.
1867	450.	500.	550.	600.	700.	800.	1750.	3000.	500.	1500.
1868	450.	500.	600.	650.	700.	800.	1500.	6000.	500.	1500.
1869	450.	500.	600.	650.	700.	800.	1500.	3000.	500.	1500.
1869/8 Proof Only	—	—	—	—	—	*	*	*	2000.	6000.
1870	450.	500.	600.	650.	700.	900.	1500.	5000.	500.	1500.
1871	450.	500.	600.	650.	700.	800.	1500.	2000.	600.	1500.

—— = Insufficient pricing data   * = None issued

SILVER 3 CENTS (CONTINUED)

	VG-8	F-12	VF-20	EF-40	AU-50	MS-60	MS-63	MS-65	PF-63	PF-65
1872	450.	500.	600.	650.	750.	1000.	2000.	6000.	800.	1800.
1873 Closed 3, Proof Only										
	750.	800.	850.	950.	1100.	*	*	*	2000.	3000.

Enlarged to show detail

One outline of star

Three outlines

Two outlines

—— = Insufficient pricing data   * = None issued

Shield 5 cents

Rays removed

Date of authorization: May 16, 1866
Dates of issue: 1866-1883
Designer/Engraver: James B. Longacre
Diameter: 20.50 mm/0.81 inch
Weight: 5.00 grams/0.16 ounce
Metallic content: 75% copper, 25% nickel
Specific gravity: 8.92
Edge: Plain
Mint mark: None

	VG-8	F-12	VF-20	EF-40	AU-50	AU-58	MS-60	MS-63	MS-65	MS-66	PF-63	PF-65	PF-66
WITH RAYS ON REVERSE													
1866	55.	75.	100.	200.	275.	300.	350.	600.	2000.	5000.	2500.	5000.	6000.
1866/1866 Repunched Date													
	300.	400.	700.	1000.	1500.	2000.	2500.	4500.	—	—	*	*	*
1867	60.	85.	125.	250.	350.	400.	450.	600.	3500.	8000.	40000.	100000.	*
RAYS REMOVED FROM REVERSE													
1867	30.	35.	50.	85.	125.	150.	160.	275.	800.	2500.	700.	4000.	5500.
1868	30.	35.	50.	85.	125.	150.	160.	275.	800.	2000.	450.	1500.	2500.
1869	30.	35.	50.	85.	125.	150.	160.	275.	800.	4000.	500.	1300.	2500.
1870	40.	70.	85.	125.	175.	200.	250.	500.	2500.	5000.	450.	1300.	2500.
1871	110.	150.	200.	300.	400.	450.	460.	800.	3000.	5000.	450.	1300.	2000.
1872	60.	85.	100.	135.	175.	200.	225.	325.	1500.	4000.	450.	1000.	1800.
1873 Closed 3													
	60.	80.	100.	135.	200.	250.	300.	800.	2500.	4500.	450.	1000.	1800.
1873 Open 3													
	50.	65.	80.	100.	150.	175.	250.	400.	2000.	8000.	*	*	*
1874	50.	80.	100.	125.	150.	200.	275.	400.	1600.	4000.	450.	1300.	2000.
1875	65.	100.	135.	160.	200.	300.	350.	500.	1700.	5000.	450.	1800.	2500.
1876	60.	90.	125.	150.	175.	225.	250.	400.	1500.	4000.	450.	1100.	1800.
1877 Proof Only													
	2000.	2200.	2500.	2700.	3000.	3500.	*	*	*	*	3500.	5000.	6500.
1878 Proof Only													
	1000.	1100.	1200.	1400.	1500.	2000.	*	*	*	*	2500.	3000.	3500.
1879	550.	650.	750.	850.	1000.	1100.	1200.	1300.	2000.	5000.	550.	1100.	1800.
1879/8 Proof Only													
	—	—	—	*	*	*	*	*	*	*	550.	1100.	1700.
1880	700.	1000.	2000.	3000.	3500.	5500.	6000.	10000.	50000.	—	500.	1000.	1500.
1881	400.	500.	600.	700.	800.	875.	900.	1100.	2000.	3000.	500.	1000.	1500.
1882	28.	35.	50.	75.	125.	160.	175.	250.	800.	1500.	500.	1000.	1500.
1883	28.	35.	50.	80.	125.	150.	175.	250.	700.	1500.	500.	1000.	1500.
1883/2	300.	500.	800.	1200.	1700.	2000.	2200.	2750.	15000.	25000.	*	*	*

—— = Insufficient pricing data   * = None issued

Liberty Head 5 cents

No CENTS   With CENTS

Date of authorization: May 16, 1866
Dates of issue: 1883-1912
Designer/Engraver: Charles Barber
Diameter: 21.21 mm/0.84 inch
Weight: 5.00 grams/0.16 ounce
Metallic content: 75% copper, 25% nickel
Specific gravity: 8.92
Edge: Plain
Mint mark: 1912 only, reverse left of CENTS

	VG-8	F-12	VF-20	EF-40	AU-50	MS-60	MS-63	MS-65	MS-66	PF-63	PF-64	PF-65	PF-66
NO CENTS													
1883	9.00	10.	12.	13.	15.	30.	50.	225.	650.	400.	600.	1000.	2000.
CENTS ADDED BELOW WREATH ON REVERSE													
1883	35.	50.	70.	100.	140.	175.	225.	700.	1500.	300.	425.	800.	1500.
1884	40.	50.	70.	110.	160.	200.	300.	1700.	3700.	275.	425.	800.	1500.
1885	700.	800.	1000.	1200.	1750.	2550.	4000.	9000.	15000.	1300.	1500.	1700.	2500.
1886	325.	425.	550.	750.	850.	1200.	2250.	7000.	12000.	750.	850.	1000.	1800.
1887	25.	40.	60.	100.	130.	175.	225.	1000.	2500.	275.	425.	800.	1500.
1888	50.	80.	150.	225.	275.	375.	475.	1700.	4000.	275.	425.	800.	1500.
1889	20.	40.	70.	100.	140.	200.	300.	800.	3000.	275.	425.	800.	1500.
1890	25.	35.	50.	85.	135.	200.	325.	1200.	3200.	275.	425.	800.	1500.
1891	15.	30.	50.	75.	140.	175.	250.	1000.	2200.	275.	425.	900.	1500.
1892	15.	30.	50.	80.	140.	175.	250.	1200.	3000.	275.	425.	900.	1500.
1893	15.	30.	50.	80.	135.	175.	250.	1000.	3750.	275.	425.	900.	1500.
1894	40.	100.	200.	250.	300.	425.	550.	1400.	2500.	275.	425.	900.	1500.
1895	10.	30.	55.	85.	135.	175.	250.	2000.	5000.	275.	425.	800.	1400.
1896	25.	50.	80.	125.	150.	200.	300.	2000.	8000.	275.	425.	800.	1400.
1897	7.00	14.	30.	55.	70.	110.	175.	1200.	3250.	275.	425.	800.	1400.
1898	7.00	14.	30.	50.	80.	140.	240.	1000.	2250.	275.	425.	800.	1400.
1899	6.00	12.	25.	40.	70.	110.	150.	650.	1100.	275.	425.	800.	1400.
1900	3.00	10.	25.	40.	70.	110.	150.	650.	1100.	275.	425.	800.	1400.
1901	3.00	5.00	15.	35.	65.	95.	150.	650.	1200.	275.	425.	800.	1400.
1902	3.00	5.00	15.	35.	65.	95.	125.	650.	1200.	275.	425.	800.	1400.
1903	3.00	5.00	15.	30.	65.	95.	125.	650.	1200.	275.	425.	800.	1400.
1904	3.00	5.00	14.	35.	65.	100.	125.	600.	1100.	275.	425.	800.	1400.
1905	3.00	5.00	12.	30.	65.	95.	125.	600.	1200.	275.	425.	800.	1400.
1906	3.00	5.00	12.	30.	65.	95.	125.	650.	2000.	275.	425.	800.	1400.
1907	3.00	5.00	12.	30.	65.	95.	125.	750.	1500.	275.	425.	800.	1400.

—— = Insufficient pricing data   * = None issued

LIBERTY HEAD 5 CENTS (CONTINUED)

	VG-8	F-12	VF-20	EF-40	AU-50	MS-60	MS-63	MS-65	MS-66	PF-63	PF-64	PF-65	PF-66
1908	3.00	5.00	12.	30.	65.	95.	125.	1000.	4000.	275.	400.	800.	1400.
1909	3.00	5.00	14.	35.	65.	100.	150.	1200.	2250.	275.	400.	800.	1400.
1910	3.00	5.00	12.	30.	65.	95.	125.	800.	2000.	275.	400.	800.	1400.
1911	3.00	5.00	12.	30.	65.	95.	125.	600.	1200.	275.	400.	800.	1400.
1912	3.00	5.00	12.	30.	65.	95.	125.	600.	1200.	275.	400.	800.	1400.
1912-D	7.00	15.	55.	100.	200.	275.	425.	2000.	5000.	*	*	*	*
1912-S	250.	300.	500.	900.	1250.	1700.	2300.	6000.	17000.	*	*	*	*
1913	*	*	*	*	*	*	*	*	*	—	—	—	5000000.

Indian Head 5 cents

Bison on Mound   Bison on Plain

"Buffalo nickel"

Date of authorization:	May 16, 1866
Dates of issue:	1913-1938
Designer:	James Earle Fraser
Engraver:	Charles Barber
Diameter:	21.21 mm/0.84 inch
Weight:	5.00 grams/0.16 ounce
Metallic content:	75% copper, 25% nickel
Specific gravity:	8.92
Edge:	Plain
Mint mark:	Reverse below FIVE CENTS

	VG-8	F-12	VF-20	EF-40	AU-50	MS-60	MS-63	MS-65	PF-63	PF-65
BISON STANDING ON MOUND										
1913	15.	16.	18.	20.	25.	35.	50.	175.	1200.	4000.
1913-D	22.	25.	30.	35.	60.	75.	100.	400.	*	*
1913-S	50.	60.	70.	80.	90.	130.	225.	700.	*	*
BISON STANDING ON PLAIN										
1913	12.	13.	15.	20.	25.	38.	75.	400.	1200.	3000.
1913-D	150.	175.	200.	225.	250.	325.	450.	1250.	*	*
1913-S	400.	500.	550.	600.	750.	850.	1200.	5000.	*	*
1914	20.	25.	30.	35.	40.	60.	100.	475.	1200.	3000.
1914/3	400.	600.	1000.	1200.	1500.	3500.	6000.	25000.	*	*
1914-D	150.	175.	225.	300.	350.	425.	600.	1500.	*	*
1914-S	40.	50.	60.	100.	140.	200.	450.	2250.	*	*
1915	9.00	10.	12.	20.	35.	50.	100.	375.	1000.	2500.
1915-D	30.	50.	75.	125.	150.	225.	350.	2000.	*	*
1915-S	75.	125.	175.	325.	500.	700.	1000.	3000.	*	*
1916	8.00	9.00	10.	14.	20.	50.	80.	350.	1500.	4000.
1916 Doubled Die Obverse										
	7500.	10000.	17000.	20000.	35000.	100000.	175000.	400000.	*	*
1916-D	28.	30.	40.	80.	110.	150.	325.	2000.	*	*
1916-S	14.	20.	30.	75.	120.	175.	350.	2000.	*	*
1917	8.00	9.00	10.	16.	40.	60.	150.	600.	*	*
1917-D	30.	60.	80.	175.	275.	375.	900.	2500.	*	*
1917-S	40.	80.	125.	200.	300.	450.	1250.	4500.	*	*
1918	7.00	9.00	16.	32.	75.	125.	400.	1200.	*	*
1918/7-D	2000.	3500.	6000.	10000.	15000.	30000.	60000.	300000.	*	*
1918-D	40.	75.	125.	225.	325.	600.	1000.	3500.	*	*
1918-S	30.	50.	100.	175.	300.	700.	3000.	25000.	*	*

—— = Insufficient pricing data   * = None issued

	VG-8	F-12	VF-20	EF-40	AU-50	MS-60	MS-63	MS-65	PF-63	PF-65
1919	4.00	5.00	8.00	15.	25.	60.	150.	600.	*	*
1919-D	35.	70.	125.	250.	350.	750.	1500.	7000.	*	*
1919-S	20.	55.	100.	240.	375.	600.	2000.	14000.	*	*
1920	2.50	3.00	8.00	15.	30.	60.	200.	900.	*	*
1920-D	20.	35.	140.	275.	325.	575.	1600.	6000.	*	*
1920-S	12.	30.	100.	200.	300.	525.	2500.	25000.	*	*
1921	7.00	9.00	25.	55.	75.	125.	350.	900.	*	*
1921-S	125.	200.	500.	1000.	1250.	1500.	2200.	8000.	*	*
1923	3.00	4.00	7.00	14.	40.	75.	175.	800.	*	*
1923-S	10.	25.	125.	275.	350.	600.	1000.	9000.	*	*
1924	2.00	4.00	10.	20.	45.	85.	200.	800.	*	*
1924-D	12.	30.	85.	225.	300.	400.	900.	4500.	*	*
1924-S	35.	100.	450.	1200.	2000.	2800.	4000.	12000.	*	*
1925	3.00	4.00	8.00	18.	30.	50.	125.	500.	*	*
1925-D	20.	35.	75.	170.	250.	475.	800.	5000.	*	*
1925-S	9.00	18.	75.	175.	275.	510.	2500.	32000.	*	*
1926	2.00	3.00	6.00	10.	20.	35.	75.	250.	*	*
1926-D	16.	30.	100.	175.	275.	375.	600.	4500.	*	*
1926-S	40.	125.	450.	1000.	3000.	5000.	11000.	100000.	*	*
1927	2.00	3.00	5.00	12.	20.	35.	75.	300.	*	*
1927-D	6.00	8.00	30.	80.	125.	200.	300.	7000.	*	*
1927-S	3.00	5.00	40.	85.	175.	600.	2000.	17000.	*	*
1928	2.00	4.00	6.00	15.	25.	40.	75.	350.	*	*
1928-D	3.00	5.00	15.	40.	50.	75.	125.	700.	*	*
1928-S	3.00	5.00	12.	30.	100.	200.	600.	4000.	*	*
1929	2.00	4.00	6.00	15.	25.	35.	75.	350.	*	*
1929-D	3.00	4.00	9.00	40.	50.	60.	200.	1250.	*	*
1929-S	3.00	4.00	5.00	25.	30.	50.	125.	500.	*	*
1930	1.50	2.50	4.00	12.	20.	35.	80.	275.	*	*
1930-S	1.50	3.00	4.00	15.	35.	80.	125.	450.	*	*
1931-S	18.	20.	30.	40.	50.	75.	100.	350.	*	*
1934	1.50	3.00	5.00	12.	20.	50.	75.	400.	*	*
1934-D	3.00	5.00	12.	25.	50.	80.	175.	600.	*	*
1935	1.50	2.00	3.00	4.00	10.	25.	45.	125.	*	*
1935 Doubled Die Reverse	200.	250.	500.	1000.	2000.	6000.	15000.	100000.	*	*
1935-D	2.50	4.00	10.	25.	50.	70.	125.	450.	*	*
1935-S	2.00	3.00	4.00	5.00	18.	50.	80.	250.	*	*
1936	1.50	2.00	3.00	4.00	9.00	20.	50.	90.	*	*
1936 Satin Proof	*	*	*	*	*	*	*	*	1500.	2700.
1936 Brilliant Proof	*	*	*	*	*	*	*	*	1800.	3000.
1936-D	1.50	2.00	3.00	5.00	15.	40.	50.	125.	*	*
1936-D 3 and One Half Legs	1500.	2000.	3000.	6000.	10000.	20000.	—	—	*	*
1936-S	1.50	2.50	3.00	5.00	12.	40.	50.	150.	*	*
1937	1.50	2.00	3.00	5.00	9.00	20.	40.	75.	1500.	2700.
1937-D	1.50	2.00	3.00	5.00	10.	35.	50.	100.	*	*
1937-D 3 Legs	700.	850.	950.	1200.	1400.	2500.	5000.	40000.	*	*
1937-S	1.50	2.00	3.00	5.00	10.	25.	35.	100.	*	*
1938-D	5.00	6.00	7.00	8.00	10.	22.	30.	75.	*	*
1938-D/D	9.00	14.	15.	17.	18.	30.	50.	150.	*	*
1938-D/S	8.00	12.	15.	20.	35.	50.	80.	200.	*	*

—— = Insufficient pricing data   * = None issued

Jefferson 5 cents

Date of authorization: May 16, 1866; March 27, 1942; April 23, 2003
Dates of issue: 1938-present
Designer: Felix Schlag
Engraver: John R. Sinnock (original 1938 designs)
Diameter: 21.21 mm/0.84 inch
Weight: 5.00 grams/0.16 ounce
Metallic content: (1938-1942): 75% copper, 25% nickel
(1942-1945): 56% copper, 35% silver, 9% manganese
(1946-present): 75% copper, 25% nickel
Specific gravity: 8.92 (standard), 9.25 (wartime alloy)
Weight of pure silver: (1942-1945): 1.75 grams/0.06 ounce
Edge: Plain
Mint mark: (1938-1942, 1946-1964): Reverse right of building
(1942-1945, silver): Reverse above dome
(1968-2004): Obverse below Jefferson's ponytail

The letters FS following a numerical grade stand for Full Steps. They refer to fully formed, undamaged steps on Monticello on the reverse of 1938 to 2003 Jefferson 5-cent coins.

Also, the letter C following a numerical grade for a Proof coin stands for "cameo," while the letters DC stand for "deep cameo." Cameo coins have contrasting surface finishes: mirror fields and frosted devices (raised areas). Deep cameo coins are the ultimate level of cameo, with deeply frosted devices. Cameo and deep cameo coins bring premiums.

	EF-40	AU-50	AU-58	MS-60	MS-63	MS-65	MS-65FS	MS-66	MS-66FS	MS-67	PF-63	PF-65	PF-67DC
COPPER-NICKEL													
1938	1.50	2.00	3.25	7.00	10.	30.	150.	60.	225.	125.	75.	125.	—
1938-D	2.00	3.00	4.00	7.00	9.00	15.	150.	40.	225.	150.	*	*	*
1938-S	4.00	5.00	7.00	9.00	10.	16.	300.	50.	1000.	750.	*	*	*
1939 Reverse of 1938													
	1.00	1.50	1.75	5.00	10.	30.	55.	60.	450.	200.	50.	125.	—
1939 Reverse of 1940													
	1.00	1.50	3.50	5.00	10.	35.	65.	70.	150.	400.	—	—	—
1939 Doubled MONTICELLO													
	200.	250.	275.	325.	500.	1200.	2500.	2500.	6500.	5000.	*	*	*
1939-D Reverse of 1938													
	15.	25.	35.	75.	85.	135.	500.	200.	1600.	300.	*	*	*
1939-D Reverse of 1940													
	15.	20.	25.	30.	35.	70.	500.	150.	1400.	500.	*	*	*
1939-S Reverse of 1938													
	5.00	12.	15.	20.	25.	50.	400.	150.	3000.	500.	*	*	*
1939-S Reverse of 1940													
	5.00	10.	12.	15.	20.	200.	500.	400.	3000.	—	*	*	*
1940	1.00	1.50	2.00	4.00	5.00	15.	75.	35.	150.	250.	45.	115.	—
1940-D	1.00	1.50	2.00	3.00	4.00	30.	50.	50.	75.	150.	*	*	*
1940-S	1.50	2.00	2.50	5.00	6.00	25.	60.	40.	275.	500.	*	*	*
1941	1.00	1.50	2.00	3.50	5.00	25.	60.	35.	200.	250.	40.	110.	—
1941-D	1.50	2.00	2.75	5.00	6.00	15.	40.	30.	75.	75.	*	*	*
1941-S	1.50	2.00	2.75	5.00	6.00	20.	100.	45.	1000.	600.	*	*	*
1942	2.00	2.50	3.50	6.00	8.00	30.	100.	55.	1000.	250.	45.	115.	—
1942-D	5.00	10.	21.	50.	60.	75.	100.	100.	200.	325.	*	*	*
1942-D/Horizontal D													
	300.	750.	1000.	2000.	4000.	12000.	50000.	—	—	—	*	*	*
SILVER													
1942-P	3.00	5.00	7.00	12.	14.	20.	100.	25.	150.	40.	125.	225.	—
1942-S	4.00	6.00	7.50	12.	15.	35.	200.	50.	260.	65.	*	*	*
1943/2-P	100.	175.	200.	275.	350.	900.	1200.	1400.	3000.	2500.	*	*	*
1943-P	3.00	3.00	4.00	7.00	9.00	20.	40.	30.	125.	50.	*	*	*
1943-P Doubled Eye													
	50.	100.	110.	125.	150.	650.	1000.	1000.	2000.	2000.	*	*	*
1943-D	3.00	3.00	5.00	7.00	9.00	20.	60.	30.	85.	50.	*	*	*
1943-S	3.00	3.50	5.00	9.00	12.	20.	50.	30.	125.	55.	*	*	*
1944-P	3.00	4.00	7.00	16.	20.	35.	100.	60.	250.	75.	*	*	*
1944-D	3.00	4.00	6.00	13.	15.	25.	40.	35.	60.	60.	*	*	*
1944-S	3.00	3.50	5.50	10.	12.	20.	150.	40.	350.	60.	*	*	*
1945-P	3.00	3.00	4.50	8.00	10.	20.	125.	35.	250.	500.	*	*	*
1945-P Doubled Die Reverse													
	30.	50.	60.	75.	120.	850.	7000.	4000.	—	—	*	*	*
1945-D	3.00	3.00	5.00	7.00	9.00	20.	40.	30.	85.	125.	*	*	*
1945-S	3.00	3.00	5.00	7.00	9.00	20.	200.	30.	1000.	500.	*	*	*
COPPER-NICKEL													
1946	1.00	2.00	2.25	3.00	5.00	25.	250.	100.	1500.	—	*	*	*
1946-D	1.00	1.50	1.85	2.50	3.50	20.	40.	35.	85.	400.	*	*	*
1946-D/Horizontal D													
	140.	225.	245.	300.	450.	1750.	3500.	3500.	6000.	—	*	*	*
1946-S	0.75	1.00	1.15	1.50	3.00	20.	150.	30.	500.	110.	*	*	*
1947	0.75	1.00	1.15	1.50	3.00	25.	60.	55.	275.	150.	*	*	*
1947-D	1.00	1.50	1.65	2.00	4.00	20.	30.	30.	120.	200.	*	*	*
1947-S	1.00	1.50	1.65	2.00	4.00	20.	80.	35.	500.	—	*	*	*
1948	1.00	1.50	1.65	2.00	3.00	20.	150.	80.	2000.	—	*	*	*
1948-D	1.00	2.00	2.25	3.00	5.00	15.	30.	50.	90.	—	*	*	*
1948-S	1.00	1.50	1.75	2.50	4.00	15.	40.	30.	175.	75.	*	*	*

JEFFERSON 5 CENTS (CONTINUED)

	EF-40	AU-50	AU-58	MS-60	MS-63	MS-65	MS-65FS	MS-66	MS-66FS	MS-67	PF-63	PF-65	PF-67DC
1949	1.00	1.50	2.50	5.00	6.00	15.	2500.	25.	—		*	*	*
1949-D	1.00	1.50	2.50	4.00	6.00	11.	40.	25.	175.	225.	*	*	*
1949-D/S	100.	175.	195.	225.	275.	600.	1500.	1250.	—	—	*	*	*
1949-S	1.00	2.00	2.25	3.00	4.00	8.00	250.	45.	1400.	—	*	*	*
1950	1.00	2.00	2.40	3.50	5.00	12.	150.	55.	500.	—	35.	70.	—
1950-D	12.	14.	15.	16.	18.	25.	55.	75.	150.	300.	*	*	*
1951	1.50	3.00	3.50	5.00	6.00	20.	475.	40.	3500.	100.	25.	60.	—
1951-D	2.00	4.00	5.50	8.50	10.	15.	80.	28.	250.	—	*	*	*
1951-S	1.50	3.00	3.50	5.00	6.00	20.	150.	50.	2000.	300.	*	*	*
1952	1.00	2.00	2.50	4.00	5.00	25.	1000.	225.	—	400.	15.	50.	*
1952-D	1.50	3.00	3.75	6.00	7.00	25.	200.	30.	600.	—	*	*	*
1952-S	0.75	1.00	1.15	1.50	3.00	25.	500.	35.	5000.	—	*	*	*
1953	0.75	1.00	1.15	1.50	2.00	10.	6000.	50.	8000.	—	7.00	40.	—
1953-D	0.75	1.00	1.15	1.50	2.00	20.	300.	40.	1500.	—	*	*	*
1953-S	0.75	1.00	1.15	1.50	3.00	25.	—	125.	—	—	*	*	*
1954	0.75	1.00	1.15	1.50	3.00	10.	350.	15.	—	—	4.00	25.	*
1954-D	0.75	1.00	1.15	1.50	2.00	12.	1000.	40.	—	—	*	*	*
1954-S	0.75	1.00	1.50	2.50	4.00	20.	5000.	135.	—	—	*	*	*
1954 S/D	20.	30.	36.	50.	75.	350.	—	1000.	—	—	*	*	*
1955	1.00	1.50	1.65	2.00	3.00	8.00	1000.	35.	—	—	3.00	15.	900.
1955-D	0.75	1.00	1.25	2.00	3.00	20.	4500.	135.	—	—	*	*	*
1955 D/S	20.	35.	40.	50.	75.	375.	—	950.	—	—	*	*	*
1956	0.50	0.75	0.85	1.00	1.50	20.	80.	40.	350.	—	1.00	4.00	1000.
1956-D	0.50	0.75	0.85	1.00	1.50	20.	900.	50.	3500.	—	*	*	*
1957	0.75	1.00	1.15	1.50	2.00	15.	120.	40.	3000.	—	1.00	2.50	—
1957-D	0.50	0.75	0.85	1.00	1.50	14.	150.	25.	2500.	—	*	*	*
1958	0.50	0.75	0.85	1.00	1.50	35.	1500.	80.	—	—	1.00	6.00	—
1958-D	0.50	0.75	0.85	1.00	1.50	15.	50.	100.	150.	—	*	*	*
1959	0.50	0.75	0.85	1.00	1.50	10.	75.	40.	1500.	—	1.00	2.50	1300.
1959-D	0.50	0.75	0.85	1.00	1.50	7.00	300.	100.	2500.	—	*	*	*
1960	0.50	0.75	0.85	1.00	1.50	7.00	2500.	50.	—	—	1.00	2.50	—
1960-D	0.50	0.75	0.85	1.00	1.50	25.	—	50.	—	—	*	*	*
1961	0.50	0.75	0.85	1.00	1.50	8.00	—	40.	—	—	1.00	2.50	—
1961-D	0.50	0.75	0.85	1.00	1.50	25.	4000.	60.	—	—	*	*	*
1962	0.50	0.75	0.85	1.00	1.50	7.00	60.	30.	525.	—	1.00	2.50	—
1962-D	0.50	0.75	0.85	1.00	1.50	40.	—	140.	—	—	*	*	*
1963	0.50	0.75	0.85	1.00	1.50	20.	200.	35.	1000.	—	1.00	2.50	—
1963-D	0.50	0.75	0.85	1.00	1.50	30.	—	50.	—	—	*	*	*
1964	0.50	0.75	0.85	1.00	1.50	25.	350.	50.	—	—	1.00	2.50	—
1964-D	0.50	0.75	0.85	1.00	1.50	20.	750.	30.	—	—	*	*	*
1965	0.15	0.20	0.25	0.35	0.50	10.	5000.	150.	—	—	*	*	*
1965 Special Mint Set	—	—	—	0.35	1.50	15.	30.	25.	50.	50.	*	*	*
1966	0.15	0.20	0.25	0.35	0.50	12.	3500.	100.	—	—	*	*	*
1966 Special Mint Set	—	—	—	0.35	1.50	18.	30.	25.	50.	50.	*	*	*
1967	0.15	0.20	0.25	0.35	0.50	12.	—	200.	—	—	*	*	*
1967 Special Mint Set	—	—	—	0.35	1.50	15.	30.	30.	50.	50.	*	*	*

	AU-50	AU-58	MS-60	MS-63	MS-64	MS-65	MS-65FS	MS-66	MS-66FS	PF-63	PF-65	PF-67	PF-69DC
1968-D	0.20	0.25	0.35	0.50	3.00	5.00	—	30.	—	*	*	*	*
1968-S	0.20	0.25	0.35	0.50	8.00	10.	1500.	28.	4000.	1.00	3.00	9.00	—
1969-D	0.20	0.25	0.35	0.50	3.00	6.00	—	100.	—	*	*	*	*
1969-S	0.20	0.25	0.50	1.00	8.00	15.	—	350.	—	1.00	3.00	8.00	*
1970-D	0.20	0.25	0.40	0.65	4.00	35.	—	150.	—	*	*	*	*

—— = Insufficient pricing data   * = None issued

	AU-50	AU-58	MS-60	MS-63	MS-64	MS-65	MS-65FS	MS-66	MS-66FS	PF-63	PF-65	PF-67	PF-69DC
1970-S	0.20	0.25	0.40	1.00	7.50	10.	750.	45.	—	1.00	3.00	8.00	—
1971	0.20	0.25	0.35	1.00	3.00	5.00	30.	25.	70.	*	*	*	*
1971-D	0.20	0.25	0.35	0.50	3.00	10.	20.	27.	35.	*	*	*	*
1971-S	*	*	*	*	*	*	*	*	*	2.50	5.00	15.	700.
1971-S No S	*	*	*	*	*	*	*	*	*	1300.	1500.	—	8500.
1972	0.20	0.25	0.35	0.50	3.00	8.00	40.	25.	175.	*	*	*	*
1972-D	0.20	0.25	0.35	0.50	3.00	10.	50.	35.	250.	*	*	*	*
1972-S	*	*	*	*	*	*	*	*	*	2.00	4.00	8.00	—
1973	0.20	0.25	0.35	0.50	3.00	5.00	15.	15.	85.	*	*	*	*
1973-D	0.20	0.25	0.35	0.50	3.00	10.	25.	35.	50.	*	*	*	*
1973-S	*	*	*	*	*	*	*	*	*	1.50	4.00	10.	100.
1974	0.20	0.25	0.35	0.50	3.00	5.00	50.	15.	350.	*	*	*	*
1974-D	0.20	0.25	0.35	0.55	3.00	10.	30.	25.	150.	*	*	*	*
1974-S	*	*	*	*	*	*	*	*	*	1.50	4.00	11.	—
1975	0.20	0.25	0.35	0.55	3.00	5.00	40.	25.	250.	*	*	*	*
1975-D	0.20	0.25	0.35	0.50	3.00	5.00	40.	30.	200.	*	*	*	*
1975-S	*	*	*	*	*	*	*	*	*	2.00	4.00	11.	—
1976	0.20	0.25	0.35	0.55	3.00	10.	150.	25.	450.	*	*	*	*
1976-D	0.20	0.25	0.35	0.55	3.00	5.00	30.	30.	120.	*	*	*	*
1976-S	*	*	*	*	*	*	*	*	*	1.50	4.00	11.	20.
1977	0.20	0.25	0.35	0.50	3.00	9.50	200.	25.	—	*	*	*	*
1977-D	0.20	0.25	0.35	0.55	3.00	12.	30.	30.	120.	*	*	*	*
1977-S	*	*	*	*	*	*	*	*	*	1.50	4.00	10.	20.
1978	0.20	0.25	0.35	0.50	3.00	10.	100.	25.	150.	*	*	*	*
1978-D	0.20	0.25	0.35	0.50	3.00	10.	45.	27.	100.	*	*	*	*
1978-S	*	*	*	*	*	*	*	*	*	1.50	4.00	10.	20.
1979	0.20	0.25	0.35	0.50	3.00	5.00	100.	30.	150.	*	*	*	*
1979-D	0.20	0.25	0.35	0.50	3.00	10.	45.	25.	100.	*	*	*	*
1979-S Filled S	*	*	*	*	*	*	*	*	*	1.00	3.00	9.00	20.
1979-S Clear S	*	*	*	*	*	*	*	*	*	2.00	4.00	10.	—
1980-P	0.20	0.25	0.35	0.50	3.00	5.00	25.	15.	50.	*	*	*	*
1980-D	0.20	0.25	0.35	0.50	3.00	5.00	25.	25.	50.	*	*	*	*
1980-S	*	*	*	*	*	*	*	*	*	1.00	2.00	9.00	20.
1981-P	0.20	0.25	0.35	0.50	3.00	5.00	350.	20.	—	*	*	*	*
1981-D	0.20	0.25	0.35	0.50	3.00	10.	40.	19.	75.	*	*	*	*
1981-S Filled S	*	*	*	*	*	*	*	*	*	1.50	2.50	9.00	20.
1981-S Clear S	*	*	*	*	*	*	*	*	*	2.00	3.00	9.00	—
1982-P	0.20	0.25	0.35	7.50	10.	15.	45.	30.	80.	*	*	*	*
1982-D	0.20	0.25	0.35	1.50	4.00	15.	100.	25.	250.	*	*	*	*
1982-S	*	*	*	*	*	*	*	*	*	1.00	2.00	9.00	20.
1983-P	0.20	0.25	0.35	2.50	5.00	10.	350.	30.	—	*	*	*	*
1983-D	0.20	0.25	0.35	2.00	4.00	5.00	50.	20.	250.	*	*	*	*
1983-S	*	*	*	*	*	*	*	*	*	1.00	2.00	9.00	20.
1984-P	0.20	0.25	0.35	0.60	3.00	5.00	25.	18.	50.	*	*	*	*
1984-D	0.20	0.25	0.35	0.60	3.00	5.00	—	15.	—	*	*	*	*
1984-S	*	*	*	*	*	*	*	*	*	5.00	7.00	9.00	20.
1985-P	0.20	0.25	0.35	0.60	3.00	5.00	35.	15.	—	*	*	*	*
1985-D	0.20	0.25	0.35	0.60	3.00	5.00	35.	15.	125.	*	*	*	*
1985-S	*	*	*	*	*	*	*	*	*	2.00	4.00	9.00	20.
1986-P	0.20	0.25	0.35	0.60	3.00	5.00	30.	15.	100.	*	*	*	*
1986-D	0.20	0.25	0.35	1.00	3.00	5.00	30.	15.	125.	*	*	*	*
1986-S	*	*	*	*	*	*	*	*	*	6.00	8.00	9.00	20.
1987-P	0.20	0.25	0.35	0.50	3.00	5.00	20.	12.	30.	*	*	*	*
1987-D	0.20	0.25	0.35	0.50	3.00	5.00	20.	12.	30.	*	*	*	*
1987-S	*	*	*	*	*	*	*	*	*	2.00	4.00	6.00	20.

—— = Insufficient pricing data   * = None issued

JEFFERSON 5 CENTS (CONTINUED)

	AU-50	AU-58	MS-60	MS-63	MS-64	MS-65	MS-65FS	MS-66	MS-66FS	PF-63	PF-65	PF-67	PF-69DC
1988-P	0.20	0.25	0.35	0.50	3.00	5.00	15.	12.	50.	*	*	*	*
1988-D	0.20	0.25	0.35	0.50	3.00	5.00	20.	12.	80.	*	*	*	*
1988-S	*	*	*	*	*	*	*	*	*	5.00	7.00	9.00	20.
1989-P	0.20	0.25	0.35	0.50	3.00	5.00	20.	12.	50.	*	*	*	*
1989-D	0.20	0.25	0.35	0.50	3.00	5.00	50.	12.	100.	*	*	*	*
1989-S	*	*	*	*	*	*	*	*	*	4.00	6.00	8.00	20.
1990-P	0.20	0.25	0.35	0.50	3.00	5.00	15.	11.	30.	*	*	*	*
1990-D	0.20	0.25	0.35	0.50	3.00	5.00	35.	11.	150.	*	*	*	*
1990-S	*	*	*	*	*	*	*	*	*	4.00	6.00	8.00	20.
1991-P	0.20	0.25	0.35	0.50	3.00	5.00	30.	11.	100.	*	*	*	*
1991-D	0.20	0.25	0.35	0.50	3.00	5.00	35.	12.	125.	*	*	*	*
1991-S	*	*	*	*	*	*	*	*	*	4.00	6.00	8.00	20.
1992-P	0.20	0.25	0.35	0.60	3.00	5.00	15.	15.	20.	*	*	*	*
1992-D	0.20	0.25	0.35	0.50	3.00	5.00	15.	11.	20.	*	*	*	*
1992-S	*	*	*	*	*	*	*	*	*	2.00	4.00	6.00	20.
1993-P	0.20	0.25	0.35	0.50	3.00	5.00	15.	11.	20.	*	*	*	*
1993-D	0.20	0.25	0.35	0.50	3.00	5.00	15.	12.	20.	*	*	*	*
1993-S	*	*	*	*	*	*	*	*	*	2.50	5.00	7.00	20.
1994-P	0.20	0.25	0.35	0.50	3.00	5.00	—	12.	—	*	*	*	*
1994-P Matte Finish													
	—	—	—	30.	40.	50.	150.	75.	200.	*	*	*	*
1994-D	0.20	0.25	0.35	0.50	3.00	5.00	15.	12.	75.	*	*	*	*
1994-S	*	*	*	*	*	*	*	*	*	2.50	5.00	7.00	20.
1995-P	0.20	0.25	0.35	0.50	3.00	5.00	15.	12.	20.	*	*	*	*
1995-D	0.20	0.25	0.35	0.55	3.00	5.00	35.	18.	95.	*	*	*	*
1995-S	*	*	*	*	*	*	*	*	*	4.00	6.00	8.00	20.
1996-P	0.20	0.25	0.35	0.50	3.00	5.00	15.	10.	20.	*	*	*	*
1996-D	0.20	0.25	0.35	0.50	3.00	5.00	20.	10.	33.	*	*	*	*
1996-S	*	*	*	*	*	*	*	*	*	2.50	5.00	7.00	20.
1997-P	0.20	0.25	0.35	0.50	2.00	3.50	15.	6.00	20.	*	*	*	*
1997-P Matte Finish													
	—	—	—	100.	125.	150.	200.	160.	225.	*	*	*	*
1997-D	0.20	0.25	0.35	0.50	2.00	3.50	15.	6.00	20.	*	*	*	*
1997-S	*	*	*	*	*	*	*	*	*	2.00	4.00	7.00	20.
1998-P	0.20	0.25	0.35	0.50	2.00	3.50	10.	6.00	15.	*	*	*	*
1998-D	0.20	0.25	0.35	0.50	2.00	3.50	10.	6.00	15.	*	*	*	*
1998-S	*	*	*	*	*	*	*	*	*	1.50	3.50	6.00	20.
1999-P	0.20	0.25	0.35	0.50	2.00	3.50	16.	6.00	65.	*	*	*	*
1999-D	0.20	0.25	0.35	0.50	2.00	3.50	15.	6.00	50.	*	*	*	*
1999-S	*	*	*	*	*	*	*	*	*	1.50	3.50	6.00	20.
2000-P	0.20	0.25	0.35	0.50	2.00	3.50	14.	6.00	50.	*	*	*	*
2000-D	0.20	0.25	0.35	0.50	2.00	3.50	5.50	6.00	20.	*	*	*	*
2000-S	*	*	*	*	*	*	*	*	*	1.50	3.50	6.00	20.
2001-P	0.20	0.25	0.35	0.50	2.00	3.50	—	6.00	100.	*	*	*	*
2001-D	0.20	0.25	0.35	0.50	2.00	3.50	15.	6.00	100.	*	*	*	*
2001-S	*	*	*	*	*	*	*	*	*	1.50	3.50	6.00	20.
2002-P	0.20	0.25	0.35	0.50	2.00	3.50	—	6.00		*	*	*	*
2002-D	0.20	0.25	0.35	0.50	2.00	3.50	15.	6.00	—	*	*	*	*
2002-S	*	*	*	*	*	*	*	*	*	1.50	3.50	6.00	20.
2003-P	0.20	0.25	0.35	0.50	2.00	3.50	—	6.00	45.	*	*	*	*
2003-D	0.20	0.25	0.35	0.50	2.00	3.50	—	6.00	175.	*	*	*	*
2003-S	*	*	*	*	*	*	*	*	*	1.50	3.50	6.00	20.

—— = Insufficient pricing data   * = None issued

Westward Journey 5-cent coins

Peace Medal reverse

Keelboat reverse

2005 obverse

American Bison reverse

Ocean in View reverse

Designers: 2004 obverse: Felix Schlag
Peace Medal reverse: Norman E. Nemeth
Keelboat reverse: Al Maletsky
2005 obverse: Joe Fitzgerald
American Bison reverse: Jamie Franki
Ocean in View reverse: Joe Fitzgerald

Engravers: Original 1938 designs: John R. Sinnock
Peace Medal reverse: Norman E. Nemeth
Keelboat reverse: Al Maletsky
2005 obverse: Don Everhart II
American Bison reverse: Norman E. Nemeth
Ocean in View reverse: Donna Weaver

Mint mark: Below LIBERTY

New obverse, Restored Monticello

2006 obverse

Monticello reverse

Designers: 2006-date obverse: Jamie Franki
2006-date reverse: Felix Schlag
Engravers: 2006-date obverse: Donna Weaver
2006-date reverse: John Mercanti
Mint mark: Below date

	AU-50	AU-58	MS-60	MS-63	MS-65	MS-67	PF-63	PF-65	PF-67	PF-67DC	PF-68DC	PF-69DC	PF-70DC
WESTWARD JOURNEY													
2004-P Peace Medal Reverse													
	0.20	0.25	0.35	0.50	3.00	11.	*	*	*	*	*	*	*
2004-D Peace Medal Reverse													
	0.20	0.25	0.35	0.50	3.00	11.	*	*	*	*	*	*	*
2004-S Peace Medal Reverse													
	*	*	*	*	*	*	9.00	11.	13.	18.	20.	25.	200.
2004-P Keelboat Reverse													
	0.20	0.25	0.35	0.50	3.00	25.	*	*	*	*	*	*	*
2004-D Keelboat Reverse													
	0.20	0.25	0.35	0.50	3.00	11.	*	*	*	*	*	*	*
2004-S Keelboat Reverse													
	*	*	*	*	*	*	9.00	11.	13.	18.	20.	25.	200.
2005-P American Bison Reverse													
	0.20	0.25	0.35	0.50	3.00	11.	*	*	*	*	*	*	*
2005-P American Bison Reverse Satin Finish													
	—	—	3.00	8.00	18.		*	*	*	*	*	*	*
2005-D American Bison Reverse													
	0.20	0.25	0.35	0.50	3.00	—	*	*	*	*	*	*	*
2005-D American Bison Reverse Satin Finish													
	—	—	3.00	7.00	25.		*	*	*	*	*	*	*
2005-S American Bison Reverse													
	*	*	*	*	*	*	9.00	11.	13.	18.	20.	35.	200.
2005-P Ocean in View Reverse													
	0.20	0.25	0.35	0.50	3.00	11.	*	*	*	*	*	*	*
2005-P Ocean in View Satin Finish													
			3.00	7.00	18.		*	*	*	*	*	*	*
2005-D Ocean in View Reverse													
	0.20	0.25	0.35	0.50	3.00	11.	*	*	*	*	*	*	*
2005-D Ocean in View Satin Finish													
	—	—	3.00	7.00	17.		*	*	*	*	*	*	*
2005-S Ocean in View Reverse													
	*	*	*	*	*	*	4.00	6.00	10.	14.	18.	27.	150.
RETURN TO MONTICELLO													
2006-P	0.20	0.25	0.35	0.50	3.00	11.	*	*	*	*	*	*	*
2006-P Satin Finish													
	—	—	—	3.00	7.00	15.	*	*	*	*	*	*	*
2006-D	0.20	0.25	0.35	0.50	3.00	11.	*	*	*	*	*	*	*
2006-D Satin Finish													
	—	—	—	3.00	7.00	20.	*	*	*	*	*	*	*
2006-S	*	*	*	*	*	*	4.00	6.00	10.	14.	18.	27.	350.
2007-P	0.20	0.25	0.35	0.50	3.00	11.	*	*	*	*	*	*	*
2007-P Satin Finish													
	—	—	—	3.00	6.00	9.00	*	*	*	*	*	*	*
2007-D	0.20	0.25	0.35	0.50	3.00	11.	*	*	*	*	*	*	*
2007-D Satin Finish													
	—	—	—	3.00	6.00	9.00	*	*	*	*	*	*	*
2007-S	*	*	*	*	*	*	5.00	7.00	—	11.	14.	20.	—
2008-P	0.20	—	0.25	0.40	1.00	8.00	*	*	*	*	*	*	*
2008-P Satin Finish													
	—	—	—	—	—	—	*	*	*	*	*	*	*
2008-D	0.20	—	0.25	0.40	1.00	8.00	*	*	*	*	*	*	*
2008-D Satin Finish													
	—	—	—	—	—	—	*	*	*	*	*	*	*
2008-S	*	*	*	*	*	*	—	3.00	—	6.50	8.00	12.	30.
2009-P	—	—	2.00	3.00	15.	25.	*	*	*	*	*	*	*

—— = Insufficient pricing data   * = None issued

JEFFERSON 5 CENTS (CONTINUED)

	AU-50	AU-58	MS-60	MS-63	MS-65	MS-67	PF-63	PF-65	PF-67	PF-67DC	PF-68DC	PF-69DC	PF-70DC
2009-P Satin Finish													
	—	—	—	—	—	10.	*	*	*	*	*	*	*
2009-D	—	—	2.00	3.00	15.	25.	*	*	*	*	*	*	*
2009-D Satin Finish													
	—	—	—	—	—	10.	*	*	*	*	*	*	*
2009-S	*	*	*	*	*	*	—	3.00	—	4.50	5.00	7.00	20.
2010-P	—	—	2.00	3.00	15.	25.	*	*	*	*	*	*	*
2010-P Satin Finish													
	—	—	—	—	—	8.00	*	*	*	*	*	*	*
2010-D	—	—	2.00	3.00	15.	25.	*	*	*	*	*	*	*
2010-D Satin Finish													
	—	—	—	—	—	8.00	*	*	*	*	*	*	*
2010-S	*	*	*	*	*	*	—	3.00	—	6.00	7.00	8.00	20.
2011-P	—	—	—	—	—	—	*	*	*	*	*	*	*
2011-D	—	—	—	—	—	—	*	*	*	*	*	*	*
2011-S	*	*	*	*	*	*	—	—	—	7.00	8.00	10.	25.

—— = Insufficient pricing data   * = None issued

Flowing Hair half dime

Half disme pattern   Flowing Hair

Date of authorization: April 2, 1792
Dates of issue: 1792 (half disme); 1794-1795
Designer/Engraver: Robert Scot
Diameter: 16.50 mm/0.65 inch
Weight: 1.348 grams/0.04 ounce
Metallic content: 89.25% silver, 10.75% copper
Specific gravity: 10.34
Weight of pure silver: 1.20 grams/0.04 ounce
Edge: Reeded
Mint mark: None

HALF DISME PATTERN

	AG-3	G-4	VG-8	F-12	VF-20	EF-40	AU-50	AU-55	MS-60	MS-63
1792	12000.	20000.	60000.	75000.	90000.	125000.	175000.	200000.	300000.	550000.

FLOWING HAIR HALF DIME

	AG-3	G-4	VG-8	F-12	VF-20	EF-40	AU-50	AU-55	MS-60	MS-63
1794	1000.	1500.	2500.	3000.	4000.	7500.	12000.	15000.	20000.	45000.
1795	750.	1000.	1500.	2000.	4000.	5500.	7000.	7500.	12500.	25000.

——— = Insufficient pricing data   * = None issued

Draped Bust half dime

Small Eagle   Heraldic Eagle

Date of authorization: April 2, 1792
Dates of issue: 1796-1805
Designer: Obverse: Gilbert Stuart-Robert Scot
Reverse:
   (1796-1797): Robert Scot-John Eckstein
   (1800-1805): Robert Scot
Engraver: Robert Scot
Diameter: 16.50 mm/0.65 inch
Weight: 1.35 grams/0.04 ounce
Metallic content: 89.25% silver, 10.75% copper
Specific gravity: 10.32
Weight of pure silver: 1.20 grams/0.04 ounce
Edge: Reeded
Mint mark: None

DRAPED BUST, SMALL EAGLE HALF DIME

	AG-3	G-4	VG-8	F-12	VF-20	EF-40	AU-50	AU-55	MS-60	MS-63
1796/5	800.	1250.	2000.	3500.	5000.	10000.	17500.	25000.	32500.	50000.
1796 LIBERTY	750.	1000.	1500.	3000.	4750.	7500.	10000.	15000.	20000.	35000.
1796 LIKERTY	850.	1100.	1750.	3250.	5000.	8000.	12500.	17500.	22500.	50000.
1797 15 Stars	750.	1250.	1500.	2500.	5000.	7500.	12500.	14500.	16500.	20000.
1797 16 Stars	750.	1250.	1750.	2750.	5500.	8000.	13500.	17500.	18500.	25000.
1797 13 Stars	1000.	1500.	2000.	3000.	10000.	15000.	25000.	40000.	50000.	75000.

DRAPED BUST, HERALDIC EAGLE HALF DIME

	AG-3	G-4	VG-8	F-12	VF-20	EF-40	AU-50	AU-55	MS-60	MS-63
1800	500.	750.	1000.	2000.	4000.	5500.	8500.	10000.	12500.	20000.
1800 LIBEKTY	500.	750.	1000.	2000.	5000.	6000.	10000.	12500.	17500.	25000.
1801	500.	750.	1000.	2000.	5000.	6000.	12500.	15000.	20000.	30000.
1802	17500.	27500.	40000.	50000.	100000.	200000.	350000.	—	—	—
1803 Large 8	550.	1000.	1500.	2250.	4000.	5000.	8000.	9000.	15000.	—
1803 Small 8	1000.	2000.	2500.	5000.	7500.	12500.	20000.	35000.	85000.	—
1805	550.	1000.	1500.	2500.	4000.	10000.	20000.	30000.	—	—

—— = Insufficient pricing data   * = None issued

Capped Bust half dime

Date of authorization: April 2, 1792
Dates of issue: 1829-1837
Designers: John Reich-William Kneass
Engraver: William Kneass
Diameter: 15.50 mm/0.61 inch
Weight: 1.35 grams/0.04 ounce
Metallic content: 89.25% silver, 10.75% copper
Specific gravity: 10.32
Weight of pure silver: 1.20 grams/0.04 ounce
Edge: Reeded
Mint mark: None

	G-4	VG-8	F-12	VF-20	EF-40	AU-50	MS-60	MS-63	MS-65	PF-63
1829	40.	50.	75.	125.	250.	350.	500.	1000.	3500.	—
1830	40.	50.	75.	125.	175.	300.	450.	1000.	3000.	—
1831	40.	50.	75.	125.	175.	250.	500.	1250.	2750.	—
1832	40.	50.	75.	125.	175.	250.	500.	850.	3000.	—
1833	40.	50.	75.	125.	175.	250.	500.	850.	3000.	—
1834	40.	50.	75.	125.	175.	250.	500.	1000.	3000.	—
1834 3 Over Inverted 3										
	50.	75.	100.	200.	300.	400.	800.	1250.	4000.	—
1835 Large Date, Large 5c										
	40.	50.	75.	125.	175.	225.	500.	1000.	2500.	—
1835 Large Date, Small 5c										
	40.	50.	75.	125.	175.	225.	500.	1000.	2500.	—
1835 Small Date, Large 5c										
	40.	50.	75.	125.	175.	225.	500.	1000.	2500.	—
1835 Small Date, Small 5c										
	40.	50.	75.	125.	175.	225.	500.	1000.	2500.	—
1836 Large 5c	40.	50.	75.	125.	175.	250.	500.	750.	3500.	—
1836 Small 5c	40.	50.	75.	125.	175.	250.	500.	750.	3500.	—
1836 3 Over Inverted 3										
	50.	75.	100.	200.	250.	400.	750.	1000.	4000.	—
1837 Small 5c	50.	75.	125.	175.	250.	500.	1250.	3000.	9000.	—
1837 Large 5c	40.	50.	100.	150.	200.	300.	750.	1250.	7000.	—

—— = Insufficient pricing data   * = None issued

Seated Liberty, half dime

Date of authorization: April 2, 1792
Dates of issue: 1837-1873
Designers: (1837-1840): Christian Gobrecht
(1840-1859):
Obverse: Gobrecht-Robert B. Hughes
Reverse: Christian Gobrecht
(1860-1873):
Obverse: Christian Gobrecht-Robert B. Hughes
James B. Longacre
Reverse: James B. Longacre
Engraver: (1837-1840): Christian Gobrecht
(1840-1859): Christian Gobrecht
(1860-1873): James B. Longacre
Diameter: 15.50 mm/0.61 inch
Weight: (1837-1853): 1.34 grams/0.04 ounce
(1853-1873): 1.24 grams/0.04 ounce
Metallic content: 90% silver, 10% copper
Specific gravity: 10.34
Weight of pure silver: (1837-1853): 1.20 grams/0.04 ounce
(1853-1873): 1.12 grams/0.04 ounce
Edge: Reeded
Mint mark: Reverse within or below wreath

	G-4	VG-8	F-12	VF-20	EF-40	AU-50	MS-60	MS-63	MS-65	PF-63
NO STARS										
1837 Large Date	45.	65.	85.	150.	300.	500.	700.	1150.	3000.	17500.
1837 Small Date	45.	65.	85.	150.	300.	550.	800.	1250.	3250.	*
1838-O	175.	250.	400.	950.	1750.	2250.	3500.	10000.	40000.	*
NO DRAPERY										
1838	20.	25.	30.	45.	100.	200.	300.	500.	1850.	—
1838 Small Stars	30.	40.	75.	125.	225.	400.	725.	1250.	3000.	*
1839	20.	25.	30.	45.	100.	200.	300.	500.	2000.	—
1839-O	25.	30.	40.	50.	125.	250.	750.	2500.	10000.	*
1839-O Large O	—	—	—	—	—	—	—	—	—	*
1839-O Medium O	—	—	—	—	—	—	—	—	—	*
1839-O Small O	—	—	—	—	—	—	—	—	—	*
1840	20.	25.	30.	50.	100.	175.	300.	500.	2250.	*
1840-O	35.	50.	75.	125.	300.	850.	2000.	5000.	—	*

—— = Insufficient pricing data   * = None issued

	G-4	VG-8	F-12	VF-20	EF-40	AU-50	MS-60	MS-63	MS-65	PF-63
DRAPERY										
1840	30.	50.	75.	150.	250.	400.	600.	1000.	3000.	—
1840-O	50.	75.	150.	200.	500.	2500.	7500.	—	—	*
1841	20.	25.	30.	50.	100.	200.	350.	600.	1500.	—
1841-O	20.	25.	50.	75.	250.	500.	1500.	2500.	—	*
1842	20.	25.	30.	40.	75.	150.	300.	500.	1500.	—
1842-O	30.	50.	75.	200.	750.	1500.	2500.	4000.	17500.	*
1843	20.	25.	30.	40.	75.	100.	200.	325.	1250.	—
1844	20.	25.	30.	40.	75.	150.	250.	475.	1500.	—
1844-O Small O	100.	150.	250.	1000.	1750.	3000.	6000.	12500.	20000.	*
1844-O Large O	—	—	—	—	—	—	—	—	—	*
1845	20.	25.	30.	40.	75.	150.	250.	450.	1250.	15000.
1846	350.	500.	1000.	2000.	4500.	7500.	—	—	—	—
1847	20.	25.	30.	40.	75.	150.	200.	300.	1250.	—
1848 Medium Date	20.	25.	30.	40.	75.	150.	350.	750.	3000.	—
1848 Large Date	35.	50.	75.	100.	250.	500.	850.	2000.	3500.	*
1848-O	25.	30.	40.	65.	150.	300.	500.	1500.	3000.	*
1849/6	25.	30.	40.	65.	125.	250.	500.	1200.	2500.	*
1849/8	35.	50.	65.	125.	200.	300.	750.	1500.	3000.	*
1849	20.	25.	30.	50.	100.	150.	300.	500.	1500.	—
1849-O	35.	50.	100.	250.	500.	1500.	2000.	5000.	15000.	*
1850	20.	25.	35.	50.	75.	150.	250.	500.	1250.	—
1850-O	20.	35.	50.	75.	150.	350.	1000.	1750.	4000.	*
1851	20.	25.	35.	50.	75.	150.	325.	450.	1100.	—
1851-O	25.	30.	35.	50.	125.	250.	500.	900.	5000.	*
1852	20.	25.	35.	50.	75.	125.	200.	300.	1100.	17500.
1852-O	35.	50.	100.	150.	300.	500.	1250.	3000.	7500.	*
1853	30.	50.	100.	150.	250.	500.	750.	1500.	3000.	—
1853-O	200.	300.	500.	750.	2000.	3000.	7500.	17500.	—	*
ARROWS										
1853	20.	25.	30.	40.	75.	125.	175.	400.	1500.	—
1853-O	25.	30.	35.	50.	100.	150.	350.	1500.	3500.	*
1854	20.	25.	30.	40.	75.	150.	200.	400.	1600.	—
1854-O	25.	30.	35.	50.	100.	200.	300.	1250.	4000.	*
1855	20.	25.	30.	40.	75.	150.	200.	450.	2000.	—
1855-O	25.	30.	40.	75.	200.	300.	750.	1500.	4750.	*
NO ARROWS										
1856	20.	25.	30.	50.	75.	150.	200.	300.	1250.	5000.
1856-O	20.	25.	30.	75.	125.	300.	750.	1000.	2250.	*
1857	20.	25.	30.	40.	75.	125.	175.	325.	1250.	—
1857-O	20.	25.	30.	50.	75.	250.	400.	500.	1500.	*
1858	20.	25.	30.	40.	75.	150.	200.	400.	1000.	—
1858/Inverted Date	50.	75.	100.	175.	225.	325.	500.	850.	3500.	*
1858/1858	50.	75.	100.	150.	225.	325.	650.	1250.	3500.	*
1858-O	20.	25.	30.	50.	100.	175.	300.	700.	1750.	*
1859	20.	25.	30.	50.	75.	150.	250.	350.	1250.	1250.
1859-O	25.	35.	50.	75.	200.	250.	425.	650.	2000.	*
1860 Transitional Pattern	—	—	—	—	—	—	2500.	3500.	5000.	*

—— = Insufficient pricing data   * = None issued

SEATED LIBERTY, HALF DIME (CONTINUED)

	G-4	VG-8	F-12	VF-20	EF-40	AU-50	MS-60	MS-63	MS-65	PF-63
LEGEND OBVERSE										
1860	20.	25.	30.	35.	65.	105.	200.	300.	800.	525.
1860-O	20.	25.	30.	35.	65.	125.	200.	300.	1100.	*
1861	20.	25.	30.	35.	65.	95.	150.	285.	1000.	525.
1861/0	35.	50.	75.	125.	300.	400.	600.	850.	2500.	*
1862	25.	35.	50.	60.	75.	100.	200.	300.	800.	450.
1863	175.	200.	250.	350.	500.	600.	750.	950.	1750.	450.
1863-S	30.	45.	50.	75.	200.	350.	750.	1150.	3500.	*
1864	400.	475.	550.	800.	1000.	1250.	1500.	1900.	3000.	450.
1864-S	55.	75.	125.	175.	300.	550.	1000.	1750.	4000.	*
1865	325.	400.	500.	600.	700.	750.	1000.	1500.	2250.	525.
1865-S	35.	50.	75.	100.	200.	550.	1000.	2750.	—	*
1866	375.	425.	500.	600.	700.	850.	1000.	1350.	2500.	450.
1866-S	30.	50.	65.	75.	200.	400.	700.	950.	3500.	*
1867	500.	600.	700.	800.	900.	1000.	1250.	1500.	2000.	450.
1867-S	30.	40.	50.	75.	200.	300.	750.	1500.	—	*
1868	65.	75.	150.	225.	400.	525.	750.	1000.	2000.	450.
1868-S	20.	25.	35.	40.	60.	175.	400.	650.	2750.	*
1869	20.	25.	35.	40.	50.	175.	350.	650.	1500.	450.
1869-S	20.	25.	35.	40.	50.	150.	400.	1250.	—	*
1870	20.	25.	35.	40.	50.	100.	200.	325.	1000.	450.
1870-S Unique	—	—	—	—	—	—	— 1000000.		—	—
1871	20.	25.	35.	40.	50.	95.	200.	300.	950.	450.
1871-S	25.	30.	50.	75.	100.	175.	350.	500.	2500.	*
1872	20.	25.	35.	40.	50.	95.	175.	275.	850.	450.
1872-S S Above Bow	20.	25.	35.	40.	50.	95.	175.	300.	950.	*
1872-S S Below Bow	20.	25.	35.	40.	50.	95.	175.	350.	950.	*
1873	20.	25.	35.	40.	50.	100.	200.	300.	1150.	450.
1873-S	20.	25.	35.	40.	50.	95.	175.	250.	1000.	*

—— = Insufficient pricing data   * = None issued

Draped Bust dime

Small Eagle Heraldic Eagle

Date of authorization: April 2, 1792
Dates of issue: 1796-1807
Designer: Obverse: Gilbert Stuart-Robert Scot
Reverse:
(1796-1797): Robert Scot-John Eckstein
(1800-1805): Robert Scot
Engraver: Robert Scot
Diameter: 18.80 mm/0.74 inch
Weight: 2.70 grams/0.09 ounce
Metallic content: 89.25% silver, 10.75% copper
Specific gravity: 10.32
Weight of pure silver: 1.20 grams/0.04 ounce
Edge: Reeded
Mint mark: None

	G-4	VG-8	F-12	VF-20	EF-40	AU-50	AU-55	MS-60	MS-62	MS-63
1796	3000.	3500.	4500.	6000.	10000.	15000.	18500.	25000.	30000.	45000.
1797 16 Stars	3000.	3500.	5000.	6500.	12500.	17500.	25000.	35000.	40000.	—
1797 13 Stars	3250.	3750.	5500.	7000.	15000.	20000.	22500.	65000.	—	—
1798/97 16 Stars Reverse	1000.	1500.	2000.	2750.	5000.	6000.	7500.	10000.	15000.	17500.
1798/97 13 Stars Reverse	4000.	7500.	10000.	12500.	17500.	25000.	50000.	55000.	60000.	100000.
1798 Large 8	1500.	2000.	2750.	3000.	4250.	5000.	6500.	10000.	15000.	25000.
1798 Small 8	2500.	3000.	4000.	7500.	17500.	25000.	35000.	—	—	—
1800	1000.	1500.	2000.	3500.	5500.	10000.	15000.	30000.	40000.	50000.
1801	1500.	2000.	3000.	4000.	7500.	15000.	20000.	35000.	47500.	55000.
1802	2000.	2500.	3750.	5000.	12500.	15000.	22500.	52500.	125000.	—
1803	1500.	2000.	3000.	5000.	10000.	15000.	25000.	75000.	150000.	250000.
1804 13 Stars Reverse	10000.	15000.	20000.	25000.	35000.	50000.	75000.	—	—	—
1804 14 Stars Reverse	10000.	15000.	20000.	25000.	40000.	100000.	165000.	600000.	—	—
1805 4 Berries	750.	1000.	1500.	2000.	3500.	5000.	5500.	7500.	10000.	15000.
1805 5 Berries	750.	1000.	1500.	2000.	3500.	5000.	5500.	—	—	—
1807	500.	750.	1000.	1750.	2500.	3500.	4500.	7000.	8500.	12500.

—— = Insufficient pricing data

Capped Bust dime

Date of authorization: April 2, 1792
Dates of issue: 1809-1837
Designer/Engraver: John Reich
Diameter: (1809-1828): 18.80 mm/0.74 inch
(1828-1837): 17.90 mm/0.71 inch
Weight: 2.70 grams/0.09 ounce
Metallic content: 89.25% silver, 10.75% copper
Specific gravity: 10.32
Weight of pure silver: 2.41 grams/0.08 ounce
Edge: Reeded
Mint mark: None

	G-4	VG-8	F-12	VF-20	EF-40	AU-50	AU-58	MS-60	MS-63	MS-65
OPEN COLLAR STRIKE										
1809	175.	250.	500.	750.	1500.	2000.	4000.	4500.	7500.	22500.
1811/09	125.	200.	350.	650.	1500.	2250.	4500.	5000.	8000.	25000.
1814 Small Date	75.	100.	125.	350.	500.	1000.	2500.	3000.	5000.	15000.
1814 Large Date	50.	75.	100.	250.	500.	1000.	1500.	1750.	3500.	12500.
1814 STATESOFAMERICA										
	75.	100.	125.	350.	500.	1000.	2500.	3000.	5000.	17500.
1820 Large 0	45.	50.	75.	125.	450.	850.	1300.	1700.	2750.	15000.
1820 Small 0, Office Boy Reverse										
	50.	75.	100.	150.	500.	900.	1250.	1750.	3000.	15000.
1820 STATESOFAMERICA										
	75.	100.	150.	350.	650.	1200.	3500.	5000.	7500.	17500.
1821 Small Date	50.	75.	100.	200.	550.	1200.	1750.	2000.	4000.	15000.
1821 Large Date	50.	75.	100.	200.	500.	600.	1000.	1500.	3750.	15000.
1822	500.	1000.	1500.	2000.	3500.	7500.	12500.	15000.	25000.	—
1823/2 Large E Reverse										
	40.	50.	75.	125.	600.	800.	1500.	1750.	3000.	9500.
1823/2 Small E Reverse										
	40.	50.	75.	125.	600.	800.	1500.	1750.	3000.	9500.
1824/2	50.	80.	125.	500.	1000.	1500.	2000.	2500.	6000.	17500.
1825	40.	50.	125.	250.	500.	1000.	2000.	2500.	3500.	15000.
1827	40.	50.	125.	250.	500.	750.	1250.	1500.	2500.	12500.
1828 Large Date, Curl Base 2										
	75.	100.	150.	350.	850.	1500.	2500.	3500.	—	—

—— = Insufficient pricing data

CAPPED BUST DIME (CONTINUED)

	G-4	VG-8	F-12	VF-20	EF-40	AU-50	AU-58	MS-60	MS-63	MS-65
CLOSE COLLAR STRIKE										
1828 Small Date, Square Base 2										
	50.	75.	100.	200.	500.	750.	1500.	1750.	2500.	12500.
1829 Curl Base 2	6250.	10000.	15000.	22500.	—	—	—	—	—	—
1829 Small 10c	40.	50.	60.	125.	400.	550.	750.	1000.	3000.	6500.
1829 Medium 10c	40.	50.	60.	125.	400.	550.	750.	1000.	3000.	6500.
1829 Large 10c	50.	75.	100.	200.	450.	500.	850.	1000.	3000.	8500.
1830/29	50.	75.	125.	250.	500.	750.	1250.	1500.	3000.	—
1830 Medium 10c	40.	50.	60.	125.	350.	500.	1000.	1250.	2000.	5500.
1830 Small 10c	40.	50.	60.	125.	350.	500.	1000.	1250.	2000.	5500.
1831	40.	50.	60.	125.	350.	500.	1000.	1250.	2000.	6000.
1832	40.	50.	60.	125.	350.	500.	1000.	1250.	2000.	10000.
1833	40.	50.	60.	125.	350.	500.	750.	1000.	2000.	7500.
1833 Last 3 High	40.	50.	60.	125.	350.	500.	1000.	1250.	2000.	7500.
1834 Small 4	40.	50.	60.	125.	350.	450.	750.	1000.	1750.	7000.
1834 Large 4	40.	50.	60.	125.	350.	450.	750.	1000.	1750.	7000.
1835	40.	50.	60.	125.	350.	500.	1000.	1250.	1850.	7500.
1836	40.	50.	60.	125.	350.	500.	1000.	1250.	2000.	8500.
1837	40.	50.	60.	125.	350.	500.	1000.	1250.	1750.	7500.

—— = Insufficient pricing data   * = None issued

Seated Liberty dime

Date of authorization: April 2, 1792
Dates of issue: 1837-1891
Designer: (1837-1840)
Obverse: Thomas Sully-Christian Gobrecht
Reverse: Christian Gobrecht
(1840-1860)
Obverse: John Hughes-Gobrecht-Sully
Reverse: Christian Gobrecht
(1860-1891)
Obverse: James B. Longacre-
Hughes-Gobrecht-Sully
Reverse: James B. Longacre
Engraver: (1837-1840): Christian Gobrecht
(1840-1860): Christian Gobrecht
(1860-1891): James B. Longacre
Diameter: 17.90 mm/0.71 inch
Weight: (1837-1853): 2.67 grams/0.09 ounce
(1853-1873): 2.49 grams/0.08 ounce
(1873-1874): 2.50 grams/0.08 ounce
(1875-1891): 2.49 grams/0.08 ounce
Metallic content: 90% silver, 10% copper
Specific gravity: 10.34
Weight of pure silver: (1837-1853): 2.40 grams/0.08 ounce
(1853-1873): 2.24 grams/0.08 ounce
(1873-1874): 2.25 grams/0.08 ounce
(1875-1891): 2.24 grams/0.08 ounce
Edge: Reeded
Mint mark: Reverse within or below wreath

	G-4	VG-8	F-12	VF-20	EF-40	AU-50	AU-58	MS-60	MS-63	MS-65
NO STARS										
1837 Large Date	40.	50.	100.	300.	500.	625.	1000.	1250.	1750.	10000.
1837	*	*	*	*	*	*	*	*	*	*
1837 Small Date	50.	60.	125.	350.	550.	750.	1250.	1750.	3500.	12500.
1838-O	60.	85.	150.	400.	700.	1200.	2500.	3500.	8500.	20000.
NO DRAPERY										
1838 Small Stars	25.	40.	65.	100.	250.	550.	850.	1000.	2000.	6500.
1838 Large Stars	20.	25.	30.	50.	125.	300.	450.	500.	1000.	3500.
1838 Partial Drapery	30.	40.	65.	150.	200.	400.	750.	1000.	2000.	4500.
1839	20.	25.	30.	50.	125.	300.	450.	500.	1000.	3250.

SEATED LIBERTY DIME (CONTINUED)

	G-4	VG-8	F-12	VF-20	EF-40	AU-50	AU-58	MS-60	MS-63	MS-65
1839-O Reverse of 1838										
	115.	200.	350.	475.	750.	—	—	—	—	—
1839-O	20.	25.	30.	50.	150.	500.	1250.	1750.	3500.	10500.
1840	20.	25.	30.	50.	125.	300.	500.	650.	1500.	5000.
1840-O	25.	50.	100.	250.	500.	2000.	4500.	6000.	17500.	50000.
DRAPERY										
1840	75.	100.	200.	350.	750.	1500.	3500.	5000.	—	—
1841	20.	25.	30.	35.	55.	150.	300.	450.	1000.	4000.
1841-O Open Bud Reverse										
	20.	25.	35.	75.	150.	300.	750.	900.	2250.	5000.
1842	15.	20.	25.	35.	100.	300.	500.	500.	1000.	5000.
1842-O	25.	35.	50.	100.	400.	1200.	2000.	2500.	4750.	—
1843	15.	20.	25.	35.	50.	150.	300.	425.	850.	5000.
1843/1843	—	—	—	—	—	—	—	—	—	—
1843-O	75.	100.	250.	1000.	2500.	5000.	—	—	—	—
1844	250.	300.	450.	600.	1000.	2750.	4500.	6000.	15000.	35000.
1845	20.	30.	35.	40.	75.	250.	500.	575.	750.	4500.
1845/1845	—	—	—	—	—	—	—	—	—	—
1845-O	50.	100.	200.	450.	1250.	3000.	—	—	—	—
1846	125.	175.	250.	550.	2500.	5500.	30000.	35000.	90000.	—
1847	20.	30.	50.	100.	200.	500.	1250.	1500.	3500.	—
1848	20.	25.	30.	65.	100.	200.	500.	700.	1500.	5000.
1849	20.	25.	30.	50.	100.	200.	300.	350.	1200.	3500.
1849-O	25.	30.	50.	175.	375.	850.	2250.	2750.	9500.	—
1850	20.	25.	35.	50.	75.	150.	250.	350.	1000.	8500.
1850-O	25.	35.	50.	150.	300.	500.	1500.	2000.	3500.	7500.
1851	25.	35.	50.	75.	125.	200.	400.	500.	1500.	6500.
1851-O	35.	50.	75.	150.	250.	750.	3500.	—	—	10000.
1852	20.	25.	30.	35.	50.	150.	300.	350.	750.	3500.
1852-O	25.	30.	50.	150.	350.	650.	1500.	1750.	3500.	8500.
1853	75.	100.	150.	225.	300.	450.	650.	750.	1500.	3000.
ARROWS AT DATE										
1853	12.	15.	20.	25.	50.	175.	250.	300.	750.	2000.
1853-O	25.	35.	50.	75.	200.	600.	2250.	3000.	5000.	—
1854	12.	15.	20.	25.	50.	175.	250.	450.	800.	2500.
1854-O	20.	25.	30.	35.	75.	200.	300.	500.	1200.	4000.
1855	15.	20.	30.	35.	65.	200.	300.	350.	850.	3500.
DRAPERY										
1856 Small Date	12.	14.	16.	20.	50.	175.	275.	350.	550.	3000.
1856 Large Date	15.	20.	25.	35.	100.	300.	750.	1000.	2000.	—
1856-O	15.	20.	25.	35.	75.	300.	700.	800.	1100.	6500.
1856-S	125.	200.	350.	750.	1500.	2750.	3500.	5000.	17500.	—
1857	12.	15.	20.	25.	50.	150.	250.	300.	500.	2500.
1857-O	20.	25.	35.	50.	150.	250.	350.	400.	750.	2750.
1858	12.	15.	20.	25.	50.	150.	250.	300.	500.	2500.
1858-O	15.	20.	50.	75.	125.	500.	750.	1000.	3000.	8500.
1858-S	100.	150.	250.	750.	2000.	3000.	5000.	7500.	20000.	—
1859	15.	20.	25.	35.	55.	150.	250.	350.	750.	2750.
1859 Transitional Pattern										
	—	—	—	—	—	—	—	—	—	—
1859-O	20.	25.	30.	40.	100.	250.	450.	500.	750.	3500.
1859-S	100.	200.	500.	1000.	3000.	5000.	11000.	15000.	—	—
1860-S	30.	50.	75.	200.	500.	1000.	2000.	3000.	10000.	15000.

—— = Insufficient pricing data   * = None issued

Legend obverse

SEATED LIBERTY DIME (CONTINUED)

	G-4	VG-8	F-12	VF-20	EF-40	AU-50	AU-58	MS-60	MS-63	MS-65
LEGEND OBVERSE										
1860	15.	20.	25.	35.	50.	100.	200.	250.	650.	1500.
1860-O	500.	1000.	2000.	2750.	6500.	10000.	15000.	—	—	—
1861	12.	15.	20.	30.	40.	75.	175.	200.	300.	1250.
1861-S	50.	100.	150.	300.	500.	1250.	3000.	5000.		
1862	15.	20.	25.	35.	50.	100.	175.	200.	450.	1500.
1862-S	50.	75.	125.	550.	1250.	2000.	5000.	—	—	30000.
1863	400.	500.	600.	700.	900.	1100.	1500.	2000.	4000.	6500.
1863-S	50.	75.	125.	250.	600.	1000.	2000.	3000.	10000.	35000.
1864	250.	400.	500.	700.	800.	900.	1100.	1250.	2500.	4500.
1864-S	30.	40.	60.	100.	250.	750.	1750.	2000.	3000.	
1865	300.	450.	600.	800.	1000.	1200.	1500.	1600.	2000.	4000.
1865-S	50.	100.	200.	500.	1000.	2500.	7500.	—	12500.	
1866	400.	500.	700.	900.	1100.	1400.	1600.	1700.	2000.	3500.
1866-S	50.	65.	100.	125.	250.	1000.	3000.	4500.	7500.	20000.
1867	500.	700.	900.	1100.	1500.	1800.	2000.	2100.	2750.	3250.
1867-S	50.	75.	100.	250.	500.	1000.	2250.	3000.	7500.	10000.
1868	20.	25.	35.	50.	75.	200.	350.	500.	1500.	5000.
1868-S	20.	30.	40.	65.	125.	250.	450.	750.	2000.	6000.
1869	20.	30.	50.	85.	100.	200.	400.	600.	1000.	4000.
1869-S	20.	25.	30.	45.	85.	250.	500.	750.	1500.	6500.
1870	15.	20.	25.	30.	60.	125.	250.	325.	550.	2000.
1870-S	300.	400.	500.	600.	800.	1000.	1750.	2250.	4000.	8500.
1871	12.	15.	20.	25.	60.	200.	300.	400.	750.	2000.
1871-CC	2000.	2500.	7000.	10000.	15000.	25000.	40000.	50000.	—	—
1871-S	25.	45.	65.	100.	200.	600.	1250.	1750.	5000.	—
1872	12.	15.	20.	25.	50.	100.	175.	250.	500.	2500.
1872-CC	500.	1000.	2750.	5000.	10000.	20000.	—	—	—	—
1872-S	20.	35.	100.	150.	250.	500.	1250.	2000.	5500.	15000.
1873 Closed 3	20.	25.	30.	35.	40.	100.	175.	250.	550.	2000.
1873 Open 3	25.	30.	65.	85.	125.	250.	550.	1000.	3500.	—
1873-CC Unique	—	—	—	—	—	—	—	—	—	1250000.
ARROWS AT DATE										
1873	20.	25.	30.	75.	150.	250.	350.	500.	850.	5000.
1873 Doubled Die Obverse										
1873-CC	2000.	5000.	5500.	7500.	17500.	50000.	57500.	60000.	75000.	—
1873-S	25.	35.	50.	125.	250.	500.	1000.	1250.	2000.	—
1874	20.	25.	30.	75.	150.	250.	400.	500.	850.	4000.
1874-CC	5000.	10000.	15000.	20000.	30000.	50000.	—	—	—	—
1874-S	25.	50.	100.	150.	300.	500.	750.	1000.	1750.	7500.

——— = Insufficient pricing data   * = None issued

SEATED LIBERTY DIME (CONTINUED)

	G-4	VG-8	F-12	VF-20	EF-40	AU-50	AU-58	MS-60	MS-63	MS-65
LEGEND OBVERSE										
1875	12.	15.	20.	25.	35.	85.	150.	175.	400.	950.
1875-CC CC Above Bow										
	25.	30.	35.	55.	75.	150.	300.	425.	850.	2750.
1875-CC CC Below Bow										
	20.	25.	30.	50.	150.	350.	750.	850.	2000.	5000.
1875-S S Above Bow	12.	20.	25.	30.	40.	100.	175.	200.	850.	2500.
1875-S S Below Bow	12.	20.	25.	30.	40.	100.	175.	200.	450.	1500.
1876	15.	20.	25.	30.	40.	75.	150.	200.	300.	1250.
1876-CC	25.	30.	35.	45.	75.	150.	350.	450.	850.	2500.
1876-CC Doubled Die Obverse										
	—	—	—	—	—	—	—	—	—	—
1876-S	15.	20.	25.	30.	40.	100.	175.	225.	500.	2000.
1877	15.	20.	25.	30.	40.	75.	100.	150.	350.	1000.
1877-CC	25.	30.	35.	50.	75.	100.	250.	325.	600.	2750.
1877-S	15.	20.	25.	30.	45.	100.	200.	250.	400.	3500.
1878	15.	20.	25.	30.	50.	85.	150.	200.	450.	1000.
1878-CC	60.	100.	150.	225.	500.	750.	1500.	1750.	2500.	4000.
1879	200.	300.	350.	400.	450.	500.	550.	600.	750.	1250.
1880	200.	300.	350.	400.	450.	500.	550.	600.	750.	1250.
1881	200.	300.	350.	500.	450.	500.	550.	650.	850.	2000.
1882	15.	20.	25.	30.	40.	75.	100.	175.	350.	850.
1883	15.	20.	25.	30.	40.	75.	100.	150.	250.	850.
1884	15.	20.	25.	30.	40.	75.	100.	150.	250.	850.
1884-S	20.	30.	40.	65.	100.	300.	450.	600.	1500.	8500.
1885	15.	20.	25.	30.	40.	75.	100.	150.	250.	850.
1885-S	400.	550.	750.	1500.	2500.	4500.	5500.	6500.	10000.	—
1886	15.	20.	25.	30.	40.	75.	100.	150.	250.	850.
1886-S	25.	40.	50.	75.	125.	250.	500.	600.	1250.	6000.
1887	15.	20.	25.	30.	40.	75.	100.	150.	250.	850.
1887-S	15.	20.	25.	30.	40.	75.	100.	150.	400.	1000.
1888	15.	20.	25.	30.	40.	75.	100.	150.	250.	750.
1888-S	15.	20.	25.	30.	40.	125.	250.	300.	750.	7500.
1889	15.	20.	25.	30.	40.	75.	100.	150.	350.	850.
1889-S	15.	20.	30.	50.	85.	175.	500.	700.	1500.	—
1890	15.	20.	25.	30.	40.	75.	100.	150.	300.	850.
1890-S	20.	25.	30.	55.	75.	175.	300.	400.	650.	1750.
1891	15.	20.	25.	30.	40.	75.	100.	150.	250.	850.
1891-O	15.	20.	25.	30.	40.	75.	175.	200.	400.	2000.
1891-O/Horizontal O	—	—	—	—	—	—	—	—	—	—
1891-S	20.	25.	30.	35.	50.	80.	125.	200.	350.	1500.

—— = Insufficient pricing data   * = None issued

Barber dime

Date of authorization: April 2, 1792
Dates of issue: 1892-1916
Designer: Obverse: Charles Barber
Reverse: James B. Longacre
Engraver: Charles Barber
Diameter: 17.91 mm/0.71 inch
Weight: 2.50 grams/0.08 ounce
Metallic content: 90% silver, 10% copper
Specific gravity: 10.34
Weight of pure silver: 2.25 grams/0.08 ounce
Edge: Reeded
Mint mark: Reverse below wreath

	G-4	VG-8	F-12	VF-20	EF-40	AU-50	MS-60	MS-63	MS-65	PF-63
1892	9.00	10.	18.	25.	30.	70.	110.	225.	700.	600.
1892-O	12.	16.	40.	65.	80.	90.	170.	325.	1300.	*
1892-S	65.	125.	200.	250.	300.	325.	450.	750.	4000.	*
1893	9.00	13.	20.	32.	45.	85.	175.	225.	1000.	600.
1893/2	150.	175.	200.	225.	300.	400.	850.	2000.	5000.	*
1893-O	30.	50.	135.	175.	210.	250.	325.	575.	2500.	*
1893-S	14.	25.	45.	55.	90.	160.	300.	725.	3500.	*
1894	25.	45.	125.	160.	200.	225.	325.	500.	1200.	600.
1894-O	70.	100.	210.	300.	425.	700.	1600.	2700.	14000.	*
1894-S Proof Only	*	*	*	*	*	*	*	*	*	700000.
1895	85.	175.	400.	500.	600.	650.	800.	1100.	2500.	675.
1895-O	375.	575.	900.	1600.	2500.	3750.	6000.	11500.	23000.	*
1895-S	40.	60.	140.	200.	250.	325.	550.	1100.	7250.	*
1896	12.	25.	65.	90.	100.	130.	200.	400.	1300.	600.
1896-O	75.	150.	295.	350.	525.	750.	1100.	2600.	8500.	*
1896-S	80.	140.	300.	325.	400.	550.	800.	1700.	4000.	*
1897	4.25	5.00	9.00	17.	35.	80.	125.	225.	700.	600.
1897-O	70.	125.	300.	400.	450.	700.	1000.	1450.	4500.	*
1897-S	20.	40.	100.	135.	175.	275.	450.	1000.	4000.	*
1898	4.25	5.00	9.00	14.	30.	70.	110.	225.	650.	600.
1898-O	12.	30.	110.	175.	250.	275.	500.	1200.	3500.	*
1898-S	10.	17.	40.	60.	85.	150.	425.	1300.	4000.	*
1899	4.25	5.00	8.00	13.	27.	70.	110.	225.	700.	600.
1899-O	11.	20.	80.	125.	175.	250.	450.	1200.	5000.	*
1899-S	9.00	17.	40.	45.	50.	110.	300.	650.	3250.	*
1900	4.25	5.00	8.00	12.	30.	75.	110.	225.	700.	600.
1900-O	20.	40.	125.	175.	250.	400.	725.	1300.	5250.	*
1900-S	6.00	8.00	14.	20.	35.	80.	200.	450.	1750.	*

—— = Insufficient pricing data   * = None issued

BARBER DIME (CONTINUED)

	G-4	VG-8	F-12	VF-20	EF-40	AU-50	MS-60	MS-63	MS-65	PF-63
1901	4.25	5.00	8.00	11.	30.	70.	110.	225.	700.	600.
1901-O	4.25	7.00	18.	30.	90.	200.	450.	1000.	4250.	*
1901-S	85.	175.	400.	500.	575.	725.	1100.	1700.	4750.	*
1902	3.50	5.00	6.00	9.00	25.	75.	110.	225.	700.	600.
1902-O	4.00	7.00	16.	35.	70.	175.	450.	1000.	4500.	*
1902-S	9.00	22.	70.	100.	150.	200.	400.	1000.	4000.	*
1903	4.25	5.00	6.00	9.00	27.	75.	110.	225.	1050.	600.
1903-O	4.25	6.00	15.	27.	55.	110.	280.	600.	4500.	*
1903-S	100.	150.	375.	475.	800.	950.	1300.	1750.	3400.	*
1904	3.50	4.00	7.00	10.	25.	65.	100.	225.	1500.	600.
1904-S	50.	80.	175.	250.	350.	450.	800.	1600.	4500.	*
1905	3.50	4.00	7.00	10.	25.	65.	100.	225.	700.	600.
1905-O	5.00	10.	40.	50.	100.	150.	275.	500.	1500.	*
1905-O Micro O	50.	75.	150.	200.	675.	800.	1500.	4500.	6500.	*
1905-S	4.00	5.00	10.	20.	50.	110.	250.	350.	1000.	*
1906	3.50	4.00	5.00	7.00	25.	60.	100.	225.	675.	600.
1906-D	4.00	5.00	10.	17.	40.	80.	200.	400.	1750.	*
1906-O	6.00	15.	50.	75.	110.	150.	225.	325.	1100.	*
1906-S	4.00	6.00	14.	25.	50.	110.	275.	500.	1400.	*
1907	3.50	4.00	5.00	7.00	25.	60.	100.	225.	675.	600.
1907-D	3.50	5.00	10.	20.	50.	110.	300.	850.	2500.	*
1907-O	4.00	8.00	40.	60.	75.	110.	200.	330.	1350.	*
1907-S	4.00	6.00	17.	30.	70.	125.	450.	800.	2200.	*
1908	3.50	4.00	5.00	7.00	25.	70.	100.	225.	675.	600.
1908-D	3.50	4.00	8.00	12.	35.	70.	120.	225.	900.	*
1908-O	6.00	15.	50.	75.	100.	160.	325.	700.	1500.	*
1908-S	4.00	6.00	12.	25.	55.	185.	265.	535.	2500.	*
1909	3.50	4.00	5.00	7.00	25.	70.	100.	225.	675.	600.
1909-D	8.00	20.	75.	110.	140.	250.	500.	1100.	3000.	*
1909-O	4.00	8.00	14.	25.	55.	100.	200.	800.	1700.	*
1909-S	10.	18.	80.	125.	190.	325.	600.	1300.	3200.	*
1910	3.50	4.00	5.00	10.	25.	70.	100.	225.	675.	600.
1910-D	3.50	5.00	10.	20.	50.	110.	250.	500.	1500.	*
1910-S	6.00	12.	60.	85.	125.	200.	500.	800.	2300.	*
1911	3.50	4.00	5.00	9.00	25.	70.	100.	225.	675.	600.
1911-D	3.50	4.00	5.00	9.00	27.	70.	100.	225.	675.	*
1911-S	4.00	5.00	10.	20.	45.	110.	225.	350.	1100.	*
1912	3.50	4.00	5.00	8.00	25.	70.	100.	225.	675.	600.
1912-D	3.50	4.00	5.00	8.00	25.	70.	100.	225.	725.	*
1912-S	3.50	4.00	8.00	14.	35.	70.	175.	300.	1100.	*
1913	3.50	4.00	5.00	8.00	25.	70.	100.	225.	675.	620.
1913-S	35.	55.	125.	200.	250.	300.	500.	1000.	2000.	*
1914	3.50	4.00	5.00	8.00	25.	70.	100.	225.	675.	620.
1914-D	3.50	4.00	5.00	8.00	25.	70.	100.	225.	675.	*
1914-S	3.50	5.00	9.00	20.	45.	85.	175.	325.	1200.	*
1915	3.50	4.00	5.00	8.00	25.	70.	100.	225.	675.	620.
1915-S	7.00	12.	35.	55.	75.	140.	260.	500.	1500.	*
1916	3.50	4.00	5.00	10.	25.	65.	100.	225.	675.	*
1916-S	3.50	4.00	6.00	10.	27.	75.	110.	225.	675.	*

——— = Insufficient pricing data   * = None issued

Winged Liberty Head dime

"Mercury dime"

Date of authorization:	April 2, 1792
Dates of issue:	1916-1945
Designer:	Adolph Weinman
Engraver:	Charles Barber
Diameter:	17.91 mm/0.71 inch
Weight:	2.50 grams/0.08 ounce
Metallic content:	90% silver, 10% copper
Specific gravity:	10.34
Weight of pure silver:	2.25 grams/0.08 ounce
Edge:	Reeded
Mint mark:	Reverse left of base of fasces (bundle of rods)

NOTE: B refers to Full Split Bands on the fasces on the reverse.

	VG-8	F-12	VF-20	EF-40	AU-50	MS-60	MS-63	MS-64	MS-64 B.	MS-65	MS-65 B	PF-65
1916	6.00	7.50	9.00	15.	28.	35.	45.	50.	70.	125.	180.	*
1916-D	1600.	2500.	4000.	6000.	9000.	12000.	15000.	20000.	25000.	30000.	50000.	*
1916-S	7.00	12.	15.	27.	30.	40.	60.	85.	185.	225.	750.	*
1917	4.00	5.00	8.00	10.	15.	30.	60.	80.	100.	175.	400.	*
1917-D	8.00	15.	30.	60.	110.	150.	350.	500.	1200.	1100.	5500.	*
1917-S	4.00	5.00	8.00	15.	35.	65.	200.	300.	500.	450.	1200.	*
1918	5.00	8.00	15.	40.	50.	70.	100.	130.	300.	425.	1400.	*
1918-D	5.00	7.00	15.	35.	55.	125.	250.	350.	3000.	700.	27000.	*
1918-S	5.00	7.00	12.	28.	45.	100.	250.	400.	2200.	750.	7000.	*
1919	3.00	5.00	7.00	14.	30.	40.	125.	140.	250.	350.	800.	*
1919-D	8.00	15.	35.	55.	100.	200.	425.	650.	6000.	1600.	32000.	*
1919-S	5.00	10.	20.	50.	100.	200.	450.	750.	5500.	1100.	15000.	*
1920	3.00	5.00	7.00	10.	18.	30.	80.	100.	120.	250.	550.	*
1920-D	4.00	7.00	10.	28.	55.	125.	350.	400.	2500.	750.	5000.	*
1920-S	4.00	9.00	12.	22.	50.	125.	350.	550.	2500.	1400.	8000.	*
1921	100.	150.	300.	650.	1000.	1200.	1700.	1800.	2700.	3500.	5000.	*
1921-D	150.	250.	450.	800.	1300.	1500.	1800.	2000.	3000.	3500.	6000.	*
1923	3.00	4.00	5.00	8.00	18.	30.	45.	50.	75.	110.	350.	*
1923-S	5.00	10.	20.	85.	125.	175.	400.	800.	2000.	1250.	7000.	*
1924	3.00	4.00	7.00	15.	35.	50.	90.	110.	150.	190.	500.	*
1924-D	6.00	10.	30.	80.	125.	175.	500.	600.	750.	1200.	1400.	*
1924-S	6.00	10.	15.	70.	125.	175.	500.	650.	3500.	1200.	15000.	*
1925	3.00	4.00	6.00	14.	20.	30.	80.	120.	225.	200.	800.	*
1925-D	9.00	15.	60.	165.	225.	400.	800.	1100.	1400.	1750.	3500.	*
1925-S	5.00	10.	20.	110.	125.	200.	525.	900.	1450.	1500.	4000.	*
1926	3.00	4.00	5.00	8.00	15.	25.	65.	120.	150.	250.	500.	*

—— = Insufficient pricing data   * = None issued

WINGED LIBERTY HEAD DIME (CONTINUED)

	VG-8	F-12	VF-20	EF-40	AU-50	MS-60	MS-63	MS-64	MS-64 B	MS-65	MS-65 B	PF-65
1926-D	6.00	8.00	15.	35.	55.	135.	275.	350.	550.	600.	2000.	*
1926-S	17.	35.	75.	325.	500.	900.	1600.	2000.	3500.	3000.	7000.	*
1927	3.00	4.00	5.00	9.00	14.	30.	50.	80.	120.	150.	350.	*
1927-D	7.00	12.	30.	110.	125.	200.	375.	500.	1600.	1400.	9000.	*
1927-S	5.00	7.00	12.	35.	60.	300.	550.	900.	2500.	1600.	8000.	*
1928	3.00	4.00	5.00	10.	20.	30.	50.	60.	90.	125.	350.	*
1928-D	6.00	12.	30.	75.	125.	200.	325.	425.	800.	900.	3000.	*
1928-S	4.00	5.00	10.	25.	50.	125.	275.	325.	750.	450.	2000.	*
1929	3.00	4.00	5.00	6.00	12.	20.	30.	40.	55.	70.	200.	*
1929-D	4.00	5.00	8.00	18.	27.	30.	40.	50.	70.	80.	250.	*
1929-S	3.00	5.00	8.00	12.	25.	38.	50.	75.	175.	125.	600.	*
1930	2.50	5.00	6.00	9.00	16.	30.	45.	60.	175.	125.	625.	*
1930-S	6.00	9.00	12.	25.	55.	75.	125.	150.	225.	200.	725.	*
1931	5.00	6.00	8.00	15.	27.	35.	65.	85.	175.	130.	800.	*
1931-D	12.	14.	20.	60.	75.	90.	110.	160.	200.	300.	400.	*
1931-S	7.00	9.00	12.	27.	55.	90.	110.	175.	800.	275.	2500.	*
1934	2.50	4.00	5.00	6.00	10.	30.	40.	45.	50.	60.	140.	*
1934-D	2.50	4.00	8.00	15.	30.	50.	65.	70.	125.	80.	375.	*
1935	2.50	4.00	5.00	6.00	7.00	11.	18.	25.	35.	35.	75.	*
1935-D	2.50	4.00	7.00	14.	28.	40.	50.	60.	225.	60.	550.	*
1935-S	2.50	4.00	5.00	6.00	12.	27.	35.	40.	175.	40.	400.	*
1936	2.50	4.00	5.00	6.00	7.00	10.	18.	20.	40.	30.	90.	1500.
1936-D	2.50	4.00	5.00	8.00	18.	30.	35.	40.	120.	50.	300.	*
1936-S	2.50	4.00	4.50	6.00	12.	20.	30.	35.	50.	40.	100.	*
1937	2.50	4.00	4.50	5.00	7.00	9.00	14.	18.	27.	27.	50.	750.
1937-D	2.50	4.00	4.50	6.00	12.	25.	30.	35.	40.	45.	100.	*
1937-S	2.50	4.00	4.50	5.00	10.	22.	30.	35.	70.	40.	200.	*
1938	2.50	4.00	4.50	6.00	8.00	15.	18.	20.	30.	30.	80.	500.
1938-D	2.50	4.00	4.50	6.00	12.	18.	22.	25.	30.	30.	60.	*
1938-S	2.50	4.00	4.50	5.00	10.	20.	25.	30.	40.	35.	150.	*
1939	2.50	4.00	4.50	5.00	7.00	10.	13.	20.	45.	30.	175.	350.
1939-D	2.50	4.00	4.50	5.00	7.00	9.00	13.	20.	30.	30.	50.	*
1939-S	2.50	4.00	4.50	6.00	12.	25.	30.	40.	225.	45.	700.	*
1940	2.50	4.00	4.50	5.00	6.00	8.00	13.	18.	24.	35.	55.	300.
1940-D	2.50	4.00	4.50	5.00	7.00	9.00	14.	20.	24.	35.	60.	*
1940-S	2.50	4.00	4.50	5.00	7.00	10.	15.	20.	30.	35.	100.	*
1941	2.50	4.00	4.50	5.00	6.00	8.00	13.	15.	23.	30.	45.	300.
1941-D	2.50	4.00	4.50	5.00	6.00	8.00	13.	15.	24.	25.	45.	*
1941-S	2.50	4.00	4.50	5.00	7.00	9.00	14.	16.	24.	30.	50.	*
1942/1	650.	750.	850.	950.	1650.	2500.	4200.	7000.	12000.	15000.	35000.	*
1942	2.50	4.00	4.50	5.00	6.00	8.00	13.	15.	23.	25.	50.	300.
1942/41-D	650.	800.	900.	1000.	1700.	2500.	4800.	7000.	11000.	9000.	25000.	*
1942-D	2.50	4.00	4.50	5.00	6.00	8.00	13.	20.	24.	30.	40.	*
1942-S	2.50	4.00	4.50	5.00	6.00	10.	17.	25.	40.	30.	150.	*
1943	2.50	4.00	4.50	5.00	6.00	8.00	13.	15.	23.	30.	50.	*
1943-D	2.50	4.00	4.50	5.00	6.00	8.00	13.	17.	22.	30.	40.	*
1943-S	2.50	4.00	4.50	5.00	6.00	10.	15.	18.	24.	30.	70.	*
1944	2.50	4.00	4.50	5.00	6.00	8.00	14.	15.	22.	30.	80.	*
1944-D	2.50	4.00	4.50	5.00	6.00	8.00	13.	20.	23.	25.	40.	*
1944-S	2.50	4.00	4.50	5.00	6.00	8.00	18.	23.	30.	30.	60.	*
1945	2.50	4.00	4.50	5.00	6.00	8.00	18.	20.	5000.	25.	10000.	*
1945-D	2.50	4.00	4.50	5.00	6.00	8.00	13.	18.	25.	25.	40.	*
1945-S	2.50	4.00	4.50	5.00	6.00	8.00	13.	18.	30.	30.	110.	*
1945-S Micro S	3.50	4.50	5.00	8.00	20.	30.	35.	40.	175.	100.	625.	*

—— = Insufficient pricing data   * = None issued

Roosevelt dime

Date of authorization: April 2, 1792; July 23, 1965
Dates of issue: 1946-present
Designer/Engraver: John R. Sinnock
Diameter: 17.91 mm/0.71 inch
Weight: (1946-1964, 1992-present silver Proofs
only): 2.50 grams/0.08 ounce
(1965-present): 2.27 grams/0.07 ounce
Metallic content: (1946-1964, 1992-present silver Proofs
only): 90% silver, 10% copper
(1965-present): 75% copper, 25% nickel
clad to pure copper core
Specific gravity: silver, 10.34; copper-nickel clad, 8.92
Weight of pure silver: (1946-1964, 1992-present silver Proofs
only): 2.25 grams/0.08 ounce
Edge: Reeded
Mint mark: (1946-1964): Reverse left of base
of torch
(1968-present): Obverse above date

The letter B following MS-68 in the grading column refers to "bands" or "full bands," a reference to a fully struck coin as illustrated by the level of detail on the torch on the reverse, which is bound by bands. The letter C following a numerical grade for a Proof coin stands for "cameo," while the letters DC stand for "deep cameo." Cameo coins have contrasting surface finishes: mirror fields and frosted devices (raised areas). Deep cameo coins are the ultimate level of cameo, with deeply frosted devices. Cameo and deep cameo coins bring premiums.

	EF-40	AU-50	AU-58	MS-60	MS-65	MS-66	MS-66B	MS-67	PF-63	PF-65	PF-67
SILVER											
1946	2.50	3.00	4.00	5.00	15.	30.	500.	125.	*	*	*
1946-D	2.50	3.00	4.00	5.00	14.	30.	—	110.	*	*	*
1946-S	2.50	3.00	4.00	5.00	20.	35.	—	100.	*	*	*
1947	2.50	3.00	4.00	7.00	14.	25.	—	65.	*	*	*
1947-D	2.50	3.00	4.00	8.00	15.	20.	—	40.	*	*	*
1947-S	2.50	3.00	4.00	7.00	15.	35.	—	125.	*	*	*
1948	2.50	3.00	4.00	6.00	14.	35.	—	100.	*	*	*
1948-D	2.50	3.00	4.00	8.00	15.	25.	—	100.	*	*	*
1948-S	2.50	3.00	4.00	7.00	17.	30.	—	120.	*	*	*
1949	6.00	10.	20.	35.	85.	110.	—	135.	*	*	*
1949-D	4.00	6.00	9.00	14.	25.	35.	—	125.	*	*	*
1949-S	10.	18.	35.	55.	75.	100.	—	200.	*	*	*
1950	4.00	6.00	10.	17.	35.	50.	—	145.	45.	60.	125.
1950-D	2.50	3.00	4.00	7.00	15.	30.	—	105.	*	*	*
1950-S	8.00	18.	30.	45.	75.	90.	—	150.	*	*	*
1951	2.50	3.00	4.00	5.00	12.	40.	—	125.	50.	60.	100.
1951-D	2.50	3.00	4.00	5.00	12.	20.	—	140.	*	*	*
1951-S	4.00	6.00	9.00	17.	35.	60.	—	125.	*	*	*
1952	2.50	3.00	4.00	5.00	25.	40.	—	100.	30.	40.	80.
1952-D	2.50	3.00	4.00	5.00	12.	35.	—	40.	*	*	*
1952-S	2.50	3.00	4.00	8.00	15.	43.	—	80.	*	*	*
1953	2.50	3.00	4.00	5.00	13.	20.	—	90.	20.	50.	80.
1953-D	2.50	3.00	4.00	4.50	12.	47.	—	55.	*	*	*
1953-S	2.50	3.00	4.00	4.50	10.	35.	—	75.	*	*	*
1954	2.50	3.00	4.00	4.50	12.	25.	—	40.	8.00	25.	35.
1954-D	2.50	3.00	4.00	4.50	12.	15.	—	40.	*	*	*
1954-S	2.50	3.00	4.00	4.50	10.	20.	—	58.	*	*	*
1955	2.50	3.00	4.00	4.50	12.	22.	—	35.	7.00	20.	30.
1955-D	2.50	3.00	4.00	4.50	10.	21.	—	38.	*	*	*
1955-S	2.50	3.00	4.00	4.50	10.	20.	—	75.	*	*	*
1956	2.50	3.00	4.00	4.50	8.50	18.	—	65.	5.00	12.	21.
1956-D	2.50	3.00	4.00	4.50	8.00	25.	—	50.	*	*	*
1957	2.50	3.00	4.00	4.50	9.00	20.	—	110.	5.00	10.	35.
1957-D	2.50	3.00	4.00	4.50	7.50	18.	—	25.	*	*	*
1958	2.50	3.00	4.00	4.50	12.	25.	—	70.	5.00	8.00	12.
1958-D	2.50	3.00	4.00	4.50	10.	16.	—	70.	*	*	*
1959	2.50	3.00	4.00	4.50	8.50	27.	—	50.	5.00	8.00	16.
1959-D	2.50	3.00	4.00	4.50	9.00	17.	—	30.	*	*	*
1960	2.50	3.00	4.00	4.50	9.00	16.	—	30.	5.00	8.00	35.
1960 Doubled Die Obverse											
	*	*	*	*	*	*	*	*	—	—	—
1960-D	2.50	3.00	4.00	4.50	7.00	25.	—	130.	*	*	*
1961	2.50	3.00	4.00	4.50	8.50	28.	—	75.	5.00	8.00	15.
1961-D	2.50	3.00	4.00	4.50	7.00	21.	—	55.	*	*	*
1962	2.50	3.00	4.00	4.50	6.50	20.	—	115.	5.00	8.00	13.
1962-D	2.50	3.00	4.00	4.50	7.00	22.	—	65.	*	*	*
1963	2.50	3.00	4.00	4.50	8.50	20.	—	100.	5.00	8.00	13.
1963 Doubled Die Reverse											
	*	*	*	*	*	*	*	*	—	—	—
1963-D	2.50	3.00	4.00	4.50	8.50	22.	—	65.	*	*	*
1964	2.50	3.00	4.00	4.50	8.50	17.	—	85.	5.00	8.00	14.
1964 Special Mint Set	—	—	—	—	—	—	—	4000.	*	*	*
1964-D	2.50	3.00	4.00	4.50	7.00	17.	—	150.	*	*	*
1964-D Doubled Die Reverse											
	—	75.	225.	350.	1000.	—	—	—	*	*	*

——— = Insufficient pricing data   * = None issued

ROOSEVELT DIME (CONTINUED)

	AU-50	AU-58	MS-60	MS-63	MS-65	MS-66	MS-66B	MS-67	PF-65	PF-67	PF-69DC
COPPER-NICKEL CLAD											
1965	0.15	0.20	0.50	0.60	8.00	15.	100.	50.	*	*	*
1965 Special Mint Set	—	—	0.50	1.00	3.00	12.	30.	45.	*	*	*
1966	0.15	0.20	0.50	0.60	7.00	12.	200.	30.	*	*	*
1966 Special Mint Set	—	—	0.50	1.00	3.00	15.	45.	75.	*	*	*
1967	0.15	0.20	0.50	0.60	7.00	13.	175.	45.	*	*	*
1967 Special Mint Set	—	—	0.50	1.00	4.00	10.	20.	45.	*	*	*
1968	0.15	0.20	0.50	0.60	7.00	13.	45.	40.	*	*	*
1968-D	0.15	0.20	0.50	0.60	7.00	14.	18.	32.	*	*	*
1968-S	*	*	*	*	*	*	*	*	3.00	5.00	125.
1968-S No S	*	*	*	*	*	*	*	*	8500.	—	—
1969	0.75	0.90	1.25	2.00	6.00	40.	125.	110.	*	*	*
1969-D	0.15	0.20	0.50	1.00	6.00	19.	70.	60.	*	*	*
1969-S	*	*	*	*	*	*	*	*	4.00	8.00	200.
1970	0.15	0.20	0.50	0.60	6.00	17.	—	65.	*	*	*
1970-D	0.15	0.20	0.50	0.60	6.00	12.	110.	45.	*	*	*
1970-S	*	*	*	*	*	*	*	*	4.00	8.00	60.
1970-S No S	*	*	*	*	*	*	*	*	1000.	1200.	—
1971	0.15	0.20	0.50	0.60	7.00	15.	150.	65.	*	*	*
1971-D	0.15	0.20	0.50	0.60	6.00	12.	30.	100.	*	*	*
1971-S	*	*	*	*	*	*	*	*	4.00	8.00	150.
1972	0.15	0.20	0.50	0.60	9.00	15.	200.	150.	*	*	*
1972-D	0.15	0.20	0.50	0.60	6.00	12.	45.	35.	*	*	*
1972-S	*	*	*	*	*	*	*	*	4.00	8.00	60.
1973	0.15	0.20	0.50	0.60	6.00	11.	18.	120.	*	*	*
1973-D	0.15	0.20	0.50	0.60	6.00	11.	12.	40.	*	*	*
1973-S	*	*	*	*	*	*	*	*	4.00	8.00	50.
1974	0.15	0.20	0.50	0.60	6.00	11.	—	50.	*	*	*
1974-D	0.15	0.20	0.50	0.60	4.00	11.	110.	50.	*	*	*
1974-S	*	*	*	*	*	*	*	*	4.00	8.00	35.
1975	0.15	0.20	0.50	0.60	6.00	13.	85.	80.	*	*	*
1975-D	0.15	0.20	0.50	0.60	6.00	9.00	32.	35.	*	*	*
1975-S	*	*	*	*	*	*	*	*	4.00	8.00	30.
1975-S No S		Two known, one auction appearance, August 2011, Proof 68, $349,600									
1976	0.15	0.20	0.50	0.60	6.00	13.	165.	55.	*	*	*
1976-D	0.15	0.20	0.50	0.60	6.00	13.	90.	45.	*	*	*
1976-S	*	*	*	*	*	*	*	*	4.00	7.00	30.
1977	0.15	0.20	0.50	0.60	6.00	10.	135.	50.	*	*	*
1977-D	0.15	0.20	0.50	0.60	6.00	10.	145.	60.	*	*	*
1977-S	*	*	*	*	*	*	*	*	4.00	8.00	20.
1978	0.15	0.20	0.50	0.60	6.00	10.	—	50.	*	*	*
1978-D	0.15	0.20	0.50	0.60	6.00	10.	120.	35.	*	*	*
1978-S	*	*	*	*	*	*	*	*	4.00	8.00	20.
1979	0.15	0.20	0.50	0.60	6.00	10.	—	40.	*	*	*
1979-D	0.15	0.20	0.50	0.60	6.00	10.	190.	28.	*	*	*
1979-S Filled S	*	*	*	*	*	*	*	*	4.00	—	20.
1979-S Clear S	*	*	*	*	*	*	*	*	4.00	—	30.
1980-P	0.15	0.20	0.50	0.60	6.00	11.	—	30.	*	*	*
1980-D	0.15	0.20	0.50	0.60	6.00	13.	—	30.	*	*	*
1980-S	*	*	*	*	*	*	*	*	4.00	8.00	17.
1981-P	0.15	0.20	0.50	0.60	4.00	9.00	13.	15.	*	*	*
1981-D	0.15	0.20	0.50	0.60	4.50	10.	15.	22.	*	*	*
1981-S	*	*	*	*	*	*	*	*	4.00	8.00	20.
1982 No Mint mark											
	80.	85.	100.	125.	200.	300.	—	800.	*	*	*
1982-P	0.15	0.20	0.50	0.60	6.00	20.	42.	85.	*	*	*

—— = Insufficient pricing data　　　* = None issued

ROOSEVELT DIME (CONTINUED)

	AU-50	AU-58	MS-60	MS-63	MS-65	MS-66	MS-66B	MS-67	PF-65	PF-67	PF-69DC
1982-D	0.15	0.20	0.50	0.60	4.00	14.	60.	45.	*	*	*
1982-S	*	*	*	*	*	*	*	*	4.00	4.00	20.
1983-P	0.15	0.20	0.50	0.60	6.00	15.	55.	155.	*	*	*
1983-D	0.15	0.20	0.50	0.60	7.00	14.	120.	65.	*	*	*
1983-S	*	*	*	*	*	*	*	*	4.00	5.00	20.
1983-S No S	*	*	*	*	*	*	*	*	1000.	—	2000.
1984-P	0.15	0.20	0.50	0.60	4.50	9.00	18.	22.	*	*	*
1984-D	0.15	0.20	0.50	0.60	4.00	9.00	25.	27.	*	*	*
1984-S	*	*	*	*	*	*	*	*	4.00	5.00	20.
1985-P	0.15	0.20	0.50	0.60	6.00	10.	18.	25.	*	*	*
1985-D	0.15	0.20	0.50	0.60	4.00	7.00	13.	14.	*	*	*
1985-S	*	*	*	*	*	*	*	*	4.00	5.00	20.
1986-P	0.15	0.20	0.50	0.60	4.00	9.50	16.	45.	*	*	*
1986-D	0.15	0.20	0.50	0.60	4.00	10.	110.	45.	*	*	*
1986-S	*	*	*	*	*	*	*	*	5.00	5.00	20.
1987-P	0.15	0.20	0.50	0.60	5.00	8.00	55.	14.	*	*	*
1987-D	0.15	0.20	0.50	0.60	5.00	8.00	65.	12.	*	*	*
1987-S	*	*	*	*	*	*	*	*	4.00	5.00	20.
1988-P	0.15	0.20	0.50	0.60	6.00	9.00	65.	16.	*	*	*
1988-D	0.15	0.20	0.50	0.60	6.00	10.	20.	35.	*	*	*
1988-S	*	*	*	*	*	*	*	*	5.00	5.00	20.
1989-P	0.15	0.20	0.50	0.60	5.00	10.	22.	35.	*	*	*
1989-D	0.15	0.20	0.50	0.60	6.00	9.00	13.	17.	*	*	*
1989-S	*	*	*	*	*	*	*	*	4.00	5.00	20.
1990-P	0.15	0.20	0.50	0.60	5.00	10.	175.	40.	*	*	*
1990-D	0.15	0.20	0.50	0.60	6.00	8.00	—	14.	*	*	*
1990-S	*	*	*	*	*	*	*	*	4.00	5.00	20.
1991-P	0.15	0.20	0.50	0.60	6.00	8.00	85.	45.	*	*	*
1991-D	0.15	0.20	0.50	0.60	6.00	14.	—	65.	*	*	*
1991-S	*	*	*	*	*	*	*	*	5.00	4.00	20.
1992-P	0.15	0.20	0.50	0.60	5.00	8.00	19.	75.	*	*	*
1992-D	0.15	0.20	0.50	0.60	5.00	11.	17.	30.	*	*	*
1992-S Clad	*	*	*	*	*	*	*	*	4.00	4.00	20.
1992-S Silver	*	*	*	*	*	*	*	*	6.00	7.00	20.
1993-P	0.15	0.20	0.50	0.60	4.00	8.00	28.	18.	*	*	*
1993-D	0.15	0.20	0.50	0.60	5.00	8.00	135.	22.	*	*	*
1993-S Clad	*	*	*	*	*	*	*	*	6.00	7.00	20.
1993-S Silver	*	*	*	*	*	*	*	*	8.00	10.	20.
1994-P	0.15	0.20	0.50	0.60	4.50	6.00	20.	30.	*	*	*
1994-D	0.15	0.20	0.50	0.60	6.00	8.00	50.	24.	*	*	*
1994-S Clad	*	*	*	*	*	*	*	*	7.00	9.00	20.
1994-S Silver	*	*	*	*	*	*	*	*	8.00	10.	21.
1995-P	0.15	0.20	0.50	0.60	5.00	10.	27.	22.	*	*	*
1995-D	0.15	0.20	0.50	0.60	5.00	8.50	85.	15.	*	*	*
1995-S Clad	*	*	*	*	*	*	*	*	20.	25.	40.
1995-S Silver	*	*	*	*	*	*	*	*	30.	40.	70.
1996-P	0.15	0.20	0.50	0.60	3.00	5.00	7.00	6.00	*	*	*
1996-W	—	—	—	3.00	12.	17.	27.	28.	*	*	*
1996-D	0.15	0.20	0.50	0.60	6.00	10.	14.	20.	*	*	*
1996-S Clad	*	*	*	*	*	*	*	*	5.00	7.00	20.
1996-S Silver	*	*	*	*	*	*	*	*	8.00	10.	20.
1997-P	0.15	0.20	0.50	0.60	6.00	8.00	27.	16.	*	*	*
1997-D	0.15	0.20	0.50	0.60	4.00	8.00	23.	17.	*	*	*
1997-S Clad	*	*	*	*	*	*	*	*	18.	20.	35.
1997-S Silver	*	*	*	*	*	*	*	*	25.	30.	40.

—— = Insufficient pricing data   * = None issued

	AU-50	AU-58	MS-60	MS-63	MS-65	MS-66	MS-66B	MS-67	PF-65	PF-67	PF-69DC
1998-P	0.15	0.20	0.50	0.60	4.00	7.50	14.	18.	*	*	*
1998-D	0.15	0.20	0.50	0.60	4.00	8.00	20.	17.	*	*	*
1998-S Clad	*	*	*	*	*	*	*	*	6.00	8.00	20.
1998-S Silver	*	*	*	*	*	*	*	*	7.00	9.00	24.
1999-P	0.15	0.20	0.50	0.60	3.00	4.00	7.00	5.00	*	*	*
1999-D	0.15	0.20	0.50	0.60	3.00	4.00	7.00	5.00	*	*	*
1999-S Clad	*	*	*	*	*	*	*	*	5.00	7.00	20.
1999-S Silver	*	*	*	*	*	*	*	*	7.00	9.00	24.
2000-P	0.15	0.20	0.50	0.60	3.00	5.00	7.00	7.00	*	*	*
2000-D	0.15	0.20	0.50	0.60	3.00	4.00	7.00	5.50	*	*	*
2000-S Clad	*	*	*	*	*	*	*	*	4.00	6.00	20.
2000-S Silver	*	*	*	*	*	*	*	*	6.00	8.00	23.
2001-P	0.15	0.20	0.50	0.60	3.00	4.00	7.00	6.00	*	*	*
2001-D	0.15	0.20	0.50	0.60	3.00	4.00	7.00	6.00	*	*	*
2001-S Clad	*	*	*	*	*	*	*	*	4.00	6.00	12.
2001-S Silver	*	*	*	*	*	*	*	*	6.00	8.00	31.
2002-P	0.15	0.20	0.50	0.60	3.00	4.00	7.00	6.00	*	*	*
2002-D	0.15	0.20	0.50	0.60	3.00	4.00	7.00	6.00	*	*	*
2002-S Clad	*	*	*	*	*	*	*	*	4.00	5.00	12.
2002-S Silver	*	*	*	*	*	*	*	*	6.00	8.00	30.
2003-P	0.15	0.20	0.50	0.60	3.00	4.00	7.00	6.00	*	*	*
2003-D	0.15	0.20	0.50	0.60	3.00	4.00	7.00	6.00	*	*	*
2003-S Clad	*	*	*	*	*	*	*	*	4.00	6.00	12.
2003-S Silver	*	*	*	*	*	*	*	*	6.00	8.00	30.
2004-P	0.15	0.20	0.50	0.60	3.00	4.00	10.	6.00	*	*	*
2004-D	0.15	0.20	0.50	0.60	3.00	4.00	7.00	6.00	*	*	*
2004-S Clad	*	*	*	*	*	*	*	*	4.00	6.00	12.
2004-S Silver	*	*	*	*	*	*	*	*	6.00	8.00	30.
2005-P	0.15	0.20	0.50	0.60	3.00	5.00	16.	7.50	*	*	*
2005-P Satin Finish	—	—	—	3.00	5.00	4.00	11.	14.	*	*	*
2005-D	0.15	0.20	0.50	0.60	3.00	4.00	30.	6.00	*	*	*
2005-D Satin Finish	—	—	—	3.00	5.00	9.00	14.	15.	*	*	*
2005-S Clad	*	*	*	*	*	*	*	*	4.00	6.00	12.
2005-S Silver	*	*	*	*	*	*	*	*	6.00	8.00	30.
2006-P	0.15	0.20	0.50	0.60	2.50	6.00	14.	10.	*	*	*
2006-P Satin Finish	—	—	—	3.00	5.00	8.00	10.	10.	*	*	*
2006-D	0.15	0.20	0.50	0.60	2.50	6.00	14.	10.	*	*	*
2006-D Satin Finish	—	—	—	3.00	5.00	9.00	11.	—	*	*	*
2006-S Clad	*	*	*	*	*	*	*	*	4.00	6.00	12.
2006-S Silver	*	*	*	*	*	*	*	*	6.00	8.00	30.
2007-P	0.15	0.20	0.50	0.60	2.50	6.00	—	10.	*	*	*
2007-P Satin Finish	—	—	—	3.00	4.00	6.00	7.00	7.00	*	*	*
2007-D	0.15	0.20	0.50	0.60	2.50	6.00	—	10.	*	*	*
2007-D Satin Finish	—	—	—	2.00	4.00	6.00	7.00	7.00	*	*	*
2007-S Clad	*	*	*	*	*	*	*	*	3.00	—	15.
2007-S Silver	*	*	*	*	*	*	*	*	6.00	8.00	20.
2008-P	0.15	0.20	0.50	0.60	1.00	1.25	—	4.00	*	*	*
2008-P Satin Finish	—	—	0.35	0.50	1.00	1.25	—	4.00	*	*	*
2008-D	0.15	0.20	0.50	0.60	1.00	1.25	—	4.00	*	*	*
2008-D Satin Finish	—	—	—	2.00	—	—	—	—	*	*	*
2008-S Clad	*	*	*	*	*	*	*	*	1.50	2.50	11.
2008-S Silver	*	*	*	*	*	*	*	*	6.00	8.00	20.
2009-P	0.15	0.20	0.50	0.60	1.00	1.25	—	4.00	*	*	*
2009-P Satin Finish	—	—	—	—	1.00	—	—	5.00	*	*	*
2009-D	0.15	0.20	0.30	0.60	1.00	1.25	—	4.00	*	*	*

—— = Insufficient pricing data   * = None issued

ROOSEVELT DIME (CONTINUED)

	AU-50	AU-58	MS-60	MS-63	MS-65	MS-66	MS-66B	MS-67	PF-65	PF-67	PF-69DC
2009-D Satin Finish	—	—	—	—	1.00	—	—	5.00	*	*	*
2009-S Clad	*	*	*	*	*	*	*	*	1.50	2.50	10.
2009-S Silver	*	*	*	*	*	*	*	*	6.00	8.00	20.
2010-P	0.15	0.20	0.50	0.60	1.00	1.25	—	4.00	*	*	*
2010-P Satin Finish	—	—	—	—	—	—	—	5.00	*	*	*
2010-D	0.15	0.20	0.50	0.60	1.00	1.25	—	4.00	*	*	*
2010-D Satin Finish	—	—	—	—	—	—	—	5.00	*	*	*
2010-S Clad	*	*	*	*	*	*	*	*	1.50	2.50	10.
2010-S Silver	*	*	*	*	*	*	*	*	6.00	8.00	20.
2011-P	—	—	—	—	—	—	—	—	*	*	*
2011-D	—	—	—	—	—	—	—	—	*	*	*
2011-S Clad	*	*	*	*	*	*	*	*	—	—	10.
2011-S Silver	*	*	*	*	*	*	*	*	6.00	8.00	20.

——— = Insufficient pricing data   * = None issued

Seated Liberty 20 cents

Date of authorization: March 3, 1875
Dates of issue: 1875-1876
Designers: Obverse: Thomas Sully-
Christian Gobrecht-Robert Ball Hughes
William Barber
Reverse: William Barber
Engraver: William Barber
Diameter: 22.50 mm/0.89 inch
Weight: 5.00 grams/0.16 ounce
Metallic content: 90% silver, 10% copper
Specific gravity: 10.34
Weight of pure silver: 4.50 grams/0.14 ounce
Edge: Plain
Mint mark: Reverse below eagle

	G-4	VG-8	F-12	VF-20	EF-40	AU-50	MS-60	MS-65	PF-63	PF-65
1875	225.	275.	350.	400.	500.	750.	1250.	6000.	4000.	12500.
1875-CC	400.	450.	500.	750.	1100.	2000.	2500.	15000.	—	—
1875-S	110.	150.	175.	225.	300.	350.	800.	4500.	—	—
1876	250.	300.	375.	450.	550.	750.	1000.	5000.	3000.	7500.
1876-CC	—	—	—	—	— 200000.	—	425000.	—	—
1877 Proof Only	2500.	2750.	3000.	3500.	3750.	4000.	—	—	6500.	15000.
1878 Proof Only	1500.	1750.	2000.	2500.	3000.	3500.	—	—	5000.	12500.

—— = Insufficient pricing data   * = None issued

Draped Bust quarter dollar

Small Eagle

Heraldic Eagle

Date of authorization: April 2, 1792
Dates of issue: 1796, 1804-1807
Designers: Obverse: Gilbert Stuart-Robert Scot
Reverse:
(1796): Robert Scot-John Eckstein
(1804-1807): Robert Scot
Engraver: Robert Scot
Diameter: 27 mm/1.07 inches
Weight: 6.74 grams/0.22 ounce
Metallic content: 89.25% silver, 10.75% copper
Specific gravity: 10.32
Weight of pure silver: 6.02 grams/0.19 ounce
Edge: Reeded
Mint Mark: None

DRAPED BUST, SMALL EAGLE QUARTER DOLLAR

	G-4	VG-8	F-12	VF-20	EF-40	AU-50	AU-55	MS-60	MS-63	MS-65
1796	12500.	17500.	25000.	35000.	52500.	57500.	62500.	85000.	125000.	250000.

DRAPED BUST, HERALDIC EAGLE QUARTER DOLLAR

	G-4	VG-8	F-12	VF-20	EF-40	AU-50	AU-55	MS-60	MS-63	MS-64
1804	5500.	7500.	10000.	15000.	35000.	55000.	65000.	100000.	200000.	300000.
1805	600.	750.	1500.	1750.	3500.	6000.	8500.	12500.	25000.	40000.
1806/5	700.	900.	1500.	2250.	4500.	6500.	9000.	15000.	35000.	75000.
1806	500.	600.	1250.	1500.	3500.	5500.	7500.	10000.	17500.	30000.
1807	500.	600.	1250.	1500.	3500.	5500.	7500.	12500.	17500.	50000.

Capped Bust quarter dollar

Date of authorization: April 2, 1792
Dates of issue: 1815-1838
Designer/Engraver: John Reich
Diameter: 1815-1828: 27.00 mm/1.07 inches
1831-1838: 24.26 mm/0.96 inch
Weight: 6.74 grams/0.22 ounce
Metallic content: 89.25% silver, 10.75% copper
Specific gravity: 10.32
Weight of pure silver: 6.02 grams/0.19 ounce
Edge: Reeded
Mint mark: None

	G-4	VG-8	F-12	VF-20	EF-40	AU-50	AU-55	MS-60	MS-65	PF-63
MOTTO, OPEN COLLAR STRIKE										
1815	250.	500.	650.	850.	1500.	2000.	3000.	4000.	35000.	—
1818/5	200.	350.	500.	850.	1750.	2250.	3500.	4500.	30000.	—
1818	150.	250.	350.	750.	1500.	2000.	3000.	4500.	30000.	—
1819 Small 9	200.	300.	400.	850.	1750.	2500.	5000.	6500.	30000.	—
1819 Large 9	200.	300.	400.	850.	1750.	2500.	4500.	6000.	—	—
1820 Small 0	150.	250.	350.	750.	1500.	2000.	3000.	4500.	—	—
1820 Large 0	250.	350.	500.	1000.	2000.	3000.	4000.	6000.	40000.	—
1821	200.	300.	400.	800.	1750.	2750.	3250.	5000.	—	—
1822	250.	350.	500.	1000.	2000.	3500.	4000.	6000.	—	50000.
1822 25/50c	5500.	7500.	10000.	15000.	18000.	22000.	30000.	50000.	150000.	—
1823/2	40000.	45000.	55000.	75000.	100000.	150000.	175000.	—	—	—
1824/2	850.	1500.	2000.	3000.	5500.	8500.	12500.	20000.	—	—
1825/2	200.	300.	500.	3000.	6000.	12500.	15000.	—	—	—
1825/3	200.	250.	450.	850.	1750.	2000.	2500.	4000.	—	—
1825/4	200.	250.	450.	800.	1500.	2500.	3500.	4250.	—	—
1827/3 Original, Proof Only	—	—	—	55000.	60000.	65000.	70000.	—	—	100000.
1827/3 Restrike, Proof Only	—	—	—	—	—	—	—	—	—	60000.
1828	150.	200.	350.	650.	1750.	2250.	3000.	4000.	30000.	—
1828 25/50c	300.	400.	1000.	2500.	3500.	6000.	8000.	—	—	—

—— = Insufficient pricing data   * = None issued

CAPPED BUST QUARTER DOLLAR (CONTINUED)

	G-4	VG-8	F-12	VF-20	EF-40	AU-50	AU-55	MS-60	MS-65	PF-63
NO MOTTO, CLOSE COLLAR STRIKE										
1831 Small Letters	75.	125.	150.	200.	550.	750.	1000.	2000.	30000.	*
1831 Large Letters	100.	150.	175.	250.	600.	750.	1000.	2000.	30000.	—
1832	75.	125.	150.	200.	550.	650.	850.	1750.	—	*
1833	100.	150.	175.	250.	600.	750.	1000.	2000.	25000.	—
1833 O/F in OF	—	—	—	—	—	—	—	—	—	*
1834	75.	125.	150.	200.	550.	650.	1000.	2000.	30000.	—
1834 O/F in OF	—	—	—	—	—	—	—	—	—	*
1835	75.	125.	150.	200.	550.	650.	850.	1750.	25000.	50000.
1836	75.	125.	150.	200.	550.	650.	850.	1750.	30000.	—
1837	75.	125.	150.	200.	550.	650.	850.	1750.	25000.	—
1838	75.	125.	150.	200.	550.	700.	900.	2000.	30000.	—

—— = Insufficient pricing data   * = None issued

Seated Liberty quarter dollar

Date of authorization: April 2, 1792
Dates of issue: 1838-1891
Designers: (1838-1840):
Obverse: Thomas Sully-
Christian Gobrecht
Reverse: John Reich-William Kneass-
Gobrecht-Sully
(1840-1891):
Obverse: Robert B. Hughes-
Gobrecht-Sully
Reverse: Hughes-Gobrecht-Sully
Engravers: Obverse: Christian Gobrecht
Reverse:
(1838-1853): Christian Gobrecht
(1853-1891): James B. Longacre
Diameter: 24.26 mm/0.96 inch
Weight: (1838-1873): 6.22 grams/0.20 ounce
(1873-1891): 6.25 grams/0.20 ounce
Metallic content: 90% silver, 10% copper
Specific gravity: 10.34
Weight of pure silver: (1838-1873): 5.60 grams/0.18 ounce
(1873-1891): 5.63 grams/0.18 ounce
Edge: Reeded
Mint mark: Reverse below eagle

Arrows at date,
Rays on reverse

	G-4	VG-8	F-12	VF-20	EF-40	AU-50	AU-58	MS-60	MS-63	MS-64	MS-65	PF-65
NO DRAPERY AT ELBOW												
1838	50.	75.	150.	200.	700.	1000.	2500.	3500.	8500.	25000.	45000.	*
1839	40.	50.	100.	150.	500.	750.	2000.	3000.	7500.	20000.	40000.	*
1840-O	35.	45.	75.	150.	450.	750.	1600.	2500.	10000.	25000.	—	*
DRAPERY AT ELBOW												
1840	30.	40.	75.	125.	450.	650.	1000.	2000.	8500.	37500.	45000.	175000.
1840-O Small O												
	35.	50.	125.	200.	500.	850.	2000.	2500.	4500.	6000.	—	*
1840-O Large O												
	500.	1000.	3750.	5000.	7500.	10000.	—	—	30000.	—	—	*
1841	50.	100.	150.	200.	350.	500.	850.	1000.	2250.	5000.	12500.	—
1841-O	30.	50.	75.	100.	250.	450.	650.	850.	2500.	4000.	—	*
1842 Small Date, Proof Only												
	—	—	—	—	—	—	—	*	*	*	*	*
1842 Large Date												
	100.	125.	200.	300.	600.	1000.	1750.	2000.	4500.	8500.	—	—
1842-O Small Date												
	500.	750.	1500.	2500.	5000.	8000.	15000.	25000.	125000.	—	—	*
1842-O Large Date												
	30.	50.	75.	150.	500.	750.	1500.	2000.	7500.	10000.	—	*
1843	25.	35.	50.	75.	150.	275.	750.	850.	1750.	2500.	7500.	—
1843-O Small O												
	50.	75.	100.	250.	525.	1000.	2250.	3000.	8500.	12500.	—	*
1843-O Large O												
	500.	750.	1000.	2000.	3500.	5000.	7500.	—	—	—	—	*
1844	25.	35.	50.	75.	100.	250.	750.	1100.	2250.	5000.	22500.	—
1844-O	35.	50.	75.	100.	350.	550.	1750.	2250.	4000.	5000.	8500.	*
1845	25.	35.	50.	75.	100.	200.	500.	750.	1500.	2250.	7500.	—
1845/5	—	—	—	—	—	—	—	—	—	—	—	—
1846	25.	35.	50.	75.	100.	250.	750.	1000.	2000.	8500.	—	30000.
1846/1846	—	—	—	—	—	—	—	—	—	—	—	—
1847	25.	35.	50.	75.	100.	200.	550.	750.	1750.	4000.	8500.	20000.
1847/7	—	—	—	—	—	—	—	—	5250.	—	—	—
1847-O	100.	150.	250.	500.	1000.	2500.	7500.	10000.	20000.	—	—	*
1848 Triple Date												
	75.	125.	200.	350.	500.	750.	2750.	3000.	5250.	7500.	—	—
1848/1848	75.	125.	200.	350.	500.	750.	2750.	3000.	5250.	7500.	—	—
1849	25.	30.	50.	100.	200.	350.	750.	900.	2500.	7000.	15000.	—
1849-O	500.	1000.	2500.	5000.	7500.	10000.	20000.	—	—	45000.	—	*
1850	50.	100.	150.	200.	450.	650.	1250.	1500.	3500.	6500.	10000.	*
1850-O	60.	125.	175.	225.	500.	750.	1500.	2000.	3500.	7500.	20000.	*
1851	50.	100.	150.	200.	450.	650.	1500.	1750.	3000.	5500.	—	*
1851-O	250.	350.	750.	1500.	3000.	4000.	7500.	10000.	45000.	—	—	*
1852	75.	125.	200.	250.	500.	850.	1500.	1750.	2500.	3500.	8500.	125000.
1852-O	250.	500.	750.	1500.	2500.	5500.	10000.	17500.	40000.	—	—	*
1853/53 Recut Date												
	300.	450.	700.	1500.	2500.	4500.	5500.	6000.	8500.	10000.	12500.	*
ARROWS AND RAYS												
1853	30.	40.	60.	85.	250.	400.	1000.	1250.	2000.	5000.	17500.	—
1853/1854	75.	100.	200.	350.	750.	1000.	1750.	2250.	4000.	17500.	57500.	*
1853-O	35.	50.	75.	100.	500.	1000.	3000.	3750.	13500.	17500.	35000.	*
1853-O/Horizontal O												
	—	—	—	—	—	—	—	—	—	—	—	*

—— = Insufficient pricing data   * = None issued

SEATED LIBERTY QUARTER DOLLAR (CONTINUED)

	G-4	VG-8	F-12	VF-20	EF-40	AU-50	AU-58	MS-60	MS-63	MS-64	MS-65	PF-65
ARROWS, NO RAYS												
1854	25.	35.	50.	75.	100.	275.	550.	750.	1750.	2500.	27500.	50000.
1854-O Large O	45.	55.	75.	125.	200.	750.	1500.	2000.	3000.	5500.	40000.	*
1854-O Huge O	1000.	1750.	3500.	5000.	10000.	17500.	—	—	—	—	—	*
1855	30.	40.	60.	85.	125.	300.	750.	850.	3000.	6500.	17500.	35000.
1855-O	50.	75.	125.	350.	750.	2500.	7000.	12000.	30000.	50000.	—	*
1855-S	75.	150.	250.	500.	1000.	1250.	2500.	3000.	10000.	17500.	30000.	*
DRAPERY AT ELBOW												
1856	25.	35.	50.	75.	150.	250.	400.	475.	650.	1000.	4500.	20000.
1856-O	35.	60.	85.	125.	300.	550.	1250.	1500.	3250.	5500.	15000.	*
1856-S	125.	250.	500.	1000.	3000.	3750.	6000.	8500.	25000.	—	—	*
1856-S Large S/Small S	200.	350.	750.	2000.	4000.	5000.	10000.	—	—	—	—	*
1857	25.	30.	40.	50.	100.	200.	350.	400.	650.	1250.	3500.	15000.
1857-O	30.	50.	75.	100.	250.	500.	1750.	2000.	5000.	7500.	—	*
1857-S	100.	175.	350.	750.	1250.	2000.	5000.	6500.	12500.	17500.	—	*
1858	25.	30.	40.	50.	100.	150.	275.	350.	600.	1000.	3500.	15000.
1858-O	25.	50.	75.	100.	250.	750.	2500.	3500.	9000.	12500.	20000.	*
1858-S	250.	500.	1000.	2250.	5500.	—	—	—	—	—	—	*
1859	30.	40.	50.	75.	125.	250.	450.	500.	1000.	2500.	7500.	5000.
1859-O	35.	60.	100.	150.	300.	850.	2000.	2500.	7500.	10000.	15000.	*
1859-S	250.	500.	1000.	1750.	7500.	25000.	—	—	—	—	—	*
1860	30.	40.	50.	75.	100.	225.	550.	750.	1500.	1750.	—	5500.
1860-O	35.	50.	75.	100.	150.	400.	750.	1000.	3000.	6500.	16000.	*
1860-S	1000.	1500.	2500.	7000.	17500.	25000.	40000.	—	—	—	—	*
1861	25.	35.	45.	60.	100.	250.	350.	450.	1000.	1500.	3750.	5500.
1861-S	200.	500.	1000.	2500.	5500.	—	—	—	—	—	—	*
1862	30.	40.	50.	70.	125.	225.	450.	500.	750.	1500.	4000.	5500.
1862-S	100.	150.	250.	650.	1500.	2500.	3500.	4000.	8500.	—	—	*
1863	40.	50.	65.	140.	225.	550.	850.	1000.	1500.	2000.	5000.	6000.
1864	75.	100.	150.	200.	300.	600.	950.	1250.	2250.	2750.	6500.	5500.
1864-S	400.	600.	850.	1750.	3500.	6500.	15000.	—	27500.	50000.	—	*
1865	100.	150.	200.	250.	350.	850.	1500.	1750.	5000.	10000.	20000.	6000.
1865-S	150.	250.	350.	650.	1750.	2500.	5000.	8500.	—	—	—	*
1866 Unique	*	*	*	*	*	*	*	*	*	*	*	—
WITH MOTTO												
1866	400.	600.	800.	1000.	1500.	1750.	2250.	2500.	3500.	4500.	6500.	3000.
1866-S	350.	500.	750.	1500.	3000.	5000.	8500.	12500.	—	—	—	*
1867	250.	350.	500.	850.	1500.	1750.	2500.	3000.	10000.	17500.	85000.	2750.
1867-S	500.	750.	1000.	2000.	5000.	10000.	17500.	20000.	—	45000.	—	*
1868	150.	200.	300.	400.	500.	750.	1500.	2000.	4500.	7500.	—	3500.
1868-S	100.	150.	250.	500.	1000.	2500.	3500.	5000.	10000.	20000.	—	*
1869	300.	500.	600.	800.	1000.	1500.	2000.	2500.	5000.	8500.	—	3500.
1869-S	125.	200.	300.	600.	1500.	3000.	4000.	—	—	—	—	*
1870	75.	100.	125.	200.	350.	500.	1000.	1500.	3000.	10000.	15000.	3000.
1870-CC	10000.	20000.	25000.	30000.	37500.	60000.	—	—	—	—	—	*
1871	40.	50.	75.	125.	300.	450.	750.	1000.	2000.	5000.	7500.	3000.
1871-CC	2500.	5000.	10000.	17500.	30000.	40000.	50000.	75000.	100000.	150000.	—	*
1871-S	500.	750.	1750.	2500.	2500.	3500.	7500.	—	—	—	—	*
1872	35.	50.	100.	200.	350.	450.	750.	1000.	3000.	4500.	7500.	2750.
1872-CC	600.	1200.	2500.	5000.	15000.	25000.	40000.	50000.	—	—	—	*
1872-S	850.	1500.	2000.	3500.	7500.	10000.	20000.	—	—	—	—	*

—— = Insufficient pricing data   * = None issued

	G-4	VG-8	F-12	VF-20	EF-40	AU-50	AU-58	MS-60	MS-63	MS-64	MS-65	PF-65
1873 Closed 3	250.	500.	750.	1000.	2500.	5000.	10000.	—	45000.	—	—	2750.
1873 Open 3	40.	50.	75.	150.	300.	500.	1500.	2000.	3000.	5000.	—	*
1873-CC	—	—	—	—	100000.	—	—	—	450000.	600000.	—	*

ARROWS ADDED

	G-4	VG-8	F-12	VF-20	EF-40	AU-50	AU-58	MS-60	MS-63	MS-64	MS-65	PF-65
1873	25.	35.	60.	100.	300.	450.	700.	850.	1500.	1850.	3500.	10000.
1873-CC	5000.	10000.	15000.	20000.	35000.	60000.	100000.	125000.	175000.	—	—	*
1873-S	40.	75.	125.	250.	600.	750.	3000.	4000.	10000.	17500.	—	*
1874	30.	50.	75.	125.	350.	500.	850.	1000.	1750.	2750.	5500.	8500.
1874-S	35.	60.	100.	200.	400.	600.	1000.	1250.	1600.	2000.	4000.	*

WITH MOTTO

	G-4	VG-8	F-12	VF-20	EF-40	AU-50	AU-58	MS-60	MS-63	MS-64	MS-65	PF-65
1875	25.	30.	40.	50.	100.	200.	300.	400.	750.	1000.	1750.	2750.
1875-CC	85.	125.	200.	400.	600.	1000.	3500.	6000.	10000.	15000.	22500.	*
1875-S	40.	75.	100.	125.	250.	400.	750.	1000.	1750.	2000.	5000.	*
1876	25.	30.	40.	50.	100.	200.	350.	400.	550.	1000.	1750.	2000.
1876-CC	50.	65.	75.	100.	150.	250.	750.	850.	1500.	2000.	5000.	*
1876-S	25.	30.	40.	50.	100.	150.	250.	300.	550.	1000.	2250.	*
1877	25.	30.	40.	50.	100.	200.	300.	350.	550.	1000.	2000.	2500.
1877-CC	60.	70.	80.	125.	200.	300.	550.	650.	1250.	2750.	3500.	*
1877-S	25.	30.	40.	50.	100.	200.	350.	400.	500.	750.	2000.	*
1877-S/Horizontal S	35.	65.	100.	200.	350.	500.	800.	950.	2000.	3000.	6000.	*
1878	30.	40.	50.	75.	150.	250.	400.	500.	1000.	1500.	3250.	2250.
1878-CC	50.	75.	100.	200.	300.	500.	1000.	1250.	2500.	3000.	5500.	*
1878-S	150.	250.	350.	500.	750.	1250.	2000.	2500.	5500.	12500.	—	*
1879	200.	250.	300.	350.	450.	550.	700.	750.	1000.	1500.	2500.	2250.
1880	200.	250.	300.	350.	450.	600.	700.	750.	1000.	1250.	2000.	2250.
1881	250.	300.	350.	400.	500.	600.	700.	750.	1250.	1500.	3000.	2250.
1882	200.	250.	300.	400.	500.	600.	700.	750.	1250.	1500.	2750.	2250.
1883	250.	300.	350.	450.	550.	650.	850.	1000.	1500.	1750.	3000.	2250.
1884	350.	450.	600.	750.	850.	1000.	1150.	1200.	1500.	1750.	2750.	2250.
1885	200.	250.	300.	400.	500.	600.	800.	1000.	1500.	2000.	3000.	2250.
1886	500.	600.	750.	850.	1000.	1200.	1750.	2000.	3000.	4000.	5000.	2250.
1887	300.	400.	500.	600.	650.	700.	800.	850.	1250.	1500.	3000.	2250.
1888	300.	400.	500.	600.	650.	700.	800.	800.	1250.	1500.	2000.	2250.
1888-S	30.	40.	50.	75.	150.	250.	400.	500.	1100.	2000.	8500.	*
1889	250.	300.	350.	400.	500.	600.	800.	900.	1250.	1500.	2000.	2250.
1890	65.	100.	125.	200.	300.	400.	600.	800.	1200.	1500.	2750.	2250.
1891	25.	35.	45.	55.	100.	200.	350.	400.	750.	1000.	2000.	2250.
1891-O	250.	500.	750.	1500.	3500.	4000.	5000.	6000.	10000.	22500.	30000.	150000.
1891-S	25.	35.	40.	50.	100.	250.	450.	500.	1000.	1500.	2500.	*

—— = Insufficient pricing data   * = None issued

Barber quarter dollar

Date of authorization:	April 2, 1792
Dates of issue:	1892-1916
Designer/Engraver:	Charles Barber
Diameter:	24.26 mm/0.96 inch
Weight:	6.25 grams/0.20 ounce
Metallic content:	90% silver, 10% copper
Specific gravity:	10.34
Weight of pure silver:	5.63 grams/0.18 ounce
Edge:	Reeded
Mint mark:	Reverse below eagle's tail

BARBER QUARTER DOLLAR (CONTINUED)

	AG-3	G-4	VG-8	F-12	VF-20	EF-40	AU-50	AU-55	MS-60	MS-62	MS-63	MS-64	MS-65	MS-66	PF-63	PF-64	PF-65	PF-66	PF-67
1892 Partially exposed E in UNITED	7.25	8.25	10.	30.	50.	85.	125.	150.	225.	300.	450.	650.	1200.	2500.	—	—	—	—	—
1892 Covered E in UNITED	—	—	—	—	—	—	—	—	—	—	—	—	—	—	850.	1250.	2250.	3000.	5250.
1892	—	—	—	—	—	—	—	—	—	—	—	—	—	—	850.	1250.	2250.	3000.	5250.
1892-O Partially exposed E in UNITED	11.	18.	25.	55.	75.	110.	160.	225.	325.	350.	475.	600.	1250.	5000.	*	*	*	*	*
1892-O Covered E in UNITED	—	—	—	—	—	—	—	—	—	—	—	—	—	—	*	*	*	*	*
1892-S Partially exposed E in UNITED	25.	40.	65.	100.	150.	250.	500.	600.	750.	850.	1500.	2500.	5000.	10000.	*	*	*	*	*
1892-S Covered E in UNITED	—	—	—	—	—	—	—	—	—	—	—	—	—	—	*	*	*	*	*
1892-S/S	—	50.	75.	125.	175.	300.	600.	675.	800.	1000.	2000.	3500.	—	—	*	*	*	*	*
1893	7.25	8.25	12.	30.	45.	75.	125.	175.	250.	300.	450.	750.	1850.	4750.	850.	1250.	2250.	2750.	4500.
1893-O	7.25	11.	18.	30.	65.	125.	200.	250.	400.	450.	550.	850.	2000.	5500.	*	*	*	*	*
1893-S	25.	35.	60.	100.	200.	300.	600.	750.	900.	1500.	4500.	7500.	7500.	11500.	*	*	*	*	*
1894	7.25	8.25	10.	35.	55.	100.	150.	175.	250.	325.	450.	750.	1500.	3000.	800.	1500.	2250.	2750.	4500.
1894-O	7.25	12.	20.	50.	100.	150.	250.	275.	400.	500.	900.	1250.	2500.	7500.	*	*	*	*	*
1894-S	7.25	10.	15.	40.	80.	125.	250.	350.	650.	750.	900.	1750.	3000.	8250.	*	*	*	*	*
1895	7.25	8.25	14.	35.	45.	85.	135.	175.	250.	350.	500.	850.	1900.	5500.	850.	1500.	2250.	3000.	5000.
1895-O	8.50	14.	20.	50.	85.	175.	325.	350.	600.	750.	1500.	3500.	6000.	10000.	*	*	*	*	*
1895-S	15.	25.	40.	85.	150.	250.	450.	650.	850.	1250.	2000.	3000.	4500.	7500.	*	*	*	*	*
1895-S/S	—	25.	50.	100.	175.	300.	400.	650.	900.	1250.	3000.	6500.	—	—	*	*	*	*	*
1896	7.25	8.25	10.	25.	40.	85.	150.	350.	400.	450.	550.	650.	1500.	4500.	850.	1250.	2250.	3000.	5500.
1896-O	22.	35.	70.	150.	300.	500.	800.	950.	2000.	3500.	4500.	7000.	7000.	22500.	*	*	*	*	*
1896-S	700.	1000.	1800.	2500.	4000.	6500.	8500.	10000.	15000.	20000.	30000.	45000.	69000.	100000.	*	*	*	*	*
1897	7.25	8.25	10.	25.	35.	75.	125.	175.	250.	300.	450.	650.	1250.	3500.	850.	1250.	2250.	3000.	4500.
1897-O	15.	20.	45.	150.	300.	500.	700.	775.	1100.	1750.	2250.	3250.	4500.	8000.	*	*	*	*	*
1897-S	50.	75.	125.	300.	400.	750.	1000.	1500.	2000.	2250.	2750.	3750.	7500.	10000.	*	*	*	*	*
1898	7.25	8.25	10.	25.	40.	85.	125.	175.	225.	300.	450.	650.	1500.	2250.	850.	1250.	2250.	3000.	4500.
1898-O	20.	35.	50.	100.	250.	500.	750.	1000.	1750.	2000.	3000.	4500.	10000.	20000.	*	*	*	*	*

—— = Insufficient pricing data   * = None issued

BARBER QUARTER DOLLAR (CONTINUED)

	AG-3	G-4	VG-8	F-12	VF-20	EF-40	AU-50	AU-55	MS-60	MS-62	MS-63	MS-64	MS-65	MS-66	PF-63	PF-64	PF-65	PF-66	PF-67
1898-S	20.	35.	50.	100.	250.	500.	750.	1000.	1650.	1750.	2750.	5250.	6750.	8500.	*	*	*	*	*
1899	7.25	8.25	8.50	22.	40.	125.	175.	175.	235.	300.	450.	650.	1350.	3000.	850.	1250.	2250.	3000.	4500.
1899-O	10.	15.	25.	50.	100.	200.	325.	450.	600.	650.	850.	1000.	3000.	8500.	*	*	*	*	*
1899-S	15.	25.	50.	100.	250.	400.	550.	750.	1250.	1500.	2000.	3000.	4500.	6500.					
1900 Wing tip even with top of E	7.25	8.25	10.	25.	50.	85.	175.	275.	325.	350.	450.	750.	1500.	2750.					
1900 Wing tip beyond E in UNITED	7.25	8.25	—	—	—	—	—	—	—	—	—	—	—	—	—	—	—	—	—
1900	15.	20.	35.	75.	125.	200.	325.	450.	650.	750.	1000.	1500.	3500.	7000.	850.	1250.	2250.	3000.	4500.
1900-O	7.25	9.00	20.	35.	50.	85.	150.	250.	550.	650.	850.	3000.	4750.	10000.	*	*	*	*	*
1900-S	7.25	10.	15.	30.	45.	85.	125.	175.	250.	300.	450.	1000.	1750.	3000.	850.	1250.	2250.	3000.	4000.
1901	30.	50.	75.	150.	275.	500.	750.	850.	1000.	1750.	2500.	4250.	5000.	12500.	*	*	*	*	*
1901-S	3500.	5000.	11000.	15000.	20000.	30000.	35000.	40000.	47500.	50000.	60000.	70000.	100000.	125000.	*	*	*	*	*
1902	7.25	8.25	9.00	20.	35.	75.	120.	150.	225.	300.	450.	650.	1250.	2250.	850.	1250.	2250.	3000.	4500.
1902-O	10.	15.	25.	60.	100.	150.	250.	350.	650.	800.	1500.	2250.	4500.	7750.	*	*	*	*	*
1902-S	15.	20.	30.	65.	110.	200.	350.	450.	650.	850.	1000.	1250.	3250.	8500.	*	*	*	*	*
1903	7.25	8.25	9.00	20.	35.	70.	125.	200.	300.	400.	550.	700.	2500.	5250.	850.	1500.	2250.	3000.	4250.
1903-O	7.25	10.	15.	20.	75.	150.	275.	375.	450.	650.	1150.	3000.	5000.	8000.	*	*	*	*	*
1903-S	12.	20.	25.	50.	85.	150.	285.	400.	500.	675.	1100.	1750.	2250.	5.50	*	*	*	*	*
1904	7.25	8.25	9.00	20.	35.	70.	125.	150.	275.	300.	450.	650.	1250.	2500.	850.	1500.	2250.	3000.	7250.
1904-O	8.00	12.	12.	70.	125.	225.	425.	500.	850.	1000.	1250.	1750.	2750.	6750.	*	*	*	*	*
1905	10.	15.	20.	30.	50.	85.	125.	150.	250.	300.	450.	650.	1500.	3250.	850.	1500.	2250.	3000.	7500.
1905-O	15.	20.	50.	100.	200.	300.	450.	650.	850.	1000.	1500.	2000.	5500.	10000.	*	*	*	*	*
1905-S	9.00	14.	20.	50.	75.	150.	225.	325.	450.	550.	1000.	1500.	4250.	6750.	850.	1500.	2250.	3000.	5500.
1906	7.25	8.25	10.	20.	40.	75.	125.	150.	250.	325.	450.	650.	1500.	2750.	*	*	*	*	*
1906-D	7.25	8.25	10.	27.	50.	85.	175.	250.	400.	500.	650.	850.	1850.	3000.	850.	1500.	2250.	3000.	5500.
1906-O	7.25	8.25	15.	45.	65.	150.	225.	275.	400.	500.	650.	1250.	2000.	3000.	*	*	*	*	*
1907	7.25	8.25	9.00	20.	35.	70.	125.	150.	250.	250.	450.	650.	1500.	2750.	850.	1500.	2250.	3000.	5500.
1907-D	8.00	10.	15.	30.	55.	100.	200.	250.	400.	500.	750.	1250.	2500.	7500.	*	*	*	*	*

—— = Insufficient pricing data   * = None issued

BARBER QUARTER DOLLAR (CONTINUED)

	AG-3	G-4	VG-8	F-12	VF-20	EF-40	AU-50	AU-55	MS-60	MS-62	MS-63	MS-64	MS-65	MS-66	PF-63	PF-64	PF-65	PF-66	PF-67
1907-O	7.25	8.25	15.	25.	50.	85.	150.	200.	350.	400.	450.	650.	2000.	4000.	*	*	*	*	*
1907-S	7.25	11.	20.	50.	75.	135.	300.	350.	500.	700.	1100.	2000.	3000.	—	*	*	*	*	*
1908	7.25	8.25	10.	20.	35.	85.	125.	150.	225.	300.	450.	650.	1350.	2500.	850.	1500.	2250.	3000.	5500.
1908-D	7.25	8.25	15.	25.	40.	85.	135.	175.	250.	300.	450.	660.	1500.	3500.	*	*	*	*	*
1908-O	7.25	8.25	15.	19.	38.	75.	125.	165.	225.	275.	450.	650.	1500.	4000.	*	*	*	*	*
1908-S	15.	25.	50.	100.	175.	400.	550.	660.	850.	1150.	1500.	2000.	3500.	7750.	*	*	*	*	*
1909	7.25	8.25	10.	20.	35.	75.	125.	175.	235.	250.	525.	625.	1100.	2500.	850.	1500.	2250.	3000.	5000.
1909-D	7.25	8.25	10.	25.	45.	100.	125.	150.	250.	325.	400.	550.	1250.	3000.	*	*	*	*	*
1909-O	25.	35.	75.	150.	300.	500.	1000.	2500.	4250.	4500.	4750.	5000.	8000.	15000.	*	*	*	*	*
1909-S	8.00	12.	25.	50.	75.	150.	350.	450.	700.	750.	900.	1500.	2500.	3750.	*	*	*	*	*
1910	7.25	9.00	11.	30.	45.	85.	150.	175.	275.	350.	450.	650.	1500.	2100.	850.	1500.	2250.	3000.	4500.
1910-D	8.00	10.	15.	50.	75.	150.	275.	300.	450.	650.	850.	1500.	2250.	3500.	*	*	*	*	*
1911	7.25	8.25	10.	20.	40.	80.	150.	175.	250.	300.	325.	575.	1250.	3000.	850.	1500.	2250.	3000.	5000.
1911-D	10.	15.	25.	100.	250.	375.	700.	850.	1000.	1100.	1250.	2500.	5250.	10000.	*	*	*	*	*
1911-S	8.00	10.	15.	55.	100.	175.	325.	350.	450.	550.	750.	1000.	1350.	2500.	850.	1500.	2250.	3000.	5000.
1912	7.25	8.25	10.	20.	35.	75.	125.	175.	250.	300.	400.	500.	1350.	3000.	850.	1500.	2250.	3000.	4000.
1912-S	7.25	10.	15.	50.	85.	150.	250.	500.	800.	1000.	1250.	1500.	2000.	3500.	*	*	*	*	*
1913	12.	15.	30.	75.	185.	425.	500.	550.	860.	1000.	1250.	1500.	4000.	7500.	850.	1500.	2250.	3000.	4500.
1913-D	8.00	12.	15.	35.	65.	100.	185.	225.	325.	350.	400.	650.	1250.	3000.	*	*	*	*	*
1913-S	1500.	2000.	3000.	5000.	7750.	8500.	10000.	12500.	16500.	18500.	20000.	25000.	30000.	40000.	*	*	*	*	*
1914	7.25	8.25	10.	20.	35.	70.	115.	150.	275.	300.	450.	650.	1200.	1650.	850.	1500.	2250.	3500.	7500.
1914-D	7.25	8.25	10.	20.	35.	70.	115.	150.	275.	350.	450.	650.	1250.	2250.	*	*	*	*	*
1914-S	75.	100.	150.	275.	475.	750.	900.	950.	1250.	1500.	1750.	2500.	3500.	8500.	*	*	*	*	*
1915	7.25	8.25	10.	20.	35.	70.	115.	150.	225.	250.	450.	650.	1200.	2250.	900.	1500.	3000.	4000.	12500.
1915-D	7.25	8.25	10.	20.	35.	70.	115.	150.	225.	250.	450.	650.	1200.	2500.	*	*	*	*	*
1915-S	8.00	10.	20.	50.	60.	150.	225.	275.	400.	500.	650.	750.	1500.	2500.	*	*	*	*	*
1916	7.25	8.25	8.50	20.	35.	70.	125.	150.	275.	300.	450.	650.	1200.	3250.	*	*	*	*	*
1916-D	7.25	8.25	8.50	20.	35.	70.	125.	150.	250.	300.	450.	650.	1200.	2250.	*	*	*	*	*
1916-D Large D/Small D	10.	15.	25.	50.	75.	125.	200.	300.	500.	600.	850.	—	—	—					*

—— = Insufficient pricing data   * = None issued

Standing Liberty quarter dollar

Bare Breast, No stars below eagle

Date of authorization: April 2, 1792
Dates of issue: 1916-1930
Designer: Hermon MacNeil
Engravers: Obverse: Hermon MacNeil
Reverse: MacNeil, Charles Barber
Diameter: 24.26 mm/0.96 inch
Weight: 6.25 grams/0.20 ounce
Metallic content: 90% silver, 10% copper
Specific gravity: 10.34
Weight of pure silver: 5.63 grams/0.18 ounce
Edge: Reeded
Mint mark: Obverse left of date

NOTE: The H following the numerical grade, such as MS-65H, refers to the head. Liberty's head should be well struck and fully defined.

Mailed Breast, Stars below eagle

	VG-8	F-12	VF-20	EF-40	AU-50	AU-58	MS-60	MS-63	MS-63H	MS-64	MS-64H	MS-65	MS-65H
BARE BREAST													
1916	5750.	7000.	9000.	11000.	12000.	14000.	15000.	17000.	18000.	19000.	22000.	25000.	35000.
1917	50.	65.	90.	125.	160.	200.	225.	350.	600.	500.	700.	800.	1000.
1917-D	60.	90.	125.	180.	215.	250.	300.	425.	650.	700.	1500.	1300.	2000.
1917-S	65.	100.	175.	200.	225.	325.	375.	500.	900.	900.	2000.	1500.	3000.
MAILED BREAST, STARS BELOW EAGLE													
1917	45.	65.	90.	125.	175.	225.	250.	350.	450.	600.	800.	950.	1000.
1917-D	50.	85.	125.	200.	250.	300.	325.	450.	750.	700.	1000.	1000.	3000.
1917-S	55.	90.	140.	200.	250.	325.	350.	450.	1000.	800.	1200.	1700.	3800.
1918	25.	30.	40.	55.	75.	100.	125.	250.	500.	400.	700.	800.	1800.
1918-D	40.	70.	85.	125.	200.	250.	275.	500.	1200.	750.	2000.	1700.	5000.
1918-S	25.	35.	45.	60.	100.	250.	250.	275.	2500.	900.	3300.	1200.	12000.
1918/7-S	2000.	3750.	6000.	10000.	11000.	19000.	20000.	30000.	80000.	35000.	100000.	109250.	250000.
1919	45.	65.	75.	100.	125.	175.	200.	300.	450.	400.	800.	650.	1700.
1919-D	125.	225.	425.	550.	725.	1400.	1500.	1750.	9000.	2500.	15000.	3500.	35000.
1919-S	125.	200.	300.	500.	600.	1000.	1100.	1500.	9000.	3000.	20000.	4500.	30000.
1920	20.	30.	50.	60.	110.	150.	200.	300.	400.	400.	800.	600.	2200.
1920-D	60.	100.	125.	150.	225.	300.	350.	700.	2500.	1500.	4500.	2000.	6500.
1920-S	30.	40.	50.	70.	140.	200.	300.	675.	7000.	1500.	12500.	2600.	25000.
1921	250.	450.	650.	750.	1000.	1450.	1600.	2400.	3200.	3000.	3600.	3500.	5000.
1923	20.	30.	40.	50.	90.	125.	150.	275.	800.	400.	2000.	625.	4000.
1923-S	450.	725.	1000.	1200.	1500.	2000.	2400.	3000.	4000.	3500.	5000.	4500.	7000.
1924	20.	30.	40.	55.	100.	150.	175.	275.	400.	375.	700.	650.	1500.
1924-D	70.	100.	125.	175.	225.	275.	300.	375.	1000.	500.	1500.	650.	4000.
1924-S	40.	50.	65.	125.	225.	300.	350.	1200.	2000.	1450.	3500.	2000.	5000.
RECESSED DATE													
1925	9.00	9.00	16.	45.	85.	140.	165.	285.	400.	350.	600.	600.	1000.
1926	9.00	9.00	15.	40.	75.	125.	150.	275.	400.	350.	1000.	600.	1800.
1926-D	10.	20.	50.	90.	125.	175.	200.	275.	8000.	350.	10000.	550.	18000.
1926-S	9.00	15.	25.	100.	225.	325.	375.	850.	5000.	1500.	10000.	2000.	23000.
1927	9.00	9.00	15.	35.	75.	100.	150.	225.	400.	375.	600.	500.	1500.
1927-D	20.	35.	75.	125.	225.	250.	275.	325.	1000.	425.	1200.	650.	2700.
1927-S	55.	135.	350.	1200.	2500.	4000.	5500.	7000.	30000.	9000.	75000.	12000.	165000.
1928	9.00	9.00	12.	35.	65.	100.	125.	225.	450.	375.	750.	500.	1700.
1928-D	9.00	10.	18.	45.	85.	125.	150.	225.	1800.	400.	3500.	550.	6000.
1928-S/S	—	—	—	250.	300.	400.	500.	750.	1200.	1200.	2000.	1800.	3000.
1928-S	9.00	10.	18.	40.	80.	115.	140.	225.	350.	400.	750.	550.	900.
1929	9.00	9.00	12.	35.	65.	100.	125.	225.	350.	350.	600.	500.	900.
1929-D	9.00	10.	18.	45.	75.	115.	145.	250.	1400.	400.	2200.	500.	6000.
1929-S	9.00	9.00	16.	40.	65.	100.	135.	225.	350.	375.	600.	550.	1000.
1930	9.00	9.00	12.	35.	65.	100.	125.	225.	350.	350.	600.	500.	900.
1930-S	9.00	9.00	12.	35.	70.	100.	135.	225.	450.	350.	700.	500.	900.

—— = Insufficient pricing data   * = None issued

Washington quarter dollar

Date of authorization:	April 2, 1792; July 23, 1965; Oct. 18, 1973; Dec. 1, 1997; Dec. 23, 2008
Dates of issue:	1932-present
Designers:	John Flanagan
	(Bicentennial reverse): Jack L. Ahr
	(State Reverses): various
Engravers:	(Original obverse, reverse): John R. Sinnock
	(Bicentennial reverse): Frank Gasparro
	(State reverses): various
Diameter:	24.26 mm/0.96 inch
Weight:	(1932-1964, 1992-present silver Proofs only): 6.25 grams/0.20 ounce
	(1965-present): 5.67 grams/0.18 ounce
	(1976 Bicentennial Proof and Uncirculated): 5.75 grams/0.18 ounce
Metallic content:	(1932-1964, 1992-present silver Proofs only): 90% silver, 10% copper
	(1976 Bicentennial Proof and Uncirculated sets only): 80% silver, 20% copper bonded to a core of 21.5% silver, 78.5% copper
	(1965-present): 75% copper, 25% nickel clad to pure copper core
Specific gravity:	90% silver, 10.34; 40% silver, 9.53; copper-nickel clad, 8.92
Weight of pure silver:	(1932-1964, 1992-present silver Proofs only): 5.63 grams/0.18 ounce
	(1976 Bicentennial Proof and Uncirculated sets only): 2.30 grams/0.07 ounce
Edge:	Reeded
Mint mark:	(1932-1964): Reverse below eagle
	(1968-present): Obverse right of Washington's ponytail

Also, the letter C following a numerical grade for a Proof coin stands for "cameo," while the letters DC stand for "deep cameo." Cameo coins have contrasting surface finishes: mirror fields and frosted devices (raised areas). Deep cameo coins are the ultimate level of cameo, with deeply frosted devices. Cameo and deep cameo coins bring premiums.

WASHINGTON QUARTER DOLLAR (CONTINUED)

	VF-20	EF-40	AU-50	AU-58	MS-60	MS-63	MS-65	MS-67	PF-65	PF-67
SILVER										
1932	7.00	9.00	15.	25.	30.	60.	350.	—	*	*
1932-D	275.	375.	500.	725.	1300.	2000.	18000.	—	*	*
1932-S ·	250.	300.	325.	400.	500.	1000.	5000.	—	*	*
1934	7.00	8.00	11.	22.	35.	45.	100.	850.	*	*
1934 Light Motto	10.	15.	25.	35.	55.	120.	380.	—	*	*
1934 Heavy Motto	9.00	14.	20.	27.	45.	100.	200.	3400.	*	*
1934 Doubled Die Obverse										
	225.	325.	450.	550.	875.	1750.	4000.	—	*	*
1934-D	18.	28.	90.	150.	225.	325.	1000.	—	*	*
1934-D Heavy Motto	22.	40.	90.	120.	210.	330.	950.	—	*	*
1935	7.00	8.00	11.	15.	25.	35.	110.	500.	*	*
1935-D	15.	35.	140.	200.	250.	325.	750.	6000.	*	*
1935-S	8.00	17.	40.	75.	100.	125.	350.	2500.	*	*
1936	7.00	8.00	12.	25.	30.	40.	100.	700.	2000.	10000.
1936-D	25.	70.	275.	350.	550.	800.	1250.	10000.	*	*
1936-S	9.00	25.	60.	90.	110.	150.	400.	3000.	*	*
1937	7.00	10.	18.	21.	25.	35.	110.	900.	700.	2000.
1937 Doubled Die Obverse										
	400.	590.	1000.	1400.	2200.	4500.	12500.	—	*	*
1937-D	8.00	18.	35.	45.	70.	90.	150.	2500.	*	*
1937-S	20.	36.	100.	155.	165.	200.	425.	2750.	*	*
1938	8.00	20.	40.	65.	95.	110.	225.	1800.	1000.	2000.
1938-S	11.	24.	55.	70.	110.	140.	250.	1900.	*	*
1939	7.00	8.00	9.00	11.	15.	25.	50.	300.	350.	1000.
1939-D	7.00	14.	22.	28.	40.	50.	125.	1000.	*	*
1939-S	12.	25.	70.	85.	110.	140.	275.	2400.	*	*
1940	6.50	7.00	8.00	11.	20.	35.	65.	600.	250.	1000.
1940-D	15.	25.	70.	85.	125.	150.	350.	2250.	*	*
1940-S	7.00	9.50	18.	22.	30.	35.	75.	2000.	*	*
1941	6.50	7.00	8.00	12.	13.	17.	40.	500.	250.	1000.
1941-D	7.00	8.00	14.	17.	32.	55.	75.	2000.	*	*
1941-S	7.00	8.00	12.	18.	32.	50.	75.	1500.	*	*
1942	6.50	7.00	7.00	8.00	8.00	12.	35.	700.	200.	1000.
1942-D	7.00	9.00	14.	18.	25.	30.	50.	900.	*	*
1942-D Doubled Die Obverse										
	400.	800.	1000.	2500.	3000.	3700.	5500.	—	*	*
1942-S	8.00	10.	25.	50.	75.	125.	200.	1000.	*	*
1943	6.50	7.00	7.00	8.00	9.00	11.	45.	500.	*	*
1943 Doubled Die Obverse										
	900.	1200.	1500.	2000.	2500.	4000.	8500.	—	*	*
1943-D	7.00	10.	16.	25.	27.	40.	60.	750.	*	*
1943-S	7.00	10.	15.	19.	24.	40.	70.	900.	*	*
1943-S Doubled Die Obverse										
	250.	300.	350.	500.	750.	1800.	4500.	—	*	*
1944	6.50	7.00	7.00	8.00	9.00	11.	35.	450.	*	*
1944-D	6.50	7.00	7.00	8.00	18.	25.	40.	500.	*	*
1944-S	6.50	7.00	7.00	8.00	15.	22.	40.	600.	*	*
1945	6.50	7.00	7.00	8.00	9.00	10.	35.	400.	*	*
1945-D	6.50	7.00	7.00	8.00	19.	24.	40.	1200.	*	*
1945-S	6.50	7.00	8.00	9.00	10.	15.	45.	900.	*	*
1946	6.50	7.00	7.00	7.00	8.00	13.	45.	1000.	*	*
1946-D	6.50	7.00	7.00	8.00	11.	14.	40.	800.	*	*
1946-S	6.50	7.00	7.00	8.00	9.00	12.	45.	1000.	*	*
1947	6.50	7.00	8.00	10.	11.	18.	45.	400.	*	*
1947-D	6.50	7.00	7.00	8.00	9.00	11.	40.	300.	*	*

—— = Insufficient pricing data   * = None issued

	VF-20	EF-40	AU-50	AU-58	MS-60	MS-63	MS-65	MS-67	PF-65	PF-67
1947-S	6.50	7.00	7.00	8.00	9.00	16.	45.	325.	*	*
1948	6.50	7.00	7.00	7.00	8.00	10.	35.	350.	*	*
1948-D	6.50	7.00	7.00	8.00	9.00	13.	45.	1000.	*	*
1948-S	6.50	7.00	7.00	9.50	10.	16.	50.	800.	*	*
1949	6.50	7.00	12.	30.	35.	50.	60.	900.	*	*
1949-D	6.50	7.00	10.	15.	20.	35.	55.	950.	*	*
1950	6.50	7.00	9.00	11.	15.	20.	50.	800.	95.	150.
1950-D	6.50	7.00	8.00	11.	15.	25.	50.	800.	*	*
1950-D/S	85.	150.	250.	300.	400.	1000.	10000.	—	*	*
1950-S	6.50	7.00	8.00	9.50	10.	20.	35.	1000.	*	*
1950-S/D	150.	200.	300.	350.	400.	450.	1500.	7500.	*	*
1951	6.50	7.00	7.00	8.00	8.75	10.	30.	600.	80.	100.
1951-D	6.50	7.00	7.00	8.00	9.00	11.	25.	1800.	*	*
1951-S	6.50	7.00	7.00	8.00	9.00	12.	50.	650.	*	*
1952	6.50	7.00	7.00	7.00	8.00	10.	36.	400.	50.	100.
1952-D	6.50	7.00	7.00	8.00	9.00	10.	50.	1500.	*	*
1952-S	6.50	7.00	7.00	9.50	12.	20.	45.	275.	*	*
1953	6.50	7.00	7.00	7.00	8.00	10.	23.	700.	50.	75.
1953-D	6.50	7.00	7.00	8.00	9.00	11.	25.	1900.	*	*
1953-S	6.50	7.00	7.00	8.00	9.00	10.	30.	700.	*	*
1954	6.50	7.00	7.00	7.00	8.00	9.00	25.	700.	20.	45.
1954-D	6.50	7.00	7.00	8.00	9.00	9.00	25.	700.	*	*
1954-S	6.50	7.00	7.00	8.00	9.00	9.00	23.	900.	*	*
1955	6.50	7.00	7.00	7.00	8.00	9.00	23.	800.	25.	50.
1955-D	6.50	7.00	7.00	7.00	8.00	11.	25.	1500.	*	*
1956	6.50	7.00	7.00	7.00	8.00	9.00	22.	200.	15.	35.
1956-D	6.50	7.00	7.00	7.00	8.00	9.00	22.	800.	*	*
1957	6.50	7.00	7.00	7.00	8.00	9.00	22.	200.	10.	30.
1957-D	6.50	7.00	7.00	7.00	8.00	9.00	22.	300.	*	*
1958	6.50	7.00	7.00	7.00	8.00	9.00	22.	150.	10.	30.
1958-D	6.50	7.00	7.00	7.00	8.00	9.00	22.	300.	*	*
1959	6.50	7.00	7.00	7.00	8.00	9.00	22.	—	10.	30.
1959-D	6.50	7.00	7.00	7.00	8.00	9.00	22.	1500.	*	*
1960	6.50	7.00	7.00	7.00	8.00	9.00	11.	4000.	10.	35.
1960-D	6.50	7.00	7.00	7.00	8.00	9.00	11.	2000.	*	*
1961	6.50	7.00	7.00	7.00	8.00	9.00	15.	3000.	10.	30.
1961-D	6.50	7.00	7.00	7.00	8.00	9.00	23.	2000.	*	*
1962	6.50	7.00	7.00	7.00	8.00	9.00	15.	2000.	10.	30.
1962-D	6.50	7.00	7.00	7.00	8.00	9.00	25.	5000.	*	*
1963	6.50	7.00	7.00	7.00	8.00	9.00	10.	2500.	10.	30.
1963-D	6.50	7.00	7.00	7.00	8.00	9.00	15.	3000.	*	*
1964	6.50	7.00	7.00	7.00	8.00	9.00	11.	2000.	10.	30.
1964 Special Mint Set	—	—	—	—	—	—	1800.	6000.	*	*
1964-D	6.50	7.00	7.00	7.00	8.00	9.00	11.	1750.	*	*

	AU-50	AU-58	MS-60	MS-63	MS-65	MS-67	PF-65	PF-67	PF-68DC	PF-69DC
COPPER-NICKEL CLAD										
1965	0.60	0.65	0.75	1.00	14.	50.	*	*	*	*
1965 Special Mint Set	—	—	5.00	6.00	10.	25.	*	*	*	*
1966	0.60	0.65	0.75	1.00	8.00	450.	*	*	*	*
1966 Special Mint Set	—	—	5.00	6.00	10.	25.	*	*	*	*
1967	0.60	0.65	0.75	1.00	10.	200.	*	*	*	*
1967 Special Mint Set	—	—	5.00	6.00	10.	25.	*	*	*	*
1968	0.60	0.65	0.75	1.00	15.	—	*	*	*	*
1968-D	0.60	0.65	0.75	1.00	7.00	65.	*	*	*	*

—— = Insufficient pricing data   * = None issued

WASHINGTON QUARTER DOLLAR (CONTINUED)

	AU-50	AU-58	MS-60	MS-63	MS-65	MS-67	PF-65	PF-67	PF-68DC	PF-69DC
1968-S	*	*	*	*	*	*	8.00	12.	200.	*
1969	0.60	0.65	0.75	1.00	15.	—	*	*	*	*
1969-D	0.60	0.65	0.75	1.00	10.	150.	*	*	*	*
1969-S	*	*	*	*	*	*	8.00	12.	100.	—
1970	0.60	0.65	0.75	1.00	15.	—	*	*	*	*
1970-D	0.60	0.65	0.75	1.00	11.	50.	*	*	*	*
1970-S	*	*	*	*	*	*	8.00	12.	—	*
1971	0.60	0.65	0.75	1.00	9.00	—	*	*	*	*
1971-D	0.60	0.65	0.75	1.00	2.25	150.	*	*	*	*
1971-S	*	*	*	*	*	*	8.00	12.	30.	—
1972	0.60	0.65	0.75	1.00	7.00	—	*	*	*	*
1972-D	0.60	0.65	0.75	1.00	9.75	35.	*	*	*	*
1972-S	*	*	*	*	*	*	8.00	12.	27.	200.
1973	0.60	0.65	0.75	1.00	10.	—	*	*	*	*
1973-D	0.60	0.65	0.75	1.00	14.	200.	*	*	*	*
1973-S	*	*	*	*	*	*	8.00	12.	—	75.
1974	0.60	0.65	0.75	1.00	10.	—	*	*	*	*
1974-D	0.60	0.65	0.75	1.00	18.	75.	*	*	*	*
1974-S	*	*	*	*	*	*	8.00	12.	—	65.

Dual date   Bicentennial reverse

DUAL DATE, BICENTENNIAL REVERSE

	AU-50	AU-58	MS-60	MS-63	MS-65	MS-67	PF-65	PF-67	PF-68DC	PF-69DC
1776-1976	0.60	0.65	0.75	1.00	10.	37.	*	*	*	*
1776-1976-D	0.60	0.65	0.75	1.00	12.	125.	*	*	*	*
1776-1976-S	*	*	*	*	*	*	8.00	12.	—	80.
1776-1976-S 40% silver	3.00	3.00	3.50	4.00	13.	45.	10.	15.	—	125.

EAGLE REVERSE RESUMED

	AU-50	AU-58	MS-60	MS-63	MS-65	MS-67	PF-65	PF-67	PF-68DC	PF-69DC
1977	0.60	0.65	0.75	1.00	10.	115.	*	*	*	*
1977-D	0.60	0.65	0.75	1.00	6.00	—	*	*	*	*
1977-S	*	*	*	*	*	*	7.00	10.	15.	20.
1978	0.60	0.65	0.75	1.00	10.	125.	*	*	*	*
1978-D	0.60	0.65	0.75	1.00	12.	—	*	*	*	*
1978-S	*	*	*	*	*	*	7.00	10.	15.	25.
1979	0.60	0.65	0.75	1.00	10.	—	*	*	*	*
1979-D	0.60	0.65	0.75	1.00	7.00	—	*	*	*	*
1979-S Filled S	*	*	*	*	*	*	7.00	10.	15.	25.
1979-S Clear S	*	*	*	*	*	*	8.00	12.	18.	35.
1980-P	0.60	0.65	0.75	1.00	9.00	—	*	*	*	*
1980-D	0.60	0.65	0.75	1.00	8.75	—	*	*	*	*
1980-S	*	*	*	*	*	*	7.00	10.	14.	25.
1981-P	0.60	0.65	0.75	1.00	10.	—	*	*	*	*
1981-D	0.60	0.65	0.75	1.00	7.50	25.	*	*	*	*
1981-S	*	*	*	*	*	*	7.00	10.	15.	35.
1982-P	1.00	—	2.00	7.00	30.	—	*	*	*	*
1982-D	0.75	—	1.00	3.00	15.	205.	*	*	*	*

—— = Insufficient pricing data   * = None issued

WASHINGTON QUARTER DOLLAR (CONTINUED)

	AU-50	AU-58	MS-60	MS-63	MS-65	MS-67	PF-65	PF-67	PF-68DC	PF-69DC
1982-S	*	*	*	*	*	*	5.00	8.00	12.	25.
1983-P	12.	—	25.	30.	65.	—	*	*	*	*
1983-D	3.00	—	9.00	12.	45.	—	*	*	*	*
1983-S	*	*	*	*	*	*	5.00	8.00	12.	25.
1984-P	0.60	0.65	0.75	1.00	15.	—	*	*	*	*
1984-D	0.60	0.65	0.75	1.00	12.	—	*	*	*	*
1984-S	*	*	*	*	*	*	5.00	8.00	12.	25.
1985-P	0.60	0.65	0.75	1.00	20.	—	*	*	*	*
1985-D	0.60	0.65	0.75	1.00	10.	—	*	*	*	*
1985-S	*	*	*	*	*	*	5.00	8.00	12.	25.
1986-P	0.60	0.65	0.75	1.00	4.00	—	*	*	*	*
1986-D	3.00	—	6.00	8.00	15.	975.	*	*	*	*
1986-S	*	*	*	*	*	*	5.00	8.00	12.	25.
1987-P	0.60	0.65	0.75	1.00	12.	—	*	*	*	*
1987-D	0.60	0.65	0.75	1.00	8.25	350.	*	*	*	*
1987-S	*	*	*	*	*	*	5.00	8.00	12.	25.
1988-P	0.60	0.65	0.75	1.00	20.	—	*	*	*	*
1988-D	0.60	0.65	0.75	1.00	15.	500.	*	*	*	*
1988-S	*	*	*	*	*	*	5.00	8.00	12.	25.
1989-P	0.60	0.65	0.75	1.00	24.	—	*	*	*	*
1989-D	0.60	0.65	0.75	1.00	4.25	—	*	*	*	*
1989-S	*	*	*	*	*	*	5.00	8.00	12.	25.
1990-P	0.60	0.65	0.75	1.00	18.	—	*	*	*	*
1990-D	0.60	0.65	0.75	1.00	4.00	—	*	*	*	*
1990-S	*	*	*	*	*	*	5.00	8.00	12.	25.
1991-P	0.60	0.65	0.75	1.00	20.	—	*	*	*	*
1991-D	0.60	0.65	0.75	1.00	15.	—	*	*	*	*
1991-S	*	*	*	*	*	*	5.00	8.00	12.	25.
1992-P	0.60	0.65	0.75	1.00	22.	—	*	*	*	*
1992-D	0.60	0.65	0.75	1.00	30.	—	*	*	*	*
1992-S Clad	*	*	*	*	*	*	5.00	8.00	12.	25.
1992-S Silver	*	*	*	*	*	*	9.00	14.	18.	35.
1993-P	0.60	0.65	0.75	1.00	10.	40.	*	*	*	*
1993-D	0.60	0.65	0.75	1.00	12.	—	*	*	*	*
1993-S Clad	*	*	*	*	*	*	5.00	8.00	12.	25.
1993-S Silver	*	*	*	*	*	*	9.00	14.	18.	35.
1994-P	0.60	0.65	0.75	1.00	25.	—	*	*	*	*
1994-D	0.60	0.65	0.75	1.00	12.	—	*	*	*	*
1994-S Clad	*	*	*	*	*	*	5.00	10.	15.	25.
1994-S Silver	*	*	*	*	*	*	9.00	12.	20.	35.
1995-P	0.60	0.65	0.75	1.00	25.	85.	*	*	*	*
1995-D	0.60	0.65	0.75	1.00	20.	200.	*	*	*	*
1995-S Clad	*	*	*	*	*	*	5.00	10.	15.	30.
1995-S Silver	*	*	*	*	*	*	9.00	14.	20.	35.
1996-P	0.60	0.65	0.75	1.00	15.	85.	*	*	*	*
1996-D	0.60	0.65	0.75	1.00	15.	85.	*	*	*	*
1996-S Clad	*	*	*	*	*	*	5.00	10.	15.	25.
1996-S Silver	*	*	*	*	*	*	9.00	14.	18.	35.
1997-P	0.60	0.65	0.75	1.00	10.	150.	*	*	*	*
1997-D	0.60	0.65	0.75	1.00	20.	250.	*	*	*	*
1997-S Clad	*	*	*	*	*	*	5.00	10.	15.	30.
1997-S Silver	*	*	*	*	*	*	9.00	14.	20.	45.
1998-P	0.60	0.65	0.75	1.00	13.	200.	*	*	*	*
1998-D	0.60	0.65	0.75	1.00	12.	—	*	*	*	*
1998-S Clad	*	*	*	*	*	*	5.00	10.	15.	25.
1998-S Silver	*	*	*	*	*	*	9.00	14.	18.	35.

—— = Insufficient pricing data   * = None issued

1999	**2000**	**2001**
Delaware	Massachusetts	New York
Pennsylvania	Maryland	North Carolina
New Jersey	South Carolina	Rhode Island
Georgia	New Hampshire	Vermont
Connecticut	Virginia	Kentucky

Common Obverse

STATE REVERSES	MS-65	MS-68	PF-65	PF-69DC
1999-P DE	4.00	—	*	*
1999-D DE	5.00	—	*	*
1999-S Clad DE	*	*	3.00	33.
1999-S Silver DE	*	*	16.	85.
1999-P PA	4.00	175.	*	*
1999-D PA	3.50	225.	*	*
1999-S Clad PA	*	*	3.00	28.
1999-S Silver PA	*	*	16.	80.
1999-P NJ	4.50	—	*	*
1999-D NJ	4.00	175.	*	*
1999-S Clad NJ	*	*	3.00	35.
1999-S Silver NJ	*	*	16.	80.
1999-P GA	5.00	—	*	*
1999-D GA	5.00	—	*	*
1999-S Clad GA	*	*	3.00	31.
1999-S Silver GA	*	*	16.	80.
1999-P CT	5.00	—	*	*
1999-D CT	20.	175.	*	*
1999-S Clad CT	*	*	3.00	26.
1999-S Silver CT	*	*	16.	80.
2000-P MA	6.00	75.	*	*
2000-D MA	7.00	—	*	*
2000-S Clad MA	*	*	3.00	9.00
2000-S Silver MA	*	*	9.00	17.
2000-P MD	6.00	—	*	*
2000-D MD	6.00	—	*	*
2000-S Clad MD	*	*	3.00	8.00
2000-S Silver MD	*	*	9.00	17.
2000-P SC	7.00	60.	*	*
2000-D SC	7.00	75.	*	*
2000-S Clad SC	*	*	3.00	9.00
2000-S Silver SC	*	*	9.00	17.
2000-P NH	7.00	—	*	*
2000-D NH	8.00	—	*	*
2000-S Clad NH	*	*	3.00	9.00
2000-S Silver NH	*	*	9.00	17.
2000-P VA	7.00	90.	*	*
2000-D VA	7.00	350.	*	*
2000-S Clad VA	*	*	3.00	10.
2000-S Silver VA	*	*	9.00	17.
2001-P NY	6.00	50.	*	*
2001-D NY	6.00	—	*	*

	MS-65	MS-68	PF-65	PF-69DC
2001-S Clad NY	*	*	3.00	12.
2001-S Silver NY	*	*	9.00	25.
2001-P NC	6.00	65.	*	*
2001-D NC	6.00	125.	*	*
2001-S Clad NC	*	*	4.00	21.
2001-S Silver NC	*	*	9.00	25.
2001-P RI	6.00	—	*	*
2001-D RI	6.00	—	*	*
2001-S Clad RI	*	*	4.00	13.
2001-S Silver RI	*	*	9.00	25.
2001-P VT	7.00	—	*	*
2001-D VT	7.00	—	*	*
2001-S Clad VT	*	*	4.00	14.
2001-S Silver VT	*	*	9.00	25.
2001-P KY	7.00	—	*	*
2001-D KY	7.00	—	*	*
2001-S Clad KY	*	*	4.00	18.
2001-S Silver KY	*	*	9.00	25.
2002-P TN	7.00	35.	*	*
2002-D TN	7.00	—	*	*
2002-S Clad TN	*	*	3.00	15.
2002-S Silver TN	*	*	9.00	18.
2002-P OH	6.00	30.	*	*
2002-D OH	6.00	—	*	*
2002-S Clad OH	*	*	3.00	10.
2002-S Silver OH	*	*	9.00	18.
2002-P LA	6.00	25.	*	*
2002-D LA	6.00	—	*	*
2002-S Clad LA	*	*	3.00	9.00
2002-S Silver LA	*	*	9.00	18.
2002-P IN	6.00	25.	*	*
2002-D IN	6.00	—	*	*
2002-S Clad IN	*	*	3.00	10.
2002-S Silver IN	*	*	9.00	18.
2002-P MS	6.00	30.	*	*
2002-D MS	6.00	—	*	*
2002-S Clad MS	*	*	3.00	13.
2002-S Silver MS	*	*	9.00	18.
2003-P IL	5.00	—	*	*
2003-D IL	5.00	—	*	*
2003-S Clad IL	*	*	3.00	14.
2003-S Silver IL	*	*	9.00	18.
2003-P AL	5.00	—	*	*
2003-D AL	5.00	—	*	*

—— = Insufficient pricing data   * = None issued

2002	2003	2004
Tennessee	Illinois	Michigan
Ohio	Alabama	Florida
Indiana	Maine	Texas
Louisiana	Missouri	Iowa
Mississippi	Arkansas	Wisconsin

WASHINGTON QUARTER DOLLAR (CONTINUED)

	MS-65	MS-68	PF-65	PF-69DC		MS-65	MS-68	PF-65	PF-69DC
2003-S Clad AL	*	*	3.00	10.	2005-P OR	5.00	35.	*	*
2003-S Silver AL	*	*	9.00	18.	2005-P OR Satin Finish				
2003-P ME	5.00	—	*	*		5.00	25.	*	*
2003-D ME	5.00	—	*	*	2005-D OR	5.00	35.	*	*
2003-S Clad ME	*	*	3.00	12.	2005-D OR Satin Finish				
2003-S Silver ME	*	*	9.00	18.		5.00	27.	*	*
2003-P MO	5.00	—	*	*	2005-S Clad OR	*	*	3.00	10.
2003-D MO	5.00	—	*	*	2005-S Silver OR	*	*	9.00	18.
2003-S Clad MO	*	*	3.00	10.	2005-P KS	5.00	—	*	*
2003-S Silver MO	*	*	9.00	18.	2005-P KS Satin Finish				
2003-P AR	5.00	—	*	*		5.00	20.	*	*
2003-D AR	5.00	—	*	*	2005-D KS	5.00	—	*	*
2003-S Clad AR	*	*	3.00	10.	2005-D KS Satin Finish				
2003-S Silver AR	*	*	9.00	18.		5.00	20.	*	*
2004-P MI	5.00	—	*	*	2005-S Clad KS	*	*	3.00	10.
2004-D MI	5.00	—	*	*	2005-S Silver KS	*	*	9.00	18.
2004-S Clad MI	*	*	3.00	10.	2005-P WV	5.00	25.	*	*
2004-S Silver MI	*	*	9.00	18.	2005-P WV Satin Finish				
2004-P FL	5.00	—	*	*		5.00	25.	*	*
2004-D FL	5.00	—	*	*	2005-D WV	5.00	—	*	*
2004-S Clad FL	*	*	3.00	14.	2005-D WV Satin Finish				
2004-S Silver FL	*	*	9.00	18.		5.00	30.	*	*
2004-P TX	5.00	—	*	*	2005-S Clad WV	*	*	3.00	10.
2004-D TX	5.00	35.	*	*	2005-S Silver WV	*	*	9.00	18.
2004-S Clad TX	*	*	3.00	20.	2006-P NV	—	—	*	*
2004-S Silver TX	*	*	9.00	18.	2006-P NV Satin Finish				
2004-P IA	5.00	—	*	*		5.00	18.	*	*
2004-D IA	5.00	35.	*	*	2006-D NV	—	—	*	*
2004-S Clad IA	*	*	3.00	10.	2006-D NV Satin Finish				
2004-S Silver IA	*	*	9.00	18.		5.00	13.	*	*
2004-P WI	5.00	—	*	*	2006-S Clad NV	*	*	3.00	10.
2004-D WI	5.00	—	*	*	2006-S Silver NV	*	*	9.00	25.
2004-D WI Extra Leaf High					2006-P NE	—	—	*	*
	900.	—	*	*	2006-P NE Satin Finish				
2004-D WI Extra Leaf Low						5.00	14.	*	*
	600.	—	*	*	2006-D NE	—	—	*	*
2004-S Clad WI	*	*	3.00	10.	2006-D NE Satin Finish				
2004-S Silver WI	*	*	9.00	18.		5.00	13.	*	*
2005-P CA	5.00	30.	*	*	2006-S Clad NE	*	*	3.00	13.
2005-P CA Satin Finish					2006-S Silver NE	*	*	9.00	25.
	4.00	18.	*	*	2006-P CO	—	—	*	*
2005-D CA	5.00	—	*	*	2006-P CO Satin Finish				
2005-D CA Satin Finish						5.00	13.	*	*
	4.00	35.	*	*	2006-D CO	—	—	*	*
2005-S Clad CA	*	*	3.00	10.	2006-D CO Satin Finish				
2005-S Silver CA	*	*	9.00	18.		5.00	12.	*	*
2005-P MN	5.00	30.	*	*	2006-S Clad CO	*	*	3.00	10.
2005-P MN Satin Finish					2006-S Silver CO	*	*	9.00	25.
	5.00	18.	*	*	2006-P ND	—	—	*	*
2005-D MN	5.00	180.	*	*	2006-P ND Satin Finish				
2005-D MN Satin Finish						5.00	15.	*	*
	5.00	30.	*	*	2006-D ND	—	—	*	*
2005-S Clad MN	*	*	3.00	10.	2006-D ND Satin Finish				
2005-S Silver MN	*	*	9.00	18.		5.00	13.	*	*

—— = Insufficient pricing data   * = None issued

2005	**2006**	**2007**

California	Nevada	Montana
Minnesota	Nebraska	Washington
Oregon	Colorado	Idaho
Kansas	North Dakota	Wyoming
West Virginia	South Dakota	Utah

WASHINGTON QUARTER DOLLAR (CONTINUED)

	MS-65	MS-68	PF-65	PF-69DC
2006-S Clad ND	*	*	3.00	10.
2006-S Silver ND	*	*	9.00	25.
2006-P SD	2.00	—	*	*
2006-P SD Satin Finish	5.00	22.	*	*
2006-D SD	2.00	—	*	*
2006-D SD Satin Finish	5.00	12.	*	*
2006-S Clad SD	*	*	3.00	10.
2006-S Silver SD	*	*	9.00	25.
2007-P MT	2.00	—	*	*
2007-P MT Satin Finish	5.00	12.	*	*
2007-D MT	2.00	—	*	*
2007-D MT Satin Finish	5.00	12.	*	*
2007-S Clad MT	*	*	3.00	14.
2007-S Silver MT	*	*	9.00	25.
2007-P WA	2.00	—	*	*
2007-P WA Satin Finish	5.00	13.	*	*
2007-D WA	2.00	—	*	*
2007-D WA Satin Finish	5.00	13.	*	*
2007-S Clad WA	*	*	3.00	15.
2007-S Silver WA	*	*	9.00	25.
2007-P ID	2.00	—	*	*
2007-P ID Satin Finish	5.00	85.	*	*
2007-D ID	2.00	—	*	*
2007-D ID Satin Finish	5.00	12.	*	*
2007-S Clad ID	*	*	3.00	10.
2007-S Silver ID	*	*	9.00	25.
2007-P WY	2.00	—	*	*
2007-P WY Satin Finish	5.00	13.	*	*
2007-D WY	2.00	—	*	*
2007-D WY Satin Finish	5.00	12.	*	*
2007-S Clad WY	*	*	3.00	19.
2007-S Silver WY	*	*	9.00	25.
2007-P UT	2.00	—	*	*
2007-P UT Satin Finish	5.00	12.	*	*
2007-D UT	2.00	—	*	*
2007-D UT Satin Finish	5.00	12.	*	*
2007-S Clad UT	*	*	3.00	12.
2007-S Silver UT	*	*	9.00	25.
2008-P OK	2.00	10.	*	*
2008-P OK Satin Finish	5.00	12.	*	*

	MS-65	MS-68	PF-65	PF-69DC
2008-D OK	2.00	10.	*	*
2008-D OK Satin Finish	5.00	12.	*	*
2008-S Clad OK	*	*	5.00	12.
2008-S Silver OK	*	*	9.00	25.
2008-P NM	2.00	10.	*	*
2008-P NM Satin Finish	5.00	12.	*	*
2008-D NM	2.00	10.	*	*
2008-D NM Satin Finish	5.00	12.	*	*
2008-S Clad NM	*	*	5.00	12.
2008-S Silver NM	*	*	9.00	25.
2008-P AZ	2.00	10.	*	*
2008-P AZ Satin Finish	5.00	12.	*	*
2008-D AZ	2.00	10.	*	*
2008-D AZ Satin Finish	5.00	12.	*	*
2008-S Clad AZ	*	*	5.00	13.
2008-S Silver AZ	*	*	9.00	25.
2008-P AK	2.00	10.	*	*
2008-P AK Satin Finish	5.00	12.	*	*
2008-D AK	2.00	10.	*	*
2008-D AK Satin Finish	5.00	12.	*	*
2008-S Clad AK	*	*	5.00	14.
2008-S Silver AK	*	*	9.00	25.
2008-P HI	2.00	10.	*	*
2008-P HI Satin Finish	5.00	12.	*	*
2008-D HI	2.00	10.	*	*
2008-D HI Satin Finish	5.00	12.	*	*
2008-S Clad HI	*	*	5.00	16.
2008-S Silver HI	*	*	9.00	25.

D.C. AND U.S. TERRITORIES REVERSES

	MS-65	MS-68	PF-65	PF-69DC
2009-P DC	2.00	10.	*	*
2009-P DC Satin Finish	5.00	12.	*	*
2009-D DC	2.00	10.	*	*
2009-D DC Satin Finish	5.00	12.	*	*
2009-S Clad DC	*	*	3.50	10.
2009-S Silver DC	*	*	9.00	25.
2009-P PR	2.00	10.	*	*
2009-P PR Satin Finish	5.00	12.	*	*
2009-D PR	2.00	10.	*	*
2009-D PR Satin Finish	5.00	12.	*	*

—— = Insufficient pricing data   * = None issued

2008

Oklahoma

New Mexico

Arizona

Alaska

Hawaii

2009

District of Columbia

Puerto Rico

Guam

American Samoa

U.S. Virgin Islands

N. Mariana Islands

2010

Hot Springs, AK

Yellowstone, WY

Yosemite, CA

Grand Canyon, AZ

Mount Hood, OR

WASHINGTON QUARTER DOLLAR (CONTINUED)

	MS-65	MS-68	PF-65	PF-69DC
2009-S Clad PR	*	*	3.50	10.
2009-S Silver PR	*	*	9.00	25.
2009-P GU	2.00	10.	*	*
2009-P GU Satin Finish	5.00	12.	*	*
2009-D GU	2.00	10.	*	*
2009-D GU Satin Finish	5.00	12.	*	*
2009-S Clad GU	*	*	3.50	10.
2009-S Silver GU	*	*	9.00	25.
2009-P AS	2.00	10.	*	*
2009-P AS Satin Finish	5.00	12.	*	*
2009-D AS	2.00	10.	*	*
2009-D AS Satin Finish	5.00	12.	*	*
2009-S Clad AS	*	*	3.50	10.
2009-S Silver AS	*	*	9.00	25.
2009-P VI	2.00	10.	*	*
2009-P VI Satin Finish	5.00	12.	*	*
2009-D VI	2.00	10.	*	*
2009-D VI Satin Finish	5.00	12.	*	*
2009-S Clad VI	*	*	3.50	10.
2009-S Silver VI	*	*	9.00	25.
2009-P NMI	2.00	10.	*	*
2009-P NMI Satin Finish	5.00	12.	*	*
2009-D NMI	—	—	*	*
2009-D NMI Satin Finish	5.00	12.	*	*
2009-S Clad NMI	*	*	3.50	10.
2009-S Silver NMI	*	*	9.00	25.

AMERICA THE BEAUTIFUL REVERSES

	MS-65	MS-68	PF-65	PF-69DC
2010-P AR	2.00	10.	*	*
2010-P AR Satin Finish	5.00	12.	*	*
2010-D AR	2.00	10.	*	*
2010-D AR Satin Finish	5.00	12.	*	*
2010-S Clad AR	*	*	3.50	10.
2010-S Silver AR	*	*	9.00	22.
2010-P WY	2.00	10.	*	*
2010-P WY Satin Finish	5.00	12.	*	*
2010-D WY	2.00	10.	*	*
2010-D WY Satin Finish	5.00	12.	*	*
2010-S Clad WY	*	*	3.50	10.
2010-S Silver WY	*	*	9.00	22.
2010-P CA	2.00	10.	*	*
2010-P CA Satin Finish	5.00	12.	*	*
2010-D CA	2.00	10.	*	*
2010-D CA Satin Finish	5.00	12.	*	*
2010-S Clad CA	*	*	3.50	10.
2010-S Silver CA	*	*	9.00	22.
2010-P AZ	2.00	10.	*	*
2010-P AZ Satin Finish	5.00	12.	*	*
2010-D AZ	2.00	10.	*	*
2010-D AZ Satin Finish	5.00	12.	*	*
2010-S Clad AZ	*	*	3.50	10.
2010-S Silver AZ	*	*	9.00	22.
2010-P OR	2.00	10.	*	*
2010-P OR Satin Finish	5.00	12.	*	*
2010-D OR	2.00	10.	*	*
2010-D OR Satin Finish	5.00	12.	*	*
2010-S Clad OR	*	*	3.50	10.
2010-S Silver OR	*	*	9.00	22.
2011-P PA	—	—	*	*
2011-D PA	—	—	*	*
2011-S Clad PA	*	*	4.00	12.
2011-S Silver PA	*	*	9.00	25.
2011-P MT	—	—	*	*
2011-D MT	—	—	*	*
2011-S Clad MT	*	*	4.00	12.
2011-S Silver MT	*	*	9.00	25.
2011-P WA	—	—	*	*
2011-D WA	—	—	*	*
2011-S Clad WA	*	*	4.00	12.
2011-S Silver WA	*	*	9.00	25.
2011-P MS	—	—	*	*
2011-D MS	—	—	*	*
2011-S Clad MS	*	*	4.00	12.
2011-S Silver MS	*	*	9.00	25.
2011-P OK	—	—	*	*
2011-D OK	—	—	*	*
2011-S Clad OK	*	*	4.00	12.
2011-S Silver OK	*	*	9.00	25.

—— = Insufficient pricing data   * = None issued

2011

Gettysburg, PA

Glacier, MT

Olympic, WA

Vicksburg, MS

Chickasaw, OK

Flowing Hair half dollar

Date of authorization: April 2, 1792
Dates of issue: 1794-1795
Designer: Robert Scot
Engravers: Robert Scot-John S. Gardner
Diameter: 32.50 mm/1.28 inches
Weight: 13.48 grams/0.43 ounce
Metallic content: 90% silver, 10% copper
Specific gravity: 10.34
Weight of pure silver: 12.13 grams/0.39 ounce
Edge: Lettered (FIFTY CENTS OR HALF A DOLLAR)
Mint mark: None

	AG-3	G-4	VG-8	F-12	VF-20	EF-40	AU-50	AU-55	MS-60	MS-63
1794	4000.	5000.	10000.	12500.	22500.	40000.	80000.	125000.	200000.	325000.
1795/1795 2 Leaves	850.	1000.	1650.	3250.	7000.	9500.	15000.	20000.	50000.	115000.
1795/1795 3 Leaves	1250.	1500.	2000.	4500.	8500.	11500.	20000.	27500.	—	—
1795 A/E in STATES	—	—	—	—	—	—	—	—	—	—
1795 Y/Star	—	—	—	—	—	—	—	—	—	—
1795 S/D in STATES	—	—	—	—	—	—	—	—	—	—
1795 Small Head	2000.	2500.	3250.	5000.	12500.	22500.	27500.	30000.	—	—
1795 Silver Plug	7500.	12500.	17500.	20000.	25000.	35000.	50000.	—	—	—

—— = Insufficient pricing data

Draped Bust half dollar

Small Eagle reverse

DRAPED BUST HALF DOLLAR (CONTINUED)

Heraldic Eagle reverse

Date of authorization: April 2, 1792
Dates of issue: 1796-1797, 1801-1807
Designers: Obverse: Gilbert Stuart-Robert Scot
Reverse:
(1796-1797): Scot-John Eckstein
(1801-1807): Robert Scot
Engraver: Robert Scot
Diameter: 32.50 mm/1.28 inches
Weight: 13.48 grams/0.43 ounce
Metallic content: 89.25% silver, 10.75% copper
Specific gravity: 10.32
Weight of pure silver: 12.03 grams/0.39 ounce
Edge: Lettered (FIFTY CENTS OR HALF A DOLLAR)
Mint mark: None

DRAPED BUST, SMALL EAGLE HALF DOLLAR

	AG-3	G-4	VG-8	F-12	VF-20	EF-40	AU-50	AU-55	MS-60	MS-63
1796 15 Stars	25000.	35000.	40000.	50000.	65000.	100000.	145000.	150000.	250000.	350000.
1796 16 Stars	30000.	35000.	45000.	60000.	75000.	125000.	150000.	175000.	275000.	400000.
1797	25000.	35000.	40000.	50000.	65000.	100000.	145000.	150000.	250000.	350000.

DRAPED BUST, HERALDIC EAGLE HALF DOLLAR

	AG-3	G-4	VG-8	F-12	VF-20	EF-40	AU-50	AU-55	MS-60	MS-63
1801	500.	850.	1500.	2250.	3000.	6000.	22500.	35000.	50000.	200000.
1802	500.	850.	1500.	2250.	3500.	7500.	25000.	42500.	60000.	—
1803 Small 3	250.	350.	500.	950.	1250.	2500.	6500.	8500.	—	—
1803 Large 3	200.	300.	450.	750.	1000.	2000.	7000.	10000.	17500.	—
1805/4	350.	500.	750.	1000.	1500.	5000.	10000.	22500.	30000.	—
1805	150.	250.	450.	750.	1000.	2500.	5500.	7000.	20000.	—
1806/5	200.	300.	500.	750.	1000.	2500.	5000.	6500.	17500.	25000.
1806/Inverted 6	200.	350.	600.	1000.	1500.	3000.	10000.	15000.	30000.	35000.
1806 Knobbed 6, Large Stars										
	150.	200.	250.	400.	750.	1750.	5000.	7500.	—	—
1806 Knobbed 6, Small Stars										
	150.	200.	250.	400.	750.	1750.	5000.	7500.	10000.	—

—— = Insufficient pricing data   * = None issued

	AG-3	G-4	VG-8	F-12	VF-20	EF-40	EF-45	AU-50	AU-55	MS-60
1806 Knobbed 6, No Stem	50000.	75000.	100000.	110000.	125000.	150000.	—	—	—	—
1806 Knobbed 6, Stems										
1806 Pointed 6, Stems	150.	200.	250.	400.	1000.	1500.	4500.	5500.	10000.	15000.
1806 Pointed 6, No Stem	150.	200.	250.	400.	1000.	1500.	5000.	7500.	12500.	60000.
1807	150.	200.	250.	400.	750.	1750.	4250.	5750.	10000.	15000.

—— = Insufficient pricing data   * = None issued

Capped Bust half dollar

Date of authorization: April 2, 1792

Dates of issue: 1807-1839

Designers: Obverse: John Reich
Reverse:
(1807-1836): John Reich
(1836-1839): Reich-Christian Gobrecht

Engraver: John Reich

Diameter: (1807-1836): 32.50 mm/1.28 inches
(1836-1839): 30.61 mm/1.21 inches

Weight: (1807-1836): 13.48 grams/0.43 ounce
(1836-1839): 13.37 grams/0.43 ounce

Metallic Content: (1807-1836): 89.25% silver,
10.75% copper
(1836-1839): 90% silver, 10% copper

Specific gravity: 89.25% silver, 10.32; 90% silver, 10.34
(1836-1839): 90% silver, 10% copper

Weight of pure silver: (1807-1836): 12.03 grams/0.39 ounce
(1836-1839): 12.03 grams/0.39 ounce

Edge: (1807-1836): Lettered (FIFTY CENTS OR HALF A DOLLAR)
(1836-1839): Reeded

Mint mark: 1838-1839 only, obverse above date

	G-4	VG-8	F-12	VF-20	EF-40	AU-50	AU-58	MS-60	MS-63	MS-65
1807 Small Stars	250.	450.	750.	1500.	2250.	5250.	8000.	—	—	—
1807 Large Stars	350.	500.	1000.	2000.	2500.	5500.	8500.	10000.	17500.	—
1807 50/20C	125.	200.	350.	550.	1250.	2750.	6000.	8500.	17500.	—
1807 Bearded Goddess										
	600.	1000.	1500.	2000.	5000.	8000.	—	—	—	—
1808/7	100.	125.	200.	350.	750.	1500.	2750.	3750.	15000.	—
1808	90.	110.	125.	250.	500.	1250.	3250.	3500.	7500.	—
1809 Normal Edge	90.	110.	150.	250.	500.	1000.	2500.	3000.	8000.	—
1809 XXX Edge	100.	125.	175.	250.	750.	1500.	7500.	—	—	—
1809 III Edge	125.	150.	200.	300.	850.	2000.	5000.	6000.	10000.	—
1810	90.	110.	125.	200.	500.	1000.	2250.	2750.	5000.	—
1811 Small 8	65.	75.	100.	175.	350.	750.	2000.	2150.	4250.	—
1811 Large 8	85.	100.	150.	200.	500.	1250.	3000.	4000.	7500.	—
1811/0	100.	125.	175.	300.	750.	1750.	3250.	4500.	13500.	—
1812/1 Small 8	85.	100.	125.	250.	750.	1500.	4000.	5000.	7500.	—
1812/1 Large 8	2500.	4000.	5000.	7500.	15000.	35000.	—	—	—	—
1812	75.	85.	100.	200.	350.	650.	2250.	2500.	3750.	—
1812 Single Leaf	—	—	—	—	—	—	—	—	—	—
1813	75.	100.	150.	200.	300.	750.	3000.	3500.	4500.	—
1813 50C/UNI	125.	175.	225.	350.	1000.	2000.	3250.	4000.	7500.	—
1814	75.	100.	150.	200.	300.	750.	2500.	2750.	4000.	—
1814 E/A in STATES	100.	150.	200.	400.	1250.	1850.	3250.	—	—	—
1814 Single Leaf	—	—	—	—	—	—	—	—	—	—
1814/3 0-101	150.	200.	250.	500.	1500.	2000.	3750.	4500.	12500.	—
1815/2	1750.	2000.	2500.	3750.	5250.	8500.	18500.	20000.	30000.	—
1817/3	125.	200.	300.	550.	1500.	2500.	5000.	5750.	15000.	—
1817/4	—	—	125000.	200000.	250000.	300000.	—	—	—	—
1817	75.	100.	125.	175.	450.	1000.	2250.	2500.	4250.	—
1817 Punctuated Date	110.	150.	250.	500.	1000.	2250.	3500.	5000.	—	—
1817 Single Leaf	—	—	—	—	—	—	—	—	—	—
1818/7 Small 8	75.	100.	125.	200.	550.	1250.	3000.	3750.	7500.	—
1818/7 Large 8	100.	125.	150.	250.	500.	1250.	2250.	3000.	8000.	—
1818	75.	85.	110.	150.	275.	850.	2250.	2500.	3250.	—
1819/8 Small 9	100.	125.	150.	250.	350.	850.	2000.	3000.	6000.	—
1819/8 Large 9	125.	150.	250.	300.	400.	850.	1750.	2500.	6000.	—
1819	75.	100.	125.	200.	300.	500.	2000.	2250.	3500.	—
1820/19 Curl Base 2	150.	250.	350.	750.	900.	2000.	3250.	4000.	8500.	—
1820/19 Square Base 2										
	100.	200.	300.	700.	850.	1500.	2750.	3750.	7500.	—
1820 Large Date, Square Base Knob Top 2										
	75.	100.	125.	200.	650.	1000.	2500.	3000.	5500.	—
1820 Large Date, Square Base Curl Top 2										
	75.	100.	125.	200.	650.	1000.	2500.	3000.	5500.	—
1820 Small Date, Curl Base 2										
	85.	125.	150.	250.	750.	1250.	2750.	3250.	6000.	—
1820 No Serifs on Es	500.	1000.	2000.	4000.	8000.	—	—	—	—	—
1821	75.	100.	125.	150.	250.	650.	2000.	2500.	4500.	—
1822	75.	100.	125.	150.	300.	500.	2000.	2250.	3500.	—
1822/1	100.	125.	150.	250.	500.	1000.	3000.	3500.	7500.	—
1823	75.	100.	110.	125.	200.	500.	1000.	1250.	2500.	—
1823 Broken 3	125.	150.	250.	500.	1000.	2000.	3500.	4000.	—	—
1823 Patched 3	125.	175.	250.	500.	750.	2000.	3250.	4000.	8500.	—
1823 Ugly 3	150.	200.	300.	600.	850.	2000.	4000.	5000.	10000.	—
1824/1	100.	125.	175.	300.	500.	1000.	2000.	2500.	5000.	—
1824/2/0	100.	125.	175.	300.	500.	1000.	3500.	4000.	7500.	—
1824/4	85.	100.	125.	150.	350.	750.	1750.	2500.	4500.	—
1824	70.	80.	100.	125.	250.	650.	1000.	1250.	2250.	—
1825	70.	80.	100.	125.	225.	500.	1000.	1250.	2500.	—
1826	70.	80.	100.	125.	225.	400.	1250.	1500.	2250.	—

—— = Insufficient pricing data   * = None issued

CAPPED BUST HALF DOLLAR (CONTINUED)

	G-4	VG-8	F-12	VF-20	EF-40	AU-50	AU-58	MS-60	MS-63	MS-65
1827/6	100.	125.	150.	200.	350.	750.	1500.	1750.	3500.	—
1827 Square Base 2	75.	80.	100.	150.	250.	350.	750.	1000.	2500.	—
1827 Curl Base 2	70.	70.	85.	125.	250.	350.	750.	1000.	2500.	—
1828 Curl Base No Knob Top 2										
	60.	70.	85.	125.	250.	500.	1000.	1250.	3000.	—
1828 Curl Base Knob Top 2										
	100.	150.	200.	250.	750.	1500.	2500.	3000.	5000.	—
1828 Large 8s, Square Base 2										
	60.	70.	85.	125.	250.	500.	1250.	1500.	3500.	—
1828 Small 8s, Large Letters										
	75.	90.	100.	125.	250.	450.	1250.	1750.	3250.	—
1828 Small 8s, Small Letters										
	75.	100.	125.	200.	500.	850.	3000.	—	—	—
1829/7	85.	100.	125.	150.	300.	750.	2000.	2500.	3750.	—
1829	60.	70.	85.	100.	225.	400.	800.	1100.	2250.	—
1829 Large Letters	65.	75.	100.	125.	250.	500.	1250.	1500.	3500.	—
1830 Large 0	60.	70.	85.	100.	200.	400.	750.	1000.	2500.	—
1830 Small 0	60.	70.	85.	100.	200.	400.	750.	1000.	2500.	—
1830 Large Letters	1750.	2500.	3500.	4000.	7000.	9000.	14000.	—	30000.	—
1831	60.	70.	85.	100.	200.	350.	750.	1000.	2000.	—
1832	60.	70.	85.	100.	200.	350.	750.	1000.	2000.	—
1832 Large Letters	65.	75.	90.	125.	250.	500.	1250.	1500.	3500.	—
1833	60.	70.	85.	100.	200.	350.	750.	1000.	2000.	—
1834 Large Date, Large Letters										
	60.	70.	85.	100.	200.	350.	750.	1000.	2000.	—
1834 Large Date, Small Letters										
	60.	70.	85.	100.	200.	350.	750.	1000.	2500.	—
1834 Small Date, Letters and Stars										
	60.	70.	85.	100.	200.	350.	750.	1000.	2000.	—
1835	60.	70.	85.	100.	200.	350.	1000.	1250.	2500.	—
1836	60.	70.	85.	100.	200.	400.	750.	1000.	2250.	—
1836/1336	85.	100.	125.	150.	350.	500.	1750.	—	—	—
1836 50/00	100.	150.	200.	250.	500.	1500.	3500.	3750.	5000.	—
1836 Beaded Reverse Border										
	65.	75.	100.	150.	350.	750.	1250.	1750.	3000.	—

CAPPED BUST, REEDED EDGE HALF DOLLAR

50 CENTS reverse

HALF DOL. reverse

REEDED EDGE, 50 CENTS REVERSE

	G-4	VG-8	F-12	VF-20	EF-40	AU-50	AU-58	MS-60	MS-63	MS-65
1836	1250.	1500.	2000.	2500.	3000.	4500.	7500.	10000.	20000.	—
1837	60.	75.	100.	150.	250.	500.	1000.	1500.	3500.	—

HALF DOL. REVERSE

	G-4	VG-8	F-12	VF-20	EF-40	AU-50	AU-58	MS-60	MS-63	MS-65
1838	60.	65.	75.	125.	200.	375.	1100.	1350.	2650.	—
1838-O Proof Only	—	—	—	—	275000.	300000.	375000.	350000.	675000.	—
1839	65.	75.	100.	150.	250.	450.	1100.	1500.	3000.	—
1839-O	250.	350.	500.	750.	1250.	2000.	5750.	6500.	15000.	—

—— = Insufficient pricing data   * = None issued

Seated Liberty half dollar

Date of authorization:	April 2, 1792
Dates of issue:	1839-1891
Designers:	Obverse: Christian Gobrecht
	Reverse: John Reich-Gobrecht
Engraver:	Christian Gobrecht
Diameter:	30.61 mm/1.21 inches
Weight:	(1839-1853): 13.37 grams/0.43 ounce
	(1853-1873): 12.4 grams/0.40 ounce
	(1873-1891): 12.50 grams/0.40 ounce
Metallic Content:	90% silver, 10% copper
Specific gravity:	10.34
Weight of pure silver:	(1839-1853): 12.03 grams/0.39 ounce
	(1853-1873): 11.20 grams/0.36 ounce
	(1873-1891): 11.25 grams/0.36 ounce
Edge:	Reeded
Mint mark:	Reverse below eagle

Arrows at date, Rays on reverse

SEATED LIBERTY HALF DOLLAR (CONTINUED)

	G-4	VG-8	F-12	VF-20	EF-40	AU-50	MS-60	MS-63	MS-65	PF-63
NO DRAPERY										
1839	75.	150.	250.	500.	1500.	2500.	10000.	35000.	135000.	—
DRAPERY AT ELBOW										
1839	50.	75.	100.	150.	250.	500.	1500.	3000.	20000.	—
1840 Small Letters	45.	70.	90.	125.	200.	350.	1000.	1500.	12500.	—
1840 Medium Letters	150.	250.	350.	500.	1000.	2000.	4000.	8500.	—	*
1840-O	60.	85.	150.	250.	500.	750.	1750.	5250.	—	*
1841	50.	75.	125.	200.	350.	500.	1500.	3750.	20000.	—
1841-O	40.	50.	100.	150.	300.	500.	1500.	5000.	30000.	*
1842 Small Date, Small Letters										
	750.	1200.	1500.	3500.	7500.	10000.	—	—	—	—
1842-O Small Date, Small Letters										
	600.	1000.	1500.	2500.	4500.	7500.	25000.	—	—	—
MODIFIED REVERSE, LARGE LETTERS										
1842 Medium Date	35.	45.	85.	100.	200.	400.	1000.	2500.	10000.	*
1842 Small Date	50.	75.	100.	150.	300.	600.	1750.	5500.	—	*
1842-O Medium Date	40.	50.	85.	125.	300.	600.	2000.	5000.	—	*
1842-O Small Date	750.	1000.	1500.	2500.	5000.	8500.	30000.	—	—	*
1843	35.	50.	60.	75.	150.	300.	850.	1500.	—	—
1843-O	40.	55.	65.	100.	200.	400.	1000.	5750.	25000.	*
1844	35.	45.	55.	75.	125.	275.	750.	2000.	—	*
1844-O	40.	50.	65.	100.	250.	400.	1500.	3250.	—	*
1844-O Doubled Date	500.	1000.	1250.	1750.	3250.	7500.	—	—	—	*
1845	40.	50.	75.	150.	250.	650.	2000.	5500.	—	*
1845-O	35.	45.	70.	100.	175.	500.	1000.	3500.	—	*
1845-O No Drapery	50.	75.	100.	200.	550.	750.	—	—	—	*
1846 Medium Date	40.	50.	75.	100.	325.	425.	1250.	3000.	—	25000.
1846 Tall Date	50.	60.	100.	150.	400.	500.	1500.	3500.	—	*
1846/Horizontal 6	150.	250.	300.	500.	750.	1500.	6500.	—	—	*
1846-O Medium Date	50.	60.	85.	125.	350.	500.	1750.	4500.	—	*
1846-O Tall Date	250.	400.	550.	850.	2000.	3000.	—	—	—	*
1847/6	2500.	3500.	5000.	7500.	12500.	20000.	—	—	—	*
1847	40.	50.	75.	100.	175.	325.	1250.	3000.	—	20000.
1847-O	50.	75.	100.	150.	225.	450.	1500.	4750.	—	*
1848	50.	75.	125.	200.	400.	650.	1500.	2750.	17500.	*
1848-O	35.	50.	65.	85.	200.	500.	1750.	3250.	20000.	*
1849	40.	50.	75.	100.	250.	500.	1250.	2500.	25000.	—
1849 Doubled Date, Bold										
	—	—	—	1750.	2250.	8500.	—	—	—	*
1849-O	40.	50.	75.	100.	325.	650.	1250.	3000.	20000.	*
1850	250.	350.	500.	750.	1000.	1500.	2750.	4500.	32500.	15000.
1850-O	50.	75.	100.	200.	450.	750.	1500.	2000.	17500.	*
1851	350.	450.	500.	750.	1250.	1750.	3250.	5000.	15000.	*
1851-O	35.	50.	75.	125.	250.	750.	2250.	4500.	17500.	*
1852	400.	500.	650.	800.	1000.	1500.	2250.	3500.	10000.	—
1852-O	75.	150.	250.	500.	1500.	2000.	6000.	15000.	35000.	—
ARROWS AND RAYS										
1853	35.	45.	60.	100.	250.	500.	1750.	3500.	30000.	*
1853-O	40.	50.	75.	200.	400.	1000.	3500.	10000.	—	*
MODIFIED REVERSE, LARGE LETTERS										
1853-O	200000.	250000.	—	350000.	—	—	—	—	—	*
RAYS REMOVED										
1854	35.	45.	60.	85.	125.	350.	750.	1750.	10000.	—
1854-O	35.	45.	60.	85.	125.	350.	750.	1750.	7500.	*

—— = Insufficient pricing data   * = None issued

	G-4	VG-8	F-12	VF-20	EF-40	AU-50	MS-60	MS-63	MS-65	PF-63
1855/1854	75.	100.	200.	300.	550.	850.	3000.	4500.	25000.	27500.
1855	35.	45.	60.	80.	150.	350.	800.	1750.	10000.	—
1855-O	35.	45.	60.	80.	150.	350.	750.	1750.	8500.	*
1855-S	500.	750.	1500.	2500.	5500.	10000.	—	—	—	*

DRAPERY AT ELBOW

1856	35.	50.	75.	100.	150.	300.	600.	1750.	8500.	7500.
1856-O	40.	50.	75.	100.	150.	350.	1000.	1650.	7500.	*
1856-S	75.	100.	200.	350.	850.	2250.	7000.	10000.	—	*
1857	35.	45.	60.	80.	150.	300.	750.	1250.	5000.	4500.
1857-O	50.	75.	100.	150.	300.	450.	2000.	7500.	12500.	*
1857-S	100.	150.	250.	500.	1000.	2000.	8000.	—	—	*
1858	35.	45.	55.	75.	100.	200.	600.	1250.	5000.	2500.
1858-O	35.	45.	60.	80.	150.	225.	750.	1750.	11500.	*
1858-S	50.	60.	100.	150.	350.	650.	1750.	4500.	20000.	*
1859	35.	50.	75.	100.	200.	250.	650.	1250.	5250.	1500.
1859-O	35.	45.	60.	75.	175.	275.	850.	2000.	7500.	*
1859-S	40.	50.	75.	125.	350.	550.	2250.	4000.	25000.	*
1860	35.	45.	60.	75.	150.	350.	850.	1500.	5500.	1500.
1860-O	35.	45.	60.	75.	125.	300.	800.	1500.	5750.	*
1860-S	50.	75.	100.	150.	350.	500.	2000.	4500.	—	*
1861	30.	40.	55.	75.	125.	300.	750.	1500.	5000.	1500.
1861-O	35.	45.	60.	75.	125.	300.	1000.	2000.	6000.	*
1861-O Struck by CSA, Obverse die crack										
	500.	750.	1000.	1500.	3500.	4250.	—	—	—	*
1861-S	40.	50.	75.	150.	350.	600.	1750.	3500.	35000.	*
1862	40.	55.	75.	150.	250.	500.	1250.	1750.	6750.	2500.
1862-S	40.	50.	75.	100.	175.	500.	2000.	4000.	—	*
1863	35.	50.	75.	125.	200.	400.	850.	2500.	6500.	2000.
1863-S	35.	45.	60.	100.	150.	400.	1000.	3500.	17500.	*
1864	50.	75.	100.	150.	250.	550.	1350.	1750.	12500.	2250.
1864-S	60.	85.	150.	200.	350.	750.	2000.	4000.	17500.	*
1865	40.	50.	75.	125.	200.	500.	1750.	2500.	7250.	1500.
1865 Doubled Date	—	—	—	—	—	—	—	—	—	*
1865-S	40.	50.	75.	125.	300.	1000.	2500.	6500.	—	*
1866-S	500.	750.	1000.	1500.	3000.	5000.	12500.	25000.	65000.	*
1866 Unique	*	*	*	*	*	*	*	*	*	—

MOTTO ABOVE EAGLE

1866	40.	50.	75.	125.	200.	350.	1000.	3750.	7500.	1750.
1866-S	30.	45.	75.	150.	300.	650.	2250.	5000.	20000.	*
1867	40.	50.	75.	150.	350.	550.	1000.	2500.	17500.	1500.
1867-S	35.	45.	60.	100.	275.	500.	1500.	4000.	20000.	*
1868	50.	65.	100.	200.	300.	500.	1250.	2250.	7500.	1500.
1868-S	35.	45.	60.	75.	120.	350.	1500.	5000.	12500.	*
1869	35.	45.	70.	85.	175.	300.	900.	3000.	10000.	1750.
1869-S	35.	60.	100.	150.	400.	500.	1000.	3000.	7500.	*
1870	35.	45.	60.	75.	150.	300.	675.	1500.	10000.	1500.
1870-CC	1750.	3000.	4500.	7000.	15000.	30000.	—	—	—	*
1870-S	75.	125.	200.	300.	400.	750.	2000.	5000.	22500.	*
1871	35.	45.	60.	75.	175.	300.	1000.	1750.	6000.	1500.
1871-CC	350.	500.	750.	1500.	3000.	5500.	20000.	—	—	*
1871-S	35.	45.	60.	75.	125.	300.	1000.	2750.	10000.	*
1872	40.	50.	75.	100.	200.	400.	1000.	3000.	—	1500.
1872-CC	125.	250.	500.	1000.	2500.	3500.	20000.	60000.	—	*
1872-S	45.	65.	100.	200.	350.	650.	1500.	4000.	22500.	*
1873 Closed 3	35.	50.	75.	125.	225.	350.	1000.	1750.	7500.	1500.

—— = Insufficient pricing data   * = None issued

SEATED LIBERTY HALF DOLLAR (CONTINUED)

	G-4	VG-8	F-12	VF-20	EF-40	AU-50	MS-60	MS-63	MS-65	PF-63
1873 Open 3	4000.	5000.	6000.	7500.	10000.	12500.	—	—	—	*
1873-CC	250.	350.	650.	1000.	2500.	6500.	17500.	40000.	—	*
1873-S Unknown	*	*	*	*	*	*	*	*	*	*

ARROWS AT DATE

	G-4	VG-8	F-12	VF-20	EF-40	AU-50	MS-60	MS-63	MS-65	PF-63
1873	35.	50.	70.	125.	300.	500.	1000.	3500.	20000.	2500.
1873-CC	200.	300.	500.	1000.	2250.	3000.	8500.	25000.	45000.	*
1873-S	100.	125.	175.	350.	600.	1000.	4000.	8500.	40000.	*
1874	35.	50.	75.	150.	300.	500.	1000.	2500.	25000.	2500.
1874-CC	500.	750.	1500.	3000.	5250.	7500.	17500.	30000.	—	*
1874-S	50.	75.	100.	250.	450.	950.	2500.	4000.	—	*

MOTTO ABOVE EAGLE

	G-4	VG-8	F-12	VF-20	EF-40	AU-50	MS-60	MS-63	MS-65	PF-63
1875	35.	45.	60.	75.	125.	250.	600.	850.	4000.	1250.
1875-CC	65.	85.	150.	250.	500.	850.	2250.	4000.	10000.	*
1875-S	35.	45.	60.	75.	125.	250.	625.	850.	4000.	*
1876	35.	45.	60.	75.	125.	200.	500.	900.	4500.	1500.
1876-CC	40.	50.	65.	85.	175.	350.	1250.	2500.	7000.	*
1876-S	35.	45.	60.	75.	125.	200.	600.	850.	4000.	*
1877	35.	45.	60.	75.	125.	200.	500.	850.	5000.	1500.
1877-CC	40.	50.	75.	100.	250.	450.	1500.	2750.	7500.	*
1877-S	35.	45.	60.	75.	125.	250.	550.	850.	5000.	*
1878	40.	50.	75.	125.	175.	300.	600.	1500.	5000.	1500.
1878-CC	500.	750.	1000.	2000.	3500.	5500.	15000.	22500.	45000.	*
1878-S	30000.	45000.	55000.	65000.	80000.	90000.	115000.	150000.	—	*
1879	300.	350.	450.	500.	550.	600.	850.	1500.	5000.	1500.
1880	300.	350.	400.	450.	500.	550.	800.	1000.	5000.	1500.
1881	300.	350.	400.	450.	500.	550.	800.	1250.	5000.	1500.
1882	350.	400.	450.	500.	550.	600.	800.	1250.	5000.	1500.
1883	350.	400.	450.	500.	550.	600.	800.	1500.	5000.	1500.
1884	400.	450.	500.	600.	650.	700.	900.	1500.	5000.	1500.
1885	450.	500.	550.	650.	700.	750.	950.	1500.	5000.	1500.
1886	450.	600.	700.	800.	900.	1000.	1300.	1500.	5000.	1500.
1887	500.	700.	800.	900.	1000.	1200.	1500.	1750.	5000.	1500.
1888	300.	350.	400.	450.	500.	550.	700.	1000.	4250.	1500.
1889	300.	400.	450.	500.	550.	600.	800.	1100.	5000.	1500.
1890	300.	350.	400.	450.	500.	550.	700.	1100.	4250.	1500.
1891	50.	75.	125.	150.	200.	300.	650.	900.	4250.	1500.

—— = Insufficient pricing data   * = None issued

Barber half dollar

Date of authorization: April 2, 1792
Dates of issue: 1892-1915
Designer/Engraver: Charles Barber
Diameter: 30.61 mm/1.21 inches
Weight: 12.50 grams/0.40 ounce
Metallic Content: 90% silver, 10% copper
Specific gravity: 10.34
Weight of pure silver: 11.25 grams/0.36 ounce
Edge: Reeded
Mint mark: Reverse below eagle

BARBER HALF DOLLAR (CONTINUED)

	AG-3	G-4	VG-8	F-12	VF-20	EF-40	AU-50	AU-55	AU-58	MS-60	MS-62	MS-63	MS-64	MS-65	PF-63	PF-64	PF-65	PF-66
1892	20.	35.	50.	75.	125.	200.	400.	450.	525.	550.	600.	1000.	1400.	3000.	1250.	2000.	4000.	5500.
1892-O	225.	300.	400.	500.	550.	600.	700.	750.	800.	900.	1200.	1700.	3000.	4500.	*	*	*	*
1892-O Micro 0	1400.	2000.	3000.	4500.	7500.	12000.	18000.	19000.	20000.	25000.	30000.	35000.	45000.	65000.	*	*	*	*
1892-S	175.	250.	325.	425.	550.	600.	750.	800.	900.	1000.	1500.	2500.	3000.	5500.	*	*	*	*
1893	15.	22.	40.	85.	135.	225.	400.	450.	525.	550.	850.	1500.	2500.	5500.	1250.	2000.	4000.	5500.
1893-O	25.	40.	80.	125.	225.	375.	450.	475.	500.	700.	1000.	1800.	4000.	10000.	*	*	*	*
1893-S	125.	175.	225.	300.	450.	500.	700.	800.	1000.	1300.	2000.	4000.	14000.	30000.	*	*	*	*
1894	19.	30.	55.	125.	200.	300.	400.	425.	475.	530.	800.	1000.	2000.	4500.	1250.	2000.	4000.	5500.
1894-O	15.	20.	30.	100.	175.	275.	400.	450.	500.	550.	800.	1500.	3000.	7000.	*	*	*	*
1894-S	15.	18.	30.	75.	125.	225.	400.	450.	500.	550.	800.	1200.	3500.	12000.	*	*	*	*
1895	15.	20.	30.	80.	175.	275.	400.	450.	525.	575.	800.	1200.	2000.	4500.	1250.	2000.	4000.	5500.
1895-O	15.	25.	50.	125.	200.	300.	400.	450.	525.	600.	900.	1600.	3500.	7000.	*	*	*	*
1895-S	20.	35.	55.	135.	250.	300.	800.	900.	1250.	1600.	2000.	2500.	3000.	7000.	*	*	*	*
1896	15.	22.	30.	90.	150.	290.	400.	450.	560.	550.	850.	1100.	1700.	5000.	1250.	2000.	4000.	5500.
1896-O	27.	40.	60.	200.	300.	500.	800.	900.	1250.	1600.	2200.	3500.	7000.	12000.	*	*	*	*
1896-S	75.	125.	140.	225.	350.	500.	800.	900.	1250.	1600.	2200.	3500.	6000.	15000.	*	*	*	*
1897	15.	15.	16.	50.	100.	175.	400.	450.	525.	550.	700.	1100.	1500.	4500.	1250.	2000.	4000.	5500.
1897-O	125.	175.	250.	500.	850.	1100.	1300.	1400.	1600.	1700.	2200.	3500.	7000.	9500.	*	*	*	*
1897-S	110.	165.	250.	400.	600.	900.	1100.	1200.	1500.	1600.	2200.	3500.	7000.	8500.	*	*	*	*
1898	15.	15.	16.	40.	100.	225.	400.	450.	525.	550.	700.	1000.	1400.	4500.	1250.	2000.	4000.	5500.
1898-O	25.	40.	85.	250.	400.	575.	675.	800.	950.	1500.	1700.	3500.	5000.	12000.	*	*	*	*
1898-S	18.	30.	55.	100.	175.	350.	450.	500.	560.	700.	1500.	2000.	7000.	10000.	*	*	*	*
1899	15.	15.	18.	40.	110.	225.	450.	450.	525.	550.	700.	1000.	1400.	6500.	1250.	2000.	4000.	5500.
1899-O	15.	27.	40.	85.	175.	300.	450.	500.	600.	750.	1500.	2500.	6500.	8000.	*	*	*	*
1899-S	15.	25.	50.	100.	150.	250.	450.	475.	560.	700.	900.	1500.	4000.	7000.	*	*	*	*
1900	15.	20.	27.	40.	100.	225.	375.	400.	500.	560.	675.	1000.	1400.	4000.	1250.	2000.	4000.	5500.
1900-O	15.	16.	20.	70.	200.	300.	400.	500.	750.	1000.	1400.	2250.	6500.	15000.	*	*	*	*
1900-S	15.	15.	18.	50.	110.	225.	400.	475.	600.	750.	1000.	1500.	5000.	13000.	*	*	*	*
1901	15.	15.	18.	40.	100.	200.	375.	400.	500.	560.	675.	1000.	1400.	4000.	1250.	2000.	4000.	5500.
1901-O	15.	20.	35.	90.	225.	400.	550.	875.	1100.	1100.	2500.	5000.	8500.	16000.	*	*	*	*

—— = Insufficient pricing data   * = None issued

BARBER HALF DOLLAR (CONTINUED)

	AG-3	G-4	VG-8	F-12	VF-20	EF-40	AU-50	AU-55	AU-58	MS-60	MS-62	MS-63	MS-64	MS-65	PF-63	PF-64	PF-65	PF-66
1901-S	20	35.	60.	175.	400.	700.	1200.	1400.	1600.	2000.	3000.	5000.	9000.	21000.	*	*	*	*
1902	15.	15.	15.	35.	100.	225.	400.	450.	500.	550.	675.	1000.	2000.	4000.	1250.	2000.	4000.	5500.
1902-O	15.	15.	20.	65.	110.	225.	400.	450.	550.	800.	1500.	3000.	6400.	8500.	*	*	*	*
1902-S	15.	20.	25.	70.	175.	275.	500.	550.	650.	860.	1200.	2200.	5300.	7000.	*	*	*	*
1903	5.00	15.	18.	50.	125.	225.	450.	450.	500.	550.	800.	1500.	5000.	12000.	1250.	2000.	4000.	5500.
1903-O	15.	15.	20.	60.	135.	225.	400.	500.	600.	660.	1000.	1600.	4000.	10000.	*	*	*	*
1903-S	15.	16.	20.	60.	135.	275.	400.	450.	550.	550.	1000.	2000.	3500.	6000.	*	*	*	*
1904	15.	15.	15.	40.	100.	225.	400.	450.	500.	550.	700.	1400.	2500.	6500.	1250.	2000.	4000.	5500.
1904-O	15.	20.	35.	85.	225.	400.	600.	775.	950.	1150.	1700.	3000.	6000.	13000.	*	*	*	*
1904-S	25.	40.	75.	275.	600.	1200.	2500.	7000.	9000.	10000.	17000.	25000.	27000.	45000.	*	*	*	*
1905	15.	22.	35.	100.	200.	275.	400.	450.	600.	660.	1000.	1600.	3750.	8000.	1250.	2000.	4000.	5500.
1905-O	19.	25.	50.	135.	250.	350.	450.	600.	700.	800.	1200.	2000.	3250.	5000.	*	*	*	*
1905-S	15.	15.	20.	55.	135.	250.	400.	475.	550.	700.	1000.	2200.	4000.	10000.	*	*	*	*
1906	15.	15.	16.	35.	90.	200.	400.	450.	500.	550.	800.	1000.	1250.	4000.	1250.	2000.	4000.	5500.
1906-D	15.	15.	16.	40.	100.	215.	400.	450.	500.	550.	875.	1000.	1900.	4250.	*	*	*	*
1906-O	15.	15.	16.	50.	110.	225.	400.	450.	550.	700.	1100.	1700.	4500.	5500.	*	*	*	*
1906-S	15.	15.	20.	60.	125.	200.	400.	450.	600.	700.	1000.	1600.	4000.	6000.	*	*	*	*
1907	15.	15.	16.	35.	100.	200.	400.	450.	500.	550.	700.	1000.	1400.	4000.	1250.	2000.	4000.	5500.
1907-D	15.	15.	16.	35.	100.	200.	400.	450.	550.	550.	800.	1100.	1500.	4250.	*	*	*	*
1907-O	15.	15.	16.	35.	100.	225.	400.	450.	550.	700.	800.	1100.	1700.	4000.	*	*	*	*
1907-S	15.	17.	25.	85.	200.	350.	750.	850.	1000.	1250.	3500.	7500.	13000.	16000.	*	*	*	*
1907-S/S	15.	30.	50.	150.	300.	600.	850.		1100.	1400.	2000.	3500.	6000.	—	*	*	*	*
1908	15.	15.	16.	35.	100.	200.	400.	450.	500.	550.	800.	1000.	1400.	4000.	1250.	2000.	4000.	5500.
1908-D	15.	15.	16.	35.	100.	200.	400.	450.	500.	550.	700.	1100.	1500.	4000.	*	*	*	*
1908-O	15.	15.	16.	35.	100.	200.	400.	450.	550.	600.	800.	1100.	1600.	4500.	*	*	*	*
1908-S	15.	20.	27.	80.	175.	300.	450.	800.	900.	1000.	1500.	2700.	5000.	6500.	*	*	*	*
1909	15.	15.	18.	35.	100.	200.	400.	450.	550.	550.	700.	1000.	1400.	4000.	1250.	2000.	4000.	5500.
1909-O	15.	15.	25.	60.	150.	350.	600.	660.	800.	825.	1100.	1700.	3000.	5000.	*	*	*	*
1909-S	15.	15.	16.	40.	100.	200.	400.	450.	600.	625.	800.	1400.	2500.	4500.	*	*	*	*
1910	15.	20.	35.	100.	200.	350.	450.	500.	550.	600.	800.	1200.	1500.	4000.	1250.	2000.	4000.	5500.

—— = Insufficient pricing data   * = None issued

BARBER HALF DOLLAR (CONTINUED)

	AG-3	G-4	VG-8	F-12	VF-20	EF-40	AU-50	AU-55	AU-58	MS-60	MS-62	MS-63	MS-64	MS-65	PF-63	PF-64	PF-65	PF-66
1910-S	15.	15.	18.	40.	100.	225.	400.	450.	550.	750.	1200.	2500.	4000.	6500.	*	*	*	*
1911	15.	15.	16.	35.	100.	200.	375.	400.	500.	525.	750.	1000.	1500.	4000.	1250.	2000.	4000.	5500.
1911-D	15.	15.	17.	45.	100.	225.	375.	400.	500.	600.	800.	1000.	1750.	4000.	*	*	*	*
1911-S	15.	15.	20.	45.	100.	200.	400.	425.	575.	650.	1000.	1600.	3500.	5500.	1250.	2000.	4000.	5500.
1912	15.	15.	16.	35.	100.	200.	375.	400.	500.	550.	675.	1000.	1500.	4000.	*	*	*	*
1912-D	15.	15.	20.	35.	100.	225.	375.	425.	500.	550.	675.	1000.	1500.	4000.	1250.	2000.	4000.	5500.
1912-S	15.	15.	25.	50.	100.	225.	375.	450.	575.	600.	800.	1200.	3000.	5000.	*	*	*	*
1913	55.	75.	100.	250.	450.	700.	1000.	1100.	1500.	1525.	1575.	2000.	6000.	5000.	1250.	2000.	4000.	5500.
1913-D	15.	18.	25.	50.	100.	225.	400.	425.	500.	550.	700.	1000.	2000.	5000.	*	*	*	*
1913-S	20.	20.	28.	60.	125.	250.	400.	450.	575.	700.	800.	1200.	3500.	4500.	*	*	*	*
1914	125.	175.	225.	350.	600.	900.	1100.	1200.	1400.	1500.	1600.	2000.	4000.	10000.	1350.	2200.	4500.	6000.
1914-S	15.	20.	25.	45.	100.	225.	400.	450.	550.	600.	900.	1250.	2000.	5000.	*	*	*	*
1915	75.	125.	200.	300.	400.	600.	1000.	1200.	1375.	1400.	1600.	2500.	5000.	7000.	1350.	2200.	4500.	6000.
1915-D	15.	16.	35.	35.	100.	225.	400.	450.	500.	560.	700.	1000.	1500.	4000.	*	*	*	*
1915-S	15.	15.	25.	50.	100.	225.	400.	450.	500.	550.	700.	1000.	1500.	4000.	*	*	*	*

——— = Insufficient pricing data   * = None issued

Walking Liberty half dollar

Date of authorization:	April 2, 1792
Dates of issue:	1916-1947
Designer:	Adolph Weinman
Engraver:	Charles Barber
Diameter:	30.61 mm/1.21 inches
Weight:	12.50 grams/0.40 ounce
Metallic Content:	90% silver, 10% copper
Specific gravity:	10.34
Weight of pure silver:	11.25 grams/0.36 ounce
Edge:	Reeded
Mint mark:	(1916): Obverse below IN GOD WE TRUST
	(1917): Obverse below IN GOD WE TRUST
	or reverse lower left

Obverse Mint mark

Reverse Mint mark

WALKING LIBERTY HALF DOLLAR (CONTINUED)

	G-4	VG-8	F-12	VF-20	EF-40	AU-50	AU-55	AU-58	MS-60	MS-63	MS-64	MS-65	MS-66	PF-63	PF-64	PF-65	PF-66
1916	50.	60.	125.	225.	300.	350.	360.	370.	375.	550.	800.	2200.	3250.	*	*	*	*
1916-D	50.	60.	100.	175.	275.	325.	340.	360.	400.	625.	1000.	2250.	4500.	*	*	*	*
1916-S	125.	150.	325.	575.	800.	900.	1000.	1400.	1450.	2200.	3500.	7000.	15000.	*	*	*	*
1917	18.	18.	18.	25.	55.	90.	110.	135.	150.	200.	350.	1100.	3000.	*	*	*	*
1917-D Obverse Mint mark	30.	40.	100.	200.	275.	400.	500.	590.	600.	1400.	2500.	8000.	25000.	*	*	*	*
1917-D Reverse Mint mark	18.	20.	55.	200.	350.	675.	750.	850.	900.	2000.	3800.	18000.	40000.	*	*	*	*
1917-S Obverse Mint mark	30.	50.	200.	450.	750.	1400.	1750.	2200.	2350.	4750.	9000.	22000.	45000.	*	*	*	*
1917-S Reverse Mint mark	18.	18.	20.	40.	80.	200.	250.	325.	350.	1700.	3000.	13000.	25000.	*	*	*	*
1918	18.	18.	20.	80.	175.	275.	325.	450.	550.	1700.	3000.	10000.	25000.	*	*	*	*
1918-D	18.	18.	40.	125.	275.	525.	750.	1000.	1200.	3000.	6000.	25000.	45000.	*	*	*	*
1918-S	18.	18.	20.	40.	75.	225.	300.	400.	500.	1750.	3200.	20000.	50000.	*	*	*	*
1919	30.	37.	95.	350.	700.	900.	1000.	1200.	1500.	3500.	4250.	7000.	8000.	*	*	*	*
1919-D	25.	42.	115.	400.	1000.	2000.	3000.	4000.	6000.	17750.	35000.	150000.	250000.	*	*	*	*
1919-S	18.	35.	90.	400.	975.	1900.	2500.	3000.	3750.	9000.	12500.	20000.	30000.	*	*	*	*
1920	18.	18.	20.	50.	100.	150.	300.	350.	350.	750.	1300.	4500.	12000.	*	*	*	*
1920-D	18.	20.	85.	275.	575.	900.	1200.	1400.	1500.	3500.	6000.	15000.	25000.	*	*	*	*
1920-S	18.	18.	30.	100.	325.	500.	600.	800.	900.	3500.	4600.	12500.	35000.	*	*	*	*
1921	225.	275.	450.	1000.	2000.	3000.	3500.	4950.	5000.	8000.	12000.	19000.	30000.	*	*	*	*
1921-D	400.	450.	650.	1100.	2400.	3500.	5175.	5750.	6000.	14000.	22000.	28000.	40000.	*	*	*	*
1921-S	55.	80.	300.	1000.	4000.	8500.	10000.	12000.	14000.	27500.	47000.	125000.	175000.	*	*	*	*
1923-S	18.	18.	40.	150.	400.	750.	1000.	1380.	1450.	3500.	4500.	15000.	30000.	*	*	*	*
1927-S	18.	18.	20.	60.	225.	575.	625.	900.	1300.	2000.	3500.	10000.	30000.	*	*	*	*
1928-S	18.	18.	20.	100.	350.	500.	700.	900.	1200.	2800.	4000.	11000.	25000.	*	*	*	*
1929-D	18.	18.	20.	35.	125.	220.	250.	300.	400.	650.	1200.	3250.	5000.	*	*	*	*
1929-S	18.	18.	20.	35.	140.	240.	275.	470.	475.	1000.	1300.	3200.	5000.	*	*	*	*
1933-S	14.	15.	18.	25.	60.	250.	350.	550.	600.	1250.	1600.	3500.	5000.	*	*	*	*

—— = Insufficient pricing data   * = None issued

WALKING LIBERTY HALF DOLLAR (CONTINUED)

	G-4	VG-8	F-12	VF-20	EF-40	AU-50	AU-55	AU-58	MS-60	MS-63	MS-64	MS-65	MS-66	PF-63	PF-64	PF-65	PF-66
1934	14.	14.	15.	18.	18.	40.	45.	55.	75.	100.	135.	525.	800.	*	*	*	*
1934-D	14.	14.	14.	20.	45.	100.	125.	130.	150.	225.	400.	1400.	3000.	*	*	*	*
1934-S	14.	15.	18.	18.	40.	110.	175.	345.	350.	800.	1500.	4000.	5750.	*	*	*	*
1935	14.	14.	15.	18.	18.	25.	30.	40.	45.	70.	125.	325.	600.	*	*	*	*
1935-D	14.	15.	18.	18.	40.	75.	85.	125.	135.	300.	500.	2000.	5000.	*	*	*	*
1935-S	14.	15.	18.	18.	35.	100.	125.	230.	275.	500.	650.	3000.	5000.	*	*	*	*
1936	14.	15.	15.	18.	18.	25.	30.	40.	40.	70.	100.	250.	500.	2500.	2800.	4500.	5000.
1936-D	14.	15.	18.	18.	25.	60.	70.	75.	80.	115.	150.	600.	1000.	*	*	*	*
1936-S	14.	14.	15.	18.	25.	65.	75.	90.	135.	225.	250.	900.	1250.	*	*	*	*
1937	14.	15.	15.	18.	18.	25.	30.	35.	45.	70.	100.	300.	600.	600.	800.	1200.	1800.
1937-D	14.	15.	18.	20.	40.	110.	125.	175.	200.	275.	325.	800.	1000.	*	*	*	*
1937-S	14.	15.	18.	18.	30.	75.	85.	125.	150.	200.	275.	750.	1000.	*	*	*	*
1938	14.	18.	18.	18.	20.	45.	50.	55.	70.	150.	175.	400.	550.	550.	750.	1000.	1200.
1938-D	75.	100.	125.	150.	175.	250.	300.	425.	500.	600.	725.	1750.	2750.	*	*	*	*
1939	14.	14.	15.	18.	18.	25.	30.	37.	45.	85.	90.	175.	425.	500.	700.	900.	1100.
1939-D	14.	18.	18.	18.	18.	30.	35.	40.	55.	80.	125.	200.	450.	*	*	*	*
1939-S	14.	16.	18.	18.	35.	85.	95.	125.	150.	200.	275.	400.	500.	*	*	*	*
1940	14.	14.	15.	18.	18.	20.	22.	30.	35.	50.	75.	175.	350.	450.	600.	700.	950.
1940-S	14.	14.	16.	18.	18.	25.	32.	40.	55.	75.	250.	375.	975.	*	*	*	*
1941	14.	14.	15.	18.	18.	18.	20.	25.	35.	50.	70.	175.	350.	400.	500.	600.	700.
1941 No "AW"	*	*	*	*	*	*	*	*	*	*	*	*	*	450.	600.	700.	800.
1941-D	14.	14.	15.	18.	18.	18.	20.	30.	40.	66.	100.	190.	300.	*	*	*	*
1941-S	14.	14.	15.	18.	18.	25.	50.	65.	75.	125.	250.	1000.	2875.	*	*	*	*
1942	14.	14.	15.	18.	18.	18.	20.	30.	35.	45.	75.	175.	300.	400.	475.	550.	650.
1942 Doubled Die Reverse	—	—	—	—	40.	50.	60.	75.	100.	150.	250.	600.	1300.	*	*	*	*
1942-D	14.	14.	15.	18.	18.	18.	25.	30.	40.	70.	100.	250.	375.	*	*	*	*
1942-S	14.	14.	15.	18.	18.	18.	25.	35.	40.	75.	100.	525.	2000.	*	*	*	*
1943	14.	14.	15.	18.	18.	18.	20.	25.	35.	50.	65.	175.	300.	*	*	*	*

—— = Insufficient pricing data   * = None issued

WALKING LIBERTY HALF DOLLAR (CONTINUED)

	G-4	VG-8	F-12	VF-20	EF-40	AU-50	AU-55	AU-58	MS-60	MS-63	MS-64	MS-65	MS-66	PF-63	PF-64	PF-65	PF-66
1943-D	14.	14.	15.	18.	18.	22.	30.	40.	45.	70.	90.	250.	350.	*	*	*	*
1943-S	14.	14.	15.	18.	18.	20.	30.	40.	45.	65.	85.	350.	625.	*	*	*	*
1944	14.	14.	15.	18.	18.	18.	20.	25.	35.	45.	75.	185.	350.	*	*	*	*
1944-D	14.	14.	15.	18.	18.	18.	25.	30.	40.	65.	85.	175.	425.	*	*	*	*
1944-S	14.	14.	15.	18.	18.	18.	20.	30.	40.	75.	100.	475.	1200.	*	*	*	*
1945	14.	14.	15.	18.	18.	18.	20.	25.	35.	45.	75.	175.	300.	*	*	*	*
1945-D	14.	14.	15.	18.	18.	18.	25.	30.	40.	60.	75.	175.	300.	*	*	*	*
1945-S	14.	14.	15.	18.	18.	18.	25.	30.	40.	60.	85.	175.	550.	*	*	*	*
1946	14.	14.	15.	18.	18.	18.	20.	25.	35.	45.	70.	180.	375.	*	*	*	*
1946 Doubled Die Reverse	—	—	—	—	250.	350.	400.	450.	500.	700.	1000.	2500.	5000.				
1946-D	14.	14.	15.	18.	18.	18.	50.	55.	60.	70.	75.	175.	300.	*	*	*	*
1946-S	14.	14.	15.	18.	18.	18.	25.	35.	50.	75.	85.	175.	350.	*	*	*	*
1947	14.	14.	15.	18.	18.	23.	30.	40.	55.	65.	80.	225.	500.	*	*	*	*
1947-D	14.	14.	15.	18.	18.	32.	40.	45.	55.	70.	80.	185.	400.	*	*	*	*

—— = Insufficient pricing data   * = None issued

Franklin half dollar

Date of authorization: April 2, 1792
Dates of issue: 1948-1963
Designer: John Sinnock
Engraver: Gilroy Roberts
Diameter: 30.61 mm/1.21 inches
Weight: 12.50 grams/0.40 ounce
Metallic Content: 90% silver, 10% copper
Specific gravity: 10.34
Weight of pure silver: 11.25 grams/0.36 ounce
Edge: Reeded
Mint mark: Reverse above bell beam

NOTE: The "F" with MS-64F and MS-65F refers to Full Bell Lines.
Also, the letter C following a numerical grade for a Proof coin stands for
"cameo," while the letters DC stand for "deep cameo." Cameo coins
have contrasting surface finishes: mirror fields and frosted devices (raised
areas). Deep cameo coins are the ultimate level of cameo, with deeply
frosted devices. Cameo and deep cameo coins bring premiums.

	EF-40	AU-50	MS-60	MS-63	MS-65	MS-65F	MS-66	MS-66F	PF-63	PF-65	PF-65DC	PF-67C	PF-67DC
1948	14.	14.	20.	30.	75.	200.	225.	500.	*	*	*	*	*
1948-D	14.	14.	20.	25.	110.	250.	300.	1150.	*	*	*	*	*
1949	15.	20.	40.	60.	120.	200.	300.	500.	*	*	*	*	*
1949-D	20.	30.	50.	65.	525.	1500.	2500.	9200.	*	*	*	*	*
1949-S	20.	35.	65.	100.	125.	400.	300.	800.	*	*	*	*	*
1950	14.	14.	30.	40.	100.	150.	500.	1000.	400.	600.	—	—	—
1950-D	14.	14.	30.	40.	300.	750.	1000.	1500.	*	*	*	*	*
1951	14.	14.	20.	20.	75.	150.	250.	1000.	325.	475.	—	—	—
1951-D	14.	20.	30.	45.	175.	250.	1000.	1500.	*	*	*	*	*
1951-S	14.	18.	30.	35.	100.	450.	350.	1500.	*	*	*	*	*
1952	14.	14.	18.	20.	60.	100.	200.	400.	200.	290.	—	1750.	—
1952-D	14.	14.	18.	20.	150.	175.	500.	1500.	*	*	*	*	*
1952-S	20.	30.	70.	85.	100.	1000.	250.	4600.	*	*	*	*	*
1953	14.	14.	25.	30.	100.	450.	400.	2000.	150.	220.	—	1500.	—
1953-D	14.	14.	18.	20.	120.	200.	750.	1000.	*	*	*	*	*
1953-S	14.	14.	30.	40.	90.	25000.	325.	—	*	*	*	*	*
1954	14.	14.	18.	25.	50.	225.	350.	1000.	65.	100.	—	450.	2500.
1954-D	14.	14.	18.	25.	125.	175.	425.	975.	*	*	*	*	*
1954-S	14.	14.	30.	35.	55.	300.	250.	1500.	*	*	*	*	*
1955	14.	20.	30.	40.	65.	100.	200.	500.	55.	85.	—	300.	1750.
1956	14.	14.	18.	20.	40.	90.	70.	300.	15.	30.	—	125.	300.
1956 Reverse of 1950-1955													
	*	*	*	*	*	*	*	*	25.	50.	—	1200.	12500.
1956 Reverse of 1957-1963													
	*	*	*	*	*	*	*	*	15.	30.	—	125.	300.
1957	14.	14.	18.	18.	50.	125.	85.	200.	22.	30.	—	200.	850.
1957-D	14.	14.	18.	18.	60.	85.	100.	250.	*	*	*	*	*
1958	14.	14.	18.	18.	40.	100.	100.	150.	25.	45.	—	200.	1700.
1958-D	14.	14.	18.	18.	40.	90.	100.	150.	*	*	*	*	*
1959	14.	14.	18.	18.	65.	200.	500.	2200.	15.	30.	—	1000.	—
1959-D	14.	14.	18.	18.	85.	150.	1000.	2000.	*	*	*	*	*
1960	14.	14.	18.	18.	95.	200.	600.	2000.	15.	28.	—	120.	350.
1960-D	14.	14.	18.	18.	275.	400.	700.	3200.	*	*	*	*	*
1961	14.	14.	18.	18.	65.	800.	575.	2800.	15.	28.	—	100.	325.
1961 Doubled Die Reverse													
	*	*	*	*	*	*	*	*	—	3000.	—	—	—
1961-D	14.	14.	18.	18.	150.	500.	700.	2300.	*	*	*	*	*
1962	14.	14.	18.	18.	125.	3500.	900.	8500.	15.	25.	—	80.	300.
1962-D	14.	14.	18.	18.	175.	500.	850.	2500.	*	*	*	*	*
1963	14.	14.	18.	18.	60.	1300.	575.	3000.	15.	30.	—	80.	300.
1963-D	14.	14.	18.	18.	60.	200.	500.	1500.	*	*	*	*	*

—— = Insufficient pricing data   * = None issued

Kennedy half dollar

Date of authorization: Dec. 30, 1963; July 23, 1965;
Oct. 18, 1973

Dates of issue: 1964-present

Designer: Obverse: Gilroy Roberts
Reverse: Frank Gasparro
(Bicentennial reverse): Seth G. Huntington

Engraver: Gilroy Roberts
(Bicentennial reverse): Frank Gasparro

Diameter: 30.61 mm/1.21 inches

Weight: (1964, 1992-present silver Proof only):
12.50 grams/0.40 ounce
(1965-1970): 11.50 grams/0.37 ounce
(1971-present): 11.34 grams/0.36 ounce
(1976 Bicentennial): 11.50 grams/
0.37 ounce

Metallic Content: (1964, 1992-present silver Proofs only):
90% silver, 10% copper
(1965-1970): 80% silver, 20% copper
bonded to a core of 21.5% silver,
78.5% copper
(1971-present): 75% copper, 25% nickel
bonded to pure copper core
(1976 Bicentennial Proof and
Uncirculated sets only): 80% silver,
20% copper bonded to a core of
21.5% silver, 78.5% copper

Specific gravity: 90% silver. 10.34; 40% silver, 9.53;
copper-nickel clad, 8.92

Weight of pure silver: (1964, 1992-present silver Proofs only)
11.25 grams/0.36 ounce
(1965-1970): 4.60 grams/0.15 ounce
(1976 Bicentennial Proof and
Uncirculated sets only):
4.60 grams/0.15 ounce

KENNEDY HALF DOLLAR (CONTINUED)

Edge: Reeded

Mint mark: (1964): Reverse left near claw and laurel

(1968-present): Obverse below Kennedy

Bicentennial date, reverse

Also, the letter C following a numerical grade for a Proof coin stands for "cameo," while the letters DC stand for "deep cameo." Cameo coins have contrasting surface finishes: mirror fields and frosted devices (raised areas). Deep cameo coins are the ultimate level of cameo, with deeply frosted devices. Cameo and deep cameo coins bring premiums.

	AU-50	AU-58	MS-60	MS-63	MS-65	MS-67	PF-65	PF-67	PF-68DC	PF-69DC
SILVER										
1964	14.	14.	15.	18.	25.	450.	18.	50.	300.	2000.
1964 Heavily Accented Hair										
	*	*	*	*	*	*	50.	75.	6000.	—
1964 Special Mint Set	—	—	—	—	—	—	*	*	*	*
1964-D	14.	14.	15.	18.	25.	1000.	*	*	*	*
40 PERCENT SILVER CLAD										
1965	5.75	5.75	6.00	6.00	22.	500.	*	*	*	*
1965 Special Mint Set	—	—	—	—	—	—	11.	35.	—	—
1966	5.75	5.75	6.00	6.00	18.	725.	*	*	*	*
1966 Special Mint Set	—	—	—	—	—	—	11.	35.	—	—
1967	5.75	5.75	6.00	6.00	22.	650.	*	*	*	*
1967 Special Mint Set	—	—	—	—	—	—	12.	40.	—	—
1968-D	5.75	5.75	6.00	6.00	20.	300.	*	*	*	*
1968-S	*	*	*	*	*	*	9.00	18.	110.	250.
1969-D	5.75	5.75	6.00	6.00	25.	1500.	*	*	*	*
1969-S	*	*	*	*	*	*	9.00	15.	100.	250.
1970-D	—	9.00	11.	14.	40.	700.	*	*	*	*
1970-S	*	*	*	*	*	*	25.	35.	125.	550.

—— = Insufficient pricing data   * = None issued

	AU-50	AU-58	MS-60	MS-63	MS-65	MS-67	PF-65	PF-67	PF-68DC	PF-69DC
COPPER-NICKEL CLAD										
1971	1.50	1.75	2.00	3.00	16.	175.	*	*	*	*
1971-D	1.50	1.75	2.00	3.00	12.	70.	*	*	*	*
1971-S	*	*	*	*	*	*	9.00	15.	200.	1500.
1972	1.50	1.75	2.00	3.00	15.	190.	*	*	*	*
1972-D	1.50	1.75	2.00	3.00	12.	75.	*	*	*	*
1972-S	*	*	*	*	*	*	10.	18.	40.	80.
1973	1.50	1.75	2.00	3.00	20.	150.	*	*	*	*
1973-D	1.50	1.75	2.00	3.00	14.	140.	*	*	*	*
1973-S	*	*	*	*	*	*	10.	15.	30.	35.
1974	1.50	1.75	2.00	3.00	23.	150.	*	*	*	*
1974-D	1.50	1.75	2.00	3.00	15.	180.	*	*	*	*
1974-D Doubled Die Obverse	50.	60.	75.	100.	250.	—	*	*	*	*
1974-S	*	*	*	*	*	*	6.00	10.	25.	35.
DUAL DATE, BICENTENNIAL REVERSE										
1776-1976	2.75	3.50	4.00	5.00	15.	125.	*	*	*	*
1776-1976-D	2.75	3.50	4.00	4.50	12.	175.	*	*	*	*
1776-1976-S	*	*	*	*	*	*	7.00	12.	40.	90.
1776-1976-S 40% silver	6.00	6.00	7.00	7.00	13.	34.	8.00	15.	45.	100.
PRESIDENTIAL SEAL/EAGLE REVERSE RESUMED										
1977	1.50	1.75	2.25	3.00	14.	130.	*	*	*	*
1977-D	1.50	1.75	2.25	3.00	16.	90.	*	*	*	*
1977-S	*	*	*	*	*	*	7.00	10.	20.	25.
1978	1.50	1.75	2.25	3.00	11.	95.	*	*	*	*
1978-D	1.50	1.75	2.25	3.50	14.	150.	*	*	*	*
1978-S	*	*	*	*	*	*	8.00	15.	25.	45.
1979	1.50	1.75	2.00	3.00	14.	160.	*	*	*	*
1979-D	1.50	1.75	2.00	3.00	14.	185.	*	*	*	*
1979-S Filled S	*	*	*	*	*	*	8.00	15.	25.	45.
1979-S Clear S	*	*	*	*	*	*	25.	35.	60.	75.
1980-P	1.50	1.75	2.00	3.00	12.	45.	*	*	*	*
1980-D	1.50	1.75	2.00	3.00	16.	130.	*	*	*	*
1980-S	*	*	*	*	*	*	8.00	10.	17.	35.
1981-P	1.50	1.75	2.00	3.00	10.	275.	*	*	*	*
1981-D	1.50	1.75	2.00	3.00	12.	400.	*	*	*	*
1981-S	*	*	*	*	*	*	18.	25.	40.	—
1981-S Filled S	*	*	*	*	*	*	8.00	10.	17.	35.
1982-P	1.50	2.00	3.00	4.00	17.	40.	*	*	*	*
1982-P No FG	—	—	—	10.	30.	—	*	*	*	*
1982-D	1.50	2.00	3.00	4.00	18.	425.	*	*	*	*
1982-S	*	*	*	*	*	*	8.00	10.	17.	35.
1983-P	1.75	2.00	3.00	5.00	20.	175.	*	*	*	*
1983-D	1.75	2.00	3.00	4.00	12.	380.	*	*	*	*
1983-S	*	*	*	*	*	*	8.00	10.	17.	35.
1984-P	1.75	2.00	2.00	3.00	11.	250.	*	*	*	*
1984-D	1.50	1.75	2.00	3.00	18.	240.	*	*	*	*
1984-S	*	*	*	*	*	*	8.00	10.	17.	40.
1985-P	1.50	1.75	2.00	6.00	16.	85.	*	*	*	*
1985-D	1.50	1.75	3.50	4.00	12.	48.	*	*	*	*
1985-S	*	*	*	*	*	*	8.00	10.	17.	35.
1986-P	1.50	1.75	5.00	7.00	15.	65.	*	*	*	*
1986-D	1.50	1.75	4.00	5.50	12.	48.	*	*	*	*

—— = Insufficient pricing data   * = None issued

KENNEDY HALF DOLLAR (CONTINUED)

	AU-50	AU-58	MS-60	MS-63	MS-65	MS-67	PF-65	PF-67	PF-68DC	PF-69DC
1986-S	*	*	*	*	*	*	9.00	12.	20.	40.
1987-P	1.75	2.00	4.00	5.00	15.	85.	*	*	*	*
1987-D	1.75	2.00	4.00	5.00	12.	42.	*	*	*	*
1987-S	*	*	*	*	*	*	8.00	10.	17.	35.
1988-P	1.75	2.00	3.50	4.00	15.	45.	*	*	*	*
1988-D	1.75	2.00	2.50	3.50	10.	37.	*	*	*	*
1988-S	*	*	*	*	*	*	8.00	10.	17.	40.
1989-P	1.50	1.75	2.50	3.50	12.	110.	*	*	*	*
1989-D	1.50	1.75	2.00	3.00	12.	50.	*	*	*	*
1989-S	*	*	*	*	*	*	9.00	12.	20.	35.
1990-P	1.50	1.75	2.00	3.50	17.	125.	*	*	*	*
1990-D	1.50	1.75	2.00	3.00	19.	190.	*	*	*	*
1990-S	*	*	*	*	*	*	8.00	10.	17.	35.
1991-P	1.50	1.75	3.00	3.50	13.	160.	*	*	*	*
1991-D	1.50	1.75	4.00	5.00	14.	175.	*	*	*	*
1991-S	*	*	*	*	*	*	17.	20.	35.	50.
1992-P	1.50	1.75	2.00	3.00	11.	30.	*	*	*	*
1992-D	1.50	1.75	3.00	4.00	10.	40.	*	*	*	*
1992-S Clad	*	*	*	*	*	*	8.00	10.	17.	35.
1992-S Silver	*	*	*	*	*	*	18.	20.	35.	40.
1993-P	1.50	2.00	3.00	5.00	12.	45.	*	*	*	*
1993-D	1.50	2.00	3.00	4.00	10.	60.	*	*	*	*
1993-S Clad	*	*	*	*	*	*	15.	20.	35.	50.
1993-S Silver	*	*	*	*	*	*	40.	50.	65.	75.
1994-P	1.50	2.00	3.00	3.50	11.	55.	*	*	*	*
1994-D	1.50	2.00	3.00	3.50	9.00	65.	*	*	*	*
1994-S Clad	*	*	*	*	*	*	12.	17.	30.	40.
1994-S Silver	*	*	*	*	*	*	45.	60.	85.	100.
1995-P	1.50	2.00	2.50	3.00	10.	42.	*	*	*	*
1995-D	1.50	2.00	2.50	3.00	8.50	45.	*	*	*	*
1995-S Clad	*	*	*	*	*	*	40.	50.	65.	90.
1995-S Silver	*	*	*	*	*	*	100.	125.	160.	175.
1996-P	1.50	2.00	2.50	3.00	11.	30.	*	*	*	*
1996-D	1.50	2.00	2.50	3.00	10.	30.	*	*	*	*
1996-S Clad	*	*	*	*	*	*	16.	20.	30.	50.
1996-S Silver	*	*	*	*	*	*	50.	65.	85.	100.
1997-P	1.50	2.00	2.50	3.00	13.	52.	*	*	*	*
1997-D	1.50	2.00	2.50	3.00	10.	65.	*	*	*	*
1997-S Clad	*	*	*	*	*	*	35.	45.	65.	75.
1997-S Silver	*	*	*	*	*	*	95.	110.	150.	160.
1998-P	1.50	2.00	2.50	3.00	12.	60.	*	*	*	*
1998-D	1.50	2.00	2.50	3.00	12.	60.	*	*	*	*
1998-S Clad	*	*	*	*	*	*	20.	25.	35.	45.
1998-S Silver	*	*	*	*	*	*	35.	45.	65.	75.
1998-S Silver, Matte Finish	—	—	—	200.	250.	300.	*	*	*	*
1999-P	1.50	2.00	2.50	3.00	12.	35.	*	*	*	*
1999-D	1.50	2.00	2.50	3.00	12.	27.	*	*	*	*
1999-S Clad	*	*	*	*	*	*	20.	25.	35.	45.
1999-S Silver	*	*	*	*	*	*	40.	50.	75.	90.
2000-P	1.50	2.00	3.00	3.00	12.	33.	*	*	*	*
2000-D	1.50	2.00	3.00	3.00	12.	40.	*	*	*	*
2000-S Clad	*	*	*	*	*	*	8.00	10.	20.	35.
2000-S Silver	*	*	*	*	*	*	25.	30.	45.	60.
2001-P	1.50	1.75	3.00	4.00	10.	23.	*	*	*	*

—— = Insufficient pricing data   * = None issued

KENNEDY HALF DOLLAR (CONTINUED)

	AU-50	AU-58	MS-60	MS-63	MS-65	MS-67	PF-65	PF-67	PF-68DC	PF-69DC
2001-D	1.50	1.75	3.00	4.00	10.	25.	*	*	*	*
2001-S Clad	*	*	*	*	*	*	12.	15.	22.	35.
2001-S Silver	*	*	*	*	*	*	22.	25.	35.	45.
2002-P	1.50	1.75	4.00	5.00	9.00	23.	*	*	*	*
2002-D	1.50	1.75	4.00	5.00	10.	40.	*	*	*	*
2002-S Clad	*	*	*	*	*	*	8.00	10.	20.	35.
2002-S Silver	*	*	*	*	*	*	25.	30.	40.	55.
2003-P	1.50	1.75	4.00	5.00	10.	25.	*	*	*	*
2003-D	1.50	1.75	4.00	5.00	10.	25.	*	*	*	*
2003-S Clad	*	*	*	*	*	*	8.00	10.	20.	30.
2003-S Silver	*	*	*	*	*	*	18.	18.	30.	40.
2004-P	1.50	1.75	4.00	5.00	10.	25.	*	*	*	*
2004-D	1.50	1.75	4.00	5.00	10.	25.	*	*	*	*
2004-S Clad	*	*	*	*	*	*	16.	20.	30.	35.
2004-S Silver	*	*	*	*	*	*	18.	18.	30.	40.
2005-P	1.50	1.75	4.50	5.00	8.00	12.	*	*	*	*
2005-P Satin Finish	—	—	—	5.00	8.00	12.	*	*	*	*
2005-D	1.50	1.75	4.50	5.00	8.00	12.	*	*	*	*
2005-D Satin Finish	—	—	—	5.00	8.00	12.	*	*	*	*
2005-S Clad	*	*	*	*	*	*	6.00	9.00	15.	20.
2005-S Silver	*	*	*	*	*	*	18.	18.	30.	40.
2006-P	1.50	1.75	3.50	4.00	6.00	23.	*	*	*	*
2006-P Satin Finish	—	—	—	6.00	10.	20.	*	*	*	*
2006-D	1.50	1.75	3.50	4.00	6.00	23.	*	*	*	*
2006-D Satin Finish	—	—	—	6.00	10.	20.	*	*	*	*
2006-S Clad	*	*	*	*	*	*	6.00	9.00	15.	25.
2006-S Silver	*	*	*	*	*	*	18.	18.	30.	40.
2007-P	1.50	1.75	3.50	4.00	6.00	16.	*	*	*	*
2007-P Satin Finish	—	—	—	6.00	10.	20.	*	*	*	*
2007-D	1.50	1.75	3.50	4.00	6.00	35.	*	*	*	*
2007-D Satin Finish	—	—	—	6.00	10.	20.	*	*	*	*
2007-S Clad	*	*	*	*	*	*	6.00	9.00	15.	25.
2007-S Silver	*	*	*	*	*	*	18.	18.	30.	40.
2008-P	—	—	1.50	2.00	5.00	22.	*	*	*	*
2008-P Satin Finish	—	—	—	—	—	—	*	*	*	*
2008-D	—	—	1.50	2.00	4.00	15.	*	*	*	*
2008-D Satin Finish	—	—	—	—	—	—	*	*	*	*
2008-S Clad	*	*	*	*	*	*	4.00	4.50	11.	13.
2008-S Silver	*	*	*	*	*	*	18.	18.	30.	40.
2009-P	—	—	1.50	2.00	5.00	12.	*	*	*	*
2009-P Satin Finish	—	—	—	—	—	19.	*	*	*	*
2009-D	—	—	1.50	2.00	5.00	12.	*	*	*	*
2009-D Satin Finish	—	—	—	—	—	19.	*	*	*	*
2009-S Clad	*	*	*	*	*	*	4.00	4.50	11.	13.
2009-S Silver	*	*	*	*	*	*	18.	18.	30.	40.
2010-P	—	—	1.50	2.00	5.00	—	*	*	*	*
2010-P Satin Finish	—	—	—	—	—	19.	*	*	*	*
2010-D	—	—	1.50	2.00	5.00	—	*	*	*	*
2010-D Satin Finish	—	—	—	—	—	19.	*	*	*	*
2010-S Clad	*	*	*	*	*	*	4.00	4.50	11.	13.
2010-S Silver	*	*	*	*	*	*	18.	18.	30.	40.
2011-P	—	—	—	—	—	—	*	*	*	*
2011-D	—	—	—	—	—	—	*	*	*	*
2011-S Clad	*	*	*	*	*	*	4.00	4.50	11.	13.
2011-S Silver	*	*	*	*	*	*	18.	18.	25.	35.

—— = Insufficient pricing data   * = None issued

Flowing Hair dollar

Date of authorization: April 2, 1792
Dates of issue: 1794-1795
Designer/Engraver: Robert Scot
Diameter: 39.50 mm/1.56 inches
Weight: 26.96 grams/0.87 ounce
Metallic Content: 90% silver, 10% copper
Specific gravity: 10.34
Weight of pure silver: 24.26 grams/0.78 ounce
Edge: Lettered (HUNDRED CENTS ONE DOLLAR OR UNIT)
Mint mark: None

	AG-3	G-4	VG-8	F-12	VF-20	EF-40	AU-50	AU-58	MS-60	MS-63
1794	40000.	60000.	100000.	125000.	150000.	175000.	350000.	575000.	650000.	—
1794 Silver Plug, Unique	*	*	*	*	*	*	*	*	*	*
1795 2 Leaves, Head of 1794	1000.	2000.	2500.	4000.	6000.	13500.	17500.	75000.	90000.	225000.
1795 3 Leaves, Head of 1795	900.	1750.	2000.	3750.	6000.	12500.	16500.	50000.	85000.	200000.
1795 Silver Plug	3500.	7500.	15000.	17500.	20000.	32500.	57500.	—	—	—

—— = Insufficient pricing data   * = None issued

Draped Bust dollar

Small Eagle

Heraldic Eagle

Date of authorization: April 2, 1792
Dates of issue: 1795-1803
Designers: Obverse: Gilbert Stuart-Robert Scot
Reverse: (1795-1798):
Scot-John Eckstein
(1798-1803): Robert Scot
Engraver: Robert Scot
Diameter: 39.50 mm/1.56 inches
Weight: 26.96 grams/0.87 ounce
Metallic Content: 89.25% silver, 10.75% copper
Specific gravity: 10.32
Weight of pure silver: 24.06 grams/0.77 ounce
Edge: Lettered (HUNDRED CENTS ONE DOLLAR OR
UNIT)
Mint mark: None

DRAPED BUST DOLLAR (CONTINUED)
SMALL EAGLE

	AG-3	G-4	VG-8	F-12	VF-20	EF-40	AU-50	AU-58	MS-60	MS-63
1795 Centered Bust	1000.	1500.	2000.	4000.	5250.	10000.	20000.	—	50000.	125000.
1795 Off-center Bust	1000.	1500.	2000.	4000.	5250.	10000.	20000.	—	55000.	200000.
1796 Small Date, Small Letters										
	1000.	1500.	2000.	4000.	5000.	10000.	17500.	—	60000.	—
1796 Large Date, Small Letters										
	1000.	1500.	2000.	4000.	5000.	10000.	15000.	—	60000.	—
1796 Small Date, Large Letters										
	1000.	1500.	2000.	4000.	5000.	10000.	17500.	—	70000.	—
1797 9X7 Obverse Stars, Small Letters										
	1250.	2000.	3500.	5500.	12500.	17500.	35000.	—	—	—
1797 9X7 Obverse Stars, Large Letters										
	1000.	1750.	3000.	4000.	6000.	12500.	17500.	—	—	—
1797 10X6 Obverse Stars										
	1000.	1500.	2000.	3500.	5500.	11500.	17500.	—	50000.	120000.
1798 13 Obverse Stars										
	1000.	1500.	2000.	4000.	6000.	15000.	25000.	—	—	—
1798 15 Obverse Stars										
	1250.	2250.	3000.	4500.	6500.	15000.	35000.	—	100000.	—

HERALDIC EAGLE

	AG-3	G-4	VG-8	F-12	VF-20	EF-40	AU-50	AU-58	MS-60	MS-63
1798	750.	900.	1000.	1600.	2750.	4500.	8000.	22500.	30000.	55000.
1798 Knob 9, 5 Vertical Lines in Shield										
	750.	900.	1000.	1600.	2750.	4500.	9000.	25000.	40000.	100000.
1798 Knob 9, 4 Vertical Lines in Shield										
	750.	900.	1000.	1600.	2750.	4500.	8000.	22500.	30000.	55000.
1798 Knob 9, 10 Arrows										
	750.	900.	1000.	1600.	2750.	4500.	8000.	22500.	30000.	55000.
1798 Pointed 9, Close Date										
	750.	900.	1000.	1600.	2750.	4500.	8000.	22500.	30000.	55000.
1798 Pointed 9, Wide Date										
	750.	900.	1000.	1600.	2750.	4500.	8000.	22500.	30000.	55000.
1798 Pointed 9, 5 Vertical Lines in Shield										
	750.	900.	1000.	1600.	2750.	4500.	9000.	25000.	40000.	100000.
1798 Pointed 9, 10 Arrows										
	750.	900.	1000.	1600.	2750.	4500.	8000.	22500.	30000.	55000.
1798 Pointed 9, 4 Berries										
	750.	900.	1000.	1600.	2750.	4500.	8000.	22500.	30000.	55000.
1799	750.	900.	1000.	1500.	2500.	4500.	8000.	15000.	25000.	60000.
1799/8 15 Reverse Stars										
	850.	1000.	1250.	1750.	2750.	4500.	8000.	15000.	25000.	60000.
1799/8 13 Reverse Stars										
	850.	1000.	1250.	1750.	2750.	4500.	8000.	15000.	25000.	70000.
1799 8x5 Obverse Stars										
	900.	1100.	1500.	2000.	3500.	5500.	12500.	20000.	—	—
1799 Irregular Date, 15 Reverse Stars										
	750.	900.	1000.	1500.	2500.	4500.	8000.	15000.	25000.	60000.
1799 Irregular Date, 13 Reverse Stars										
	900.	1100.	1500.	2500.	3500.	6000.	9000.	17500.	25000.	60000.
1800	750.	900.	1000.	1500.	2500.	4500.	8000.	15000.	25000.	75000.
1800 AMERICAI	850.	1250.	1500.	2000.	3500.	4750.	10000.	25000.	50000.	100000.
1800 AMERICAI, Wide Date, Low 8										
	850.	1250.	1500.	2000.	3500.	4750.	10000.	25000.	50000.	100000.
1800 Wide Date, Low 8										
	750.	900.	1000.	1500.	2500.	4500.	8000.	15000.	25000.	75000.
1800 Dotted Date	800.	1000.	1250.	1750.	3000.	4500.	8500.	20000.	25000.	75000.

—— = Insufficient pricing data

DRAPED BUST DOLLAR (CONTINUED)

	AG-3	G-4	VG-8	F-12	VF-20	EF-40	AU-50	AU-58	MS-60	MS-63
1800 12 Arrows	850.	1250.	1500.	2000.	3500.	5000.	8500.	20000.	25000.	75000.
1801	850.	1250.	1500.	2000.	3750.	5500.	7500.	25000.	50000.	100000.
1802/1 Narrow Date	750.	1100.	1250.	2000.	3000.	5000.	12500.	17500.	35000.	75000.
1802/1 Wide Date	1000.	1250.	1500.	2250.	3250.	5500.	15000.	25000.	40000.	—
1802 Narrow Date	750.	1100.	1250.	1750.	2500.	5000.	7000.	15000.	25000.	65000.
1802 Wide Date	850.	1250.	1750.	2000.	3500.	5000.	10000.	25000.	—	—
1802 Curl Top 2	*	*	*	*	*	*	*	*	*	*
1803 Large 3	700.	900.	1200.	1500.	3000.	4500.	12500.	27500.	37500.	—
1803 Small 3	650.	800.	1100.	1400.	2500.	4250.	10000.	20000.	25000.	55000.
1804 Original, struck circa 1834	—	—	—	—	—	—	—	—	—	—
1804 Restrike, Plain Edge, Unique, struck circa 1858	*	*	*	*	*	*	*	*	*	*
1804 Restrike, Lettered Edge, struck circa 1858	—	—	—	—	—	— 2750000.	—	—

—— = Insufficient pricing data   * = None issued

Seated Liberty dollar

Date of authorization:	Jan. 18, 1837
Dates of issue:	1840-1873
Designers:	Obverse: Robert Hughes-Christian Gobrecht-Thomas Sully
	Reverse: John Reich-Christian Gobrecht
Engraver:	Christian Gobrecht
Diameter:	38.10 mm/1.5 inches
Weight:	26.73 grams/0.86 ounce
Metallic Content:	90% silver, 10% copper
Specific gravity:	10.34
Weight of pure silver:	24.06 grams/0.77 ounce
Edge:	Reeded
Mint mark:	Reverse below eagle

	G-4	VG-8	F-12	VF-20	EF-40	AU-50	AU-58	MS-60	MS-65	PF-63	PF-64	PF-65
1840	350.	400.	450.	550.	1000.	1750.	2750.	4500.	—	35000.	42500.	100000.
1841	300.	350.	400.	500.	750.	1250.	2500.	3500.	100000.	100000.	150000.	—
1842	300.	350.	400.	500.	750.	1250.	2000.	2750.	—	50000.	—	125000.
1843	300.	350.	400.	500.	600.	1250.	2500.	3500.	—	—	60000.	—
1844	350.	400.	500.	750.	1000.	1500.	5000.	7500.	—	—	125000.	150000.
1845	350.	400.	500.	750.	1000.	2000.	5500.	10000.	—	—	50000.	100000.
1846	300.	350.	400.	500.	700.	1100.	1750.	2750.	125000.	35000.	45000.	150000.
1846-O	350.	400.	450.	550.	1000.	1750.	4000.	8500.	—	*	*	*
1847	300.	350.	400.	500.	700.	1200.	2000.	3000.	—	30000.	40000.	75000.
1848	350.	400.	600.	800.	1500.	2200.	3500.	5000.	—	—	—	—
1849	300.	350.	400.	500.	700.	1200.	2250.	3000.	—	—	75000.	150000.
1850	400.	550.	750.	1000.	2000.	3000.	5000.	8500.	—	—	45000.	75000.
1850-O	350.	400.	550.	800.	1750.	3500.	10000.	15000.	—	*	*	*
1851	—	—	—	—	—	—	32500.	35000.	—	*	*	*
1851 Restrike									*	*	40000.	50000.	—
1852	—	—	—	—	25000.	30000.	35000.	37500.	—	—	—	—
1852 Restrike									*	*	60000.	75000.	100000.
1853	350.	400.	500.	700.	1100.	2000.	3000.	4000.	—	—	—	—
1853 Restrike	—	—	—	—	—	—	—	—	*	*	—	125000.

—— = Insufficient pricing data   * = None issued

SEATED LIBERTY DOLLAR (CONTINUED)

	G-4	VG-8	F-12	VF-20	EF-40	AU-50	AU-58	MS-60	MS-65	PF-63	PF-64	PF-65
1854	1200.	1500.	2000.	3000.	4500.	6000.	8500.	10000.	—	17500.	25000.	65000.
1855	1000.	1250.	1500.	2500.	4000.	5500.	8500.	12500.	—	15000.	25000.	—
1856	400.	500.	750.	1000.	2250.	3000.	6000.	7500.	—	—	20000.	45000.
1857	450.	550.	700.	850.	1500.	2000.	3000.	4000.	—	12500.	15000.	45000.
1858 Proof Only												
	—	—	—	—	—	—	—	—	—	15000.	20000.	50000.
1859	300.	400.	500.	600.	800.	1250.	2750.	3500.	—	4750.	6500.	17500.
1859-O	275.	350.	400.	500.	700.	850.	1250.	2500.	—	*	*	*
1859-S	400.	500.	750.	1000.	2500.	3500.	8500.	15000.	—	*	*	*
1860	300.	350.	450.	600.	800.	1000.	2000.	3000.	85000.	4500.	6500.	17500.
1860-O	275.	350.	400.	450.	550.	850.	1500.	2250.	60000.	*	*	*
1861	750.	1000.	1250.	1500.	3000.	3500.	4500.	5000.	95000.	5000.	6500.	17500.
1862	600.	750.	900.	1250.	1750.	2000.	3000.	4000.	—	5000.	8000.	17500.
1863	400.	500.	600.	700.	1000.	1500.	3500.	3750.	—	5500.	6500.	22500.
1864	400.	450.	550.	750.	2000.	2500.	4000.	5000.	55000.	5500.	6500.	17500.
1865	350.	400.	450.	600.	1000.	2000.	3000.	5000.	85000.	5000.	6500.	15000.
1866 Proof Only												
	*	*	*	*	*	*	*	*	*	1500000.	—	—

MOTTO ABOVE EAGLE

	G-4	VG-8	F-12	VF-20	EF-40	AU-50	AU-58	MS-60	MS-65	PF-63	PF-64	PF-65
1866	350.	400.	500.	750.	1000.	1750.	2500.	3000.	100000.	4000.	7500.	17500.
1867	350.	400.	450.	650.	1000.	1750.	2500.	3000.	100000.	4500.	7500.	20000.
1868	350.	400.	450.	600.	1000.	1750.	2500.	3500.	100000.	4500.	7500.	20000.
1869	350.	400.	450.	600.	750.	1000.	2500.	3000.	100000.	4000.	7500.	17500.
1870	300.	350.	400.	500.	700.	1000.	1750.	2500.	—	4000.	7000.	17500.
1870-CC	500.	750.	1000.	2250.	4000.	8500.	17500.	27500.	—	*	*	*
1870-S	—	—	—	700000.	850000.	—	—	—	—	*	*	*
1871	300.	350.	400.	500.	650.	1000.	1500.	2500.	—	4000.	7000.	17500.
1871-CC	1750.	3000.	4500.	8000.	15000.	25000.	75000.	—	—	*	*	*
1872	300.	350.	400.	500.	650.	1000.	1500.	2500.	70000.	4000.	7000.	17500.
1872-CC	1000.	1500.	3000.	5000.	10000.	15000.	25000.	30000.	—	*	*	*
1872-S	350.	400.	550.	750.	1750.	5000.	10000.	12500.	—	*	*	*
1873	300.	350.	400.	500.	750.	1100.	2500.	3000.	70000.	4000.	7000.	17500.
1873-CC	7500.	8500.	12500.	20000.	35000.	50000.	100000.	—	—	*	*	*
1873-S Unknown												
	*	*	*	*	*	*	*	*	*	*	*	*

—— = Insufficient pricing data   * = None issued

Trade dollar

Date of authorization: Feb. 12, 1873
Dates of issue: 1873-1885
Designer/Engraver: William Barber
Diameter: 38.10 mm/1.5 inches
Weight: 27.22 grams/0.88 ounce
Metallic Content: 90% silver, 10% copper
Specific gravity: 10.34
Weight of pure silver: 24.49 grams/0.79 ounce
Edge: Reeded
Mint mark: Reverse below eagle

	G-4	VG-8	F-12	VF-20	EF-40	AU-50	AU-58	MS-60	MS-65	PF-63
1873	125.	150.	200.	250.	300.	500.	1000.	1250.	15000.	3250.
1873-CC	300.	400.	500.	750.	1500.	3500.	8500.	10000.	—	*
1873-S	125.	150.	200.	250.	300.	500.	500.	2000.	25000.	*
1874	125.	150.	200.	250.	300.	400.	900.	1250.	17500.	3000.
1874-CC	300.	350.	400.	500.	750.	1000.	2000.	3000.	50000.	*
1874-S	125.	150.	200.	250.	300.	400.	850.	1150.	20000.	*
1875	175.	250.	400.	500.	700.	1000.	1500.	2500.	30000.	3000.
1875-CC	250.	300.	350.	400.	550.	850.	1500.	2500.	40000.	*
1875-S	100.	150.	200.	250.	300.	350.	750.	1000.	13500.	*
1875-S/CC	250.	300.	400.	600.	1100.	1500.	3500.	5000.	65000.	*
1876	100.	150.	200.	250.	300.	400.	850.	1000.	17500.	3000.
1876-CC	300.	350.	400.	500.	750.	1500.	5000.	7500.	—	*
1876-CC Doubled Die Reverse										
	—	—	—	750.	1750.	3000.	5000.	10000.	—	*
1876-S	100.	150.	200.	250.	300.	350.	750.	1000.	25000.	*
1877	100.	150.	200.	250.	300.	350.	750.	1100.	15000.	3000.
1877-CC	300.	350.	400.	500.	750.	1000.	2000.	3000.	75000.	*
1877-S	100.	150.	200.	250.	300.	350.	750.	1000.	15000.	*
1878 Proof Only	700.	850.	1000.	1250.	1500.	1600.	2000.	*	*	3000.
1878-CC	500.	750.	1250.	2500.	5000.	6000.	15000.	17500.	150000.	*
1878-S	100.	150.	200.	250.	300.	350.	750.	1000.	12500.	*
1879 Proof Only	900.	1000.	1200.	1500.	1600.	1750.	2000.	*	*	3000.
1880 Proof Only	900.	1000.	1200.	1500.	1600.	1750.	2000.	*	*	3000.
1881 Proof Only	900.	1000.	1200.	1500.	1600.	1750.	2000.	*	*	3000.
1882 Proof Only	900.	1000.	1200.	1500.	1600.	1750.	2000.	*	*	3000.
1883 Proof Only	900.	1000.	1200.	1500.	1600.	1750.	2000.	*	*	3000.
1884 Proof Only	*	*	*	*	*	*	*	*	*	125000.
1885 Proof Only	*	*	*	*	*	*	*	*	*	—

Morgan dollar

Date of authorization:	Feb. 28, 1878
Dates of issue:	1878-1921
Designer/Engraver:	George T. Morgan
Diameter:	38.10 mm/1.5 inches
Weight:	26.73 grams/0.86 ounce
Metallic Content:	90% silver, 10% copper
Specific gravity:	10.34
Weight of pure silver:	24.06 grams/0.77 ounce
Edge:	Reeded
Mint mark:	Reverse below eagle

Note: MS-63D, MS-64D, MS-65D refer to Deep Mirror Prooflike

MORGAN DOLLAR (CONTINUED)

	G-4	VG-8	F-12	VF-20	EF-40	AU-50	AU-58	MS-60	MS-62	MS-63	MS-63D	MS-64	MS-64D	MS-65	MS-65D	MS-66	PF-63	PF-64	PF-65	PF-66
1878 8 Tail Feathers	36.	40.	42.	45.	55.	90.	125.	150.	200.	250.	1000.	500.	4500.	1500.	20000.	9500.	3500.	6000.	10000.	20000.
1878 7 Tail Feathers, Reverse of 1878	30.	40.	42.	44.	48.	60.	70.	80.	100.	125.	350.	275.	2000.	1200.	6500.	15000.	4000.	7000.	15000.	25000.
1878 7 Tail Feathers, Reverse of 1879	30.	40.	42.	44.	50.	60.	75.	90.	125.	200.	1000.	525.	4500.	2700.	20000.	14000.	35000.	110000.	200000.	—
1878 Strongly Doubled Tail Feathers	30.	40.	42.	44.	50.	90.	125.	150.	250.	400.	950.	550.	5000.	3000.	15000.	18000.	*	*	*	*
1878 7/8TF Triple Blossoms, VAM-44	—	120.	500.	1000.	4000.	5500.	7000.	10000.	18000.	—	—	—	—	—	—	—	*	*	*	*
1878-CC	90.	110.	140.	150.	150.	175.	190.	225.	275.	450.	1500.	600.	2500.	2200.	10000.	6000.	*	*	*	*
1878-CC GSA	—	—	—	—	—	—	—	350.	400.	500.	—	800.	—	4000.	—	6000.	*	*	*	*
1878-S	30.	40.	42.	44.	45.	48.	50.	75.	80.	125.	175.	150.	2000.	300.	10000.	800.	*	*	*	*
1878-S Long Nock varieties	100.	120.	160.	300.	700.	1500.	2500.	4000.	5100.	6500.	15000.	11000.	27000.	—	—	—	*	*	*	*
1879	30.	32.	33.	37.	37.	37.	38.	45.	60.	100.	350.	150.	3000.	900.	15000.	3500.	3500.	5500.	10000.	15000.
1879 GSA	—	—	—	—	—	—	—	200.	210.	225.	—	300.	—	350.	—	—	*	*	*	*
1879-CC	150.	200.	275.	350.	800.	2000.	2600.	4000.	5200.	6500.	15000.	11000.	27000.	30000.	45000.	75000.	*	*	*	*
1879-CC Large CC/Small CC, VAM-3	150.	200.	250.	350.	750.	1900.	2800.	6000.	7000.	9000.	15000.	12500.	—	—	—	—	*	*	*	*
1879-CC GSA	—	—	—	—	—	—	—	—	—	—	—	550.	3750.	45000.	60000.	65000.	*	*	*	*
1879-O	30.	32.	33.	38.	40.	65.	100.	150.	200.	450.	1800.	1800.	9000.	4000.	20000.	18000.	*	*	*	*
1879-S Reverse of 1878 varieties	30.	32.	34.	37.	37.	37.	40.	50.	55.	65.	—	100.	400.	7000.	25000.	60000.	*	*	*	*
1879-S Reverse of 1878 GSA	—	—	—	—	—	—	—	200.	—	—	—	—	—	—	—	—	*	*	*	*
1879-S	30.	32.	32.	37.	37.	37.	40.	50.	55.	65.	100.	100.	400.	250.	1200.	450.	*	*	*	*
1879-S GSA	—	—	—	—	—	—	—	—	190.	210.	—	300.	—	350.	—	—	*	*	*	*
1880	30.	32.	33.	37.	37.	38.	40.	50.	55.	65.	225.	150.	1100.	750.	5750.	3500.	3500.	5500.	10000.	15000.
1880 Knobbed 8, VAM-1A	—	—	125.	150.	300.	400.	600.	—	—	—	—	—	—	—	—	—	*	*	*	*
1880/79-CC Reverse of 1878, VAM-4	120.	160.	180.	215.	250.	300.	500.	550.	600.	700.	1800.	1200.	5000.	2300.	17000.	6500.	*	*	*	*

—— = Insufficient pricing data   * = None issued

MORGAN DOLLAR (CONTINUED)

	G-4	VG-8	F-12	VF-20	EF-40	AU-50	AU-58	MS-60	MS-62	MS-63	MS-63D	MS-64	MS-64D	MS-65	MS-65D	MS-66	PF-63	PF-64	PF-65	PF-66
1880/79-CC Reverse of 1878 GSA	—	—	—	—	—	—	—	700.	—	800.	—	1800.	—	3500.	—	10000.	*	*	*	*
1880-CC	130.	175.	200.	250.	300.	350.	425.	475.	525.	600.	1000.	700.	2500.	1300.	8250.	2800.	*	*	*	*
1880-CC GSA	—	—	—	—	—	—	—	600.	650.	750.	—	1200.	1500.	1500.	—	5000.	*	*	*	*
1880-O	30.	32.	33.	37.	37.	37.	40.	75.	175.	450.	1400.	1800.	7000.	30000.	70000.	60000.	*	*	*	*
1880-S	30.	32.	33.	37.	37.	40.	40.	45.	55.	65.	150.	100.	300.	250.	800.	450.	*	*	*	*
1880-S GSA	—	—	—	—	—	—	—	225.	250.	500.	—	800.	—	700.	—	—	*	*	*	*
1881	30.	32.	33.	37.	37.	40.	40.	50.	60.	75.	525.	150.	1750.	700.	20000.	3250.	3500.	5500.	10000.	15000.
1881 GSA	—	—	—	—	—	—	—	200.	—	250.	—	300.	—	350.	—	—	*	*	*	*
1881-CC	325.	350.	375.	400.	425.	450.	475.	500.	525.	550.	900.	600.	1500.	1000.	3000.	1500.	*	*	*	*
1881-CC GSA	—	—	—	—	—	—	—	550.	600.	675.	—	725.	—	1500.	—	2000.	*	*	*	*
1881-O	30.	32.	33.	37.	37.	37.	40.	50.	55.	75.	350.	200.	1800.	1400.	32500.	15000.	*	*	*	*
1881-O GSA	—	—	—	—	—	—	—	200.	200.	250.	—	400.	1800.	1800.	—	—	*	*	*	*
1881-S	30.	32.	33.	37.	37.	40.	40.	50.	55.	65.	150.	100.	325.	250.	850.	450.	*	*	*	*
1881-S GSA	—	—	—	—	—	—	—	190.	200.	210.	—	225.	—	600.	—	—	*	*	*	*
1882	30.	32.	33.	37.	37.	37.	40.	45.	55.	75.	300.	125.	1000.	350.	5000.	2000.	3500.	5500.	10000.	15000.
1882 GSA	—	—	—	—	—	—	—	190.	200.	225.	—	250.	—	500.	—	—	*	*	*	*
1882-CC	75.	100.	110.	125.	135.	150.	175.	200.	225.	250.	450.	300.	700.	500.	1800.	1200.	*	*	*	*
1882-CC GSA	—	—	—	—	—	—	—	200.	225.	250.	—	300.	—	500.	—	1800.	*	*	*	*
1882-O	30.	32.	33.	37.	70.	125.	40.	50.	55.	75.	175.	125.	1200.	1250.	5000.	8500.	*	*	*	*
1882-O GSA	—	—	—	—	—	—	—	190.	200.	225.	—	350.	—	700.	—	—	*	*	*	*
1882-O/S varieties	36.	42.	43.	50.	70.	125.	175.	300.	400.	1700.	4000.	4500.	11000.	58000.	—	60000.	*	*	*	*
1882-S	30.	32.	33.	37.	37.	38.	40.	50.	55.	75.	150.	125.	550.	250.	1500.	450.	*	*	*	*
1882-S GSA	—	—	—	—	—	—	—	190.	200.	210.	—	300.	—	350.	—	—	*	*	*	*
1883	30.	32.	33.	37.	37.	37.	40.	50.	55.	75.	150.	125.	550.	250.	1500.	500.	3500.	5500.	10000.	15000.
1883 GSA	—	—	—	—	—	—	—	190.	200.	200.	—	300.	—	450.	—	—	*	*	*	*
1883 Sextupled Stars, VAM-10	—	—	50.	100.	250.	350.	500.	700.	1200.	2000.	—	—	—	—	—	—	*	*	*	*
1883-CC	75.	90.	100.	115.	125.	135.	150.	185.	200.	225.	400.	300.	600.	500.	1500.	900.	*	*	*	*
1883-CC GSA	—	—	—	—	—	—	—	185.	200.	250.	—	300.	—	500.	—	1000.	*	*	*	*

—— = Insufficient pricing data   * = None issued

MORGAN DOLLAR (CONTINUED)

	G-4	VG-8	F-12	VF-20	EF-40	AU-50	AU-58	MS-60	MS-62	MS-63	MS-63D	MS-64	MS-64D	MS-65	MS-65D	MS-66	PF-63	PF-64	PF-65	PF-66
1883-O	30.	32.	33.	37.	37.	37.	40.	50.	55.	75.	150.	100.	400.	250.	1500.	500.	—	35000.	—	*
1883-O GSA	—	—	—	—	—	—	—	190.	200.	210.	—	300.	—	350.	—	—	*	*	*	*
1883-S	30.	35.	38.	45.	50.	175.	350.	700.	1500.	3000.	12000.	5000.	50000.	55000.	100000.	100000.	*	*	*	*
1884	30.	32.	33.	37.	37.	37.	—	50.	55.	75.	250.	125.	900.	350.	4200.	1265.	3500.	5500.	10000.	15000.
1884 GSA	75.	—	125.	145.	155.	175.	185.	190.	195.	210.	—	225.	—	—	—	900.	*	*	*	*
1884-CC	—	120.	—	—	—	—	—	190.	200.	250.	500.	300.	550.	500.	1500.	1200.	*	*	*	*
1884-CC GSA	—	—	—	—	—	—	—	190.	200.	250.	—	375.	525.	500.	2250.	450.	*	*	*	*
1884-O	30.	—	33.	37.	37.	37.	40.	50.	55.	75.	150.	100.	100.	250.	900.	450.	*	*	*	*
1884-O GSA	—	—	—	—	—	—	—	190.	210.	210.	—	225.	—	—	—	—	*	*	*	*
1884-S	30.	32.	33.	38.	50.	500.	2000.	7000.	12000.	40000.	110000.	110000.	—	250000.	—	—	*	*	*	*
1885	30.	32.	33.	37.	37.	37.	40.	45.	50.	75.	150.	100.	300.	250.	850.	450.	3500.	5500.	10000.	15000.
1885 GSA	—	—	—	—	—	—	—	190.	200.	210.	—	225.	—	—	—	—	*	*	*	*
1885-CC	425.	500.	525.	575.	625.	675.	700.	725.	750.	800.	900.	1000.	1500.	1200.	2500.	2000.	*	*	*	*
1885-CC GSA	—	—	—	—	—	—	—	550.	660.	750.	—	900.	—	1500.	—	3500.	*	*	*	*
1885-O	30.	32.	33.	37.	37.	37.	40.	50.	55.	75.	150.	100.	300.	250.	900.	450.	*	*	*	*
1885-O GSA	—	—	—	—	—	—	—	190.	200.	210.	—	225.	—	475.	—	—	*	*	*	*
1885-S	30.	35.	40.	50.	75.	150.	195.	225.	275.	350.	2000.	700.	5500.	2000.	40000.	8000.	*	*	*	*
1886	30.	32.	33.	37.	37.	37.	40.	45.	50.	75.	175.	100.	400.	250.	1200.	450.	3500.	5500.	10000.	15000.
1886 GSA	—	—	—	—	—	—	—	190.	200.	210.	—	225.	—	—	—	—	*	*	*	*
1886-O	30.	32.	33.	37.	38.	100.	300.	700.	2000.	4000.	17500.	65000.	200000.	—	—	—	*	*	*	*
1886-S	40.	50.	70.	90.	100.	200.	250.	275.	350.	500.	2300.	900.	8000.	3200.	27500.	16000.	*	*	*	*
1887/6 VAM-2	40.	45.	48.	50.	60.	150.	250.	350.	450.	600.	2400.	1000.	5000.	2400.	1000.	450.	*	*	*	*
1887	30.	32.	33.	37.	37.	37.	38.	40.	45.	65.	150.	100.	300.	250.	1000.	450.	3500.	5500.	10000.	15000.
1887 GSA	—	—	—	—	—	—	—	190.	200.	250.	—	500.	—	—	—	—	*	*	*	*
1887 Donkey Tail, VAM-1A	—	—	—	—	—	—	—	—	—	—	—	—	—	—	—	—				
1887/6-O VAM-3	45.	48.	—	—	400.	650.	900.	1600.	2000.	6000.	—	12000.	—	28000.	—	50000.	*	*	*	*
1887-O	30.	32.	33.	37.	70.	180.	320.	400.	90.	125.	400.	2000.	7000.	3000.	28000.	9000.	*	*	*	*
1887-S	30.	32.	33.	37.	37.	38.	40.	55.	150.	300.	3000.	700.	7000.	3000.	30000.	9000.	*	*	*	*
1888	30.	32.	33.	37.	37.	37.	40.	45.	55.	75.	190.	110.	450.	275.	2500.	625.	3500.	5500.	10000.	15000.
1888-O	30.	32.	33.	37.	37.	38.	40.	50.	60.	85.	175.	125.	500.	650.	2700.	2500.	*	*	*	*

—— = Insufficient pricing data   * = None issued

MORGAN DOLLAR (CONTINUED)

	G-4	VG-8	F-12	VF-20	EF-40	AU-50	AU-58	MS-60	MS-62	MS-63	MS-63D	MS-64	MS-64D	MS-65	MS-65D	MS-66	PF-63	PF-64	PF-65	PF-66
1888-O Scarface, VAM-1B	—																*	*	*	*
1888-O Hot Lips, VAM-4	—	150.	120.	180.	400.	1500.	7500.										*	*	*	*
1888-S	80.	150.	200.	250.	265.	280.	300.	325.	350.	600.	1000.	900.	3250.	3000.	15000.	12000.	*	*	*	*
1889	30.	32.	33.	37.	37.	37.	40.	45.	55.	80.	190.	125.	700.	400.	3500.	1400.	3500.	5500.	10000.	15000.
1889 GSA										210.		300.		350.			*	*	*	*
1889 IN on Obverse, VAM-23A	—																*	*	*	*
1889-CC	600.	700.	1000.	1500.	3000.	6000.	20000.	25000.	35000.	45000.	50000.	60000.	75000.	350000.	400000.	—	*	*	*	*
1889-CC GSA	—																*	*	*	*
1889-O	30.	30.	32.	37.	37.	40.	75.	150.	250.	400.	1200.	800.	6500.	7500.	15000.	19000.	*	*	*	*
1889-O E on Reverse, VAM-1A	—		150.	300.	600.	800.	1000.	1000.									*	*	*	*
1889-S	45.	50.	70.	75.	100.	125.	175.	200.	225.	400.	1700.	700.	5000.	2200.	35000.	5000.	*	*	*	*
1890	30.	32.	33.	37.	37.	38.	40.	50.	60.	80.	400.	150.	2500.	2500.	18000.	15000.	3500.	5500.	10000.	15000.
1890-CC	75.	90.	100.	125.	175.	250.	350.	450.	550.	750.	1500.	1700.	3000.	5000.	14000.	24000.	*	*	*	*
1890-CC GSA	—									4500.		6000.		8500.		30000.	*	*	*	*
1890-CC Tailbar, VAM-4	100.	120.	150.	250.	400.	800.	1200.	1500.	2000.	3000.	6000.	6500.	25000.	14000.			*	*	*	*
1890-O	30.	32.	33.	38.	42.	60.	70.	75.	90.	125.	250.	300.	1500.	2200.	9000.	10000.	*	*	*	*
1890-S	30.	32.	32.	37.	37.	38.	45.	60.	100.	125.	600.	300.	3500.	1000.	9000.	4500.	*	*	*	*
1891	30.	32.	33.	37.	37.	38.	55.	60.	100.	180.	2000.	900.	7000.	9000.	25000.	16000.	3500.	5500.	10000.	15000.
1891-CC	80.	90.	125.	145.	200.	250.	325.	400.	500.	750.	2500.	1200.	6000.	5000.	30000.	15000.	*	*	*	*
1891-CC GSA	—									4000.		6000.		9000.	17000.		*	*	*	*
1891-O	30.	32.	33.	37.	37.	38.	125.	150.	250.	400.	3000.	850.	7000.	9000.	35000.	18000.	*	*	*	*
1891-O E on Reverse, VAM-1A	45.	50.	60.	80.	140.	250.	400.	500.	800.	1500.		14000.					*	*	*	*
1891-S	30.	32.	33.	37.	37.	38.	45.	75.	100.	150.	500.	350.	3000.	1500.	20000.	6000.	*	*	*	*
1892	30.	32.	33.	38.	40.	90.	125.	175.	300.	425.	1250.	1000.	3500.	5000.	18000.	40000.	3500.	5500.	10000.	20000.
1892-CC	150.	225.	250.	350.	600.	800.	1100.	1500.	1750.	2000.	5500.	2750.	10000.	8500.	40000.	30000.	*	*	*	*

—— = Insufficient pricing data   * = None issued

MORGAN DOLLAR (CONTINUED)

	G-4	VG-8	F-12	VF-20	EF-40	AU-50	AU-58	MS-60	MS-62	MS-63	MS-63D	MS-64	MS-64D	MS-65	MS-65D	MS-66	PF-63	PF-64	PF-65	PF-66
1892-O	30.	32.	33.	38.	42.	75.	100.	300.	225.	300.	7000.	900.	18500.	7000.	42000.	48000.	*	*	*	*
1892-S	30.	35.	45.	175.	500.	2000.	15000.	35000.	50000.	85000.	125000.	125000.	125000.	190000.	190000.	300000.	*	*	*	*
1893	200.	250.	275.	300.	325.	500.	600.	700.	800.	1100.	15000.	2200.	30000.	7000.	70000.	50000.	3500.	5500.	10000.	18000.
1893-CC	225.	300.	400.	750.	1700.	2300.	2500.	4000.	4500.	6000.	23000.	9000.	40000.	100000.	100000.	85000.	*	*	*	*
1893-O	175.	250.	300.	500.	800.	1000.	1600.	2500.	4500.	8800.	20000.	9000.	100000.	225000.	225000.	325000.	*	*	*	*
1893-S	2000.	3500.	4500.	6000.	8000.	20000.	50000.	95000.	110000.	190000.	175000.	325000.	300000.	750000.	650000.	800000.	*	*	*	*
1894	1000.	1400.	1600.	1800.	2500.	3000.	3500.	4000.	5000.	6000.	30000.	10000.	50000.	80000.	80000.	62000.	6000.	8000.	12000.	20000.
1894-O	40.	60.	85.	100.	150.	300.	500.	600.	600.	4000.	10000.	2000.	25000.	65000.	65000.	95000.	*	*	*	*
1894-S	50.	75.	85.	135.	175.	500.	600.	700.	1000.	1200.	7000.	2000.	20000.	6000.	25000.	15000.	*	*	*	*
1895 Proof only	20000.	25000.	35000.	40000.	45000.	50000.	55000.	*	*	*	*	*	*	*	*	*	60000.	70000.	100000.	135000.
1895-O	300.	350.	400.	600.	800.	1500.	6000.	16000.	32000.	55000.	100000.	9000.	—	45000.	200000.	100000.	*	*	*	*
1895-S	300.	500.	550.	800.	1250.	2200.	3000.	4000.	6000.	7000.	12000.	9000.	27700.	1500.	45000.	500.	*	*	*	*
1896	30.	32.	33.	37.	37.	38.	40.	50.	55.	75.	150.	125.	300.	250.	500.	500.	3500.	5500.	10000.	15000.
1896 GSA	—	—	—	—	—	—	—	—	—	—	—	—	—	—	—	—				
1896-O	30.	32.	40.	75.	275.	975.	1200.	2000.	2700.	3700.	25000.	5000.	60000.	75000.	75000.	—	*	*	*	*
1896-S	30.	32.	33.	37.	37.	38.	40.	45.	50.	75.	150.	125.	335.	3500.	1100.	—	*	*	*	*
1897	30.	32.	33.	37.	37.	40.	40.	45.	50.	75.	150.	225.	425.	335.	3500.	1100.	3500.	5500.	10000.	15000.
1897 GSA	—	—	—	—	—	—	—	—	—	—	—	—	—	—	—	—				
1897-O	30.	32.	33.	37.	40.	150.	300.	800.	5500.	17000.	15000.	37500.	65000.	65000.	—	125000.	*	*	*	*
1897-S	30.	32.	33.	37.	37.	38.	45.	70.	90.	150.	500.	200.	600.	3000.	600.	1500.	*	*	*	*
1898	30.	32.	33.	37.	37.	38.	45.	70.	90.	150.	500.	200.	400.	1500.	—	700.	3500.	5500.	10000.	15000.
1898-O	30.	32.	33.	37.	37.	38.	40.	45.	55.	75.	175.	100.	250.	260.	900.	500.	*	*	*	*
1898-S	30.	32.	33.	40.	70.	125.	200.	250.	300.	450.	900.	900.	4000.	2500.	6000.	6000.	*	*	*	*
1899	135.	160.	175.	200.	225.	250.	275.	300.	325.	375.	700.	425.	1250.	1000.	2750.	2000.	3500.	5500.	10000.	15000.
1899-O	30.	32.	33.	33.	37.	37.	40.	50.	55.	75.	175.	200.	450.	250.	1300.	500.	*	*	*	*
1899-S	30.	35.	40.	45.	75.	125.	200.	275.	375.	500.	1000.	800.	8000.	2000.	22500.	3500.	*	*	*	*
1900	30.	32.	33.	37.	37.	38.	50.	50.	55.	75.	3000.	125.	8000.	2000.	20000.	550.	3500.	5500.	10000.	15000.
1900-O	30.	32.	33.	33.	37.	38.	40.	50.	55.	75.	500.	125.	850.	350.	4000.	500.	*	*	*	*
1900-O GSA	—	—	—	—	—	—	—	—	—	—	—	—	—	—	—	—				
1900-O Die break through date, VAM-29A	—	175.	250.	375.	500.	1000.	1500.										*	*	*	*

— = Insufficient pricing data   * = None issued

MORGAN DOLLAR (CONTINUED)

	G-4	VG-8	F-12	VF-20	EF-40	AU-50	AU-58	MS-60	MS-62	MS-63	MS-63D	MS-64	MS-64D	MS-65	MS-65D	MS-66	PF-63	PF-64	PF-65	PF-66
1900-O/CC varieties	35.	45.	60.	75.	125.	200.	250.	375.	600.	800.	7500.	1000.	11000.	2200.	23000.	6500.	*	*	*	*
1900-S	32.	37.	33.	37.	45.	100.	325.	325.	400.	450.	6600.	625.	15000.	1900.	40000.	3750.	*	*	*	*
1901	35.	37.	45.	65.	125.	400.	1000.	2500.	5000.	20000.	35000.	50000.	60000.	425000.	—	—	4000.	6000.	11000.	17000.
1901 Shifted Eagle, VAM-3	—	—	200.	800.	1800.	3500.	6000.	15000.	—	—	—	—	—	—	—	—	*	*	*	*
1901-O	30.	32.	33.	37.	37.	38.	40.	50.	55.	75.	350.	125.	1200.	250.	8500.	550.	*	*	*	*
1901-S	30.	32.	33.	38.	75.	225.	325.	500.	650.	750.	10000.	1200.	15000.	3500.	22000.	13000.	*	*	*	*
1902	30.	32.	33.	37.	37.	38.	40.	55.	75.	125.	6000.	175.	10000.	550.	16000.	1000.	3500.	5500.	10000.	15000.
1902 Doubled Ear, VAM-4	—	—	75.	125.	225.	320.	400.	600.	1000.	2500.	—	3000.	—	12500.	—	—	*	*	*	*
1902-O	30.	32.	33.	37.	37.	40.	40.	50.	55.	75.	350.	125.	3000.	250.	12500.	525.	*	*	*	*
1902-O GSA	—	—	—	—	—	—	—	—	—	—	—	300.	—	350.	—	—	*	*	*	*
1902-S	75.	90.	110.	175.	250.	350.	400.	500.	550.	700.	3500.	1000.	9000.	3000.	15000.	8000.	*	*	*	*
1903	40.	50.	60.	65.	75.	80.	85.	90.	100.	150.	2000.	175.	7000.	400.	22000.	600.	3500.	5500.	10000.	15000.
1903-O	275.	300.	350.	375.	400.	425.	450.	460.	500.	550.	500.	600.	1500.	800.	6000.	900.	*	*	*	*
1903-O GSA	—	—	—	—	—	—	—	—	—	—	—	—	—	—	—	—	*	*	*	*
1903-S	70.	100.	125.	250.	425.	2000.	3000.	4000.	5000.	5500.	—	7000.	—	15000.	—	18000.	*	*	*	*
1904	30.	32.	33.	37.	40.	45.	65.	100.	200.	325.	7500.	700.	50000.	3200.	65000.	11000.	3500.	5500.	10000.	15000.
1904-O	30.	32.	33.	37.	37.	37.	40.	50.	55.	70.	150.	100.	300.	250.	1200.	500.	*	*	*	*
1904-O GSA	—	—	—	—	—	—	—	—	—	—	—	250.	—	350.	—	—	*	*	*	*
1904-S	30.	32.	44.	125.	275.	700.	1000.	1500.	2400.	4000.	5000.	5000.	6000.	10000.	20000.	25000.	*	*	*	*
1921	30.	31.	32.	37.	37.	37.	37.	38.	39.	50.	1750.	120.	7500.	225.	12000.	700.	*	*	*	*
1921 Chapman, Proof Only	*	*	*	*	*	*	*	*	*	*	*	*	*	*	*	*	25000.	35000.	60000.	—
1921 Zerbe, Special Striking Only	*	*	*	*	*	*	*	*	*	*	*	*	*	*	*	*	7000.	8500.	16000.	30000.
1921 Pitted Reverse, VAM-41	—	—	37.	50.	60.	70.	80.	100.	120.	180.	—	250.	—	450.	—	1100.	*	*	*	*
1921-D	30.	31.	32.	37.	60.	70.	80.	100.	120.	180.	2200.	175.	7000.	450.	10000.	1100.	*	*	*	*
1921-D TRU-T, VAM-1A	—	31.	50.	100.	180.	300.	400.	600.	1000.	2200.	—	—	—	10000.	—	—	*	*	*	*
1921-S	30.	31.	32.	37.	37.	37.	37.	50.	65.	80.	3200.	150.	12000.	1500.	30000.	11000.	*	*	*	*

—— = Insufficient pricing data   * = None issued

Peace dollar

Date of authorization:	Feb. 28, 1878
Dates of issue:	1921-1935
Designer:	Anthony deFrancisci
Engraver:	George T. Morgan
Diameter:	38.10 mm/1.5 inches
Weight:	26.73 grams/0.86 ounce
Metallic Content:	90% silver, 10% copper
Specific gravity:	10.34
Weight of pure silver:	24.06 grams/0.77 ounce
Edge:	Reeded
Mint mark:	Reverse at lower tip of eagle's wing

PEACE DOLLAR (CONTINUED)

	F-12	VF-20	EF-40	AU-50	AU-58	MS-60	MS-63	MS-64	MS-65	MS-66
1921	130.	140.	150.	160.	225.	250.	500.	1000.	2000.	6000.
1921 Ray Over L, VAM-3										
	140.	150.	165.	180.	250.	280.	700.	1200.	3000.	—
1921 Matte Proof	*	*	*	*	*	*	*	*	*	*
1921 Satin Proof	*	*	*	*	*	*	*	*	*	*
1922	35.	37.	37.	37.	38.	39.	70.	100.	210.	720.
1922 Ear Ring, VAM-2A										
	100.	120.	200.	400.	500.	600.	2000.	3800.	—	—
1922 Matte Proof, High Relief										
	*	*	*	*	*	*	*	*	*	*
1922 Matte Proof, Low Relief										
	*	*	*	*	*	*	*	*	*	*
1922 Satin Proof, Low Relief										
	*	*	*	*	*	*	*	*	*	*
1922-D	35.	37.	37.	37.	38.	39.	85.	150.	725.	2500.
1922-S	35.	37.	37.	37.	38.	39.	85.	300.	3000.	17000.
1923	35.	37.	37.	37.	38.	39.	70.	100.	210.	700.
1923 Tail O, VAM-1c	165.	225.	300.	500.	700.	1000.	2000.	4000.	—	—
1923-D	35.	37.	37.	37.	40.	60.	175.	350.	1200.	6000.
1923-S	35.	37.	37.	37.	38.	39.	125.	400.	7000.	18000.
1924	35.	37.	37.	37.	38.	39.	70.	100.	210.	725.
1924 Broken Wing, VAM-5A										
	75.	85.	100.	160.	200.	250.	575.	800.	—	—
1924-S	40.	45.	50.	70.	165.	200.	550.	1500.	10000.	45000.
1925	35.	37.	37.	37.	38.	39.	70.	100.	210.	900.
1925-S	35.	37.	38.	45.	75.	90.	225.	950.	23000.	35000.
1926	35.	37.	37.	37.	40.	50.	85.	175.	500.	2200.
1926-D	35.	37.	37.	38.	60.	75.	200.	350.	900.	2750.
1926-S	35.	37.	37.	37.	40.	55.	150.	300.	1000.	6000.
1927	40.	45.	50.	55.	70.	75.	200.	500.	3000.	20000.
1927-D	40.	45.	50.	80.	110.	150.	400.	1000.	5000.	25000.
1927-S	40.	45.	50.	75.	125.	150.	500.	1500.	10000.	40000.
1928	410.	425.	450.	475.	550.	575.	1000.	1300.	5000.	25000.
1928-S	40.	45.	50.	75.	125.	150.	550.	1200.	25000.	35000.
1934	37.	38.	40.	50.	100.	125.	225.	450.	750.	3200.
1934-D	37.	38.	32.	50.	100.	150.	500.	700.	2000.	6000.
1934-D Doubled Die Obverse, Micro D, VAM-4										
	300.	350.	450.	525.	750.	1000.	2250.	3000.	—	—
1934-S	75.	100.	200.	500.	1000.	2000.	3200.	4500.	10000.	27500.
1935	37.	38.	40.	40.	60.	70.	125.	250.	725.	2500.
1935-S	37.	38.	45.	100.	190.	225.	400.	550.	1300.	3200.

—— = Insufficient pricing data   * = None issued

Eisenhower dollar

	Date of authorization:	Dec. 31, 1970; Oct. 18, 1973
	Dates of issue:	1971-1978
	Designers:	Frank Gasparro
		(Bicentennial reverse): Dennis R. Williams
	Engraver:	Frank Gasparro
	Diameter:	38.10 mm/1.5 inches
	Weight:	(1971-1978): 22.68 grams/0.73 ounce
		(1971-1976 Bicentennial Proof and Uncirculated sets only): 24.59 grams/0.79 ounce
	Metallic Content:	(1971-1978): 75% copper, 25% nickel bonded to a core of pure copper
		(1971-1976 Bicentennial Proof and Uncirculated sets only): 80% silver, 20% copper, bonded to a core of 21.5% silver, 78.5% copper
	Specific gravity:	40% silver, 9.53; copper-nickel clad, 8.92
	Weight of pure silver:	(1971-1976 Bicentennial Proof and Uncirculated sets only): 9.84 grams/0.32 ounce
	Edge:	Reeded
	Mint mark:	Obverse above date

	AU-50	MS-60	MS-63	MS-65	MS-66	MS-67	PF-65	PF-67	PF-68DC	PF-69DC
MOON LANDING REVERSE										
1971	1.25	5.00	10.	175.	650.	—	*	*	*	*
1971-D	1.25	4.00	5.00	50.	175.	650.	*	*	*	*
1971-S 40% silver	12.	12.	15.	25.	50.	300.	15.	18.	30.	75.
1972 High Relief Earth	—	—	150.	1250.	—	—	*	*	*	*

—— = Insufficient pricing data   * = None issued

	AU-50	MS-60	MS-63	MS-65	MS-66	MS-67	PF-65	PF-67	PF-68DC	PF-69DC
1972 Low Relief Earth	1.25	4.00	5.00	200.	—	—	*	*	*	*
1972 Improved High Relief Reverse										
	1.25	4.00	20.	150.	—	—	*	*	*	*
1972-D	1.25	4.00	5.00	50.	125.	650.	*	*	*	*
1972-S 40% silver	12.	12.	15.	20.	30.	40.	15.	18.	30.	45.
1973	—	13.	15.	125.	1200.	—	*	*	*	*
1973-D	—	13.	15.	50.	300.	—	*	*	*	*
1973-S copper-nickel clad										
	*	*	*	*	*	*	14.	25.	45.	60.
1973-S 40% silver	12.	12.	15.	25.	35.	50.	27.	33.	45.	75.
1974	1.25	4.00	6.00	100.	800.	3000.	*	*	*	*
1974-D	1.25	4.00	5.00	40.	125.	1400.	*	*	*	*
1974-S copper-nickel clad										
	*	*	*	*	*	*	10.	15.	35.	60.
1974-S 40% silver	12.	12.	15.	20.	30.	50.	16.	20.	40.	60.

DUAL DATE, BICENTENNIAL REVERSE

	AU-50	MS-60	MS-63	MS-65	MS-66	MS-67	PF-65	PF-67	PF-68DC	PF-69DC
1776-1976 Bold Reverse Letters										
	1.25	5.00	8.00	200.	—	—	*	*	*	*
1776-1976 Thin Reverse Letters										
	1.25	4.00	5.00	65.	200.	—	*	*	*	*
1776-1976-D Bold Reverse Letters										
	1.25	4.00	5.00	100.	200.	—	*	*	*	*
1776-1976-D Thin Reverse Letters										
	1.25	4.00	5.00	40.	75.	3000.	*	*	*	*
1776-1976-S Bold Reverse Letters, copper-nickel clad										
	*	*	*	*	*	*	13.	25.	40.	75.
1776-1976-S Thin Reverse Letters, copper-nickel clad										
	*	*	*	*	*	*	9.00	15.	40.	60.
1776-1976-S 40% silver										
	12.	12.	15.	25.	40.	75.	18.	25.	45.	60.

MOON LANDING REVERSE

	AU-50	MS-60	MS-63	MS-65	MS-66	MS-67	PF-65	PF-67	PF-68DC	PF-69DC
1977	1.25	5.00	6.00	50.	125.	—	*	*	*	*
1977-D	1.25	4.00	5.00	50.	125.	—	*	*	*	*
1977-S copper-nickel clad										
	*	*	*	*	*	*	10.	20.	30.	45.
1978	1.25	4.00	5.00	50.	150.	4500.	*	*	*	*
1978-D	1.25	4.00	5.00	50.	150.	5000.	*	*	*	*
1978-S copper-nickel clad	*	*	*	*	*	*	11.	20.	30.	45.

Bicentennial date, reverse

—— = Insufficient pricing data   * = None issued

Anthony dollar

Date of authorization: Oct. 10, 1978
Dates of issue: 1979-1981, 1999
Designer/Engraver: Frank Gasparro
Diameter: 26.50 mm/1.05 inches
Weight: 8.10 grams/0.26 ounce
Metallic Content: 75% copper, 25% nickel bonded to a core of pure copper
Specific gravity: 8.92
Edge: Reeded
Mint mark: Obverse left of bust

	MS-65	MS-67	PF-65	PF-69DC
1979-P Far Date, Narrow Rim	15.	125.	*	*
1979-P Near Date, Wide Rim	75.	1000.	*	*
1979-D	15.	125.	*	*
1979-S Filled S	12.	100.	10.	25.
1979-S Clear S	*	*	75.	200.
1980-P	12.	100.	*	*
1980-D	12.	100.	*	*
1980-S	20.	200.	10.	25.
1981-P	20.	—	*	*
1981-D	20.	400.	*	*
1981-S Filled S	75.	—	10.	25.
1981-S Clear S	*	*	75.	250.
1999-P	12.	50.	*	*
1999-D	12.	40.	*	*
1999-P Proof	*	*	10.	30.

—— = Insufficient pricing data   * = None issued

Sacagawea and Native American dollars

Date of authorization: Dec. 1, 1997; Sept. 20, 2007
Dates of issue: 2000-present
Designer/Engraver: Obverse: Glenna Goodacre
Reverse: Thomas Rogers (to 2008);
2009 to date, various
Diameter: 26.50 mm/1.05 inches
Weight: 8.1 grams/0.20 ounce
Metallic Content: 77% copper, 12% zinc, 7% manganese,
4% nickel, bonded to a core of
pure copper
Specific gravity: 8.78
Edge: 2000-2008: Plain
2009-: date Mint mark ★ ★ ★ E PLURIBUS
UNUM ★ ★ ★ ★ ★ ★ ★ ★ ★ ★ ★
Mint mark: Obverse below date

	MS-65	MS-68	PF-65	PF-69DC
2000-P "Cheerios" Reverse	4000.	9500.	*	*
2000-P	9.00	75.	*	*
2000-P Goodacre Presentation Finish	500.	700.	*	*
2000-D	12.	125.	*	*
2000-S	*	*	10.	50.
2001-P	4.00	40.	*	*
2001-D	4.00	100.	*	*
2001-S	*	*	10.	50.
2002-P	5.00	50.	*	*
2002-D	5.00	100.	*	*
2002-S	*	*	6.00	25.
2003-P	5.00	75.	*	*
2003-D	5.00	100.	*	*
2003-S	*	*	6.00	25.
2004-P	5.00	85.	*	*
2004-D	5.00	85.	*	*
2004-S	*	*	6.00	25.
2005-P	15.	150.	*	*
2005-P Satin Finish	8.00	25.	*	*
2005-D	15.	1300.	*	*
2005-D Satin Finish	9.00	40.	*	*
2005-S	*	*	6.00	25.

—— = Insufficient pricing data   * = None issued

SACAGAWEA DOLLAR (CONTINUED)

	MS-65	MS-68	PF-65	PF-69DC
2006-P	4.00	—	*	*
2006-P Satin Finish	5.00	17.	*	*
2006-D	4.00	—	*	*
2006-D Satin Finish	7.50	27.	*	*
2006-S	*	*	6.00	25.
2007-P	5.00	—	*	*
2007-P Satin Finish	4.00	9.00	*	*
2007-D	5.00	—	*	*
2007-D Satin Finish	4.00	9.00	*	*
2007-S	*	*	6.00	25.
2008-P	5.00	—	*	*
2008-P Satin Finish	4.00	10.	*	*
2008-D	5.00	—	*	*
2008-D Satin Finish	4.00	10.	*	*
2008-S	*	*	6.00	25.

2009 Native American reverse

NATIVE AMERICAN DOLLAR

	MS-65	MS-68	PF-65	PF-69DC
2009-P Three Sisters	5.00	—	*	*
2009-P Three Sisters Satin Finish	5.00	15.	*	*
2009-D Three Sisters	5.00	—	*	*
2009-D Three Sisters Satin Finish	5.00	15.	*	*
2009-S Three Sisters	*	*	6.00	25.
2010-P Iroquois Confederacy	5.00	—	*	*
2010-P Iroquois Confederacy Satin Finish	5.00	15.	*	*
2010-D Iroquois Confederacy	5.00	—	*	*
2010-D Iroquois Confederacy Satin Finish	5.00	15.	*	*
2010-S Iroquois Confederacy	*	*	6.00	25.
2011-P Wampanoag Treaty	5.00	15.	*	*
2011-D Wampanoag Treaty	5.00	15.	*	*
2011-S Wampanoag Treaty	*	*	6.00	25.

2002 to 2011 Circulation-quality coins, collector sales only

—— = Insufficient pricing data   * = None issued

Presidential dollars

Common Reverse

Date of authorization:	December 22, 2005
Dates of issue:	2007-present
Designer/Engraver:	Obverse: Many different designers
	Reverse: Donald C. Everhart II
Diameter:	26.50 mm/1.05 inches
Weight:	8.1 grams/0.20 ounce
Metallic Content:	77% copper, 12% zinc, 7% manganese, 4% nickel, bonded to a core of pure copper
Specific gravity:	8.78
Edge:	2007: date Mint mark E PLURIBUS UNUM • IN GOD WE TRUST •
	2008: date Mint mark • E PLURIBUS UNUM • IN GOD WE TRUST •
	2009-: date Mint mark ★ ★ ★ E PLURIBUS UNUM ★ ★ ★ ★ ★ ★ ★ ★ ★ ★
Mint mark:	On edge

2007　　　2008　　　2009

2010   2011

PRESIDENTIAL DOLLARS (CONTINUED)

	MS-65	MS-68	PF-65	PF-69DC
2007-P G. Washington	2.00	—	*	*
2007-P G. Washington Satin Finish	—	10.	*	*
2007-D G. Washington	2.00	—	*	*
2007-D G. Washington Satin Finish	—	10.	*	*
(2007) G. Washington Plain Edge	75.	—	*	*
2007-S G. Washington	*	*	2.00	15.
2007-P J. Adams	2.00	—	*	*
2007-P J. Adams Satin Finish	—	10.	*	*
2007-D J. Adams	2.00	—	*	*
2007-D J. Adams Satin Finish	—	10.	*	*
(2007) J. Adams Plain Edge	600.	—	*	*
2007-S J. Adams	*	*	2.00	15.
2007-P T. Jefferson	2.00	—	*	*
2007-P T. Jefferson Satin Finish	—	10.	*	*
2007-D T. Jefferson	2.00	—	*	*
2007-D T. Jefferson Satin Finish	—	10.	*	*
(2007) T. Jefferson Plain Edge	800.	—	*	*
2007-S T. Jefferson	*	*	2.00	15.
2007-P J. Madison	2.00	—	*	*
2007-P J. Madison Satin Finish	—	10.	*	*
2007-D J. Madison	2.00	—	*	*
2007-D J. Madison Satin Finish	—	10.	*	*
2007-S J. Madison	*	*	2.00	15.
2008-P J. Monroe	2.00	—	*	*
2008-P J. Monroe Satin Finish	—	10.	*	*
2008-D J. Monroe	2.00	—	*	*
2008-D J. Monroe Satin Finish	—	10.	*	*
2008-S J. Monroe	*	*	2.00	15.
2008-P J.Q. Adams	2.00	—	*	*
2008-P J.Q. Adams Satin Finish	—	10.	*	*
2008-D J.Q. Adams	2.00	—	*	*
2008-D J.Q. Adams Satin Finish	—	10.	*	*
2008-S J.Q. Adams	*	*	2.00	15.
2008-P A. Jackson	2.00	—	*	*
2008-P A. Jackson Satin Finish	—	10.	*	*
2008-D A. Jackson	2.00	—	*	*
2008-D A. Jackson Satin Finish	—	10.	*	*
2008-S A. Jackson	*	*	2.00	15.
2008-P M. Van Buren	2.00	—	*	*
2008-P M. Van Buren Satin Finish	—	10.	*	*
2008-D M. Van Buren	2.00	—	*	*
2008-D M. Van Buren Satin Finish	—	10.	*	*
2008-S M. Van Buren	*	*	2.00	15.
2009-P W.H. Harrison	2.00	—	*	*
2009-P W.H. Harrison Satin Finish	—	10.	*	*
2009-D W.H. Harrison	2.00	—	*	*
2009-D W.H. Harrison Satin Finish	—	10.	*	*
2009-S W.H. Harrison	*	*	2.00	15.
2009-P J. Tyler	2.00	—	*	*
2009-P J. Tyler Satin Finish	—	10.	*	*
2009-D J. Tyler	2.00	—	*	*
2009-D J. Tyler Satin Finish	—	10.	*	*
2009-S J. Tyler	*	*	2.00	15.
2009-P J. Polk	2.00	—	*	*
2009-P J. Polk Satin Finish	—	10.	*	*
2009-D J. Polk	2.00	—	*	*

—— = Insufficient pricing data   * = None issued

PRESIDENTIAL DOLLARS (CONTINUED)

	MS-65	MS-68	PF-65	PF-69DC
2009-D J. Polk Satin Finish	—	10.	*	*
2009-S J. Polk	*	*	2.00	15.
2009-P Z. Taylor	2.00	—	*	*
2009-P Z. Taylor Satin Finish	—	10.	*	*
2009-D Z. Taylor	2.00	—	*	*
2009-D Z. Taylor Satin Finish	—	10.	*	*
2009-S Z. Taylor	*	*	2.00	15.
2010-P M. Fillmore	2.00	—	*	*
2010-P M. Fillmore Satin Finish	—	15.	*	*
2010-D M. Fillmore	2.00	—	*	*
2010-D M. Fillmore Satin Finish	—	15.	*	*
2010-S M. Fillmore	*	*	2.00	15.
2010-P F. Pierce	2.00	—	*	*
2010-P F. Pierce Satin Finish	—	15.	*	*
2010-D F. Pierce	2.00	—	*	*
2010-D F. Pierce Satin Finish	—	15.	*	*
2010-S F. Pierce	*	*	2.00	15.
2010-P J. Buchanan	2.00	—	*	*
2010-P J. Buchanan Satin Finish	—	15.	*	*
2010-D J. Buchanan	2.00	—	*	*
2010-D J. Buchanan Satin Finish	—	15.	*	*
2010-S J. Buchanan	*	*	2.00	15.
2010-P A. Lincoln	8.00	—	*	*
2010-P A. Lincoln Satin Finish	—	40.	*	*
2010-D A. Lincoln	8.00	—	*	*
2010-D A. Lincoln Satin Finish	—	40.	*	*
2010-S A. Lincoln	*	*	2.00	15.
2011-P A. Johnson	2.00	40.	*	*
2011-D A. Johnson	2.00	40.	*	*
2011-S A. Johnson	*	*	2.00	15.
2011-P U.S. Grant	2.00	40.	*	*
2011-D U.S. Grant	2.00	40.	*	*
2011-S U.S. Grant	*	*	2.00	15.
2011-P R.B. Hayes	2.00	40.	*	*
2011-D R.B. Hayes	2.00	40.	*	*
2011-S R.B. Hayes	*	*	2.00	15.
2011-P J. Garfield	2.00	40.	*	*
2011-D J. Garfield	2.00	40.	*	*
2011-S J. Garfield	*	*	2.00	15.

—— = Insufficient pricing data   * = None issued

Coronet gold dollars

Enlarged to show detail

Date of authorization:	March 3, 1849
Dates of issue:	1849-1854
Designer/Engraver:	James B. Longacre
Diameter:	13.00 mm/0.51 inch
Weight:	1.67 grams/0.05
Metallic Content:	90% gold, 10% copper and silver
Specific gravity:	17.16
Weight of pure gold:	1.50 grams/0.05 ounce
Edge:	Reeded
Mint mark:	Reverse below wreath

	VF-20	EF-40	AU-50	AU-58	MS-60	MS-62	MS-63	MS-65	MS-66
1849 Open Wreath, L, Small Head	225.	260.	300.	375.	750.	900.	1350.	5500.	11500.
1849 Open Wreath, No L, Small Head	225.	260.	375.	850.	1500.	1850.	2250.	7500.	13500.
1849 Open Wreath, Large Head	225.	260.	300.	360.	750.	975.	1700.	5000.	12500.
1849 Closed Wreath	225.	260.	300.	350.	500.	675.	1350.	5250.	12500.
1849-C Closed Wreath	1100.	1500.	2500.	5000.	9500.	12500.	17500.	—	—
1849-C Open Wreath	—	225000.	—	525000.	—	—	—	—	—
1849-D	1400.	2250.	3000.	4000.	5000.	9000.	14000.	55000.	—
1849-O	235.	300.	380.	675.	825.	2250.	3500.	12500.	—
1850	225.	260.	300.	350.	400.	625.	1250.	5500.	12500.
1850-C	1100.	1500.	2750.	5000.	7500.	13500.	35000.	—	—
1850-D	1250.	1750.	3250.	6500.	12500.	21000.	28500.	—	—
1850-O	290.	450.	850.	2000.	3250.	4500.	7000.	25000.	—
1851	225.	260.	300.	350.	400.	625.	1300.	5250.	6750.
1851-C	1000.	1450.	2000.	3000.	3500.	4750.	7500.	26500.	—
1851-D	1350.	1750.	2500.	4000.	5750.	9500.	16000.	45000.	—
1851-O	225.	260.	300.	425.	850.	1050.	2750.	10000.	—
1852	225.	260.	280.	360.	375.	625.	1300.	5250.	11000.
1852-C	1200.	1500.	1850.	3750.	5000.	6000.	12500.	35000.	50000.
1852-D	1300.	1750.	2500.	5750.	10000.	17500.	32500.	—	—
1852-O	225.	260.	325.	625.	1250.	2500.	5500.	22500.	—
1853	225.	260.	275.	350.	400.	550.	1250.	5000.	9500.
1853-C	1200.	1500.	1900.	4000.	5250.	8000.	13500.	—	—
1853-D	1300.	1750.	2650.	5000.	9000.	14000.	27500.	—	—
1853-O	225.	260.	280.	375.	625.	1350.	2000.	8500.	—
1854	225.	260.	275.	350.	400.	575.	1350.	5500.	9500.
1854-D	1250.	2250.	5500.	9000.	12500.	17500.	—	—	—
1854-S	310.	425.	725.	1750.	2500.	3500.	5500.	22500.	—

—— = Insufficient pricing data   * = None issued

Indian Head gold dollar

Date of authorization: March 3, 1849
Dates of issue: 1854-1889
Designer/Engraver: James B. Longacre
Diameter: 14.86 mm/0.59 inch
Weight: 1.67 grams/0.05 ounce
Metallic Content: 90% gold, 10% copper and silver
Specific gravity: 17.16
Weight of pure gold: 1.50 grams/0.95 ounce
Edge: Reeded
Mint mark: Reverse below wreath

Small Head   Large Head

SMALL HEAD

	VF-20	EF-40	AU-50	AU-58	MS-60	MS-62	MS-63	MS-65	MS-66
1854	300.	475.	650.	1250.	1800.	4000.	10000.	35000.	52500.
1855	300.	475.	650.	1250.	1800.	4000.	10000.	30000.	—
1855-C	2000.	4500.	10000.	20000.	32500.	—	—	—	—
1855-D	6500.	12500.	30000.	45000.	52500.	65000.	92500.	—	—
1855-O	550.	1000.	1650.	4250.	8500.	17500.	28500.	—	—
1856-S	950.	1650.	2500.	5000.	9000.	18000.	35000.	—	—

LARGE HEAD

	VF-20	EF-40	AU-50	AU-58	MS-60	MS-62	MS-63	MS-65	MS-66
1856 Upright 5	225.	290.	325.	450.	650.	1000.	1500.	6000.	—
1856 Slant 5	225.	260.	275.	300.	325.	575.	1000.	3250.	—
1856-D	4000.	7000.	9500.	19500.	32500.	50000.	—	—	—
1857	225.	260.	275.	325.	400.	600.	1250.	3350.	6000.
1857-C	1000.	1600.	3000.	7000.	12500.	22500.	30000.	—	—
1857-D	1350.	2350.	3750.	7000.	10000.	16000.	—	—	—
1857-S	500.	600.	1150.	2500.	5500.	8000.	21000.	—	—
1858	225.	260.	275.	325.	400.	625.	1200.	5000.	10000.
1858-D	1300.	2000.	3250.	5750.	10000.	15000.	25000.	65000.	—
1858-S	425.	550.	1500.	2250.	6750.	12500.	22500.	—	—
1859	225.	260.	275.	325.	400.	575.	900.	2750.	5250.
1859-C	1000.	2000.	3500.	7250.	9500.	16500.	32500.	—	—
1859-D	1250.	1650.	3250.	6000.	9250.	13000.	22500.	—	—
1859-S	275.	525.	1000.	2250.	5000.	9000.	16000.	—	—

——— = Insufficient pricing data

	VF-20	EF-40	AU-50	AU-58	MS-60	MS-62	MS-63	MS-65	MS-66
1860	225.	260.	275.	325.	400.	575.	1250.	8000.	—
1860-D	2750.	4250.	7250.	15500.	19000.	30000.	50000.	—	—
1860-S	375.	475.	750.	1400.	3000.	4000.	6500.	27500.	—
1861	225.	260.	275.	325.	400.	600.	1100.	2750.	—
1861-D	8500.	17000.	30000.	50000.	55000.	65000.	80000.	160000.	—
1862	220.	265.	275.	325.	400.	600.	1100.	2500.	—
1863	725.	1250.	2850.	5500.	6500.	8000.	10000.	23500.	—
1864	400.	500.	950.	1100.	1200.	1650.	2750.	7250.	—
1865	425.	650.	800.	1200.	1600.	2250.	3250.	8500.	—
1866	425.	500.	675.	775.	1000.	1500.	2000.	5250.	13500.
1867	425.	525.	650.	800.	1150.	1450.	1900.	5500.	—
1868	300.	400.	500.	675.	1000.	1300.	1950.	5250.	—
1869	350.	525.	650.	925.	1250.	1500.	2000.	5250.	—
1870	300.	425.	500.	600.	850.	1150.	1750.	5250.	—
1870-S	525.	850.	1300.	1850.	2650.	3750.	7250.	25000.	—
1871	300.	400.	475.	575.	800.	1300.	1750.	4750.	—
1872	300.	375.	450.	575.	900.	1350.	2250.	5250.	—
1873 Closed 3	425.	800.	950.	1200.	1500.	2500.	4500.	17500.	—
1873 Open 3	225.	260.	275.	325.	375.	550.	1250.	2750.	—
1874	225.	260.	275.	325.	375.	550.	1150.	2500.	4250.
1875	2250.	4000.	5000.	6000.	8500.	10500.	13000.	27500.	50000.
1876	290.	350.	475.	550.	675.	850.	1450.	4000.	—
1877	250.	350.	475.	575.	775.	1000.	1350.	4250.	6000.
1878	250.	350.	475.	525.	650.	900.	1100.	3250.	—
1879	250.	300.	325.	350.	500.	875.	1200.	2450.	4250.
1880	250.	260.	300.	350.	425.	600.	1100.	2350.	4250.
1881	250.	260.	290.	325.	425.	600.	1100.	2350.	4250.
1882	250.	260.	290.	325.	425.	600.	1100.	2350.	4250.
1883	250.	260.	290.	325.	425.	600.	1100.	2350.	4250.
1884	250.	260.	290.	325.	425.	600.	1100.	2350.	4250.
1885	250.	260.	290.	325.	425.	600.	1100.	2350.	4250.
1886	250.	260.	290.	325.	425.	600.	1100.	2350.	4250.
1887	250.	260.	290.	325.	425.	600.	1100.	2350.	4000.
1888	250.	260.	290.	325.	425.	600.	1100.	2250.	4000.
1889	250.	260.	290.	325.	425.	600.	1100.	2250.	2750.

—— = Insufficient pricing data

Capped Bust $2.50 quarter eagle

No Stars obverse

With Stars obverse

	Date of authorization:	April 2, 1792
Dates of issue:	1796-1807
Designer/Engraver:	Robert Scot
Diameter:	20.00 mm/0.79 inch
Weight:	4.37 grams/0.14 ounce
Metallic Content:	91.67% gold, 8.33% copper and silver
Specific gravity:	17.45
Weight of pure gold:	4.01 grams/0.13 ounce
Edge:	Reeded
Mint mark:	None

	F-12	VF-20	EF-40	EF-45	AU-50	AU-58	MS-60	MS-62	MS-63
1796 No Stars	55000.	72500.	90000.	100000.	125000.	175000.	225000.	285000.	360000.
1796 Stars	40000.	52500.	75000.	85000.	100000.	155000.	185000.	275000.	—
1797	15000.	22500.	40000.	50000.	62500.	90000.	125000.	175000.	250000.
1798	5000.	8000.	16500.	18500.	30000.	55000.	80000.	145000.	185000.
1802/1	5000.	8000.	16500.	18500.	20000.	30000.	40000.	50000.	85000.
1804 13 Stars on Reverse	40000.	65000.	100000.	135000.	175000.	275000.	—	—	—
1804 14 Stars on Reverse	5000.	8000.	16500.	18500.	22500.	37500.	45000.	60000.	115000.
1805	5500.	8250.	16500.	18500.	20000.	32500.	37500.	52500.	—
1806/4	6000.	8250.	16500.	19000.	21000.	35000.	42500.	55000.	110000.
1806/5	10000.	15000.	19000.	37500.	47500.	65000.	85000.	125000.	—
1807	5000.	7500.	16500.	18000.	20000.	32500.	37500.	47500.	67500.

—— = Insufficient pricing data

Capped Draped Bust
$2.50 quarter eagle

Date of authorization: April 2, 1792
Dates of issue: 1808
Designer/Engraver: John Reich
Diameter: 20.00 mm/0.79 inch
Weight: 4.37 grams/0.14 ounce
Metallic Content: 91.67% gold, 8.33% copper and silver
Specific gravity: 17.45
Weight of pure gold: 4.01 grams/0.13 ounce
Edge: Reeded
Mint mark: None

	F-12	VF-20	EF-40	EF-45	AU-50	AU-58	MS-60	MS-62	MS-63
1808	27500.	40000.	52500.	62500.	90000.	110000.	125000.	220000.	325000.

—— = Insufficient pricing data

Capped Head $2.50 quarter eagle

Date of authorization: April 2, 1792
Dates of issue: 1821-1834
Designers: Obverse: John Reich-Robert Scot
Reverse: John Reich
Engravers: Obverse: Robert Scot
Reverse: John Reich
Diameter: (1821-1827): 18.50 mm/0.73 inch
(1829-1834): 18.20 mm/0.72 inch
Weight: 4.37 grams/0.14 ounce
Metallic Content: 91.67% gold, 8.33% copper and silver
Specific gravity: 17.45
Weight of pure gold: 4.01 grams/0.13 ounce
Edge: Reeded
Mint mark: None

	F-12	VF-20	EF-40	EF-45	AU-50	AU-58	MS-60	MS-62	MS-63
CAPPED HEAD LEFT									
1821	6500.	8000.	11000.	12500.	16000.	25000.	35000.	50000.	75000.
1824/1	6500.	8000.	12500.	14500.	16000.	23500.	35000.	50000.	65000.
1825	6500.	8000.	11000.	12500.	15500.	25000.	32500.	42500.	62500.
1826	8000.	9250.	12500.	17000.	18500.	35000.	42500.	—	—
1827	7000.	9500.	13000.	13000.	18500.	27500.	30000.	47500.	62500.
REDUCED DIAMETER									
1829	6000.	7000.	9000.	10000.	13500.	18000.	25000.	30000.	47500.
1830	6000.	7000.	9000.	10000.	13500.	18000.	22500.	30000.	37500.
1831	6000.	7000.	9000.	10000.	13500.	18000.	22500.	30000.	37500.
1832	6000.	7000.	9000.	10000.	14000.	18000.	22500.	30000.	37500.
1833	7000.	8500.	9500.	12500.	14000.	18000.	25000.	30000.	40000.
1834	10000.	14000.	19000.	25000.	30000.	45000.	57500.	—	—

—— = Insufficient pricing data

Classic Head $2.50 quarter eagle

Date of authorization: June 28, 1834; Jan. 18, 1837
Dates of issue: 1834-1839
Designers: Obverse: William Kneass
Reverse: John Reich-William Kneass
Engraver: William Kneass
Diameter: 18.20 mm/0.72 inch
Weight: 4.18 grams/0.13 ounce
Metallic Content: (1834-1836): 89.92% gold,
10.08% copper and silver
(1837-1839): 90% gold,
10% copper and silver
Specific gravity: 89.92% gold, 17.14; 90% gold, 17.16
Weight of pure gold: (1834-1836): 3.758 grams/0.12 ounce
(1837-1839): 3.762 grams/0.12 ounce
Edge: Reeded
Mint mark: 1838-1839 only, obverse above

	F-12	VF-20	EF-40	EF-45	AU-50	AU-58	MS-60	MS-62	MS-63
1834	350.	550.	825.	1250.	1450.	3250.	4000.	6000.	12500.
1835	350.	550.	825.	1300.	1500.	3000.	4250.	6500.	13000.
1836 Script 8	350.	550.	825.	1200.	1500.	3000.	4000.	5750.	12500.
1836 Block 8	350.	550.	825.	1200.	1500.	3000.	4000.	5750.	13500.
1837	600.	850.	1250.	1800.	2500.	3350.	5250.	7500.	18500.
1838	350.	675.	900.	1100.	1900.	3500.	4250.	6750.	12500.
1838-C	1000.	1900.	3500.	6500.	10000.	18500.	30000.	37500.	55000.
1839	700.	875.	1500.	1900.	3000.	5250.	7500.	18500.	23500.
1839-C	1000.	2000.	3350.	4250.	5750.	16000.	30000.	40000.	55000.
1839-D	1000.	2000.	4500.	7250.	9500.	19500.	30000.	38500.	55000.
1839-O	425.	875.	1600.	2250.	3250.	7000.	10000.	25000.	35000.

—— = Insufficient pricing data

Coronet $2.50 quarter eagle

Date of authorization: Jan. 18, 1837
Dates of issue: 1840-1907
Designers: Obverse: Christian Gobrecht
Reverse: Christian Gobrecht-John
Reich-William Kneass
Engraver: Christian Gobrecht
Diameter: 18.20 mm/0.72 inch
Weight: 4.18 grams/0.13 ounce
Metallic Content: 90% gold, 10% copper
Specific gravity: 17.16
Weight of pure gold: 3.76 grams/0.12 ounce
Edge: Reeded
Mint mark: Reverse below eagle

	F-12	VF-20	EF-40	EF-45	AU-50	AU-58	MS-60	MS-62	MS-63
1840	350.	425.	1000.	1850.	2750.	3500.	6500.	9000.	12500.
1840-C	1350.	1750.	2500.	3500.	4000.	8500.	13500.	21000.	—
1840-D	2750.	3500.	7500.	9000.	11500.	22500.	35000.	80000.	—
1840-O	350.	400.	850.	1250.	2000.	4750.	11000.	18000.	—
1841 Proof Only	—	55000.			—	150000.	*	*	*
1841-C	1300.	1750.	2500.	3250.	3750.	8500.	17500.	28500.	—
1841-D	1600.	2250.	4750.	6250.	8250.	15000.	26500.	42500.	52500.
1842	1100.	1400.	3250.	3750.	6250.	—			
1842-C	1450.	2250.	3500.	4750.	5500.	12000.	22500.	—	—
1842-D	1500.	2250.	4500.	6000.	8250.	21000.	35000.	52500.	—
1842-O	350.	450.	1000.	1250.	2000.	5750.	11500.	17500.	32500.
1843	350.	375.	475.	575.	750.	1250.	2500.	5000.	9000.
1843-C Large Date	1200.	1850.	2250.	2650.	3000.	5250.	7500.	13500.	22500.
1843-C Small Date	2000.	3000.	5750.	6750.	8500.	16000.	32500.	40000.	—
1843-D Small Date, Small D	1100.	1750.	2250.	2650.	3000.	4250.	7500.	15000.	—
1843-D Small Date, Large D	2000.	3000.	3500.	4000.	5000.	9000.	15000.	25000.	—
1843-O Large Date	350.	400.	800.	1250.	2000.	4000.	6500.	12000.	—
1843-O Small Date	350.	375.	425.	500.	600.	1250.	1750.	3250.	6500.
1844	350.	500.	850.	1100.	2000.	4750.	11000.	14500.	—
1844-C	1150.	1600.	2750.	4250.	5250.	10000.	17500.	32500.	—
1844-D	1250.	1700.	2300.	2750.	3750.	6000.	7500.	15500.	28500.
1845	350.	375.	390.	400.	425.	575.	1250.	2350.	5250.
1845-D	1200.	1850.	2350.	2750.	3250.	5500.	9500.	20000.	39000.
1845-O	700.	1100.	2250.	3750.	8500.	17500.	22500.	—	—
1846	350.	400.	525.	650.	1000.	3000.	7000.	—	—
1846-C	1250.	1900.	3000.	3500.	6000.	13000.	18500.	20000.	35000.
1846-D	1200.	1850.	2350.	2750.	3500.	5750.	10000.	15000.	32500.
1846-D/D	2000.	2700.	3000.	3500.	4250.	12000.	—	—	—

—— = Insufficient pricing data   * = None issued

	F-12	VF-20	EF-40	EF-45	AU-50	AU-58	MS-60	MS-62	MS-63
1846-O	350.	375.	425.	500.	1000.	2750.	4500.	7500.	20000.
1847	350.	375.	400.	500.	800.	1350.	3750.	5000.	8500.
1847-C	1000.	1850.	2500.	3250.	3750.	5000.	7000.	9500.	16000.
1847-D	1100.	1850.	2350.	2650.	3350.	5000.	8500.	12500.	23500.
1847-O	350.	375.	400.	475.	900.	2350.	4500.	9500.	—
1848	350.	525.	875.	1150.	2200.	4000.	5250.	9000.	17500.
1848 CAL.	38500.	43500.	47500.	52500.	57500.	75000.	90000.	105000.	125000.
1848-C	1100.	1700.	2250.	2500.	3500.	7250.	10000.	17500.	—
1848-D	1250.	1950.	2500.	3000.	3500.	5500.	10000.	14500.	—
1849	350.	375.	475.	550.	900.	1800.	2500.	5500.	—
1849-C	1100.	1600.	2250.	3500.	5000.	9500.	19500.	40000.	—
1849-D	1200.	1750.	2250.	3000.	3750.	6750.	13500.	25000.	—
1850	350.	365.	375.	380.	400.	600.	1100.	1850.	3750.
1850-C	1000.	1500.	2000.	2850.	3250.	6500.	13500.	—	—
1850-D	1150.	1650.	2250.	3000.	3500.	8000.	15000.	—	—
1850-O	350.	375.	475.	575.	1300.	2750.	4250.	7000.	15000.
1851	350.	365.	375.	380.	400.	425.	575.	850.	1350.
1851-C	1050.	1550.	2250.	2750.	3250.	4750.	8250.	18500.	—
1851-D	1150.	1650.	2400.	3000.	3900.	5250.	12000.	—	—
1851-O	325.	365.	375.	500.	850.	2000.	4250.	5750.	14500.
1852	325.	365.	375.	380.	400.	425.	575.	850.	1500.
1852-C	1000.	1500.	2250.	2750.	4250.	8250.	13500.	—	—
1852-D	1100.	1800.	3250.	4000.	6750.	9750.	17500.	27500.	—
1852-O	325.	350.	375.	475.	800.	2000.	4250.	9250.	13500.
1853	325.	350.	360.	380.	400.	425.	525.	850.	1350.
1853-D	1350.	2150.	3750.	4250.	5250.	8500.	17500.	—	—
1854	325.	350.	360.	380.	400.	425.	525.	850.	1300.
1854-C	1000.	1600.	2500.	3500.	4750.	8500.	13000.	27500.	—
1854-D	2500.	3500.	7250.	9500.	13500.	22500.	27500.	38500.	—
1854-O	325.	350.	360.	400.	500.	1250.	1850.	5500.	10000.
1854-S	85000.	150000.	250000.	350000.	—	—	—	—	—
1855	325.	350.	360.	380.	400.	425.	525.	850.	1400.
1855-C	1200.	1800.	3500.	4250.	5500.	11500.	20000.	—	—
1855-D	2000.	3500.	7500.	9500.	15000.	35000.	52500.	—	—
1856	325.	350.	360.	380.	400.	425.	525.	875.	1400.
1856-C	1250.	1800.	3250.	4000.	5750.	9500.	17500.	32500.	—
1856-D	5000.	7250.	13500.	20000.	32500.	45000.	75000.	—	—
1856-O	325.	475.	700.	850.	1300.	3000.	7750.	—	—
1856-S	325.	375.	475.	550.	750.	2650.	4000.	7500.	12500.
1857	325.	350.	360.	380.	400.	425.	525.	850.	1500.
1857-D	1200.	1800.	3150.	3750.	4250.	7500.	13500.	22500.	—
1857-O	325.	450.	525.	700.	1700.	3000.	4500.	8500.	14000.
1857-S	325.	375.	400.	500.	900.	3250.	5000.	8500.	—
1858	325.	350.	360.	380.	400.	500.	1300.	1850.	3350.
1858-C	1000.	1600.	2250.	2650.	3000.	5500.	8750.	15000.	25000.
1859 Reverse of 1858	325.	350.	360.	475.	850.	1650.	2850.	4500.	9250.
1859 Reverse of 1859-1907	325.	350.	360.	380.	500.	800.	1100.	2000.	3250.
1859-D	1300.	2000.	3250.	3750.	4750.	8500.	20000.	45000.	—
1859-S	350.	400.	900.	1000.	1850.	3250.	5500.	10000.	18500.
1860 Reverse of 1858	1250.	1750.	2000.	2500.	2750.	4500.	8000.	—	—
1860 Small Letters & Arrowhead, Reverse of 1859-1907									
	325.	350.	375.	400.	450.	625.	1200.	1750.	2250.
1860-C	1100.	1600.	2250.	2750.	3750.	9000.	13500.	22500.	35000.

—— = Insufficient pricing data

	F-12	VF-20	EF-40	EF-45	AU-50	AU-58	MS-60	MS-62	MS-63
1860-S	375.	450.	650.	750.	1250.	2500.	4000.	9000.	18500.
1861 Reverse of 1858	550.	750.	1250.	1500.	1850.	3000.	4000.	6250.	10000.
1861 Reverse of 1859-1907	325.	350.	360.	380.	400.	550.	875.	1350.	2000.
1861-S	350.	475.	950.	1500.	3250.	6500.	—	—	—
1862	350.	400.	625.	975.	1750.	4000.	6500.	8500.	15000.
1862/1	600.	1000.	2000.	2650.	3750.	5500.	9000.	14500.	—
1862-S	1250.	1750.	2500.	3000.	4250.	7500.	19500.	—	—
1863 Proof Only	—	—	—	—	—	—	*	*	*
1863-S	375.	500.	1450.	1850.	3250.	7750.	14500.	—	—
1864	3000.	5750.	12500.	20000.	32500.	50000.	—	—	—
1865	2500.	4750.	9000.	15000.	18500.	27500.	—	—	—
1865-S	350.	375.	625.	950.	1250.	3250.	7500.	13500.	—
1866	700.	1250.	2850.	3350.	3750.	7500.	12500.	21500.	—
1866-S	350.	375.	675.	1000.	1650.	3250.	6250.	14000.	21000.
1867	350.	425.	775.	900.	1350.	3000.	4750.	6250.	8750.
1867-S	350.	375.	625.	800.	1500.	2750.	4250.	6500.	16500.
1868	325.	350.	400.	450.	650.	1250.	2000.	4750.	8750.
1868-S	375.	400.	475.	775.	1250.	2250.	3750.	6000.	11500.
1869	350.	375.	425.	525.	750.	2000.	2850.	5500.	10000.
1869-S	350.	375.	475.	650.	1000.	2250.	4500.	6500.	8500.
1870	325.	350.	425.	525.	725.	1750.	3850.	5750.	9500.
1870-S	325.	350.	450.	525.	775.	2000.	4350.	6250.	—
1871	325.	350.	375.	400.	525.	1350.	2000.	3250.	4500.
1871-S	325.	350.	375.	400.	550.	1350.	2250.	3000.	4500.
1872	325.	425.	775.	850.	1150.	3350.	5250.	11000.	—
1872-S	325.	350.	375.	500.	1000.	2000.	4500.	6750.	12500.
1873 Closed 3	325.	350.	360.	380.	400.	450.	600.	850.	1350.
1873 Open 3	325.	350.	360.	380.	400.	450.	600.	850.	1250.
1873-S	325.	350.	425.	525.	700.	1300.	3000.	5750.	8500.
1874	325.	350.	400.	425.	675.	1200.	2250.	5250.	7500.
1875	3250.	4250.	6000.	9500.	17500.	28500.	35000.	—	—
1875-S	325.	350.	375.	425.	800.	1900.	3850.	5500.	8250.
1876	325.	400.	675.	725.	900.	2250.	3350.	4000.	6250.
1876-S	325.	350.	525.	650.	900.	2250.	2750.	3250.	9250.
1877	350.	400.	750.	850.	1150.	2250.	3000.	4250.	10000.
1877-S	325.	350.	360.	380.	400.	425.	650.	1500.	2600.
1878	325.	350.	360.	380.	400.	425.	525.	850.	1250.
1878-S	325.	350.	360.	380.	400.	425.	525.	900.	2000.
1879	325.	350.	360.	380.	400.	425.	525.	850.	1250.
1879-S	340.	360.	375.	425.	600.	1250.	2250.	3500.	5000.
1880	325.	350.	375.	400.	575.	900.	1400.	1850.	3750.
1881	1500.	2500.	3500.	4000.	5500.	7750.	11000.	15000.	—
1882	325.	350.	375.	400.	425.	550.	725.	1450.	2750.
1883	325.	360.	425.	475.	950.	1650.	2750.	4750.	6750.
1884	325.	350.	400.	425.	600.	900.	1750.	2250.	3100.
1885	500.	700.	1850.	2500.	3000.	4500.	5250.	6500.	8500.
1886	325.	350.	360.	380.	425.	550.	1100.	2000.	3250.
1887	325.	350.	360.	380.	400.	500.	700.	1300.	3000.
1888	325.	350.	360.	380.	400.	425.	525.	850.	1250.
1889	325.	350.	360.	380.	400.	425.	525.	850.	1250.
1890	325.	350.	360.	380.	400.	450.	550.	875.	1750.
1891	325.	350.	360.	380.	400.	425.	525.	850.	1250.
1892	340.	400.	450.	475.	500.	575.	850.	1350.	2750.
1893	325.	350.	360.	380.	400.	425.	525.	850.	1250.

—— = Insufficient pricing data   * = None issued

CORONET $2.50 QUARTER EAGLE (CONTINUED)

	F-12	VF-20	EF-40	EF-45	AU-50	AU-58	MS-60	MS-62	MS-63
1894	350.	350.	400.	425.	450.	525.	850.	1500.	2000.
1895	325.	350.	360.	380.	400.	450.	550.	850.	1250.
1896	325.	350.	360.	380.	400.	425.	525.	850.	1250.
1897	325.	350.	360.	380.	400.	425.	525.	850.	1250.
1898	325.	350.	360.	380.	400.	425.	525.	850.	1250.
1899	325.	350.	360.	380.	400.	425.	525.	850.	1250.
1900	325.	350.	360.	380.	400.	425.	525.	850.	1250.
1901	325.	350.	360.	380.	400.	425.	525.	850.	1250.
1902	325.	350.	360.	380.	400.	425.	525.	850.	1250.
1903	325.	350.	360.	380.	400.	425.	525.	850.	1250.
1904	325.	350.	360.	380.	400.	425.	525.	850.	1250.
1905	325.	350.	360.	380.	400.	425.	525.	850.	1250.
1906	325.	350.	360.	380.	400.	425.	525.	850.	1250.
1907	325.	350.	360.	380.	400.	425.	525.	850.	1250.

—— = Insufficient pricing data

Indian Head $2.50 quarter eagle

Date of authorization: Jan. 18, 1837
Dates of issue: 1908-1929
Designer: Bela Lyon Pratt
Engraver: Charles Barber
Diameter: 17.78 mm/0.70 inch
Weight: 4.18 grams/0.13 ounce
Metallic Content: 90% gold, 10% copper
Specific gravity: 17.16
Weight of pure gold: 3.76 grams/0.12 ounce
Edge: Reeded
Mint mark: Reverse lower left

	VF-20	EF-40	EF-45	AU-50	AU-58	MS-60	MS-62	MS-63	MS-64
1908	325.	360.	375.	390.	425.	500.	750.	1350.	1850.
1909	325.	360.	375.	390.	425.	500.	750.	1900.	3600.
1910	325.	360.	375.	390.	425.	500.	750.	2000.	3250.
1911	325.	360.	375.	390.	425.	500.	750.	1350.	2500.
1911-D	3000.	3850.	4500.	5000.	8750.	10000.	15000.	25000.	35000.
1912	325.	360.	375.	390.	425.	500.	750.	2000.	3500.
1913	325.	360.	375.	390.	425.	500.	750.	1400.	2250.
1914	325.	360.	375.	390.	450.	700.	2350.	6000.	13500.
1914-D	325.	360.	375.	390.	425.	575.	900.	2250.	7500.
1915	325.	360.	375.	390.	425.	500.	750.	1400.	1850.
1925-D	325.	360.	375.	390.	425.	500.	725.	1050.	1650.
1926	325.	360.	375.	390.	425.	500.	725.	1050.	1650.
1927	325.	360.	375.	390.	425.	500.	725.	1050.	1650.
1928	325.	360.	375.	390.	425.	500.	725.	1050.	1650.
1929	325.	360.	375.	390.	425.	525.	750.	1000.	1750.

—— = Insufficient pricing data

Indian Head gold $3 coin

Date of authorization: Feb. 21, 1853
Dates of issue: 1854-1889
Designer/Engraver: James B. Longacre
Diameter: 20.63 mm/0.81 inch
Weight: 5.02 grams/0.16 ounce
Metallic Content: (1854-1873): 90% gold,
10% copper and silver
(1873-1889): 90% gold, 10% copper
Specific gravity: 17.16
Weight of pure gold: 4.51 grams/0.15 ounce
Edge: Reeded
Mint mark: Reverse below wreath

	F-12	VF-20	EF-40	AU-50	AU-58	MS-60	MS-62	MS-63	MS-65	PF-65
1854	825.	950.	1250.	1650.	2250.	2850.	4500.	7250.	25000.	175000.
1854-D	9250.	12500.	19500.	40000.	65000.	82500.	145000.	—	—	*
1854-O	1150.	1600.	3000.	6250.	17500.	30000.	60000.	—	—	*
1855	825.	950.	1300.	1850.	2850.	3500.	5250.	10500.	42500.	—
1855-S	1100.	2000.	3000.	7750.	21000.	28500.	55000.	—	—	*
1856	825.	950.	1200.	1500.	2750.	3500.	6500.	10000.	40000.	130000.
1856-S	825.	1100.	1850.	3250.	7500.	13500.	20000.	35000.	—	*
1857	825.	975.	1200.	1500.	2850.	3500.	7000.	13000.	47500.	125000.
1857-S	825.	1500.	3000.	6500.	16000.	21000.	47500.	—	—	*
1858	825.	1000.	2100.	4250.	8750.	11500.	19500.	28000.	—	110000.
1859	825.	975.	1500.	2250.	3500.	4250.	7750.	11000.	32500.	75000.
1860	825.	975.	1650.	2250.	3750.	4250.	7500.	11500.	30000.	72500.
1860-S	825.	1000.	2750.	7500.	18500.	28500.	50000.	—	—	*
1861	825.	1000.	2650.	4250.	6500.	7500.	13000.	16500.	42500.	67500.
1862	825.	1000.	2650.	3750.	6250.	7250.	12500.	16000.	46500.	60000.
1863	825.	1000.	2650.	4250.	6500.	7250.	12000.	14000.	35000.	70000.
1864	825.	1000.	2650.	4250.	6500.	7250.	11500.	15000.	42500.	70000.
1865	1100.	1400.	3100.	6500.	13000.	16000.	20000.	30000.	65000.	82500.
1866	825.	950.	1600.	2000.	4000.	5500.	9500.	15000.	32500.	77500.
1867	825.	975.	1600.	2500.	4250.	6500.	11500.	15000.	38500.	72500.
1868	825.	975.	1500.	2250.	3850.	5000.	8500.	11500.	35000.	72500.
1869	825.	1000.	1500.	2250.	4250.	5250.	11000.	16500.	47500.	70000.
1870	825.	1000.	1850.	2150.	4000.	4750.	12000.	19000.	50000.	72500.
1870-S Unique	*	*	*	*	*	*	*	*	*	*
1871	825.	950.	1750.	2500.	4250.	5000.	9750.	14500.	38500.	72500.
1872	825.	950.	1750.	2500.	4750.	5750.	9000.	12000.	42500.	62500.

—— = Insufficient pricing data   * = None issued

INDIAN HEAD $3 GOLD (CONTINUED)

	F-12	VF-20	EF-40	AU-50	AU-58	MS-60	MS-62	MS-63	MS-65	PF-65
1873 Open 3 Proof Only	—	11500.	16500.	22000.	—	*	*	*	*	90000.
1873 Closed 3 Original	3000.	4500.	6000.	17500.	27500.	32500.	46500.	62500.	—	—
1874	825.	950.	1050.	1300.	2000.	2750.	4250.	6500.	16500.	65000.
1875 Proof Only	18500.	25000.	35000.	57500.	—	*	*	*	*	250000.
1876 Proof Only	7000.	10000.	14500.	25000.	—	*	*	*	*	105000.
1877	2000.	2750.	4750.	12500.	19500.	25000.	40000.	80000.	—	70000.
1878	825.	950.	1350.	1700.	2350.	2750.	3250.	5750.	17500.	65000.
1879	825.	950.	1400.	2250.	3250.	3500.	6000.	10000.	23500.	52500.
1880	825.	950.	2250.	3500.	4500.	5000.	7750.	10500.	25000.	45000.
1881	1350.	1850.	3750.	7250.	13500.	17500.	19500.	20000.	45000.	42500.
1882	825.	950.	1750.	2850.	4250.	4750.	8250.	12500.	30000.	40000.
1883	825.	950.	1900.	2800.	4000.	4500.	8750.	13500.	32500.	40000.
1884	1150.	1450.	2150.	3000.	4000.	4500.	9250.	14000.	32500.	40000.
1885	1000.	1350.	2000.	3750.	5500.	6500.	9750.	16000.	45000.	42500.
1886	900.	1250.	2250.	3000.	4350.	5750.	8250.	18500.	47500.	37500.
1887	825.	950.	1600.	2250.	3500.	4000.	5750.	10500.	21500.	35000.
1888	825.	950.	1600.	2000.	3350.	4000.	5250.	8000.	22500.	37500.
1889	825.	950.	1600.	2250.	3250.	3750.	5650.	8500.	22500.	35000.

—— = Insufficient pricing data   * = None issued

Capped Bust $5 half eagle

Small Eagle   Heraldic Eagle

Date of authorization: April 2, 1792
Dates of issue: 1795-1807
Designer/Engraver: Robert Scot
Diameter: 25.00 mm/0.99 inch
Weight: 8.75 grams/0.28 ounce
Metallic Content: 91.67% gold, 8.33% copper and silver
Specific gravity: 17.45
Weight of pure gold: 8.02 grams/0.26 ounce
Edge: Reeded
Mint mark: None

SMALL EAGLE

	F-12	VF-20	EF-40	AU-50	AU-58	MS-60	MS-62	MS-63
1795	20000.	25000.	35000.	42500.	60000.	77500.	100000.	135000.
1795 Second S/D in STATES	—	—	—	—	—	—	—	—
1796/5	22500.	27500.	42500.	65000.	90000.	125000.	—	—
1797 15 Stars	25000.	32500.	45000.	92500.	150000.	225000.	—	—
1797 16 Stars	22500.	28500.	40000.	82500.	135000.	—	—	—
1798	—	—	500000.	—	—	—	—	—

HERALDIC EAGLE

	F-12	VF-20	EF-40	AU-50	AU-58	MS-60	MS-62	MS-63
1795	11000.	18000.	25000.	42500.	70000.	85000.	125000.	180000.
1797/5	10500.	17500.	23500.	60000.	125000.	160000.	—	—
1797 16 Stars Unique	—	—	—	—	—	—	—	—
1797 15 Stars Unique	—	—	—	—	—	—	—	—
1798 Small 8	5250.	7250.	11000.	22500.	32500.	40000.	52500.	85000.
1798 Large 8, 13 Stars	4000.	5250.	9000.	16500.	27500.	35000.	45000.	65000.
1798 Large 8, 14 Stars	4250.	5500.	12500.	30000.	45000.	—	—	—
1799 Small Stars	4000.	5250.	7500.	13000.	22500.	32500.	40000.	70000.
1799 Large Stars	4500.	5750.	9000.	13000.	21000.	32500.	45000.	75000.
1800	4000.	5250.	7500.	10500.	16500.	17500.	21500.	32500.
1802/1	4000.	5250.	7500.	10500.	16500.	17500.	23500.	35000.
1803/2	4000.	5250.	8000.	11000.	16500.	17500.	21500.	32500.
1804 Small 8	4000.	5250.	7500.	10500.	16500.	17500.	23500.	42500.
1804 Small 8/Large 8	4000.	5250.	8000.	11000.	17000.	18500.	25000.	47500.
1805	4000.	5250.	7500.	10500.	16500.	17500.	23500.	47500.
1806 Pointed 6, 8X5 Stars	4250.	5250.	7500.	10500.	16500.	17500.	24500.	40000.
1806 Round 6, 7X6 Stars	4000.	5250.	7500.	10500.	16500.	17500.	23500.	30000.
1807	4000.	5250.	7500.	10500.	16500.	17500.	20000.	27500.

—— = Insufficient pricing data

Capped Draped Bust $5 half eagle

Date of authorization:	April 2, 1792							
Dates of issue:	1807-1812							
Designer/Engraver:	John Reich							
Diameter:	25.00 mm/0.99 inch							
Weight:	8.75 grams/0.28 ounce							
Metallic Content:	91.67% gold, 8.33% copper and silver							
Specific gravity:	17.45							
Weight of pure gold:	8.02 grams/0.26 ounce							
Edge:	Reeded							
Mint mark:	None							

	F-12	VF-20	EF-40	AU-50	AU-58	MS-60	MS-62	MS-63
1807	3250.	4000.	5750.	9750.	13500.	15000.	18500.	35000.
1808/7	3350.	5000.	6250.	12500.	15000.	17500.	25000.	37500.
1808	3250.	4000.	5750.	9000.	13000.	14000.	15000.	32500.
1809/8	3250.	4000.	5750.	9000.	13000.	14000.	18500.	35000.
1810 Small Date, Small 5	15000.	27500.	40000.	52500.	95000.	—	—	—
1810 Small Date, Tall 5	3250.	5250.	6000.	10000.	13500.	15000.	18500.	37500.
1810 Large Date, Small 5	18500.	30000.	42500.	65000.		—	—	—
1810 Large Date, Large 5	3250.	5000.	5750.	9500.	14000.	16500.	19000.	30000.
1811 Small 5	3000.	4000.	6000.	8000.	12500.	14500.	17500.	27500.
1811 Tall 5	3000.	4000.	6250.	8500.	12500.	14500.	16000.	26500.
1812	3000.	4000.	6000.	8000.	12000.	13500.	16500.	28500.

—— = Insufficient pricing data

Capped Head $5 half eagle

Date of authorization: April 2, 1792
Dates of issue: 1813-1834
Designer/Engraver: John Reich
Diameter: (1813-1829): 25.00 mm/0.99 inch
(1829-1834): 22.50 mm/0.89 inch
Weight: 8.75 grams/0.28 ounce
Metallic Content: 91.67% gold, 8.33% copper and silver
Specific gravity: 17.45
Weight of pure gold: 8.02 grams/0.26 ounce
Edge: Reeded
Mint mark: None

	F-12	VF-20	EF-40	AU-50	AU-58	MS-60	MS-62	MS-63
1813	3250.	4000.	6250.	9000.	11500.	13500.	16500.	22500.
1814/3	5000.	6500.	8250.	12000.	15000.	18500.	25000.	60000.
1815	—	75000.	190000.	210000.	240000.	—	—	—
1818	5000.	6500.	12500.	15000.	17000.	20000.	25000.	42500.
1818 STATESOF	5000.	6500.	13000.	15500.	17500.	20000.	25000.	42500.
1818 5D/50	5000.	6500.	10000.	13000.	18500.	25000.	32500.	52500.
1819 Wide Date	20000.	27500.	57500.	85000.	—	—	—	—
1819 Close Date	20000.	27500.	57500.	85000.	—	—	—	—
1819 5D/50	15000.	22500.	38500.	57500.	87500.	100000.	—	—
1820 Curl Base 2, Small Letters	6500.	9000.	15000.	16000.	—	—	—	—
1820 Curl Base 2, Large Letters	5000.	7000.	13000.	14000.	18000.	30000.	37500.	47500.
1820 Square Base 2, Large Letters								
	4500.	6250.	12000.	13000.	17500.	20000.	30000.	45000.
1821	17500.	30000.	47500.	75000.	125000.	—	—	—
1822	*	*	*	*	*	*	*	*
1823	5000.	6750.	12500.	14000.	16500.	22500.	32500.	50000.
1824	5750.	12000.	30000.	35000.	38500.	42500.	47500.	80000.
1825/1	6000.	12500.	22500.	27500.	35000.	50000.	62500.	85000.
1825/4	—	—	—	600000.	—	—	—	—
1826	6000.	9750.	17500.	22500.	26500.	35000.	45000.	72500.
1827	7000.	10500.	25000.	28500.	32500.	40000.	52500.	75000.
1828/7	—	—	—	100000.	175000.	200000.	300000.	—
1828	8000.	17500.	32500.	37500.	45000.	75000.	90000.	125000.
1829 Large Planchet	20000.	35000.	80000.	—	—	—	—	—
SMALL PLANCHET								
1829 Small Planchet	55000.	65000.	90000.	125000.	—	—	—	—
1830 Small 5D	16000.	27500.	42500.	52500.	57500.	65000.	72500.	87500.

—— = Insufficient pricing data   * = None issued

	F-12	VF-20	EF-40	AU-50	AU-58	MS-60	MS-62	MS-63	MS-64
1830 Large 5D	16000.	27500.	42500.	52500.	57500.	65000.	72500.	87500.	
1831 Small 5D	16500.	27500.	42500.	50000.	60000.	72500.	95000.		—
1831 Large 5D	16500.	27500.	42500.	50000.	60000.	72500.	95000.		—
1832 Curl Base 2, 12 Stars	—	—	275000.		—	—	—		—
1832 Square Base 2, 13 Stars	20000.	28500.	42500.	52500.	6500.	72500.	80000.	90000.	
1833 Large Date	19500.	27500.	42500.	50000.	60000.	65000.	75000.	90000.	
1833 Small Date	20000.	27500.	42500.	50000.	60000.	85000.	—	—	
1834 Plain 4	18000.	25000.	30000.	37500.	42500.	45000.	55000.	80000.	
1834 Crosslet 4	18500.	27500.	32500.	40000.	45000.	47500.	57500.	85000.	

Classic Head $5 half eagle

Date of authorization:	April 2, 1792
Dates of issue:	1834-1838
Designer:	Obverse: William Kneass
	Reverse: John Reich-William Kneass
Engraver:	William Kneass
Diameter:	22.50 mm/0.89 inch
Weight:	8.36 grams/0.27 ounce
Metallic Content:	(1834-1836): 89.92% gold,
	10.8% copper and silver
	(1837-1838): 90% gold,
	10% copper and silver
Specific gravity:	89.92% gold, 17.14; 90% gold, 17.16
Weight of pure gold:	(1834-1836): 7.516 grams/0.24 ounce
	(1837-1838): 7.523 grams/0.24 ounce
Edge:	Reeded
Mint mark:	1838 only, obverse above date

	F-12	VF-20	EF-40	AU-50	AU-58	MS-60	MS-62	MS-63
1834 Plain 4	500.	625.	900.	1500.	2750.	4500.	7000.	10000.
1834 Crosslet 4	1100.	2100.	3350.	6500.	16500.	20000.	30000.	45000.
1835	500.	625.	950.	1500.	2500.	4500.	7500.	10000.
1836	500.	625.	950.	1500.	2500.	4500.	7500.	10000.
1837	525.	625.	1000.	2000.	3000.	5000.	9500.	17500.
1838	525.	625.	1000.	2000.	3000.	5250.	8000.	10500.
1838-C	1500.	2600.	5750.	12500.	25000.	42500.	65000.	82500.
1838-D	1350.	2100.	5000.	10000.	22500.	32500.	42500.	72500.

—— = Insufficient pricing data

Coronet $5 half eagle

Date of authorization:	Jan. 18, 1837	
Dates of issue:	1839-1908	
Designer:	Obverse: Christian Gobrecht	
	Reverse: John Reich-William Kneass-Christian Gobrecht	
Engraver:	Christian Gobrecht	
Diameter:	(1839-1840): 22.50 mm/0.89 inch	
	(1840-1908): 21.54 mm/0.85 inch	
Weight:	8.36 grams/0.27 ounce	
Metallic Content:	(1839-1849): 89.92% gold, 10.8% copper and silver	
	(1849-1908): 90% gold, 10% copper	
Specific gravity:	89.92% gold, 17.14; 90% gold, 17.16	
Weight of pure gold:	7.52 grams/0.24 ounce	
Edge:	Reeded	
Mint mark:	Reverse below eagle	

	F-12	VF-20	EF-40	AU-50	AU-58	MS-60	MS-62	MS-63	PF-65
NO MOTTO									
1839	475.	525.	550.	1300.	2850.	4500.	19000.	32500.	—
1839-C	1250.	2000.	3000.	6000.	14500.	20000.	42500.	—	—
1839-D	1400.	2500.	4500.	8000.	18500.	25000.	42500.	—	—
1840 Broad Mill	460.	500.	825.	1750.	4250.	7500.	—	—	—
1840 Narrow Mill	460.	500.	750.	1250.	2250.	3750.	5750.	11000.	—
1840-C	1250.	2000.	3250.	6000.	10500.	25000.	37500.	50000.	—
1840-D Tall D	1250.	2100.	3400.	6500.	9500.	13500.	25000.	—	—
1840-D Small D	—	—	—	—	—	—	—	—	—
1840-O Broad Mill	460.	600.	1250.	2250.	—	—	—	—	—
1840-O Narrow Mill	460.	500.	825.	1800.	3000.	10000.	—	—	—
1841	475.	500.	925.	1650.	3000.	4750.	6750.	10500.	—
1841-C	1500.	2000.	2500.	3750.	8250.	12500.	27500.	40000.	—
1841-D Small D	1500.	2000.	2500.	4000.	8500.	11000.	20000.	28000.	—
1841-D Tall D	—	—	—	2500.	—	—	—	—	—
1841-O Unknown	*	*	*	*	*	*	*	*	—
1842 Small Letters	475.	500.	1050.	2250.	—	—	—	—	—
1842 Large Letters	475.	800.	2000.	3250.	8750.	10000.	—	—	—
1842-C Large Date	1500.	2000.	2500.	3000.	10000.	17500.	22500.	35000.	—
1842-C Small Date	8250.	11500.	21500.	42500.	57500.	70000.	80000.	—	—
1842-D Large Date, Large Letters									
	2000.	2750.	7000.	13500.	26000.	52500.	—	—	—

—— = Insufficient pricing data   * = None issued

	F-12	VF-20	EF-40	AU-50	AU-58	MS-60	MS-62	MS-63	PF-65
1842-D Small Date, Small Letters									
	1500.	1950.	2650.	3350.	7250.	15000.	19500.	—	—
1842-O	475.	950.	3250.	9500.	16500.	—	—	42500.	—
1843	450.	475.	480.	500.	700.	2000.	4250.	9000.	—
1843-C	1300.	1750.	2250.	4000.	5500.	11500.	18500.	32500.	—
1843-D Medium D	1350.	1850.	2250.	3250.	7500.	12500.	20000.	30000.	—
1843-D Small D	—	—	—	—	—	—	—	—	—
1843-O Small Letters	450.	500.	1400.	2100.	7250.	20000.	30000.	—	—
1843-O Large Letters	450.	500.	1100.	1900.	6000.	11000.	15000.	—	—
1844	450.	475.	480.	500.	700.	2000.	3850.	9000.	—
1844-C	1400.	1800.	3000.	5250.	11500.	20000.	27500.	40000.	—
1844-D	1400.	1750.	2350.	3650.	7000.	10500.	13000.	26000.	—
1844-O	475.	480.	490.	600.	2150.	4000.	5500.	16500.	—
1845	450.	475.	480.	500.	650.	2000.	4000.	10000.	—
1845-D	1425.	1900.	2350.	3250.	6000.	11000.	15000.	26000.	—
1845-O	475.	500.	800.	3000.	6000.	10000.	14000.	26500.	—
1846 Large Date	450.	470.	480.	525.	800.	3000.	9250.	15000.	—
1846 Small Date	450.	470.	480.	500.	700.	2450.	4250.	13500.	—
1846-C	1500.	2000.	2850.	6000.	10000.	20000.	32500.	65000.	—
1846-D	1300.	1950.	2500.	3750.	7750.	11500.	17500.	—	—
1846-D/D	1750.	2500.	3000.	5000.	9500.	13500.	22500.	—	—
1846-O	460.	475.	950.	3500.	6000.	12000.	17500.	28500.	—
1847	450.	470.	480.	500.	650.	2000.	3250.	7500.	—
1847/7	450.	500.	525.	600.	1250.	2500.	4000.	9000.	—
1847-C	1400.	1850.	2350.	3750.	7500.	13000.	16500.	29500.	—
1847-D	1400.	2100.	2450.	3500.	6250.	9500.	12000.	31500.	—
1847-O	1250.	1950.	6250.	10000.	18500.	—	—	—	—
1848	450.	470.	480.	500.	1000.	2000.	3750.	11000.	—
1848-C	1400.	2000.	2500.	3500.	9500.	15000.	26000.	47500.	—
1848-D	1400.	1850.	2250.	3750.	7500.	14000.	19000.	—	—
1848-D/D	—	—	—	—	—	—	—	—	—
1849	450.	470.	480.	625.	1250.	2500.	5000.	14000.	—
1849-C	1400.	2000.	2750.	4000.	6750.	9500.	13500.	26500.	—
1849-D	1400.	1950.	2350.	3750.	7750.	13500.	18500.	—	—
1850	450.	470.	525.	1000.	1450.	3500.	5500.	18500.	—
1850-C	1400.	1850.	2250.	3000.	5250.	11000.	15000.	21500.	—
1850-D	1400.	1900.	2400.	3750.	9500.	25000.	—	—	—
1851	450.	470.	480.	500.	1050.	2750.	4500.	10000.	—
1851-C	1600.	1900.	2250.	3250.	7500.	12500.	27500.	50000.	—
1851-D	1600.	2100.	2500.	3750.	7500.	13500.	18500.	27500.	—
1851-O	475.	650.	1500.	3750.	8750.	14500.	25000.	—	—
1852	450.	470.	480.	500.	650.	1250.	3000.	8250.	—
1852-C	1600.	1800.	2100.	3000.	4250.	7250.	11500.	25000.	—
1852-D	1400.	1800.	2300.	3000.	6250.	11500.	15000.	28500.	—
1853	450.	470.	480.	500.	650.	1650.	3000.	8250.	—
1853-C	1350.	1850.	2250.	3000.	4000.	8000.	12000.	26500.	—
1853-D	1400.	1950.	2350.	3500.	5500.	8000.	12500.	21000.	—
1854	450.	470.	480.	500.	1100.	1850.	3000.	7500.	—
1854-C	1400.	1900.	2450.	3750.	6000.	13500.	25000.	37500.	—
1854-D	1400.	1900.	2350.	3750.	6750.	9000.	13000.	27500.	—
1854-O	450.	475.	525.	1350.	2750.	8000.	14500.	23500.	—
1854-S	—	—	—	—	—	—	—	—	—
1855	450.	470.	480.	500.	650.	2000.	3750.	8500.	—
1855-C	1400.	1850.	2150.	4000.	6500.	13500.	18500.	46500.	—
1855-D	1400.	1900.	2250.	4000.	7250.	17500.	19000.	42500.	—

—— = Insufficient pricing data

CORONET $5 HALF EAGLE (CONTINUED)

	F-12	VF-20	EF-40	AU-50	AU-58	MS-60	MS-62	MS-63	PF-65
1855-O	450.	700.	2000.	4500.	12500.	22000.	—	—	—
1855-S	475.	525.	950.	2350.	6250.	16000.	—	—	—
1856	450.	470.	480.	500.	900.	2100.	3850.	10000.	—
1856-C	1400.	1900.	2250.	3000.	6000.	15000.	27500.	—	—
1856-D	1400.	1950.	2350.	4000.	7250.	11000.	16000.	—	—
1856-O	575.	800.	1750.	5500.	10500.	15000.	—	—	—
1856-S	450.	475.	650.	1250.	4000.	6500.	—	—	—
1857	450.	470.	480.	500.	700.	2250.	3350.	8500.	—
1857-C	1400.	1850.	2100.	3250.	5500.	8000.	17500.	30000.	—
1857-D	1400.	1900.	2200.	3250.	7500.	12000.	17500.	—	—
1857-O	475.	675.	1400.	4500.	7500.	17500.	22500.	57500.	—
1857-S	450.	475.	575.	1100.	3850.	9500.	11500.	—	—
1858	450.	500.	625.	700.	1750.	3250.	4500.	9500.	200000.
1858-C	1400.	1900.	2350.	3500.	5250.	10000.	21500.	37500.	—
1858-D	1400.	1950.	2400.	3250.	7000.	12500.	21000.	—	—
1858-S	550.	900.	2250.	5250.	—	—	—	—	—
1859	450.	475.	625.	725.	2250.	6500.	8250.	—	110000.
1859-C	1400.	1850.	2100.	3000.	7500.	11500.	18500.	42500.	—
1859-D	1400.	1900.	2250.	3100.	7000.	11500.	25000.	35000.	—
1859-S	900.	1850.	2850.	4500.	11000.	—	—	—	—
1860	450.	475.	550.	1100.	3250.	4250.	8500.	16000.	100000.
1860-C	1800.	2350.	3000.	4750.	10000.	16500.	27500.	33500.	—
1860-D	1450.	1950.	2600.	3500.	8000.	14000.	22500.	47500.	—
1860-S	675.	1150.	2250.	5500.	12500.	—	—	—	—
1861	450.	475.	480.	500.	1000.	2350.	3750.	7750.	100000.
1861-C	1850.	2350.	4500.	7500.	15000.	27500.	50000.	95000.	—
1861-D	5000.	8500.	13500.	30000.	47500.	55000.	65000.	—	—
1861-S	675.	1100.	4250.	6500.	16500.	—	—	—	—
1862	525.	900.	2250.	4000.	8750.	—	—	—	100000.
1862-S	1750.	3100.	5750.	12500.	—	—	—	—	—
1863	725.	1200.	3500.	5500.	—	—	—	—	97500.
1863-S	800.	1450.	3750.	12500.	27500.	—	—	—	—
1864	500.	700.	1850.	4000.	7250.	14000.	—	—	97500.
1864-S	9000.	12500.	17500.	—	—	—	—	—	—
1865	825.	1400.	4500.	10500.	—	—	—	—	97500.
1865-S	850.	1500.	2500.	5000.	10000.	16000.	—	—	—
1866-S	1000.	2500.	4500.	9500.	—	—	—	—	—

MOTTO ON REVERSE

	F-12	VF-20	EF-40	AU-50	AU-58	MS-60	MS-62	MS-63	PF-65
1866	475.	725.	1450.	3750.	—	—	—	—	65000.
1866-S	650.	1150.	3000.	9000.	—	—	—	—	*
1867	450.	500.	1500.	3250.	—	—	—	—	65000.
1867-S	850.	1250.	2250.	8500.	18000.	—	—	—	*
1868	450.	650.	950.	3500.	8000.	12500.	—	—	65000.
1868-S	450.	500.	1450.	3500.	8000.	17500.	—	—	*
1869	700.	875.	2250.	4500.	—	—	—	—	65000.
1869-S	450.	500.	1600.	3750.	—	—	—	—	*
1870	575.	725.	1950.	2500.	—	—	—	—	70000.
1870-CC	6250.	12500.	18500.	32500.	50000.	100000.	—	—	*
1870-S	550.	900.	2500.	6250.	—	—	—	—	*
1871	575.	875.	1850.	3000.	6000.	10000.	—	—	65000.
1871-CC	1500.	3250.	4500.	12500.	23500.	—	—	—	*
1871-S	450.	475.	1000.	3000.	7000.	12500.	—	—	*
1872	450.	750.	1850.	2850.	6750.	12000.	16000.	20000.	62500.
1872-CC	1500.	3500.	6000.	17500.	—	—	—	—	*
1872-S	450.	475.	900.	3000.	6500.	12500.	—	—	*

—— = Insufficient pricing data   * = None issued

CORONET $5 HALF EAGLE (CONTINUED)

	F-12	VF-20	EF-40	AU-50	AU-58	MS-60	MS-62	MS-63	PF-65
1873 Closed 3	450.	475.	480.	525.	650.	1000.	2500.	6000.	70000.
1873 Open 3	450.	475.	480.	500.	675.	925.	2000.	4000.	*
1873-CC	2250.	4250.	12500.	26500.	40000.	—	—	—	*
1873-S	450.	525.	1250.	3000.	9500.	21000.	55000.	190000.	*
1874	450.	575.	1500.	2500.	5500.	—	—	—	60000.
1874-CC	1150.	1750.	3000.	10000.	25000.	37500.	—	—	*
1874-S	475.	675.	1850.	4500.	8000.	—	—	—	*
1875	—	—	55000.	100000.	—	—	—	—	110000.
1875-CC	1600.	2000.	4500.	11500.	29000.	50000.	75000.	130000.	*
1875-S	500.	775.	2250.	5500.	15000.	25000.	—	—	*
1876	500.	950.	2650.	4250.	8000.	13000.	17500.	22500.	57500.
1876-CC	800.	1700.	4750.	12500.	27500.	37500.	—	—	*
1876-S	825.	1850.	3500.	10000.	18500.	—	—	—	*
1877	450.	850.	2750.	4000.	8000.	—	—	—	60000.
1877-CC	650.	1100.	3250.	10500.	—	—	—	—	*
1877-S	450.	475.	600.	1300.	—	—	—	—	*
1878	450.	475.	480.	500.	525.	600.	750.	2100.	62500.
1878-CC	2250.	4000.	9500.	20000.	75000.	—	—	—	*
1878-S	450.	475.	480.	500.	525.	1000.	1850.	4500.	*
1879	450.	475.	480.	500.	525.	600.	750.	1900.	60000.
1879-CC	800.	1500.	2250.	4000.	12000.	—	—	—	*
1879-S	450.	475.	480.	500.	525.	850.	1850.	3000.	*
1880	450.	475.	480.	500.	525.	575.	650.	1450.	52500.
1880-CC	500.	550.	950.	1850.	6500.	12000.	—	—	*
1880-S	450.	475.	480.	500.	525.	575.	650.	1350.	*
1881	450.	475.	480.	500.	525.	575.	650.	1200.	47500.
1881/0	475.	500.	600.	725.	900.	15000.	3000.	6500.	*
1881-CC	700.	1000.	2500.	6500.	13500.	25000.	—	—	*
1881-S	450.	470.	480.	500.	525.	550.	650.	1200.	*
1882	450.	470.	480.	500.	525.	550.	650.	1200.	40000.
1882-CC	650.	750.	1150.	2250.	6000.	10500.	18500.	—	*
1882-S	450.	470.	480.	500.	525.	550.	650.	1200.	*
1883	450.	470.	480.	500.	525.	550.	650.	1200.	42500.
1883-CC	550.	600.	1250.	4000.	11500.	19000.	—	—	*
1883-S	450.	470.	480.	500.	550.	800.	1500.	3000.	*
1884	450.	470.	480.	500.	525.	600.	1250.	2000.	40000.
1884-CC	550.	700.	1150.	3250.	12500.	20000.	—	—	*
1884-S	450.	470.	480.	500.	525.	550.	700.	1850.	*
1885	450.	470.	480.	500.	525.	550.	650.	1200.	40000.
1885-S	450.	470.	480.	500.	525.	550.	650.	1200.	*
1886	450.	470.	480.	500.	525.	550.	650.	1200.	37500.
1886-S	450.	470.	480.	500.	525.	550.	650.	1200.	*
1887 Proof Only	—	—	—	18500.	27500.	*	*	*	130000.
1887-S	450.	470.	480.	500.	525.	550.	650.	1200.	*
1888	450.	470.	480.	500.	525.	650.	850.	1900.	35000.
1888-S	450.	470.	480.	500.	600.	1200.	2000.	—	*
1889	450.	470.	480.	525.	750.	950.	1850.	3000.	37500.
1890	450.	475.	500.	550.	825.	2000.	3250.	6000.	35000.
1890-CC	550.	600.	700.	825.	1050.	2000.	3000.	10000.	*

—— = Insufficient pricing data   * = None issued

CORONET $5 HALF EAGLE (CONTINUED)

	F-12	VF-20	EF-40	AU-50	AU-58	MS-60	MS-62	MS-63	PF-65
1891	450.	470.	480.	500.	525.	550.	1000.	1750.	35000.
1891-CC	575.	650.	725.	975.	1350.	1750.	2500.	4250.	*
1892	450.	470.	480.	500.	525.	550.	650.	1100.	35000.
1892-CC	550.	600.	650.	825.	1500.	2250.	3250.	7000.	*
1892-O	550.	850.	1300.	1850.	3500.	5000.	7500.	13500.	*
1892-S	450.	470.	480.	500.	525.	575.	1000.	2750.	*
1893	450.	470.	480.	500.	525.	550.	650.	1100.	35000.
1893-CC	550.	575.	650.	875.	1500.	1850.	4000.	8000.	*
1893-O	525.	550.	575.	650.	1250.	2000.	3000.	6750.	*
1893-S	450.	470.	480.	500.	525.	550.	650.	1300.	*
1894	450.	470.	480.	500.	525.	550.	650.	1100.	35000.
1894-O	500.	525.	550.	675.	950.	2250.	3000.	7500.	*
1894-S	450.	460.	475.	775.	1650.	3500.	5500.	9750.	*
1895	450.	470.	480.	500.	525.	550.	650.	1100.	35000.
1895-S	450.	470.	480.	500.	1000.	3000.	3500.	5500.	*
1896	450.	470.	480.	500.	525.	550.	650.	1250.	35000.
1896-S	450.	470.	480.	525.	700.	1250.	3000.	—	*
1897	450.	470.	480.	500.	525.	550.	650.	1100.	32500.
1897-S	450.	470.	480.	500.	525.	800.	1750.	5000.	*
1898	450.	470.	480.	500.	525.	550.	650.	1100.	31000.
1898-S	450.	470.	480.	500.	525.	550.	650.	1200.	*
1899	450.	470.	480.	500.	525.	550.	650.	1150.	30000.
1899-S	450.	470.	480.	500.	525.	550.	650.	1400.	*
1900	450.	470.	480.	500.	525.	550.	650.	1100.	30000.
1900-S	450.	470.	480.	500.	525.	550.	650.	1100.	*
1901	450.	470.	480.	500.	525.	550.	650.	1100.	30000.
1901-S	450.	470.	480.	500.	525.	550.	650.	1100.	*
1901/0-S	450.	470.	480.	500.	525.	—	—	—	*
1902	450.	470.	480.	500.	525.	550.	650.	1100.	30000.
1902-S	450.	470.	480.	500.	525.	550.	650.	1100.	*
1903	450.	470.	480.	500.	525.	550.	650.	1100.	30000.
1903-S	450.	470.	480.	500.	525.	550.	650.	1190.	*
1904	450.	470.	480.	500.	525.	550.	650.	1100.	30000.
1904-S	450.	470.	480.	500.	525.	850.	1500.	3500.	*
1905	450.	470.	480.	500.	525.	550.	675.	1250.	33500.
1905-S	450.	470.	480.	500.	525.	650.	1250.	2000.	*
1906	450.	470.	480.	500.	525.	550.	650.	1100.	30000.
1906-D	450.	470.	480.	500.	525.	550.	650.	1100.	*
1906-S	450.	470.	480.	500.	525.	550.	650.	1500.	*
1907	450.	470.	480.	500.	525.	550.	650.	1100.	30000.
1907-D	450.	470.	480.	500.	525.	550.	650.	1100.	*
1908	450.	470.	480.	500.	525.	550.	650.	1100.	—

—— = Insufficient pricing data   * = None issued

Indian Head $5 half eagle

Date of authorization: Jan. 18, 1837
Dates of issue: 1908-1929
Designer: Bela Lyon Pratt
Engraver: Charles Barber
Diameter: 21.54 mm/0.85 inch
Weight: 8.36 grams/0.27 ounce
Metallic Content: 90% gold, 10% copper
Specific gravity: 17.16
Weight of pure gold: 7.52 grams/0.24 ounce
Edge: Reeded
Mint mark: Reverse lower left

	VF-20	EF-40	AU-50	AU-58	MS-60	MS-62	MS-63	MS-65	PF-65
1908	480.	490.	515.	535.	650.	1150.	2500.	17500.	40000.
1908-D	480.	490.	515.	575.	650.	1100.	2500.	40000.	*
1908-S	500.	525.	575.	1200.	1500.	3350.	7000.	25000.	*
1909	480.	490.	515.	535.	650.	1150.	2250.	16500.	42500.
1909-D	480.	490.	515.	535.	650.	1150.	2250.	15000.	*
1909-O	3500.	5000.	9500.	18500.	35000.	60000.	85000.	—	*
1909-S	480.	500.	650.	1000.	1650.	5500.	13500.	47500.	*
1910	480.	490.	515.	535.	650.	1150.	2500.	23500.	42500.
1910-D	480.	490.	515.	535.	650.	1500.	4250.	40000.	*
1910-S	480.	500.	550.	725.	1150.	4250.	8500.	—	*
1911	480.	490.	515.	535.	650.	1150.	2250.	18500.	40000.
1911-D	600.	875.	1650.	3750.	7250.	20000.	50000.	300000.	*
1911-S	480.	490.	515.	700.	1000.	2500.	5500.	55000.	*
1912	480.	490.	515.	535.	650.	1150.	2250.	17500.	40000.
1912-S	480.	490.	515.	950.	2000.	6250.	16500.	—	*
1913	480.	490.	515.	535.	650.	1150.	2250.	17500.	40000.
1913-S	480.	500.	550.	1000.	2000.	6000.	17500.	—	*
1914	480.	490.	515.	535.	650.	1150.	2250.	17500.	40000.
1914-D	480.	490.	515.	535.	650.	1250.	3000.	25000.	*
1914-S	480.	490.	515.	800.	1750.	4650.	16000.	—	*
1915	480.	490.	515.	550.	700.	1150.	2100.	16500.	42500.
1915-S	480.	500.	600.	1150.	2250.	6000.	18500.	—	*
1916-S	480.	490.	515.	700.	875.	3250.	7000.	35000.	*
1929	10000.	12500.	14000.	25000.	30000.	36500.	45000.	95000.	*

Capped Bust $10 eagle

Small Eagle reverse   Heraldic Eagle reverse

Date of authorization: April 2, 1792
Dates of issue: 1795-1804
Designer/Engraver: Robert Scot
Diameter: 33.00 mm/1.30 inches
Weight: 17.50 grams/0.56 ounce
Metallic Content: 91.67% gold, 8.33% copper and silver
Specific gravity: 17.45
Weight of pure gold: 16.04 grams/0.52 ounce
Edge: Reeded
Mint mark: None

SMALL EAGLE

	F-12	VF-20	EF-40	AU-50	AU-58	MS-60	MS-62	MS-63
1795 13 Leaves	30000.	35000.	40000.	62500.	105000.	125000.	160000.	—
1795 9 Leaves	42500.	55000.	80000.	150000.	225000.	300000.	375000.	—
1796	33500.	40000.	55000.	75000.	115000.	135000.	165000.	—
1797	35000.	47500.	60000.	100000.	150000.	175000.	275000.	—

——— = Insufficient pricing data

	F-12	VF-20	EF-40	AU-50	AU-58	MS-60	MS-62	MS-63
1797	12500.	16500.	22500.	32500.	52500.	60000.	100000.	150000.
1798/7 9X4 Stars	16500.	22500.	37500.	52500.	100000.	140000.	200000.	—
1798/7 7X6 Stars	35000.	45000.	75000.	150000.	220000.	300000.	—	—
1799 Large Obverse Stars	10000.	11500.	17500.	22500.	30000.	35000.	42500.	55000.
1799 Small Obverse Stars	10000.	11000.	16500.	22500.	32500.	40000.	55000.	65000.
1800	10000.	11500.	18000.	25000.	35000.	40000.	52500.	80000.
1801	10000.	11000.	16500.	23500.	30000.	32500.	42500.	65000.
1803 Small Reverse Stars	10000.	11500.	17500.	22500.	32500.	42500.	60000.	80000.
1803 Large Reverse Stars	18000.	25000.	27500.	32500.	45000.	67500.	100000.	125000.
1803 14 Reverse Stars	22500.	32500.	37500.	50000.	60000.	70000.	80000.	90000.
1804	22500.	30000.	32500.	45000.	70000.	77500.	110000.	150000.

Coronet $10 eagle

Date of authorization:	Jan. 18, 1837
Dates of issue:	1838-1907
Designers:	Obverse: Christian Gobrecht
	Reverse: John Reich-William Kneass-Christian Gobrecht
Engraver:	Christian Gobrecht
Diameter:	27.00 mm/1.07 inches
Weight:	16.72 grams/.54 ounce
Metallic Content:	(1838-1873) 90% gold, 10% copper and silver
	(1873-1907): 90% gold, 10% copper
Specific gravity:	17.16
Weight of pure gold:	15.05 grams/0.48 ounce
Edge:	Reeded
Mint mark:	Reverse below eagle

—— = Insufficient pricing data

	F-12	VF-20	EF-40	AU-50	AU-58	MS-60	MS-62	MS-63	PF-65
NO MOTTO									
1838	2250.	4000.	8000.	20000.	36500.	100000.	150000.	—	—
1839 Old Portrait, Large Letters									
	1000.	1400.	2500.	6500.	18500.	35000.	45000.	—	—
1839 New Portrait, Small Letters									
	1100.	1750.	3500.	8000.	22500.	—	—	—	—
1840	800.	810.	825.	1600.	5250.	11000.	—	—	—
1841	800.	810.	825.	1250.	7500.	15000.	21000.	—	—
1841-O	4000.	6000.	8750.	17500.	—	—	—	—	—
1842 Small Date	800.	810.	825.	2000.	6000.	—	—	—	—
1842 Large Date	800.	810.	825.	1250.	4500.	16000.	22500.	27500.	—
1842-O	825.	850.	900.	3250.	10000.	30000.	—	—	—
1843 Doubled Date	800.	810.	825.	3250.	—	—	—	—	—
1843	800.	810.	825.	1700.	6500.	—	—	—	—
1843-O	850.	950.	1150.	2250.	6000.	15000.	35000.	45000.	—
1844	850.	1450.	3000.	5500.	11000.	16500.	—	—	—
1844-O	825.	850.	1000.	2000.	6750.	13500.	30000.	—	—
1845	800.	810.	925.	2150.	5500.	17500.	25000.	—	—
1845-O	850.	950.	1300.	2750.	9500.	17500.	35000.	—	—
1846	800.	925.	1400.	4750.	—	—	—	—	—
1846-O	825.	850.	950.	4250.	8000.	15000.	30000.	—	—
1846/5-O	850.	1250.	2250.	5500.	12500.	—	—	—	—
1847	800.	810.	825.	975.	1750.	3500.	10000.	25000.	—
1847-O	800.	900.	950.	1100.	2350.	6500.	10000.	22500.	—
1848	800.	810.	825.	975.	2500.	5250.	12000.	28000.	—
1848-O	825.	1200.	1500.	3750.	10000.	17500.	22500.	30000.	—
1849	800.	810.	825.	975.	1750.	4000.	9000.	18500.	—
1849/1848	800.	850.	1000.	1800.	7500.	8750.	—	—	—
1849-O	825.	1250.	2250.	5500.	11000.	27500.	—	—	—
1850 Large Date	825.	900.	1000.	1450.	2250.	4250.	9500.	20000.	—
1850 Small Date	800.	825.	1000.	2000.	4250.	7500.	—	—	—
1850-O	825.	950.	1350.	3250.	8000.	—	—	—	—
1851	800.	810.	825.	975.	2500.	5000.	10000.	32500.	—
1851-O	800.	810.	850.	1650.	4500.	8000.	13500.	27500.	—
1852	800.	810.	825.	975.	2000.	4750.	8500.	—	—
1852-O	825.	875.	1250.	4000.	12000.	25000.	—	—	—
1853	800.	810.	825.	975.	1750.	4500.	8500.	—	—
1853/2	800.	825.	900.	2000.	5750.	—	—	—	—
1853-O	825.	850.	875.	1050.	4750.	—	—	—	—
1854	800.	850.	875.	1150.	2750.	6000.	15000.	—	—
1854-O Small Date	800.	825.	850.	1650.	4250.	—	—	—	—
1854-O Large Date	800.	850.	950.	2250.	5500.	10000.	22500.	—	—
1854-S	850.	900.	950.	1750.	5750.	11000.	—	—	—
1855	800.	810.	825.	975.	2250.	4500.	8500.	20000.	—
1855-O	800.	1100.	1850.	5750.	13500.	—	—	—	—
1855-S	1000.	2150.	3250.	7500.	—	—	—	—	—
1856	800.	825.	850.	1150.	1850.	4750.	9000.	20000.	—
1856-O	850.	1000.	1750.	3750.	9000.	—	—	—	—
1856-S	800.	810.	850.	1500.	5250.	11000.	—	—	—
1857	800.	825.	1000.	2250.	4500.	11500.	—	—	—
1857-O	800.	1100.	2000.	4500.	17500.	28500.	—	—	—
1857-S	900.	1350.	1500.	2500.	7500.	—	—	—	—
1858	3250.	5500.	7500.	13500.	—	—	—	—	—
1858-O	825.	850.	925.	2000.	4750.	10000.	18000.	—	—
1858-S	950.	1600.	3500.	6000.	22500.	—	—	—	—

—— = Insufficient pricing data

	F-12	VF-20	EF-40	AU-50	AU-58	MS-60	MS-62	MS-63	PF-65
1859	800.	810.	825.	1400.	4500.	10000.	—	—	210000.
1859-O	2750.	5500.	12500.	25000.	—	—	—	—	—
1859-S	1850.	3000.	6000.	15000.	—	—	—	—	—
1860	800.	810.	825.	2000.	4000.	9000.	12000.	25000.	200000.
1860-O	875.	1000.	1750.	4750.	7500.	15000.	30000.	—	—
1860-S	2500.	3500.	6000.	15000.	32500.	—	—	—	—
1861	800.	810.	825.	975.	3500.	6000.	9000.	25000.	185000.
1861-S	1250.	2500.	4500.	7750.	16500.	—	—	—	—
1862	825.	950.	1350.	4000.	8500.	13500.	22500.	—	170000.
1862-S	1100.	2000.	4250.	6500.	—	—	—	—	—
1863	5500.	10000.	18500.	25000.	32500.	50000.	62500.	—	165000.
1863-S	1000.	1850.	3750.	10000.	19500.	28500.	—	—	—
1864	1150.	2100.	4250.	8250.	12000.	19000.	—	—	165000.
1864-S	3250.	5500.	12500.	28500.	—	—	—	—	—
1865	1250.	2250.	5500.	8500.	15000.	—	—	—	165000.
1865-S	2750.	5500.	9000.	17500.	—	—	—	—	—
1865-S 865/Inverted 186	3000.	6250.	12500.	23500.	—	—	—	—	—
1866-S	1900.	3750.	5500.	12500.	25000.	—	—	—	—

MOTTO ON REVERSE

	F-12	VF-20	EF-40	AU-50	AU-58	MS-60	MS-62	MS-63	PF-65
1866	800.	1000.	2250.	5250.	17500.	27500.	—	—	100000.
1866-S	900.	1750.	4000.	8500.	17000.	30000.	—	—	*
1867	800.	1750.	2750.	5000.	16000.	23000.	—	—	95000.
1867-S	1250.	2500.	6000.	10000.	22500.	—	—	—	*
1868	800.	800.	1000.	2350.	6250.	17500.	—	—	92500.
1868-S	825.	1300.	2500.	4250.	9000.	—	—	—	*
1869	800.	1500.	2600.	6000.	12500.	32500.	—	—	92500.
1869-S	900.	1700.	2500.	7000.	16500.	28000.	—	—	*
1870	800.	1000.	1300.	2700.	12000.	—	—	—	92500.
1870-CC	22500.	30000.	45000.	80000.	—	—	—	—	*
1870-S	1000.	1650.	2750.	5750.	17500.	—	—	—	*
1871	800.	1650.	2800.	4500.	12500.	23000.	—	—	92500.
1871-CC	2250.	3500.	7500.	17500.	42500.	—	—	—	*
1871-S	1000.	1650.	2250.	6000.	17500.	—	—	—	*
1872	1500.	2500.	3500.	9250.	13500.	17500.	23000.	40000.	92500.
1872-CC	2000.	3250.	12500.	26500.	—	—	—	—	*
1872-S	825.	875.	1250.	2500.	9500.	20000.	—	—	*
1873	3000.	4500.	9500.	17500.	35000.	—	—	—	110000.
1873-CC	3000.	5750.	11500.	28500.	—	—	—	—	*
1873-S	800.	1250.	2750.	4750.	12500.	—	—	—	*
1874	800.	810.	825.	850.	1100.	1850.	4250.	8500.	95000.
1874-CC	900.	1350.	3000.	9500.	35000.	—	—	—	*
1874-S	850.	1300.	2850.	6000.	15000.	—	—	—	*
1875	35000.	55000.	70000.	125000.	—	—	—	—	210000.
1875-CC	2500.	4500.	8500.	17500.	—	—	—	—	*
1876	2000.	3500.	7000.	15000.	—	—	—	—	95000.
1876-CC	2750.	5750.	8250.	14000.	40000.	—	—	—	*
1876-S	800.	1300.	2000.	5750.	—	—	—	—	*
1877	1800.	3250.	5500.	9500.	16500.	—	—	—	85000.
1877-CC	1750.	3500.	7000.	16500.	—	—	—	—	*
1877-S	800.	825.	850.	2000.	8000.	—	—	—	*
1878	800.	810.	820.	840.	875.	1000.	2000.	7000.	85000.
1878-CC	2500.	3500.	9500.	20000.	—	—	—	—	*
1878-S	800.	810.	825.	2000.	5000.	15000.	—	—	*
1879	800.	810.	820.	840.	875.	1000.	2000.	5250.	80000.
1879/8	—	—	—	—	—	—	—	—	*

—— = Insufficient pricing data   * = None issued

CORONET $10 EAGLE (CONTINUED)

	F-12	VF-20	EF-40	AU-50	AU-58	MS-60	MS-62	MS-63	PF-65
1879-CC	4000.	7000.	13500.	25000.	42500.	—	—	—	*
1879-O	2000.	2500.	4500.	12500.	25000.	—	—	—	*
1879-S	800.	810.	820.	840.	875.	1250.	3500.	—	*
1880	800.	810.	820.	840.	875.	950.	1250.	3650.	68500.
1880-CC	825.	850.	975.	2000.	6500.	15000.	—	—	*
1880-O	800.	825.	975.	2000.	6500.	8500.	—	—	*
1880-S	800.	810.	820.	840.	875.	950.	1200.	4500.	*
1881	800.	810.	820.	840.	875.	950.	1200.	1850.	67500.
1881-CC	850.	950.	1000.	1750.	4250.	7000.	15000.	—	*
1881-O	925.	1250.	1500.	2100.	8000.	—	—	—	*
1881-S	800.	810.	820.	840.	875.	975.	1250.	4500.	*
1882	800.	810.	820.	840.	875.	950.	1200.	1800.	67500.
1882-CC	875.	975.	1500.	4500.	15000.	—	—	—	*
1882-O	800.	850.	900.	1500.	6000.	—	—	—	*
1882-S	800.	810.	820.	840.	875.	950.	1200.	5000.	*
1883	800.	810.	820.	840.	875.	950.	1250.	2500.	67500.
1883-CC	850.	900.	950.	2500.	6500.	15000.	—	—	*
1883-O	7500.	12500.	22500.	45000.	—	—	—	—	*
1883-S	800.	810.	820.	840.	875.	950.	4500.	11500.	*
1884	800.	810.	820.	840.	875.	950.	1750.	5250.	67500.
1884-CC	850.	900.	1200.	2500.	6500.	13000.	—	—	*
1884-S	800.	810.	820.	840.	875.	950.	1500.	6500.	*
1885	800.	810.	820.	840.	875.	950.	1200.	3500.	68500.
1885-S	800.	810.	820.	840.	875.	950.	1250.	4000.	*
1886	800.	810.	820.	840.	875.	950.	1350.	4850.	68500.
1886-S	800.	810.	820.	840.	875.	950.	1100.	1850.	*
1887	800.	810.	820.	850.	1050.	1300.	2850.	6500.	70000.
1887-S	800.	810.	820.	840.	875.	950.	1250.	3250.	*
1888	800.	810.	820.	840.	875.	950.	3250.	7000.	68500.
1888-O	800.	810.	820.	840.	925.	1150.	1900.	6000.	*
1888-S	800.	810.	820.	840.	875.	950.	1100.	2750.	*
1889	800.	850.	900.	1500.	2500.	3000.	4500.	8250.	68500.
1889-S	800.	810.	820.	840.	875.	950.	1200.	2000.	*
1890	800.	810.	820.	840.	950.	1250.	2000.	6000.	67500.
1890-CC	850.	875.	900.	1250.	2500.	3500.	7500.	17500.	*
1891	800.	810.	820.	840.	875.	950.	1250.	4000.	67500.
1891-CC	850.	875.	900.	1100.	1500.	1900.	3000.	7000.	*
1892	800.	810.	820.	840.	875.	950.	1100.	1850.	62500.
1892-CC	850.	900.	950.	1350.	2250.	4000.	6000.	11000.	*
1892-O	800.	810.	820.	840.	950.	1250.	4250.	7250.	*
1892-S	800.	810.	820.	840.	875.	950.	1350.	3750.	*
1893	800.	810.	820.	840.	875.	925.	1100.	1800.	62500.
1893-CC	875.	925.	1000.	2500.	5000.	8000.	15000.	—	*
1893-O	800.	810.	820.	850.	900.	1000.	2500.	5750.	*
1893-S	800.	810.	820.	840.	875.	925.	1300.	3600.	*
1894	800.	810.	820.	840.	875.	925.	1100.	1800.	62500.
1894-O	800.	810.	820.	850.	900.	1100.	1900.	5500.	*
1894-S	800.	810.	825.	950.	2000.	3750.	8000.	13500.	*
1895	800.	810.	820.	840.	875.	925.	1100.	1850.	62500.
1895-O	800.	810.	820.	840.	900.	1100.	1850.	7000.	*
1895-S	800.	810.	825.	900.	1900.	2650.	4000.	10000.	*
1896	800.	810.	820.	840.	875.	925.	1150.	2100.	60000.
1896-S	800.	810.	820.	850.	1050.	2250.	4000.	11500.	*
1897	800.	810.	820.	840.	875.	925.	1100.	1900.	60000.
1897-O	800.	810.	820.	840.	875.	1100.	2000.	5000.	*
1897-S	800.	810.	820.	875.	975.	1000.	1750.	6250.	*

—— = Insufficient pricing data   * = None issued

CORONET $10 EAGLE (CONTINUED)

	F-12	VF-20	EF-40	AU-50	AU-58	MS-60	MS-62	MS-63	PF-65
1898	800.	810.	820.	840.	875.	925.	1100.	1900.	57500.
1898-S	800.	810.	820.	840.	875.	925.	1100.	5250.	*
1899	800.	810.	820.	840.	875.	925.	1100.	1800.	55000.
1899-O	800.	810.	820.	840.	900.	1100.	2400.	6250.	*
1899-S	800.	810.	820.	840.	875.	925.	1150.	3500.	*
1900	800.	810.	820.	840.	875.	925.	1100.	1900.	50000.
1900-S	800.	810.	820.	840.	900.	1150.	2500.	7500.	*
1901	800.	810.	820.	840.	875.	925.	1100.	1900.	50000.
1901-O	800.	810.	820.	840.	875.	950.	1750.	4000.	*
1901-S	800.	810.	820.	840.	900.	1000.	1100.	1900.	*
1902	800.	810.	820.	840.	875.	925.	1100.	3000.	50000.
1902-S	800.	810.	820.	840.	875.	925.	1100.	1900.	*
1903	800.	810.	820.	840.	875.	925.	1100.	2650.	50000.
1903-O	800.	810.	820.	840.	900.	1000.	1650.	3650.	*
1903-S	800.	810.	820.	840.	875.	925.	1100.	1900.	*
1904	800.	810.	820.	840.	875.	925.	1100.	2250.	52500.
1904-O	800.	810.	820.	840.	875.	925.	1250.	3500.	*
1905	800.	810.	820.	840.	875.	925.	1100.	1900.	50000.
1905-S	800.	810.	820.	840.	900.	1400.	3500.	5750.	*
1906	800.	810.	820.	840.	875.	925.	1100.	2250.	50000.
1906-D	800.	810.	820.	840.	875.	925.	1100.	1800.	*
1906-O	800.	810.	820.	850.	900.	1000.	2500.	5000.	*
1906-S	800.	810.	820.	840.	875.	900.	1300.	4850.	*
1907	800.	810.	820.	840.	875.	900.	1100.	1800.	50000.
1907-D	800.	810.	820.	840.	875.	900.	1250.	2400.	*
1907-S	800.	810.	820.	840.	875.	975.	2000.	5250.	*

—— = Insufficient pricing data   * = None issued

Indian Head $10 eagle

Date of authorization: Jan. 18, 1837
Dates of issue: 1907-1933
Designer: Augustus Saint-Gaudens
Engraver: Charles Barber
Diameter: 27.00 mm/1.07 inches
Weight: 16.72 grams/0.54 ounce
Metallic Content: 90% gold, 10% copper
Specific gravity: 17.16
Weight of pure gold: 15.05 grams/0.48 ounce
Edge: Starred
Mint mark: Reverse left of TEN DOLLARS

	VF-20	EF-40	AU-50	AU-58	MS-60	MS-62	MS-63	MS-65	PF-65
NO MOTTO ON REVERSE									
1907 Wire Rim, Periods	15000.	20000.	25000.	28500.	32500.	40000.	47500.	72500.	*
1907 Normal Rim, Periods	30000.	40000.	47500.	65000.	75000.	97500.	125000.	295000.	—
1907 No Periods	810.	820.	840.	900.	1050.	2250.	4000.	11000.	*
1908	810.	820.	840.	900.	1100.	2500.	5000.	18500.	*
1908-D	810.	820.	840.	925.	1150.	3100.	7750.	35000.	*
MOTTO ON REVERSE									
1908	810.	820.	840.	900.	1000.	1650.	2750.	13500.	60000.
1908-D	810.	820.	840.	900.	1000.	3000.	8500.	31500.	*
1908-S	850.	925.	1250.	2100.	3250.	7250.	12500.	30000.	*
1909	810.	820.	840.	900.	1000.	2100.	4500.	20000.	65000.
1909-D	810.	820.	840.	900.	1500.	4350.	7750.	38500.	*
1909-S	810.	820.	840.	950.	1500.	4750.	7500.	21000.	*
1910	810.	820.	840.	900.	1000.	1400.	1850.	11000.	75000.
1910-D	810.	820.	840.	900.	1000.	1400.	1850.	8500.	*
1910-S	810.	820.	840.	950.	1150.	4500.	10500.	55000.	*
1911	810.	820.	840.	900.	1000.	1400.	1850.	10500.	67500.
1911-D	1000.	1500.	2500.	5250.	9500.	21000.	33500.	165000.	*
1911-S	810.	825.	1000.	1600.	2000.	6250.	12500.	21500.	*
1912	810.	820.	840.	900.	1000.	1400.	1750.	11000.	70000.
1912-S	810.	820.	850.	1050.	1300.	4500.	10500.	45000.	*
1913	810.	820.	840.	900.	1000.	1400.	1750.	12000.	70000.
1913-S	825.	820.	1650.	3500.	5500.	15000.	37500.	105000.	*
1914	810.	820.	840.	900.	1000.	1400.	3000.	13500.	60000.
1914-D	810.	820.	840.	900.	1000.	1400.	3250.	19500.	*
1914-S	810.	820.	850.	1100.	1300.	4500.	8750.	37500.	*
1915	810.	820.	840.	900.	1000.	1500.	2350.	12000.	62500.

—— = Insufficient pricing data   * = None issued

	VF-20	EF-40	AU-50	AU-58	MS-60	MS-62	MS-63	MS-65	PF-65
1915-S	825.	900.	1250.	3000.	4250.	10500.	19500.	67500.	*
1916-S	810.	820.	840.	1200.	1350.	3350.	8000.	27500.	*
1920-S	14500.	19500.	25000.	33500.	42500.	72500.	100000.	325000.	*
1926	810.	820.	840.	900.	975.	1300.	1650.	4500.	*
1930-S	8000.	12000.	16000.	22500.	30000.	42500.	52500.	85000.	*
1932	810.	820.	840.	900.	975.	1300.	1650.	4500.	*
1933	—	—	—	175000.	200000.	225000.	275000.	600000.	*

Coronet $20 double eagle

Date of authorization: March 3, 1849
Dates of issue: 1850-1907
Designer/Engraver: James B. Longacre
Diameter: 34.29 mm/1.35 inches
Weight: 33.44 grams/1.07 ounce
Metallic Content: (1850-1873): 90% gold, 10% copper and silver
(1873-1907): 90% gold, 10% copper
Specific gravity: 17.16
Weight of pure gold: 30.09 grams/0.97 ounce
Edge: Reeded
Mint mark: Reverse below eagle

	VF-20	EF-40	AU-50	AU-58	MS-60	MS-62	MS-63	MS-64	MS-65	PF-65
NO MOTTO ON REVERSE										
1849 Unique	*	*	*	*	*	*	*	*	*	—
1850	1900.	2500.	4250.	8500.	10500.	33500.	47500.	—	—	—
1850-O	2650.	5500.	12500.	42500.	57500.	—	—	—	—	—
1851	1750.	2000.	2350.	3250.	4850.	16500.	25000.	40000.	—	—
1851-O	3500.	4500.	7000.	16500.	27500.	55000.	—	—	—	—
1852	1750.	2000.	2300.	3500.	5250.	16500.	25000.	60000.	—	—
1852-O	2650.	3650.	5500.	19000.	30000.	—	—	— 325000.	—	—
1853	1750.	1950.	2300.	3350.	6500.	18500.	30000.	—	—	—

—— = Insufficient pricing data   * = None issued

	VF-20	EF-40	AU-50	AU-58	MS-60	MS-62	MS-63	MS-64	MS-65	PF-65
1853/2	1950.	2250.	6000.	18500.	37500.	—	—	—	—	—
1853-O	1900.	4500.	9250.	25000.	36500.	—	—	—	—	—
1854 Small Date	1750.	1950.	2350.	3750.	9500.	20000.	30000.	—	—	—
1854 Large Date	2250.	5000.	8250.	25000.	42500.	52500.	65000.	85000.	—	—
1854-O	150000.	250000.	475000.	625000.	—	—	—	—	—	—
1854-S	2000.	3850.	7500.	12500.	16000.	22500.	32500.	50000.	—	—
1855	1750.	1950.	2500.	5250.	10500.	20000.	62500.	—	—	—
1855-O	18000.	25000.	45000.	75000.	95000.	—	—	—	—	—
1855-S	1750.	1950.	2650.	4250.	7750.	12500.	20000.	32500.	—	—
1856	1750.	1950.	2350.	5500.	9250.	20000.	32500.	—	—	—
1856-O	175000.	275000.	425000.	625000.	—	—	—	—	—	—
1856-S	1700.	1950.	2650.	5000.	6250.	12500.	18500.	27500.	—	—
1857	1700.	1950.	2650.	3850.	5000.	14000.	30000.	—	—	—
1857-O	3000.	5750.	10500.	32500.	50000.	—	—	—	—	—
1857-S	1700.	1950.	2500.	4250.	5750.	7000.	8500.	12500.	—	—
1858	1700.	2050.	2850.	4750.	8500.	22500.	—	—	—	—
1858-O	3500.	6250.	11500.	40000.	50000.	85000.	—	—	—	—
1858-S	1700.	2000.	2750.	5750.	10500.	17500.	—	—	—	—
1859	2000.	4250.	8000.	18500.	37500.	60000.	—	—	—	350000.
1859-O	9500.	27500.	47500.	90000.	—	—	—	—	—	—
1859-S	1700.	1950.	2850.	5500.	9500.	26000.	40000.	—	—	—
1860	1700.	1950.	2300.	3350.	6250.	13500.	25000.	52500.	—	350000.
1860-O	11500.	21500.	45000.	85000.	130000.	—	—	—	—	—
1860-S	1700.	1950.	2850.	7000.	8750.	15000.	—	—	—	—
1861	1800.	2000.	2500.	3750.	5500.	10000.	20000.	30000.	—	325000.
1861-O	7500.	21000.	42500.	82500.	110000.	—	—	—	—	—
1861-S	1750.	1950.	2850.	6500.	14000.	25000.	40000.	—	—	—
1861 Paquet Reverse	—	—	—	—	2000000.	—	—	—	—	—
1861-S Paquet Reverse	37500.	70000.	97500.	210000.	275000.	—	—	—	—	—
1862	3000.	8250.	13000.	26500.	32500.	40000.	52500.	—	—	325000.
1862-S	1850.	2350.	3500.	8500.	16500.	35000.	55000.	—	—	—
1863	2000.	3500.	6250.	17500.	16500.	45000.	60000.	—	—	325000.
1863-S	1700.	1950.	3250.	5000.	8250.	21000.	—	—	—	—
1864	1800.	2350.	4750.	8750.	17500.	32500.	—	—	—	350000.
1864-S	1800.	1950.	2650.	6750.	11500.	21500.	37500.	—	—	—
1865	1700.	1950.	2300.	4000.	7250.	14500.	22500.	30000.	42500.	325000.
1865-S	1800.	1950.	2300.	4000.	5000.	9500.	15000.	20000.	—	—
1866-S	8000.	17500.	45000.	13500.	—	—	—	—	—	—

MOTTO ON REVERSE

	VF-20	EF-40	AU-50	AU-58	MS-60	MS-62	MS-63	MS-64	MS-65	PF-65
1866	1700.	2000.	3000.	5000.	9250.	26500.	35000.	—	—	30000.
1866-S	1750.	1950.	4250.	15000.	25000.	35000.	—	—	—	—
1867	1700.	1750.	2000.	3750.	5000.	10500.	20000.	—	—	300000.
1867-S	1750.	1850.	2250.	8000.	17500.	35000.	—	—	—	—
1868	1800.	2000.	3750.	13500.	19500.	32500.	—	—	—	300000.
1868-S	1750.	1800.	2000.	5500.	16500.	30000.	45000.	—	—	—
1869	1750.	1825.	2150.	5750.	8500.	22500.	42500.	—	—	300000.
1869-S	1750.	1825.	2500.	4500.	9000.	26500.	47500.	—	—	—
1870	1850.	2000.	4000.	7500.	13500.	32500.	—	—	—	300000.
1870-CC	200000.	275000.	400000.	—	—	—	—	—	—	—
1870-S	1700.	1775.	2000.	4000.	10000.	33500.	47500.	—	—	—
1871	1700.	1850.	3250.	6750.	10000.	30000.	50000.	72500.	—	275000.
1871-CC	13500.	25000.	42500.	70000.	95000.	—	—	—	—	—
1871-S	1700.	1800.	2500.	3500.	5250.	15000.	25000.	50000.	—	—

—— = Insufficient pricing data

CORONET $20 DOUBLE EAGLE (CONTINUED)

	VF-20	EF-40	AU-50	AU-58	MS-60	MS-62	MS-63	MS-64	MS-65	PF-65
1872	1700.	1775.	1850.	2850.	5500.	19000.	35000.	70000.	—	275000.
1872-CC	4000.	6250.	13500.	30000.	45000.	—	—	—	—	—
1872-S	1725.	1775.	1950.	2850.	4750.	17500.	25000.	—	—	—
1873 Closed 3	1700.	1775.	1850.	2650.	3350.	11000.	—	—	—	260000.
1873 Open 3	1700.	1775.	1825.	1950.	2500.	4500.	12500.	50000.	135000.	
1873-CC	3500.	6000.	12500.	27500.	40000.	65000.	—	—	—	—
1873-S Closed 3	1700.	1725.	1775.	1950.	3000.	7500.	22500.	—	—	—
1873-S Open 3	1700.	1725.	2000.	4250.	9500.	—	—	—	—	—
1874	1700.	1725.	1775.	1950.	3000.	17500.	25000.	—	—	250000.
1874-CC	1800.	2250.	4000.	9000.	14000.	25000.	—	—	—	—
1874-S	1700.	1725.	1775.	2000.	2850.	10500.	25000.	—	—	—
1875	1700.	1725.	1750.	1850.	2100.	4500.	12500.	42500.	—	325000.
1875-CC	2000.	2250.	3250.	4500.	6000.	13500.	30000.	65000.	—	—
1875-S	1700.	1725.	1750.	1850.	2500.	7500.	20000.	42500.	—	—
1876	1700.	1710.	1750.	1800.	2250.	5000.	13500.	42500.	—	250000.
1876-CC	2000.	2500.	3500.	5750.	9500.	17500.	30000.	—	—	—
1876-S	1700.	1710.	1750.	1850.	2250.	4250.	13500.	45000.	—	—

TWENTY DOLLARS REVERSE

	VF-20	EF-40	AU-50	AU-58	MS-60	MS-62	MS-63	MS-64	MS-65	PF-65
1877	1700.	1725.	1740.	1800.	1950.	3500.	14000.	22500.	—	210000.
1877-CC	2250.	3250.	4500.	15000.	20000.	45000.	—	—	—	*
1877-S	1700.	1725.	1740.	1850.	2250.	4000.	20000.	—	—	*
1878	1700.	1725.	1740.	1800.	1950.	3250.	17500.	33500.	—	200000.
1878-CC	3500.	6000.	11000.	27500.	35000.	50000.	—	—	—	*
1878-S	1700.	1725.	1740.	1800.	1875.	6000.	27500.	45000.	—	*
1879	1700.	1725.	1740.	1950.	2250.	6500.	20000.	—	—	200000.
1879-CC	4250.	6000.	13500.	35000.	45000.	60000.	—	—	—	*
1879-O	27500.	40000.	52500.	95000.	140000.	—	—	—	—	*
1879-S	1700.	1725.	1740.	1800.	3000.	14500.	42500.	—	—	*
1880	1725.	1800.	2000.	2850.	5500.	13500.	25000.	—	—	200000.
1880-S	1700.	1725.	1740.	1800.	2000.	7500.	25000.	32500.	—	*
1881	15000.	26500.	40000.	60000.	80000.	—	—	—	—	215000.
1881-S	1700.	1725.	1740.	1800.	2100.	5000.	23500.	—	—	*
1882	13500.	47500.	105000.	155000.	175000.	200000.	—	—	—	250000.
1882-CC	1800.	2500.	3250.	6500.	12500.	28500.	65000.	—	—	*
1882-S	1700.	1725.	1740.	1850.	2000.	4000.	20000.	—	—	*
1883 Proof Only	—	—	—	—	—	*	*	*	*	250000.
1883-CC	2000.	2500.	3750.	6000.	8000.	17500.	30000.	—	—	*
1883-S	1700.	1725.	1740.	1800.	1900.	3000.	9750.	21000.	—	*
1884 Proof Only	—	—	—	—	—	*	*	*	*	250000.
1884-CC	1950.	2500.	3000.	5250.	6500.	16000.	22500.	—	—	*
1884-S	1700.	1725.	1740.	1900.	2000.	2750.	7500.	18500.	45000.	*
1885	15000.	22500.	42500.	62500.	75000.	90000.	—	—	—	125000.
1885-CC	3250.	5000.	8250.	17500.	23500.	42500.	—	—	—	*
1885-S	1700.	1725.	1740.	1800.	1900.	2750.	6250.	16500.	—	*
1886	25000.	50000.	85000.	110000.	—	—	—	—	—	125000.
1887 Proof Only	—	—	40000.	—	—	*	*	*	*	250000.
1887-S	1700.	1725.	1750.	1900.	2250.	5000.	19000.	37500.	—	*
1888	1700.	1725.	1740.	1800.	2000.	3500.	14500.	18500.	—	115000.
1888-S	1700.	1725.	1740.	1800.	2000.	3250.	5500.	13500.	45000.	—
1889	1700.	1725.	1740.	1800.	2000.	3250.	16500.	—	—	115000.
1889-CC	2000.	2500.	3500.	5750.	8000.	20000.	—	—	—	*
1889-S	1700.	1725.	1740.	1800.	1950.	3000.	7500.	22500.	—	*
1890	1700.	1725.	1740.	1800.	1900.	3750.	13500.	26000.	—	115000.
1890-CC	2000.	2500.	3000.	4750.	6000.	15000.	35000.	—	—	*

———— = Insufficient pricing data   * = None issued

	VF-20	EF-40	AU-50	AU-58	MS-60	MS-62	MS-63	MS-64	MS-65	PF-65
1890-S	1700.	1725.	1740.	1800.	1900.	2500.	8000.	16500.	—	*
1891	6000.	14000.	27500.	52500.	67500.	100000.	125000.	—	—	100000.
1891-CC	6000.	10000.	16500.	25000.	33500.	55000.	—	—	—	*
1891-S	1700.	1725.	1740.	1800.	1900.	2000.	3250.	7000.	—	*
1892	2250.	4000.	8000.	14000.	19500.	30000.	38500.	47500.	57500.	125000.
1892-CC	2250.	2650.	3650.	6000.	10000.	27500.	42500.	—	—	*
1892-S	1700.	1725.	1740.	1800.	1900.	2000.	4250.	9250.	—	*
1893	1700.	1725.	1740.	1800.	1900.	2000.	3250.	6500.	—	100000.
1893-CC	2100.	2500.	3500.	6000.	8000.	17500.	37500.	—	—	. *
1893-S	1700.	1725.	1740.	1800.	1900.	2100.	4500.	12500.	—	*
1894	1700.	1725.	1740.	1800.	1875.	2000.	3000.	5500.	22500.	100000.
1894-S	1700.	1725.	1740.	1800.	1875.	2000.	3000.	7000.	30000.	*
1895	1700.	1725.	1740.	1800.	1875.	1950.	2650.	3850.	26500.	100000.
1895-S	1700.	1725.	1740.	1800.	1875.	1950.	3000.	5500.	21000.	*
1896	1700.	1725.	1740.	1800.	1875.	1950.	2750.	4500.	21000.	95000.
1896-S	1700.	1725.	1740.	1800.	1875.	1950.	3000.	6000.	30000.	*
1897	1700.	1725.	1740.	1800.	1875.	1950.	2750.	3750.	24500.	95000.
1897-S	1700.	1725.	1740.	1800.	1875.	1950.	2750.	3750.	23500.	*
1898	1700.	1725.	1740.	1800.	1900.	2250.	5500.	13500.	—	85000.
1898-S	1700.	1725.	1740.	1800.	1875.	1950.	2750.	3250.	11000.	*
1899	1700.	1725.	1740.	1800.	1850.	1900.	2750.	3250.	12500.	82500.
1899-S	1700.	1725.	1740.	1800.	1850.	1900.	2750.	4000.	21000.	*
1900	1700.	1710.	1730.	1800.	1850.	1900.	2600.	3250.	6000.	77500.
1900-S	1700.	1710.	1730.	1800.	1875.	2000.	3000.	6500.	27500.	*
1901	1700.	1710.	1730.	1800.	1850.	1900.	2750.	3250.	6000.	77500.
1901-S	1700.	1710.	1730.	1800.	1850.	1900.	5000.	8500.	25000.	*
1902	1700.	1710.	1750.	2000.	2650.	4500.	14000.	26000.	—	77500.
1902-S	1700.	1710.	1730.	1800.	1850.	1900.	4500.	13500.	31000.	*
1903	1700.	1710.	1730.	1800.	1850.	1900.	2750.	3250.	6000.	77500.
1903-S	1700.	1710.	1730.	1800.	1875.	2000.	3250.	4000.	15000.	*
1904	1700.	1710.	1730.	1800.	1850.	1900.	2500.	3250.	5000.	77500.
1904-S	1700.	1710.	1730.	1800.	1850.	2100.	2650.	3250.	6000.	*
1905	1700.	1710.	1800.	2250.	2750.	5750.	17500.	32500.	—	77500.
1905-S	1700.	1710.	1730.	1800.	1900.	2000.	4750.	6250.	24000.	*
1906	1700.	1710.	1730.	1800.	2250.	3750.	8500.	16000.	29000.	77500.
1906-D	1700.	1710.	1730.	1800.	1875.	2000.	4500.	5750.	23500.	*
1906-S	1700.	1710.	1730.	1800.	1950.	2000.	3250.	5000.	25000.	*
1907	1700.	1710.	1730.	1800.	1850.	1900.	2650.	3250.	10500.	80000.
1907-D	1700.	1710.	1730.	1800.	1850.	1900.	3500.	5000.	12500.	*
1907-S	1700.	1710.	1730.	1800.	1850.	1900.	3350.	5000.	26500.	*

—— = Insufficient pricing data

Saint-Gaudens $20 double eagle

Date of authorization:	March 3, 1849
Dates of issue:	1907-1933
Designer:	Augustus Saint-Gaudens
Engraver:	Charles Barber
Diameter:	34.29 mm/1.35 inches
Weight:	33.47 grams/1.07 ounce
Metallic Content:	90% gold, 10% copper
Specific gravity:	17.16
Weight of pure gold:	30.09 grams/0.97 ounce
Edge:	Lettered (E PLURIBUS UNUM, with stars dividing words)
Mint mark:	Obverse above date

	VF-20	EF-40	AU-50	AU-58	MS-60	MS-62	MS-63	MS-64	MS-65	PF-65
NO MOTTO ON REVERSE										
1907 Extremely High Relief, Roman Numerals, Plain Edge, Proof Only, Unique										
	*	*	*	*	*	*	*	*	*	*
1907 Extremely High Relief, Roman Numerals, Lettered Edge, Proof Only										
	*	*	*	*	*	*	*	*	*	—
1907 High Relief, Roman Numerals, Wire Rim										
	10250.	10500.	13000.	15500.	18500.	25000.	30000.	40000.	52500.	77500.
1907 High Relief, Roman Numerals, Flat Rim										
	10750.	11000.	13000.	16000.	20000.	26500.	32500.	42500.	57500.	77500.
1907	1700.	1710.	1730.	1775.	1800.	2000.	2350.	3000.	4750.	*
1908	1700.	1710.	1730.	1775.	1800.	2000.	2150.	2350.	2850.	*
1908-D	1700.	1710.	1730.	1775.	1800.	2000.	2250.	2650.	11000.	*
MOTTO ON REVERSE										
1908	1700.	1710.	1730.	1775.	1800.	2000.	2250.	6000.	22500.	75000.
1908 Satin Proof	*	*	*	*	*	*	*	*	*	—
1908-D	1700.	1710.	1730.	1775.	1800.	2000.	2250.	2750.	8000.	*
1908-S	3000.	3850.	6000.	8500.	12500.	19000.	25000.	37500.	55000.	*
1909/8	1700.	1725.	1800.	2350.	2750.	4000.	6000.	17500.	42500.	*
1909	1700.	1710.	1730.	1775.	1800.	2500.	3500.	8500.	50000.	75000.
1909-D	1700.	1710.	1730.	2000.	3500.	5250.	8500.	16500.	60000.	*
1909-S	1700.	1710.	1730.	1775.	1800.	2000.	2250.	2500.	8250.	*

———— = Insufficient pricing data   * = None issued

SAINT-GAUDENS $20 DOUBLE EAGLE (CONTINUED)

	VF-20	EF-40	AU-50	AU-58	MS-60	MS-62	MS-63	MS-64	MS-65	PF-65
1910	1700.	1710.	1730.	1775.	1800.	2000.	2250.	2650.	9500.	75000.
1910-D	1700.	1710.	1730.	1775.	1800.	2000.	2250.	2500.	3750.	*
1910-S	1700.	1710.	1730.	1775.	1800.	2000.	2300.	3000.	10500.	*
1911	1700.	1710.	1730.	1775.	1800.	2000.	2850.	6250.	23500.	75000.
1911-D	1700.	1710.	1730.	1775.	1800.	2000.	2250.	2500.	3250.	*
1911-S	1700.	1710.	1730.	1775.	1800.	2000.	2250.	3000.	7250.	*
1912	1700.	1710.	1730.	1800.	1875.	2000.	2500.	7750.	32500.	75000.
1913	1700.	1710.	1730.	1775.	1800.	2000.	3000.	8000.	57500.	75000.
1913-D	1700.	1710.	1730.	1775.	1800.	2000.	25250.	2850.	6000.	*
1913-S	1700.	1710.	1750.	2000.	2250.	3500.	4750.	7500.	42500.	*
1914	1700.	1710.	1730.	1775.	1825.	2350.	3750.	6250.	30000.	75000.
1914-D	1700.	1710.	1730.	1775.	1800.	2100.	2250.	2500.	3500.	*
1914-S	1700.	1710.	1730.	1775.	1800.	2000.	2250.	2500.	3250.	*
1915	1700.	1710.	1730.	1775.	1800.	2000.	2850.	6750.	32500.	75000.
1915-S	1700.	1710.	1730.	1775.	1800.	2000.	2250.	2500.	3500.	*
1916-S	1700.	1710.	1730.	1775.	1800.	2000.	2250.	2500.	3250.	*
1920	1700.	1710.	1730.	1775.	1800.	2000.	2500.	5750.	—	*
1920-S	16500.	22500.	30000.	42500.	52500.	80000.	115000.	185000.	375000.	*
1921	40000.	47500.	60000.	87500.	115000.	165000.	290000.	425000.	—	*
1922	1700.	1710.	1730.	1775.	1800.	2000.	2250.	2500.	7500.	*
1922-S	1700.	1710.	1750.	1900.	2750.	4000.	6000.	12500.	60000.	*
1923	1700.	1710.	1730.	1775.	1800.	2000.	2250.	2500.	7500.	*
1923-D	1700.	1710.	1730.	1775.	1800.	2000.	2250.	2500.	3250.	*
1924	1700.	1710.	1730.	1775.	1800.	2000.	2250.	2500.	3000.	*
1924-D	1800.	1875.	2250.	3250.	4500.	6250.	11000.	17500.	125000.	*
1924-S	1800.	1850.	2250.	3250.	4350.	6750.	12500.	26500.	190000.	*
1925	1700.	1710.	1730.	1775.	1800.	2000.	2250.	2500.	3000.	*
1925-D	2000.	2250.	3000.	3500.	5000.	7750.	13000.	22500.	—	*
1925-S	2500.	3000.	4250.	8500.	10500.	16500.	32500.	57500.	200000.	*
1926	1700.	1710.	1730.	1775.	1800.	2000.	2250.	2500.	3000.	*
1926-D	11500.	12500.	15000.	16500.	17500.	22500.	27500.	80000.	—	*
1926-S	1750.	1850.	2000.	2500.	3250.	4500.	6000.	11500.	35000.	*
1927	1700.	1710.	1730.	1775.	1800.	2000.	2250.	2500.	3000.	*
1927-D	—	—	—	—	—	850000.	1500000.	1800000.	2000000.	*
1927-S	8250.	10000.	15000.	22500.	25000.	40000.	50000.	80000.	150000.	*
1928	1700.	1710.	1730.	1775.	1800.	2000.	2250.	2500.	3000.	*
1929	8500.	12500.	17500.	20000.	22500.	35000.	45000.	65000.	115000.	*
1930-S	32500.	45000.	52500.	65000.	75000.	90000.	110000.	175000.	250000.	*
1931	13000.	16000.	22500.	30000.	42500.	62500.	77500.	90000.	120000.	*
1931-D	10000.	14500.	25000.	32500.	47500.	62500.	72500.	85000.	137500.	*
1932	14000.	17000.	20000.	25000.	30000.	37500.	75000.	87500.	100000.	*

1933 One authorized for private ownership; sold for $7.59 million in July 2002.

—— = Insufficient pricing data

Saint-Gaudens Ultra-High Relief gold $20 coin

Date of authorization: March 3, 1849 (Treasury approval in 2008)

Date of issue: 2009

Designers: Obverse: Augustus Saint-Gaudens
Reverse: Augustus Saint-Gaudens

Engraver: Saint-Gaudens (model of plaster cast was scanned into a computer)

Diameter: 27 mm/1.07 inches

Weight: 1 ounce

Metallic Content: .9999 fine gold

Specific gravity: 19.32

Weight of pure gold: 1 ounce

Edge: E✶P✶L✶U✶R✶I✶B✶U✶S✶U✶N✶U✶M✶

Mint mark: None

	MS-65	MS-69	MS-70
2009	2350.	2650.	2900.

First Spouse gold $10 coin

2007

Date of authorization:	December 22, 2005
Dates of issue:	2007-present
Designers:	Obverse: Differs for each issue
	Reverse: Differs for each issue
Engraver:	Differs for each issue
Diameter:	27 mm/1.07 inches
Weight:	half ounce
Metallic Content:	.999 fine gold
Specific gravity:	19.32
Weight of pure gold:	half ounce
Edge:	Reeded
Mint mark:	Obverse, below date, W

2008

	MS-69	MS-70	PF-69DC	PF-70DC
$10 GOLD				
2007-W Martha Washington	825.	850.	850.	875.
2007-W Abigail Adams	825.	850.	850.	875.
2007-W Draped Bust Liberty	825.	850.	850.	875.
2007-W Dolley Madison	825.	850.	850.	875.
2008-W Elizabeth Monroe	1200.	1400.	1300.	1500.
2008-W Louisa Adams	1200.	1400.	1250.	1500.
2008-W Capped Bust Liberty	1200.	1800.	1600.	2000.
2008-W Seated Liberty	1200.	1850.	1400.	1900.

—— = Insufficient pricing data   * = None issued

2009

	MS-69	MS-70	PF-69DC	PF-70DC
2009-W Anna Harrison	1300.	1600.	1250.	1400.
2009-W Letitia Tyler	1300.	2000.	1400.	1800.
2009-W Julia Tyler	1400.	2500.	1600.	2000.
2009-W Sarah Polk	1200.	1300.	1200.	1500.
2009-W Margaret Taylor	1200.	1300.	1200.	1500.

—— = Insufficient pricing data   * = None issued

2010

	MS-69	MS-70	PF-69DC	PF-70DC
2010-W Abigail Fillmore	1000.	1200.	1100.	1250.
2010-W Jane Pierce	1200.	1350.	1250.	1400.
2010-W Coronet Liberty	1200.	1300.	1250.	1400.
2010-W Mary Lincoln	1000.	1100.	1050.	1150.

—— = Insufficient pricing data   * = None issued

2011

	MS-69	MS-70	PF-69DC	PF-70DC
2011-W Eliza Johnson	1000.	1100.	1050.	1150.
2011-W Julia Grant	—	—	—	—
2011-W Lucy Hayes	—	—	—	—
2011-W Lucretia Garfield	—	—	—	—

——— = Insufficient pricing data   * = None issued

Commemorative coins 1892-1954

	VF-20	EF-40	AU-50	AU-58	MS-60	MS-63	MS-64	MS-65	MS-66
WORLD'S COLUMBIAN EXPOSITION									
1893 Isabella quarter dollar	—	450.	500.	550.	600.	700.	800.	2750.	5800.
1892 silver half dollar	17.	18.	21.	27.	32.	90.	140.	500.	1100.
1893 silver half dollar	17.	18.	20.	25.	30.	85.	150.	425.	1000.
LAFAYETTE MONUMENT									
1900 silver dollar	—	500.	700.	—	1000.	2000.	3500.	9500.	18000.
LOUISIANA PURCHASE EXPOSITION									
1903 Jefferson gold dollar	—	600.	650.	—	700.	1100.	1500.	2200.	3000.
1903 McKinley gold dollar	—	625.	675.	—	725.	1100.	1700.	2000.	2500.
LEWIS & CLARK EXPEDITION									
1904 gold dollar	—	950.	1000.	—	1200.	1800.	3500.	9000.	13000.
1905 gold dollar	—	1100.	1200.	—	1500.	2500.	4300.	14000.	25000.
PANAMA-PACIFIC INTERNATIONAL EXPOSITION									
1915-S silver half dollar	200.	250.	475.	525.	575.	850.	1200.	2500.	4300.
1915-S gold dollar	—	600.	625.	—	700.	750.	900.	1400.	2800.
1915-S gold $2.50	—	1400.	1550.	—	2000.	3800.	5000.	6000.	7500.
1915-S gold $50 Round	—	50000.	60000.	—	70000.	85000.	100000.	150000.	200000.
1915-S gold $50 Octagonal	—	50000.	60000.	—	65000.	80000.	95000.	140000.	250000.
MCKINLEY MEMORIAL									
1916 gold dollar	—	550.	575.	—	625.	700.	900.	1500.	2000.
1917 gold dollar	—	650.	700.	—	750.	1100.	1200.	2500.	4500.
ILLINOIS CENTENNIAL									
1918 silver half dollar	110.	125.	140.	150.	160.	175.	200.	550.	775.
MAINE CENTENNIAL									
1920 silver half dollar	100.	110.	125.	140.	150.	200.	260.	450.	700.
PILGRIM TERCENTENARY									
1920 silver half dollar	60.	75.	85.	95.	100.	125.	150.	375.	950.
1921 silver half dollar	100.	120.	170.	190.	225.	250.	275.	500.	900.
MISSOURI CENTENNIAL									
1921 silver half dollar, No 2*4	275.	350.	425.	480.	650.	900.	1300.	4000.	9000.
1921 silver half dollar, 2*4	300.	400.	650.	700.	750.	1000.	1600.	3800.	10000.
ALABAMA CENTENNIAL									
1921 silver half dollar, 2x2	150.	200.	350.	375.	400.	550.	700.	1500.	3800.
1921 silver half dollar, No 2x2	110.	150.	200.	225.	275.	425.	550.	1350.	3400.
GRANT MEMORIAL									
1922 silver half dollar, No Star	75.	90.	110.	125.	140.	175.	300.	725.	1200.
1922 silver half dollar, Star	500.	700.	900.	1100.	1300.	1800.	3500.	7500.	15000.
1922 gold dollar, Star	—	1500.	1600.	—	1650.	2100.	2700.	3200.	3500.
1922 gold dollar, No Star	—	1550.	1650.	—	1750.	2000.	2200.	2400.	3200.
MONROE DOCTRINE CENTENNIAL									
1923-S silver half dollar	35.	45.	60.	70.	75.	140.	300.	2000.	5500.
HUGUENOT-WALLOON TERCENTENARY									
1924 silver half dollar	90.	100.	120.	130.	140.	175.	200.	375.	950.
LEXINGTON-CONCORD SESQUICENTENNIAL									
1925 silver half dollar	70.	80.	90.	100.	110.	125.	140.	625.	1500.
STONE MOUNTAIN MEMORIAL									
1925 silver half dollar	40.	50.	60.	70.	75.	85.	175.	325.	400.

—— = Insufficient pricing data　　* = None issued

	VF-20	EF-40	AU-50	AU-58	MS-60	MS-63	MS-64	MS-65	MS-66
CALIFORNIA DIAMOND JUBILEE									
1925-S silver half dollar	150.	170.	200.	210.	240.	300.	475.	900.	1250.
FORT VANCOUVER CENTENNIAL									
1925 silver half dollar	260.	285.	315.	340.	375.	400.	500.	1200.	1400.
AMERICAN INDEPENDENCE SESQUICENTENNIAL									
1926 silver half dollar	50.	65.	90.	100.	110.	140.	400.	4300.	33000.
1926 gold $2.50	—	550.	600.	—	650.	800.	1400.	3000.	15000.
OREGON TRAIL MEMORIAL									
1926 silver half dollar	110.	130.	140.	150.	175.	190.	200.	310.	450.
1926-S silver half dollar	110.	130.	140.	150.	175.	190.	200.	310.	450.
1928 silver half dollar	200.	210.	230.	240.	250.	290.	310.	400.	500.
1933-D silver half dollar	320.	325.	360.	370.	380.	400.	500.	550.	700.
1934-D silver half dollar	180.	185.	200.	210.	225.	245.	250.	400.	650.
1936 silver half dollar	170.	175.	190.	200.	220.	235.	240.	350.	500.
1936-S silver half dollar	175.	185.	200.	210.	220.	240.	260.	375.	500.
1937-D silver half dollar	175.	185.	200.	210.	240.	250.	260.	375.	500.
1938 silver half dollar	130.	150.	160.	170.	200.	215.	220.	325.	500.
1938-D silver half dollar	130.	150.	160.	170.	200.	215.	220.	325.	500.
1938-S silver half dollar	130.	150.	160.	170.	200.	215.	220.	325.	500.
1939 silver half dollar	375.	380.	450.	470.	500.	550.	600.	700.	900.
1939-D silver half dollar	375.	380.	450.	470.	500.	550.	600.	700.	900.
1939-S silver half dollar	375.	380.	450.	470.	500.	550.	600.	700.	900.
VERMONT-BENNINGTON SESQUICENTENNIAL									
1927 silver half dollar	200.	225.	250.	265.	275.	300.	350.	900.	1200.
HAWAII DISCOVERY SESQUICENTENNIAL									
1928 silver half dollar	1400.	1500.	1700.	1900.	2500.	3400.	3800.	5750.	10500.
MARYLAND TERCENTENARY									
1934 silver half dollar	120.	135.	160.	170.	175.	190.	200.	375.	700.
TEXAS INDEPENDENCE CENTENNIAL									
1934 silver half dollar	110.	125.	140.	150.	160.	175.	180.	325.	375.
1935 silver half dollar	120.	150.	160.	170.	180.	200.	250.	350.	450.
1935-D silver half dollar	120.	150.	160.	170.	180.	200.	250.	350.	450.
1935-S silver half dollar	120.	150.	160.	170.	180.	200.	250.	350.	450.
1936 silver half dollar	120.	150.	160.	170.	180.	200.	250.	350.	450.
1936-D silver half dollar	120.	150.	160.	170.	180.	200.	250.	350.	475.
1936-S silver half dollar	120.	150.	160.	170.	180.	200.	250.	350.	475.
1937 silver half dollar	120.	150.	160.	170.	185.	210.	260.	360.	450.
1937-D silver half dollar	120.	150.	160.	170.	185.	210.	260.	360.	450.
1937-S silver half dollar	120.	150.	160.	170.	185.	210.	260.	360.	450.
1938 silver half dollar	180.	190.	250.	265.	300.	330.	350.	500.	700.
1938-D silver half dollar	180.	190.	250.	265.	300.	330.	350.	500.	700.
1938-S silver half dollar	180.	190.	250.	265.	300.	330.	350.	500.	700.
DANIEL BOONE BICENTENNIAL									
1934 silver half dollar	110.	125.	135.	145.	150.	160.	175.	275.	350.
1935 silver half dollar, Small 1934	120.	135.	150.	175.	175.	190.	200.	300.	600.
1935-D silver half dollar, Small 1934	225.	250.	350.	375.	400.	450.	475.	600.	1200.
1935-S silver half dollar, Small 1934	225.	250.	350.	375.	400.	450.	475.	600.	1300.
1935 silver half dollar	110.	125.	135.	145.	150.	160.	175.	275.	400.
1935-D silver half dollar	120.	135.	145.	155.	160.	170.	185.	290.	450.
1935-S silver half dollar	120.	135.	145.	155.	160.	170.	185.	290.	450.

COMMEMORATIVE COINS 1892-1954 (CONTINUED)

	VF-20	EF-40	AU-50	AU-58	MS-60	MS-63	MS-64	MS-65	MS-66
1936 silver half dollar	110.	125.	135.	145.	150.	160.	175.	275.	350.
1936-D silver half dollar	120.	135.	145.	155.	160.	170.	185.	290.	375.
1936-S silver half dollar	120.	135.	145.	155.	160.	170.	185.	290.	375.
1937 silver half dollar	110.	125.	135.	145.	150.	160.	175.	325.	350.
1937-D silver half dollar	175.	200.	300.	325.	350.	400.	475.	550.	650.
1937-S silver half dollar	175.	200.	300.	325.	350.	400.	475.	600.	750.
1938 silver half dollar	225.	250.	350.	375.	400.	450.	475.	500.	900.
1938-D silver half dollar	225.	250.	350.	375.	400.	450.	475.	500.	900.
1938-S silver half dollar	225.	250.	350.	375.	400.	450.	475.	600.	1000.

CONNECTICUT TERCENTENARY

	VF-20	EF-40	AU-50	AU-58	MS-60	MS-63	MS-64	MS-65	MS-66
1935 silver half dollar	200.	220.	240.	250.	270.	285.	310.	500.	850.

ARKANSAS CENTENNIAL

	VF-20	EF-40	AU-50	AU-58	MS-60	MS-63	MS-64	MS-65	MS-66
1935 silver half dollar	80.	100.	110.	120.	125.	140.	150.	225.	625.
1935-D silver half dollar	85.	110.	125.	135.	150.	175.	225.	300.	650.
1935-S silver half dollar	85.	110.	125.	135.	150.	175.	225.	300.	650.
1936 silver half dollar	80.	100.	110.	120.	125.	160.	175.	275.	800.
1936-D silver half dollar	80.	100.	110.	120.	125.	160.	175.	275.	850.
1936-S silver half dollar	80.	100.	110.	120.	125.	160.	175.	275.	850.
1937 silver half dollar	85.	110.	125.	135.	150.	175.	200.	325.	900.
1937-D silver half dollar	85.	110.	125.	135.	150.	175.	200.	325.	900.
1937-S silver half dollar	85.	110.	125.	135.	150.	175.	200.	400.	1200.
1938 silver half dollar	120.	150.	200.	225.	250.	275.	300.	700.	1500.
1938-D silver half dollar	120.	150.	200.	225.	250.	275.	300.	700.	1500.
1938-S silver half dollar	120.	150.	200.	225.	250.	275.	300.	800.	1800.
1939 silver half dollar	200.	250.	400.	435.	450.	500.	550.	1100.	3000.
1939-D silver half dollar	200.	250.	400.	435.	450.	500.	550.	1000.	2200.
1939-S silver half dollar	200.	250.	400.	435.	450.	500.	550.	1000.	2200.

ARKANSAS-ROBINSON

	VF-20	EF-40	AU-50	AU-58	MS-60	MS-63	MS-64	MS-65	MS-66
1936 silver half dollar	125.	140.	160.	165.	175.	190.	225.	375.	650.

HUDSON, NY, SESQUICENTENNIAL

	VF-20	EF-40	AU-50	AU-58	MS-60	MS-63	MS-64	MS-65	MS-66
1935 silver half dollar	600.	725.	775.	825.	900.	1150.	1400.	2000.	3000.

CALIFORNIA-PACIFIC EXPOSITION (SAN DIEGO)

	VF-20	EF-40	AU-50	AU-58	MS-60	MS-63	MS-64	MS-65	MS-66
1935-S silver half dollar	75.	80.	90.	100.	115.	125.	130.	160.	375.
1936-D silver half dollar	80.	85.	95.	105.	140.	145.	150.	200.	325.

OLD SPANISH TRAIL

	VF-20	EF-40	AU-50	AU-58	MS-60	MS-63	MS-64	MS-65	MS-66
1935 silver half dollar	1000.	1100.	1200.	1300.	1350.	1550.	1700.	2000.	2200.

PROVIDENCE, RI, TERCENTENARY

	VF-20	EF-40	AU-50	AU-58	MS-60	MS-63	MS-64	MS-65	MS-66
1936 silver half dollar	80.	85.	95.	100.	115.	125.	130.	250.	500.
1936-D silver half dollar	95.	100.	110.	120.	135.	150.	160.	300.	550.
1936-S silver half dollar	95.	100.	110.	120.	135.	150.	160.	300.	550.

CLEVELAND CENTENNIAL AND GREAT LAKES EXPO

	VF-20	EF-40	AU-50	AU-58	MS-60	MS-63	MS-64	MS-65	MS-66
1936 silver half dollar	90.	100.	125.	135.	140.	150.	160.	175.	400.

WISCONSIN TERRITORIAL CENTENNIAL

	VF-20	EF-40	AU-50	AU-58	MS-60	MS-63	MS-64	MS-65	MS-66
1936 silver half dollar	175.	200.	225.	245.	250.	260.	270.	350.	450.

CINCINNATI MUSIC CENTER

	VF-20	EF-40	AU-50	AU-58	MS-60	MS-63	MS-64	MS-65	MS-66
1936 silver half dollar	250.	265.	275.	285.	290.	325.	475.	700.	1800.
1936-D silver half dollar	250.	265.	275.	285.	290.	325.	475.	700.	1800.
1936-S silver half dollar	250.	265.	275.	285.	290.	325.	475.	700.	1800.

LONG ISLAND TERCENTENARY

	VF-20	EF-40	AU-50	AU-58	MS-60	MS-63	MS-64	MS-65	MS-66
1936 silver half dollar	70.	85.	95.	105.	110.	120.	125.	360.	800.

—— = Insufficient pricing data   * = None issued

	VF-20	EF-40	AU-50	AU-58	MS-60	MS-63	MS-64	MS-65	MS-66
YORK COUNTY, MAINE, TERCENTENARY									
1936 silver half dollar	150.	200.	220.	230.	235.	250.	275.	325.	400.
BRIDGEPORT, CT, CENTENNIAL									
1936 silver half dollar	120.	125.	135.	145.	155.	180.	185.	300.	420.
LYNCHBURG, VA, SESQUICENTENNIAL									
1936 silver half dollar	200.	235.	250.	265.	275.	300.	325.	350.	550.
ALBANY, NY, CHARTER 250TH ANNIVERSARY									
1936 silver half dollar	240.	275.	290.	310.	315.	325.	330.	400.	600.
ELGIN, IL, PIONEER MEMORIAL									
1936 silver half dollar	175.	200.	225.	235.	240.	250.	260.	350.	550.
SAN FRANCISCO - OAKLAND BAY BRIDGE									
1936-S silver half dollar	120.	145.	155.	165.	175.	185.	200.	350.	525.
COLUMBIA, SC, SESQUICENTENNIAL									
1936 silver half dollar 150th	225.	250.	260.	270.	275.	290.	300.	325.	375.
1936-D silver half dollar 150th	225.	250.	260.	270.	275.	290.	300.	325.	400.
1936-S silver half dollar 150th	225.	250.	260.	270.	275.	290.	300.	325.	400.
DELAWARE TERCENTENARY									
1936 silver half dollar	210.	225.	240.	250.	260.	280.	290.	450.	750.
BATTLE OF GETTYSBURG 75TH ANNIVERSARY									
1936 silver half dollar	340.	380.	425.	435.	450.	470.	500.	900.	1200.
NORFOLK, VA, BICENTENNIAL & TERCENTENARY									
1936 silver half dollar	350.	360.	400.	420.	450.	475.	485.	525.	625.
ROANOKE COLONIZATION 350TH ANNIVERSARY									
1937 silver half dollar	200.	225.	250.	260.	265.	275.	280.	340.	425.
BATTLE OF ANTIETAM 75TH ANNIVERSARY									
1937 silver half dollar	550.	600.	660.	700.	725.	775.	800.	875.	1100.
NEW ROCHELLE, NY, 250TH ANNIVERSARY									
1938 silver half dollar	320.	340.	350.	360.	375.	400.	410.	550.	750.
IOWA STATEHOOD CENTENNIAL									
1946 silver half dollar	90.	110.	115.	120.	125.	130.	135.	140.	225.
BOOKER T. WASHINGTON MEMORIAL									
1946 silver half dollar	17.	17.	17.	18.	20.	23.	25.	55.	165.
1946-D silver half dollar	17.	20.	25.	28.	30.	35.	45.	85.	225.
1946-S silver half dollar	17.	17.	18.	20.	22.	25.	30.	65.	185.
1947 silver half dollar	20.	25.	30.	40.	45.	65.	75.	100.	800.
1947-D silver half dollar	25.	28.	35.	45.	50.	70.	85.	110.	900.
1947-S silver half dollar	20.	25.	30.	40.	45.	65.	75.	100.	800.
1948 silver half dollar	24.	30.	45.	55.	65.	90.	100.	110.	450.
1948-D silver half dollar	24.	30.	45.	55.	65.	90.	100.	110.	480.
1948-S silver half dollar	24.	30.	45.	55.	65.	90.	100.	110.	450.
1949 silver half dollar	30.	40.	80.	90.	100.	110.	120.	130.	250.
1949-D silver half dollar	30.	40.	80.	90.	100.	110.	120.	130.	250.
1949-S silver half dollar	30.	40.	80.	90.	100.	110.	120.	130.	250.
1950 silver half dollar	30.	40.	80.	90.	100.	110.	120.	130.	275.
1950-D silver half dollar	30.	40.	80.	90.	100.	110.	120.	130.	275.
1950-S silver half dollar	17.	20.	25.	28.	30.	35.	45.	85.	225.
1951 silver half dollar	17.	18.	20.	23.	25.	32.	35.	75.	200.
1951-D silver half dollar	20.	25.	45.	55.	65.	90.	100.	110.	500.
1951-S silver half dollar	20.	25.	45.	55.	65.	90.	100.	110.	500.

—— = Insufficient pricing data   * = None issued

	VF-20	EF-40	AU-50	AU-58	MS-60	MS-63	MS-64	MS-65	MS-66
BOOKER T. WASHINGTON — GEORGE WASHINGTON CARVER									
1951 silver half dollar	17.	18.	25.	40.	50.	65.	75.	200.	1000.
1951-D silver half dollar	17.	20.	35.	50.	60.	75.	85.	225.	1200.
1951-S silver half dollar	17.	20.	35.	50.	60.	75.	85.	225.	1200.
1952 silver half dollar	17.	17.	16.	18.	20.	30.	50.	60.	450.
1952-D silver half dollar	17.	20.	35.	50.	60.	75.	85.	210.	600.
1952-S silver half dollar	17.	20.	35.	50.	60.	75.	85.	210.	600.
1953 silver half dollar	17.	20.	35.	50.	60.	75.	85.	210.	600.
1953-D silver half dollar	17.	20.	35.	50.	60.	75.	85.	210.	600.
1953-S silver half dollar	17.	17.	20.	27.	30.	40.	60.	100.	500.
1954 silver half dollar	17.	20.	30.	50.	60.	70.	85.	150.	600.
1954-D silver half dollar	17.	20.	30.	50.	60.	70.	85.	150.	600.
1954-S silver half dollar	17.	17.	20.	23.	25.	35.	55.	80.	500.

Commemorative coins 1982-2010

	MS-65	MS-69	PF-65	PF-69DC
WASHINGTON'S BIRTH 250TH ANNIVERSARY				
1982-D silver half dollar	14.	375.	*	*
1982-S silver half dollar	*	*	14.	25.
GAMES OF THE XXIII OLYMPIAD, LOS ANGELES				
1983-P silver dollar	37.	45.	*	*
1983-D silver dollar	37.	45.	*	*
1983-S silver dollar	37.	45.	37.	45.
1984-P silver dollar	37.	45.	*	*
1984-D silver dollar	37.	45.	*	*
1984-S silver dollar	37.	45.	37.	45.
1984-P gold $10 eagle	*	*	770.	800.
1984-D gold $10 eagle	*	*	770.	800.
1984-S gold $10 eagle	*	*	770.	800.
1984-W gold $10 eagle	770.	800.	770.	800.
STATUE OF LIBERTY - ELLIS ISLAND CENTENNIAL				
1986-D clad half dollar	5.00	16.	*	*
1986-S clad half dollar	*	*	5.00	16.
1986-P silver dollar	37.	45.	*	*
1986-S silver dollar	*	*	37.	45.
1986-W gold $5 half eagle	380.	395.	380.	395.
CONSTITUTION BICENTENNIAL				
1987-P silver dollar	37.	45.	*	*
1987-S silver dollar	*	*	37.	45.
1987-W gold $5 half eagle	380.	395.	380.	395.
GAMES OF THE XXIV OLYMPIAD, CALGARY, SEOUL				
1988-D silver dollar	37.	45.	*	*
1988-S silver dollar	*	*	37.	45.
1988-W gold $5 half eagle	380.	395.	380.	395.
BICENTENNIAL OF CONGRESS				
1989-D clad half dollar	8.00	19.	*	*
1989-S clad half dollar	*	*	8.00	20.
1989-P silver dollar	37.	45.	*	*
1989-S silver dollar	*	*	37.	45.
1989-W gold $5 half eagle	380.	395.	380.	395.

—— = Insufficient pricing data   * = None issued

	MS-65	MS-69	PF-65	PF-69DC
EISENHOWER BIRTH CENTENNIAL				
1990-W silver dollar	37.	45.	*	*
1990-P silver dollar	*	*	37.	45.
MOUNT RUSHMORE 50TH ANNIVERSARY				
1991-D clad half dollar	18.	27.	*	*
1991-S clad half dollar	*	*	16.	25.
1991-P silver dollar	37.	45.	*	*
1991-S silver dollar	*	*	37.	45.
1991-W gold $5 half eagle	380.	395.	380.	395.
KOREAN WAR 38TH ANNIVERSARY				
1991-D silver dollar	37.	45.	*	*
1991-P silver dollar	*	*	37.	45.
UNITED SERVICE ORGANIZATIONS 50TH ANNIVERSARY				
1991-D silver dollar	37.	45.	*	*
1991-S silver dollar	*	*	37.	45.
GAMES OF THE XXV OLYMPIAD, ALBERTVILLE, BARCELONA				
1992-P clad half dollar	9.00	20.	*	*
1992-S clad half dollar	*	*	10.	20.
1992-D silver dollar	37.	45.	*	*
1992-S silver dollar	*	*	37.	45.
1992-W gold $5 half eagle	380.	395.	380.	395.
WHITE HOUSE BICENTENNIAL				
1992-D silver dollar	37.	45.	*	*
1992-W silver dollar	*	*	37.	45.
COLUMBUS DISCOVERY QUINCENTENNIAL				
1992-D clad half dollar	12.	22.	*	*
1992-S clad half dollar	*	*	11.	22.
1992-P silver dollar	*	*	37.	45.
1992-D silver dollar	37.	45.	*	*
1992-W gold $5 half eagle	380.	395.	380.	395.
BILL OF RIGHTS - JAMES MADISON				
1993-W silver half dollar	18.	30.	*	*
1993-S silver half dollar	*	*	16.	30.
1993-D silver dollar	37.	45.	*	*
1993-S silver dollar	*	*	37.	45.
1993-W gold $5 half eagle	390.	405.	380.	395.
WORLD WAR II 50TH ANNIVERSARY, DUAL DATES 1991-1995				
(1993)-P clad half dollar	18.	30.	18.	30.
(1993)-D silver dollar	37.	45.	*	*
(1993)-W silver dollar	*	*	37.	47.
(1993)-W gold $5 half eagle	400.	415.	380.	395.
SOCCER WORLD CUP				
1994-D clad half dollar	9.00	20.	*	*
1994-P clad half dollar	*	*	9.00	20.
1994-D silver dollar	37.	45.	*	*
1994-S silver dollar	*	*	37.	45.
1994-W gold $5 half eagle	380.	395.	380.	395.
THOMAS JEFFERSON 250TH ANNIVERSARY 1743-1993				
(1994)-P silver dollar	37.	45.	*	*
(1994)-S silver dollar	*	*	37.	45.

———— = Insufficient pricing data   * = None issued

	MS-65	MS-69	PF-65	PF-69DC
WOMEN IN MILITARY SERVICE MEMORIAL				
1994-W silver dollar	37.	45.	*	*
1994-P silver dollar	*	*	37.	45.
VIETNAM VETERANS' MEMORIAL				
1994-W silver dollar	70.	80.	*	*
1994-P silver dollar	*	*	65.	75.
PRISONER OF WAR MUSEUM				
1994-W silver dollar	80.	100.	*	*
1994-P silver dollar	*	*	40.	55.
UNITED STATES CAPITOL BICENTENNIAL				
1994-D silver dollar	37.	45.	*	*
1994-S silver dollar	*	*	37.	45.
CIVIL WAR BATTLEFIELDS				
1995-S clad half dollar	38.	48.	35.	45.
1995-P silver dollar	65.	75.	*	*
1995-S silver dollar	*	*	65.	75.
1995-W gold $5 half eagle	900.	1000.	400.	415.
SPECIAL OLYMPICS WORLD GAMES				
1995-W silver dollar	37.	45.	*	*
1995-P silver dollar	*	*	37.	50.
GAMES OF THE XXVI OLYMPIAD, ATLANTA				
1995-S Basketball clad half dollar	20.	30.	20.	30.
1995-S Baseball clad half dollar	20.	30.	20.	30.
1996-S Swimming clad half dollar	140.	165.	35.	45.
1996-S Soccer clad half dollar	135.	155.	90.	105.
1995-D Gymnastics silver dollar	55.	70.	*	*
1995-P Gymnastics silver dollar	*	*	45.	60.
1995-D Cycling silver dollar	130.	155.	*	*
1995-P Cycling silver dollar	*	*	45.	60.
1995-D Track & Field silver dollar	90.	115.	*	*
1995-P Track & Field silver dollar	*	*	45.	60.
1995-D Paralympic, blind runner silver dollar	70.	85.	*	*
1995-P Paralympic, blind runner silver dollar	*	*	50.	65.
1996-D Tennis silver dollar	260.	300.	*	*
1996-P Tennis silver dollar	*	*	80.	105.
1996-D Rowing silver dollar	290.	320.	*	*
1996-P Rowing silver dollar	*	*	60.	80.
1996-D High Jump silver dollar	300.	350.	*	*
1996-P High Jump silver dollar	*	*	50.	70.
1996-D Paralympic, wheelchair athlete silver dollar	300.	350.	*	*
1996-P Paralympic, wheelchair athlete silver dollar	*	*	70.	90.
1995-W Torch Runner gold $5 half eagle	900.	1000.	380.	395.
1995-W Atlanta Stadium gold $5 half eagle	2000.	2250.	410.	425.
1996-W Olympic Flame brazier gold $5 half eagle	2200.	2550.	475.	525.
1996-W Flagbearer gold $5 half eagle	2100.	2400.	475.	525.

——— = Insufficient pricing data   * = None issued

	MS-65	MS-69	PF-65	PF-69DC
NATIONAL COMMUNITY SERVICE				
1996-S silver dollar	190.	210.	60.	75.
SMITHSONIAN INSTITUTION 150TH ANNIVERSARY				
1996-D silver dollar	120.	135.	*	*
1996-P silver dollar	*	*	50.	60.
1996-W gold $5 half eagle	825.	900.	400.	425.
U.S. BOTANIC GARDEN				
1997-P silver dollar	40.	50.	40.	50.
FRANKLIN DELANO ROOSEVELT				
1997-W gold $5 half eagle	1100.	1300.	380.	395.
NATIONAL LAW ENFORCEMENT OFFICERS MEMORIAL				
1997-P silver dollar	140.	155.	85.	95.
JACKIE ROBINSON				
1997-S silver dollar	85.	100.	100.	115.
1997-W gold $5 half eagle	3750.	4250.	550.	625.
BLACK REVOLUTIONARY WAR PATRIOTS				
1998-S silver dollar	140.	150.	90.	100.
ROBERT F. KENNEDY				
1998-S silver dollar	37.	45.	45.	60.
GEORGE WASHINGTON				
1999-W gold $5 half eagle	380.	400.	380.	395.
YELLOWSTONE NATIONAL PARK				
1999-P silver dollar	48.	58.	40.	50.
DOLLEY MADISON				
1999-P silver dollar	40.	50.	37.	45.
LIBRARY OF CONGRESS BICENTENNIAL				
2000-P silver dollar	37.	47.	37.	45.
2000-W platinum and gold ringed bimetallic $10 eagle	4000.	4350.	1200.	1350.
LEIF ERICSON MILLENNIUM				
2000-P silver dollar	80.	95.	60.	75.
AMERICAN BUFFALO				
2001-D silver dollar	160.	185.	*	*
2001-P silver dollar	*	*	170.	195.
CAPITOL VISITOR CENTER				
2001-P half dollar	15.	25.	16.	26.
2001-P silver dollar	37.	45.	37.	47.
2001-W gold $5 half eagle	2650.	3000.	380.	395.
U.S. MILITARY ACADEMY BICENTENNIAL				
2002-W silver dollar	37.	45.	37.	45.
SALT LAKE CITY OLYMPIC GAMES				
2002-P silver dollar	37.	45.	37.	47.
2002-W gold $5 half eagle	425.	450.	400.	425.
FIRST FLIGHT CENTENNIAL				
2003-P clad half dollar	16.	26.	18.	28.
2003-P silver dollar	37.	45.	37.	45.
2003-W gold $10 eagle	850.	880.	770.	800.

——— = Insufficient pricing data   * = None issued

	MS-65	MS-69	PF-65	PF-69DC
LEWIS & CLARK BICENTENNIAL				
2004-P silver dollar	37.	45.	37.	45.
THOMAS ALVA EDISON				
2004-P silver dollar	37.	45.	37.	45.
CHIEF JUSTICE JOHN MARSHALL				
2005-P silver dollar	37.	45.	37.	45.
MARINE CORPS 230TH ANNIVERSARY				
2005-P silver dollar	40.	50.	45.	55.
BENJAMIN FRANKLIN TERCENTENARY				
2006-P Scientist silver dollar	37.	45.	42.	55.
2006-P Founding Father silver dollar	37.	45.	40.	50.
SAN FRANCISCO OLD MINT				
2006-S silver dollar	39.	45.	37.	45.
2006-S gold $5 half eagle	380.	395.	380.	395.
JAMESTOWN (VA.) QUADRICENTENNIAL				
2007-P silver dollar	37.	45.	37.	45.
2007-W gold $5 half eagle	380.	395.	380.	395.
LITTLE ROCK CENTRAL HIGH SCHOOL DESEGREGATION 50TH ANNIVERSARY				
2007-P silver dollar	37.	48.	37.	48.
BALD EAGLE				
2008-S clad half dollar	12.	22.	14.	24.
2008-P silver dollar	37.	45.	37.	50.
2008-W gold $5 half eagle	380.	395.	380.	395.
ABRAHAM LINCOLN BICENTENNIAL				
2009-P silver dollar	55.	—	63.	80.
LOUIS BRAILLE BICENTENNIAL				
2009-P silver dollar	37.	48.	37.	50.
AMERICAN VETERANS DISABLED FOR LIFE				
2010-W silver dollar	38.	45.	37.	45.
BOY SCOUTS OF AMERICA CENTENNIAL				
2010-P silver dollar	37.	45.	38.	45.
MEDAL OF HONOR				
2011-S silver dollar	—	—	*	*
2011-P silver dollar	*	*	—	—
2011-P gold $5 half eagle	—	—	*	*
2011-W gold $5 half eagle	*	*	—	—
UNITED STATES ARMY				
2011-D clad half dollar	—	—	*	*
2011-S clad half dollar	*	*	—	—
2011-S silver dollar	—	—	*	*
2011-P silver dollar	*	*	—	—
2011-P gold $5 half eagle	—	—	*	*
2011-W gold $5 half eagle	*	*	—	—

—— = Insufficient pricing data   * = None issued

Proof sets

	Low	High
1936	6700.	8000.
1937	3700.	4500.
1938	1700.	2500.
1939	1600.	2400.
1940	1400.	1800.
1941	1400.	1800.
1942 5-piece	1200.	1500.
1942 6-piece	1300.	1800.
1950	650.	850.
1951	600.	725.
1952	275.	325.
1953	220.	270.
1954	100.	130.
1955 Flat	130.	170.
1956	38.	45.
1957	30.	35.
1958	35.	45.
1959	30.	35.
1960	28.	32.
1960 Small Date cent	35.	40.
1961	27.	30.
1962	27.	30.
1963	27.	30.
1964	27.	30.
1968-S	8.00	10.
1969-S	7.00	9.00
1970-S	9.00	12.
1970-S Level 7 Small Date cent		
	95.	110.
1971-S	6.00	8.00
1972-S	6.00	8.00
1973-S	8.00	11.
1974-S	9.00	12.
1975-S	9.00	12.
1976-S	8.00	11.
1976-S Bicentennial 3-piece	22.	26.
1977-S	7.00	9.00
1978-S	7.00	9.00
1979-S Filled S	7.00	9.00
1979-S Clear S	75.	95.
1980-S	5.00	7.00
1981-S Filled S	6.00	8.00
1981-S Clear S	290.	325.
1982-S	5.00	7.00
1983-S	5.00	7.00
1983-S Prestige	55.	60.
1984-S	6.00	8.00
1984-S Prestige	38.	42.
1985-S	5.00	7.00
1986-S	5.00	7.00
1986-S Prestige	38.	42.
1987-S	5.00	7.00
1987-S Prestige	38.	42.
1988-S	6.00	8.00
1988-S Prestige	36.	40.

	Low	High
1989-S	6.00	8.00
1989-S Prestige	40.	45.
1990-S	6.00	8.00
1990-S No S Lincoln cent	5150.	5750.
1990-S Prestige	40.	45.
1991-S	7.00	9.00
1991-S Prestige	50.	55.
1992-S	6.00	8.00
1992-S Prestige	45.	50.
1992-S Silver	29.	33.
1992-S Silver Premier	30.	35.
1993-S	7.00	10.
1993-S Prestige	55.	60.
1993-S Silver	33.	38.
1993-S Silver Premier	34.	39.
1994-S	7.00	9.00
1994-S Prestige	40.	45.
1994-S Silver	27.	32.
1994-S Silver Premier	28.	33.
1995-S	18.	21.
1995-S Prestige	110.	125.
1995-S Silver	60.	65.
1995-S Silver Premier	65.	70.
1996-S	9.00	12.
1996-S Prestige	270.	310.
1996-S Silver	30.	35.
1996-S Silver Premier	31.	36.
1997-S	16.	20.
1997-S Prestige	85.	105.
1997-S Silver	45.	50.
1997-S Silver Premier	50.	55.
1998-S	10.	13.
1998-S Silver	29.	33.
1998-S Silver Premier	30.	34.
1999-S 9 coin set	14.	18.
1999-S Quarters 5 coin set	11.	15.
1999-S Silver	135.	150.
2000-S 10 coin set	7.00	10.
2000-S Silver	60.	66.
2000-S Quarters	5.00	8.00
2001-S	22.	26.
2001-S Silver	60.	66.
2001-S Quarters	15.	18.
2002-S	10.	14.
2002-S Silver	55.	60.
2002-S Quarters	8.00	11.
2003-S	9.00	12.
2003-S Silver	55.	60.
2003-S Quarters	5.00	8.00
2004-S	11.	14.
2004-S Silver	55.	60.
2004-S Quarters	6.00	8.00
2004-S Silver Quarters	37.	42.
2005-S	6.00	9.00

—— = Insufficient pricing data   * = None issued

PROOF SETS (CONTINUED)

	Low	High
2005-S Silver	60.	65.
2005-S Quarters	5.00	8.00
2005-S Silver Quarters	36.	40.
2006-S	11.	14.
2006-S Silver	60.	66.
2006-S Quarters	7.00	9.00
2006-S Silver Quarters	38.	42.
2007-S	20.	24.
2007-S Silver	60.	65.
2007-S Quarters	7.00	9.00
2007-S Silver Quarters	40.	45.
2007-S Presidential Dollars	10.	13.
2008-S	50.	55.
2008-S Silver	63.	69.
2008-S Quarters	32.	36.
2008-S Silver Quarters	38.	42.
2008-S Presidential Dollars	16.	19.

	Low	High
2009-S	26.	30.
2009-S Silver	65.	72.
2009-S Quarters	11.	14.
2009-S Silver Quarters	45.	50.
2009-S Lincoln Cent 4-coin set	18.	22.
2009-S Presidential Dollars	7.00	9.00
2010-S	32.	32.
2010-S Silver	65.	65.
2010-S Quarters	15.	15.
2010-S Silver Quarters	40.	40.
2010-S Presidential Dollars	16.	16.
2011-S	32.	32.
2011-S Silver	68.	68.
2011-S Quarters	15.	15.
2011-S Silver Quarters	42.	42.
2011-S Presidential Dollars	20.	20.

Uncirculated Mint sets

	Low	High
1947 Double set	1300.	1500.
1948 Double set	700.	850.
1949 Double set	850.	1100.
1950 No Sets Issued	*	*
1951 Double set	825.	1000.
1952 Double set	750.	900.
1953 Double set	550.	700.
1954 Double set	240.	300.
1955 Double set	150.	200.
1956 Double set	145.	190.
1957 Double set	250.	290.
1958 Double set	135.	190.
1959 Single set	60.	70.
1960	55.	62.
1961	60.	66.
1962	55.	62.
1963	55.	62.
1964	55.	62.
1965 Special Mint Set	8.00	11.
1966 Special Mint Set	8.00	11.
1967 Special Mint Set	10.	13.
1968	7.00	9.00
1969	7.00	9.00
1970	13.	16.
1971	5.00	7.00
1972	5.00	7.00
1973	14.	18.
1974	7.00	9.00
1975	6.00	8.00
1976-S 3-piece 40% silver	20.	24.
1976	7.00	9.00
1977	8.00	10.

	Low	High
1978	6.00	8.00
1979	5.00	7.00
1980	7.00	9.00
1981	10.	13.
1984	5.00	7.00
1985	5.00	7.00
1986	10.	13.
1987	6.00	8.00
1988	6.00	8.00
1989	5.00	7.00
1990	5.00	7.00
1991	6.00	8.00
1992	6.00	8.00
1993	7.00	9.00
1994	6.00	8.00
1995	7.00	9.00
1996	16.	19.
1997	11.	14.
1998	6.00	8.00
1999	10.	13.
2000	11.	14.
2001	16.	19.
2002	19.	22.
2003	15.	18.
2004	22.	25.
2005	10.	13.
2006	14.	17.
2007	20.	24.
2008	50.	55.
2009	34.	38.
2010	32.	36.
2011	32.	32.

—— = Insufficient pricing data   * = None issued

American Eagle silver bullion

Date of authorization: Dec. 17, 1985
Dates of issue: 1986-present
Designers: Obverse: Adolph A. Weinman
Reverse: John Mercanti
Engravers: Obverse: Edgar Steever
Reverse: John Mercanti
Diameter: 40.10 mm/1.58 inches
Weight: 31.10 grams/1.00 ounce
Metallic Content: 100% silver (.999 fine)
Specific gravity: 10.5
Weight of pure silver: 31.10 grams/1.00 ounce
Edge: Reeded
Mint mark: Reverse left of eagle's tail
(none on bullion versions)

	MS-69	MS-70	PF-69DC	PF-70DC
1986 (S)	86.	697.	*	*
1986-S	*	*	70.	700.
1987 (S)	81.	2699.	*	*
1987-S	*	*	70.	1200.
1988 (S)	81.	3539.	*	*
1988-S	*	*	70.	600.
1989 (S or W)	81.	2699.	*	*
1989-S	*	*	70.	450.
1990 (S or W)	80.	934.	*	*
1990-S	*	*	70.	400.
1991 (S or W)	76.	2699.	*	*
1991-S	*	*	70.	600.
1992 (S or W)	76.	1797.	*	*
1992-S	*	*	70.	450.
1993 (S or W)	76.	3576.	*	*
1993-P	*	*	75.	4000.
1994 (S or W)	79.	1531.	*	*
1994-P	*	*	125.	2500.
1995 (S or W)	79.	807.	*	*

	MS-69	MS-70	PF-69DC	PF-70DC
1995-P	*	*	75.	600.
1995-W	*	*	3500.	11500.
1996 (S or W)	162.	7131.	*	*
1996-P	*	*	75.	650.
1997 (S or W)	79.	807.	*	*
1997-P	*	*	75.	625.
1998 (S or W)	75.	1058.	*	*
1998-P	*	*	70.	300.
1999 (S or W)	76.	7159.	*	*
1999-P	*	*	70.	450.
2000 (S or W)	75.	1797.	*	*
2000-P	*	*	70.	500.
2001 (W)	75.	853.	*	*
2001-W	*	*	70.	150.
2002 (W)	75.	354.	*	*
2002-W	*	*	70.	130.
2003 (W)	75.	216.	*	*
2003-W	*	*	70.	100.
2004 (W)	75.	202.	*	*

* = None issued

	MS-69	MS-70	PF-69DC	PF-70DC
2004-W	*	*	70.	100.
2005 (W)	75.	216.	*	*
2005-W	*	*	70.	100.
2006 (W)	75.	202.	*	*
2006-W Burnished Uncirculated	178.	896.	*	*
2006-W Proof	*	*	70.	100.
2006-P Reverse Proof	*	*	225.	525.
2007 (W)	75.	110.	*	*
2007-W Burnished Uncirculated	66.	171.	*	*
2007-W Proof	*	*	70.	100.

	MS-69	MS-70	PF-69DC	PF-70DC
2008 (W)	75.	123.	85.	100.
2008-W Burnished Uncirculated Rev. of 2007				
	940.	1294.	*	*
2008-W Burnished Uncirculated				
	89.	125.	*	*
2008-W Proof	*	*	70.	100.
2009 (W)	75.	100.	*	*
2010 (W)	75.	100.	*	*
2010-W Proof	*	*	70.	100.
2011 (S or W)	72.	100.	*	*
2011-W Burnished Uncirculated				
	—	—	*	*
2011-W Proof	*	*	—	—

American Eagle platinum bullion

Date of authorization:	Sept. 30, 1996
Dates of issue:	1997-present
Designers/Engravers:	Obverse: John Mercanti
	Reverse: Thomas D. Rogers Sr.
	(Unc. and 1997 Proof only)

Proof reverses from 1998 onward are changed each year.

Diameter:	$100: 32.70 mm/1.29 inches
	$50: 27.00 mm/1.07 inches
	$25: 22.00 mm/0.87 inch
	$10: 16.50 mm/0.65 inch
Weight:	$100: 31.12 grams/1.0005 ounce
	$50: 15.56 grams/0.5003 ounce
	$25: 7.78 grams/0.2501 ounce
	$10: 3.112 grams/0.1001 ounce
Metallic Content:	100% platinum (.9995 fine)
Specific gravity:	21.4
Weight of pure platinum:	$100: 1.00 ounce; $50: 0.50 ounce
	$25: 0.25 ounce; $10: 0.10 ounce
Edge:	Reeded
Mint mark:	Reverse, location varies
	(none on bullion versions)

	MS-69	MS-70	PF-69DC	PF-70DC
PLATINUM $10		**TENTH OUNCE**		
1997 (W)	227.	677.	*	*
1997-W	*	*	275.	450.
1998 (W)	227.	1004.	*	*
1998-W	*	*	275.	1300.
1999 (W)	227.	437.	*	*
1999-W	*	*	275.	450.
2000 (W)	227.	289.	*	*
2000-W	*	*	275.	350.
2001 (W)	227.	289.	*	*
2001-W	*	*	275.	400.
2002 (W)	227.	272.	*	*
2002-W	*	*	275.	350.
2003 (W)	227.	272.	*	*
2003-W	*	*	275.	450.
2004 (W)	227.	272.	*	*
2004-W	*	*	550.	1200.
2005 (W)	227.	276.	*	*
2005-W	*	*	300.	600.
2006 (W)	227.	272.	*	*
2006-W Burnished Uncirculated	—	—	*	*
2006-W Proof	*	*	275.	350.
2007 (W)	227.	272.	*	*
2007-W Burnished Uncirculated	259.	—	*	*
2007-W Proof	*	*	275.	350.
2008 (W)	227.	272.	*	*
2008-W Burnished Uncirculated	234.	434.	*	*
2008-W Proof	*	*	550.	600.
PLATINUM $25		**QUARTER OUNCE**		
1997 (W)	503.	—	*	*
1997-W	*	*	550.	1300.
1998 (W)	503.	891.	*	*
1998-W	*	*	550.	700.
1999 (W)	503.	2115.	*	*
1999-W	*	*	550.	700.
2000 (W)	503.	611.	*	*
2000-W	*	*	550.	700.
2001 (W)	503.	1722.	*	*
2001-W	*	*	550.	1000.
2002 (W)	503.	563.	*	*
2002-W	*	*	550.	700.
2003 (W)	503.	563.	*	*
2003-W	*	*	550.	700.
2004 (W)	503.	563.	*	*
2004-W	*	*	1100.	2500.
2005 (W)	503.	563.	*	*
2005-W	*	*	625.	1000.
2006 (W)	503.	581.	*	*
2006-W Burnished Uncirculated	—	—	*	*
2006-W Proof	*	*	550.	700.
2007 (W)	503.	581.	*	*
2007-W Burnished Uncirculated	530.	—	*	*
2007-W Proof	*	*	550.	700.
2008 (W)	503.	581.	*	*
2008-W Burnished Uncirculated	525.	800.	*	*
2008-W Proof	*	*	950.	1100.
PLATINUM $50		**HALF OUNCE**		
1997 (W)	977.	1134.	*	*
1997-W	*	*	1100.	1300.
1998 (W)	977.	1012.	*	*
1998-W	*	*	1100.	1300.
1999 (W)	977.	—	*	*
1999-W	*	*	1100.	1300.
2000 (W)	977.	—	*	*
2000-W	*	*	1100.	1300.
2001 (W)	977.	—	*	*
2001-W	*	*	1100.	1300.
2002 (W)	977.	1283.	*	*
2002-W	*	*	1100.	1300.
2003 (W)	977.	—	*	*
2003-W	*	*	1100.	1300.
2004 (W)	977.	—	*	*
2004-W	*	*	4000.	—
2005 (W)	977.	—	*	*
2005-W	*	*	1250.	1400.
2006 (W)	977.	—	*	*
2006-W Burnished Uncirculated	1110.	1400.	*	*
2006-W Proof	*	*	1100.	1300.
2007 (W)	977.	—	*	*
2007-W Burnished Uncirculated	1110.	1400.	*	*
2007-W Proof	*	*	1100.	1300.
2007-W Reverse Proof	*	*	1200.	1650.
2008 (W)	977.	—	*	*
2008-W Burnished Uncirculated	1150.	1250.	*	*
2008-W Proof	*	*	1100.	1300.
PLATINUM $100		**ONE OUNCE**		
1997 (W)	1919.	—	*	*
1997-W	*	*	1950.	2100.
1998 (W)	1919.	—	*	*
1998-W	*	*	1950.	2100.
1999 (W)	1919.	—	*	*
1999-W	*	*	1950.	2100.
2000 (W)	1919.	—	*	*
2000-W	*	*	1950.	2100.
2001 (W)	1919.	—	*	*
2001-W	*	*	1950.	2100.
2002 (W)	1919.	6433.	*	*
2002-W	*	*	1950.	2100.
2003 (W)	1919.	3057.	*	*
2003-W	*	*	1950.	2100.

——— = Insufficient pricing data   * = None issued

	MS-69	MS-70	PF-69DC	PF-70DC
2004 (W)	1919.	2125.	*	*
2004-W	*	*	4000.	5500.
2005 (W)	1919.	2125.	*	*
2005-W	*	*	2200.	4800.
2006 (W)	1919.	2167.	*	*
2006-W Burnished Uncirculated				
	2099.	2200.	*	*
2006-W Proof	*	*	2000.	2300.
2007 (W)	1919.	2066.	*	*

	MS-69	MS-70	PF-69DC	PF-70DC
2007-W Burnished Uncirculated				
	2099.	2200.	*	*
2007-W Proof	*	*	1950.	2100.
2008 (W)	1919.	2066.	*	*
2008-W Burnished Uncirculated				
	2099.	2500.	*	*
2008-W Proof	*	*	2700.	3300.
2009-W Proof	*	*	2600.	2900.
2010-W Proof	*	*	2200.	2600.
2011-W Proof	*	*	2200.	2600.

Proof American Eagle platinum reverses

1998 1999 2000 2001

2002 2003 2004 2005

2006 2007 2008

2009 2010 2011

—— = Insufficient pricing data   * = None issued

American Eagle gold bullion

Date of authorization: Dec. 17, 1985

Dates of issue: 1986-present

Designers: Obverse: Augustus Saint-Gaudens
Reverse: Miley Busiek

Engravers: Obverse: Matthew Peloso
Reverse: Sherl Joseph Winter

Diameter: $50: 32.70 mm/1.29 inches
$25: 27.00 mm/1.07 inches
$10: 22.00 mm/0.87 inch
$5: 16.50 mm/0.65 inch

Weight: $50: 33.93 grams/1.09 ounce
$25: 16.97 grams/0.55 ounce
$10: 8.48 grams/0.27 ounce
$5: 3.39 grams/0.11 ounce

Metallic Content: 91.67% gold, 5.33% copper, 3% silver

Specific gravity: 17.45

Weight of pure gold: $50: 1.00 ounce
$25: 0.50 ounce
$10: 0.25 ounce
$5: 0.10 ounce

Edge: Reeded

Mint mark: Obverse below date
(none on bullion versions)

	MS-65	MS-69	PF-65	PF-69DC		MS-65	MS-69	PF-65	PF-69DC
GOLD $5	**TENTH OUNCE**				1991-P	*	*	180.	275.
1986 (W)	259.	517.	*	*	1992 (W)	238.	2123.	*	*
1987 (W)	238.	635.	*	*	1992-P	*	*	180.	275.
1988 (W)	490.	1496.	*	*	1993 (W)	237.	879.	*	*
1988-P	*	*	180.	275.	1993-P	*	*	180.	275.
1989 (W)	227.	1440.	*	*	1994 (W)	237.	435.	*	*
1989-P	*	*	180.	275.	1994-P	*	*	180.	275.
1990 (W)	270.	2562.	*	*	1995 (W)	237.	937.	*	*
1990-P	*	*	180.	275.	1995-W	*	*	180.	275.
1991 (W)	270.	—	*	*	1996 (W)	237.	357.	*	*

* = None issued

AMERICAN EAGLE GOLD BULLION (CONTINUED)

	MS-65	MS-69	PF-65	PF-69DC		MS-65	MS-69	PF-65	PF-69DC
1996-W	*	*	180.	275.	1996 (W)	486.	1062.	*	*
1997 (S or W)	237.	360.	*	*	1996-W	*	*	450.	575.
1997-W	*	*	180.	275.	1997 (S or W)	486.	—	*	*
1998 (S or W)	237.	256.	*	*	1997-W	*	*	450.	575.
1998-W	*	*	180.	275.	1998 (S or W)	486.	1608.	*	*
1999 (S or W)	238.	313.	*	*	1998-W	*	*	450.	575.
1999-W	*	*	180.	275.	1999 (S or W)	486.	1428.	*	*
2000 (S or W)	238.	307.	*	*	1999-W	*	*	450.	575.
2000-W	*	*	180.	275.	2000 (S or W)	486.	595.	*	*
2001 (W)	238.	262.	*	*	2000-W	*	*	450.	575.
2001-W	*	*	180.	275.	2001 (W)	486.	485.	*	*
2002 (W)	238.	262.	*	*	2001-W	*	*	450.	575.
2002-W	*	*	180.	275.	2002 (W)	486.	595.	*	*
2003 (W)	238.	262.	*	*	2002-W	*	*	450.	575.
2003-W	*	*	180.	275.	2003 (W)	486.	478.	*	*
2004 (W)	238.	262.	*	*	2003-W	*	*	450.	575.
2004-W	*	*	180.	275.	2004 (W)	486.	478.	*	*
2005 (W)	238.	234.	*	*	2004-W	*	*	450.	575.
2005-W	*	*	180.	275.	2005 (W)	486.	478.	*	*
2006 (W)	238.	234.	*	*	2005-W	*	*	450.	575.
2006-W Burnished Uncirculated					2006 (W)	486.	478.	*	*
	253.	—	*	*	2006-W Burnished Uncirculated				
2006-W Proof	*	*	180.	275.		937.	—	*	*
2007 (W)	238.	234.	*	*	2006-W Proof	*	*	450.	575.
2007-W Burnished Uncirculated					2007 (W)	486.	478.	*	*
	253.	—	*	*	2007-W Burnished Uncirculated				
2007-W Proof	*	*	180.	275.		937.	—	*	*
2008 (W)	238.	234.	*	*	2007-W Proof	*	*	450.	575.
2008-W Burnished Uncirculated					2008 (W)	486.	478.	*	*
	253.	—	*	*	2008-W Burnished Uncirculated				
2008-W Proof	*	*	180.	275.		1612.	—	*	*
2009 (W)	238.	234.	*	*	2008-W Proof	*	*	450.	575.
2010 (W)	238.	234.	*	*	2009 (W)	486.	478.	*	*
2010-W Proof	*	*	—	—	2010 (W)	486.	478.	*	*
2011 (W)	—	—	*	*	2010-W Proof	*	*	—	—
2011-W Proof	*	*	—	—	2011 (W)	—	—	*	*
					2011-W Proof	*	*	—	—

GOLD $10		QUARTER OUNCE			GOLD $25		HALF OUNCE		
1986 (W)	486.	1218.	*	*	1986 (W)	907.	1390.	*	*
1987 (W)	486.	1062.	*	*	1987 (W)	907.	2349.	*	*
1988 (W)	553.	1568.	*	*	1987-P	*	*	900.	1125.
1988-P	*	*	450.	575.	1988 (W)	1153.	3381.	*	*
1989 (W)	486.	1049.	*	*	1988-P	*	*	900.	1125.
1989-P	*	*	450.	575.	1989 (W)	1314.	3226.	*	*
1990 (W)	553.	2877.	*	*	1989-P	*	*	900.	1125.
1990-P	*	*	450.	575.	1990 (W)	1565.	—	*	*
1991 (W)	870.	1337.	*	*	1990-P	*	*	900.	1125.
1991-P	*	*	450.	575.	1991 (W)	2974.	3392.	*	*
1992 (W)	486.	2144.	*	*	1991-P	*	*	900.	1125.
1992-P	*	*	450.	575.	1992 (W)	944.	2514.	*	*
1993 (W)	486.	1830.	*	*	1992-P	*	*	900.	1125.
1993-P	*	*	450.	1500.	1993 (W)	890.	2128.	*	*
1994 (W)	486.	1631.	*	*	1993-P	*	*	900.	5000.
1994-P	*	*	450.	700.	1994 (W)	890.	2565.	*	*
1995 (W)	486.	—	*	*	1994-P	*	*	900.	1125.
1995-W	*	*	450.	575.					

—— = Insufficient pricing data   * = None issued

	MS-65	MS-69	PF-65	PF-69DC
1995 (W)	890.	—	*	*
1995-W	*	*	900.	1125.
1996 (W)	1021.	2778.	*	*
1996-W	*	*	900.	1125.
1997 (S or W)	890.	2565.	*	*
1997-W	*	*	900.	1125.
1998 (S or W)	890.	1014.	*	*
1998-W	*	*	900.	1125.
1999 (S or W)	890.	2647.	*	*
1999-W	*	*	900.	1125.
2000 (S or W)	890.	1617.	*	*
2000-W	*	*	900.	1125.
2001 (S or W)	924.	969.	*	*
2001-W	*	*	900.	1125.
2002 (S or W)	890.	891.	*	*
2002-W	*	*	900.	1125.
2003 (S or W)	890.	891.	*	*
2003-W	*	*	900.	1125.
2004 (S or W)	890.	891.	*	*
2004-W	*	*	900.	1125.
2005 (W)	890.	891.	*	*
2005-W	*	*	900.	1125.
2006 (W)	890.	891.	*	*
2006-W Burnished Uncirculated	2017.	—	*	*
2006-W Proof	*	*	900.	1125.
2007 (W)	890.	891.	*	*
2007-W Burnished Uncirculated	2017.	—	*	*
2007-W Proof	*	*	900.	1125.
2008 (W)	890.	891.	*	*
2008-W Burnished Uncirculated	2078.		*	*
2008-W Proof	*	*	900.	1125.
2009 (W)	890.	891.	*	*
2010 (W)	890.	891.	*	*
2010-W Proof	*	*	—	—
2011 (W)	—	—	*	*
2011-W Proof	*	*	—	—

GOLD $50   ONE OUNCE

	MS-65	MS-69	PF-65	PF-69DC
1986 (W)	1688.	1791.	*	*
1986-W	*	*	1800.	2000.
1987 (W)	1688.	1836.	*	*
1987-W	*	*	1800.	2000.
1988 (W)	1688.	1584.	*	*
1988-W	*	*	1800.	2000.
1989 (W)	1688.	2601.	*	*
1989-W	*	*	1800.	2000.
1990 (W)	1688.	1584.	*	*
1990-W	*	*	1800.	2000.
1991 (W)	1688.	1658.	*	*
1991-W	*	*	1800.	2250.
1992 (W)	1688.	1926.	*	*
1992-W	*	*	1800.	2250.
1993 (W)	1688.	1636.	*	*
1993-W	*	*	1800.	2800.
1994 (W)	1688.	3636.	*	*
1994-W	*	*	1800.	2000.
1995 (W)	1688.	1586.	*	*
1995-W	*	*	1800.	2000.
1996 (W)	1688.	1861.	*	*
1996-W	*	*	1800.	2000.
1997 (S or W)	1688.	1967.	*	*
1997-W	*	*	1800.	2000.
1998 (S or W)	1688.	2149.	*	*
1998-W	*	*	1800.	2250.
1999 (S or W)	1688.	1967.	*	*
1999-W	*	*	1800.	2250.
2000 (S or W)	1688.	1680.	*	*
2000-W	*	*	1800.	2050.
2001 (S or W)	1688.	1664.	*	*
2001-W	*	*	1800.	2050.
2002 (S or W)	1688.	1664.	*	*
2002-W	*	*	1800.	2050.
2003 (S or W)	1688.	1586.	*	*
2003-W	*	*	1800.	2050.
2004 (S or W)	1688.	1614.	*	*
2004-W	*	*	1800.	2050.
2005 (W)	1688.	1584.	*	*
2005-W	*	*	1800.	2050.
2006 (W)	1688.	1584.	*	*
2006-W Burnished Uncirculated	1799.	—	*	*
2006-W Proof	*	*	1800.	2050.
2006-W Reverse Proof	*	*	2700.	3000.
2007 (W)	1688.	1584.	*	*
2007-W Burnished Uncirculated	1930.		*	*
2007-W Proof	*	*	1800.	2050.
2008 (W)	1688.	1719.	*	*
2008-W Burnished Uncirculated	2037.	—	*	*
2008-W Proof	*	*	1800.	2050.
2009 (W)	1688.	1967.	*	*
2010 (W)	1688.	1967.	*	*
2010-W Proof	*	*	—	—
2011 (W)	*	*	*	*
2011-W Burnished Uncirculated	—	—	*	*
2011-W Proof	*	*	—	—

—— = Insufficient pricing data   * = None issued

American Buffalo Gold Bullion

Date of authorization:	December 22, 2005
Dates of issue:	2006-present
Designers:	Obverse: James Earle Fraser
	Reverse: James Earle Fraser
Diameter:	$50: 32.70 mm/1.29 inches
	$25: 27.00 mm/1.07 inches
	$10: 22.00 mm/0.87 inch
	$5: 16.50 mm/0.65 inch
Weight:	$50: 31.10 grams/1.00 ounce
	$25: 15.55 grams/0.50 ounce
	$10: 7.78 grams/0.25 ounce
	$5: 3.11 grams/0.10 ounce
Metallic Content:	.9999 fine gold
Specific gravity:	19.32
Weight of pure gold:	$50, 1 ounce; $25, half ounce; $10, quarter ounce; $5, tenth ounce
Edge:	Reeded
Mint mark:	Obverse, behind Indian's neck, below feathers, W (collector coins)

	MS-69	MS-70	PF-69DC	PF-70DC
GOLD $5	**TENTH OUNCE**			
2008-W	550.	800.	850.	1000.
GOLD $10	**QUARTER OUNCE**			
2008-W	1550.	1800.	1500.	1700.
GOLD $25	**HALF OUNCE**			
2008-W	1400.	1600.	1550.	1800.
GOLD $50	**ONE OUNCE**			
2006 (W)	1650.	1700.	*	*
2006-W Proof	*	*	1800.	1900.
2007 (W)	1650.	1700.	*	*
2007-W Proof	*	*	1800.	1900.

	MS-69	MS-70	PF-69DC	PF-70DC
GOLD $50	**ONE OUNCE**			
2008 (W)	1650.	1700.	*	*
2008-W Proof	*	*	4000.	5500.
2008-W Burnished Uncirculated				
	2500.	3200.	*	*
2009 (W)	1650.	1700.	*	*
2009-W Proof	*	*	1800.	1900.
2010 (W)	1650.	1700.	*	*
2010-W Proof	*	*	1800.	1900.
2011 (W)	1650.	1700.	*	*
2011-W Proof	*	*	1800.	1900.

——— = Insufficient pricing data   * = None issued

Mintage figures 6

The mintage figures that follow are compiled from official Mint Reports, data from the National Archives, information from the Mint's Public Affairs office and in some cases, an educated guess. Figures given are based on the best information available to researchers today, information less than ideal for some years. Before 1950, the generally accepted source of mintage figures was the *Annual Report of the Director of the Mint.* However, since the Mint Report for many years was simply a bookkeeper's record of how many coins were issued in a given year, it is not a perfect source for mintage information. The figures given often were not related to the actual number of coins struck with each date (dies were sometimes prepared after the start of a new calendar year in the 18th and early 19th centuries). Particularly for many of those earlier coins, mintage figures here reflect the number of coins struck during the year, no matter the date on the coin.

The mintage figures in this book differ from those in other works for coins struck since 1965. A coinage shortage in the mid-1960s led Mint officials to suspend the use of Mint marks from 1965 to 1967. Three facilities—the Philadelphia and Denver Mints and the San Francisco Assay Office—struck coins but their separate products are indistinguishable from each other. Similarly, some coins struck at the former San Francisco Assay Office and West Point Bullion Depository (both received Mint status in 1988) since the mid-1970s have no Mint marks (like most Philadelphia Mint coins until the 1980s). Most price guides combine mintages for coins struck at the West Point and San Francisco facilities without Mint marks with the Philadelphia Mint mintages. The *Coin World Price Guide* publishes separate mintages for each facility; we have not combined mintage figures just because the coins have no Mint marks. To indicate those coins that do not have Mint marks, the Mint mark letter is enclosed in parentheses. To illustrate: A coin indicated by a -P has a P Mint mark, as in 2010-P; one indicated by (P) does not have a Mint mark but was struck at the Philadelphia Mint, as in 2009 (P).

Since the Mint has changed its bookkeeping practices several times, some mintage figures for circulation coins include the circulation-quality coins struck for Uncirculated Mint sets, while other figures may not include those pieces. Similarly, recent circulation mintage figures include

circulation-quality State quarter dollars, Kennedy half dollars, and Sacagawea and Presidential dollars struck for sale in roll and bag quantities and sold to U.S. Mint customers at premiums.

In years before 1860, when Proof mintages were small and were not recorded, a delta (Δ) marks those issues that are known or are thought to exist. In many instances from 1860 to 1922, the figures shown are approximate, the result of incomplete records, restrikes and the melting of unsold Proofs. Where a delta is followed by an R in parentheses [Δ(R)], the original Proof mintage is unknown, but original examples are believed to exist, and restrikes are known.

Since 1950, most Proof coins have been available from the Mint in sets only (designated by ⟨§⟩ in the Notes column). Therefore, Proof mintages since 1950 listed here represent the official tally of Proof sets sold, distributed across the coins included in the set. Proof coins sold as part of a special set, such as a Prestige Proof set, are also included.

Where [——] appears under a mintage column, no coins of that version for that date and Mint were issued.

Some final comments about "mintages" for commemorative coins struck since 1982, recent Proof coins (2010, for example), various sets issued by the U.S. Mint and other special coins: The figures presented here and in other chapters are sales figures, not mintages. More importantly, these figures are subject to change even years after a program has officially closed. "Final" sales figures can change when buyers return coins or sets to the Mint after a program has closed. Also, when sales figures for programs reported as "sold out" are tabulated, the total figure may be less than the maximum mintage. Collectors should understand that these figures, as reported here, represent figures at a specific point in time, and may change in the future. Figures presented here may differ slightly from figures presented in other sources, owing to these factors.

DATE	NOTE	BUSINESS	PROOF
Liberty Cap, Left half cent			
1793		35,334	——
Liberty Cap, Right half cent			
1794		81,600	——
1795		139,690	——
1796		1,390	——
1797		127,840	——
Draped Bust half cent			
1800		202,908	——
1802		20,266	——
1803		92,000	——
1804		1,055,312	——
1805		814,464	——

DATE	NOTE	BUSINESS	PROOF
1806		356,000	——
1807		476,000	——
1808		400,000	——
Classic Head half cent			
1809		1,154,572	——
1810		215,000	——
1811	⟨1⟩	63,140	——
1825		63,000	Δ
1826		234,000	Δ
1828		606,000	Δ
1829		487,000	Δ
1831		2,200	Δ (R)
1832	⟨2⟩	154,000	Δ
1833	⟨2⟩	120,000	Δ

DATE	NOTE	BUSINESS	PROOF
1834	‹2›	141,000	Δ
1835	‹2›	398,000	Δ
1836		———	Δ (R)

Coronet half cent

DATE	NOTE	BUSINESS	PROOF
1840 (P)		———	Δ (R)
1841 (P)		———	Δ (R)
1842 (P)		———	Δ (R)
1843 (P)		———	Δ (R)
1844 (P)		———	Δ (R)
1845 (P)		———	Δ (R)
1846 (P)		———	Δ (R)
1847 (P)		———	Δ (R)
1848 (P)		———	Δ (R)
1849 (P)		43,364	Δ (R)
1850 (P)		39,812	Δ
1851 (P)		147,672	Δ
1852 (P)		———	Δ (R)
1853 (P)		129,694	———
1854 (P)		55,358	Δ
1855 (P)		56,500	Δ
1856 (P)		40,430	Δ (R)
1857 (P)		35,180	Δ (R)

Flowing Hair, Chain cent

DATE	NOTE	BUSINESS	PROOF
1793		36,103	———

Flowing Hair, Wreath cent

DATE	NOTE	BUSINESS	PROOF
1793		63,353	———

Liberty Cap cent

DATE	NOTE	BUSINESS	PROOF
1793		11,056	———
1794		918,521	———
1795		538,500	———
1796		109,825	———

Draped Bust cent

DATE	NOTE	BUSINESS	PROOF
1796		363,375	———
1797		897,510	———
1798		1,841,745	———
1799		42,540	———
1800		2,822,175	———
1801		1,362,837	———
1802		3,435,100	———
1803		3,131,691	———
1804	‹1›	96,500	———
1805		941,116	———
1806		348,000	———
1807		829,221	———

Classic Head cent

DATE	NOTE	BUSINESS	PROOF
1808		1,007,000	———
1809		222,867	———
1810		1,458,500	———
1811		218,025	———
1812		1,075,500	———
1813		418,000	———
1814		357,830	———

Coronet cent

DATE	NOTE	BUSINESS	PROOF
1816		2,820,982	———
1817		3,948,400	Δ
1818		3,167,000	Δ
1819		2,671,000	Δ
1820		4,407,550	Δ
1821		389,000	Δ

DATE	NOTE	BUSINESS	PROOF
1822		2,072,339	Δ
1823	‹1, 3›	68,061	Δ
1824		1,193,939	———
1825		1,461,100	Δ
1826		1,517,425	Δ
1827		2,357,732	Δ
1828		2,260,624	Δ
1829		1,414,500	Δ
1830		1,711,500	Δ
1831		3,539,260	Δ
1832		2,362,000	Δ
1833		2,739,000	Δ
1834		1,855,100	Δ
1835		3,878,400	Δ
1836		2,111,000	Δ
1837		5,558,300	Δ
1838 (P)		6,370,200	Δ
1839 (P)		3,128,661	Δ
1840 (P)		2,462,700	Δ
1841 (P)		1,597,367	Δ
1842 (P)		2,383,390	Δ
1843 (P)		2,425,342	Δ
1844 (P)		2,398,752	Δ
1845 (P)		3,894,804	Δ
1846 (P)		4,120,800	Δ
1847 (P)		6,183,669	Δ
1848 (P)		6,415,799	Δ
1849 (P)		4,178,500	Δ
1850 (P)		4,426,844	Δ
1851 (P)		9,889,707	———
1852 (P)		5,063,094	Δ
1853 (P)		6,641,131	———
1854 (P)		4,236,156	Δ
1855 (P)		1,574,829	Δ
1856 (P)	‹4›	2,690,463	Δ
1857 (P)		333,456	Δ

Flying Eagle cent

DATE	NOTE	BUSINESS	PROOF
1857 (P)		17,450,000	Δ
1858 (P)		24,600,000	Δ

Indian Head cent

DATE	NOTE	BUSINESS	PROOF
1859 (P)		36,400,000	Δ
1860 (P)		20,566,000	1,000
1861 (P)		10,100,000	1,000
1862 (P)		28,075,000	550
1863 (P)		49,840,000	460
1864 (P)			
C-N	‹5›	13,740,000	300
bronze	‹5›	39,233,714	170
1865 (P)		35,429,286	500
1866 (P)		9,826,500	725
1867 (P)		9,821,000	625
1868 (P)		10,266,500	600
1869 (P)		6,420,000	600
1870 (P)		5,275,000	1,000
1871 (P)		3,929,500	960
1872 (P)		4,042,000	950
1873 (P)	‹6›	11,676,500	1,100
1874 (P)		14,187,500	700
1875 (P)		13,528,000	700
1876 (P)		7,944,000	1,150

Mintage figures — 269

DATE	NOTE	BUSINESS	PROOF	DATE	NOTE	BUSINESS	PROOF
1877 (P)	⟨7⟩	852,500	510	1916-D		35,956,000	——
1878 (P)		5,797,500	2,350	1916-S		22,510,000	——
1879 (P)		16,228,000	3,200	1917 (P)		196,429,785	Δ
1880 (P)		38,961,000	3,955	1917-D		55,120,000	——
1881 (P)		39,208,000	3,575	1917-S		32,620,000	——
1882 (P)		38,578,000	3,100	1918 (P)		288,104,634	——
1883 (P)		45,591,500	6,609	1918-D		47,830,000	——
1884 (P)		23,257,800	3,942	1918-S		34,680,000	——
1885 (P)		11,761,594	3,790	1919 (P)		392,021,000	——
1886 (P)		17,650,000	4,290	1919-D		57,154,000	——
1887 (P)		45,223,523	2,960	1919-S		139,760,000	——
1888 (P)		37,489,832	4,582	1920 (P)		310,165,000	——
1889 (P)		48,866,025	3,336	1920-D		49,280,000	——
1890 (P)		——	2,740	1920-S		46,220,000	——
1891 (P)		——	2,350	1921 (P)		39,157,000	——
1892 (P)		37,647,087	2,745	1921-S		15,274,000	——
1893 (P)		46,640,000	2,195	1922-D	⟨8⟩	7,160,000	——
1894 (P)		16,749,500	2,632	1923 (P)		74,723,000	——
1895 (P)		38,341,574	2,062	1923-S		8,700,000	——
1896 (P)		39,055,431	1,862	1924 (P)		75,178,000	——
1897 (P)		50,464,392	1,938	1924-D		2,520,000	——
1898 (P)		49,821,284	1,795	1924-S		11,696,000	——
1899 (P)		53,598,000	2,031	1925 (P)		139,949,000	——
1900 (P)		66,821,284	2,262	1925-D		22,580,000	——
1901 (P)		79,609,158	1,985	1925-S		26,380,000	——
1902 (P)		87,374,704	2,018	1926 (P)		157,088,000	——
1903 (P)		85,092,703	1,790	1926-D		28,020,000	——
1904 (P)		61,326,198	1,817	1926-S		4,550,000	——
1905 (P)		80,717,011	2,152	1927 (P)		144,440,000	——
1906 (P)		96,020,530	1,725	1927-D		27,170,000	——
1907 (P)		108,137,143	1,475	1927-S		14,276,000	——
1908 (P)		32,326,367	1,620	1928 (P)		134,116,000	——
1908-S		1,115,000	——	1928-D		31,170,000	——
1909 (P)		14,368,470	2,175	1928-S		17,266,000	——
1909-S		309,000	——	1929 (P)		185,262,000	——
Lincoln cent				1929-D		41,730,000	——
1909 (P)				1929-S		50,148,000	——
VDB		27,994,580	420	1930 (P)		157,415,000	——
No VDB		72,700,420	2,198	1930-D		40,100,000	——
1909-S				1930-S		24,286,000	——
VDB		484,000	——	1931 (P)		19,396,000	——
No VDB		1,825,000	——	1931-D		4,480,000	——
1910 (P)		146,798,813	2,405	1931-S		866,000	——
1910-S		6,045,000	——	1932 (P)		9,062,000	——
1911 (P)		101,176,054	1,733	1932-D		10,500,000	——
1911-D		12,672,000	——	1933 (P)		14,360,000	——
1911-S		4,026,000	——	1933-D		6,200,000	——
1912 (P)		68,150,915	2,145	1934 (P)		219,080,000	——
1912-D		10,411,000	——	1934-D		28,446,000	——
1912-S		4,431,000	——	1935 (P)		245,388,000	——
1913 (P)		76,529,504	2,848	1935-D		47,000,000	——
1913-D		15,804,000	——	1935-S		38,702,000	——
1913-S		6,101,000	——	1936 (P)		309,632,000	5,569
1914 (P)		75,237,067	1,365	1936-D		40,620,000	——
1914-D		1,193,000	——	1936-S		29,130,000	——
1914-S		4,137,000	——	1937 (P)		309,170,000	9,320
1915 (P)		29,090,970	1,150	1937-D		50,430,000	——
1915-D		22,050,000	——	1937-S		34,500,000	——
1915-S		4,833,000	——	1938 (P)		156,682,000	14,734
1916 (P)		131,832,627	1,050	1938-D		20,010,000	——

DATE	NOTE	BUSINESS	PROOF	DATE	NOTE	BUSINESS	PROOF
1938-S		15,180,000	——	1960 (P)	‹§, 10›	586,405,000	1,691,602
1939 (P)		316,466,000	13,520	1960-D		1,580,884,000	——
1939-D		15,160,000	——	1961 (P)	‹§›	753,345,000	3,028,244
1939-S		52,070,000	——	1961-D		1,753,266,700	——
1940 (P)		586,810,000	15,872	1962 (P)	‹§›	606,045,000	3,218,019
1940-D		81,390,000	——	1962-D		1,793,148,400	——
1940-S		112,940,000	——	1963 (P)	‹§›	754,110,000	3,075,645
1941 (P)		887,018,000	21,100	1963-D		1,774,020,400	——
1941-D		128,700,000	——	1964 (P)	‹§, 11›	2,648,575,000	3,950,762
1941-S		92,360,000	——	1964-D	‹11›	3,799,071,500	——
1942 (P)		657,796,000	32,600	1965 (P)	‹11›	301,470,000	——
1942-D		206,698,000	——	1965 (D)	‹11›	973,364,900	——
1942-S		85,590,000	——	1965 (S)	‹11›	220,030,000	——
1943 (P)	‹9›	684,628,670	——	1966 (P)	‹11›	811,100,000	——
1943-D	‹9›	217,660,000	——	1966 (D)	‹11›	991,431,200	——
1943-S	‹9›	191,550,000	——	1966 (S)	‹11›	383,355,000	——
1944 (P)		1,435,400,000	——	1967 (P)	‹11›	907,575,000	——
1944-D		430,578,000	——	1967 (D)	‹11›	1,327,377,100	——
1944-S		282,760,000	——	1967 (S)	‹11›	813,715,000	——
1945 (P)		1,040,515,000	——	1968 (P)		1,707,880,970	——
1945-D		226,268,000	——	1968-D		2,886,269,600	——
1945-S		181,770,000	——	1968-S	‹§›	258,270,001	3,041,506
1946 (P)		991,655,000	——	1969 (P)		1,136,910,000	——
1946-D		315,690,000	——	1969-D		4,002,832,200	——
1946-S		198,100,000	——	1969-S	‹§›	544,375,000	2,934,631
1947 (P)		190,555,000	——	1970 (P)		1,898,315,000	——
1947-D		194,750,000	——	1970-D		2,891,438,900	——
1947-S		99,000,000	——	1970-S	‹§›	690,560,004	2,632,810
1948 (P)		317,570,000	——	1971 (P)		1,919,490,000	——
1948-D		172,637,500	——	1971-D		2,911,045,600	——
1948-S		81,735,000	——	1971-S	‹§›	525,130,054	3,220,733
1949 (P)		217,775,000	——	1972 (P)		2,933,255,000	——
1949-D		153,132,500	——	1972-D		2,655,071,400	——
1949-S		64,290,000	——	1972-S	‹§›	380,200,104	3,260,996
1950 (P)	‹§›	272,635,000	51,386	1973 (P)		3,728,245,000	——
1950-D		334,950,000	——	1973-D		3,549,576,588	——
1950-S		118,505,000	——	1973-S	‹§›	319,937,634	2,760,339
1951 (P)	‹§›	294,576,000	57,500	1974 (P)		4,232,140,523	——
1951-D		625,355,000	——	1974-D		4,235,098,000	——
1951-S		136,010,000	——	1974-S	‹§›	409,421,878	2,612,568
1952 (P)	‹§›	186,765,000	81,980	1975 (P)		3,874,182,000	——
1952-D		746,130,000	——	1975-D		4,505,275,300	——
1952-S		137,800,004	——	1975-S	‹§›	——	2,845,450
1953 (P)	‹§›	256,755,000	128,800	1975 (W)		1,577,294,142	——
1953-D		700,515,000	——	1976 (P)		3,133,580,000	——
1953-S		181,835,000	——	1976-D		4,221,592,455	——
1954 (P)	‹§›	71,640,050	233,300	1976-S		——	4,123,056
1954-D		251,552,500	——	1976 (W)		1,540,695,000	——
1954-S		96,190,000	——	1977 (P)		3,074,575,000	——
1955 (P)	‹§›	330,580,000	378,200	1977-D		4,194,062,300	——
1955-D		563,257,500	——	1977-S	‹§›	——	3,236,798
1955-S		44,610,000	——	1977 (W)		1,395,355,000	——
1956 (P)	‹§›	420,745,000	669,384	1978 (P)		3,735,655,000	——
1956-D		1,098,210,100	——	1978-D		4,280,233,400	——
1957 (P)	‹§›	282,540,000	1,247,952	1978 (S)		291,700,000	——
1957-D		1,051,342,000	——	1978-S	‹§›	——	3,120,285
1958 (P)	‹§›	252,525,000	875,652	1978 (W)		1,531,250,000	——
1958-D		800,953,300	——	1979 (P)		3,560,940,000	——
1959 (P)	‹§›	609,715,000	1,149,291	1979-D		4,139,357,254	——
1959-D		1,279,760,000	——	1979 (S)		751,725,000	——

DATE	NOTE	BUSINESS	PROOF
1979-S	‹§›	——	3,677,175
1979 (W)		1,705,850,000	——
1980 (P)		6,230,115,000	——
1980-D		5,140,098,660	——
1980 (S)		1,184,590,000	——
1980-S	‹§›	——	3,554,806
1980 (W)		1,576,200,000	——
1981 (P)		6,611,305,000	——
1981-D		5,373,235,677	——
1981 (S)		880,440,000	——
1981-S	‹§›	——	4,063,083
1981 (W)		1,882,400,000	——
1982 (P)	‹12›	7,135,275,000	——
1982-D	‹12›	6,012,979,368	——
1982 (S)	‹12›	1,587,245,000	——
1982-S	‹§›	——	3,857,479
1982 (W)	‹12›	1,990,005,000	——
1983 (P)		5,567,190,000	——
1983-D		6,467,199,428	——
1983 (S)		180,765,000	——
1983-S	‹§›	——	3,279,126
1983 (W)		2,004,400,000	——
1984 (P)		6,114,864,000	——
1984-D		5,569,238,906	——
1984-S	‹§›	——	3,065,110
1984 (W)		2,036,215,000	——
1985 (P)		4,951,904,887	——
1985-D		5,287,399,926	——
1985-S	‹§›	——	3,362,821
1985 (W)		696,585,000	——
1986 (P)		4,490,995,493	——
1986-D		4,442,866,698	——
1986-S	‹§›	——	3,010,497
1986 (W)		400,000	——
1987 (P)		4,682,466,931	——
1987-D		4,879,389,514	——
1987-S	‹§›	——	3,792,233
1988 (P)		6,092,810,000	——
1988-D		5,253,740,443	——
1988-S	‹§›	——	3,262,948
1989 (P)		7,261,535,000	——
1989-D		5,345,467,711	——
1989-S	‹§›	——	3,220,914
1990 (P)		6,851,765,000	——
1990-D		4,922,894,553	——
1990-S	‹§›	——	3,299,559
1991 (P)		5,165,940,000	——
1991-D		4,158,442,076	——
1991-S	‹§›	——	2,867,787
1992 (P)		4,648,905,000	——
1992-D		4,448,673,300	——
1992-S	‹§›	——	4,176,544
1993 (P)		5,684,705,000	——
1993-D		6,426,650,571	——
1993-S	‹§›	——	3,360,876
1994 (P)		6,500,850,000	——
1994-D		7,131,765,000	——
1994-S	‹§›	——	3,222,140
1995 (P)		6,411,440,000	——
1995-D		7,128,560,000	——

DATE	NOTE	BUSINESS	PROOF
1995-S	‹§›	——	2,791,067
1996 (P)		6,612,465,000	——
1996-D		6,510,795,000	——
1996-S	‹§›	——	2,920,158
1997 (P)		4,622,800,000	——
1997-D		4,576,555,000	——
1997-S	‹§›	——	2,796,194
1998 (P)		5,032,200,000	——
1998-D		5,225,200,000	——
1998-S	‹§›	——	2,965,503
1999 (P)		5,237,600,000	——
1999-D		6,360,065,000	——
1999-S	‹§, 121›	——	3,362,464
2000 (P)		5,503,200,000	——
2000-D		8,774,220,000	——
2000-S	‹§, 121›	——	4,062,402
2001 (P)		4,959,600,000	——
2001-D		5,374,990,000	——
2001-S	‹§, 121›	——	2,618,086
2002 (P)		3,260,800,000	——
2002-D		4,028,055,000	——
2002-S	‹§›	——	3,210,674
2003 (P)		3,300,000,000	——
2003-D		3,548,000,000	——
2003-S	‹§›	——	3,315,542
2004 (P)		3,379,600,000	——
2004-D		3,456,400,000	——
2004-S	‹§›	——	2,965,422
2005 (P)		3,935,600,000	——
Satin Finish		1,141,895	——
2005-D		3,764,450,500	——
Satin Finish		1,141,895	——
2005-S	‹§›	——	3,329,229
2006 (P)		4,290,000,000	——
Satin Finish		915,586	——
2006-D		3,944,000,000	——
Satin Finish		902,184	——
2006-S	‹§›	——	3,077,280
2007 (P)		3,762,400,000	——
Satin Finish		895,628	——
2007-D		3,638,800,000	——
Satin Finish		895,628	——
2007-S	‹§›	——	2,590,005
2008 (P)		2,569,600,000	——
Satin Finish		745,464	——
2008-D		2,849,600,000	——
Satin Finish		745,464	——
2008-S	‹§›	——	2,199,761
2009 (P) Childhood		284,400,000	——
Satin Finish ‹126›		774,844	——
2009-D Childhood		350,400,000	——
Satin Finish ‹126›		774,844	——
2009-S Childhood ‹§›		——	2,422,373
2009 (P) Formative		376,000,000	——
Satin Finish ‹126›		774,844	——
2009-D Formative		363,600,000	——
Satin Finish ‹126›		774,844	——
2009-S Formative Years ‹§›		——	2,422,373
2009 (P) Professional		316,000,000	——
Satin Finish ‹126›		774,844	——

DATE	NOTE	BUSINESS	PROOF
2009-D Professional		336,000,000	—
Satin Finish ‹126›		774,844	—
2009-S Professional Life ‹S›			2,422,373
2009 (P) Presidency		129,600,000	—
Satin Finish ‹126›		774,844	—
2009-D Presidency		198,000,000	—
Satin Finish ‹126›		774,844	—
2009-S Presidency ‹S›			2,422,373
2010 (P)		1,963,630,000	—
Satin Finish		573,420	—
2010-D		2,047,200,000	—
Satin Finish		573,420	—
2010-S			1,656,681

Two cents

DATE	NOTE	BUSINESS	PROOF
1864 (P)	‹13›	19,847,500	100
1865 (P)		13,640,000	500
1866 (P)		3,177,000	725
1867 (P)		2,938,750	625
1868 (P)		2,803,750	600
1869 (P)		1,546,500	600
1870 (P)		861,250	1,000
1871 (P)		721,250	960
1872 (P)		65,000	950
1873 (P)	‹6, 14›	—	1,100

Copper-nickel 3 cents

DATE	NOTE	BUSINESS	PROOF
1865 (P)		11,382,000	400
1866 (P)		4,801,000	725
1867 (P)		3,915,000	625
1868 (P)		3,252,000	600
1869 (P)		1,604,000	600
1870 (P)		1,335,000	1,000
1871 (P)	.	604,000	960
1872 (P)		862,000	950
1873 (P)	‹6›	1,173,000	1,100
1874 (P)		790,000	700
1875 (P)		228,000	700
1876 (P)		162,000	1,150
1877 (P)	‹7›	—	510
1878 (P)		—	2,350
1879 (P)		38,000	3,200
1880 (P)		21,000	3,955
1881 (P)		1,077,000	3,575
1882 (P)		22,200	3,100
1883 (P)		4,000	6,609
1884 (P)		1,700	3,942
1885 (P)		1,000	3,790
1886 (P)		—	4,290
1887 (P)	‹15›	5,001	2,960
1888 (P)		36,501	4,582
1889 (P)		18,125	3,336

Silver 3 cents

DATE	NOTE	BUSINESS	PROOF
1851 (P)		5,447,400	Δ
1851-O		720,000	Δ
1852 (P)		18,663,500	—
1853 (P)	‹16›	11,400,000	—
1854 (P)		671,000	Δ
1855 (P)		139,000	Δ
1856 (P)		1,458,000	Δ
1857 (P)		1,042,000	Δ

DATE	NOTE	BUSINESS	PROOF
1858 (P)		1,604,000	Δ
1859 (P)		365,000	Δ
1860 (P)		286,000	1,000
1861 (P)		497,000	1,000
1862 (P)		343,000	550
1863 (P)	‹17›	21,000	460
1864 (P)	‹18›	12,000	470
1865 (P)		8,000	500
1866 (P)		22,000	725
1867 (P)		4,000	625
1868 (P)		3,500	600
1869 (P)		4,500	600
1870 (P)		3,000	1,000
1871 (P)		3,400	960
1872 (P)		1,000	950
1873 (P)	‹6›	—	600

Shield 5 cents

DATE	NOTE	BUSINESS	PROOF
1866 (P)		14,742,500	125
1867 (P)	‹19›	30,909,500	625
1868 (P)		28,817,000	600
1869 (P)		16,395,000	600
1870 (P)		4,806,000	1,000
1871 (P)		561,000	960
1872 (P)		6,036,000	950
1873 (P)	‹6›	4,550,000	1,100
1874 (P)		3,538,000	700
1875 (P)		2,097,000	700
1876 (P)		2,530,000	1,150
1877 (P)	‹7›	—	510
1878 (P)		—	2,350
1879 (P)		25,900	3,200
1880 (P)		16,000	3,955
1881 (P)		68,800	3,575
1882 (P)		11,473,500	3,100
1883 (P)		1,451,500	5,419

Liberty Head 5 cents

DATE	NOTE	BUSINESS	PROOF
1883 (P)			
No CENTS		5,474,300	5,219
CENTS		16,026,200	6,783
1884 (P)		11,270,000	3,942
1885 (P)		1,472,700	3,790
1886 (P)		3,326,000	4,290
1887 (P)		15,260,692	2,960
1888 (P)		10,715,901	4,582
1889 (P)		15,878,025	3,336
1890 (P)		16,256,532	2,740
1891 (P)		16,832,000	2,350
1892 (P)		11,696,897	2,745
1893 (P)		13,368,000	2,195
1894 (P)		5,410,500	2,632
1895 (P)		9,977,822	2,062
1896 (P)		8,841,058	1,862
1897 (P)		20,426,797	1,938
1898 (P)		12,530,292	1,795
1899 (P)		26,027,000	2,031
1900 (P)		27,253,733	2,262
1901 (P)		26,478,228	1,985
1902 (P)		31,487,561	2,018
1903 (P)		28,004,935	1,790

DATE	NOTE	BUSINESS	PROOF
1904 (P)		21,401,350	1,817
1905 (P)		29,825,124	2,152
1906 (P)		38,612,000	1,725
1907 (P)		39,213,325	1,475
1908 (P)		22,684,557	1,620
1909 (P)		11,585,763	4,763
1910 (P)		30,166,948	2,405
1911 (P)		39,557,639	1,733
1912 (P)		26,234,569	2,145
1912-D		8,474,000	——
1912-S		238,000	——
1913 (P)	‹20›	——	——

Indian Head 5 cents

DATE	NOTE	BUSINESS	PROOF
1913 (P)			
Mound		30,992,000	1,520
Plain		29,857,186	1,514
1913-D			
Mound		5,337,000	——
Plain		4,156,000	——
1913-S			
Mound		2,105,000	——
Plain		1,209,000	——
1914 (P)		20,664,463	1,275
1914-D		3,912,000	——
1914-S		3,470,000	——
1915 (P)		20,986,220	1,050
1915-D		7,569,500	——
1915-S		1,505,000	——
1916 (P)		63,497,466	600
1916-D		13,333,000	——
1916-S		11,860,000	——
1917 (P)		51,424,029	Δ
1917-D		9,910,800	——
1917-S		4,193,000	——
1918 (P)		32,086,314	——
1918-D		8,362,000	——
1918-S		4,882,000	——
1919 (P)		60,868,000	——
1919-D		8,006,000	——
1919-S		7,521,000	——
1920 (P)		63,093,000	——
1920-D		9,418,000	——
1920-S		9,689,000	——
1921 (P)		10,663,000	——
1921-S		1,557,000	——
1923 (P)		35,715,000	——
1923-S		6,142,000	——
1924 (P)		21,620,000	——
1924-D		5,258,000	——
1924-S		1,437,000	——
1925 (P)		35,565,100	——
1925-D		4,450,000	——
1925-S		6,256,000	——
1926 (P)		44,693,000	——
1926-D		5,638,000	——
1926-S		970,000	——
1927 (P)		37,981,000	——
1927-D		5,730,000	——
1927-S		3,430,000	——
1928 (P)		23,411,000	——
1928-D		6,436,000	——
1928-S		6,936,000	——
1929 (P)		36,446,000	——
1929-D		8,370,000	——
1929-S		7,754,000	——
1930 (P)		22,849,000	——
1930-S		5,435,000	——
1931-S		1,200,000	——
1934 (P)		20,213,003	——
1934-D		7,480,000	——
1935 (P)		58,264,000	——
1935-D		12,092,000	——
1935-S		10,300,000	——
1936 (P)		118,997,000	4,420
1936-D		24,814,000	——
1936-S		14,930,000	——
1937 (P)		79,480,000	5,769
1937-D		17,826,000	——
1937-S		5,635,000	——
1938-D		7,020,000	——

Jefferson 5 cents

DATE	NOTE	BUSINESS	PROOF
1938 (P)		19,496,000	19,365
1938-D		5,376,000	——
1938-S		4,105,000	——
1939 (P)		120,615,000	12,535
1939-D		3,514,000	——
1939-S		6,630,000	——
1940 (P)		176,485,000	14,158
1940-D		43,540,000	——
1940-S		39,690,000	——
1941 (P)		203,265,000	18,720
1941-D		53,432,000	——
1941-S		43,445,000	——
1942 (P)	‹21›	49,789,000	29,600
1942-P	‹21›	57,873,000	27,600
1942-D	‹21›	13,938,000	——
1942-S	‹21›	32,900,000	——
1943-P	‹21›	271,165,000	——
1943-D	‹21›	15,294,000	——
1943-S	‹21›	104,060,000	——
1944-P	‹21, 22›	119,150,000	——
1944-D	‹21›	32,309,000	——
1944-S	‹21›	21,640,000	——
1945-P	‹21›	119,408,100	——
1945-D	‹21›	37,158,000	——
1945-S	‹21›	58,939,000	——
1946 (P)		161,116,000	——
1946-D		45,292,200	——
1946-S		13,560,000	——
1947 (P)		95,000,000	——
1947-D		37,822,000	——
1947-S		24,720,000	——
1948 (P)		89,348,000	——
1948-D		44,734,000	——
1948-S		11,300,000	——
1949 (P)		60,652,000	——
1949-D		36,498,000	——
1949-S		9,716,000	——
1950 (P)	‹§›	9,796,000	51,386
1950-D		2,630,030	——

DATE	NOTE	BUSINESS	PROOF
1951 (P)	‹§›	28,552,000	57,500
1951-D		20,460,000	——
1951-S		7,776,000	——
1952 (P)	‹§›	63,988,000	81,980
1952-D		30,638,000	——
1952-S		20,572,000	——
1953 (P)	‹§›	46,644,000	128,800
1953-D		59,878,600	——
1953-S		19,210,900	——
1954 (P)	‹§›	47,684,050	233,300
1954-D		117,136,560	——
1954-S		29,384,000	——
1955 (P)	‹§›	7,888,000	378,200
1955-D		74,464,100	——
1956 (P)	‹§›	35,216,000	669,384
1956-D		67,222,640	——
1957 (P)	‹§›	38,408,000	1,247,952
1957-D		136,828,900	——
1958 (P)	‹§›	17,088,000	875,652
1958-D		168,249,120	——
1959 (P)	‹§›	27,248,000	1,149,291
1959-D		160,738,240	——
1960 (P)	‹§›	55,416,000	1,691,602
1960-D		192,582,180	——
1961 (P)	‹§›	73,640,000	3,028,244
1961-D		229,342,760	——
1962 (P)	‹§›	97,384,000	3,218,019
1962-D		280,195,720	——
1963 (P)	‹§›	175,776,000	3,075,645
1963-D		276,829,460	——
1964 (P)	‹§, 11›	1,024,672,000	3,950,762
1964-D	‹11›	1,787,297,160	——
1965 (P)	‹11›	12,440,000	——
1965 (D)	‹11›	82,291,380	——
1965 (S)	‹11›	39,040,000	——
1966 (P)	‹11, 23›	——	Δ
1966 (D)	‹11›	103,546,700	——
1966 (S)	‹11›	50,400,000	——
1967 (P)	‹11›	——	——
1967 (D)	‹11›	75,993,800	——
1967 (S)	‹11›	31,332,000	——
1968 (P)		——	——
1968-D		91,227,880	——
1968-S	‹§›	100,396,004	3,041,506
1969 (P)		——	——
1969-D		202,807,500	——
1969-S	‹§›	120,165,000	2,934,631
1970-D		515,485,380	——
1970-S	‹§›	238,832,004	2,632,810
1971 (P)		106,884,000	——
1971-D		316,144,800	——
1971-S	‹24›	——	3,220,733
1972 (P)		202,036,000	——
1972-D		351,694,600	——
1972-S	‹§›	——	3,260,996
1973 (P)		384,396,000	——
1973-D		261,405,400	——
1973-S	‹§›	——	2,760,339
1974 (P)		601,752,000	——
1974-D		277,373,000	——
1974-S	‹§›	——	2,612,568
1975 (P)		181,772,000	——
1975-D		401,875,300	——
1975-S	‹§›	——	2,845,450
1976 (P)		367,124,000	——
1976-D		563,964,147	——
1977 (P)		585,376,000	——
1977-D		297,313,422	——
1977-S	‹§›	——	3,236,798
1978 (P)		391,308,000	——
1978-D		313,092,780	——
1978-S	‹§›	——	3,120,285
1979 (P)		463,188,000	——
1979-D		325,867,672	——
1979-S	‹§›	——	3,677,175
1980-P	‹25›	593,004,000	——
1980-D		502,323,448	——
1980-S	‹§›	——	3,554,806
1981-P		657,504,000	——
1981-D		364,801,843	——
1981-S	‹§›	——	4,063,083
1982-P		292,355,000	——
1982-D		373,726,544	——
1982-S	‹§›	——	3,857,479
1983-P		561,615,000	——
1983-D		536,726,276	——
1983-S	‹§›	——	3,279,126
1984-P		746,769,000	——
1984-D		517,675,146	——
1984-S	‹§›	——	3,065,110
1985-P		647,114,962	——
1985-D		459,747,446	——
1985-S	‹§›	——	3,362,821
1986-P		536,883,493	——
1986-D		361,819,144	——
1986-S	‹§›	——	3,010,497
1987-P		371,499,481	——
1987-D		410,590,604	——
1987-S	‹§›	——	3,792,233
1988-P		771,360,000	——
1988-D		663,771,652	——
1988-S	‹§›	——	3,262,948
1989-P		898,812,000	——
1989-D		570,842,474	——
1989-S	‹§›	——	3,220,914
1990-P		661,636,000	——
1990-D		663,938,503	——
1990-S	‹§›	——	3,299,559
1991-P		614,104,000	——
1991-D		436,496,678	——
1991-S	‹§›	——	2,867,787
1992-P		399,552,000	——
1992-D		450,565,113	——
1992-S	‹§›	——	4,176,544
1993-P		412,076,000	——
1993-D		406,084,135	——
1993-S	‹§›	——	3,360,876
1994-P	‹116›	722,160,000	——
1994-D		715,762,110	——

DATE	NOTE	BUSINESS	PROOF
1994-S	‹§›	—	3,222,140
1995-P		774,156,000	—
1995-D		888,112,000	—
1995-S	‹§›	—	2,791,067
1996-P		829,332,000	—
1996-D		817,736,000	—
1996-S	‹§›	—	2,920,158
1997-P		470,972,000	—
1997-D		466,640,000	—
1997-S	‹§›	—	2,796,194
1998-P		688,292,000	—
1998-D		635,380,000	—
1998-S	‹§›	—	2,965,503
1999-P		1,212,000,000	—
1999-D		1,066,720,000	—
1999-S	‹§, 121›	—	3,362,464
2000-P		846,240,000	—
2000-D		1,509,520,000	—
2000-S	‹§, 121›	—	4,062,402
2001-P		675,704,000	—
2001-D		627,680,000	—
2001-S	‹§, 121›	—	2,618,086
2002-P		539,280,000	—
2002-D		691,200,000	—
2002-S	‹§›	—	3,210,674
2003-P		441,840,000	—
2003-D		383,040,000	—
2003-S	‹§›	—	3,315,542
2004-P Peace Medal		361,440,000	—
2004-D Peace Medal		372,000,000	—
2004-S Peace Medal	‹§›	—	2,965,422
2004-P Keelboat		366,720,000	—
2004-D Keelboat		344,880,000	—
2004-S Keelboat	‹§›	—	2,965,422
2005-P American Bison		448,320,000	—
Satin Finish ‹122›		1,466,895	—
2005-D American Bison		487,680,000	—
Satin Finish ‹122›		1,466,895	—
2005-S American Bison	‹§›	—	3,654,229
2005-P Ocean in View		411,120,000	—
Satin Finish ‹122›		1,466,895	—
2005-D Ocean in View		394,080,000	—
Satin Finish ‹122›		1,466,895	—
2005-S Ocean in View	‹§›	—	3,654,229
2006-P		693,120,000	—
Satin Finish ‹122›		915,586	—
2006-D		809,280,000	—
Satin Finish ‹122›		915,586	—
2006-S		—	3,077,280
2007-P		571,680,000	—
Satin Finish ‹122›		895,628	—
2007-D		626,160,000	—
Satin Finish ‹122›		895,628	—
2007-S		—	2,590,005
2008-P		287,760,000	—
Satin Finish ‹122›		745,464	—
2008-D		352,800,000	—
Satin Finish ‹122›		745,464	—
2008-S		—	2,199,761

DATE	NOTE	BUSINESS	PROOF
2009-P		39,840,000	—
Satin Finish ‹122›		774,844	—
2009-D		46,800,000	—
Satin Finish ‹122›		774,844	—
2009-S		—	2,172,373
2010-P		260,640,000	—
Satin Finish		573,420	—
2010-D		229,920,000	—
Satin Finish		573,420	—
2010-S		—	1,656,681

Flowing Hair half dime

1794		7,756	—
1795		78,660	—

Draped Bust half dime

1796		10,230	—
1797		44,527	—
1800		40,000	—
1801		33,910	—
1802		13,010	—
1803		37,850	—
1805		15,600	—

Capped Bust half dime

1829		1,230,000	Δ
1830		1,240,000	Δ
1831		1,242,700	Δ
1832		965,000	Δ
1833		1,370,000	Δ
1834		1,480,000	Δ
1835		2,760,000	Δ
1836		1,900,000	Δ
1837		871,000	Δ

Seated Liberty half dime

1837		1,405,000	—
1838 (P)		2,255,000	Δ
1838-O	‹26›	115,000	—
1839 (P)		1,069,150	Δ
1839-O		981,550	—
1840 (P)		1,344,085	Δ
1840-O		935,000	—
1841 (P)		1,150,000	Δ
1841-O		815,000	—
1842 (P)		815,000	Δ
1842-O		350,000	—
1843 (P)		1,165,000	Δ
1844 (P)		430,000	Δ
1844-O		220,000	—
1845 (P)		1,564,000	Δ
1846 (P)		27,000	Δ
1847 (P)		1,274,000	Δ
1848 (P)		668,000	Δ
1848-O		600,000	—
1849 (P)		1,309,000	Δ
1849-O		140,000	—
1850 (P)		955,000	Δ
1850-O		690,000	—
1851 (P)		781,000	Δ
1851-O		860,000	—
1852 (P)		1,000,500	Δ
1852-O		260,000	—

DATE	NOTE	BUSINESS	PROOF
1853 (P)			
No Arrows ‹16›		135,000	——
Arrows ‹16›		13,210,020	Δ
1853-O			
No Arrows ‹16›		160,000	——
Arrows ‹16›		2,200,000	——
1854 (P)		5,740,000	Δ
1854-O		1,560,000	——
1855 (P)		1,750,000	Δ
1855-O		600,000	——
1856 (P)		4,880,000	Δ
1856-O		1,100,000	——
1857 (P)		7,280,000	Δ
1857-O		1,380,000	——
1858 (P)		3,500,000	Δ
1858-O		1,660,000	——
1859 (P)		340,000	Δ
1859-O		560,000	——
1860 (P)	‹28›	798,000	1,000
1860-O	‹28, 29›	1,060,000	Δ
1861 (P)		3,360,000	1,000
1862 (P)		1,492,000	550
1863 (P)		18,000	460
1863-S		100,000	——
1864 (P)	‹18›	48,000	470
1864-S		90,000	——
1865 (P)		13,000	500
1865-S		120,000	——
1866 (P)		10,000	725
1866-S		120,000	——
1867 (P)		8,000	625
1867-S		120,000	——
1868 (P)		88,600	600
1868-S		280,000	——
1869 (P)		208,000	600
1869-S		230,000	——
1870 (P)		535,600	1,000
1871 (P)		1,873,000	960
1871-S		161,000	——
1872 (P)		2,947,000	950
1872-S		837,000	——
1873 (P)	‹6›	712,000	600
1873-S	‹6›	324,000	——

Draped Bust dime

DATE	NOTE	BUSINESS	PROOF
1796		22,135	——
1797		25,261	——
1798		27,550	——
1800		21,760	——
1801		34,640	——
1802		10,975	——
1803		33,040	——
1804		8,265	——
1805		120,780	——
1807		165,000	——

Capped Bust dime

DATE	NOTE	BUSINESS	PROOF
1809		51,065	——
1811		65,180	——
1814		421,500	——
1820		942,587	Δ

DATE	NOTE	BUSINESS	PROOF
1821		1,186,512	Δ
1822		100,000	Δ
1823	‹3›	440,000	Δ
1824		100,000	Δ
1825		410,000	Δ
1827		1,215,000	Δ
1828		125,000	Δ
1829		770,000	Δ
1830		510,000	Δ
1831		771,350	Δ
1832		522,500	Δ
1833		485,000	Δ
1834		635,000	Δ
1835		1,410,000	Δ
1836		1,190,000	Δ
1837		359,500	Δ

Seated Liberty dime

DATE	NOTE	BUSINESS	PROOF
1837		682,500	——
1838 (P)		1,992,500	Δ
1838-O	‹26›	406,034	——
1839 (P)		1,053,115	Δ
1839-O		1,323,000	——
1840 (P)		1,358,580	Δ
1840-O		1,175,000	——
1841 (P)		1,622,500	Δ
1841-O		2,007,500	——
1842 (P)		1,887,500	Δ
1842-O		2,020,000	——
1843 (P)		1,370,000	Δ
1843-O		50,000	——
1844 (P)		72,500	Δ
1845 (P)		1,755,000	Δ
1845-O		230,000	——
1846 (P)		31,300	Δ
1847 (P)		245,000	Δ
1848 (P)		451,500	Δ
1849 (P)		839,000	Δ
1849-O		300,000	——
1850 (P)		1,931,500	Δ
1850-O		510,000	——
1851 (P)		1,026,500	Δ
1851-O		400,000	——
1852 (P)		1,535,500	Δ
1852-O		430,000	——
1853 (P)			
No Arrows ‹16›		95,000	——
With Arrows ‹16›		12,078,010	Δ
1853-O		1,100,000	——
1854 (P)		4,470,000	Δ
1854-O		1,770,000	——
1855 (P)		2,075,000	Δ
1856 (P)		5,780,000	Δ
1856-O		1,180,000	——
1856-S		70,000	——
1857 (P)		5,580,000	Δ
1857-O		1,540,000	——
1858 (P)		1,540,000	——
1858-O		290,000	Δ
1858-S		60,000	——
1859 (P)		430,000	Δ

DATE	NOTE	BUSINESS	PROOF
1859-O		480,000	——
1859-S		60,000	——
1860 (P)	‹28›	606,000	1,000
1860-O	‹28›	40,000	——
1860-S	‹28›	140,000	——
1861 (P)		1,883,000	1,000
1861-S		172,500	——
1862 (P)		847,000	550
1862-S		180,750	——
1863 (P)		14,000	460
1863-S		157,500	——
1864 (P)	‹18›	11,000	470
1864-S		230,000	——
1865 (P)		10,000	500
1865-S		175,000	——
1866 (P)		8,000	725
1866-S		135,000	——
1867 (P)		6,000	625
1867-S		140,000	——
1868 (P)		464,000	600
1868-S		260,000	——
1869 (P)		256,000	600
1869-S		450,000	——
1870 (P)		470,500	1,000
1870-S		50,000	——
1871 (P)		906,750	960
1871-CC		20,100	——
1871-S		320,000	——
1872 (P)		2,395,500	950
1872-CC		35,480	——
1872-S		190,000	——
1873 (P)			
No Arrows	‹6›	1,568,000	600
With Arrows	‹6›	2,377,700	800
1873-CC			
No Arrows	‹6, 30›	12,400	——
With Arrows	‹6›	18,791	——
1873-S			
With Arrows	‹6›	455,000	——
1874 (P)		2,940,000	700
1874-CC		10,817	——
1874-S		240,000	——
1875 (P)		10,350,000	700
1875-CC		4,645,000	——
1875-S		9,070,000	——
1876 (P)		11,460,000	1,150
1876-CC		8,270,000	——
1876-S		10,420,000	——
1877 (P)		7,310,000	510
1877-CC		7,700,000	——
1877-S		2,340,000	——
1878 (P)		1,678,000	800
1878-CC		200,000	——
1879 (P)		14,000	1,100
1880 (P)		36,000	1,355
1881 (P)		24,000	975
1882 (P)		3,910,000	1,100
1883 (P)		7,674,673	1,039
1884 (P)		3,365,505	875
1884-S		564,969	——

DATE	NOTE	BUSINESS	PROOF
1885 (P)		2,532,497	930
1885-S		43,690	——
1886 (P)		6,376,684	886
1886-S		206,524	——
1887 (P)		11,283,229	710
1887-S		4,454,450	——
1888 (P)		5,495,655	832
1888-S		1,720,000	——
1889 (P)		7,380,000	711
1889-S		972,678	——
1890 (P)		9,910,951	590
1890-S		1,423,076	——
1891 (P)		15,310,000	600
1891-O		4,540,000	——
1891-S		3,196,116	——
Barber dime			
1892 (P)		12,120,000	1,245
1892-O		3,841,700	——
1892-S		990,710	——
1893 (P)		3,340,000	792
1893-O		1,760,000	——
1893-S		2,491,401	——
1894 (P)		1,330,000	972
1894-O		720,000	——
1894-S	‹31›	——	——
1895 (P)		690,000	880
1895-O		440,000	——
1895-S		1,120,000	——
1896 (P)		2,000,000	762
1896-O		610,000	——
1896-S		575,056	——
1897 (P)		10,868,533	731
1897-O		666,000	——
1897-S		1,342,844	——
1898 (P)		16,320,000	735
1898-O		2,130,000	——
1898-S		1,702,507	——
1899 (P)		19,580,000	846
1899-O		2,650,000	——
1899-S		1,867,493	——
1900 (P)		17,600,000	912
1900-O		2,010,000	——
1900-S		5,168,270	——
1901 (P)		18,859,665	813
1901-O		5,620,000	——
1901-S		593,022	——
1902 (P)		21,380,000	777
1902-O		4,500,000	——
1902-S		2,070,000	——
1903 (P)		19,500,000	755
1903-O		8,180,000	——
1903-S		613,300	——
1904 (P)		14,600,357	670
1904-S		800,000	——
1905 (P)		14,551,623	727
1905-O		3,400,000	——
1905-S		6,855,199	——
1906 (P)		19,957,731	675
1906-D	‹32›	4,060,000	Δ
1906-O		2,610,000	

DATE	NOTE	BUSINESS	PROOF
1906-S		3,136,640	——
1907 (P)		22,220,000	575
1907-D		4,080,000	——
1907-O		5,058,000	——
1907-S		3,178,470	——
1908 (P)		10,600,000	545
1908-D		7,490,000	——
1908-O		1,789,000	——
1908-S		3,220,000	——
1909 (P)		10,240,000	650
1909-D		954,000	——
1909-O		2,287,000	——
1909-S		1,000,000	——
1910 (P)		11,520,000	551
1910-D		3,490,000	——
1910-S		1,240,000	——
1911 (P)		18,870,000	543
1911-D		11,209,000	——
1911-S		3,520,000	——
1912 (P)		19,350,000	700
1912-D		11,760,000	——
1912-S		3,420,000	——
1913 (P)		19,760,000	622
1913-S		510,000	——
1914 (P)		17,360,230	——
1914-D		11,908,000	425
1914-S		2,100,000	——
1915 (P)		5,620,000	450
1915-S		960,000	——
1916 (P)		18,490,000	Δ
1916-S		5,820,000	——
Winged Liberty Head dime			
1916 (P)		22,180,080	——
1916-D		264,000	——
1916-S		10,450,000	——
1917 (P)		55,230,000	——
1917-D		9,402,000	——
1917-S		27,330,000	——
1918 (P)		26,680,000	——
1918-D		22,674,800	——
1918-S		19,300,000	——
1919 (P)		35,740,000	——
1919-D		9,939,000	——
1919-S		8,850,000	——
1920 (P)		59,030,000	——
1920-D		19,171,000	——
1920-S		13,820,000	——
1921 (P)		1,230,000	——
1921-D		1,080,000	——
1923 (P)	‹22›	50,130,000	——
1923-S		6,440,000	——
1924 (P)		24,010,000	——
1924-D		6,810,000	——
1924-S		7,120,000	——
1925 (P)		25,610,000	——
1925-D		5,117,000	——
1925-S		5,850,000	——
1926 (P)		32,160,000	——
1926-D		6,828,000	——
1926-S		1,520,000	——

DATE	NOTE	BUSINESS	PROOF
1927 (P)		28,080,000	——
1927-D		4,812,000	——
1927-S		4,770,000	——
1928 (P)		19,480,000	——
1928-D		4,161,000	——
1928-S		7,400,000	——
1929 (P)		25,970,000	——
1929-D		5,034,000	——
1929-S		4,730,000	——
1930 (P)	‹22›	6,770,000	——
1930-S		1,843,000	——
1931 (P)		3,150,000	——
1931-D		1,260,000	——
1931-S		1,800,000	——
1934 (P)		24,080,000	——
1934-D		6,772,000	——
1935 (P)		58,830,000	——
1935-D		10,477,000	——
1935-S		15,840,000	——
1936 (P)		87,500,000	4,130
1936-D		16,132,000	——
1936-S		9,210,000	——
1937 (P)		56,860,000	5,756
1937-D		14,146,000	——
1937-S		9,740,000	——
1938 (P)		22,190,000	8,728
1938-D		5,537,000	——
1938-S		8,090,000	——
1939 (P)		67,740,000	9,321
1939-D		24,394,000	——
1939-S		10,540,000	——
1940 (P)		65,350,000	11,827
1940-D		21,198,000	——
1940-S		21,560,000	——
1941 (P)		175,090,000	16,557
1941-D		45,634,000	——
1941-S		43,090,000	——
1942 (P)		205,410,000	22,329
1942-D		60,740,000	——
1942-S		49,300,000	——
1943 (P)		191,710,000	——
1943-D		71,949,000	——
1943-S		60,400,000	——
1944 (P)		231,410,000	——
1944-D		62,224,000	——
1944-S		49,490,000	——
1945 (P)		159,130,000	——
1945-D		40,245,000	——
1945-S		41,920,000	——
Roosevelt dime			
1946 (P)		255,250,000	——
1946-D		61,043,500	——
1946-S		27,900,000	——
1947 (P)		121,520,000	——
1947-D		46,835,000	——
1947-S		34,840,000	——
1948 (P)		74,950,000	——
1948-D		52,841,000	——
1948-S		35,520,000	——
1949 (P)		30,940,000	——

DATE	NOTE	BUSINESS	PROOF	DATE	NOTE	BUSINESS	PROOF
1949-D		26,034,000		1972-D		330,290,000	——
1949-S		13,510,000	——	1972-S	‹§›	——	3,260,996
1950 (P)	‹§›	50,130,114	51,386	1973 (P)		315,670 ,000	——
1950-D		46,803,000		1973-D		455,032,426	——
1950-S		20,440,000	——	1973-S	‹§›	——	2,760,339
1951 (P)	‹§›	102,880,102	57,500	1974 (P)		470,248,000	——
1951-D		56,529,000	——	1974-D		571,083,000	——
1951-S		31,630,000	——	1974-S	‹§›	——	2,612,568
1952 (P)	‹§›	99,040,093	81,980	1975 (P)		513,682,000	——
1952-D		122,100,000		1975-D		313,705,300	——
1952-S		44,419,500	——	1975 (S)		71,991,900	——
1953 (P)	‹§›	53,490,120	128,800	1976 (P)		568,760,000	——
1953-D		136,433,000		1976-D		695,222,774	——
1953-S		39,180,000	——	1976-S			——
1954 (P)	‹§›	114,010,203	233,300	1977 (P)		796,930,000	——
1954-D		106,397,000		1977-D		376,607,228	——
1954-S		22,860,000	——	1977-S	‹§›	——	3,236,798
1955 (P)	‹§›	12,450,181	378,200	1978 (P)		663,980,000	——
1955-D		13,959,000		1978-D		282,847,540	——
1955-S		18,510,000	——	1978-S	‹§›	——	3,120,285
1956 (P)	‹§›	108,640,000	669,384	1979 (P)		315,440,000	——
1956-D		108,015,100		1979-D		390,921,184	——
1957 (P)	‹§›	160,160,000	1,247,952	1979-S	‹§›	——	3,677,175
1957-D		113,354,330		1980-P	‹25›	735,170,000	——
1958 (P)	‹§›	31,910,000	875,652	1980-D		719,354,321	——
1958-D		136,564,600		1980-S	‹§›	——	3,554,806
1959 (P)	‹§›	85,780,000	1,149,291	1981-P		676,650,000	——
1959-D		164,919,790		1981-D		712,284,143	——
1960 (P)	‹§›	70,390,000	1,691,602	1981-S	‹§›	——	4,063,083
1960-D		200,160,400		1982-P	‹35›	519,475,000	——
1961 (P)	‹§›	93,730,000	3,028,244	1982-D		542,713,584	——
1961-D		209,146,550		1982-S	‹§›	——	3,857,479
1962 (P)	‹§›	72,450,000	3,218,019	1983-P		647,025,000	——
1962-D		334,948,380		1983-D		730,129,224	——
1963 (P)	‹§›	123,650,000	3,075,645	1983-S	‹§›	——	3,279,126
1963-D		421,476,530		1984-P		856,669,000	——
1964 (P)	‹§, 11›	929,360,000	3,950,762	1984-D		704,803,976	——
1964-D	‹11›	1,357,517,180		1984-S	‹§›	——	3,065,110
1965 (P)	‹11›	845,130,000	——	1985-P		705,200,962	——
1965 (D)	‹11›	757,472,820		1985-D		587,979,970	——
1965 (S)	‹11›	47,177,750	——	1985-S	‹§›	——	3,362,821
1966 (P)	‹11›	622,550,000	——	1986-P		682,649,693	——
1966 (D)	‹11›	683,771,010		1986-D		473,326,974	——
1966 (S)	‹11›	74,151,947	——	1986-S	‹§›	——	3,010,497
1967 (P)	‹11›	1,030,110,000	——	1987-P		762,709,481	——
1967 (D)	‹11›	1,156,277,320		1987-D		653,203,402	——
1967 (S)	‹11›	57,620,000	——	1987-S	‹§›	——	3,792,233
1968 (P)		424,470,400	——	1988-P		1,030,550,000	——
1968-D		480,748,280		1988-D		962,385,488	——
1968-S	‹§, 33›	——	3,041,506	1988-S	‹§›	——	3,262,948
1969 (P)		145,790,000	——	1989-P		1,298,400,000	——
1969-D		563,323,870		1989-D		896,535,597	——
1969-S	‹§›	——	2,934,631	1989-S	‹§›	——	3,220,914
1970 (P)		345,570,000	——	1990-P		1,034,340,000	——
1970-D		754,942,100		1990-D		839,995,824	——
1970-S	‹§, 34›	——	2,632,810	1990-S	‹§›	——	3,299,559
1971 (P)		162,690,000	——	1991-P		927,220,000	——
1971-D		377,914,240		1991-D		601,241,114	——
1971-S	‹§›	——	3,220,733	1991-S	‹§›	——	2,867,787
1972 (P)		431,540,000	——	1992-P		593,500,000	——

DATE	NOTE	BUSINESS	PROOF
1992-D		616,273,932	——
1992-S	‹§›		
Clad		——	2,858,903
90% silver		——	1,317,641
1993-P		766,180,000	——
1993-D		750,110,166	——
1993-S	‹§›		
Clad		——	2,569,882
90% silver		——	790,994
1994-P		1,189,000,000	——
1994-D		1,303,268,110	——
1994-S	‹§›		
Clad		——	2,443,590
90% silver		——	778,550
1995-P		1,125,500,000	——
1995-D		1,274,890,000	——
1995-S	‹§›		
Clad		——	2,124,790
90% silver		——	666,277
1996-P		1,421,630,000	——
1996-D		1,400,300,000	——
1996-S	‹§›		
Clad		——	2,145,077
90% silver		——	775,081
1996-W	‹118›	1,450,440	——
1997-P		991,640,000	——
1997-D		979,810,000	——
1997-S	‹§›		
Clad		——	2,055,000
90% silver		——	741,194
1998-P		1,163,000,000	——
1998-D		1,172,300,000	——
1998-S	‹§›		
Clad		——	2,086,507
90% silver		——	878,996
1999-P		2,164,000,000	——
1999-D		1,397,750,000	——
1999-S	‹§›		
Clad	‹121›	——	2,557,899
90% silver		——	804,565
2000-P		1,842,500,000	——
2000-D		1,818,700,000	——
2000-S	‹§›		
Clad	‹121›	——	3,096,981
90% silver		——	965,421
2001-P		1,369,590,000	——
2001-D		1,412,800,000	——
2001-S	‹§›		
Clad	‹121›	——	2,300,944
90% silver		——	889,697
2002-P		1,187,500,000	——
2002-D		1,379,500,000	——
2002-S	‹§›		
Clad		——	2,321,848
90% silver		——	888,826
2003-P		1,085,500,000	——
2003-D		986,500,000	——
2003-S	‹§›		
Clad		——	2,172,684
90% silver		——	1,142,858

DATE	NOTE	BUSINESS	PROOF
2004-P		1,328,000,000	——
2004-D		1,159,500,000	——
2004-S	‹§›		
Clad		——	1,789,488
90% silver		——	1,175,934
2005-P		1,412,000,000	——
Satin Finish		1,141,895	
2005-D		1,423,500,000	——
Satin Finish		1,141,895	
2005-S	‹§›		
Clad		——	2,310,063
90% silver		——	1,019,166
2006-P		1,381,000,000	——
Satin Finish		915,586	
2006-D		1,447,000,000	——
Satin Finish		915,586	
2006-S	‹§›		
Clad		——	2,033,734
90% silver		——	1,043,546
2007-P		1,047,500,000	——
Satin Finish		895,628	
2007-D		1,042,000,000	——
Satin Finish		895,628	
2007-S	‹§›		
Clad		——	1,728,558
90% silver		——	861,447
2008-P		413,000,000	——
Satin Finish		745,464	
2008-D		637,500,000	——
Satin Finish		745,464	
2008-S	‹§›		
Clad		——	1,426,868
90% silver		——	772,893
2009-P		96,500,000	——
Satin Finish		774,844	
2009-D		49,500,000	——
Satin Finish		774,844	
2009-S	‹§›		
Clad		——	1,477,967
90% silver		——	694,406
2010-P		557,000,000	——
Satin Finish		573,420	
2010-D		562,000,000	——
Satin Finish		573,420	
2010-S	‹§›		
Clad		——	1,086,167
90% silver		——	567,514
Twenty cents			
1875 (P)		38,500	1,200
1875-CC		133,290	——
1875-S	‹36›	1,155,000	Δ
1876 (P)		14,750	1,150
1876-CC	‹37›	10,000	——
1877 (P)		——	510
1878 (P)		——	600
Draped Bust quarter dollar			
1796		6,146	——
1804		6,738	——
1805		121,394	——

DATE	NOTE	BUSINESS	PROOF
1806		286,424	——
1807		140,343	——

Capped Bust quarter dollar

DATE	NOTE	BUSINESS	PROOF
1815		89,235	——
1818		361,174	Δ
1819		144,000	
1820		127,444	Δ
1821		216,851	Δ
1822		64,080	Δ
1823	‹3›	17,800	Δ
1824		24,000	Δ
1825		148,000	Δ
1827	‹38›	——	Δ (R)
1828		102,000	Δ
1831		398,000	Δ
1832		320,000	Δ
1833		156,000	Δ
1834		286,000	Δ
1835		1,952,000	Δ
1836		472,000	Δ
1837		252,400	Δ
1838 (P)		366,000	Δ

Seated Liberty quarter dollar

DATE	NOTE	BUSINESS	PROOF
1838 (P)		466,000	——
1839 (P)		491,146	Δ
1840 (P)		188,127	Δ
1840-O		425,200	——
1841 (P)		120,000	Δ
1841-O		452,000	——
1842 (P)		88,000	Δ
1842-O		769,000	——
1843 (P)		645,600	Δ
1843-O		968,000	——
1844 (P)		421,200	Δ
1844-O		740,000	——
1845 (P)		922,000	Δ
1846 (P)		510,000	Δ
1847 (P)		734,000	Δ
1847-O		368,000	——
1848 (P)		146,000	Δ
1849 (P)		340,000	Δ
1849-O		16,000	——
1850 (P)		190,800	Δ
1850-O		396,000	——
1851 (P)		160,000	Δ
1851-O		88,000	——
1852 (P)		177,060	Δ
1852-O		96,000	——
1853 (P)			
No Arr. & Rays ‹16›		44,200	——
Arrows & Rays ‹16›		15,210,020	Δ
1853-O		1,332,000	——
1854 (P)		12,380,000	Δ
1854-O		1,484,000	——
1855 (P)		2,857,000	Δ
1855-O		176,000	——
1855-S	‹39›	396,400	Δ
1856 (P)		7,264,000	Δ
1856-O		968,000	——
1856-S		286,000	——
1857 (P)		9,644,000	Δ
1857-O		1,180,000	——
1857-S		82,000	——
1858 (P)		7,368,000	Δ
1858-O		520,000	——
1858-S		121,000	——
1859 (P)		1,344,000	Δ
1859-O		260,000	——
1859-S		80,000	——
1860 (P)		804,400	1,000
1860-O		388,000	——
1860-S		56,000	——
1861 (P)		4,853,600	1,000
1861-S		96,000	——
1862 (P)		932,000	550
1862-S		67,000	——
1863 (P)		191,600	460
1864 (P)		93,600	470
1864-S		20,000	——
1865 (P)		58,800	500
1865-S		41,000	——
1866 (P)	‹40›	16,800	725
1866-S	‹40›	28,000	——
1867 (P)		20,000	625
1867-S		48,000	——
1868 (P)		29,400	600
1868-S		96,000	——
1869 (P)		16,000	600
1869-S		76,000	——
1870 (P)		86,400	1,000
1870-CC		8,340	——
1871 (P)		118,200	960
1871-CC		10,890	——
1871-S		30,900	——
1872 (P)		182,000	950
1872-CC		22,850	——
1872-S		83,000	——
1873 (P)			
No Arrows ‹6›		212,000	600
With Arrows ‹6›		1,271,160	540
1873-CC			
No Arrows ‹6›		4,000	——
With Arrows ‹6›		12,462	——
1873-S			
With Arrows ‹6›		156,000	——
1874 (P)		471,200	700
1874-S		392,000	——
1875 (P)		4,292,800	700
1875-CC		140,000	——
1875-S		680,000	——
1876 (P)		17,816,000	1,150
1876-CC		4,944,000	——
1876-S		8,596,000	——
1877 (P)		10,911,200	510
1877-CC		4,192,000	——
1877-S		8,996,000	——
1878 (P)		2,260,000	800
1878-CC		996,000	——
1878-S		140,000	——

DATE	NOTE	BUSINESS	PROOF
1879 (P)	‹41›	14,450	250
1880 (P)		13,600	1,355
1881 (P)		12,000	975
1882 (P)		15,200	1,100
1883 (P)		14,400	1,039
1884 (P)		8,000	875
1885 (P)		13,600	930
1886 (P)		5,000	886
1887 (P)		10,000	710
1888 (P)		10,001	832
1888-S		1,216,000	——
1889 (P)		12,000	711
1890 (P)		80,000	590
1891 (P)		3,920,000	600
1891-O	‹42›	68,000	Δ
1891-S		2,216,000	——

Barber quarter dollar

DATE	NOTE	BUSINESS	PROOF
1892 (P)		8,236,000	1,245
1892-O		2,640,000	——
1892-S		964,079	——
1893 (P)		5,444,023	792
1893-O		3,396,000	——
1893-S		1,454,535	——
1894 (P)		3,432,000	972
1894-O		2,852,000	——
1894-S		2,648,821	——
1895 (P)		4,440,000	880
1895-O		2,816,000	——
1895-S		1,764,681	——
1896 (P)		3,874,000	762
1896-O		1,484,000	——
1896-S		188,039	——
1897 (P)		8,140,000	731
1897-O		1,414,800	——
1897-S		542,229	——
1898 (P)		11,100,000	735
1898-O		1,868,000	——
1898-S		1,020,592	——
1899 (P)		12,624,000	846
1899-O		2,644,000	——
1899-S		708,000	——
1900 (P)		10,016,000	912
1900-O		3,416,000	——
1900-S		1,858,585	——
1901 (P)		8,892,000	813
1901-O		1,612,000	——
1901-S		72,664	——
1902 (P)		12,196,967	777
1902-O		4,748,000	——
1902-S		1,524,612	——
1903 (P)		9,669,309	755
1903-O		3,500,000	——
1903-S		1,036,000	——
1904 (P)		9,588,143	670
1904-O		2,456,000	——
1905 (P)		4,967,523	727
1905-O		1,230,000	——
1905-S		1,884,000	——
1906 (P)		3,655,760	675
1906-D		3,280,000	——

DATE	NOTE	BUSINESS	PROOF
1906-O		2,056,000	——
1907 (P)		7,192,000	575
1907-D		2,484,000	——
1907-O		4,560,000	——
1907-S		1,360,000	——
1908 (P)		4,232,000	545
1908-D		5,788,000	——
1908-O		6,244,000	——
1908-S		784,000	——
1909 (P)		9,268,000	650
1909-D		5,114,000	——
1909-O		712,000	——
1909-S		1,348,000	——
1910 (P)		2,244,000	551
1910-D		1,500,000	——
1911 (P)		3,720,000	543
1911-D		933,600	——
1911-S		988,000	——
1912 (P)		4,400,000	700
1912-S		708,000	——
1913 (P)		484,000	613
1913-D		1,450,800	——
1913-S		40,000	——
1914 (P)		6,244,230	380
1914-D		3,046,000	——
1914-S		264,000	——
1915 (P)		3,480,000	450
1915-D		3,694,000	——
1915-S		704,000	——
1916 (P)		1,788,000	——
1916-D		6,540,800	——

Standing Liberty quarter dollar

DATE	NOTE	BUSINESS	PROOF
1916 (P)		52,000	——
1917 (P)			
Bare Breast		8,740,000	Δ
Mailed Breast		13,880,000	
1917-D			
Bare Breast		1,509,200	——
Mailed Breast		6,224,400	
1917-S			
Bare Breast		1,952,000	——
Mailed Breast		5,552,000	
1918 (P)		14,240,000	——
1918-D		7,380,000	——
1918-S		11,072,000	——
1919 (P)		11,324,000	——
1919-D		1,944,000	——
1919-S		1,836,000	——
1920 (P)		27,860,000	——
1920-D		3,586,400	——
1920-S		6,380,000	——
1921 (P)		1,916,000	——
1923 (P)		9,716,000	——
1923-S		1,360,000	——
1924 (P)		10,920,000	——
1924-D		3,112,000	——
1924-S		2,860,000	——
1925 (P)		12,280,000	——
1926 (P)		11,316,000	——
1926-D		1,716,000	——

DATE	NOTE	BUSINESS	PROOF
1926-S		2,700,000	——
1927 (P)		11,912,000	——
1927-D		976,400	——
1927-S		396,000	——
1928 (P)		6,336,000	——
1928-D		1,627,600	——
1928-S		2,644,000	——
1929 (P)		11,140,000	——
1929-D		1,358,000	——
1929-S		1,764,000	——
1930 (P)		5,632,000	——
1930-S		1,556,000	——

Washington quarter dollar

DATE	NOTE	BUSINESS	PROOF
1932 (P)		5,404,000	——
1932-D		436,800	——
1932-S		408,000	——
1934 (P)		31,912,052	——
1934-D		3,527,200	——
1935 (P)		32,484,000	——
1935-D		5,780,000	——
1935-S		5,660,000	——
1936 (P)		41,300,000	3,837
1936-D		5,374,000	——
1936-S		3,828,000	——
1937 (P)		19,696,000	5,542
1937-D		7,189,600	——
1937-S		1,652,000	——
1938 (P)		9,472,000	8,045
1938-S		2,832,000	——
1939 (P)		33,540,000	8,795
1939-D		7,092,000	——
1939-S		2,628,000	——
1940 (P)		35,704,000	11,246
1940-D		2,797,600	——
1940-S		8,244,000	——
1941 (P)		79,032,000	15,287
1941-D		16,714,800	——
1941-S		16,080,000	——
1942 (P)		102,096,000	21,123
1942-D		17,487,200	——
1942-S		19,384,000	——
1943 (P)		99,700,000	——
1943-D		16,095,600	——
1943-S		21,700,000	——
1944 (P)		104,956,000	——
1944-D		14,600,800	——
1944-S		12,560,000	——
1945 (P)		74,372,000	——
1945-D		12,341,600	——
1945-S		17,004,001	——
1946 (P)		53,436,000	——
1946-D		9,072,800	——
1946-S		4,204,000	——
1947 (P)		22,556,000	——
1947-D		15,338,400	——
1947-S		5,532,000	——
1948 (P)		35,196,000	——
1948-D		16,766,800	——
1948-S		15,960,000	——
1949 (P)		9,312,000	——
1949-D		10,068,400	——
1950 (P)	‹§›	24,920,126	51,386
1950-D		21,075,600	——
1950-S		10,284,004	——
1951 (P)	‹§›	43,448,102	57,500
1951-D		35,354,800	——
1951-S		9,048,000	——
1952 (P)	‹§›	38,780,093	81,980
1952-D		49,795,200	——
1952-S		13,707,800	——
1953 (P)	‹§›	18,536,120	128,800
1953-D		56,112,400	——
1953-S		14,016,000	——
1954 (P)	‹§›	54,412,203	233,300
1954-D		42,305,500	——
1954-S		11,834,722	——
1955 (P)	‹§›	18,180,181	378,200
1955-D		3,182,400	——
1956 (P)	‹§›	44,144,000	669,384
1956-D		32,334,500	——
1957 (P)	‹§›	46,532,000	1,247,952
1957-D		77,924,160	——
1958 (P)	‹§›	6,360,000	875,652
1958-D		78,124,900	——
1959 (P)	‹§›	24,384,000	1,149,291
1959-D		62,054,232	——
1960 (P)	‹§›	29,164,000	1,691,602
1960-D		63,000,324	——
1961 (P)	‹§›	37,036,000	3,028,244
1961-D		83,656,928	——
1962 (P)	‹§›	36,156,000	3,218,019
1962-D		127,554,756	——
1963 (P)	‹§›	74,316,000	3,075,645
1963-D		135,288,184	——
1964 (P)	‹§, 11›	560,390,585	3,950,762
1964-D	‹11›	704,135,528	——
1965 (P)	‹11›	1,082,216,000	——
1965 (D)	‹11›	673,305,540	——
1965 (S)	‹11›	61,836,000	——
1966 (P)	‹11›	404,416,000	——
1966 (D)	‹11›	367,490,400	——
1966 (S)	‹11›	46,933,517	——
1967 (P)	‹11›	873,524,000	——
1967 (D)	‹11›	632,767,848	——
1967 (S)	‹11›	17,740,000	——
1968 (P)		220,731,500	——
1968-D		101,534,000	——
1968-S	‹§›	——	3,041,506
1969 (P)		176,212,000	——
1969-D		114,372,000	——
1969-S	‹§›	——	2,934,631
1970 (P)		136,420,000	——
1970-D		417,341,364	——
1970-S	‹§›	——	2,632,810
1971 (P)		109,284,000	——
1971-D		258,634,428	——
1971-S	‹§›	——	3,220,733
1972 (P)		215,048,000	——
1972-D		311,067,732	——
1972-S	‹§›	——	3,260,996

DATE	NOTE	BUSINESS	PROOF
1973 (P)		346,924,000	——
1973-D		232,977,400	——
1973-S	‹§›	——	2,760,339
1974 (P)	‹43›	801,456,000	——
1974-D	‹43›	353,160,300	——
1974-S	‹§, 43›	——	2,612,568
1976 (P)	‹43›	809,408,016	——
1976-D	‹43›	860,118,839	——
1976-S	‹43›	——	——
1976 (W)	‹43›	376,000	——
1977 (P)		461,204,000	——
1977-D		256,524,978	——
1977-S	‹§›	——	3,236,798
1977 (W)		7,352,000	——
1978 (P)		500,652,000	——
1978-D		287,373,152	——
1978-S	‹§›	——	3,120,285
1978 (W)		20,800,000	——
1979 (P)		493,036,000	——
1979-D		489,789,780	——
1979-S	‹§›	——	3,677,175
1979 (W)		22,672,000	——
1980-P	‹25›	635,832,000	——
1980-D		518,327,487	——
1980-S	‹§›	——	3,554,806
1981-P		601,716,000	——
1981-D		575,722,833	——
1981-S	‹§›	——	4,063,083
1982-P		500,931,000	——
1982-D		480,042,788	——
1982-S	‹§›	——	3,857,479
1983-P		673,535,000	——
1983-D		617,806,446	——
1983-S	‹§›	——	3,279,126
1984-P		676,545,000	——
1984-D		546,483,064	——
1984-S	‹§›	——	3,065,110
1985-P		775,818,962	——
1985-D		519,962,888	——
1985-S	‹§›	——	3,362,821
1986-P		551,199,333	——
1986-D		504,298,660	——
1986-S	‹§›	——	3,010,497
1987-P		582,499,481	——
1987-D		655,595,696	——
1987-S	‹§›	——	3,792,233
1988-P		562,052,000	——
1988-D		596,810,688	——
1988-S	‹§›	——	3,262,948
1989-P		512,868,000	——
1989-D		896,733,858	——
1989-S	‹§›	——	3,220,914
1990-P		613,792,000	——
1990-D		927,638,181	——
1990-S	‹§›	——	3,299,559
1991-P		570,960,000	——
1991-D		630,966,693	——
1991-S	‹§›	——	2,867,787
1992-P		384,764,000	——
1992-D		389,777,107	——

DATE	NOTE	BUSINESS	PROOF
1992-S	‹§›		
Clad		——	2,858,903
90% silver		——	1,317,641
1993-P		639,276,000	——
1993-D		645,476,128	——
1993-S	‹§›		
Clad		——	2,569,882
90% silver		——	790,994
1994-P		825,600,000	——
1994-D		880,034,110	——
1994-S	‹§›		
Clad		——	2,443,590
90% silver		——	778,550
1995-P		1,004,336,000	——
1995-D		1,103,216,000	——
1995-S	‹§›		
Clad		——	2,124,790
90% silver		——	666,277
1996-P		925,040,000	——
1996-D		906,868,000	——
1996-S	‹§›		
Clad		——	2,145,077
90% silver		——	775,081
1997-P		595,740,000	——
1997-D		599,680,000	——
1997-S	‹§›		
Clad		——	2,055,000
90% silver		——	741,194
1998-P		960,400,000	——
1998-D		907,000,000	——
1998-S	‹§›		
Clad		——	2,086,507
90% silver		——	878,996
1999-P DE		373,400,000	——
1999-D DE		401,424,000	——
1999-S DE	‹§›		
Clad	‹121›	——	3,727,857
90% silver		——	804,565
1999-P PA		349,000,000	——
1999-D PA		358,332,000	——
1999-S PA	‹§›		
Clad	‹121›	——	3,727,857
90% silver		——	804,565
1999-P NJ		363,200,000	——
1999-D NJ		299,028,000	——
1999-S NJ	‹§›		
Clad	‹121›	——	3,727,857
90% silver		——	804,565
1999-P GA		451,188,000	——
1999-D GA		488,744,000	——
1999-S GA	‹§›		
Clad	‹121›	——	3,727,857
90% silver		——	804,565
1999-P CT		688,744,000	——
1999-D CT		657,880,000	——
1999-S CT	‹§›		
Clad	‹121›	——	3,727,857
90% silver		——	804,565
2000-P MA		628,600,000	——
2000-D MA		535,184,000	——

DATE	NOTE	BUSINESS	PROOF
2000-S MA ‹§›			
Clad	‹121›	——	4,092,784
90% silver		——	965,421
2000-P MD		678,200,000	——
2000-D MD		556,532,000	——
2000-S MD		‹§›	
Clad	‹121›	——	4,092,784
90% silver		——	965,421
2000-P SC		742,576,000	——
2000-D SC		566,208,000	——
2000-S SC ‹§›			
Clad	‹121›	——	4,092,784
90% silver		——	965,421
2000-P NH		673,040,000	——
2000-D NH		495,976,000	——
2000-S NH ‹§›			
Clad	‹121›	——	4,092,784
90% silver		——	965,421
2000-P VA		943,000,000	——
2000-D VA		651,616,000	——
2000-S VA ‹§›			
Clad	‹121›	——	4,092,784
90% silver		——	965,421
2001-P NY		655,400,000	——
2001-D NY		619,640,000	——
2001-S NY ‹§›			
Clad	‹121›	——	3,100,680
90% silver		——	889,697
2001-P NC		627,600,000	——
2001-D NC		427,876,000	——
2001-S NC ‹§›			
Clad	‹121›	——	3,100,680
90% silver		——	889,697
2001-P RI		423,000,000	——
2001-D RI		447,100,000	——
2001-S RI ‹§›			
Clad	‹121›	——	3,100,680
90% silver		——	889,697
2001-P VT		423,400,000	——
2001-D VT		459,404,000	——
2001-S VT ‹§›			
Clad	‹121›	——	3,100,680
90% silver		——	889,697
2001-P KY		353,000,000	——
2001-D KY		370,564,000	——
2001-S KY ‹§›			
Clad	‹121›	——	3,100,680
90% silver		——	889,697
2002-P TN		361,600,000	——
2002-D TN		286,468,000	——
2002-S TN ‹§›			
Clad		——	3,085,940
90% silver		——	888,826
2002-P OH		217,200,000	——
2002-D OH		414,832,000	——
2002-S OH ‹§›			
Clad		——	3,085,940
90% silver		——	888,826
2002-P LA		362,000,000	——
2002-D LA		402,204,000	——
2002-S LA ‹§›			
Clad		——	3,085,940
90% silver		——	888,826
2002-P IN		362,600,000	——
2002-D IN		327,200,000	——
2002-S IN ‹§›			
Clad		——	3,085,940
90% silver		——	888,826
2002-P MS		290,000,000	——
2002-D MS		289,600,000	——
2002-S MS ‹§›			
Clad		——	3,085,940
90% silver		——	888,826
2003-P IL		225,800,000	——
2003-D IL		237,400,000	——
2003-S IL ‹§›			
Clad		——	3,398,191
90% silver		——	1,142,858
2003-P AL		225,000,000	——
2003-D AL		232,400,000	——
2003-S AL ‹§›			
Clad		——	3,398,191
90% silver		——	1,142,858
2003-P ME		217,400,000	——
2003-D ME		231,400,000	——
2003-S ME ‹§›			
Clad		——	3,398,191
90% silver		——	1,142,858
2003-P MO		225,000,000	——
2003-D MO		228,200,000	——
2003-S MO		‹§›	
Clad		——	3,398,191
90% silver		——	1,142,858
2003-P AR		228,000,000	——
2003-D AR		229,800,000	——
2003-S AR ‹§›			
Clad		——	3,398,191
90% silver		——	1,142,858
2004-P MI		233,800,000	——
2004-D MI		225,800,000	——
2004-S MI ‹§›			
Clad		——	2,740,684
90% silver		——	1,769,786
2004-P FL		240,200,000	——
2004-D FL		241,600,000	——
2004-S FL ‹§›			
Clad		——	2,740,684
90% silver		——	1,769,786
2004-P TX		278,800,000	——
2004-D TX		263,000,000	——
2004-S TX ‹§›			
Clad		——	2,740,684
90% silver		——	1,769,786
2004-P IA		213,800,000	——
2004-D IA		251,400,000	——
2004-S IA ‹§›			
Clad		——	2,740,684
90% silver		——	1,769,786
2004-P WI		226,400,000	——
2004-D WI	‹124›	226,800,000	——

DATE	NOTE	BUSINESS	PROOF
2004-S WI ‹§›			
Clad		—	2,740,684
90% silver		—	1,769,786
2005-P CA		257,200,000	—
Satin Finish ‹122›		1,141,895	—
2005-D CA		263,200,000	—
Satin Finish ‹122›		1,141,895	—
2005-S CA ‹§›			
Clad		—	3,291,341
90% silver		—	1,625,981
2005-P MN		239,600,000	—
Satin Finish ‹122›		1,141,895	—
2005-D MN		248,400,000	—
Satin Finish ‹122›		1,141,895	—
2005-S MN ‹§›			
Clad		—	3,291,341
90% silver		—	1,625,981
2005-P OR		316,200,000	—
Satin Finish ‹122›		1,141,895	—
2005-D OR		404,000,000	—
Satin Finish ‹122›		1,141,895	—
2005-S OR ‹§›			
Clad		—	3,291,341
90% silver		—	1,625,981
2005-P KS		263,400,000	—
Satin Finish ‹122›		1,141,895	
2005-D KS		300,000,000	—
Satin Finish ‹122›		1,141,895	—
2005-S KS ‹§›			
Clad		—	3,291,341
90% silver		—	1,625,981
2005-P WV		365,400,000	—
Satin Finish ‹122›		1,141,895	—
2005-D WV		356,200,000	—
Satin Finish ‹122›		1,141,895	—
2005-S WV ‹§›			
Clad		—	3,291,341
90% silver		—	1,625,981
2006-P NV		277,000,000	—
Satin Finish ‹122›		915,586	—
2006-D NV		312,800,000	—
Satin Finish ‹122›		915,586	—
2006-S NV ‹§›			
Clad		—	2,910,530
90% silver		—	1,571,839
2006-P NE		318,000,000	—
Satin Finish ‹122›		915,586	—
2006-D NE		276,400,000	—
Satin Finish ‹122›		915,586	—
2006-S NE ‹§›			
Clad		—	2,910,530
90% silver		—	1,571,839
2006-P CO		274,800,000	—
Satin Finish ‹122›		915,586	—
2006-D CO		294,200,000	—
Satin Finish ‹122›		915,586	
2006-S CO ‹§›			
Clad		—	2,910,530
90% silver		—	1,571,839

DATE	NOTE	BUSINESS	PROOF
2006-P ND		305,800,000	—
Satin Finish ‹122›		915,586	—
2006-D ND		359,000,000	—
Satin Finish ‹122›		915,586	—
2006-S ND ‹§›			
Clad		—	2,910,530
90% silver		—	1,571,839
2006-P SD		245,000,000	—
Satin Finish ‹122›		915,586	—
2006-D SD		265,800,000	—
Satin Finish ‹122›		915,586	—
2006-S SD ‹§›			
Clad		—	2,910,530
90% silver		—	1,571,839
2007-P MT		257,000,000	—
Satin Finish ‹122›		895,628	—
2007-D MT		256,240,000	—
Satin Finish ‹122›		895,628	—
2007-S MT ‹§›			
Clad		—	2,401,220
90% silver		—	1,299,878
2007-P WA		265,200,000	—
Satin Finish ‹122›		895,628	—
2007-D WA		280,000,000	—
Satin Finish ‹122›		895,628	—
2007-S WA ‹§›			
Clad		—	2,401,220
90% silver		—	1,299,878
2007-P ID		294,600,000	—
Satin Finish ‹122›		895,628	—
2007-D ID		286,800,000	—
Satin Finish ‹122›		895,628	—
2007-S ID ‹§›			
Clad		—	2,401,220
90% silver		—	1,299,878
2007-P WY		243,600,000	—
Satin Finish ‹122›		895,628	—
2007-D WY		320,800,000	—
Satin Finish ‹122›		895,628	—
2007-S WY ‹§›			
Clad		—	2,401,220
90% silver		—	1,299,878
2007-P UT		255,000,000	—
Satin Finish ‹122›		895,628	—
2007-D UT		253,200,000	—
Satin Finish ‹122›		895,628	—
2007-S UT ‹§›			
Clad		—	2,401,220
90% silver		—	1,299,878
2008-P OK		222,000,000	—
Satin Finish ‹122›		745,464	—
2008-D OK		194,600,000	—
Satin Finish ‹122›		745,464	—
2008-S OK ‹§›			
Clad		—	2,099,306
90% silver		—	1,201,914
2008-P NM		244,200,000	—
Satin Finish ‹122›		745,464	—
2008-D NM		244,400,000	—
Satin Finish ‹122›		745,464	—

DATE	NOTE	BUSINESS	PROOF
2008-S NM ‹§›			
Clad		——	2,099,306
90% silver		——	1,201,914
2008-P AZ		244,600,000	——
Satin Finish ‹122›		745,464	——
2008-D AZ		265,000,000	——
Satin Finish ‹122›		745,464	——
2008-S AZ ‹§›			
Clad		——	2,099,306
90% silver		——	1,201,914
2008-P AK		251,800,000	——
Satin Finish ‹122›		745,464	——
2008-D AK		254,000,000	——
Satin Finish ‹122›		745,464	——
2008-S AK ‹§›			
Clad		——	2,099,306
90% silver		——	1,201,914
2008-P HI		254,000,000	——
Satin Finish ‹122›		745,464	——
2008-D HI		263,600,000	——
Satin Finish ‹122›		745,464	——
2008-S HI ‹§›			
Clad		——	2,099,306
90% silver		——	1,201,914
2009-P DC		83,600,000	——
Satin Finish ‹122›		774,844	——
2009-D DC		88,800,000	——
Satin Finish ‹122›		774,844	——
2009-S DC ‹§›			
Clad		——	2,093,903
90% silver		——	980,512
2009-P PR		53,200,000	——
Satin Finish ‹122›		774,844	——
2009-D PR		86,000,000	——
Satin Finish ‹122›		774,844	——
2009-S PR ‹§›			
Clad		——	2,093,903
90% silver		——	980,512
2009-P GU		45,000,000	——
Satin Finish ‹122›		774,844	——
2009-D GU		42,600,000	——
Satin Finish ‹122›		774,844	——
2009-S GU ‹§›			
Clad		——	2,093,903
90% silver		——	980,512
2009-P AS		42,600,000	——
Satin Finish ‹122›		774,844	——
2009-D AS		39,600,000	——
Satin Finish ‹122›		774,844	——
2009-S AS ‹§›			
Clad		——	2,093,903
90% silver		——	980,512
2009-P VI		41,000,000	——
Satin Finish ‹122›		774,844	——
2009-D VI		41,000,000	——
Satin Finish ‹122›		774,844	——
2009-S VI ‹§›			
Clad		——	2,093,903
90% silver		——	980,512
2009-P NMI		35,200,000	——
Satin Finish ‹122›		774,844	——
2009-D NMI		37,600,000	——
Satin Finish ‹122›		774,844	——
2009-S NMI ‹§›			
Clad		——	2,093,903
90% silver		——	980,512
2010-P Hot Springs		30,600,000	——
Satin Finish ‹122›		621,216	——
2010-D Hot Springs		29,000,000	——
Satin Finish ‹122›		621,216	——
2010-S Hot Springs ‹§›			
Clad		——	1,354,050
90% silver		——	822,969
2010-P Yellowstone		33,600,000	——
Satin Finish ‹122›		621,286	——
2010-D Yellowstone		34,800,000	——
Satin Finish ‹122›		621,286	——
2010-S Yellowstone ‹§›			
Clad		——	1,354,050
90% silver		——	822,969
2010-P Yosemite		35,200,000	——
Satin Finish ‹122›		618,910	——
2010-D Yosemite		34,800,000	——
Satin Finish ‹122›		618,910	——
2010-S Yosemite ‹§›			
Clad		——	1,354,050
90% silver		——	822,969
2010-P Grand Canyon		34,800,000	——
Satin Finish ‹122›		.618,168	——
2010-D Grand Canyon		35,400,000	——
Satin Finish ‹122›		618,168	——
2010-S Grand Canyon ‹§›			
Clad		——	1,354,050
90% silver		——	822,969
2010-P Mount Hood		34,400,000	——
Satin Finish ‹122›		615,901	——
2010-D Mount Hood		34,400,000	——
Satin Finish ‹122›		615,901	——
2010-S Mount Hood ‹§›			
Clad		——	1,354,050
90% silver		——	822,969

Flowing Hair half dollar

DATE	NOTE	BUSINESS	PROOF
1794		23,464	——
1795		299,680	——

Draped Bust, Small Eagle half dollar

DATE	NOTE	BUSINESS	PROOF
1796		934	——
1797		2,984	——

Draped Bust, Heraldic Eagle half dollar

DATE	NOTE	BUSINESS	PROOF
1801		30,289	——
1802		29,890	——
1803		188,234	——
1805		211,722	——
1806		839,576	——
1807		301,076	——

Capped Bust half dollar

DATE	NOTE	BUSINESS	PROOF
1807		750,500	——
1808		1,368,600	——
1809		1,405,810	——

DATE	NOTE	BUSINESS	PROOF
1810		1,276,276	—
1811		1,203,644	—
1812		1,628,059	—
1813		1,241,903	—
1814		1,039,075	—
1815		47,150	—
1817	‹44›	1,215,567	Δ
1818		1,960,322	Δ
1819		2,208,000	Δ
1820		751,122	Δ
1821		1,305,797	Δ
1822		1,559,573	Δ
1823		1,694,200	Δ
1824		3,504,954	Δ
1825		2,943,166	Δ
1826		4,004,180	Δ
1827		5,493,400	Δ
1828		3,075,200	Δ
1829		3,712,156	Δ
1830		4,764,800	Δ
1831		5,873,660	Δ
1832		4,797,000	Δ
1833		5,206,000	Δ (R)
1834		6,412,004	Δ (R)
1835		5,352,006	Δ (R)
1836			
Lettered Edge		6,545,000	Δ
Reeded Edge ‹45›		1,200	Δ
1837		3,629,820	Δ
1838 (P)		3,546,000	Δ
1838-O ‹46›		—	Δ
1839 (P)		1,362,160	Δ
1839-O ‹47›		178,976	Δ

Seated Liberty half dollar

DATE	NOTE	BUSINESS	PROOF
1839 (P) ‹48›		1,972,400	Δ
1840 (P)		1,435,008	Δ
1840-O		855,100	—
1841 (P)		310,000	Δ
1841-O		401,000	—
1842 (P)		2,012,764	Δ
1842-O		957,000	—
1843 (P)		3,844,000	Δ
1843-O		2,268,000	—
1844 (P)		1,766,000	Δ
1844-O		2,005,000	—
1845 (P)		589,000	Δ
1845-O		2,094,000	—
1846 (P)		2,210,000	Δ
1846-O		2,304,000	—
1847 (P)		1,156,000	Δ
1847-O		2,584,000	—
1848 (P)		580,000	Δ
1848-O		3,180,000	—
1849 (P)		1,252,000	Δ
1849-O		2,310,000	—
1850 (P)		227,000	Δ
1850-O		2,456,000	—
1851 (P)		200,750	—
1851-O		402,000	—
1852 (P)		77,130	Δ

DATE	NOTE	BUSINESS	PROOF
1852-O		144,000	—
1853 (P)	‹16, 49›	3,532,708	Δ
1853-O	‹49›	1,328,000	—
1854 (P)		2,982,000	Δ
1854-O		5,240,000	—
1855 (P)		759,500	Δ
1855-O		3,688,000	—
1855-S	‹50›	129,950	Δ
1856 (P)		938,000	Δ
1856-O		2,658,000	—
1856-S		211,000	—
1857 (P)		1,988,000	Δ
1857-O		818,000	—
1857-S		158,000	—
1858 (P)		4,226,000	Δ
1858-O		7,294,000	—
1858-S		476,000	—
1859 (P)		748,000	Δ
1859-O		2,834,000	—
1859-S		566,000	—
1860 (P)		302,700	1,000
1860-O		1,290,000	—
1860-S		472,000	—
1861 (P)		2,887,400	1,000
1861-O	‹51›	2,532,633	Δ
1861-S		939,500	—
1862 (P)		253,000	550
1862-S		1,352,000	—
1863 (P)		503,200	460
1863-S		916,000	—
1864 (P)		379,100	470
1864-S		658,000	—
1865 (P)		511,400	500
1865-S		675,000	—
1866 (P)	‹40›	744,900	725
1866-S			
No Motto ‹40›		60,000	—
Motto ‹40›		994,000	—
1867 (P)		449,300	625
1867-S		1,196,000	—
1868 (P)		417,600	600
1868-S		1,160,000	—
1869 (P)		795,300	600
1869-S		656,000	—
1870 (P)		633,900	1,000
1870-CC		54,617	—
1870-S		1,004,000	—
1871 (P)		1,203,600	960
1871-CC		153,950	—
1871-S		2,178,000	—
1872 (P)		880,600	950
1872-CC		257,000	—
1872-S		580,000	—
1873 (P)			
No Arrows ‹6›		801,200	600
With Arrows ‹6›		1,815,150	550
1873-CC			
No Arrows ‹6, 52›		122,500	—
With Arrows ‹6›		214,560	—

DATE	NOTE	BUSINESS	PROOF
1873-S			
No Arrows ‹6›		5,000	———
With Arrows ‹6›		228,000	———
1874 (P)		2,359,600	700
1874-CC		59,000	———
1874-S		394,000	———
1875 (P)		6,026,800	700
1875-CC		1,008,000	———
1875-S		3,200,000	———
1876 (P)		8,418,000	1,150
1876-CC		1,956,000	———
1876-S		4,528,000	———
1877 (P)		8,304,000	510
1877-CC		1,420,000	———
1877-S		5,356,000	———
1878 (P)		1,377,600	800
1878-CC		62,000	———
1878-S		12,000	———
1879 (P)		4,800	1,100
1880 (P)		8,400	1,355
1881 (P)		10,000	975
1882 (P)		4,400	1,100
1883 (P)		8,000	1,039
1884 (P)		4,400	875
1885 (P)		5,200	930
1886 (P)		5,000	886
1887 (P)		5,000	710
1888 (P)		12,001	832
1889 (P)		12,000	711
1890 (P)		12,000	590
1891 (P)		200,000	600
Barber half dollar			
1892 (P)		934,245	1,245
1892-O		390,000	———
1892-S		1,029,028	———
1893 (P)		1,826,000	792
1893-O		1,389,000	———
1893-S		740,000	———
1894 (P)		1,148,000	972
1894-O		2,138,000	———
1894-S		4,048,690	———
1895 (P)		1,834,338	880
1895-O	‹53›	1,766,000	Δ
1895-S		1,108,086	———
1896 (P)		950,000	762
1896-O		924,000	———
1896-S		1,140,948	———
1897 (P)		2,480,000	731
1897-O		632,000	———
1897-S		933,900	———
1898 (P)		2,956,000	735
1898-O		874,000	———
1898-S		2,358,550	———
1899 (P)		5,538,000	846
1899-O		1,724,000	———
1899-S		1,686,411	———
1900 (P)		4,762,000	912
1900-O		2,744,000	———
1900-S		2,560,322	———
1901 (P)		4,268,000	813

DATE	NOTE	BUSINESS	PROOF
1901-O		1,124,000	———
1901-S		847,044	———
1902 (P)		4,922,000	777
1902-O		2,526,000	———
1902-S		1,460,670	———
1903 (P)		2,278,000	755
1903-O		2,100,000	———
1903-S		1,920,772	———
1904 (P)		2,992,000	670
1904-O		1,117,600	———
1904-S		553,038	———
1905 (P)		662,000	727
1905-O		505,000	———
1905-S		2,494,000	———
1906 (P)		2,638,000	675
1906-D		4,028,000	———
1906-O		2,446,000	———
1906-S		1,740,154	———
1907 (P)		2,598,000	575
1907-D		3,856,000	———
1907-O		3,946,600	———
1907-S		1,250,000	———
1908 (P)		1,354,000	545
1908-D		3,280,000	———
1908-O		5,360,000	———
1908-S		1,644,828	———
1909 (P)		2,368,000	650
1909-O		925,400	———
1909-S		1,764,000	———
1910 (P)		418,000	551
1910-S		1,948,000	———
1911 (P)		1,406,000	543
1911-D		695,080	———
1911-S		1,272,000	———
1912 (P)		1,550,000	700
1912-D		2,300,800	———
1912-S		1,370,000	———
1913 (P)		188,000	627
1913-D		534,000	———
1913-S		604,000	———
1914 (P)		124,230	380
1914-S		992,000	———
1915 (P)		138,000	450
1915-D		1,170,400	———
1915-S		1,604,000	———
Walking Liberty half dollar			
1916 (P)		608,000	Δ
1916-D		1,014,400	———
1916-S		508,000	———
1917 (P)		12,292,000	———
1917-D			
Obv. Mint Mark		765,400	———
Rev. Mint Mark		1,940,000	———
1917-S			
Obv. Mint Mark		952,000	———
Rev. Mint Mark		5,554,000	———
1918 (P)		6,634,000	———
1918-D		3,853,040	———
1918-S		10,282,000	———
1919 (P)		962,000	———

DATE	NOTE	BUSINESS	PROOF
1919-D		1,165,000	——
1919-S		1,552,000	——
1920 (P)		6,372,000	——
1920-D		1,551,000	——
1920-S		4,624,000	——
1921 (P)		246,000	——
1921-D		208,000	——
1921-S		548,000	——
1923-S		2,178,000	——
1927-S		2,392,000	——
1928-S		1,940,000	——
1929-D		1,001,200	——
1929-S		1,902,000	——
1933-S		1,786,000	——
1934 (P)		6,964,000	——
1934-D		2,361,400	——
1934-S		3,652,000	——
1935 (P)		9,162,000	——
1935-D		3,003,800	——
1935-S		3,854,000	——
1936 (P)		12,614,000	3,901
1936-D		4,252,400	——
1936-S		3,884,000	——
1937 (P)		9,522,000	5,728
1937-D		1,676,000	——
1937-S		2,090,000	——
1938 (P)		4,110,000	8,152
1938-D		491,600	——
1939 (P)		6,812,000	8,808
1939-D		4,267,800	——
1939-S		2,552,000	——
1940 (P)		9,156,000	11,279
1940-S		4,550,000	——
1941 (P)		24,192,000	15,412
1941-D		11,248,400	——
1941-S		8,098,000	——
1942 (P)		47,818,000	21,120
1942-D		10,973,800	——
1942-S		12,708,000	——
1943 (P)		53,190,000	——
1943-D		11,346,000	——
1943-S		13,450,000	——
1944 (P)		28,206,000	——
1944-D		9,769,000	——
1944-S		8,904,000	——
1945 (P)		31,502,000	——
1945-D		9,996,800	——
1945-S		10,156,000	——
1946 (P)		12,118,000	——
1946-D		2,151,000	——
1946-S		3,724,000	——
1947 (P)		4,094,000	——
1947-D		3,900,600	——

Franklin half dollar

DATE	NOTE	BUSINESS	PROOF
1948 (P)		3,006,814	——
1948-D		4,028,600	——
1949 (P)		5,614,000	——
1949-D		4,120,600	——
1949-S		3,744,000	——
1950 (P)	§>	7,742,123	51,386
1950-D		8,031,600	——
1951 (P)	§>	16,802,102	57,500
1951-D		9,475,200	——
1951-S		13,696,000	——
1952 (P)	§>	21,192,093	81,980
1952-D		25,395,600	——
1952-S		5,526,000	——
1953 (P)	§>	2,668,120	128,800
1953-D		20,900,400	——
1953-S		4,148,000	——
1954 (P)	§>	13,188,203	233,300
1954-D		25,445,580	——
1954-S		4,993,400	——
1955 (P)	§>	2,498,181	378,200
1956 (P)	§>	4,032,000	669,384
1957 (P)	§>	5,114,000	1,247,952
1957-D		19,966,850	——
1958 (P)	§>	4,042,000	875,652
1958-D		23,962,412	——
1959 (P)	§>	6,200,000	1,149,291
1959-D		13,0,750	——
1960 (P)	§>	6,024,000	1,691,602
1960-D		18,215,812	——
1961 (P)	§>	8,290,000	3,028,244
1961-D		20,276,442	——
1962 (P)	§>	9,714,000	3,218,019
1962-D		35,473,281	——
1963 (P)	§>	22,164,000	3,075,645
1963-D		67,069,292	——

Kennedy half dollar

DATE	NOTE	BUSINESS	PROOF
1964 (P)	§, 11>	273,304,004	3,950,762
1964-D	‹11›	156,205,446	——
1965 (P)	‹11›	——	——
1965 (D)	‹11›	63,049,366	——
1965 (S)	‹11, 54›	470,000	——
1966 (P)	‹11›	——	——
1966 (D)	‹11›	106,439,312	——
1966 (S)	‹11, 54›	284,037	——
1967 (P)	‹11›	——	——
1967 (D)	‹11›	293,183,634	——
1967 (S)	‹11, 54›	——	——
1968-D		246,951,930	——
1968-S	§>	——	3,041,506
1969-D		129,881,800	——
1969-S	§>	——	2,934,631
1970-D	‹55›	2,150,000	——
1970-S	§>	——	2,632,810
1971 (P)		155,164,000	——
1971-D		302,097,424	——
1971-S	§>	——	3,220,733
1972 (P)		153,180,000	——
1972-D		141,890,000	——
1972-S	§>	——	3,260,996
1973 (P)		64,964,000	——
1973-D		83,171,400	——
1973-S	§>	——	2,760,339
1974 (P)	‹43›	201,596,000	——
1974-D	‹43›	79,066,300	——
1974-S	§, 43›	——	2,612,568
1976 (P)	‹43›	234,308,000	——

DATE	NOTE	BUSINESS	PROOF
1976-D	‹43›	287,565,248	——
1976-S	‹43›		——
1977 (P)		43,598,000	——
1977-D		31,449,106	——
1977-S	‹§›		3,236,798
1978 (P)		14,350,000	——
1978-D		13,765,799	——
1978-S	‹§›		3,120,285
1979 (P)		68,312,000	——
1979-D		15,815,422	——
1979-S	‹§›		3,677,175
1980-P	‹25›	44,134,000	——
1980-D		33,456,449	——
1980-S	‹§›		3,554,806
1981-P		29,544,000	——
1981-D		27,839,533	——
1981-S	‹§›		4,063,083
1982-P		10,819,000	——
1982-D		13,140,102	——
1982-S	‹§›		3,857,479
1983-P		34,139,000	——
1983-D		32,472,244	——
1983-S	‹§›		3,279,126
1984-P		26,029,000	——
1984-D		26,262,158	——
1984-S	‹§›		3,065,110
1985-P		18,706,962	——
1985-D		19,814,034	——
1985-S	‹§›		3,362,821
1986-P		13,107,633	——
1986-D		15,366,145	——
1986-S	‹§›		3,010,497
1987-P	‹55›		——
1987-D	‹55›		——
1987-S	‹§›		3,792,233
1988-P		13,626,000	——
1988-D		12,000,096	——
1988-S	‹§›		3,262,948
1989-P		24,542,000	——
1989-D		23,000,216	——
1989-S	‹§›		3,220,914
1990-P		22,278,000	——
1990-D		20,096,242	——
1990-S	‹§›		3,299,559
1991-P		14,874,000	——
1991-D		15,054,678	——
1991-S	‹§›		2,867,787
1992-P		17,628,000	——
1992-D		17,000,106	——
1992-S	‹§›		
Clad			2,858,903
90% Silver			1,317,641
1993-P		15,510,000	——
1993-D		15,000,006	——
1993-S	‹§›		
Clad			2,569,882
90% Silver			790,994
1994-P		23,718,000	——
1994-D		23,828,110	——

DATE	NOTE	BUSINESS	PROOF
1994-S	‹§›		
Clad			2,443,590
90% Silver			778,550
1995-P		26,496,000	——
1995-D		26,288,000	——
1995-S	‹§›		
Clad			2,124,790
90% Silver			666,277
1996-P		24,442,000	——
1996-D		24,744,000	——
1996-S	‹§›		
Clad			2,145,077
90% silver			775,081
1997-P		20,882,000	——
1997-D		19,876,000	——
1997-S	‹§›		
Clad			2,055,000
90% silver			741,194
1998-P		15,646,000	——
1998-D		15,064,000	——
1998-S	‹§›		
Clad			2,086,507
90% silver			878,996
1999-P		8,900,000	——
1999-D		10,682,000	——
1999-S	‹§›		
Clad	‹121›		2,557,899
90% silver			804,077
2000-P		22,600,000	——
2000-D		19,466,000	——
2000-S	‹§›		
Clad	‹121›		3,096,981
90% silver			965,421
2001-P		21,200,000	——
2001-D		19,504,000	——
2001-S	‹§›		
Clad	‹121›		2,300,944
90% silver			889,697
2002-P	‹120›	3,100,000	——
2002-D	‹120›	2,500,000	——
2002-S	‹§›		
Clad			2,321,848
90% silver			888,826
2003-P	‹120›	2,500,000	——
2003-D	‹120›	2,500,000	——
2003-S	‹§›		
Clad			2,172,684
90% silver			1,142,858
2004-P	‹120›	2,900,000	——
2004-D	‹120›	2,900,000	——
2004-S	‹§›		
Clad			1,789,488
90% silver			1,175,934
2005-P	‹120›	3,800,000	——
Satin Finish ‹122›		1,141,895	——
2005-D	‹120›	3,500,000	——
Satin Finish ‹122›		1,141,895	——
2005-S	‹§›		
Clad			2,310,063
90% silver			1,019,166

DATE	NOTE	BUSINESS	PROOF
2006-P	‹120›	2,400,000	——
Satin Finish	‹122›	915,586	——
2006-D	‹120›	2,000,000	——
Satin Finish	‹122›	915,586	——
2006-S	‹§›		
Clad		——	2,033,734
90% silver		——	1,043,546
2007-P	‹120›	4,100,000	——
Satin Finish	‹122›	895,628	——
2007-D	‹120›	4,100,000	——
Satin Finish	‹122›	895,628	——
2007-S	‹§›		
Clad		——	1,728,558
90% silver		——	861,447
2008-P	‹120›	1,700,000	——
Satin Finish	‹122›	745,464	——
2008-D	‹120›	1,700,000	——
Satin Finish	‹122›	745,464	——
2008-S	‹§›		
Clad		——	1,426,868
90% silver		——	772,893
2009-P	‹120›	1,900,000	——
Satin Finish	‹122›	774,844	——
2009-D	‹120›	1,900,000	——
Satin Finish	‹122›	774,844	——
2009-S	‹§›		
Clad		——	1,477,967
90% silver		——	694,406
2010-P	‹120›	1,800,000	——
Satin Finish		573,420	——
2010-D	‹120›	1,700,000	——
Satin Finish		573,420	——
2010-S	‹§›		
Clad		——	1,086,167
90% silver		——	567,514

Flowing Hair silver dollar

DATE	NOTE	BUSINESS	PROOF
1794		1,758	——
1795		160,295	——

Draped Bust silver dollar

DATE	NOTE	BUSINESS	PROOF
1795		42,738	——
1796		72,920	——
1797		7,776	——
1798	‹56›	327,536	——
1799		423,515	——
1800		220,920	——
1801	‹57›	54,454	——
1802	‹57›	41,650	——
1803	‹57›	85,634	——
1804	‹58›	——	——
1805	‹59›		——

Gobrecht silver dollar

DATE	NOTE	BUSINESS	PROOF
1836	‹60›	1,600	Δ
1838	‹60›	——	Δ
1839 (P)	‹60›	300	Δ

Seated Liberty silver dollar

DATE	NOTE	BUSINESS	PROOF
1840 (P)		61,005	Δ (R)
1841 (P)		173,000	Δ (R)
1842 (P)		184,618	Δ (R)
1843 (P)		165,100	Δ (R)

DATE	NOTE	BUSINESS	PROOF
1844 (P)		20,000	Δ (R)
1845 (P)		24,500	Δ (R)
1846 (P)		110,600	Δ (R)
1846-O		59,000	—— (R)
1847 (P)		140,750	Δ (R)
1848 (P)		15,000	Δ (R)
1849 (P)		62,600	Δ (R)
1850 (P)		7,500	Δ (R)
1850-O		40,000	—— (R)
1851 (P)		1,300	Δ (R)
1852 (P)		1,100	Δ (R)
1853 (P)	‹16, 61›	46,110	—— (R)
1854 (P)		33,140	Δ
1855 (P)		26,000	Δ
1856 (P)		63,500	Δ
1857 (P)		94,000	Δ
1858 (P)	‹62›	——	Δ
1859 (P)		256,500	Δ
1859-O		360,000	——
1859-S		20,000	——
1860 (P)		217,600	1,330
1860-O		515,000	——
1861 (P)		77,500	1,000
1862 (P)		11,540	550
1863 (P)		27,200	460
1864 (P)		30,700	470
1865 (P)		46,500	500
1866 (P)	‹40›	48,900	725
1867 (P)		46,900	625
1868 (P)		162,100	600
1869 (P)		423,700	600
1870 (P)		415,000	1,000
1870-CC	‹63›	12,462	Δ
1870-S	‹64›		
1871 (P)		1,073,800	960
1871-CC		1,376	——
1872 (P)		1,105,500	950
1872-CC		3,150	——
1872-S		9,000	——
1873 (P)	‹6›	293,000	600
1873-CC	‹6›	2,300	——
1873-S	‹6, 65›	700	——

Morgan silver dollar

DATE	NOTE	BUSINESS	PROOF
1878 (P)	‹66›	10,508,550	1,000
1878-CC		2,212,000	——
1878-S		9,774,000	——
1879 (P)		14,806,000	1,100
1879-CC		756,000	——
1879-O	‹67›	2,887,000	Δ
1879-S		9,110,000	——
1880 (P)		12,600,000	1,355
1880-CC		591,000	——
1880-O		5,305,000	——
1880-S		8,900,000	——
1881 (P)		9,163,000	975
1881-CC		296,000	——
1881-O		5,708,000	——
1881-S		12,760,000	——
1882 (P)		11,100,000	1,100
1882-CC	‹68›	1,133,000	Δ

DATE	NOTE	BUSINESS	PROOF	DATE	NOTE	BUSINESS	PROOF
1882-O		6,090,000	—	1899-S		2,562,000	—
1882-S		9,250,000	—	1900 (P)		8,830,000	912
1883 (P)		12,290,000	1,039	1900-O		12,590,000	—
1883-CC	‹69›	1,204,000	Δ	1900-S		3,540,000	—
1883-O	‹70›	8,725,000	Δ	1901 (P)		6,962,000	813
1883-S		6,250,000	—	1901-O		13,320,000	—
1884 (P)		14,070,000	875	1901-S		2,284,000	—
1884-CC	‹71›	1,136,000	Δ	1902 (P)		7,994,000	777
1884-O		9,730,000	—	1902-O		8,636,000	—
1884-S		3,200,000	—	1902-S		1,530,000	—
1885 (P)		17,786,837	930	1903 (P)		4,652,000	755
1885-CC		228,000	—	1903-O		4,450,000	—
1885-O		9,185,000	—	1903-S		1,241,000	—
1885-S		1,497,000	—	1904 (P)		2,788,000	650
1886 (P)		19,963,000	886	1904-O		3,720,000	—
1886-O		10,710,000	—	1904-S		2,304,000	—
1886-S		750,000	—	1921 (P)		44,690,000	Δ
1887 (P)		20,290,000	710	1921-D		20,345,000	—
1887-O		11,550,000	—	1921-S		21,695,000	—
1887-S		1,771,000	—	**Peace silver dollar**			
1888 (P)		19,183,000	832	1921 (P)	‹74›	1,006,473	—
1888-O		12,150,000	—	1922 (P)	‹74›	51,737,000	Δ
1888-S		657,000	—	1922-D		15,063,000	—
1889 (P)		21,726,000	811	1922-S		17,475,000	—
1889-CC		350,000	—	1923 (P)		30,800,000	—
1889-O		11,875,000	—	1923-D		6,811,000	—
1889-S		700,000	—	1923-S		19,020,000	—
1890 (P)		16,802,000	590	1924 (P)		11,811,000	—
1890-CC		2,309,041	—	1924-S		1,728,000	—
1890-O		10,701,000	—	1925 (P)		10,198,000	—
1890-S		8,230,373	—	1925-S		1,610,000	—
1891 (P)		8,693,556	650	1926 (P)		1,939,000	—
1891-CC		1,618,000	—	1926-D		2,348,700	—
1891-O		7,954,529	—	1926-S		6,980,000	—
1891-S		5,296,000	—	1927 (P)		848,000	—
1892 (P)		1,036,000	1,245	1927-D		1,268,900	—
1892-CC		1,352,000	—	1927-S		866,000	—
1892-O		2,744,000	—	1928 (P)		360,649	—
1892-S		1,200,000	—	1928-S		1,632,000	—
1893 (P)		389,000	792	1934 (P)		954,057	—
1893-CC	‹72›	677,000	Δ	1934-D		1,569,500	—
1893-O		300,000	—	1934-S		1,011,000	—
1893-S		100,000	—	1935 (P)		1,576,000	—
1894 (P)		110,000	972	1935-S		1,964,000	—
1894-O		1,723,000	—	**Trade dollar**			
1894-S		1,260,000	—	1873 (P)	‹6, 75›	396,635	865
1895 (P)	‹73›	12,000	880	1873-CC	‹6›	124,500	—
1895-O		450,000	—	1873-S	‹6›	703,000	—
1895-S		400,000	—	1874 (P)		987,100	700
1896 (P)		9,976,000	762	1874-CC		1,373,200	—
1896-O		4,900,000	—	1874-S		2,549,000	—
1896-S		5,000,000	—	1875 (P)		218,200	700
1897 (P)		2,822,000	731	1875-CC		1,573,700	—
1897-O		4,004,000	—	1875-S		4,487,000	—
1897-S		5,825,000	—	1876 (P)		455,000	1,150
1898 (P)		5,884,000	735	1876-CC		509,000	—
1898-O		4,440,000	—	1876-S		5,227,000	—
1898-S		4,102,000	—	1877 (P)		3,039,200	510
1899 (P)		330,000	846	1877-CC		534,000	—
1899-O		12,290,000	—				

DATE	NOTE	BUSINESS	PROOF
1877-S		9,519,000	——
1878 (P)		——	900
1878-CC		97,000	——
1878-S		4,162,000	——
1879 (P)		——	1,541
1880 (P)		——	1,987
1881 (P)		——	960
1882 (P)		——	1,097
1883 (P)		——	979
1884 (P)	‹76›	——	10
1885 (P)	‹76›	——	5

Eisenhower dollar

DATE	NOTE	BUSINESS	PROOF
1971 (P)		47,799,000	——
1971-D		68,587,424	——
1971-S			
40% silver	‹§, 77›	6,868,530	4,265,234
1972 (P)		75,890,000	——
1972-D		92,548,511	——
1972-S			
40% silver	‹77›	2,193,056	1,811,631
1973 (P)	‹78›	2,000,056	——
1973-D	‹78›	2,000,000	——
1973-S			
copper-nickel	‹§›		2,760,339
40% silver	‹77›	1,883,140	1,013,646
1974 (P)	‹43›	27,366,000	——
1974-D	‹43›	45,517,000	——
1974-S			
copper-nickel	‹§, 43›		2,612,568
40% silver	‹43, 77›	1,900,156	1,306,579
1976 (P)	‹43›	117,337,000	——
1976-D	‹43›	103,228,274	——
1976-S	‹43, 77›	——	——
1977 (P)		12,596,000	——
1977-D		32,983,006	——
1977-S	‹§›		3,236,798
1978 (P)		25,702,000	——
1978-D		33,012,890	——
1978-S	‹§›		3,120,285

Anthony dollar

DATE	NOTE	BUSINESS	PROOF
1979-P	‹25›	360,222,000	——
1979-D		288,015,744	——
1979-S	‹§›	109,576,000	3,677,175
1980-P		27,610,000	——
1980-D		41,628,708	——
1980-S	‹§›	20,422,000	3,554,806
1981-P	‹79›	3,000,000	——
1981-D	‹79›	3,250,000	——
1981-S	‹§, 79›	3,492,000	4,063,083
1999-P		29,592,000	——
1999-D		11,776,000	——
1999-P			749,090

Sacagawea/Native American dollars

DATE	NOTE	BUSINESS	PROOF
2000-P	‹123›	767,140,000	——
2000-D		518,916,000	——
2000-S	‹§›		4,062,402
2001-P		62,468,000	——
2001-D		70,939,500	——
2001-S	‹§›		2,618,086
2002-P	‹120›	3,865,610	——
2002-D	‹120›	3,732,000	——
2002-S	‹§›		3,210,674
2003-P	‹120›	3,080,000	——
2003-D	‹120›	3,080,000	——
2003-S	‹§›		3,315,542
2004-P	‹120›	2,660,000	——
2004-D	‹120›	2,660,000	——
2004-S	‹§›		2,965,422
2005-P	‹120›	2,520,000	——
Satin Finish	‹122›	1,141,895	——
2005-D	‹120›	2,520,000	——
Satin Finish	‹122›	1,141,895	——
2005-S	‹§›		3,329,229
2006-P	‹120›	4,900,000	——
Satin Finish	‹122›	915,586	——
2006-D	‹120›	2,800,000	——
Satin Finish	‹122›	915,586	——
2006-S			3,077,280
2007-P	‹120›	3,640,000	——
Satin Finish	‹122›	895,628	——
2007-D	‹120›	5,740,000	——
Satin Finish	‹122›	985,799	——
2007-S			2,590,005
2008-P	‹120›	9,800,000	——
Satin Finish	‹122›	745,464	——
2008-D	‹120›	14,840,000	——
Satin Finish	‹122›	814,420	——
2008-S			2,199,761
2009-P 3 Sisters	‹120›	37,380,000	——
Satin Finish	‹122›	774,844	——
2009-D 3 Sisters	‹120›	33,880,000	——
Satin Finish	‹122›	774,844	——
2009-S 3 Sisters			2,172,373
2010-P Iroquois	‹120›	32,060,000	——
Satin Finish	‹122›	573,420	——
2010-D Iroquois	‹120›	41,580,000	——
Satin Finish	‹122›	573,420	——
2010-S Iroquois			1,653,681

Presidential dollars

DATE	NOTE	BUSINESS	PROOF
2007-P G. Washington		176,680,000	——
Satin Finish	‹122›	1,108,459	——
2007-D G. Washington		163,680,000	——
Satin Finish	‹122›	997,045	——
2007-S G. Washington			3,919,753
2007-P J. Adams		112,420,000	——
Satin Finish	‹122›	1,107,504	——
2007-D J. Adams		112,140,000	——
Satin Finish	‹122›	997,045	——
2007-S J. Adams			3,908,793
2007-P T. Jefferson		100,800,000	——
Satin Finish	‹122›	1,108,173	——
2007-D T. Jefferson		102,810,000	——
Satin Finish	‹122›	997,045	——
2007-S T. Jefferson			3,908,351
2007-P J. Madison		84,560,000	——
Satin Finish	‹122›	1,107,761	——
2007-D J. Madison		87,780,000	——
Satin Finish	‹122›	997,045	——
2007-S J. Madison			3,906,610

DATE	NOTE	BUSINESS	PROOF
2008-P J. Monroe		64,260,000	——
Satin Finish ‹122›		907,179	——
2008-D J. Monroe		60,230,000	——
Satin Finish ‹122›		821,736	——
2008-S J. Monroe		——	3,080,018
2008-P J.Q. Adams		57,540,000	——
Satin Finish ‹122›		903,366	——
2008-D J.Q. Adams		57,720,000	——
Satin Finish ‹122›		821,736	——
2008-S J.Q. Adams		——	3,076,103
2008-P A. Jackson		61,180,000	——
Satin Finish ‹122›		899,714	——
2008-D A. Jackson		61,070,000	——
Satin Finish ‹122›		821,736	——
2008-S A. Jackson		——	3,072,565
2008-P M. Van Buren		51,520,000	——
Satin Finish ‹122›		897,686	——
2008-D M. Van Buren		50,960,000	——
Satin Finish ‹122›		821,736	——
2008-S M. Van Buren		——	3,070,685
2009-P W.H. Harrison		43,260,000	——
Satin Finish ‹122›		893,865	——
2009-D W.H. Harrison		55,160,000	——
Satin Finish ‹122›		893,865	——
2009-S W.H. Harrison		——	2,800,298
2009-P J. Tyler		43,540,000	——
Satin Finish ‹122›		899,249	——
2009-D J. Tyler		43,540,000	——
Satin Finish ‹122›		899,249	——
2009-S J. Tyler		——	2,800,298
2009-P J. Polk		46,620,000	——
Satin Finish ‹122›		889,075	——
2009-D J. Polk		41,720,000	——
Satin Finish ‹122›		889,075	——
2009-S J. Polk		——	2,800,298
2009-P Z. Taylor		41,580,000	——
Satin Finish ‹122›		887,742	——
2009-D Z. Taylor		36,680,000	——
Satin Finish ‹122›		887,742	——
2009-S Z. Taylor		——	2,800,298
2010-P M. Fillmore		37,520,000	——
Satin Finish ‹122›		680,061	——
2010-D M. Fillmore		36,960,000	——
Satin Finish ‹122›		680,061	——
2010-S M. Fillmore		——	2,180,309
2010-P F. Pierce		38,220,000	——
Satin Finish ‹122›		677,882	——
2010-D F. Pierce		38,360,000	——
Satin Finish ‹122›		677,882	——
2010-S F. Pierce		——	2,180,309
2010-P J. Buchanan		36,820,000	——
Satin Finish ‹122›		677,452	——
2010-D J. Buchanan		36,540,000	——
Satin Finish ‹122›		677,452	——
2010-S J. Buchanan		——	2,180,309
2010-P A. Lincoln		49,000,000	——
Satin Finish ‹122›		683,146	——
2010-D A. Lincoln		48,020,000	——
Satin Finish ‹122›		683,146	——
2010-S A. Lincoln		——	2,180,309

DATE	NOTE	BUSINESS	PROOF
Coronet gold dollar			
1849 (P)		688,567	Δ
1849-C		11,634	——
1849-D		21,588	——
1849-O		215,000	——
1850 (P)		481,953	——
1850-C		6,966	——
1850-D		8,382	——
1850-O		14,000	——
1851 (P)		3,317,671	——
1851-C		41,267	——
1851-D		9,882	——
1851-O		290,000	——
1852 (P)		2,045,351	——
1852-C		9,434	——
1852-D		6,360	——
1852-O		140,000	——
1853 (P)		4,076,051	——
1853-C		11,515	——
1853-D		6,583	——
1853-O		290,000	——
1854 (P)		736,709	Δ
1854-D		2,935	——
1854-S		14,632	——
Indian Head gold dollar			
1854 (P)		902,736	Δ
1855 (P)		758,269	Δ
1855-C		9,803	——
1855-D		1,811	——
1855-O		55,000	——
1856 (P)			
Large Head		1,762,936	Δ
1856-D			
Large Head		1,460	——
1856-S			
Small Head		24,600	——
1857 (P)		774,789	Δ
1857-C		13,280	——
1857-D		3,533	——
1857-S		10,000	——
1858 (P)		117,995	Δ
1858-D		3,477	——
1858-S		10,000	——
1859 (P)		168,244	Δ
1859-C		5,235	——
1859-D		4,952	——
1859-S		15,000	——
1860 (P)		36,514	154
1860-D		1,566	——
1860-S		13,000	——
1861 (P)		527,150	349
1861-D	‹80›	——	——
1862 (P)		1,361,365	35
1863 (P)		6,200	50
1864 (P)		5,900	50
1865 (P)		3,700	25
1866 (P)		7,100	30
1867 (P)		5,200	50
1868 (P)		10,500	25

DATE	NOTE	BUSINESS	PROOF
1869 (P)		5,900	25
1870 (P)		6,300	35
1870-S	‹81›	3,000	——
1871 (P)		3,900	30
1872 (P)		3,500	30
1873 (P)	‹6›	125,100	25
1874 (P)		198,800	20
1875 (P)		400	20
1876 (P)		3,200	45
1877 (P)		3,900	20
1878 (P)		3,000	20
1879 (P)		3,000	30
1880 (P)		1,600	36
1881 (P)		7,620	87
1882 (P)		5,000	125
1883 (P)		10,800	207
1884 (P)		5,230	1,006
1885 (P)		11,156	1,105
1886 (P)		5,000	1,016
1887 (P)		7,500	1,043
1888 (P)		15,501	1,079
1889 (P)		28,950	1,779

Capped Bust $2.50 quarter eagle

DATE	NOTE	BUSINESS	PROOF
1796		1,395	——
1797		427	——
1798		1,094	——
1802		3,035	——
1804		3,327	——
1805		1,781	——
1806		1,616	——
1807		6,812	——

Capped Draped Bust quarter eagle

DATE	NOTE	BUSINESS	PROOF
1808		2,710	——

Capped Head $2.50 quarter eagle

DATE	NOTE	BUSINESS	PROOF
1821		6,448	Δ
1824		2,600	Δ
1825		4,434	Δ
1826		760	Δ
1827		2,800	Δ
1829		3,403	Δ
1830		4,540	Δ
1831		4,520	Δ
1832		4,400	Δ
1833		4,160	Δ
1834	‹82›	4,000	Δ

Classic Head $2.50 quarter eagle

DATE	NOTE	BUSINESS	PROOF
1834		113,370	Δ
1835		131,402	Δ
1836		547,986	Δ
1837		45,080	Δ
1838 (P)		47,030	——
1838-C		7,908	——
1839 (P)		27,021	——
1839-C		18,173	——
1839-D		13,674	——
1839-O		17,781	——

Coronet $2.50 quarter eagle

DATE	NOTE	BUSINESS	PROOF
1840 (P)		18,859	Δ

DATE	NOTE	BUSINESS	PROOF
1840-C		12,838	——
1840-D		3,532	——
1840-O		33,580	——
1841 (P)	‹83›	——	Δ
1841-C		10,297	——
1841-D		4,164	——
1842 (P)		2,823	Δ
1842-C		6,737	——
1842-D		4,643	——
1842-O		19,800	——
1843 (P)		100,546	Δ
1843-C		26,096	——
1843-D		36,209	——
1843-O		368,002	——
1844 (P)		6,784	Δ
1844-C		11,622	——
1844-D		17,332	——
1845 (P)		91,051	Δ
1845-D		19,460	——
1845-O		4,000	——
1846 (P)		21,598	Δ
1846-C		4,808	——
1846-D		19,303	——
1846-O		62,000	——
1847 (P)		29,814	Δ
1847-C		23,226	——
1847-D		15,784	——
1847-O		124,000	——
1848 (P)		7,497	Δ
CAL.	‹84›	1,389	——
1848-C		16,788	——
1848-D		13,771	——
1849 (P)		23,294	Δ
1849-C		10,220	——
1849-D		10,945	——
1850 (P)		252,923	——
1850-C		9,148	——
1850-D		12,148	——
1850-O		84,000	——
1851 (P)		1,372,748	——
1851-C		14,923	——
1851-D		11,264	——
1851-O		148,000	——
1852 (P)		1,159,681	——
1852-C		9,772	——
1852-D		4,078	——
1852-O		140,000	——
1853 (P)		1,404,668	——
1853-D		3,178	——
1854 (P)		596,258	Δ
1854-C		7,295	——
1854-D		1,760	——
1854-O		153,000	——
1854-S		246	——
1855 (P)		235,480	Δ
1855-C		3,677	——
1855-D		1,123	——
1856 (P)		384,240	Δ
1856-C		7,913	——
1856-D		874	——

DATE	NOTE	BUSINESS	PROOF
1856-O		21,100	——
1856-S		71,120	——
1857 (P)		214,130	Δ
1857-D		2,364	——
1857-O		34,000	——
1857-S		69,200	Δ
1858 (P)		47,377	Δ
1858-C		9,056	——
1859 (P)		39,444	Δ
1859-D		2,244	——
1859-S		15,200	——
1860 (P)		22,563	112
1860-C		7,469	——
1860-S		35,600	——
1861 (P)		1,272,428	90
1861-S		24,000	——
1862 (P)		98,508	35
1862-S		8,000	——
1863 (P)		——	30
1863-S		10,800	——
1864 (P)		2,824	50
1865 (P)		1,520	25
1865-S		23,376	——
1866 (P)		3,080	30
1866-S		38,960	——
1867 (P)		3,200	50
1867-S		28,000	——
1868 (P)		3,600	25
1868-S		34,000	——
1869 (P)		4,320	25
1869-S		29,500	——
1870 (P)		4,520	35
1870-S		16,000	——
1871 (P)		5,320	30
1871-S		22,000	——
1872 (P)		3,000	30
1872-S		18,000	——
1873 (P)	‹6›	178,000	25
1873-S	‹6›	27,000	——
1874 (P)		3,920	20
1875 (P)		400	20
1875-S		11,600	——
1876 (P)		4,176	45
1876-S		5,000	——
1877 (P)		1,632	20
1877-S		35,400	——
1878 (P)		286,240	20
1878-S		178,000	——
1879 (P)		88,960	30
1879-S		43,500	——
1880 (P)		2,960	36
1881 (P)		640	51
1882 (P)		4,000	67
1883 (P)		1,920	82
1884 (P)		1,950	73
1885 (P)		800	87
1886 (P)		4,000	88
1887 (P)		6,160	122
1888 (P)		16,006	92
1889 (P)		17,600	48

DATE	NOTE	BUSINESS	PROOF
1890 (P)		8,720	93
1891 (P)		10,960	80
1892 (P)		2,440	105
1893 (P)		30,000	106
1894 (P)		4,000	122
1895 (P)		6,000	119
1896 (P)		19,070	132
1897 (P)		29,768	136
1898 (P)		24,000	165
1899 (P)		27,200	150
1900 (P)		67,000	205
1901 (P)		91,100	223
1902 (P)		133,540	193
1903 (P)		201,060	197
1904 (P)		160,790	170
1905 (P)		217,800	144
1906 (P)		176,330	160
1907 (P)		336,294	154

Indian Head $2.50 quarter eagle

DATE	NOTE	BUSINESS	PROOF
1908 (P)		564,821	236
1909 (P)		441,760	139
1910 (P)		492,000	682
1911 (P)		704,000	191
1911-D		55,680	——
1912 (P)		616,000	197
1913 (P)		722,000	165
1914 (P)		240,000	117
1914-D		448,000	——
1915 (P)		606,000	100
1925-D		578,000	——
1926 (P)		446,000	——
1927 (P)		388,000	——
1928 (P)		416,000	——
1929 (P)		532,000	——

Three dollar gold

DATE	NOTE	BUSINESS	PROOF
1854 (P)		138,618	Δ
1854-D		1,120	——
1854-O		24,000	——
1855 (P)		50,555	Δ
1855-S		6,600	——
1856 (P)		26,010	Δ
1856-S		34,500	——
1857 (P)		20,891	Δ
1857-S		14,000	——
1858 (P)		2,133	Δ
1859 (P)		15,638	Δ
1860 (P)		7,036	119
1860-S	‹85›	4,408	——
1861 (P)		5,959	113
1862 (P)		5,750	35
1863 (P)		5,000	39
1864 (P)		2,630	50
1865 (P)		1,140	25
1866 (P)		4,000	30
1867 (P)		2,600	50
1868 (P)		4,850	25
1869 (P)		2,500	25
1870 (P)		3,500	35
1870-S	‹86›	——	——

DATE	NOTE	BUSINESS	PROOF
1871 (P)		1,300	30
1872 (P)		2,000	30
1873 (P)	‹6, 87›	—	25 (R)
1874 (P)		41,800	20
1875 (P)		—	20 (R)
1876 (P)		—	45
1877 (P)		1,468	20
1878 (P)		82,304	20
1879 (P)		3,000	30
1880 (P)		1,000	36
1881 (P)		500	54
1882 (P)		1,500	76
1883 (P)		900	89
1884 (P)		1,000	106
1885 (P)		800	110
1886 (P)		1,000	142
1887 (P)		6,000	160
1888 (P)		5,000	291
1889 (P)		2,300	129

Capped Bust $5 half eagle

DATE	NOTE	BUSINESS	PROOF
1795		8,707	—
1796		6,196	—
1797		3,609	—
1798	‹88›	24,867	—
1799		7,451	—
1800		37,628	—
1802		53,176	—
1803		33,506	—
1804		30,475	—
1805		33,183	—
1806		64,093	—
1807		32,488	—

Capped Draped Bust $5 half eagle

DATE	NOTE	BUSINESS	PROOF
1807		51,605	—
1808		55,578	—
1809		33,875	—
1810		100,287	—
1811		99,581	—
1812		58,087	—

Capped Head $5 half eagle

DATE	NOTE	BUSINESS	PROOF
1813		95,428	—
1814		15,454	—
1815		635	—
1818		48,588	—
1819		51,723	—
1820		263,806	Δ
1821		34,641	Δ
1822	‹89›	17,796	—
1823		14,485	Δ
1824		17,340	Δ
1825	‹90›	29,060	Δ
1826		18,069	Δ
1827		24,913	Δ
1828	‹91›	28,029	Δ
1829		57,442	Δ
1830		126,351	Δ
1831		140,594	Δ
1832		157,487	Δ
1833		193,630	Δ

DATE	NOTE	BUSINESS	PROOF
1834		50,141	Δ

Classic Head $5 half eagle

DATE	NOTE	BUSINESS	PROOF
1834		657,460	Δ
1835		371,534	Δ
1836		553,147	Δ
1837		207,121	Δ
1838 (P)		286,588	Δ
1838-C		19,145	—
1838-D		20,583	—

Coronet $5 half eagle

DATE	NOTE	BUSINESS	PROOF
1839 (P)		118,143	Δ
1839-C		17,235	—
1839-D		18,939	—
1840 (P)		137,382	Δ
1840-C		19,028	—
1840-D		22,896	—
1840-O		38,700	—
1841 (P)		15,833	Δ
1841-C		21,511	—
1841-D		30,495	—
1841-O		None known	—
1842 (P)		27,578	Δ
1842-C		27,480	—
1842-D		59,608	—
1842-O		16,400	—
1843 (P)		611,205	Δ
1843-C		44,353	—
1843-D		98,452	—
1843-O		101,075	—
1844 (P)		340,330	Δ
1844-C		23,631	—
1844-D		88,982	—
1844-O	‹92›	364,600	Δ
1845 (P)		417,099	Δ
1845-D		90,629	—
1845-O		41,000	—
1846 (P)		395,942	Δ
1846-C		12,995	—
1846-D		80,294	—
1846-O		58,000	—
1847 (P)		915,981	Δ
1847-C		84,151	—
1847-D		64,405	—
1847-O		12,000	—
1848 (P)		260,775	Δ
1848-C		64,472	—
1848-D		47,465	—
1849 (P)		133,070	—
1849-C		64,823	—
1849-D		39,036	—
1850 (P)		64,491	—
1850-C		63,591	—
1850-D		43,984	—
1851 (P)		377,505	—
1851-C		49,176	—
1851-D		62,710	—
1851-O		41,000	—
1852 (P)		573,901	—
1852-C		72,574	—

DATE	NOTE	BUSINESS	PROOF
1852-D		91,584	——
1853 (P)		305,770	——
1853-C		65,571	——
1853-D		89,678	——
1854 (P)		160,675	——
1854-C		39,283	——
1854-D		56,413	——
1854-O		46,000	——
1854-S		268	——
1855 (P)		117,098	Δ
1855-C		39,788	——
1855-D		22,432	——
1855-O		11,100	——
1855-S		61,000	——
1856 (P)		197,990	Δ
1856-C		28,457	——
1856-D		19,786	——
1856-O		10,000	——
1856-S		105,100	——
1857 (P)		98,188	Δ
1857-C		31,360	——
1857-D		17,046	——
1857-O		13,000	——
1857-S		87,000	——
1858 (P)		15,136	Δ
1858-C		38,856	——
1858-D		15,362	——
1858-S		18,600	——
1859 (P)		16,814	Δ
1859-C		31,847	——
1859-D		10,366	——
1859-S		13,220	——
1860 (P)		19,763	62
1860-C		14,813	——
1860-D		14,635	——
1860-S		21,200	——
1861 (P)		688,084	66
1861-C	‹93›	6,879	——
1861-D		1,597	——
1861-S		18,000	——
1862 (P)		4,430	35
1862-S		9,500	——
1863 (P)		2,442	30
1863-S		17,000	——
1864 (P)		4,220	50
1864-S		3,888	——
1865 (P)		1,270	25
1865-S		27,612	——
1866 (P)	‹40›	6,700	30
1866-S			
No Motto	‹40›	9,000	——
Motto	‹40›	34,920	——
1867 (P)		6,870	50
1867-S		29,000	——
1868 (P)		5,700	25
1868-S		52,000	——
1869 (P)		1,760	25
1869-S		31,000	——
1870 (P)		4,000	35
1870-CC		7,675	——

DATE	NOTE	BUSINESS	PROOF
1870-S		17,000	——
1871 (P)		3,200	30
1871-CC		20,770	——
1871-S		25,000	——
1872 (P)		1,660	30
1872-CC		16,980	——
1872-S		36,400	——
1873 (P)	‹6›	112,480	25
1873-CC	‹6›	7,416	——
1873-S	‹6›	31,000	——
1874 (P)		3,488	20
1874-CC		21,198	——
1874-S		16,000	——
1875 (P)		200	20
1875-CC		11,828	——
1875-S		9,000	——
1876 (P)		1,432	45
1876-CC		6,887	——
1876-S		4,000	——
1877 (P)		1,132	20
1877-CC		8,680	——
1877-S		26,700	——
1878 (P)		131,720	20
1878-CC		9,054	——
1878-S		144,700	——
1879 (P)		301,920	30
1879-CC		17,281	——
1879-S		426,200	——
1880 (P)		3,166,400	36
1880-CC		51,017	——
1880-S		1,348,900	——
1881 (P)		5,708,760	42
1881-CC		13,886	——
1881-S		969,000	——
1882 (P)		2,514,520	48
1882-CC		82,817	——
1882-S		969,000	——
1883 (P)		233,400	61
1883-CC		12,958	——
1883-S		83,200	——
1884 (P)		191,030	48
1884-CC		16,402	——
1884-S		177,000	——
1885 (P)		601,440	66
1885-S		1,211,500	——
1886 (P)		388,360	72
1886-S		3,268,000	——
1887 (P)		——	87
1887-S		1,912,000	——
1888 (P)		18,202	94
1888-S		293,900	——
1889 (P)		7,520	45
1890 (P)		4,240	88
1890-CC		53,800	——
1891 (P)		61,360	53
1891-CC		208,000	——
1892 (P)		753,480	92
1892-CC		82,968	——
1892-O		10,000	——
1892-S		298,400	——

DATE	NOTE	BUSINESS	PROOF
1893 (P)		1,528,120	77
1893-CC		60,000	——
1893-O		110,000	——
1893-S		224,000	——
1894 (P)		957,880	75
1894-O		16,600	——
1894-S		55,900	——
1895 (P)		1,345,855	81
1895-S		112,000	——
1896 (P)		58,960	103
1896-S		155,400	——
1897 (P)		867,800	83
1897-S		354,000	——
1898 (P)		633,420	75
1898-S		1,397,400	——
1899 (P)		1,710,630	99
1899-S	‹94›	1,545,000	Δ
1900 (P)		1,405,500	230
1900-S		329,000	——
1901 (P)		615,900	140
1901-S		3,648,000	——
1902 (P)		172,400	162
1902-S		939,000	——
1903 (P)		226,870	154
1903-S		1,855,000	——
1904 (P)		392,000	136
1904-S		97,000	——
1905 (P)		302,200	108
1905-S		880,700	——
1906 (P)		348,735	85
1906-D	‹95›	320,000	——
1906-S		598,000	——
1907 (P)		626,100	92
1907-D	‹95›	888,000	——
1908 (P)		421,874	——

Indian Head $5 half eagle

DATE	NOTE	BUSINESS	PROOF
1908 (P)		577,845	167
1908-D		148,000	——
1908-S		82,000	——
1909 (P)		627,060	78
1909-D		3,423,560	——
1909-O		34,200	——
1909-S		297,200	——
1910 (P)		604,000	250
1910-D		193,600	——
1910-S		770,200	——
1911 (P)		915,000	139
1911-D		72,500	——
1911-S		1,416,000	——
1912 (P)		790,000	144
1912-S		392,000	——
1913 (P)		916,000	99
1913-S		408,000	——
1914 (P)		247,000	125
1914-D		247,000	——
1914-S		263,000	——
1915 (P)		588,000	75
1915-S		164,000	——
1916-S		240,000	——
1929 (P)		662,000	——

DATE	NOTE	BUSINESS	PROOF
Capped Bust $10 eagle			
1795		5,583	——
1796		4,146	——
1797	‹96›	14,555	——
1798		1,742	——
1799		37,449	——
1800		5,999	——
1801		44,344	——
1803		15,017	——
1804		3,757	——
Coronet $10 eagle			
1838 (P)		7,200	Δ
1839 (P)	‹97›	38,248	Δ
1840 (P)		47,338	Δ
1841 (P)		63,131	Δ
1841-O		2,500	——
1842 (P)		81,507	Δ
1842-O		27,400	——
1843 (P)		75,462	Δ
1843-O		175,162	——
1844 (P)		6,361	Δ
1844-O	‹98›	118,700	Δ
1845 (P)		26,153	Δ
1845-O		47,500	——
1846 (P)		20,095	Δ
1846-O		81,780	——
1847 (P)		862,258	Δ
1847-O		571,500	——
1848 (P)		145,484	Δ
1848-O		35,850	——
1849 (P)		653,618	——
1849-O		23,900	——
1850 (P)		291,451	——
1850-O		57,500	——
1851 (P)		176,328	——
1851-O		263,000	——
1852 (P)		263,106	——
1852-O	‹99›	18,000	Δ
1853 (P)		201,253	——
1853-O	‹100›	51,000	Δ
1854 (P)		54,250	——
1854-O		52,500	——
1854-S		123,826	——
1855 (P)		121,701	Δ
1855-O		18,000	——
1855-S		9,000	——
1856 (P)		60,490	Δ
1856-O		14,500	——
1856-S		68,000	——
1857 (P)		16,606	Δ
1857-O		5,500	——
1857-S		26,000	——
1858 (P)		2,521	Δ
1858-O		20,000	——
1858-S		11,800	——
1859 (P)		16,093	Δ
1859-O		2,300	——
1859-S		7,000	——
1860 (P)		15,055	50

DATE	NOTE	BUSINESS	PROOF
1860-O		11,100	——
1860-S		5,000	——
1861 (P)		113,164	69
1861-S		15,500	——
1862 (P)		10,960	35
1862-S		12,500	——
1863 (P)		1,218	30
1863-S		10,000	——
1864 (P)		3,530	50
1864-S		2,500	——
1865 (P)		3,980	25
1865-S		16,700	——
1866 (P)	‹40›	3,750	30
1866-S			
No Motto	‹40›	8,500	——
Motto	‹40›	11,500	——
1867 (P)		3,090	50
1867-S		9,000	——
1868 (P)		10,630	25
1868-S		13,500	——
1869 (P)		1,830	25
1869-S		6,430	——
1870 (P)		3,990	35
1870-CC		5,908	——
1870-S		8,000	——
1871 (P)		1,790	30
1871-CC		8,085	——
1871-S		16,500	——
1872 (P)		1,620	30
1872-CC		4,600	——
1872-S		17,300	——
1873 (P)	‹6›	800	25
1873-CC	‹6›	4,543	——
1873-S	‹6›	12,000	——
1874 (P)		53,140	20
1874-CC		16,767	——
1874-S		10,000	——
1875 (P)		100	20
1875-CC		7,715	——
1876 (P)		687	45
1876-CC		4,696	——
1876-S		5,000	——
1877 (P)		797	20
1877-CC		3,332	——
1877-S		17,000	——
1878 (P)		73,780	20
1878-CC		3,244	——
1878-S		26,100	——
1879 (P)		384,740	30
1879-CC		1,762	——
1879-O		1,500	——
1879-S		224,000	——
1880 (P)		1,644,840	36
1880-CC		11,190	——
1880-O		9,200	——
1880-S		506,250	——
1881 (P)		3,877,220	42
1881-CC		24,015	——
1881-O		8,350	——
1881-S		970,000	——

DATE	NOTE	BUSINESS	PROOF
1882 (P)		2,324,440	44
1882-CC		6,764	——
1882-O		10,820	——
1882-S		132,000	——
1883 (P)		208,700	49
1883-CC		12,000	——
1883-O		800	——
1883-S		38,000	——
1884 (P)		76,890	45
1884-CC		9,925	——
1884-S		124,250	——
1885 (P)		253,462	67
1885-S		228,000	——
1886 (P)		236,100	60
1886-S		826,000	——
1887 (P)		53,600	80
1887-S		817,000	——
1888 (P)		132,924	72
1888-O		21,335	——
1888-S		648,700	——
1889 (P)		4,440	45
1889-S		425,400	——
1890 (P)		57,980	63
1890-CC		17,500	——
1891 (P)		91,820	48
1891-CC		103,732	——
1892 (P)		797,480	72
1892-CC		40,000	——
1892-O		28,688	——
1892-S		115,500	——
1893 (P)		1,840,840	55
1893-CC		14,000	——
1893-O		17,000	——
1893-S		141,350	——
1894 (P)		2,470,735	43
1894-O		107,500	——
1894-S		25,000	——
1895 (P)		567,770	56
1895-O		98,000	——
1895-S		49,000	——
1896 (P)		76,270	78
1896-S		123,750	——
1897 (P)		1,000,090	69
1897-O		42,500	——
1897-S		234,750	——
1898 (P)		812,130	67
1898-S		473,600	——
1899 (P)		1,262,219	86
1899-O		37,047	——
1899-S		841,000	——
1900 (P)		293,840	120
1900-S		81,000	——
1901 (P)		1,718,740	85
1901-O		72,041	——
1901-S		2,812,750	——
1902 (P)		82,400	113
1902-S		469,500	——
1903 (P)		125,830	96
1903-O		112,771	——
1903-S		538,000	——

DATE	NOTE	BUSINESS	PROOF
1904 (P)		161,930	108
1904-O		108,950	——
1905 (P)		200,992	86
1905-S		369,250	——
1906 (P)		165,420	77
1906-D	‹101›	981,000	Δ
1906-O		86,895	——
1906-S		457,000	——
1907 (P)		1,203,899	74
1907-D		1,030,000	——
1907-S		210,500	——

Indian Head $10 eagle

DATE	NOTE	BUSINESS	PROOF
1907 (P)	‹102›	239,406	
1908			
Without Motto		33,500	——
With Motto		341,370	116
1908-D			
Without Motto		210,000	——
With Motto		836,500	——
1908-S			
With Motto		59,850	——
1909 (P)		184,789	74
1909-D		121,540	——
1909-S		292,350	——
1910 (P)		318,500	204
1910-D		2,356,640	——
1910-S		811,000	——
1911 (P)		505,500	95
1911-D		30,100	——
1911-S		51,000	——
1912 (P)		405,000	83
1912-S		300,000	——
1913 (P)		442,000	71
1913-S		66,000	——
1914 (P)		151,000	50
1914-D		343,500	——
1914-S		208,000	——
1915 (P)		351,000	75
1915-S		59,000	——
1916-S		138,500	——
1920-S		126,500	——
1926 (P)		1,014,000	——
1930-S		96,000	——
1932 (P)		4,463,000	——
1933 (P)	‹103›	312,500	——

Coronet $20 double eagle

DATE	NOTE	BUSINESS	PROOF
1849 (P)	‹104›	——	Δ
1850 (P)	‹105›	1,170,261	Δ
1850-O		141,000	——
1851 (P)		2,087,155	——
1851-O		315,000	——
1852 (P)		2,053,026	——
1852-O		190,000	——
1853 (P)		1,261,326	——
1853-O		71,000	——
1854 (P)		757,899	——
1854-O		3,250	——
1854-S	‹106›	141,468	Δ
1855 (P)		364,666	——
1855-O		8,000	——
1855-S		879,675	——

DATE	NOTE	BUSINESS	PROOF
1856 (P)		329,878	Δ
1856-O		2,250	——
1856-S		1,189,780	——
1857 (P)		439,375	——
1857-O		30,000	——
1857-S		970,500	——
1858 (P)		211,714	Δ
1858-O		35,250	——
1858-S		846,710	——
1859 (P)		43,597	Δ
1859-O		9,100	——
1859-S		636,445	——
1860 (P)		577,611	59
1860-O		6,600	——
1860-S		544,950	——
1861 (P)	‹107›	2,976,387	66
1861-O	‹108›	17,741	——
1861-S	‹109›	768,000	——
1862 (P)		92,098	35
1862-S		854,173	——
1863 (P)		142,760	30
1863-S		966,570	——
1864 (P)		204,235	50
1864-S		793,660	——
1865 (P)		351,175	25
1865-S		1,042,500	——
1866 (P)	‹40, 110›	698,745	30
1866-S			
No Motto	‹40, 110›	120,000	——
With Motto	‹40, 110›	722,250	——
1867 (P)		251,015	50
1867-S		920,750	——
1868 (P)		98,575	25
1868-S		837,500	——
1869 (P)		175,130	25
1869-S		686,750	——
1870 (P)		155,150	35
1870-CC		3,789	——
1870-S		982,000	——
1871 (P)		80,120	30
1871-CC		17,387	——
1871-S		928,000	——
1872 (P)		251,850	30
1872-CC		26,900	——
1872-S		780,000	——
1873 (P)	‹6›	1,709,800	25
1873-CC	‹6›	22,410	——
1873-S	‹6›	1,040,600	——
1874 (P)		366,780	20
1874-CC		115,000	——
1874-S		1,214,000	——
1875 (P)		295,720	20
1875-CC		111,151	——
1875-S		1,230,000	——
1876 (P)		583,860	45
1876-CC		138,441	——
1876-S		1,597,000	——
1877 (P)	‹111›	397,650	20
1877-CC		42,565	——
1877-S		1,735,000	——

DATE	NOTE	BUSINESS	PROOF
1878 (P)		543,625	20
1878-CC		13,180	——
1878-S		1,739,000	——
1879 (P)		207,600	30
1879-CC		10,708	——
1879-O		2,325	——
1879-S		1,223,800	——
1880 (P)		51,420	36
1880-S		836,000	——
1881 (P)		2,220	61
1881-S		727,000	——
1882 (P)		590	59
1882-CC		39,140	——
1882-S		1,125,000	——
1883 (P)		——	92
1883-CC		59,962	——
1883-S		1,189,000	——
1884 (P)		——	71
1884-CC		81,139	——
1884-S		916,000	——
1885 (P)		751	77
1885-CC		9,450	——
1885-S		683,500	——
1886 (P)		1,000	106
1887 (P)		——	121
1887-S		283,000	——
1888 (P)		226,164	102
1888-S		859,600	——
1889 (P)		44,070	41
1889-CC		30,945	——
1889-S		774,700	——
1890 (P)		75,940	55
1890-CC		91,209	——
1890-S		802,750	——
1891 (P)		1,390	52
1891-CC		5,000	——
1891-S		1,288,125	——
1892 (P)		4,430	93
1892-CC		27,265	——
1892-S		930,150	——
1893 (P)		344,280	59
1893-CC		18,402	——
1893-S		996,175	——
1894 (P)		1,368,940	50
1894-S		1,048,550	——
1895 (P)		1,114,605	51
1895-S		1,143,500	——
1896 (P)		792,535	128
1896-S		1,403,925	——
1897 (P)		1,383,175	86
1897-S		1,470,250	——
1898 (P)		170,395	75
1898-S		2,575,175	——
1899 (P)		1,669,300	84
1899-S		2,010,300	——
1900 (P)		1,874,460	124
1900-S		2,459,500	——
1901 (P)		111,430	96
1901-S		1,596,000	——
1902 (P)		31,140	114

DATE	NOTE	BUSINESS	PROOF
1902-S		1,753,625	——
1903 (P)		287,270	158
1903-S		954,000	——
1904 (P)		6,256,699	98
1904-S		5,134,175	——
1905 (P)		58,919	90
1905-S		1,813,000	——
1906 (P)		69,596	94
1906-D	‹112›	620,250	Δ
1906-S		2,065,750	——
1907 (P)		1,451,786	78
1907-D	‹113›	842,250	Δ
1907-S		2,165,800	——

Saint-Gaudens $20 double eagle

DATE	NOTE	BUSINESS	PROOF
1907 (P)			
Roman Numerals	‹114›	12,367	——
Arabic Numerals		361,667	——
1908 (P)			
No Motto		4,271,551	——
With Motto		156,258	101
1908-D			
No Motto		663,750	——
With Motto		349,500	——
1908-S			
With Motto		22,000	——
1909 (P)		161,215	67
1909-D		52,500	——
1909-S		2,774,925	——
1910 (P)		482,000	167
1910-D		429,000	——
1910-S		2,128,250	——
1911 (P)		197,250	100
1911-D		846,500	——
1911-S		775,750	——
1912 (P)		149,750	74
1913 (P)		168,780	58
1913-D		393,500	——
1913-S		34,000	——
1914 (P)		95,250	70
1914-D		453,000	——
1914-S		1,498,000	——
1915 (P)		152,000	50
1915-S		567,500	——
1916-S		796,000	——
1920 (P)		228,250	——
1920-S		558,000	——
1921 (P)		528,500	——
1922 (P)		1,375,500	——
1922-S		2,658,000	——
1923 (P)		566,000	——
1923-D		1,702,250	——
1924 (P)		4,323,500	——
1924-D		3,049,500	——
1924-S		2,927,500	——
1925 (P)		2,831,750	——
1925-D		2,938,500	——
1925-S		3,776,500	——
1926 (P)		816,750	——
1926-D		481,000	——
1926-S		2,041,500	——

DATE	NOTE	BUSINESS	PROOF
1927 (P)		2,946,750	——
1927-D		180,000	——
1927-S		3,107,000	——
1928 (P)		8,816,000	——
1929 (P)		1,779,750	——
1930-S		74,000	——
1931 (P)		2,938,250	——
1931-D		106,500	——
1932 (P)		1,101,750	——
1933 (P)	‹115›	445,000	——

Ultra High Relief .9999 gold $20 coin

2009 (W)		115,178	

First Spouse half-ounce .9999 gold coins

	BUSINESS	PROOF
2007-W M. Washington	17,661	19,169
2007-W A. Adams	17,142	17,149
2007-W T. Jefferson Liberty	19,823	19,815
2007-W D. Madison	11,813	17,661
2008-W E. Monroe	4,519	7,933
2008-W L. Adams	4,223	7,454
2008-W A. Jackson Liberty	4,281	7,454
2008-W M. Van Buren Liberty	3,443	6,187
2009-W A. Harrison	2,993	5,801
2009-W L. Tyler	2,381	4,341
2009-W J. Tyler	2,188	3,878
2009-W S. Polk	3,136	4,907
2009-W M. Taylor	3,430	4,787
2010-W A. Fillmore	3,489	6,140
2010-W J. Pierce	3,333	4,843
2010-W Buchanan Liberty	5,348	7,304
2010-W M. Lincoln	3,760	6,392

American Eagle 1-oz silver $1

	BUSINESS	PROOF
1986 (S)	5,393,005	——
1986-S	——	1,446,778
1987 (S)	11,442,335	——
1987-S	——	904,732
1988 (S)	5,004,646	——
1988-S	——	557,370
1989 (S or W)	5,203,327	——
1989-S	——	617,694
1990 (S or W)	5,840,110	——
1990-S	——	695,510
1991 (S or W)	7,191,066	——
1991-S	——	511,924
1992 (S or W)	5,540,068	——
1992-S	——	498,543
1993 (S or W)	6,763,762	——
1993-P	——	405,913
1994 (S or W)	4,227,319	——
1994-P	——	372,168
1995 (S or W)	4,672,051	——
1995-P	——	438,511
1995-W ‹119›	——	30,125
1996 (S or W)	3,603,386	——
1996-P	——	500,000
1997 (S or W)	4,295,004	——
1997-P	——	435,368
1998 (S or W)	4,847,549	——
1998-P	——	450,000

DATE	NOTE	BUSINESS	PROOF
1999 (S or W)		7,408,640	——
1999-P		——	549,769
2000 (S or W)		9,239,132	——
2000-P		——	600,000
2001 (W)		9,001,711	——
2001-W		——	746,154
2002 (W)		10,539,026	——
2002-W		——	647,342
2003 (W)		8,495,008	——
2003-W		——	747,831
2004 (W)		8,882,754	——
2004-W		——	813,477
2005 (W)		8,891,025	——
2005-W		——	816,663
2006 (W)		10,676,522	——
2006-W Uncirculated		470,000	——
2006-W Proof		——	843,602
2006-W Reverse Proof		——	250,000
2007 (W)		9,028,036	——
2007-W Uncirculated		711,504	——
2007-W Proof		——	821,759
2008 (W) ‹125›		20,583,000	——
2008-W Uncirculated		513,514	——
2008-W Proof		——	713,353
2009 (W) ‹125›		30,459,000	——
2009-W Uncirculated		0	——
2009-W Proof		——	0
2010 (W)		34,764,500	——
2010-W Proof		——	860,000

American Eagle 1/10-oz gold $5

	NOTE	BUSINESS	PROOF
1986 (W)	‹117›	912,609	——
1987 (W)	‹117›	580,266	——
1988 (W)	‹117›	159,500	——
1988-P	‹117›	——	143,881
1989 (W)	‹117›	264,790	——
1989-P	‹117›	——	84,647
1990 (W)	‹117›	210,210	——
1990-P	‹117›	——	99,349
1991 (W)	‹117›	165,200	——
1991-P	‹117›	——	70,334
1992 (W)		209,300	——
1992-P		——	64,874
1993 (W)		210,709	——
1993-P		——	58,649
1994 (W)		206,380	——
1994-P		——	62,849
1995 (W)		223,025	——
1995-W		——	62,673
1996 (W)		401,964	——
1996-W		——	56,700
1997 (S or W)		528,515	——
1997-W		——	34,984
1998 (S or W)		1,344,520	——
1998-W		——	39,706
1999 (S or W)		2,750,338	——
1999-W		——	48,426
2000 (S or W)		569,153	——
2000-W		——	49,970
2001 (W)		269,147	——
2001-W		——	37,547

DATE	NOTE	BUSINESS	PROOF
2002 (W)		230,027	——
2002-W		——	40,864
2003 (W)		245,029	——
2003-W		——	36,668
2004 (W)		250,016	——
2004-W		——	35,487
2005 (W)		300,043	——
2005-W		——	49,265
2006 (W)		285,006	——
2006-W Uncirculated		20,643	——
2006-W		——	47,277
2007 (W)		190,010	——
2007-W Uncirculated		22,501	——
2007-W		——	58,553
2008 (W)		305,000	——
2008-W Uncirculated		13,376	——
2008-W		——	29,155
2009 (W)		270,000	——
2009-W Uncirculated		0	——
2009-W		——	0
2010 (W)		435,000	——
2010-W		——	12,250

American Eagle 1/4-oz gold $10

DATE	NOTE	BUSINESS	PROOF
1986 (W)	‹117›	726,031	——
1987 (W)	‹117›	269,255	——
1988 (W)	‹117›	49,000	——
1988-P	‹117›	——	98,028
1989 (W)	‹117›	81,789	——
1989-P	‹117›	——	54,170
1990 (W)	‹117›	41,000	——
1990-P	‹117›	——	62,674
1991 (W)	‹117›	36,100	——
1991-P	‹117›	——	50,839
1992 (W)		59,546	——
1992-P		——	46,269
1993 (W)		71,864	——
1993-P		——	46,464
1994 (W)		72,650	——
1994-P		——	48,172
1995 (W)		83,752	——
1995-W		——	47,484
1996 (W)		60,318	——
1996-W		——	37,900
1997 (S or W)		108,805	——
1997-W		——	29,808
1998 (S or W)		309,829	——
1998-W		——	29,733
1999 (S or W)		564,232	——
1999-W		——	34,416
2000 (S or W)		128,964	——
2000-W		——	36,033
2001 (W)		71,280	——
2001-W		——	25,630
2002 (W)		62,027	——
2002-W		——	29,242
2003 (W)		74,029	——
2003-W		——	33,409
2004 (W)		72,014	——
2004-W		——	29,127
2005 (W)		72,015	——
2005-W		——	37,207
2006 (W)		60,004	——
2006-W Uncirculated		15,188	——
2006-W		——	36,127
2007 (W)		34,004	——
2007-W Uncirculated		12,766	——
2007-W		——	46,189
2008 (W)		70,000	——
2008-W Uncirculated		9,200	——
2008-W		——	28,301
2009 (W)		110,000	——
2009-W Uncirculated		0	——
2009-W		——	0
2010 (W)		74,000	——
2010-W		——	8,598

American Eagle 1/2-oz gold $25

DATE	NOTE	BUSINESS	PROOF
1986 (W)	‹117›	599,566	——
1987 (W)	‹117›	131,255	——
1987-P	‹117›	——	143,398
1988 (W)	‹117›	45,000	——
1988-P	‹117›	——	76,528
1989 (W)	‹117›	44,829	——
1989-P	‹117›	——	44,798
1990 (W)	‹117›	31,000	——
1990-P	‹117›	——	51,636
1991 (W)	‹117›	24,100	——
1991-P	‹117›	——	53,125
1992 (W)		54,404	——
1992-P		——	40,976
1993 (W)		73,324	——
1993-P		——	43,319
1994 (W)		62,400	——
1994-P		——	44,584
1995 (W)		53,474	——
1995-W		——	45,442
1996 (W)		39,287	——
1996-W		——	34,700
1997 (S or W)		79,605	——
1997-W		——	26,340
1998 (S or W)		169,029	——
1998-W		——	25,549
1999 (S or W)		263,013	——
1999-W		——	30,452
2000 (S or W)		79,287	——
2000-W		——	32,027
2001 (S or W)		48,047	——
2001-W		——	23,261
2002 (S or W)		70,027	——
2002-W		——	26,646
2003 (S or W)		79,029	——
2003-W		——	28,512
2004 (S or W)		98,040	——
2004-W		——	27,731
2005 (W)		80,023	——
2005-W		——	34,311
2006 (W)		66,005	——
2006-W Uncirculated		15,164	——
2006-W		——	34,322
2007 (W)		47,002	——
2007-W Uncirculated		11,455	——

DATE	NOTE	BUSINESS	PROOF
2007-W		—	44,025
2008 (W)		61,000	—
2008-W Uncirculated		16,126	—
2008-W		—	27,864
2009 (W)		110,000	—
2009-W Uncirculated		0	—
2009-W		—	0
2010 (W)		53,000	—
2010-W		—	7,486

American Eagle 1-oz gold $50

DATE	NOTE	BUSINESS	PROOF
1986 (W)	‹117›	1,362,650	—
1986-W	‹117›	—	446,290
1987 (W)	‹117›	1,045,500	—
1987-W	‹117›	—	147,498
1988 (W)	‹117›	465,500	—
1988-W	‹117›	—	87,133
1989 (W)	‹117›	415,790	—
1989-W	‹117›	—	54,570
1990 (W)	‹117›	373,210	—
1990-W	‹117›	—	62,401
1991 (W)	‹117›	243,100	—
1991-W	‹117›	—	50,411
1992 (W)		275,000	—
1992-W		—	44,826
1993 (W)		480,192	—
1993-W		—	34,389
1994 (W)		221,663	—
1994-W		—	46,674
1995 (W)		200,636	—
1995-W		—	46,484
1996 (W)		189,148	—
1996-W		—	36,000
1997 (S or W)		664,508	—
1997-W		—	27,554
1998 (S or W)		1,468,530	—
1998-W		—	26,060
1999 (S or W)		1,505,026	—
1999-W		—	31,446
2000 (S or W)		433,319	—
2000-W		—	33,006
2001 (S or W)		143,605	—
2001-W		—	24,580
2002 (S or W)		222,029	—
2002-W		—	27,499
2003 (S or W)		416,032	—
2003-W		—	28,344
2004 (S or W)		417,019	—
2004-W		—	28,731
2005 (W)		356,555	—
2005-W		—	35,336
2006 (W)		237,510	—
2006-W Uncirculated		45,912	—
2006-W Proof		—	47,096
2006-W Reverse Proof		—	10,000
2007 (W)		140,016	—
2007-W Uncirculated		18,606	—
2007-W		—	51,810
2008 (W)		710,000	—
2008-W Uncirculated		12,387	—
2008-W		—	29,399
2009 (W)		1,493,000	—

DATE	NOTE	BUSINESS	PROOF
2009-W Uncirculated		0	—
2009-W		—	0
2010 (W)		1,125,000	—
2010-W		—	16,884

American Eagle 1/10-oz platinum $10

DATE	NOTE	BUSINESS	PROOF
1997 (W)		70,250	—
1997-W		—	37,025
1998 (W)		39,525	—
1998-W		—	19,832
1999 (W)		55,955	—
1999-W		—	19,123
2000 (W)		34,027	—
2000-W		—	15,651
2001 (W)		52,017	—
2001-W		—	12,193
2002 (W)		23,005	—
2002-W		—	12,365
2003 (W)		22,007	—
2003-W		—	9,534
2004 (W)		15,010	—
2004-W		—	7,202
2005 (W)		14,013	—
2005-W		—	8,104
2006 (W)		11,001	—
2006-W Uncirculated		3,544	—
2006-W Proof		—	10,205
2007 (W)		13,003	—
2007-W Uncirculated		5,566	—
2007-W Proof		—	8,176
2008 (W)		17,000	—
2008-W Uncirculated		4,623	—
2008-W Proof		—	5,650
2009 (W)		0	—
2009-W Uncirculated		0	—
2009-W Proof		—	0
2010 (W)		0	—
2010-W		—	0

American Eagle 1/4-oz platinum $25

DATE	NOTE	BUSINESS	PROOF
1997 (W)		27,100	—
1997-W		—	18,661
1998 (W)		38,887	—
1998-W		—	14,860
1999 (W)		39,734	—
1999-W		—	13,514
2000 (W)		20,054	—
2000-W		—	11,995
2001 (W)		21,815	—
2001-W		—	8,858
2002 (W)		27,405	—
2002-W		—	9,282
2003 (W)		25,207	—
2003-W		—	7,044
2004 (W)		18,010	—
2004-W		—	5,226
2005 (W)		12,013	—
2005-W		—	6,592
2006 (W)		12,001	—
2006-W Uncirculated		2,676	—
2006-W		—	7,813
2007 (W)		8,402	—

2007-W Uncirculated		3,690	——
2007-W Proof		——	6,017
2008 (W)		22,800	——
2008-W Uncirculated		3,894	——
2008-W Proof		——	3,891
2009 (W)		0	——
2009-W Uncirculated		0	——
2009-W		——	0
2010 (W)		0	——
2010-W		——	0

American Eagle 1/2-oz platinum $50

DATE	NOTE	BUSINESS	PROOF
1997 (W)		20,500	——
1997-W		——	15,463
1998 (W)		32,419	——
1998-W		——	13,821
1999 (W)		32,309	——
1999-W		——	11,098
2000 (W)		18,892	——
2000-W		——	11,049
2001 (W)		12,815	——
2001-W		——	8,268
2002 (W)		24,005	——
2002-W		——	8,772
2003 (W)		17,409	——
2003-W		——	7,131
2004 (W)		13,236	——
2004-W		——	5,095
2005 (W)		9,013	——
2005-W		——	5,942
2006 (W)		9,602	——
2006-W Uncirculated		2,577	——
2006-W Proof		——	7,649
2007 (W)		7,001	——
2007-W Uncirculated		3,635	——
2007-W Proof		——	22,873
2007-W Reverse Proof		——	16,937
2008 (W)		14,000	——
2008-W Uncirculated		3,415	——
2008-W Proof		——	3,654
2009 (W)		0	——
2009-W Uncirculated		0	——
2009-W		——	0
2010 (W)		0	——
2010-W		——	0

American Eagle 1-oz platinum $100

DATE	NOTE	BUSINESS	PROOF
1997 (W)		56,000	——
1997-W		——	18,000
1998 (W)		133,002	——
1998-W		——	14,203
1999 (W)		56,707	——
1999-W		——	12,351
2000 (W)		10,003	——
2000-W		——	12,453
2001 (W)		14,070	——
2001-W		——	8,990
2002 (W)		11,502	——
2002-W		——	9,834
2003 (W)		8,007	——
2003-W		——	8,246
2004 (W)		7,009	——
2004-W		——	6,074
2005 (W)		6,310	——
2005-W		——	6,602
2006 (W)		6,000	——
2006-W Uncirculated		3,068	——
2006-W Proof		——	9,152
2007 (W)		7,202	——
2007-W Uncirculated		4,177	——
2007-W Proof		——	8,363
2008 (W)		21,800	——
2008-W Uncirculated		4,063	——
2008-W Proof		——	5,030
2009 (W)		0	——
2009-W Uncirculated		0	——
2009-W Proof		——	8,000
2010 (W)		0	——
2010-W Proof		——	10,000

American Buffalo 1-oz gold $50

2006 (W)		337,012	——
2006-W Proof		——	246,267
2007 (W)		136,503	——
2007-W Proof		——	58,998
2008 (W)		189,500	——
2008-W Uncirculated		9,074	——
2008-W Proof		——	18,863
2009 (W)		200,000	——
2009-W Uncirculated		0	——
2009-W Proof		——	0
2010 (W)		209,000	——
2010-W		——	49,374

American Buffalo 1/2-oz gold $50

2008-W Uncirculated		16,908	——
2008-W Proof		——	12,169

American Buffalo 1/4-oz gold $50

2008-W Uncirculated		9,949	——
2008-W Proof		——	13,125

American Buffalo 1/10-oz gold $50

2008-W Uncirculated		17,429	——
2008-W Proof		——	18,884

America the Beautiful 5-oz silver 25¢

DATE	NOTE	BUSINESS	MATTE
2010 (P) Hot Springs		33,000	——
2010-P Hot Springs		——	27,000
2010 (P) Yellowstone		33,000	——
2010-P Yellowstone‹127›		——	27,000
2010 (P) Yosemite		33,000	——
2010-P Yosemite‹127›		——	27,000
2010 (P) Grand Canyon		33,000	——
2010-P Grand Canyon‹127›		——	27,000
2010 (P) Mount Hood		33,000	——
2010-P Mount Hood‹127›		——	27,000

KEY

(R): Known to have been restruck at least once.
(S): Proofs originally sold in sets only.
——: None issued.
Δ: Specimens known or believed to exist; no official mintage reported.

NOTES

1. 1804, 1823 cent, and 1811 half cent: Fakes, called restrikes, exist, which were made outside the Mint, using old, genuine but mismatched Mint dies.

2. 1832-35 half cent: The figures shown are listed in the Mint Report for 1833-36 instead, but are assumed to be misplaced.

3. 1823 cent, dime, quarter dollar: Proofs exist with overdate, 1823/2.

4. 1856 cent: More than 1,000 1856 Flying Eagle cents were struck in Proof and Uncirculated, in this and later years as restrikes.

5. 1864 cent: Proof breakdown by varieties thought to be about 300 to 350 copper-nickel and about 100 to 150 bronze coins without the designer's initial L. Perhaps 20 or fewer Proofs with initial L were struck. Circulation-strike bronze coins with L are also rarer.

6. 1873 coinage: Early in the year a relatively closed style of 3 was used in the date on all denominations. In response to complaints that the 3 looked like an 8, a new, more open 3 was introduced. Most types were struck with both styles, except for those that were created or discontinued by the Act of Feb. 12, 1873. All Proofs are of the relatively Closed 3 variety.

7. 1877 minor coinages: Proof estimates for this year vary considerably, usually upwards. For lack of any records, the number shown is that of the silver Proofs of this year, conforming with the method used in the preceding years. Figures may be considerably low.

8. 1922-D Missing D or "Plain" cent: No cents were struck in Philadelphia in 1922. Some 1922-D cents are found with the Mint mark missing as a result of worn/polished/obstructed dies. Only the second die pair, with strong reverse, brings the Missing D premium. Fakes exist.

9. 1943-(P), D, S cent: All 1943 cents were made of zinc-coated steel, except for a few 1943 copper alloy and 1944 steel cents, made either by accident or deliberately. Many fakes exist. Test any suspected off-metal 1943 or 1944 cent with a magnet to see if it has been plated, and check the date for alterations.

10. 1960 cent: Includes Large Date and Small Date varieties. The Small Date is the scarcer.

11. 1964-67 coinage: All coins dated 1965-67 were made without Mint marks. Many coins dated 1964-66 were struck in later years.

12. 1982 cent: Composition of the cent was changed from 95 percent copper, 5 percent zinc to 97.5 percent zinc, 2.5 percent copper (composed of a planchet of 99.2 percent zinc, 0.8 percent copper, plated with pure copper). Some were struck in late 1981.

13. 1864 2 cents: Struck with Large and Small Motto IN GOD WE TRUST; individual mintages for both subtypes unknown, although the Large Motto is more common. The Small Motto in Proof is rare.

14. 1873 2 cents: Originally struck in Proof only early in 1873 with a Closed 3. An estimated 500 restrikes in Proof with an Open 3.

15. 1887 copper-nickel 3 cents: Many Proofs struck from an overdated die, 1887/6.

16. 1853 silver coin: In early 1853 the weight of all fractional silver coins was reduced by about 7%, to prevent hoarding and melting. To distinguish between the old and new weights, arrows were placed on either side of the date on the half dime through half dollar, and rays were put around the eagle on the quarter and half dollar. The rays were removed after 1853, and the arrows after 1855. The exception to all this was the silver 3-cent coin, which was decreased in weight but increased in fineness, making it intrinsically worth more than before and proportionate with the other fractional silver coins. First of the new weight struck in 1854; an olive branch and a cluster of arrows was added to the reverse.

17. 1863 silver 3 cents: It is possible that all of these non-Proofs were dated 1862. Proof coins dated 1863/2 were struck in 1864.

18. 1864-(P) silver 3 cents, half dime, and dime: These figures, like many others in the years 1861-1871, are highly controversial due to extraordinary bookkeeping methods used in the Mint in this era.

19. 1867 copper-nickel 5 cents: Struck with rays on reverse and without rays. Approximately 25 Proofs struck with rays on reverse, and 600 without rays.

20. 1913 Liberty Head copper-nickel 5 cents: Five unauthorized pieces were struck by persons unknown, using Mint machines and dies. Fakes exist.

21. 1942-1945-(P), D, S 5 cents: To conserve nickel during the war, the composition of the 5-cent coin was changed to a 56% copper, 35% silver, and 9% manganese alloy. Coins of this alloy were marked with a large Mint mark over the dome of Monticello, including those from the Philadelphia Mint. They consist of some 1942 Philadelphia Mint coins, all 1942-S and all 1943-45 coins. The 1942 Philadelphia Mint coins were made in both alloys.

22. 1944 copper-nickel 5 cents, 1923-D and 1930-D dimes: All are counterfeits made for circulation.

23. 1966 5-cent coin: Two Proof Jefferson 5-cent pieces supposedly were struck to mark the addition of designer Felix Schlag's initials, F.S., to the obverse.

24. 1971 5 cents: Some Proof sets contain 5¢ coins that were struck from a Proof die without a Mint mark. Official estimate of 1,655 sets released.

25. P Mint mark: The P Mint mark, placed on the 1979 Anthony dollar, was added to all 1980 coins from the Philadelphia Mint except for the cent.

26. 1838-O half dime, dime: Both of Seated Liberty, No Stars design (type of 1837). 1838 Philadelphia coins have stars, as do all others through 1859.

27. 1856-O half dime: One Proof known.

28. 1860-(P), O, S half dime and dime: Beginning in 1860 (with the exception of the 1860-S dime), the half dime and dime were redesigned by eliminating the stars, moving the legend UNITED STATES OF AMERICA to the obverse, and using a larger, more elaborate wreath on the reverse. A number of fabrications with the obverse of 1859 and the reverse of 1860 (thereby omitting the legend UNITED STATES OF AMERICA), were struck by order of the director of the Mint. These consist of 1859 or 1860 half dimes, and 1859 dimes. Although they are considered by some to be patterns, that designation is doubtful, as the director's intentions were questionable.

29. 1860-O half dime: Three Proofs known.

30. 1873-CC dime: One known, others likely melted.

31. 1894-S dime: Twenty-four pieces were struck at the San Francisco Mint on June 9, 1894, from dies sent by the Philadelphia Mint. The production was noted in records at the San Francisco Mint and at Mint headquarters in Washington, and three of the 24 pieces were sent to Mint headquarters for normal assay and special testing. The circumstances of their production remain under debate, although 1895 newspaper clippings discovered in 2006 quote a San Francisco Mint official as stating production was initiated to use up an odd amount of silver on hand. The same article indicates that the public was aware of the coin as early as 1895, which is years earlier than previously thought. Of the 21 pieces left after assaying, nine can be traced in 2009.

32. 1906-D dime: Proofs struck in honor of the opening of the Denver Mint.

33. 1968 dime: Some Proof sets contain dimes that were struck from a Proof die without a Mint mark; an engraver's oversight. Fewer than two dozen known

34. 1970 dime: Some Proof sets contain dimes that were struck from a Proof die without a Mint mark. This was an engraver's oversight. Official estimate is that 2,200 sets were released.

35. 1982 No-P dimes: Some 1982 dimes were released without a Mint mark.

36. 1875-S 20 cents: Six to seven Proofs known.

37. 1876-CC 20 cents: Virtually all were melted at the Mint. Fewer than 20 are known today.

38. 1827 quarter dollar: Although the Mint Report lists a mintage of 4,000 pieces, it is likely that all of these coins were dated 1825 except for a few Proofs. Later this date was unofficially (but intentionally) restruck at the Mint using an obverse die dated 1827 and a reverse die that had been used in 1819, and that had a Square Base 2 in 1827 rather than the Curled Base 2 of the original 1827.

39. 1855-S quarter dollar: One Proof known, presumably struck to celebrate the beginning of silver coinage at the San Francisco Mint.

40. 1866 coinage: It was decided to add the motto IN GOD WE TRUST to the reverse of all double eagles, eagles, half eagles, silver dollars, half dollars and quarter dollars beginning in 1866. Early in the year, before the new reverse dies had arrived, the San Francisco Mint produced $20, $10, $5, and half dollar coins without the motto. These are regular issue coins and are not patterns or errors. They are not to be confused with a peculiar set of Philadelphia Mint silver coins without motto, consisting of two dollars, one half dollar and one quarter dollar, that was clandestinely struck inside (but not by) the Mint for sale to a collector. A three-piece set containing the unique quarter dollar and half dollar and one of the two known silver dollars was stolen from the Willis H. DuPont collection in 1967; all three coins were recovered, separately, in 1999 and 2004.

41. 1879 quarter dollar: The Proof figure is official, but may be wrong. Might be near or equal to 1,100.

42. 1891-O quarter dollar: Two Proofs known.

43. 1974-1976 quarter dollars, half dollars and dollars: The circulating commemorative coinage dated 1776-1976 in celebration of the nation's Bicentennial

wreaked havoc on mintage bookkeeping. In anticipation of the program, 1974-dated coins of these denominations were struck in calendar years 1974 and 1975. No 1975-dated quarter dollars, half dollars or silver dollars were struck; 1975 Proof and Mint sets contain Bicentennial dates. 1776-1976-dated dollars, half dollars and quarter dollars were struck in calendar years 1975 and 1976. .

44. 1817 half dollar: One Proof known, 1817/3.

45. 1836 Reeded Edge half dollar: Actually a pattern of the design adopted the following year, but much of the mintage was placed into circulation.

46. 1838-O half dollar: It is thought that 20 Proof examples were struck as souvenirs in honor of the opening of the New Orleans Mint. No regular issue coins of this date and Mint were struck, and it is possible that these were struck in 1839.

47. 1839-O half dollar: Three or four Proofs known.

48. 1839-(P) half dollar: Although Christian Gobrecht's half dollar design was slightly modified during 1839 by the addition of a small drapery fold beneath the elbow, the design was never as fully modified as the other Seated Liberty denominations were in 1840. In subsequent years, individual dies would occasionally be over-polished, thus removing this small drapery fold.

49. 1853-(P), O half dollar: All 1853 and virtually all 1853-O half dollars are of the new weight. Two or three 1853-O half dollars are known without the arrows and rays. Beware of alterations from 1858-O.

50. 1855-S half dollar: Three Proofs known.

51. 1861-O half dollar: Mintage includes 330,000 struck by the USA, 1,240,000 by the State of Louisiana, and 962,633 by the Confederate States of America. One obverse die is identifiable as having been used with the CSA reverse to strike four pattern coins. Three to six Proofs known, probably struck by either the state of Louisiana or the CSA.

52. 1873-S half dollar: The 1873-S Seated Liberty, Without Arrows half dollar is unknown in any condition in any collection. Presumably they were all melted with the 1873-S silver dollars.

53. 1895-O half dollar: Proofs issued to mark reopening of New Orleans Mint.

54. Proof set sales suspended 1965-67.

55. 1970-D and 1987 half dollars: Struck only for inclusion in Mint sets. Not a regular issue coin. 1987 coins were struck for Uncirculated sets, Proof sets and Souvenir Mint sets only, forcing a change in the Mint's accounting procedures. Previously, circulation strikes intended for Uncirculated Mint sets and Souvenir sets had been reported with coins intended for circulation. However, upon seeing "circulation" mintages where none should be, the Mint began separating the mintages of coins intended for sale to collectors from those intended for commerce.

56. 1798 silver dollar: Mintage includes both Small Eagle and Heraldic Eagle reverse designs.

57. 1801, 1802, and 1803 silver dollar: All three dates were restruck in Proof in 1858 with a plain edge, using obverse dies made in 1834-5 and the reverse die from the Class I 1804 dollar, which was also made in 1834. Due to the scandal caused by the private issue of 1804 dollars in 1858, these coins were not offered for sale to

MINTAGE NOTES

collectors until 1875, with lettered edges.

58. 1804 silver dollar: Although the Mint Report lists 19,570 dollars for this year, it is assumed that they were all dated 1803. The 1804 dollars were first struck in 1834-35 for inclusion in diplomatic presentation sets. A few pieces, possibly flawed Proofs or production overruns, reached collectors via trades with the Mint or in circulation, and the coin was popularized as a rarity. In 1858 the son of a Mint employee used the obverse die prepared in 1834 and a newly prepared reverse die plus a plain collar to secretly strike 1804 dollars, a few of which were sold to collectors. While the Mint had intended to do exactly the same thing with dollars dated 1801-04, Mint officials were forced to cancel the project due to the public scandal over the privately issued 1804 dollars. The privately struck coins were recalled, and all but one (which went to the Mint Cabinet collection) were said to have been melted. Instead, they and the plain edged 1801-03 dollars were put in storage and offered for sale in 1875, by which time their edges had been lettered.

59. 1805 silver dollar: The 321 dollars listed in the Mint Report for 1805 were older dollars that were found in deposits of Spanish-American silver and that were reissued through the Treasury.

60. 1836, 1838, and 1839 dollar: Gobrecht dollars, some patterns and some intended for circulation, were struck in these years. Also, some varieties were restruck in later years, making mintage figures questionable. Varieties exist with or without stars and/or the designer's name, some of them exceedingly scarce. The 1,600 mintage figure for 1836 represents 1,000 struck for circulation on the 1836 standard of 416 grains, and 600 pieces struck in 1837 (dated 1836) on the new standard of 412.5 grains.

61. 1853 silver dollar: All Proofs are restrikes, made 1864 to 1865.

62. 1858 silver dollar: It is estimated that 80 Proofs were struck, some of them possibly at a later date.

63. 1870-CC silver dollar: Proof mintage unknown.

64. 1870-S silver dollar: Eleven are known in collections. Not listed in the annual Mint Report. The first official evidence of their production was found in March 2004 in the form of a San Francisco Mint warrant from the second quarter of 1870, found in archives. That warrant recorded the coins that had been struck for placement in the cornerstone of the second San Francisco Mint, which was under construction. Among the coins made for the cornerstone was an 1870-S Seated Liberty dollar. The newly produced warrant was the first record discovered confirming production of the 1870-S Seated Liberty half dime and 1870-S Indian Head gold $3 coin, each of which is known by a single example in collections. The warrant also records production of an 1870-S Seated Liberty quarter dollar, which is unknown in any collection but that is presumably in the lost cornerstone of the San Francisco Mint.

65. 1873-S silver dollar: All were melted at the Mint per order in a June 13, 1873, telegram after production of standard silver dollars was suspended.

66. 1878-(P) dollar: Three slightly different designs were used for both the obverse and reverse of this date, including some dies with the second designs impressed over the first. All 1878-CC and 1878-S dollars are from the second designs. Most 1879-1904 dollars are of the third design, except for some second design reverses on 1879-S and 1880-CC coins. New, slightly different master hubs were prepared for 1921. Proof mintage includes 700 of the 8 Tail Feathers variety and 300 of the 7 Tail Feathers, flat eagle breast variety.

67. 1879-O dollar: Two Proofs now known of 12 struck.

68. 1882-CC dollar: Proof mintage unknown.

69. 1883-CC dollar: Proof mintage unknown.

70. 1883-O dollar: One Proof known of 12 struck to give to various local dignitaries. Occasion uncertain.

71. 1884-CC dollar: One Proof reported.

72. 1893-CC dollar: 12 Proofs struck for Mint officials to mark the closing of the Carson City Mint.

73. 1895 dollar: Researchers differ on whether any of the 12,000 circulation strike dollars produced in 1895 were dated 1895. None known. However, information from assay records implies the 12,000 coins were dated 1895 and not 1894 as some suggest.

74. 1921-22-(P) Peace dollar: The 1921 Peace dollars (and a very few Proof 1922s) are of a higher relief than the 1922-35 coins. An experimental medium relief 1922 Peace dollar was produced in January 1922 in three finishes: Sandblast Proof, Brilliant or Satin Proof, and a circulation strike, after which the dies failed. An example of the medium relief 1922 Peace dollar was recently identified. Low relief circulation trial strike 1922 dollars were made.

75. 1873 Trade dollar: All Proofs have the Open 3.

76. 1884-85 Trade dollar: Struck in Proof in the Mint for private distribution. Not listed in the Mint Report.

77. S-Mint clad dollars: Struck only for sale to collectors. In 1971-72 struck in 40% clad silver in Proof and Unc. for individual sale. Beginning in 1973 a copper-nickel clad dollar was added to the Proof sets.

78. 1973-(P), D copper-nickel dollar: Struck only for Mint sets. 1,769,258 Mint sets were sold. 439,899 excess dollars melted, presumably of near-equal distribution. 21,641 coins were kept for a while for replacement of defective sets.

79. Anthony dollars: Sold in three-coin sets only in 1981. None released into circulation.

80. 1861-D gold dollar: Small number struck by CSA.

81. 1870-S gold dollar: 2,000 coins were struck without a Mint mark. It is unknown if they were melted and recoined or released as is and included in the Mint Report figure of 3,000 coins. See Note 64.

82. 1834 $2.50: Most or all were melted. It may be that all survivors are Proofs and circulated Proofs.

83. 1841-(P) $2.50: Struck in Proof only, possibly at a later date. Unlisted in Mint Report. Nine known.

84. 1848-P $2.50: Approximately 1,389 coins were counterstamped CAL. above the eagle to show that they were made from California gold. This was done while the coins were resting on an inverted obverse die on a worktable. This virtually eliminated distortion of the obverse, which will probably show on a genuine coin with a fake counterstamp.

85. 1860-S $3: Out of 7,000 coins struck, 2,592 pieces were not released because of short weight. They were melted in 1869 for use in other coins.

MINTAGE NOTES

86. 1870-S $3: Not included in the annual Mint Report. See Note 64 for additional information. One piece is known in a private collection, and the present whereabouts of the cornerstone piece mentioned in Note 64 is unknown. There may be just one piece.

87. 1873 $3: All original Proofs are of the more Open 3 variety. Two restrikes of the Closed 3 version and one with the Open 3 are known.

88. 1798 $5: Mint Report of 24,867 coins includes Small Eagle reverse coins dated 1798, as well as Heraldic Eagle coins dated 1795, 1797 and 1798. This mixture of mulings is the result of an emergency coinage late in 1798 after the Mint had been closed for a while due to yellow fever. Quantities struck of each are unknown and can only be a guess.

89. 1822 $5: Although the Mint Report says 17,796 coins were struck, only three pieces are known; it is likely that most of the mintage was dated 1821.

90. 1825 $5: Struck from the regular overdated dies. 1825/4, one known, and 1825/1, two known.

91. 1828 $5: Includes at least one overdate, 1828/7.

92. 1844-O half eagle: One Proof known.

93. 1861-C $5: Mintage includes 5,992 pieces coined by USA and 887 by CSA. Issuer impossible to prove.

94. 1899-S half eagle: One or two Proofs known, reason for issue unknown.

95. 1906-D and 1907-D $5: Struck at Denver Mint.

96. 1797 $10: Mintage includes both reverse types.

97. 1839 $10: Includes first design head (type of 1838) and modified head (type of 1840-1907). Proofs are of the type of 1838, with large letters and different hair style.

98. 1844-O eagle: One Proof known.

99. 1852-O eagle: Three Proofs known.

100. 1853-O eagle: Proof mintage unknown.

101. 1906-D eagle: Proofs struck in honor of the opening of the Denver Mint.

102. 1907 $10: An unknown number of Indian Head patterns were also struck in Proof.

103. 1933 $10: Very few of these were issued, perhaps several dozens known. Beware of counterfeits.

104. 1849 $20: One example in gold survives of a small number of trial strikes produced in December 1849. The dies were rejected, allegedly because of improper high relief, but in actuality to discredit Longacre in an attempt to force his removal. The attempt failed and Longacre eventually produced a second set of dies, but they were not completed until the following month and so they were dated 1850. The one known Proof gold example is at the Smithsonian Institution, and all others were melted.

105. 1850 $20: One Proof was once owned by the engraver, James B. Longacre. Whereabouts unknown.

106. 1854-D double eagle: One Proof known, in the Smithsonian Institution.

107. 1861-(P) $20: A few trial pieces are known with a reverse as engraved by Anthony Paquet, with taller, thinner letters and a narrow rim. The design was judged unacceptable.

108. 1861-O $20: Mintage includes 5,000 coins struck by the USA; 9,750 by the State of Louisiana; and 2,991 by the Confederate States of America. It is impossible to prove the issuer of any given coin.

109. 1861-S $20: Mintage includes 19,250 pieces struck with the Paquet reverse and released into circulation. Most of these were recalled and melted during the next few years, but specie hoarding during the Civil War probably preserved a number of them.

110. 1866-(P), S $20: When the reverse of the double eagle was altered to include the motto, a few minor changes were made in the scrollwork, the most prominent being the change in the shield from flat-sided to curved, serving as a useful diagnostic.

111. 1877 $20: In this year the master hubs were redesigned slightly, raising the head of Liberty and changing TWENTY D. to TWENTY DOLLARS.

112. 1906-D double eagle: Two Proofs now known of 12 struck for the opening of the Denver Mint.

113. 1907-D double eagle: One Proof known.

114. 1907 $20: Extremely High Reliefs are patterns.

115. 1933 $20: This issue was officially never released, and with one exception, is considered illegal to own; however, from 25 to 30 pieces are known to have escaped the 1930s melting of the coins. Two are held in the Smithsonian Institution, having been given to the Smithsonian by the Mint. The U.S. Secret Service recovered nine pieces from collectors and dealers in the 1940s. Treasury officials later melted all nine pieces. A piece of uncertain origin was confiscated in a sting operation by federal authorities in the 1990s when it was brought into the U.S. from Britain by a British dealer. The dealer claimed several origins for the piece. After a lengthy legal battle, the government declared the coin legal for private ownership in 2000. It sold for $7.59 million in 2003. The Mint recovered 10 more pieces in 2004 from the family of the Philadelphia dealer who handled the pieces that entered the market in the late 1930s and early 1940s.

117. American Eagle gold bullion: Roman numerals used in date from 1986 to 1991.

118. 1996-W Roosevelt dime: Produced with a West Point Mint mark for the 1996 Uncirculated Mint sets for the 50th anniversary of the Roosevelt dime.

119. 1995-W American Eagle silver dollar: Uncirculated piece produced for sale only in special "10th Anniversary" sets.

120. Circulation-quality, but not released into circulation. Sold to collectors in bags and rolls.

121. The Mint reopened sales of 1999, 2000 and 2001 Proof sets on May 29, 2002, in an unprecedented and controversial offering. Officials halted sales June 25, 2002, citing damage to some coins in some 1999 sets.

122. Beginning in 2005, coins in the annual Uncirculated Mint set were given a special Satin Finish. Some Satin Finish coins also have been used in other Mint sets and products.

123. Two different reverse hubs were used for 2000-P Sacagawea dollars, but this was not confirmed until the summer of 2005. The earlier reverse, used in 1999 to strike 2000-P dollars, features an eagle whose tail feathers are much more detailed than the feathers on the later reverse. The reverse with detailed tail feathers was used in 1999 to strike 39 gold test versions (27 were melted; 12 were sent into low-Earth orbit aboard the space shuttle *Columbia* in 1999 and are

now stored at the Fort Knox Gold Bullion Depository) and 5,500 pieces of standard composition (all dated 2000) were distributed in boxes of Cheerios during a 2000 promotion. The later reverse, with less-detailed tail feathers, was used to strike all coins produced for general circulation.

124. Small numbers of two different 2004-D Wisconsin quarter dollars were discovered in late 2004 and first publicized in *Coin World* in early 2005 that bear unusual markings dealers and collectors have labeled an "extra leaf." Each "extra leaf" appears as a curved raised area in the area below and to the left of the far left cornhusk on the ear of corn on the reverse. The "Extra Leaf High" variant has a simple, narrow curved line extending from the wheel of cheese to the underside of the far left cornhusk, touching both. The "Extra Leaf Low" variant has a more elaborate, more leaf-like element, the widest end extending from the lower portion of the far left cornhusk and narrowing to a point as it arcs downward until it touches the upper surface of the cheese. A Treasury Office of Inspector General report of an investigation into the variants, issued Jan. 12, 2005, stated that the "Extra Leaf High" version was created in November 2004 during the second shift at night at the Denver Mint, with some pieces caught and destroyed by Mint personnel and other pieces mixed with regular coins and released. The report did not address the "Extra Leaf Low" variant specifically. The Treasury OIG report stated the investigation yielded no evidence of criminal wrongdoing. However, many in the hobby believe that both variants were deliberately if unofficially created.

125. The United States Mint introduced new hubs for all versions of the American Eagle silver bullion coin in 2008. A Mint spokesman confirmed that a different font is being used "to ensure a more consistent fill in metal flow and repeatability of the design." The date appears a bit shorter and thinner. The stars above the eagle are configured slightly differently, particularly in the amount of space between them.

The modification followed "conversion to digital technology in the engraving process," the Mint noted. In April 2008, it was discovered that the Mint had made some Uncirculated 2008-W American Eagle silver coins with the 2007 reverse (the collector Uncirculated version, not the bullion coin). Mint officials confirmed that approximately 47,000 Uncirculated 2008-W American Eagle, Reverse of 2007 silver coins were made during three shifts of production, using 15 reverse dies.

126. The four 2008 cents struck for collector sets were struck on planchets in the original composition of the Lincoln cent introduced in 1909 — a brass alloy of 95 percent copper, 3 percent zinc and 2 percent tin. The original 1909 composition was used for cents in the 2009-S regular clad Proof set, 2009-S Silver Proof set, the 2009 Uncirculated Mint set, the four-coin Lincoln cent Proof set and Lincoln Coin and Chronicles set.

127. Blaming initial minting difficulties and planchet supply problems in 2010, the Mint delayed until 2011 issuing the matte finish collector version of the 2010-P America the Beautiful 5-ounce silver bullion quarter dollars.

Grading Coins 7

Probably no other subject has been more hotly debated in American numismatics by collectors, dealers and investors than grading. There has been controversy since a dealer first charged a higher price for one example of a coin than for another of the same type, date and Mint mark simply because one had less wear than the other.

The grade of a coin (or note, medal or token) represents what professional numismatist and researcher Dr. Richard Bagg aptly called its "level of preservation." The grading controversy arises from both disagreements over the grade of a coin and the often enormous differences in price between two examples of the same type and date of a U.S. coin, even when the only difference lies in the placement of one or two marks or surface abrasions from contact with other coins, commonly referred to as "contact marks" or "bag marks." Prices can also differ for coins bearing the same grade, but assigned by different private grading services.

A grade measures both the amount of wear, natural mishaps and other surface degradation a coin has received after leaving the coining press and its "eye appeal," a subjective determination that may differ from observer to observer. The more wear and surface marks a coin has received, the less it is worth compared to other examples of the same coin with less surface degradation.

However, not all coins have received circulation wear since they were struck. These coins are called Uncirculated or Mint State. Rather than being easier to grade because there are no points of wear to determine, Uncirculated coins can be harder to grade. One might ask how a coin without wear can be different from other unworn examples of the same coin. In fact, hobbyists identify graduated levels of Mint State, at least 11 (from Mint State 60 to Mint State 70), determined by such factors as contact marks, luster, the strength of the strike and eye appeal of toning. Therein lies the heart of the controversy.

This chapter contains two basic sections: First, a practical guide to grading, with a discussion of what factors go into determining a coin's grade, tips on how to grade a coin, and basic grading descriptions; and the second section, a brief history of third-party grading services.

Grading: What's involved?

Dr. Richard Bagg, in *Grading Coins: A Collection of Readings* (co-edited in 1977 with James J. Jelinski), described the grade of a coin as its "level of preservation." It is not entirely accurate to call grading the charting of wear on a coin. The very definition of an Uncirculated coin (also called Mint State) is "a coin that has never seen general circulation" (in *Official American Numismatic Association Grading Standards for United States Coins,* sixth edition) and a coin with "no wear" (in *New Photograde: A Photographic Grading Guide for United States Coins*). However, Uncirculated coins are subject to forms of surface degradation other than circulation wear.

A coin struck for circulation becomes subject to external factors affecting its surface from the second it leaves the press. The moment a coin is struck, it is pushed from the surface of the anvil die. The coin then falls into a bin of other coins. When the coin hits the previously struck coins lying in the bin, the portion of its surface coming into contact with the other coins will probably be marred. Then, as the coins are transported to the counting and bagging station for placement into bags for shipment to commercial counting rooms and banks, the coins will scrape, scratch and bump each other, causing additional damage.

James L. Halperin, author of *How to Grade U.S. Coins,* identifies four key components of grading: surface preservation, strike, luster and eye appeal.

Surface preservation refers to the condition of the surfaces of the obverse and reverse of the coin. The major elements of surface preservation include wear, contact marks, hairlines and imperfections that were created on the coin during the various stages of its manufacturing.

Wear affects how much of the surface and design remain on a coin. The constant handling a coin receives as it circulates in commerce results in abrasion. Raised design elements, as they wear, lose detail; if the coin circulates long enough, the height of the design elements is reduced. Determining the grade of a circulated coin involves charting how much of the original design remains on a coin and comparing that remaining detail to a set of standards.

Wear interrupts the luster on a coin, manifesting itself as a change in reflectivity that can be seen under the proper circumstances.

The amount of wear a coin receives determines its grade among the circulated grade levels. The high points of a design are usually the first to show wear, since they are the most exposed. Then the raised inscriptions

and date exhibit wear, and finally, the flat fields.

Coins with only the slightest hint of wear are called About Uncirculated. Then, in descending order, are Extremely Fine, Very Fine, Fine, Very Good, Good, About Good, Fair (and occasionally, Poor). Graders use several levels for some of the higher circulated grades to denote, for example, an Extremely Fine coin of higher quality than another Extremely Fine coin (EF-45 versus EF-40).

Many hobbyists differentiate between circulation wear and another form of wear labeled "friction." Halperin defines friction: "A disturbance which appears either on the high points of a coin or in the fields, as a result of that coin rubbing against other projections."

Friction should not disturb the luster of the coin or disturb the metal underneath. If it does, the disturbance is considered to be wear.

"Contact marks" (traditionally called "bag marks") occur from the collisions between coins. A contact mark may range in severity from a light, minor disruption of the coin's surface to a large, heavy scrape. Generally, the bigger and heavier the coin, the larger and more unsightly the contact marks, due both to its own weight and that of other coins of the same dimensions jostling against it.

The location of contact marks plays a major role in determining at what level of Mint State a coin may be categorized. For example, marks that are clearly visible in the field of a coin, or on the cheeks, chin or forehead of a Liberty Head device are more distracting than marks of equal severity hidden in curls of Liberty's hair or the wing feathers of the eagle found on the reverse of many U.S. coins.

The size of contact marks also plays a role in determining the particular Mint State level. Larger marks, of course, are more distracting than smaller marks. Remember, however, that a contact mark 1 millimeter long is less distracting on a large coin such as a silver dollar (diameter of 38.1 mm) than it is on a smaller coin such as a silver half dime (diameter of 15.5 mm), general placement of the mark being similar.

The number of contact marks also plays a significant role in determining the numeric level of a Mint State coin. A coin with multiple contact marks is less appealing to the eye than a coin with one or two distracting marks. The diameter of the coin plays a role, too. A silver dollar with five contact marks scattered across its surfaces may be judged appealing; a much smaller half dime with five contact marks may be judged less appealing, since the half dime has a smaller surface area.

Hairlines are thin, incused scratches in a coin's surface occurring after striking. A Mint State coin lightly though improperly rubbed with

something like a rough cloth may incur hairlines.

Strike refers to the sharpness and completeness of detail imparted by the dies when they strike a planchet and turn it into a coin. ANACS grader Michael Fahey defines it as "the evenness and fullness of metal-flow into all the crevices of a die." A fully struck coin from unworn dies exhibits all design elements to the smallest detail.

A coin with a weak strike has soft and ill-defined design details. Lower striking pressures may not force the metal into the deepest crevices on the die (the highest point on the coin); thus, the weaker design details. A weakly struck coin may look worn, since design details are missing from the high points of a coin. However, luster is unimpaired.

Strike affects the value of a coin. A coin with a sharp strike will generally have a higher value than a coin with a weak strike, all other factors being equal.

Luster "is simply the way light reflects from the microscopic flow lines of a coin," according to Fahey in *Basic Grading,* a reprint from his series of articles in the American Numismatic Association's *The Numismatist.* Halperin defines luster as "The brightness of a coin which results from the way in which it reflects light."

Luster is imparted to the surfaces of a coin at the moment of striking. The immense pressures used in the coining process create flow lines, the microscopic lines that trace the paths the metal took as it flowed under pressure during striking.

A coin with full luster is generally one that has a bright, shiny surface (although toning, to be discussed later, may obscure full luster), caused by the light reflecting off the surface of the coin. If the luster has been disturbed, the light reflects from the surface of the coin differently; the coin may appear dull.

Circulation wear erases the microscopic flow lines that cause the luster. Heavy cleaning or cleaning with a substance that removes a microscopic layer of the surface metal will also damage the flow lines and disrupt or eliminate the luster of a coin.

A Mint State coin cannot be lackluster. However, high-level circulated coins may show patches of luster in protected areas.

Eye appeal is the aesthetic appeal of a coin's appearance. Eye appeal relates to the overall attractiveness of a coin when all of the other factors (surface preservation, luster, strike) are considered. A potential buyer decides just how attractive he believes the coin to be.

Judging eye appeal is a purely subjective action. For example, a coin could have a strong strike and full details, possess full luster and have

few large, distracting contact marks, but still not have eye appeal if it has toned to an unattractive color.

When examining a coin, a buyer must decide for himself just how attractive and appealing the coin is and whether its attractiveness warrants the price being asked.

Toning and color

As a coin ages, the original color changes as the coinage metal reacts chemically to its environment. The original red of copper coins tones to brown, with intermediate "red and brown" stages. Silver coins may tone into nearly any color, often beautifully but often not. Unattractive toning is sometimes called "tarnish," although only aesthetics distinguish between toning—good color—and tarnish—bad color. Gold is a more stable metal and generally shows little change in tone and color, although the silver or copper often alloyed with gold will tone.

The *Official Guide to Coin Grading and Counterfeit Detection* notes that, technically, "Any color on any metal is some form of corrosion or oxidation." To some collectors and dealers, toning represents damage to a coin, while for other hobbyists, calling toning "damage" triggers an emotional, even angry response.

So, is a toned coin or a coin with untoned surfaces better? Whether toning is good or bad often depends on personal opinion, although shared opinions have translated into a marketplace reaction to toning.

Copper collectors tend to pay a premium for a coin with original "red" surfaces, while the same coin with "red and brown" surfaces will trade at a lower value even in the same grade. Mint State coins with fully brown surfaces generally will grade at the lower range of Mint State. (However, some copper coins, like pure copper large cents, can tone to a dark chocolate color that many collectors find very attractive and desirable.)

Toned versus untoned is more a matter of personal preference when silver coins are involved. However, whether one likes brilliant coins or toned coins, what matters most is appearance. Fully lustrous, bright white silver coins will carry a premium over coins with duller or impaired luster. Attractively toned coins can bring prices that are multiples of those for bright white examples, while unattractively toned coins may trade at discounts.

The colors on a silver coin are a film of silver sulfides, formed by a reaction to sulfur. The thickness of this film differs from a few microns

(generally appearing as light toning) to much "deeper" (resulting in darker toning). Toning that is too dark or too deep, or is streaky or hazy, may be viewed negatively.

Unattractively toned coins are sometimes "dipped" into special chemical solutions, to remove the film of silver sulfides, or otherwise cleaned. Proper dipping can be beneficial; improper dipping or abrasive cleaning can ruin a coin.

Because attractively toned coins often bring higher prices, some unscrupulous individuals (called "coin doctors") have devised ways of artificially toning coins. The techniques these alterers use vary.

Novices will find it difficult to distinguish between natural toning and artificial toning. Experience is important here. An individual who has looked at a large number of coins often will find that he can easily determine whether the toning is natural or whether it is artificial.

Coin doctoring is universally condemned, although not everyone agrees on what qualifies as "doctoring." For example, some consider dipping a coin to remove tarnish a form of doctoring; others consider it an acceptable practice that need not be noted in a coin's description. Others will deliberately place a coin into an environment that will cause it to tone over time; collectors differ over the appropriateness of this practice. However, the practice of treating a coin to cause it to change in color in a short period of time and then selling it as naturally toned is universally condemned by collectors and dealers (but not by the coin doctors).

Tips for grading

U.S. coins are graded on a scale of 1 to 70, with 1 representing a coin so worn it can barely be identified and 70 representing perfection. The 59 grades from 1 to 59 are used for circulated coins (pieces showing wear). The 11 grades from 60 to 70 are reserved for Uncirculated or Mint State coins.

Experienced graders suggest using incandescent light when grading a coin. Without magnification, tilt the coin back and forth and rotate it, looking for any contrast of luster between the high points and the rest of the design. The high points are those parts of the design that rise the highest from the fields and are the first to wear.

If you detect no difference in luster between the high points and the rest of the coin (be sure to view both sides in this manner), use a loupe or hand-held magnifier to inspect for rubbing. Any abrasion on the high points drops the coin to About Uncirculated at best.

Some grading basics

Even with 70 different grades, most dealers and collectors will acknowledge that some coins with a specific grade are simply better than other coins of the same numerical grade.

Plus signs are used by many dealers and at least two grading services to indicate a coin at the upper range of the numerical grade indicated, but not as good as the next numerical grade. A coin graded MS-60+ should be better than a typical MS-60 coin, but not as good as an MS-61 coin. Professional Coin Grading Service and Numismatic Guaranty Corp., two of the leading grading firms, use a plus sign for coins grading at the upper range of a particular numerical grade.

The term "Premium Quality" means pretty much the same thing as a plus sign.

Some coins graded by NGC are given a star (★), which identifies a coin with high eye appeal.

Many dealers and collectors use adjectives instead of numerals, or combine adjectives and numerals when speaking about Mint State coins. A superb or superb gem coin is generally MS-67. A gem coin is usually MS-65. Some dealers use "choice" to describe an MS-63 coin, and others use "choice" for an MS-65 coin. Mint State 60 coins are generally referred to as Uncirculated or Brilliant Uncirculated; sometimes an MS-60 coin is called typical Uncirculated. Collectors should determine what adjectival system the dealer uses when no numerals are present.

Buyers should remember that different dealers, collectors and investors sometimes use different grading systems. Although various grading services use an 11-point Mint State system, this does not necessarily mean they use the same criteria for assigning grades. In fact, there is no universally accepted standard for determining grades for U.S. coins.

Collectors should also know that grading standards can change over time. Standards sometimes tighten up, with a coin once considered Mint State 65 considered instead MS-64. Standards can also loosen, with a once MS-64 coin grading MS-65 under the looser standards. This can be troublesome, especially if a novice collector buys a slabbed coin graded during a period of loose standards; even if a slab is marked as MS-65, current standards might consider the coin no higher than MS-64.

Many grading services practice "market grading"; coins are assigned a numerical grade where pricing generally matches the amount they would likely bring on the rare coin market. As market

standards change, so do the standards used by grading services that "market grade."

Grading guidelines

The following guidelines are not presented as grading standards, but as introductions to the terminology of grading and its usage.

Proof: Traditionally, Proof describes a method of manufacture, not a grade. However, since a Proof coin can gain contact marks after striking or exhibit other flaws, Proof coins acquire a range of qualities — in effect, different grades. A circulated Proof is often called an "impaired Proof." If abbreviated to save space, "Proof" appears as PF or PRF.

Mint State and Uncirculated: The two terms are interchangeable and describe a coin that has no wear. To qualify as Mint State, a coin must not have any level of wear. Even the slightest amount of wear will drop the coin into the About Uncirculated level (or should).

The term "Mint State" is most often used with numerals. The numerical Mint State system so widely used in the current rare coin market is based on a system created by Dr. William H. Sheldon for the U.S. large cents of 1793 to 1814. When the numerical system began to spread to other series, three levels of Mint State were used: Mint State 60, for an Uncirculated coin of average luster, strike and marks; MS-65, an Uncirculated coin of above average quality; and MS-70, a perfect coin as regards luster, strike and marks. Today, all 11 numbers are used from MS-60 to MS-70.

"Uncirculated" is usually abbreviated as Unc. It often appears as Brilliant Uncirculated, abbreviated as BU. Sometimes the term is abbreviated and used with numerals, as Unc. 60, Unc. 61 and so on.

About Uncirculated: This is a coin with only the barest traces of wear on the highest points of the design. The term "About Uncirculated" is abbreviated AU and often appears with numerals as AU-50, AU-55 and AU-58. The AU-58 grade has been described as an MS-63 coin with just the slightest hint of wear.

Extremely Fine: Light overall wear on highest points, but with all design elements sharp and clear, distinguishes this grade. Most hobbyists abbreviate "Extremely Fine" as EF, although a few use XF. It most often appears as EF-40 and EF-45. Sometimes called Extra Fine.

Very Fine: The coin has light to moderate even wear on surface and high points of design. Abbreviated VF, it appears with numerals as VF-20 and VF-30. The abbreviations VF-25 and VF-35 are rarely used.

Fine: The wear is considerable although the entire design is still strong and visible. "Fine" is abbreviated when used as F-12 and F-15.

Very Good: The design and fields are well worn, and main features are clear but flat. The term "Very Good" is abbreviated as VG and used with numerals as VG-8 and VG-10.

Good: Design and surface are heavily worn, with some details weak and many details flat. "Good" is often abbreviated when used with numerals as G-4; G-6 is infrequently used.

About Good: The design is heavily worn with fields fading into rim, and many details are weak or missing. The term "About Good" is abbreviated as AG, and it is used with a numeral as AG-3. Few coins are collectible in About Good condition. Dealers also use the terms "Fair" and "Fair 3" to describe a coin in this state of preservation.

Grading services

For decades, the controversy in determining a coin's grade lay mainly in the differences between the dealer's opinion and the collector's opinion about the grade for a specific coin, and thus their disagreement over a coin's value. When grading guides became widely available beginning in the 1950s, dealers and collectors often referred to one of these books for help in determining a coin's grade.

As grading became more complex and values increased in greater increments between coins of different grades, third-party grading services began operation. Third-party grading has become a lucrative business, with many dealers and collectors willing to pay fees for someone else's opinion about the grade of their coins.

The first third-party grading service, the International Numismatic Society Authentication Bureau, began grading coins in December 1976, several months after it began authenticating coins. It laid the groundwork for third-party grading services, all of which provide an opinion about a coin's grade, for a fee. INSAB was followed March 1, 1979, when the American Numismatic Association Certification Service began grading coins (it had only authenticated coins since its founding in 1972); with each graded coin it provided a photographic certificate, bearing images of the obverse and reverse and a statement of the grading opinion.

Dealer Alan Hager in June 1984 published a two-volume reference introducing the Accugrade System for grading Uncirculated, prooflike and Proof Morgan and Peace dollars. In October 1984, Hager intro-

duced a grading service, Accugrade, and a 50-dealer network to buy and sell coins graded by the service. Hager also introduced a new product into the commercial grading business—the encapsulated graded coin. Accugrade placed each coin it graded into a hard plastic, tamper-resistant holder also containing a photograph of the coin. This concept of a sealed hard plastic holder would be embraced by future grading services.

Another major step in third-party grading services was taken by the Professional Coin Grading Service, a private business founded in February 1986. Like Accugrade, PCGS encapsulated the coins it graded into sealed, hard, clear plastic holders, soon nicknamed "slabs." PCGS licensed the slab concept from Hager. Like Accugrade, PCGS used an internal tag with the assigned grade; unlike Hager's firm, the PCGS slab did not contain a photo of the coin enclosed within the holder. PCGS was the first grading service to use 11 levels of Mint State, from MS-60 to MS-70. It rapidly overtook ANACS, until then the most active of grading services in terms of numbers of coins graded. PCGS also published a grading guide, in 1998.

Numismatic Guaranty Corporation of America (NGC) opened for business in 1987 and immediately challenged PCGS for market share.

As encapsulated coins became more popular with dealers and collectors, existing grading firms expanded their services. INSAB offered a "slab" service starting in 1989, as did the ANA with its ANACS Cache.

In 1990, the ANA sold ANACS—its grading and certification service—to Amos Press Inc., publisher of *Coin World* and other hobby publications, including this book. Amos Press in 2005 sold ANACS to Anderson Press Inc.; Anderson Press owns Whitman Publishing, a numismatic book publisher whose properties include *A Guide Book of United States Coins.* In December 2007, Anderson Press reported that it had sold ANACS to Driving Force LLC, in Colorado.

Over the years, other grading services have entered the market, some specializing in paper money and world coins. Not all of the companies have succeeded; several have closed over the years.

The firms that grade coins charge fees for their services. Fees differ from company to company.

Public perceptions differ

Fees are not the only things that differ between companies. Coins graded by some companies bring often higher prices than do coins assigned the same grades by other companies. Those higher prices gen-

erally indicate greater market confidence in the firm grading the coin. Lower prices for coins graded by other companies may indicate a lower level of market confidence in the ability of the firm's graders to accurately grade to market standards, or even a distrust of the firm's adherence to market standards or ability to detect altered or counterfeit coins.

The debate over grading services got even hotter in October 2002 with the publication of the results of a grading service survey conducted by Professional Numismatists Guild and the Industry Council for Tangible Assets, and in May 2003 with the publication of the results of a grading test conducted by *Coin World*.

PNG and ICTA surveyed "more than 300" dealer members (no collectors were surveyed) in August 2002 and asked them to rate seven private grading services in specific categories. The survey results were based on the 151 surveys that were returned and tabulated in September 2002. The PNG-ICTA survey was not a scientific survey.

Proponents of high-rated services and critics of the low-rated firms championed the survey as an important milestone in informing the public about the differences between the grading services. Representatives of the services that were rated as "poor" or "unacceptable" protested the methodology of the survey and called its results biased and inaccurate.

The results of the latest PNG-ICTA survey are posted online at **http://www.pngdealers.com/category.php?category_id=4**.

Coin World conducted a different kind of grading test; it arranged for the president and chief executive officer of the Chicago Better Business Bureau, who is also a coin collector, to send the same 15 coins in turn to eight grading services. *Coin World* embarked upon the test in May 2002. To test all eight services took 11 months: time for the coins to be graded and returned to the submitter, who in turn sent the coins to *Coin World* where the grades were recorded, the coins were photographed in the various services' slabs, removed from their slabs and finally sent to the next service. None of the services was told of the testing in advance.

Coin World published the results of its test in its May 26 and June 2, 2003, issues. Of the 15 coins used in the test, not one was graded the same by all eight services. Some firms refused to grade certain coins, citing that they had been cleaned or otherwise altered; other firms graded the cleaned and altered coins, but noted the cleaning or alteration on the holders; and some firms graded, without notation, coins other services would not grade.

Coin World also published details about the cost per firm and

amount of time each firm took to evaluate or grade the 15 coins and return them. *Coin World* also published details about each firm: who owned the service, how many years it had been in business, how many graders it employed, how many graders graded each coin, the grading system/standard used, whether it offered guarantees, whether it graded problem coins and noted the problems on the holders, and whether the firm accepted direct submissions from collectors.

Another danger threatens new collectors: coins promoted in online sales as third-party graded but in actuality graded by the seller and housed within a generic holder mimicking those the grading services use. Third-party grading is supposed to offer an independent opinion of a coin's grade; the grader has no financial interests in the coin other than the fee charged for grading it. However, some online sellers promote coins as having been graded by a so-called independent service, when it is really nothing more than a made-up name designed to lend a degree of legitimacy to the auction.

These self-graded "slabbed" coins may be housed in holders similar to those used by grading services. The sales division of Amos Press Inc. markets, under the *Coin World* label, two different sizes of holders compatible with the slabs used by PCGS and ANACS (collectors can buy these holders to house their coins that do not warrant the expense of third-party grading, and can store them in the same boxes as their slabbed coins). These Amos Press holders bear the *Coin World* name and globe, but bear black or dark green inserts (the similarly sized holders ANACS and PCGS use for slabbing bear white inserts) and, unlike coins certified and slabbed by grading services, are not sonically sealed. Although *Coin World* does not grade or authenticate coins, some online sellers have identified coins (through ignorance or malice) placed into these commercially available holders as being "certified" by *Coin World*. Collectors seeing such auction descriptions should understand that *Coin World* has not certified or graded such pieces.

'Raw' coins versus 'slabbed' coins

When the Professional Coin Grading Service began grading coins in early 1986, it introduced a new product in the marketplace: the slabbed coin.

Proponents of the slab cite several benefits:

1. A coin encased within a slab is protected somewhat from environmental factors that could cause a deterioration in the coin's surfaces, and a lowering of its grade. However, testing has shown that coins

encapsulated in grading services' slabs can continue to tone, just as can unslabbed or "raw" coins. That's because the plastic is permeable; the chemicals that cause a coin to tone can permeate the plastic. Slabbed coins should be inspected routinely to ensure that the environment in which they are stored is not causing the coins to tone unattractively.

An encapsulated, or slabbed, coin.

2. Encapsulating a coin in the same holder that contains the grading information assures a buyer somewhat that a coin, if graded accurately, meets the grading requirements of a specific grading service.

3. It permits the "sight unseen" trading of a coin (in other words, various dealers have agreed to purchase coins graded by a particular grading service at the grade indicated on the slab, even without seeing the coin first).

Individuals who do not like slabbed coins cite detracting factors:

1. A collector cannot handle the coin directly.

2. Some slabs do not permit the edge of the coin to be viewed.

3. It may be difficult to form one's own opinion about a coin's grade if the coin is already encapsulated, since many like to grade a coin without having to examine it through a holder.

4. Grading standards change over time, as noted previously.

Another term, mentioned briefly before, is the "raw" coin. A "raw" coin is the nickname some use for a coin that is not graded and encapsulated by a third-party grading service.

Differences in value

Several times in this chapter, we have stressed that coins of different grades will sell for different prices. Sometimes, those differences in grade can be minute yet represent thousands of dollars.

Take, as an example, the 1881 Morgan dollar. In Mint State 64, it is worth about $150. In MS-64 deep mirror prooflike (the same grade, but with a particularly reflective surface), the coin is worth about $1,750. In MS-65, one level up from an MS-64 coin, the 1881 Morgan dollar is worth $700, and in MS-65 deep mirror prooflike, the coin is worth $20,000! The same coin jumps in value from $150 to $20,000 for a one-point increase in grade and an increase in reflectivity! In such cases,

accurate grading is essential. No one wants to pay $20,000 for a coin graded at one level if most collectors or dealers would grade it a level lower and would say it does not meet the higher reflectivity standards and thus is worth $150 rather than the much higher price.

Ultimately, collectors should learn how to grade coins. It is not an easy task, nor one that can be learned in a few days. Individuals the market considers expert graders have taken years to hone their craft. They have looked at hundreds of thousands of coins, maybe more. Collectors should not feel intimidated at this, however.

Most collectors can learn to grade coins fairly accurately, if they are willing to devote time to this educational process. Classes are even offered (some conducted for free, some for a fee) that teach the fundamentals of grading. The time and effort are well worth the expense if one plans to collect coins as a hobby.

CAC stickered coins

During 2007, a group of dealers formed an organization called Collectors Assurance Corp., or CAC. John Albanese, a founder of both PCGS and NGC, is the leader of the group of coin dealers financing CAC. The firm certifies that the grades of individual third-party graded coins meet or exceed CAC standards within a numerical grade. CAC is only stickering PCGS and NGC coins. CAC affixes a hologram sticker to the slab when the coin it contains meets CAC standards.

Coins for collectors

In recent years, the U.S. Mint has been producing quantities of high-quality coins for collectors. Coins struck for inclusion in Proof sets, Silver Proof sets and America the Beautiful Quarters Proof sets often are of extremely high quality, as are Uncirculated and Proof commemorative coins, American Buffalo gold bullion coins, and American Eagle platinum, gold and silver bullion coins. It is not unusual for grading services to grade these coins Proof 68, Proof 69 or Proof 70, or MS-68, MS-69 or MS-70, depending on whether a coin is a Proof or Uncirculated strike.

Coin collector publications such as *Coin World* are filled with ads from dealers seeking to sell examples of these super high grades.

As more Proof sets have been broken up for their individual coins, the numbers of third-party graded Proof 69 and Proof 70 coins have increased. In a classic example of supply and demand, the increased number of high-grade coins available has caused their prices to fall.

Mint marks and Mints   8

Coin collectors, whether novice or advanced, need to know how to identify which Mint facility struck a particular coin. This information is vital because value can vary between similarly preserved coins of the same denomination, type and date, but different Mints.

For example, consider an 1893 Morgan dollar. Four Mints struck 1893 Morgan dollars: Philadelphia, Carson City, New Orleans and San Francisco. In the lowest level of Mint State (MS-60), a Philadelphia Mint-struck 1893 Morgan dollar is worth $700, one struck at the Carson City Mint is worth $4,000, one struck at the New Orleans Mint is worth $2,500 and one struck at the San Francisco Mint—an 1893-S Morgan dollar—is worth $90,000. In the higher grade of MS-65, the values of the Philadelphia and San Francisco Mint examples differ astonishingly: $7,000 for the Philadelphia Mint dollar and $650,000 for the San Francisco coin!

While the difference in value between similar coins from different Mints is not often as extreme as the example given, knowing the issuing Mint is essential information for any collector. Fortunately, the U.S. Mint has made it easy to identify which Mints struck which coins (most of the time): Many coins bear a small letter that collectors call a "Mint mark."

Mint marks have been used almost as long as coins have been produced. The ancient Greeks and Romans identified the Mints that issued their coins. When the United States began striking its own coinage in 1792, Mint marks were unnecessary because just one striking facility was in use, in Philadelphia. However, the introduction in 1838 of secondary Mint facilities—Branch Mints—made Mint marks a necessity in the United States.

Why is it important to identify which Mint struck a particular coin? When coins still had intrinsic value, when many were composed of silver and gold, any coin containing less than the intended amount of metal was underweight and thus undervalued. A Mint mark allowed officials to identify which Mint was issuing the undervalued coins and made it easier to take corrective actions to restore full value to the coins, or in cases where the undervaluation was deliberate, identify who was responsible (deliberately lowering the metallic value of the coin could result in severe criminal penalties for a Mint official). In some cases,

the mintmaster (the man in charge of the mint) and the assayer (the person ensuring the purity of the gold or silver used in the coin) also "signed" the coins by placing special symbols or letters on the dies that identified them as responsible for the production of those coins.

Mint marks appear in different locations on coins. Sometimes they appear on the obverse, and other times, on the reverse (the Mint mark for the Presidential and Native America dollars is on the coins' edge). This price guide includes information about the placement of the Mint mark on every major design type. That information can be found at the beginning of each coinage type section.

D Mint mark on Walking Liberty half reverse.

When looking at a list of coins—for example, a price list of coins available for purchase—one can easily determine the issuing Mint for a particular coin because most hobbyists have adopted a similar style for identifying them: The Mint mark appears after the date, generally linked to the date by a hyphen, as in 1893-S, 1998-D and 2007-W.

Some hobbyists, however, dispense with the hyphen and type a date and Mint mark as follows: 1983S or 1983 S. Beware, though, when someone uses a reference such as 1983s; they may be using the "s" to make the date plural.

The following Mint marks have been used on U.S. coins:

C for Charlotte, N.C., 1838 to 1861, gold coins only

CC for Carson City, Nev., 1870 to 1893

D for Dahlonega, Ga., 1838 to 1861, gold coins only

D for Denver, Colo., 1906 to present

O for New Orleans, La., 1838 to 1861; 1879 to 1909

P for Philadelphia, Pa., 1792 to present

S for San Francisco, Calif., 1854 to 1955; 1968 to present

W for West Point, N.Y., 1984 to present

Confusion sometimes reigns

Collectors sometimes get confused over Mint marks (or the lack thereof). Sometimes they cannot find a Mint mark and wonder whether they have found a valuable error coin. Other times, they identify what they believe to be a Mint mark that was not used on that date and denomination and wonder whether they have bought a counterfeit coin.

While sometimes they are right—the coin proves to be an error (though not always a valuable one) or a worthless counterfeit—more often than not they are just confused through lack of knowledge.

First, what about a coin lacking a Mint mark? The coin in all likelihood is normal even without a Mint mark, since not all U.S. coins bear Mint marks.

From 1792, when the Philadelphia Mint was founded, until 1979, the only coins struck there to bear the P Mint mark were the silver alloy, Jefferson, Wartime 5-cent coins of 1942 to 1945 (the P Mint mark was used to make it easy to distinguish the silver-alloy coins from the traditional copper-nickel alloy pieces). In 1979, the Mint added the P Mint mark to the new Anthony dollar, and in 1980, to all other denominations except for the Lincoln cent. To this day, Lincoln cents struck at the Philadelphia Mint bear no Mint marks (and *Coin World* frequently gets letters, telephone calls and e-mail from collectors who find a cent without a Mint mark and think it is an error coin).

P Mint mark on Kennedy half dollar obverse.

Even coins struck at other Mints, normally bearing Mint marks, sometimes lack any identification of the issuing Mint. On coins dated 1965 to 1967, struck during a period of a significant coinage shortage in the United States, the U.S. Mint stopped using Mint marks so coin collectors would not be tempted to save coins from each Mint. Mint officials blamed the coin shortage in part on coin collectors, who often want an example of each Mint's coins. (In reality, other causes were chiefly responsible for the shortage.) And from the mid-1970s to the mid-1980s, some coins struck at the San Francisco and West Point facilities do not bear Mint marks and thus are indistinguishable from their Philadelphia Mint counterparts.

The mintage chapter in this book is a good guide to which Mints struck coins lacking Mint marks. Be sure to pay close attention to how the coins are listed.

Second, what should a collector do if a coin appears to have a Mint mark it should not have?

Often collectors contact *Coin World.* In one case, a collector contacted *Coin World* to complain that a recent news story in the weekly *Coin World* had been in error. Within a couple of days of the first collector, another collector stopped by our offices to report he had been sold a 1923-S Saint-Gaudens $20 double eagle (he knew none had been

struck, but the holder was marked "1923-S" and the collector thought he detected an S Mint mark beneath the date).

In both of these examples, the collectors had mistaken a designer's initial or monogram for a Mint mark. In the first example, the collector interpreted the designer's initial D on the coin as a D Mint mark. In the second example, the "S Mint mark" on the double eagle was actually designer Augustus Saint-Gaudens' monogram; in reality, the coin had been struck at the Philadelphia Mint and thus had no Mint mark.

U.S. Mint history

The first U.S. Mint was established in Philadelphia because that city was then the national capital. Later, when the capital was moved to the muddy patch of land and swamp eventually named for the nation's first president, the Mint stayed in place in Philadelphia.

The Mint operated under the supervision of State Department until 1799, when it was made an independent agency. Although it gradually fell under loose oversight by the Treasury Department, it was not until 1873 that it formally became a bureau of the Treasury Department.

The first Philadelphia Mint was primitive by modern standards. The presses were hand-operated, with the other equipment powered by human or horse. The typical coining press in use at the Mint was the screw press, powered by human muscle. A planchet was placed on the bottom die by an early feed system, and two men grasped ropes tied to the two arms of the press and pulled quickly, causing the upper die to descend and strike the coin. The first steam-powered equipment was installed June 24, 1816; steam powered the machines that rolled the coinage metal to the proper thickness and the punch press used to produce planchets. Further mechanization came in 1833, when the second Philadelphia Mint was opened. The man-powered screw presses were replaced with steam-powered coining presses within a few years. Other equipment was also mechanized.

O Mint mark on Morgan dollar reverse.

The growth of the United States Mint was linked to the westward expansion of the nation. Despite the improved output of the second Philadelphia Mint, by the mid-1830s additional coining facilities were needed. Gold discoveries in the Appalachian Mountains triggered America's first gold rush.

To meet the growing coinage needs of an ever-expanding coun-

try and population, Congress authorized the first Branch Mints in 1835, in Dahlonega, Ga.; Charlotte, N.C.; and New Orleans. All of the Southern Branch Mints opened for coining in 1838. The Dahlonega and Charlotte Mints were never prolific; they struck gold coins only, generally in smaller mintages than the Philadelphia Mint struck. The New Orleans Mint was a better match for the Philadelphia Mint, striking both silver and gold coins.

S Mint mark on Washington quarter obverse.

When William Marshall discovered gold in California on the American River in 1848, the find triggered the biggest gold rush in U.S. history. Tens of thousands of men with visions of unlimited wealth undertook the hazardous journey from the East to the gold fields. California became a state in 1850; the population grew, as did the need for coinage. However, the closest Mint was in New Orleans. A number of private mints sprang up in California, striking pioneer gold coins out of native gold and fulfilling a need for coinage the U.S. Mint was unable to fill until Congress authorized the San Francisco Mint in 1852. The government Mint opened in 1854, striking both silver and gold coins.

Even as thousands moved west to seek their fortune, the nation moved ever closer to war. California had entered the Union a free state, without slavery, the result of the Compromise of 1850. However, the compromise only postponed the inevitable. The sectional troubles that had been tearing the country apart for decades burst into full, horrible bloom following the election of Abraham Lincoln as president in 1860. One by one, the Southern states seceded from the Union. As Louisiana, Georgia and North Carolina left the Union, the federal Mints in those states changed hands. There was no need for Southern troops to use force to capture the facilities; the majority of Mint officials and employees at the three facilities were sympathetic to the Confederate cause. All three facilities struck small quantities of coins in early 1861, the New Orleans facility even striking four half dollars with a special Confederate

CC Mint mark on Coronet $10 eagle reverse.

design on one side. However, coinage at all three Mints ended in 1861 due to dwindling Confederate resources. The Dahlonega and Charlotte Mints never reopened following the war; the New Orleans facility resumed coining activities from 1879 to 1909.

Other large gold and silver discoveries in the West, particularly in Nevada and

Colorado, triggered the need for additional Mints.

The federal government in 1863 purchased the private Clark, Gruber & Co. mint in Denver and extensively remodeled the building. Although officially designated a Branch Mint, it served instead as an Assay Office (a place where precious metals ores are refined and tested). A new Mint was built in Denver at the turn of the century, opening for coining in 1906. The Denver Mint has struck coins of copper, copper-nickel, silver and gold.

The Carson City Mint in Nevada opened in 1870 and closed in 1893. The Carson City Mint struck silver and gold coins only.

The San Francisco Mint closed after striking 1955 coinage, its presses no longer needed to keep up with the national demand for coinage. Congress revised its status in 1962, naming it the San Francisco Assay Office. However, as noted, a coin shortage struck the country in the 1960s, and in 1965, the San Francisco Assay Office resumed striking coins. The facility regained Mint status in 1988.

The U.S. Mint facility at West Point has been striking coins since 1974, although none of the coins struck for circulation there have borne the W Mint mark. The West Point Mint is the newest Mint facility, having gained Mint status in early 1988; previously, it had been the West Point Bullion Depository (opening in 1938).

Currently, four federal Mints operate in the United States. The Philadelphia Mint strikes all denominations of coins for circulation and some collectors' coins; the engraving staff works there; and the Philadelphia Mint produces coining dies. The Denver Mint is in its original 1906 building, although there have been additions to the facility since its construction; it, too, strikes a combination of circulation issues and collectors' coins, and has had a die production shop since 1996. The San Francisco Mint is in its third building, opened in 1937; today, it strikes collector and bullion coins only, although it struck coins for circulation as late as 1980. The West Point Mint is currently used only for collectors' programs and bullion coins, although it struck coins for circulation into the 1980s. All platinum and most gold bullion and gold commemorative coins are struck at the West Point Mint. A special 1996-W Roosevelt dime was struck at West Point to commemorate the 50th anniversary of the coin's introduction. It was included at no extra charge in 1996 Uncirculated Mint sets.

W Mint mark on Roosevelt dime obverse.

How to buy and sell coins 9

New collectors often ask two questions: "How do I buy coins?" and "How do I sell coins?"

Traditional sources for buying and selling coins include local coin dealers, mail-order dealers, public auctions and government mints. Now, even more buying and selling venues exist with the advent of the Internet and easy access to online auctions at such websites as eBay.

All collectors, but especially new ones, need to be aware of the benefits and pitfalls of each method of buying and selling coins.

How to buy coins

"How do you buy coins?" "What's the best way to buy coins?"

Such questions are frequently asked by beginning collectors. They're being asked more and more by those who once collected and are now re-entering the hobby, encountering a marketplace somewhat different from what they remember or experienced years ago.

One fundamental hasn't changed: Know what coin or coins you want to buy. "Knowing" necessarily today includes understanding how to grade coins and being cognizant of how the grade relates to the coin's value (see **Chapter 7**, on grading). Additionally, the firmer the grasp one has of the history of the coin or the series, its characteristics, mintage, survivability rates (rarity) and current values, the more one's chances improve for making good purchases.

Where does one start when seeking to buy?

Although local retail coin shops and hobby stores with a good selection of collectible coins are not as prevalent as they once were, they do exist in most large metropolitan areas, and some are still to be found in small towns and cities. A check in the Yellow Pages of the local telephone directory often will reveal whether a local dealer or shop exists.

The big advantage of finding coins at a local coin shop or during a coin show is the ability to inspect coins firsthand, without major travel expense. A good source of upcoming coin shows and locations is the Event and Show Calendar in *Coin World* (**www.coinworld.com**).

Many collectors like the convenience of buying coins by mail order.

The mail-order marketplace offers extensive purchasing opportunities. *Coin World,* through the advertisers in its ad pages, offers a large mail-order marketplace. In addition, Coin World offers at its website an online marketplace for selected dealers. One can search for a wide range of coins through the online marketplace.

Another time-proven adage is especially important to bear in mind: "There is no Santa Claus in numismatics." A variation on this theme is: "If it looks too good to be true, it probably is." As in any community or marketplace, most coin dealers conduct business honestly and a few conduct business dishonestly.

Collectors who expect to purchase coins from advertisements in *Coin World* or any other periodical should seek out and acquaint themselves with the publication's basic mail-order policy. This policy is an attempt to ensure equity for both buyers and sellers. A key component of the basic mail-order policy is inspection and return privileges.

A cardinal rule of buying by mail order is upon receipt to immediately inspect the coin to verify that it is what was ordered. Do not remove the coin from the holder in which it was shipped; to do so voids any return privileges. If the coin does not meet expectations, return the coin to the seller within the time allowed by the seller's return policy.

Another popular way of acquiring coins is from auctions. Collectors can bid in person at the auction, through a paid representative attending the auction, over the telephone, by mail and, increasingly, online.

Auction lot previewing is generally accorded potential buyers a day or two in advance of public auctions, generally at the auction site.

Veteran collectors and dealers who buy coins at auction caution to "never bid blind." That is, they suggest any coin being considered for purchase at auction should be examined, preferably in person.

Experienced dealers and collectors also suggest if you don't know how to grade coins that you seek the assistance of a professional coin dealer. Don't rely solely on the auction house's opinion of the grade or the grade on the third-party grading service slab wherein a coin rests.

Another important tip veteran collectors offer is to establish a bidding limit before the sale begins. Do price research on the desired coin before the sale begins. Stick to your maximum price.

One should also factor in the buyer's fee, which is added onto the hammer bid to arrive at the total price.

Most of the large numismatic auction companies produce descriptive catalogs featuring high-quality photographs of most of the coins that

will be in the auction. Many collectors unable to travel to an auction site and who do not like to use agents to buy for them prefer to place bids by mail. The sale catalog generally includes a form for placing mail bids and specifies deadlines and terms of the sale. Be sure to review the auction house's return policy *before* bidding.

The advent of the Internet has resulted in a huge, easily accessible source for coins. Most large auction houses place their catalogs online and offer online bidding to registered bidders. Participants can enter their bids online. As with the print editions, these online catalogs provide images of the coins being offered.

While print and online images afford collectors who cannot physically attend the show opportunities to examine the coins, the images depicted are only as good as the photographer who took them. Also, colors of the coin visible on one's computer screen may not accurately represent the actual colors present.

In another trend, individual dealers have been selling online for years. As with the online auction sites, collectors should exercise due caution until they become comfortable trading with a particular dealer.

The largest and most direct sources of new coin issues are the government and private mints that produce the coins. The United States Mint sells directly to the public through its website (found online at **www.usmint.gov**), via mail order and by phone at (800) 872-6468.

Many foreign mints also sell by mail order or through business agents established within the United States.

Whatever the source, the key to successful coin buying is to know what you are looking for and what you are willing to pay for it.

How to sell coins

"Where can I sell my coins?"

Such a seemingly simple question is not so simply answered, although it is a question frequently asked by beginning collectors, those who have been away from the hobby for a number of years, and by family members who have recently inherited a coin collection.

The first rule of thumb is know what you have to sell. Knowing entails identifying the coin or coins in the collection by type, date, Mint mark and variety (if appropriate). Equally important is knowing the state of preservation or grade. Also important to value is the coin's rarity.

Even rarity does not automatically mean that a coin is of great value. Some rare coins can be purchased for modest sums simply because few

people are interested in collecting them or purchasing them.

Ultimately a coin's market value is determined by demand. Demand is determined by the number of buyers desirous of acquiring the coin.

Virtually all of the basic information needed to identify and grade coins is available in print, online or video form. Current retail values can be found in price guides and regular updates such as the values section in the monthly *Coin World Special Edition,* available by subscription and in the digital edition at Coin World Online (**www.coinvaluesonline.com**). Values are also available through a special Coin World app for the iPad, downloadable from iTunes.

Additional ways of acquiring information include talking with coin collectors and coin dealers and attending coin shows, coin club meetings and educational presentations. However, if one is unable or unwilling to spend the time necessary to acquire basic knowledge about coins and their values, he or she may wish to engage the services of a professional numismatist or professional coin appraiser. Professionals, whether dealers or appraisers, usually charge an hourly rate and will provide a preliminary estimate of cost of the appraisal based on the number of coins to be evaluated and the time needed to perform the service. A dealer providing an estimate with intent to purchase may waive the fee.

If the seller is the person who acquired the coins, he or she likely will have some ideas about prospective buyers. The most logical candidates are other collectors or dealers specializing in the coins one has for sale. Often collectors make acquaintances with others in their collecting fields through local coin clubs or regional or national organizations.

Clubs and organizations also sponsor shows, inviting members, local coin dealers and dealers from out of state or from various collecting specialties to buy and sell on the coin show's bourse. "Bourse" is the French word for "exchange." Thus, a coin bourse is literally a place to buy and sell coins and other numismatic collectibles. Dealers pay a fee to the show promoter to have a presence on the bourse. Usually this means the show promoter provides a display case, lights, and a table and chairs at an assigned space on the floor to a dealer.

If selling coins is your prime objective at a coin show, the best use of time would be to first identify those dealers who are selling the various types and grades of coins that you may have for sale. The best way to determine this is to spend time going from table to table and looking at what is on display in each dealer's case. After identifying the most likely candidates, the next step is to inquire as to whether the dealer is interested in buying. You will be expected to be able to generally describe

your coins by type and grade and have them available for inspection in a reasonably organized and efficient manner. The dealer may not be interested at all. He may already be overstocked and have a large inventory of coins just like yours. If he expresses no interest, thank him politely and move on to the next dealer.

If the dealer looks at your coin or coins and offers a price, you will be expected to respond as to whether the price quoted is agreeable. Sometimes rather than quoting a price, the dealer may ask: "What do you want for this?" or "What's your price?" When asked, be prepared to give a serious and reasonable answer.

In general, dealers expect to buy at wholesale. The wholesale market has a rather wide range, from 30 to 40 percent of the retail price up to 80 percent and sometimes higher. The price a dealer quotes depends on his individual needs. It is not unusual to obtain different bids on the same coin from different dealers. It is up to the seller to determine when his price has been met and whether he desires to sell the coin.

The market to acquire "fresh" new coins—pieces that have been off the market for a long time—in series that are in high demand, especially for pieces that in high grades, often pits dealers against each other in bidding, driving prices well above published retail levels. (Common, low-value coins do not attract the same kind of attention from dealers.)

For routine material, although some dealers will bargain, others are not so inclined, especially if they are only marginally interested in purchasing. You may want to have a price in mind for the initial response and a "fall-back" or bottom line in case bargaining is a possibility.

Sometimes buyers will be interested only in certain dates or grades. If you are attempting to sell a collection, determine whether your strategy is to sell it intact or to sell some or all of the coins individually. Often other collectors or dealers may be interested in key dates or semi-key dates and have little or no interest in purchasing the entire collection.

Also, some dealers today buy and sell only coins that have been graded by a third-party grading service and sonically sealed in plastic holders known as "slabs." Upon your initial inquiry, the dealer may ask whether your coin is "raw" or "slabbed." The term "raw" as used in the coin marketplace refers to a coin that is not encapsulated and graded by a third-party grading service. It may benefit you to have the rarer and more valuable coins in your collection graded by a major grading service; having them slabbed may make them easier to sell. However, low-value coins generally should not be slabbed; the cost of the slabbing may exceed the value of the coin.

Many collectors who are ready to sell coins do not have the time or the inclination to travel to coin shows or club meetings. Thus, mail order becomes an option. Seasoned collectors sometimes sell their coins via "fixed-price" lists that they advertise in the classified sections of publications such as *Coin World*. Classified ads also are a vehicle for selling specific coins.

Many dealers who advertise in publications such as *Coin World* buy as well as sell coins. Often they will list coins that they are interested in obtaining. In most cases, the transaction is contingent upon the dealer being able to inspect the coin, to confirm grade. Whenever coins are sent via mail, a cover letter stating terms of sale and an inventory list of what is being offered should be included in the package. In addition, coins should be sent by registered mail and insured.

Transactions can be conducted entirely by mail. Before sending any coins, the seller should inquire as to whether the dealer or potential collector-buyer is interested. Again, terms of sale should be stated in a forthright manner and an inventory list presented, listing coin type, date, Mint mark, variety, grade and any other important information about the coin. The seller should list a price at which he desires to sell. If he does not list a price, he may ask the dealer to quote a price.

Coins should never be sent on a "blind" inquiry. They should be forwarded only after a prospective buyer has expressed interest in purchasing. If possible, the seller should maintain a photographic record of any coins sent to a prospective buyer. Absent good photographs, detailed inventory records that include grade should be kept by the seller, to be certain that any coins returned are the same ones he sent for possible purchase (coin switching should not be a problem as long as you deal with an established dealer with a good reputation).

Sometimes dealers or other collectors will take groups of coins or collections on consignment. Consignment agreements should be made in writing and should detail the coins, terms of consignment (percentage the consignment agent will receive for selling the coins) and the length of time covered by the agreement.

Public auction is a popular method of selling collectible coins, especially extensive collections and highly collectible coins. Most of the numismatic auction firms have full-time staff that research and prepare descriptions of the coins that they publish in an auction catalog provided to prospective buyers. Most auction houses also extensively advertise forthcoming auctions to the widest possible audiences. Often auction preview days are designated just prior to the sale so that prospective

buyers or their agents can inspect the coins. Auction firms charge the seller a fee, usually based on a percentage of the price the coin achieves at auction. Require consignors to sign contracts, which state the terms and conditions of the sale. In selecting an auction firm to sell your coins, it would be important to read and compare consignment contracts.

You should contact more than one auction house and seek to gain the best deal possible. Auction houses compete with each other to obtain desirable consignments.

Depending on the number of coins to be sold in an auction and whether specialized material is being offered, the number of days between consignment and the actual sale date can vary. There could also be a delay from the date of sale until the consignor receives payment.

The impact of the Internet on buyers mentioned earlier also holds true for sellers. Sellers may wish to register with an online auction site and offer their coins directly to collectors worldwide. As with buying coins over the Internet, sellers should also take precautions. A seller may not want to ship coins to a successful bidder until payment has been received. Sellers also should be sure they describe their coins accurately in order to avoid deceiving potential bidders.

As we have shown, ways to sell coins abound. Each seller must determine the best method, depending on the time and energy that can be devoted to the activity.

Online auctions

Before you bid on any online auction site, you have to register. Always read the user's agreement carefully to know what kind of obligations and recourse you will have. Before you bid on an item, pay close attention to the return policies of the seller. Be sure to contact that person if you have any questions.

Often online auctions will provide rating information about buyers and sellers. People who have done business with these sellers in the past will rate their attitude, promptness, honesty and so on. Keep this information in mind when buying or selling. Keep also in mind that rating systems are not foolproof.

Don't be too quick to trust a photograph of the lot. Photo quality may be poor, misleading and inconsistent. Digital images can be enhanced. The item offered may not be the item delivered. Conversely, you may be able to determine the authenticity of a questionable item by looking at the photo, or you might find that a valuable die variety is

being offered, with the seller unaware of the coin's true rarity.

This brings up another important point: A certain amount of risk exists in not purchasing or selling through a dealer or numismatic auctioneer. You don't get the benefit of their expertise or return policies.

Because the Internet affords all users a certain amount of anonymity, criminals find they can use this to their advantage and disappear.

Companies such as eBay (**www.ebay.com**) act as middlemen for auctions. On such sites, the owners of the coins post their offerings and pay the site a fee for the service, which is often a percentage of the sale price. If a collector buys a coin on one of these middleman sites, he and the seller must contact each other to complete the transaction. The seller may be a single individual or a company.

Many of these sites indemnify themselves against many potential problems. They are not involved in the actual transaction between buyers and sellers and have limited control over the quality, safety or legality of the items advertised, the truth or accuracy of the listings, the ability of sellers to deliver items or the ability of buyers to buy items. Basically, you are on your own at such sites.

Another kind of auction site is one that accepts consignments for auctions and employs a staff of numismatists to catalog the coins before they are posted on the Internet. The buyer does business directly with this company, and the company is responsible for customer satisfaction.

As a buyer, if you fear that your item may not be all that you hoped, you might want to consider registering your purchase with an online escrow service. Many buyers use this service (there is a fee), especially if the item purchased is very expensive. In this way, the buyer and seller protect each other (or one from the other) jointly by agreeing to place the money for the item with the escrow service using a credit card. Once the funds are there, the seller ships the item.

When the item arrives at the buyer's door, he or she will have an agreed upon period of time to examine the piece. If it is satisfactory, the money is released to the seller. If not, the item is returned and the buyer gets a refund.

If something should go wrong with the sale of the item and the two parties cannot come to an agreement, they should seek arbitration through the venue company (if one was used) or from the Better Business Bureau (**www.bbb.org**), which also provides arbitration services for customers. Incidentally, the BBB is a good place to start to see if any companies with which you will deal are members of BBBOnLine Inc., which promotes ethics in commerce on the Internet.

Storage and preservation 10

Coins and paper money change over time, and not necessarily for the better.

Collectors, dealers and investors too often neglect this simple maxim. Deterioration is at odds with the long-accepted belief that the better the condition of a numismatic collectible, the more it is worth.

The greater awareness of coin and paper money storage and preservation in recent decades has resulted in safer storage materials being offered. Still, however, some coins and paper money sold, bought and stored probably are being housed in holders that do not offer much protection or may even cause harm.

Everyday hazards

Metals vary in their resistance to corrosion and oxidation; however, all coinage metals can be affected by everyday hazards. Gold is probably the most resistant coinage metal, being unaffected by most corrosive agents. A problem arises with some gold coins because they contain copper or silver, and a poor mix can result in areas of high concentration of copper or silver that can corrode, causing streaks, spotting and other surface blemishes. Gold coins are remarkably resistant to damage from storage in dangerous coin holders, in polluted atmospheres and under other adverse conditions.

Silver is also quite resistant, but subject to toning, especially in the presence of sulfur compounds and nitrates, both of which are frequent components of air pollution. Toning is not necessarily bad. Some collectors consider attractive, iridescent toning desirable on silver coins. This toning results from complex chemical processes over a long period, thus the rainbow hues seen on some 19th and 20th century silver coins.

Collectors should remember that toning and tarnishing represent a chemical change to the metal on the surface of the coin. The "difference" between toning and tarnish is the degree of chemical change and how collectors and dealers perceive the change. Essentially, "toning" is used to describe attractive, desirable color; "tarnish" is used to describe unattractive, undesirable color. Over time, if the chemical change is unchecked, desirable toning can become undesirable tarnish.

Upon discovery that toned coins sometimes bring premium prices,

modern-day opportunists attempt to duplicate natural toning. By experimenting with various chemicals and techniques, some find that they can produce artificial toning. "Coin doctors" in various parts of the country turn out these coins. The "doctors" have developed many different techniques to change a coin's appearance. Most forms of rapid artificial toning are considered unacceptable, although disagreement exists over the appropriateness of certain procedures.

Beware when toning is used to cover signs of light wear or "rub" on an Uncirculated coin or hairlines on a Proof coin.

The copper-nickel alloy used in U.S. coins is even more susceptible to chemical attack because of the 75 percent copper present. Not only is it affected by atmospheric contaminants, but it is also more subject to electrochemical action (battery action) than silver and gold. Small black spots, called "carbon spots," are sometimes seen. These may be the result of a contaminant embedded in the coin's surface, which later corrodes or oxidizes, or causes the surrounding metal to corrode or oxidize, or the presence of an impurity in the metal that corrodes faster than the alloy of the coin.

Copper is among the most fragile commonly used U.S. coinage materials. Upon oxidation, it forms green to blue copper oxide. Copper alloy coins are very susceptible to carbon spots. The zinc cents, first produced for 1982, are plated with a thin layer of copper and are especially fragile. If the copper plating is broken, the coin can corrode and deteriorate rapidly.

The atmosphere

It should be obvious that airborne gases can adversely affect a coin. Normal pollutants found in the air can cause long-term problems. They can combine with oxygen at the coin's surface. Gases produced while a coin is in a plastic holder, coming from the plastic itself, can also have an adverse effect.

The atmosphere also contains moisture and dust, both dangerous to a coin's surface. Both are carriers of oxygen and other compounds, bringing them into intimate contact with the coin's surface. Since we don't have much direct control over the air around us, the only way to protect a coin from the atmospheric pollutants is to isolate it in a container that is inert, so the container itself won't contaminate the coin, and affords some protection from the atmosphere.

Contaminants

Coins can be dirty, even directly off the coinage press. Since the metal is rolled, punched, annealed, struck by dies and handled by various mechanical devices, even a Mint State coin may be contaminated with metallic particles, oil and grease, rag dust, bag dust and other foreign material. Once the coins leave the Mint, they are further contaminated by counting machines, rolling machines and handling by the collector himself.

Coin holders themselves can contaminate a coin. They may contain dust particles picked up from the air or surfaces. Some also contain paper or cardboard dust, highly dangerous to pristine coins. Some plastic holders, due to their volatility, give off dangerous gases including acetic, hydrochloric and other acids. Some plastic holders "sweat," and the liquid emitted from the plastic is deposited on the coin, causing corrosion.

Dust particles on the coins are dangerous because they themselves may be corrosive. When a particle rests on a coin, it can cause a localized chemical reaction with the coinage metal. A spot may form as a result, and the surface of the coin can pit directly under the dust particle. Experience indicates that paper and cardboard dust particles are especially prone to forming this kind of corrosion.

Handling

Improper handling causes abrasion, decreasing the value of the coin itself, and exposes fresh metal that can oxidize and corrode. Although every collector should be aware of these facts, some can be seen carelessly handling coins. Don't allow coins to contact each other or other surfaces if you value their long-term life.

Coins stored in slide-type albums may develop "slide mark" abrasion on the high points from sliding the windows past the coins. When you lay a loose coin down, be aware of the surface. Is it clean? If not, the coin may pick up contaminants.

Don't eat or speak over a coin, for you may inadvertently spray spittle on the coin. Human saliva can be quite corrosive to a coin.

Don't handle a coin with your bare fingers. Wear special gloves made for collectors to help keep the natural oils of your skin off the coin's surfaces. Fingerprints are especially dangerous; they can cause localized corrosion (anyone who has looked at enough coins has seen pieces bearing fingerprints etched into their surfaces).

Storage materials

The factors described will have adverse effects on coins over time, but they can be reduced and perhaps eliminated by careful selection of materials for storage or display. It is foolish not to take the steps necessary to protect one's coins.

The following first discusses some general subjects involving coin storage and then the most common coin holders and their suitability.

Basic criteria

Susan L. Maltby is a Toronto-based conservation expert and author of a monthly column in *Coin World*, "Preserving Collectibles." Over the years that she has written her column, she frequently has addressed safe and unsafe storage materials.

She recommends coin holders that are see-through (allowing the owner to view the coin within the holder), made of a safe material, easy to use (a holder or album that permits one to remove the coin without risking damage to it) and that hold the coin securely (a coin that slides or rolls in its holder may be subject to wear).

Maltby identifies the following plastics as safe and therefore suitable for coin holders and albums: polyethylene, polypropylene, Mylar D (polyethylene terephthalate), Kodar (similar to Mylar D), and polymethyl methacrylate (Plexiglas is a brand name for this plastic).

She cautions against holders or albums made of cellulose acetate.

Maltby warns that collectors should never use holders made of the following: glassine, polyvinyl chloride (PVC), polyvinylidene chloride (Saran) and paper (the commonly used paper envelopes are not see-through and the purity of the paper can be a concern, she says).

Coin albums

Traditional cardboard albums with plastic slides are potentially bad because of the cardboard and paper, the abrasion possible with the plastic slides, and the fact that a large number of coins are exposed at the same time when the slides are pulled.

These albums also don't protect against the atmosphere or moisture since the cardboard is porous. Some newer albums are made of plastic, and though they eliminate the slides, they are unsuitable because the plastic itself may not be inert. Some of them "sweat" over time, causing tarnish or green corrosion. Coin boards without any covering should obviously never be used for high-grade, valuable coins.

Two-by-twos

Probably the most common coin holder is the cardboard 2-by-2-inch or 1.5-by-1.5-inch square container. They come as one piece usually, with Mylar windows, and are folded and stapled or glued together with the coin placed in between. They are inexpensive, one can view both obverse and reverse, and the cardboard provides space for identifying the coin. Maltby notes that while the cardboard is potentially dangerous, the Mylar separates the coin from the cardboard, affording the coin protection. She said she has examined coins that have been housed in these holders for decades and most of the coins have held up well.

One potential problem involves the rusting of the staples in high-humidity climates. Regular monitoring should keep this problem to a minimum. Use silica gel to help with the humidity and replace holders having rusting staples with new holders. Another potential problem: The Mylar plastic is thin and can tear somewhat easily, so a collector should use care in placing the coins into the holders.

Flips

This is the name given to the 2-by-2-inch plastic holders. They usually have two sections, hinged at the top: one section to hold the coin, and one section to contain a paper insert for labeling.

Some flips are made of polyvinyl chloride, a dangerous plastic because it can combine with oxygen to form compounds that will attack the coin. Do not use these holders.

Some flips are made of Mylar, a polyethylene derivative, and these are basically inert, but are moisture permeable. The Mylar holders are reasonably safe for short-term storage though. A possibility exists of contaminating the interiors of the flips with paper dust from the inserts. In addition, the flips do not seal at the top, thus the coins are exposed to the atmosphere.

Plexiglas

The plastic used in Plexiglas is inert and thus safe for storing coins. Three-layer Plexiglas holders are available for single coins or sets; the layers are generally held together with plastic two-piece screws. However, if the hole for the coin in the center layer of a holder is not properly sized, problems can occur. If the hole is too large, the coin in the hole can be loose and can rattle around, causing the potential for abrasion of the coin. If the hole is too small, the coin will not fit without alteration to

the holder. Since the holders are made of three layers and are not sealed along the edges, they are open to the environment.

Polystyrene holders

Polystyrene is one of the few inert plastics and therefore can be considered safe. Single coin or Proof and Mint holders, as well as roll tubes, are available. Being a clear, brittle plastic, the holders usually snap together. The edges of these holders, however, do not seal airtight.

Slabs

The sonically sealed plastic encapsulations used by third-party grading services and euphemistically known as "slabs" offer a lot of protection and are a preferred form of storage for many collectors and dealers, but are not a panacea for all storage problems. Contaminants trapped on a coin when it is being slabbed can continue to cause damage after slabbing. Over time, corrosive chemicals can permeate the plastic and attack the coin housed within the slab. Coins can tone inside a slab that is kept in a corrosive atmosphere.

Intercept Shield

A new product was introduced in a variety of coin storage systems during the summer of 1999 that holds the potential for protecting coins for decades, according to the developers. The technology was developed and patented by Lucent Technologies Bell Labs to protect sensitive electrical components from atmospheric contamination and corrosion. The technology, which is incorporated into the lining of coin albums and folders, 2-by-2-inch holder and slab-sized storage boxes, individual slab storage boxes and in inserts for slabs and envelopes, absorbs harmful chemicals and keeps them away from coins stored within the devices.

Collectors should base their holder choices on the quality and value of the coins in their collections. Not many experienced collectors would choose to house a $5,000 coin in a 5-cent holder, nor would many send a coin worth $1 to a grading service that charges $15 to grade and encapsulate the coin in a slab. Choose the safe holder that best suits your needs and budget.

Following these suggestions will not guarantee that a coin will not deteriorate, but the methods are the best known to ensure that coins that are the pride and joy of a collector will survive for the lifetime of this and future generations of collectors.

U.S. coinage history   11

After the United States formalized its independence from Great Britain in 1783, the Founding Fathers turned to the practical matters of government, including devising a monetary system and a means of producing sufficient money to meet the needs of the population.

The newly independent United States operated under the Articles of Confederation from 1781 until 1787, when that governing document was replaced by the Constitution. Under the Articles, individual states and the federal government had equal rights to issue coinage, with the federal government setting standards. Massachusetts, Connecticut, New Jersey and the federal government all issued copper coinage under the authority granted by the Articles, while New York issued both copper and gold coinage (the 1786 and 1787 Brasher gold "doubloons"). The Constitution eliminated state authority to issue coinage, placing all coinage authority with the federal government.

The government had begun discussion about authorizing a national Mint before ratification of the Constitution, but the national dialogue about the topic increased in the early 1790s. Alexander Hamilton, the first secretary of the Treasury, diligently researched a coinage and Mint, reporting to Congress on the topics on Jan. 28, 1791. After debate, Congress on April 2, 1792, authorized both a coinage and a Mint. The 1792 act authorized, in copper, a half cent and a cent, neither given legal tender status; in silver, a half disme (5-cent coin), disme (10-cent coin), quarter dollar, half dollar and dollar; and in gold, a $2.50 quarter eagle, $5 half eagle and a $10 eagle. The location of the Mint was to be in the nation's capital, then Philadelphia.

The government struck the first coins, 1,500 silver half dismes, in the cellar of a saw-maker's building in Philadelphia on July 13, 1792, a few days before David Rittenhouse, newly appointed as the first Mint director, purchased the land on which the Mint would be situated (the 1792 act also authorized the top Mint officials, including a director, engraver, coiner and refiner).

With construction of the Mint completed, production of the copper coinage began on site in 1793. The first silver coins, half dimes, half dollars and dollars, were struck in 1794. The production of gold half eagles and eagles began in 1795. Gold quarter

eagles and silver dimes and quarter dollars were first struck in 1796.

The early Mint was beset by problems: a somewhat hostile Congress, some of whose members believed it would be more efficient to close the Mint and let private contractors produce the coinage instead; equipment that was not fully capable of performing the various tasks needed to strike coins; frequent design change (for example, the Mint struck three different types of cents in 1793 alone); and shortages of copper planchets on which to strike half cents and cents. Also, production of silver and gold coins at first was limited to what was deposited by individuals and businesses (the Mint would strike the deposited gold and silver into coinage, then turn over the newly struck coins to the depositors). The Mint did not gain authority to purchase bullion on its own account with which to manufacture silver and gold coins until the mid-19th century.

Other problems existed. The calculations arriving at the weight and fineness of the first silver and gold coins were imperfect; it was financially advantageous for the owners of U.S. gold and silver coins to export them, and then to purchase foreign silver and gold coins that could be deposited at the Mint to be melted and converted into new U.S. coins, which in turn were exported. Because of the exports, it was not easy to find many of the U.S. gold and silver coins in circulation, thus forcing the populace to use foreign gold and silver coins. Congress repeatedly had to extend legal tender status to foreign gold and silver coins, not revoking that status until 1857.

The exportation of gold eagles and silver dollars was so out of hand that the government ordered an end to their production in 1804; it would be three decades before either denomination was struck for circulation again.

Production of other coins would be halted on occasion, sometimes only for a year or two, other times for a much longer period. Only the copper cent was struck annually, although none dated 1815 were made. The Mint's supplier of planchets for cents was a British firm; the embargo in place during the War of 1812 cut off supplies of the planchets, and once the Mint's stockpile was used up to make 1814 cents, no more cents could be struck. When the war ended officially in 1815, the Mint immediately ordered cent planchets. The first new shipment of copper planchets arrived in December 1815 and was immediately coined into cents, though the new cents were dated 1816, not 1815; 1815 is the only year not represented on a U.S. cent since 1793.

A second, larger Philadelphia Mint was opened in 1833. Mint officials were also improving technology at the new facility by replacing man- and horse-powered equipment with machines powered by steam.

Despite a larger facility and better equipment, however, the Philadelphia Mint could not meet the national demand for coinage as the nation expanded to the Mississippi River and beyond. Gold finds in Georgia and the Carolinas in the 1820s and 1830s led to the first U.S. gold rush. Private firms in Georgia and North Carolina in the early 1830s began turning the newly mined gold into coins, a practice not forbidden by the Constitution. Under pressure from officials from several states, Congress in the 1830s authorized the opening of three Branch Mints, all in the South (see **Chapter 8**).

Also in the 1830s, the Mint resumed production of gold eagles and silver dollars.

By the mid-point of the 19th century, the 10 denominations authorized in 1792 were no longer sufficient to meet the demands of the nation. One of the primary forces in adding new denominations to those already authorized was the California Gold Rush, which produced tons of gold, much of which would be converted into coins. As during the earlier gold rush, private firms began making gold coins, in California, Oregon and Utah.

Congress in 1849 approved two new gold denominations, a dollar and a $20 double eagle. While both denominations were new as federal coinage, neither coin was new in certain regions of the country. Private minters had already introduced both denominations: the gold dollar, first struck by the private North Carolina minters in the 1830s, and the $20 coin, introduced in 1849 in Utah by the Mormons.

Congressional approval for other new denominations followed over the next three decades: a silver 3-cent coin and gold $3 coin in the 1850s; a bronze 2-cent coin and copper-nickel 3-cent and 5-cent coins in the 1860s; and a silver 20-cent coin in the 1870s. The half cent was eliminated by law from the roster of coinage denominations in 1857, with the same law also authorizing a new, smaller, copper-nickel cent as a replacement for the old large cent. The composition of the copper-nickel cent was changed to bronze (a copper-zinc-tin alloy) in 1864.

Some of the new denominations proved very successful: the copper-nickel 5-cent coin, introduced in 1866, remains in production today, identical in weight and content to the 1866 specifications. The 20-cent coin, however, was struck for circulation only in 1876 and 1877. Other new denominations like the 2-cent coin, both 3-cent coins and the $3

coin lasted longer than the 20-cent coin. However, production of two silver denominations authorized in 1792, the half dime (the spelling of the denomination was changed from "half disme" in the 1830s) and the dollar, ended in 1873. The regular silver dollar returned in 1878 (a Trade dollar of slightly different size from the standard silver dollar and mainly intended for foreign circulation was introduced in 1873). By 1890, however, the 2-cent coin, both 3-cent coins, the gold dollar and the gold $3 coin were all eliminated from production.

At the beginning of the 20th century, the following denominations were in production: a bronze cent; copper-nickel 5-cent coin; silver dime, quarter dollar, half dollar and dollar; and gold quarter eagle, half eagle, eagle and double eagle.

Silver dollars were struck through 1904 even though they were largely unneeded in commerce; lobbyists for silver miners had persuaded Congress to order the production of silver dollars even when most of the dollars being struck went straight into vaults rather than into circulation. The Mint stopped making silver dollars after 1904, but had to resume their production in 1921 under congressional order. Congress in 1918 had ordered millions of silver dollars sitting in vaults to be melted and the silver recovered loaned to Britain to help the British slow the rise of the price of silver in India by flooding the market on the subcontinent with silver. Although silver dollars were still not needed in circulation, Congress ordered that the Mint strike one new silver dollar for every silver dollar melted under the 1918 act, with the new silver dollars to be minted from newly mined, domestic silver (the silver miners were again successful in their lobbying). The Mint would strike silver dollars until 1928 in order to meet the provisions of the 1918 law to replace the melted coins; and then stop making them until 1934 and 1935. Most of these new silver dollars promptly went into vaults, where they would sit for decades (just as had the coins melted in 1918).

The first few decades of the 20th century also witnessed twin coinage design revolutions. From 1907 to 1921, every U.S. coin was redesigned. The designs for most of the coins are so beautiful that this period is known as the Golden Age of U.S. Coinage Design.

The four gold coins were first: in 1907 the eagle and double eagle, and in 1908 the quarter eagle and half eagle. The new double eagle, designed by master sculptor Augustus Saint-Gaudens, is widely considered America's most beautiful coin. Saint-Gaudens also redesigned the gold $10 eagle. The 1908 $2.50 quarter eagle and $5 half eagle were the first U.S. coins to depict an authentic American Indian (earlier

"Indian Head" designs, including on Saint-Gaudens' 1907 Indian Head $10 eagle, were simply Liberty portraits wearing Indian headdresses).

The 1913 Indian Head 5-cent coin, also depicting an authentic Indian, plus a plains bison on the reverse, is considered the most American of coin designs (the designs are so popular that they have been revived in the 21st century, first on a 2001 American Bison silver dollar, then starting in 2006 on the American Buffalo gold bullion coin series).

The silver dime, quarter dollar and half dollar were given new designs in 1916; each design is widely considered the most attractive for the denomination during its centuries-long existence). The designs for the silver coins were selected after Mint officials conducted a limited design contest engaging some of the best medalists and sculptors in the country.

The silver dollar, the last coin of that composition to be redesigned, got new designs in 1921 that are reflective of the peace that followed the end of the Great War in November 1918.

The second design revolution began in 1909, when a portrait of Abraham Lincoln was placed on the cent. The portrait was the first of an actual person to appear on a circulating U.S. coin. Over subsequent years, most other coins would abandon Liberty designs in favor of portraits of actual persons, usually a president (George Washington in 1932, Thomas Jefferson in 1938 and John F. Kennedy in 1964; Benjamin Franklin's portrait was placed on the half dollar in 1948).

The production of gold coins ended in 1929 (the quarter eagle and half eagle) and 1933 (eagle and double eagle). Few Americans were wealthy enough to use gold coins in commerce, so none of the coins circulated widely, particularly when the Great Depression began. When Franklin Roosevelt became president in 1933, one of his first steps to combat the nationwide economic troubles was to order all gold coins removed from circulation. He also required that Americans turn in most of the gold coins in their possession (by law, all Americans could hold a small amount of gold, and gold coins with collector value were supposedly unaffected by the law; however, many Americans misunderstood the law and turned in gold coins they were entitled to retain).

As the United States and the world recovered from the Depression, war clouds grew. War erupted in Asia and Europe in the late 1930s; the United States entered the war in 1941. The war affected U.S. coinage. During World War II, the government had to change the composition of the cent from 95 percent copper to zinc-coated steel (1943 only) and to make the 5-cent coin (the "nickel") out of a nickel-less alloy (mid-1942

to 1945). The metals used in making the coins were more critically needed for the war effort, for making munitions, aircraft and ships.

These compositional changes, which were temporary, were not the last for U.S. coins. In the mid-1960s, the supply of silver for coinage was decreasing. Mint officials were concerned that they could no longer obtain enough silver for coinage to meet public demand. At the urging of the Treasury Department, Congress in 1965 thus authorized that all silver be removed from the dime and quarter dollar, and reduced in the half dollar (silver was completely removed from the half dollar in 1971).

While the government was contemplating removing silver from U.S. coinage, it struck a small number of 1964-D Peace dollars (in 1965). However, once Congress approved the switch to a new alloy, Treasury officials dropped plans to circulate the silver dollars; all were destroyed, according to Mint officials.

The dollar coin (this time, made of copper-nickel clad) was again resurrected in 1971, with a portrait of President Dwight D. Eisenhower. A smaller dollar depicting Susan B. Anthony replaced the Eisenhower dollar in 1979. Neither coin circulated widely. Authorization of Sacagawea, Presidential and Native American dollars followed in the 21st century, although many question the need for any dollar coin, and none of these dollars circulate widely in the United States, with unused inventories totaling in the billions.

Also in the 21st century, rising prices for such base metals as copper, nickel and zinc have made production costs for the cent and 5-cent coin rise above their face value. While at one time it seemed a strong possibility that the compositions of both coins would be changed before the end of the first decade, somewhat lower metals prices make that possibility less likely. While the cost of making the two coins still exceeds their face value, the costs are not at the levels achieved a few years ago.

Commemorative coins **12**

A merica's commemorative coins are graphic reminders of the United States' past, honoring its history, its heroes and its accomplishments.

Commemorative coins—the most colorful coinage issues struck in the United States—are pure Americana, history of a great nation frozen into metal. Commemorative coins in the United States had their start just before the turn of the 20th century.

U.S. commemorative coinage can be categorized in several ways: noncirculating and circulating, with the noncirculating issues further divided into early commemoratives (issued 1892 to 1954) and modern commemoratives (issued 1982 to date).

Noncirculating commemorative coins are issued for sale to the public at premiums, generally to raise funds for an organization or cause directly related to the commemorative theme.

Most of the 1892 to 1954 commemorative coins struck by the U.S. Mint were turned over to various celebration committees for face value, with profits going not to the federal government, but to the committees promoting the cause being commemorated on the coin. Committee officials noted that with the production of additional date and Mint mark varieties of a single issue, more sales to collectors could be generated, with additional funds raised.

All of the modern commemorative coins are sold into the marketplace by the United States Mint, with a fee attached to the price of each coin (a surcharge) given to the beneficiary organization if certain circumstances are met.

In the United States, commemorative coinage can only be authorized by Congress, under authority granted to the legislative body by the Constitution (under Section 8—Powers of Congress: "To coin Money, regulate the Value thereof, and of foreign Coin, and fix the Standard of Weights and Measures."). A common misconception is that the Mint decides what commemorative coins to issue; in reality, the Mint is responsible for designing and striking the commemorative coins, and since 1982, for selling the coins as well, but is not responsible for deciding which programs to issue.

All commemorative coins are legal tender, just as all other U.S.

coins. With few exceptions, the specifications of the commemorative coins are the same as for the standard coins of the same denominations.

Early commemoratives

It may sound odd that the start of coinage for commemorative purposes in the United States, one of the richest in the world, should stem directly from dire financial straits of an exposition commission. The World's Columbian Exposition half dollars, issued in 1892 and 1893 to honor Christopher Columbus and the 400th anniversary of his first voyage to America, were the first commemorative coins struck in the United States. They were produced to help defray the expenses of the 1892 and 1893 World's Columbian Exposition in Chicago. The half dollars, struck at the Philadelphia Mint, were sold at a cost of $1. The World's Columbian Exposition was also commemorated with the 1893 Isabella quarter dollar, the United States' first commemorative 25-cent coin.

Between December 1899, when the Lafayette-Washington dollar was struck (the 1900 on the coin refers not to the date of issue, but to the year of the Paris Exposition), and 1954, when the first period of commemorative production ceased, more than 150 U.S. commemorative coins were struck. Some commemorative issues were not completely sold; of these, the balance was returned to the Mint and melted. In the case of the World's Columbian Exposition half dollar, many were just put into circulation by banks, which accounts for the circulated condition in which they are often found. For both reasons, the quantity minted for many commemorative coins is larger than the quantity available.

At first, commemorative coins were issued sporadically. The first coins were issued in 1892 and 1893, with the next commemorative not released until 1900. From 1903 to 1918, just five commemorative coin programs were authorized.

During the decade of the 1920s, however, Congress began authorizing an increasing number of commemorative coin programs, as organizations recognized that commemorative coins were a risk-free means of raising revenue for their particular cause. The Mint sold the coins to the organizations at face value, which in turn offered them to the public at premiums. If a particular coin proved a poor seller, unsold coins could be returned to the Mint for a refund or spent, even, at virtually no loss to the organization.

As a result, the number of commemorative programs authorized rose dramatically. During the 1920s, 15 commemorative coin programs

were authorized. During the 1930s, 27 programs were authorized, with many of them multi-year programs. For 1936 alone, 16 different new programs were authorized; in addition, 1936-dated commemorative coins were issued for five earlier programs, including for a program that had begun in 1926.

The themes selected for the commemorative programs varied widely. At first, expos were a popular subject; of the seven programs issued from 1892 to 1918, four were for expos). The last program of that period, in 1918, commemorated the centennial of statehood for Illinois; many of the coins that would follow in the 1920s and 1930s would commemorate anniversaries of states like Missouri and communities like Providence, R.I. Of the several dozen programs issued through the 1930s, only a few could be identified as national in scope, the most prominent being the 1926 Sesquicentennial of American Independence, marking the 250th anniversary of the Declaration of Independence. A smaller number of the programs of 1892 to the end of the 1930s sought to raise funds for memorials to famous individuals.

Some of the programs were of highly questionable significance. The 1936 Cincinnati Music Center half dollar, for example, honors a non-existent event—50 years of Cincinnati as a music center—and depicts an individual, Stephen Foster, who had little connection with the city except for a brief stay there. The program was concocted by a Cincinnati area coin dealer, who apparently benefited personally from the sale of the coins with assistance of a cooperative Congress.

In 1939, Congress took corrective action when it voted to prohibit the striking of new dates of any pre-1939 commemorative coins, although it continued to authorize new issues, though none during World War II. President Truman approved the Iowa Centennial, Booker T. Washington and Washington-Carver half dollars.

By 1954, the Treasury Department—which had had statutory control over the Mint since 1873—had enough of commemorative coin programs. It became institutional policy at Treasury to oppose all commemorative coinage programs, with the sitting president supporting that policy with a veto signature.

Truman was the last president to approve a commemorative coinage program for more than 30 years; he joined Presidents Hoover and Franklin Roosevelt in vetoing other commemorative coinage legislation. President Eisenhower, too, exercised his veto powers, killing three commemorative coin bills on Feb. 3, 1954, calling for coins celebrating the tercentennials of New York City and Northampton, Mass., and the

250th anniversary of the Louisiana Purchase.

Eisenhower outlined in a message accompanying his vetoes the same arguments used by Treasury Department officials for nearly three decades in opposing new legislation: Commemorative coins cause confusion among the public and facilitate counterfeiting; public interest in the coins had been lagging with many coins unsold and consigned to the melting pot; and the authorization of just a few commemoratives results in a "flood" of additional commemorative issues.

Congress soon stopped most efforts at issuing commemorative coinage.

Treasury opposition to commemorative coinage was so entrenched that it even opposed commemoratives to mark the 1976 Bicentennial of American Independence. Treasury and Mint officials eventually bowed to collector pressure, and congressional orders, to issue three circulating coins marking the Bicentennial. When the 1776-1976 Bicentennial quarter dollars, half dollars and dollars were issued in 1975 and 1976, however, Treasury officials carefully avoided any and all use of the word "commemorative," although clearly the coins are commemorative in nature (the Bicentennial program is covered in detail elsewhere in this book). The official policy remained as stated by Eisenhower in 1954. It was not until the administration of Ronald Reagan that the Treasury policy was abandoned.

Modern commemoratives

No recognized commemorative coins were struck from 1954 to 1982. Hundreds of applications for such coins had been made through the years, but government officials were reluctant to issue new coins. Then, in 1981, Congress found a nationally acceptable event that Treasury officials did not object to: the 250th birthday of George Washington in 1982.

Legislation was introduced in the House of Representatives on May 7, 1981 (another bill had been introduced in March and a second in April), authorizing a commemorative half dollar for the Washington birthday celebration, with modifications recommended by Treasury officials (including a 10 million coin limit). A similar bill was introduced in the Senate May 18. Passage came in the House on May 19; in the Senate, the bill was approved Dec. 9. President Reagan signed the bill into law Dec. 13, 1981. The Mint offered the 1982 Washington half dollar in Proof and Uncirculated versions through Dec. 31, 1985.

Even as legislators were arguing the merits of the Washington

commemorative coin legislation, others in both houses were preparing legislation for a commemorative coin series honoring the 1984 Summer Olympic Games in Los Angeles. The first legislation met with strong opposition from the collecting community, Treasury officials and Rep. Frank Annunzio, D-Ill., chairman of the House Banking Subcommittee on Consumer Affairs and Coinage. The original Senate proposal called for 29 different coins (more when counting Proof and Uncirculated versions); it passed the Senate Dec. 9, 1981. Much of the controversy arose from the number of coins and the method in which they would be distributed. The bill called for the coins to be turned over to a private cartel, which would donate some funds to the U.S. Olympic team but keep the profits. Opponents said this was a return to the system that helped kill commemorative coin issues in 1938 and 1954.

A legislative compromise was sought. First, a 17-coin proposal was proposed in the House; again, the Senate approved this measure, but not the House. Annunzio introduced a one-coin bill, with the coins to be sold by the U.S. Mint. Eventually, Annunzio agreed to a compromise, proposing a three-coin program. His bill ultimately prevailed and President Reagan signed the bill into law July 22.

The Annunzio proposal authorized a 1984 gold $10 eagle (first commemorative of that denomination) and 1983 and 1984 silver dollars, each to be offered in Proof and Uncirculated versions. The coins were marketed by the Mint, with surcharges of $10 from the sale of each silver dollar and $50 from the sale of each gold eagle going to United States Olympic Committee, the Los Angeles Olympic Organizing Committee and other athletic organizations. The program was deemed successful by most. It raised $73,389,300 for the Olympic teams.

The Los Angeles Olympic commemorative coin program set several standards for all future programs (such as multiple denominations and finishes), the most important being the surcharges. All subsequent commemorative coins included surcharges added to their cost and donated to designated causes. In many cases, the desire to raise funds came to be the driving reason behind many commemorative coin programs rather than the desire to commemorate a worthy subject. Many collectors object to the concept of surcharges, which increase the cost of the coinage programs (and are not considered charitable donations for income tax purposes).

No 1985 commemorative coins were authorized, the only year since 1982 for which no commemorative coin program was approved. The centennial of the dedication of the Statue of Liberty in 1986 was

selected as a likely popular subject for a commemorative program. The Statue of Liberty to that time had never appeared on a U.S. coin, although several foreign coins had earlier depicted the symbol of freedom and opportunity in the United States.

Congress authorized a three-coin bill, with three denominations—a 1986 gold $5 half eagle, a 1986 silver dollar and a 1986 copper-nickel clad half dollar. The act restricted production of each coin to one Mint (Annunzio was angered over the multiple Mint mark versions of the 1983 and 1984 Olympic coins, which he believed violated the intention of the legislation). Surcharges of $35 per gold coin, $7 per silver dollar and $2 per half dollar were earmarked for the restoration of the Statue of Liberty and the immigration facilities on Ellis Island.

Like the Olympic program, the Statue of Liberty program proved successful as a fund-raising event. U.S. Treasurer Katherine D. Ortega had set a goal of $40 million in surcharges, but the Statue of Liberty program surpassed the Olympic program (in less time, with lower per-coin surcharges and fewer varieties of coins available) and raised more than $80 million in surcharges. Total sales were about $300 million. The Statue of Liberty commemorative coin program remains the leader of all U.S. commemorative programs both in terms of surcharges raised and the total number of coins sold.

The Bicentennial of the drafting of the U.S. Constitution was the subject of the 1987 commemorative series. A 1987 gold half eagle and a 1987 silver dollar carried surcharges of $35 on each gold coin and $7 on each silver dollar. Rather than being paid to a beneficiary organization, the surcharges were earmarked for retirement of the national debt.

In 1988, a gold half eagle and silver dollar were authorized honoring the participation of American athletes during the 1988 Olympic Games. The United States joined the ranks of a bevy of nonhost nations that had learned the financial lessons of Olympic commemorative coinage. Controversy erupted over the use of the Olympic rings, a protected symbol of the International Olympic Committee. Ultimately, the rings appeared on the coins, but the dollar coin was flawed by an incorrect use of the term "Olympiad."

Flush with at least moderate success and in the eyes of many collectors turning increasingly self-serving, Congress authorized a gold half eagle, silver dollar and copper-nickel half dollar to commemorate the 1989 Bicentennial of Congress (conveniently forgetting that the judicial and administrative branches of federal government also celebrated their bicentennial birthdays in 1989). The Congress Bicentennial coins

established numismatic history—first-strike ceremonies were conducted on the U.S. Capitol grounds, a publicity stunt that required legislative approval, and the first time legal tender U.S. coins had been produced outside a U.S. Mint facility.

Ignoring President Eisenhower's earlier warning about a commemorative flood, Congress authorized a silver dollar commemorating—ironically—the 100th anniversary in 1990 of the birth of Dwight D. Eisenhower.

The decade of the 1990s was flooded with commemorative coin programs—27 to be exact, representing 59 new coin designs. The designs were offered on Proof and Uncirculated coins. Congress eventually adopted Mint reform legislation in 1992 and 1996 to help curb abuses and restrict (theoretically, at least) the issuance of commemorative coin programs.

The 1992 legislation established the Citizens Commemorative Coin Advisory Committee, made up of seven persons representing collectors and the general public, appointed by the Treasury secretary, to review proposed coin programs and make recommendations for commemorative themes. The CCCAC (or its successor, the Citizens Coinage Advisory Committee) did not always give its approval to programs that have been pushed through congressional channels.

The 1996 reform act limited commemorative coin programs to two a year and set maximum mintage limits (no more than 750,000 copper-nickel clad half dollars, 500,000 silver dollars and 100,000 gold $5 or $10 coins). It also required recovery of Mint expenses before payment of any surcharges to any recipient organization and an audited financial statement that verifies that the organization has raised funds from private sources equal to or greater than the maximum amount of surcharges the organization may receive from sale of numismatic items. The reform act also required certain auditing practices.

Despite the law, Congress still adopted more than the limit of two in some subsequent years. It also stretched out the time frame in which some programs would appear, resulting in some programs appearing after the anniversary they commemorated had already passed.

1991 saw three coin programs—the first being a three-coin offering honoring the 50th anniversary of the completion of Mount Rushmore. Single silver dollar programs marking the 38th anniversary of the Korean War and the 50th anniversary of the United Services Organization (USO) followed. The celebration of the 38th anniversary of the Korean War had nothing to do with that war's famous 38th Parallel; that was

sheer coincidence. Instead, the desire for funding a Korean War veterans memorial drove the program.

Three programs appeared in 1992. A three-coin program—a copper-nickel clad half dollar, silver dollar and $5 gold half eagle—commemorated the 1992 Olympic Games, the third Olympic coins program since 1983-1984. The Uncirculated dollar carries incuse edge lettering, the first time edge lettering appeared on a U.S. coin since the Saint-Gaudens double eagles. The White House bicentennial was celebrated with a silver dollar, which sold out its 500,000 maximum mintage. Another three-coin program was also offered in 1992, this one to mark the 500th anniversary of Christopher Columbus' 1492 voyage to the New World.

Two three-coin programs were authorized for 1993. The World War II 50th anniversary coins were struck in 1993 but carry the dual dates of U.S. involvement—1991-1995. The coins bear no reference to the 1993 date of issue, a seemingly illegal omission. The 1993 Bill of Rights/James Madison program offered three coins, including a silver half dollar in place of the copper-nickel clad, the first silver half dollar since the George Washington commemorative half dollar of 1982. The program also offered a silver dollar and gold $5 half eagle.

Another dual-dated coin program—a silver dollar inscribed 1743-1993 marking the 250th anniversary of Thomas Jefferson's birth—appeared in 1994, although it marked a 1993 event. Like the World War II coins, this issue bore no reference to the date of issue.

Three more programs appeared in 1994, in violation of law—a three-coin issue commemorating World Cup Soccer; three military veterans silver dollars approved under a single act, the Prisoner of War, Vietnam Veterans Memorial and Women in Military Service coins; and a silver dollar marking the Bicentennial of the U.S. Capitol.

The proliferation of multiple commemorative coin programs angered many collectors, who were upset with the some of the themes being selected, the continuation of surcharges and the expense to obtain one of every coin struck to keep their collections intact. Many asked, why couldn't Congress authorize circulating commemoratives at face value? Such requests fell on deaf ears until the mid-1990s.

Three coin programs appeared in 1995—a single silver dollar marking the Special Olympics World Games (bearing the portrait of Eunice Kennedy Shriver, the first portrait of a living individual to appear on a U.S. coin in decades); a three-coin issue to raise funds to preserve the Civil War Battlefields; and the launch of the first year of the largest (in

terms of designs offered) modern U.S. commemorative coin program ever, marking the centennial of the modern Olympic Games, held in Atlanta.

The 1995 Olympic coins comprised two gold $5 coins, four silver dollars and two copper-nickel clad half dollars, each depicting a different sport or athletic venue. 1996 continued that vein with two more gold coins, four more silver dollars and two more copper-nickel clad half dollars. The Mint launched a major marketing effort to sell the Olympic coins to more than 40 nations on all seven continents. Total sales reached only a fraction of the mammoth maximum authorized mintages.

Two other 1996 programs joined the second year of the Olympic program. National Community Service was commemorated by a silver dollar. Lobbying by collectors to get a coin program whose surcharges would be used to help maintain the numismatic collection at the Smithsonian Institution was successful, resulting in a gold and silver coin issue. Collectors and the public did not respond as well as proponents had hoped, however.

The year 1997 opened with the launch of the Botanic Garden silver dollars followed by the Jackie Robinson gold and silver coins. The latter program to honor the achievements of the first African-American base-ball player to play in the major leagues received congressional approval with the stipulation that the first $1 million in surcharges benefit the U.S. Botanic Garden (which, as noted, had its own commemorative program; the diversion of surcharges was the effort of a senator whose wife was closely linked to the Botanic Garden). After sales of the Jackie Robinson coins ended in July 1998, legislation was introduced and passed over Mint objections allowing sales to be reopened, an unprecedented move that angered collectors who bought the coins and anticipated low mintages. However, the law allowed sales only to the Jackie Robinson Foundation, the beneficiary of the surcharges, and not to the public. The foundation never bought any of the coins permitted by the sales extension. (Today, the Proof and Uncirculated Jackie Robinson gold $5 coins are the second most expensive of the 1982 and later commemorative coins, due to their low mintages and growing popularity with collectors.)

The 1997 issues continued with the release of a gold $5 coin in honor of Franklin Delano Roosevelt. Many collectors believed it ironic that FDR was depicted on a gold coin since the former president was responsible for signing the 1933 executive order banning ownership of many forms of gold, including many gold coins. The year ended

with a silver dollar release for the National Law Enforcement Officers Memorial, which depicts a male police officer and female civilian (presumably a fallen officer's widow) pointing to a name on the memorial.

In keeping with Mint reform legislation passed, only two programs were offered in 1998—a silver dollar to support the Robert F. Kennedy Memorial and a silver dollar to recognize the sacrifices of the Black Revolutionary War Patriots.

The Kennedy silver dollar depicts the senator and assassinated presidential candidate. The bill was sponsored by Rep. Joseph P. Kennedy II, D-Mass., then chairman of the House Banking Subcommittee on Consumer Credit and Insurance, and son of Robert Kennedy. The Kennedy coin along with four other commemorative programs were included in a House-Senate conference committee report, which allowed sponsors of the various coin bills and related amendments to bypass the normal legislative process and requirements. None of the coin proposals had a hearing before either Senate or House committees and two—the RFK and West Point proposals—were not reviewed by the Citizens Commemorative Coin Advisory Committee, which was a legal requirement. A spokesperson for Kennedy's Subcommittee said the lawmakers were faced with "political pressures right now," and did not feel they could wait for the CCCAC's report, which they understood would not be available until after the session of Congress had concluded. All of the bills became law without public comment in congressional hearings.

The Black Revolutionary War Patriots silver dollar depicts Crispus Attucks, an African-American killed by British soldiers in 1770 in what became known as the Boston Massacre. The reverse depicts a portion of a memorial to black patriots of the Revolution.

Dolley Madison, a first lady to her husband, James, the fourth president, and official hostess for his predecessor, the widowed Thomas Jefferson, was recognized on a commemorative silver dollar in 1999. The piece is notable as the first U.S. commemorative coin designed by a private company, Tiffany & Co., and the first to bear a company logo in lieu of designer's initials. The obverse depicts Dolley Madison surrounded by flowers; the reverse depicts the Madison home, Montpelier.

Also in 1999, George Washington was commemoratively honored for the second time in the modern era with a gold $5 coin noting the bicentennial of his death. The coin is notable in featuring the designs by Laura Gardin Fraser recommended by the Commission of Fine Arts for the 1932 Washington quarter dollar. The Fraser designs were not selected by the Treasury secretary for the 1932 coin, a decision that

many collectors criticized. The opinion was that Fraser's designs were superior to Joseph Flanagan's designs selected for the quarter dollar.

A silver dollar was introduced in 1999 to mark the 125th anniversary of the founding of the nation's first national park, Yellowstone National Park. It became the first of what would be many coins, both circulating and noncirculating, to depict a bison. The animal is depicted on the reverse with the Old Faithful geyser depicted on the obverse of the silver dollar. The selection of Old Faithful and bison for the reverse of the circulating 2010 American the Beautiful quarter dollar honoring Yellowstone prompted some collectors to criticize the duplication of theme if not the artistic execution of the same design elements.

When the 1990s closed, observers reflected on the decade. Numerous pieces of legislation had been introduced to honor outstanding Americans, monuments and other themes, including a move from the United States Olympic Committee for an annual coin issue to benefit the U.S. Olympic movement (an idea vastly unpopular with most collectors, who were thus relieved that the plan was nixed). Many of the programs never succeeded; in 1996, for example, during the waning days of the 104th Congress, legislation for nearly a dozen coin programs was introduced, but none passed. Collectors were increasingly concerned about the proliferation of commemorative coin programs, many with very narrow themes that were not very appealing to a majority of collectors.

The year 2000 began with a first for U.S. coinage—a ringed bimetallic coin. A program authorizing 500,000 silver dollars and either 100,000 gold $5 coins or 200,000 gold-platinum ringed bimetallic $10 coins to mark the 200th anniversary of the Library of Congress was approved for the year 2000; the Mint chose to strike the ringed bimetallic $10 coin, which remains the sole ringed bimetallic piece struck by the U.S. Mint of any kind.

Also approved for 2000 was a Leif Ericson Millennium silver dollar, with a maximum mintage of 500,000. The Philadelphia Mint also struck a companion 1,000-kronur coin for Iceland, the first foreign coin struck by the United States Mint since the 1980s. A two-coin Proof set containing one each of the U.S. and Icelandic Ericson coin represents the only U.S. commemorative coin set to offer a foreign coin.

Recycled coin designs proved popular for the 2001 American Buffalo silver dollar, which bears modified versions of James Earle Fraser's designs for the Indian Head 5-cent coin of 1913 to 1938. The coin sold out in about two weeks, a record for any U.S. commemora-

tive coin program since 1982. A special set containing an Uncirculated example sold out in about six days. A number of collectors were unhappy when they were unable to purchase the coins at issue price. The rapid sales prompted officials for the surcharge recipient, the Smithsonian Institution (whose new National Museum of the American Indian was designated to receive the funds), to request Congress to authorize an additional mintage. Collectors largely opposed the proposal (although some who did not get their orders into the Mint in time to get a coin may have been supportive) and Congress refused to authorize any additional production of the popular coin.

To raise funds to support a United States Capitol Visitors Center, Congress approved for 2001 the production of up to 200,000 ringed bimetallic gold and platinum $10 coins, 500,000 silver dollars and 750,000 clad half dollars. However, Congress granted the Mint to issue substitute production of up to 100,000 gold $5 coins if the ringed bimetallic coin proved not feasible; the Mint chose the gold coin over the platinum-gold piece. Lackluster sales suggested a lack of strong collector interest in the theme.

For 2002, Congress approved a silver dollar (500,000 maximum mintage) whose surcharges benefitted the West Point (Military Academy) Association of Graduates. The obverse depicts a group of students marching in formation carrying flags; the reverse depicts a helmet and sword logo.

In addition, a two-coin program was approved honoring the 2002 Salt Lake City Winter Olympics, with the surcharges going to the Salt Lake Organizing Committee for the Olympic Games and the U.S. Olympic Committee. A silver dollar and gold half eagle were issued, with the level of sales suggesting that collector support for Olympic-themed commemorative coins had cooled. Since then, Congress has not approved any new sports-themed commemorative programs.

A three-coin program received congressional approval for the year 2003 to mark the centennial of the first powered flight of the Wright Brothers. Authorized were a copper-nickel clad half dollar, a silver dollar and a gold $10 eagle. The reverses of all three coins depict the 1903 Wright Flyer in flight, a not unexpected design choice, though one that some thought did not show much in the way of innovation.

Thomas A. Edison's invention of the light bulb was marked in 2004 with sales of up to 500,000 silver dollars. Surcharges were split among recipient organizations and sites with connections to Edison. One group, Edison Memorial Tower Corp., failed to meet the initial deadline to raise

the matching sums required before release of the Mint surcharges; legislation passed in 2007 granted a six-month extension to the recipient's deadline to meet legal requirements to raise matching funds within two years of the close of the program. The recipient did eventually meet the requirements necessary to receive the surcharge funds.

Also approved for 2004 was legislation authorizing up to 500,000 silver dollars to mark the centennial of the Lewis and Clark expedition. One option that proved both popular and controversial offered the Proof silver dollar with 50,000 hand-sewn and -beaded pouches that were to be created by artisans from different tribes whose ancestors the expedition encountered. Mint officials identified the tribes who produced the pouches as: Blackfeet Tribe, Browning, Mont.; Cheyenne River Sioux Tribe, Eagle Butte, S.D.; Confederated Salish and Kootenai Tribes, Pablo, Mont.; Confederated Tribes of Grand Ronde Community of Oregon, Grand Ronde, Ore.; Confederated Tribes of Umatilla Indian Reservation, Pendleton, Ore.; Crow Tribe, Crow Agency, Mont.; Shawnee United Remnant Band of Ohio, Bellefontaine, Ohio; Shoshone-Bannock Tribes, Fort Hall, Idaho; Standing Rock Sioux Tribe, Fort Yates, N.D.; and Three Affiliated Tribes of the Fort Berthold Reservation, New Town, N.D.

The coin and pouch sets sold out, but not everyone receiving the sets was happy with the results. Complaints by some owners of the pouches included comments about the lack of detail in the design on the pouches they received, what they perceive to be shoddy workmanship and receiving multiple pouches of the same basic style crafted by the same artisan.

In addition, all of the coin-pouch sets were shipped with an advisory from the Mint to separate the Proof silver dollar and pouch for long-term storage out of concerns of the effect the pouches could have on the coins.

In 2007, the Mint offered refunds to customers sent pouches hand-crafted by members of the Shawnee Nation United Remnant Band of Ohio after Mint officials learned the tribe was not state or federally recognized. Up to 2,000 of the total 50,000 sets offered were affected.

Two commemorative programs were authorized for 2005: one with a silver dollar celebrating Chief Justice of the United States John Marshall's 1801 to 1835 term on the Supreme Court and another offering a silver dollar marking the 230th anniversary of the founding of the U.S. Marines Corps.

The Marshall silver dollar did not sell out, but anticipation that the Marines coin would sell out in short order prompted the secretary of the

Treasury to exercise an option granted under U.S. Code. The authorizing act specified a mintage of 500,000 for the Marine Corps silver dollar. In an unprecedented move announced June 2, 2005, Treasury Secretary John W. Snow exercised his statutory discretion—before the coins went on sale July 20—to increase the maximum authorized mintage for the commemorative coin program, to 600,000 coins.

Snow acted under the provisions of Title 31 of the United States Code, Section 5112(m)(2)(B), which grants the Treasury secretary the authority to waive the mintage level for commemorative coins, if he determines, based on independent, market-based research conducted by a designated recipient organization, that the mintage limit in the authorizing legislation is not adequate to meet public demand. The Marine Corps Heritage Foundation—the recipient organization for the surcharges—provided Treasury officials with results of research and a request to increase the mintage to 600,000 silver dollars. Based on this research, Snow approved a mintage limit of 600,000 silver dollars for the Marine Corps 230th Anniversary silver dollar. Final sales for the coin totaled 598,481 pieces.

Of the two programs offered in 2006, one proved to have a popular theme. The Benjamin Franklin Tercentenary program offered a Scientist silver dollar, commemorating a younger Franklin, showing the famous kite and lightning experiment he conducted in his 40s, and a Founding Father dollar, depicting Franklin the elder statesman. Both versions—offered individually and in special sets with other coins—sold out. The San Francisco Old Mint Centennial program offered a silver dollar and a gold $5 half eagle for 2006, with obverses depicting the structure famously known as the Granite Lady. The reverses held special appeal to collectors because they replicated reverse designs struck during the San Francisco Mint's career: the Morgan dollar's reverse for the commemorative silver dollar and the reverse of the Coronet gold $5 half eagle for the gold commemorative. Neither coin sold out.

The 2007 programs commemorated the 400th anniversary of the founding of the colony at Jamestown, Va., and the 50th anniversary of the Little Rock Central High School desegregation. The Jamestown program offered a silver dollar (depicting three inhabitants of the region and the ships that brought the colonists) and a gold $5 coin (depicting Capt. John Smith conversing with Powhatan, an American Indian chief on the obverse, with a structure of the colony on the reverse); neither coin sold out. The Little Rock Central High Desegregation program featured a single silver dollar depicting a scene showing the legs of the nine

black high school students accompanied by an armed soldier to protect them from the angry white mobs protesting the youths' attendance at the previously all-white school. The coin did not sell out.

For the first time since 1990, just one commemorative coin program was offered in 2008 although it was the first three-coin program since 2003. The 2008 Bald Eagle program offered a copper-nickel clad half dollar, silver dollar and gold $5 half eagle. Not surprisingly given the theme, all three coins showed bald eagles on both sides. None sold out although the silver dollar came closest with 82.7 percent of the coins selling.

Two commemorative silver dollar programs were offered for 2009, both honoring men born in 1809. The Louis Braille Bicentennial silver dollar honored the creator of a form of raised type that permits the blind to read. The obverse depicts Braille and the reverse shows a child reading a Braille book with a tactile inscription (the word "Braille," abbreviated "brl" in Braille code). The coin did not sell out. The other 2009 commemorative program, celebrating the birth of Abraham Lincoln, not surprisingly, did sell out. The program included a limited-edition Abraham Lincoln Coin and Chronicles set, which contained a Proof silver dollar, four Proof 2009-S Lincoln cents, a reproduction of the Gettysburg Address and an image of Lincoln.

Two programs were offered in 2010: the American Veterans Disabled for Life silver dollar and the Boy Scouts of America Centennial silver dollar. For some, the obverse design was controversial in that in addition to depicting a Cub Scout and Boy Scout, both males, it also showed a teenage girl in the Venturing program. Critics thought it inappropriate that a coin honoring Boy Scouts depict a girl, while supporters noted that girls had been admitted to special-interest Explorer posts since 1969, meaning girls had been part of the Boy Scouts program in at least a small way for nearly a third of the organization's existence.

Programs on tap for 2011 and later show a clear congressional preference for coins with military themes: 2011, separate programs for the U.S. Army (created in 1775) and Medal of Honor (founded in 1861), both offering silver dollars, with the Medal of Honor program also offering a gold $5 coin; 2012, Infantry silver dollar, collecting surcharges for the National Infantry Museum and Soldier Center, and the Star-Spangled Banner Bicentennial, offering a gold $5 coin and a silver dollar; 2013, Girl Scouts USA Centennial, collecting surcharges for the organization, and a program honoring five five-star generals of the U.S. Army, George C. Marshall, Douglas MacArthur, Dwight D. Eisenhower, Henry "Hap"

Arnold and Omar N. Bradley, with a gold $5 coin, silver dollar and copper-nickel clad half dollar; 2014, Civil Rights silver dollar, honoring the enactment of the Civil Rights Act of 1964, with the surcharges being delivered to the United Negro College Fund to enable it to continue its work in providing scholarships to minorities and supporting several historically black colleges and universities.

In the section that follows, commemorative issues are presented by year of their first issuance. For early commemoratives, those produced from 1892 to 1954, original mintage, number melted and final mintage are listed. For commemorative coins produced since 1982, the final net mintage only (reflecting sales figures) is listed. The U.S. Mint no longer makes public the original mintage and number of coins melted, nor whether coins have been held in inventory or stored in Treasury vaults. Each coin is listed with the designers, and original issue prices are given, so that the collector may determine the coin's performance against its original cost.

Commemorative coins 1892 to 1954

Columbian Exposition half dollar			Charles E. Barber/George Morgan	
1892	950,000	None	950,000	$1.00
1893	4,052,105	2,501,700	1,550,405	$1.00
Isabella quarter dollar			Charles E. Barber	
1893	40,023	15,809	24,124	$1.00
Lafayette-Washington silver dollar			Charles E. Barber	
1900	50,026	14,000	36,026	$2.00
Louisiana Purchase Exposition gold dollar			Charles E. Barber	
1903	250,258	215,250	each type 17,375	$3.00
Lewis and Clark Exposition gold dollar			Charles E. Barber	
1904	25,028	15,003	10,025	$2.00
1905	35,041	25,000	10,041	$2.00
Panama-Pacific Exposition half dollar			Charles E. Barber	
1915-S	60,030	32,896	27,134	$1.00
Panama-Pacific Exposition gold dollar			Charles Keck	
1915-S	25,034	10,034	15,000	$2.00
Panama-Pacific Exposition quarter eagle			Charles E. Barber	
1915-S	10,017	3,278	6,749	$4.00
Panama-Pacific Exposition $50			Robert Aitken	
1915-S Round	1,510	1,027	483	$100
1915-S Octagonal	1,509	864	645	$100
McKinley Memorial gold dollar			Charles E. Barber/George T. Morgan	
1916	20,026	10,049	9,977	$3.00
1917	10,014	14	10,000	$3.00
Illinois Centennial half dollar			George T. Morgan/John R. Sinnock	
1918	100,058	None	100,058	$1.00
Maine Centennial half dollar			Harry Hayman Cochrane	
1920	50,028	None	50,028	$1.00
Pilgrim Tercentenary half dollar			Cyrus E. Dallin	
1920	200,112	48,000	152,112	$1.00
1921	100,053	80,000	20,053	$1.00
Missouri Centennial half dollar			Robert Aitken	
1921 2*4	5,000	None	5,000	$1.00
1921 No 2*4	45,428	29,600	15,428	$1.00
Alabama Centennial half dollar			Laura Gardin Fraser	
1921 2X2	6,006	None	6,006	$1.00
1921 No 2X2	64,038	5,000	59,038	$1.00
Grant Memorial half dollar			Laura Gardin Fraser	
1922 Star	5,006	750	4,256	$1.00
1922 No Star	95,055	27,650	67,405	$1.00
Grant Memorial gold dollar			Laura Gardin Fraser	
1922 Star	5,016	None	5,016	$3.50
1922 No Star	5,000	None	5,000	$3.00
Monroe Doctrine Centennial half dollar			Chester Beach	
1923-S	274,077	None	274,077	$1.00
Huguenot-Walloon Tercentenary half dollar			George T. Morgan	
1924	142,080	None	142,080	$1.00
Lexington-Concord Sesquicentennial half dollar			Chester Beach	
1925	162,099	86	162,013	$1.00

Commemorative				Designer
Date	Original Mintage	Melted	Final Mintage	Original Price
Stone Mountain half dollar				Gutzon Borglum
1925	2,314,709	1,000,000	1,314,709	$1.00
California Diamond Jubilee half dollar				Jo Mora
1925-S	150,200	63,606	86,594	$1.00
Fort Vancouver Centennial half dollar				Laura Gardin Fraser
1925	50,028	35,034	14,994	$1.00
American Independence Sesquicentennial half dollar				John R. Sinnock
1926	1,000,528	859,408	141,120	$1.00
American Independence Sesquicentennial quarter eagle				John R. Sinnock
1926	200,226	154,207	46,019	$4.00
Oregon Trail Memorial half dollar				James E. and Laura G. Fraser
1926	48,030	75	47,955	$1.00
1926-S	100,055	17,000	83,055	$1.00
1928	50,028	44,000	6,028	$2.00
1933-D	5,250	242	5,008	$2.00
1934-D	7,006	None	7,006	$2.00
1936	10,006	None	10,006	$1.60
1936-S	5,006	None	5,006	$1.60
1937-D	12,008	None	12,008	$1.60
1938	6,006	None	6,006	$6.25
1938-D	6,005	None	6,005	for
1938-S	6,006	None	6,006	three
1939	3,004	None	3,004	$7.50
1939-D	3,004	None	3,004	for
1939-S	3,005	None	3,005	three
Vermont Sesquicentennial half dollar				Charles Keck
1927	40,034	11,872	28,162	$1.00
Hawaiian Sesquicentennial half dollar				Juliette Mae Fraser/Chester Beach
1928	10,000	None	10,000	$2.00
Maryland Tercentenary half dollar				Hans Schuler
1934	25,015	None	25,015	$1.00
Texas Independence Centennial half dollar				Pompeo Coppini
1934	205,113	143,650	61,463	$1.00
1935	10,008	12	9,996	$1.50
1935-D	10,007	None	10,007	$1.50
1935-S	10,008	None	10,008	$1.50
1936	10,008	1,097	8,911	$1.50
1936-D	10,007	968	9,039	$1.50
1936-S	10,008	943	9,055	$1.50
1937	8,005	1,434	6,571	$1.50
1937-D	8,006	1,401	6,605	$1.50
1937-S	8,007	1,370	6,637	$1.50
1938	5,005	1,225	3,780	$2.00
1938-D	5,005	1,230	3,775	$2.00
1938-S	5,006	1,192	3,814	$2.00
Daniel Boone Bicentennial half dollar				Augustus Lukeman
1934	10,007	None	10,007	$1.60
1935	10,010	None	10,010	$1.10
1935-D	5,005	None	5,005	$1.60
1935-S	5,005	None	5,005	$1.60
1935 W/1934	10,008	None	10,008	$1.10
1935-D W/1934	2,003	None	2,003	$3.70
1935-S W/1934	2,004	None	2,004	for two
1936	12,012	None	12,012	$1.10

Commemorative				Designer
Date	Original Mintage	Melted	Final Mintage	Original Price
1936-D	5,005	None	5,005	$1.60
1936-S	5,006	None	5,006	$1.60
1937	15,010	5,200	9,810	$1.60, $7.25 set
1937-D	7,506	5,000	2,506	$7.25 in set
1937-S	5,006	2,500	2,506	$5.15
1938	5,005	2,905	2,100	$6.50
1938-D	5,005	2,905	2,100	for
1938-S	5,006	2,906	2,100	three

Connecticut Tercentenary half dollar — Henry G. Kreiss

1935	25,018	None	25,018	$1.00

Arkansas Centennial half dollar — Edward E. Burr

1935	13,012	None	13,012	$1.00
1935-D	5,005	None	5,005	$1.00
1935-S	5,506	None	5,006	$1.00
1936	10,010	350	9,660	$1.50
1936-D	10,010	350	9,660	$1.50
1936-S	10,012	350	9,662	$1.50
1937	5,505	None	5,505	$8.75
1937-D	5,505	None	5,505	for
1937-S	5,506	None	5,506	three
1938	6,006	2,850	3,156	$8.75
1938-D	6,005	2,850	3,155	for
1938-S	6,006	2,850	3,156	three
1939	2,104	None	2,104	$10.
1939-D	2,104	None	2,104	for
1939-S	2,105	None	2,105	three

Arkansas-Robinson half dollar — Edward E. Burr/Henry G. Kreiss

1936	25,265	None	25,265	$1.85

Hudson, N.Y., Sesquicentennial half dollar — Chester Beach

1935	10,008	None	10,008	$1.00

California-Pacific International Expo half dollar — Robert Aitken

1935-S	250,132	180,000	70,132	$1.00
1936-D	180,092	150,000	30,092	$1.50

Old Spanish Trail half dollar — L.W. Hoffecker

1935	10,008	None	10,008	$2.00

Providence, R.I., Tercentenary half dollar — John H. Benson/Abraham G. Carey

1936	20,013	None	20,013	$1.00
1936-D	15,010	None	15,010	$1.00
1936-S	15,011	None	15,011	$1.00

Cleveland, Great Lakes Exposition half dollar — Brenda Putnam

1936	50,030	None	50,030	$1.50

Wisconsin Territorial Centennial half dollar — David Parsons/Benjamin Hawkins

1936	25,015	None	25,015	$1.50

Cincinnati Music Center half dollar — Constance Ortmayer

1936	5,005	None	5,005	$7.75
1936-D	5,005	None	5,005	for
1936-S	5,006	None	5,006	three

Long Island Tercentenary half dollar — Howard K. Weinmann

1936	100,053	18,227	81,826	$1.00

York County, Maine, Tercentenary half dollar — Walter H. Rich

1936	25,015	None	25,015	$1.50

Bridgeport, Conn., Centennial half dollar — Henry G. Kreiss

1936	25,015	None	25,015	$2.00

Commemorative coins — 373

Date	Original Mintage	Melted	Final Mintage	Original Price
Lynchburg, Va., Sesquicentennial half dollar				Charles Keck
1936	20,013	None	20,013	$1.00
Elgin, Ill., Centennial half dollar				Trygve Rovelstad
1936	25,015	5,000	20,015	$1.50
Albany, N.Y., half dollar				Gertrude K. Lathrop
1936	25,013	7,342	17,671	$2.00
San Francisco-Oakland Bay Bridge half dollar				Jacques Schnier
1936-S	100,055	28,631	71,424	$1.50
Columbia, S.C., Sesquicentennial half dollar				A. Wolfe Davidson
1936	9,007	None	9,007	$6.45
1936-D	8,009	None	8,009	for
1936-S	8,007	None	8,007	three
Delaware Tercentenary half dollar				Carl L. Schmitz
1936	25,015	4,022	20,993	$1.75
Battle of Gettysburg half dollar				Frank Vittor
1936	50,028	23,100	26,928	$1.65
Norfolk, Va., Bicentennial half dollar		William M. Simpson/Marjorie E. Simpson		
1936	25,013	8,077	16,936	$1.50
Roanoke Island, N.C., half dollar				William M. Simpson
1937	50,030	21,000	29,030	$1.65
Battle of Antietam half dollar				William M. Simpson
1937	50,028	32,000	18,028	$1.65
New Rochelle, N.Y., half dollar				Gertrude K. Lathrop
1938	25,015	9,749	15,266	$2.00
Iowa Statehood Centennial half dollar				Adam Pietz
1946	100,057	None	100,057	$2.50/$3.00
Booker T. Washington half dollar				Isaac S. Hathaway
1946	1,000,546	?	?	$1.00
1946-D	200,113	?	?	$1.50
1946-S	500,279	?	?	$1.00
1947	100,017	?	?	$6.00
1947-D	100,017	?	?	for
1947-S	100,017	?	?	three
1948	20,005	12,000	8,005	$7.50
1948-D	20,005	12,000	8,005	for
1948-S	20,005	12,000	8,005	three
1949	12,004	6,000	6,004	$8.50
1949-D	12,004	6,000	6,004	for
1949-S	12,004	6,000	6,004	three
1950	12,004	6,000	6,004	$8.50
1950-D	12,004	6,000	6,004	for
1950-S	512,091	?	?	three
1951	510,082	?	?	$3.00, or $10.
1951-D	12,004	5,000	7,004	for
1951-S	12,004	5,000	7,004	three
Booker T. Washington/George Washington Carver half dollar				Isaac S. Hathaway
1951	?	?	110,018	$10.
1951-D	?	?	10,004	for
1951-S	?	?	10,004	three
1952	?	?	2,006,292	$10.
1952-D	?	?	8,006	for
1952-S	?	?	8,006	three
1953	?	?	8,003	$10.
1953-D	?	?	8,003	for
1953-S	?	?	108,020	three

Commemorative				Designer
Date	Original Mintage	Melted	Final Mintage	Original Price
1954	?	?	12,006	$10.
1954-D	?	?	12,006	for
1954-S	?	?	122,024	three

Commemorative coins 1982 to 2010

Commemorative		Final Mintage	Designer Pre-Issue/ Regular Price
Date	Footnotes		
George Washington silver half dollar			Elizabeth Jones
1982-D Unc.	‹1›	2,210,458	$8.50/$10.
1982-S Proof	‹1›	4,894,044	$10./$12.
Los Angeles Olympic Games silver dollar			Elizabeth Jones
1983-P Unc.	‹2›	294,543	$28., or $89.
1983-D Unc.		174,014	for
1983-S Unc.		174,014	three
1983-S Proof	‹2›	1,577,025	$24.95
Los Angeles Olympic Games silver dollar			Robert Graham
1984-P Unc.	‹2›	217,954	$28., or $89.
1984-D Unc.		116,675	for
1984-S Unc.		116,675	three
1984-S Proof	‹2›	1,801,210	$32.
Los Angeles Olympic Games gold $10 eagle			James Peed/John Mercanti
1984-P Proof	‹2›	33,309	$352.
1984-D Proof	‹2›	34,533	$352.
1984-S Proof	‹2›	48,551	$352.
1984-W Proof	‹2›	381,085	$352.
1984-W Unc.	‹2›	75,886	$339.
Statue of Liberty, Immigrant copper-nickel clad 50¢			Edgar Z. Steever IV/Sherl J. Winter
1986-D Unc.	‹3›	928,008	$5.00/$6.00
1986-S Proof	‹3›	6,925,627	$6.50/$7.50
Statue of Liberty, Ellis Island silver dollar			John Mercanti/Matthew Peloso
1986-P Unc.	‹3›	723,635	$20.50/$22.
1986-S Proof	‹3›	6,414,638	$22.50/$24.
Statue of Liberty gold $5 half eagle			Elizabeth Jones
1986-W Unc.	‹3›	95,248	$160./$165.
1986-W Proof	‹3›	404,013	$170./$175.
Constitution Bicentennial silver dollar			Patricia L. Verani
1987-P Unc.	‹3›	451,629	$22.50/$26.
1987-S Proof	‹3›	2,747,116	$24./$28.
Constitution Bicentennial gold $5 half eagle			Marcel Jovine
1987-W Unc.	‹3›	214,225	$195./$215.
1987-W Proof	‹3›	651,659	$200./$225.
1988 Olympic Games silver dollar			Patricia L. Verani/Sherl J. Winter
1988-D Unc.	‹3›	191,368	$22./$27.
1988-S Proof	‹3›	1,359,366	$23./$29.
1988 Olympic Games gold $5 half eagle			Elizabeth Jones/Marcel Jovine
1988-W Unc.	‹3›	62,913	$200./$225.
1988-W Proof	‹3›	281,465	$205./$235.
Congress Bicentennial silver half dollar			Patricia L. Verani/William Woodward
1989-D Unc.	‹3›	163,753	$5.00/$6.00
1989-S Proof	‹3›	767,897	$7.00/$8.00

Commemorative			Designer
Date	Footnotes	Final Mintage	Pre-Issue/ Regular Price
Congress Bicentennial silver dollar			**William Woodward**
1989-D Unc.	‹3›	135,203	$23./$26.
1989-S Proof	‹3›	762,198	$25./$29.
Congress Bicentennial gold $5 half eagle			**John Mercanti**
1989-W Unc.	‹3›	46,899	$185./$200.
1989-W Proof	‹3›	164,690	$195./$215.
Eisenhower Birth Centennial silver dollar			**John Mercanti/Marcel Jovine**
1990-W Unc.	‹3›	241,669	$23./$26.
1990-P Proof	‹3›	1,144,461	$25./$29.
Mount Rushmore 50th Anniversary silver half dollar			**Marcel Jovine/T. James Ferrell**
1991-D Unc.	‹3›	172,754	$6.00/$7.00
1991-S Proof	‹3›	753,257	$8.50/$9.50
Mount Rushmore 50th Anniversary silver dollar			**Marika Somogyi/Frank Gasparro**
1991-P Unc.	‹3›	133,139	$23./$26.
1991-S Proof	‹3›	738,419	$28./$31.
Mount Rushmore 50th Anniversary gold $5 half eagle			**John Mercanti/Robert Lamb**
1991-W Unc.	‹3›	31,959	$185./$210.
1991-W Proof	‹3›	111,991	$195./$225.
Korean War Memorial silver dollar			**John Mercanti/T. James Ferrell**
1991-D Unc.	‹3›	213,049	$23./$26.
1991-P Proof	‹3›	618,488	$28./$31.
USO 50th Anniversary silver dollar			**Robert Lamb/John Mercanti**
1991-D Unc.	‹3›	124,958	$23./$26.
1991-S Proof	‹3›	321,275	$28./$31.
1992 Olympics copper-nickel clad half dollar			**William Cousins/Steven Bieda**
1992-P Unc.	‹3›	161,607	$6.00/$7.50
1992-S Proof	‹3›	519,645	$8.50/$9.50
1992 Olympics silver dollar			**John R. Deecken/Marcel Jovine**
1992-D Unc.	‹3›	187,552	$24./$29.
1992-S Proof	‹3›	504,505	$28./$32.
1992 Olympics gold $5 half eagle			**Jim Sharpe/Jim Peed**
1992-W Unc.	‹3›	27,732	$185./$215.
1992-W Proof	‹3›	77,313	$195./$230.
White House Bicentennial silver dollar			**Edgar Z. Steever IV/Chester Y. Martin**
1992-D Unc.	‹3›	123,803	$23./$28.
1992-W Proof	‹3›	375,851	$28./$32.
Columbus Quincentenary copper-nickel clad half dollar			**T. James Ferrell**
1992-D Unc.	‹3›	135,702	$6.50/$7.50
1992-S Proof	‹3›	390,154	$8.50/$9.50
Columbus Quincentenary silver dollar			**John M. Mercanti/Thomas D. Rogers Sr.**
1992-D Unc.	‹3›	106,949	$23./$28.
1992-P Proof	‹3›	385,241	$27./$31.
Columbus Quincentenary gold $5 half eagle			**T. James Ferrell/Thomas D. Rogers Sr.**
1992-W Unc.	‹3›	24,329	$180./$210.
1992-W Proof	‹3›	79,730	$190./$225.
Bill of Rights/Madison silver half dollar			**T. James Ferrell/Dean E. McMullen**
1993-W Unc.	‹3›	193,346	$9.75/$11.50
1993-S Proof	‹3›	586,315	$12.50/$13.50
Bill of Rights/Madison silver dollar			**William J. Krawczewicz/Dean E. McMullen**
1993-D Unc.	‹3›	98,383	$22./$27.
1993-S Proof	‹3›	534,001	$25./$29.
Bill of Rights/Madison gold $5 half eagle			**Scott R. Blazek/Joseph D. Pena**
1993-W Unc.	‹3›	23,266	$175./$205.

Commemorative			Designer
Date	Footnotes	Final Mintage	Pre-Issue/ Regular Price
1993-W Proof	‹3›	78,651	$185./$220.
World War II 50th Anniversary copper-nickel clad half dollar			George Klauba/ Bill J. Leftwich
1991-1995-P Unc. (1993)	‹4, 3›	197,072	$8.00/$9.00
1991-1995-S Proof (1993)	‹4, 3›	317,396	$9.00/$10.
World War II 50th Anniversary silver dollar			Thomas D. Rogers Sr.
1991-1995-D Unc. (1993)	‹4, 3›	107,240	$23./$28.
1991-1995-W Proof (1993)	‹4, 3›	342,041	$27./$31.
World War II 50th Anniversary gold $5 half eagle			Charles J. Madsen/ Edward Southworth Fisher
1991-1995-W Unc. (1993)	‹4, 3›	23,672	$170./$200.
1991-1995-W Proof (1993)	‹4, 3›	67,026	$185./$220.
Thomas Jefferson 250th Anniversary silver dollar			James Ferrell
1743-1993-P Unc. (1994)	‹5, 3›	266,927	$27./$32.
1743-1993-S Proof (1994)	‹5, 3›	332,891	$31./$35.
World Cup Soccer copper-nickel clad half dollar		Richard T. LaRoche/Dean E. McMullen	
1994-D Unc.	‹3›	168,208	$8.75/$9.50
1994-P Proof	‹3›	609,354	$9.75/$10.50
World Cup Soccer silver dollar			Dean E. McMullen
1994-D Unc.	‹3›	81,524	$23./$28.
1994-S Proof	‹3›	577,090	$27./$31.
World Cup Soccer gold $5 half eagle		William J. Krawczewicz/Dean E. McMullen	
1994-W Unc.	‹3›	22,447	$170./$200.
1994-W Proof	‹3›	89,614	$185./$220.
Prisoner of War silver dollar		Tom Nielsen and Alfred Maletsky/Edgar Z. Steever IV	
1994-W Unc.	‹3›	54,790	$27./$32.
1994-P Proof	‹3›	220,100	$31./$35.
Vietnam Veterans Memorial silver dollar		John Mercanti/Thomas D. Rogers Sr.	
1994-W Unc.	‹3›	57,317	$27./$32.
1994-P Proof	‹3›	226,262	$31./$35.
Women in Military Service silver dollar		T. James Ferrell/Thomas D. Rogers Sr.	
1994-W Unc.	‹3›	53,054	$27./$32.
1994-P Proof	‹3›	213,201	$31./$35.
U.S. Capitol Bicentennial silver dollar		William C. Cousins/John Mercanti	
1994-D Unc.	‹3›	68,332	$32./$37.
1994-S Proof	‹3›	279,579	$36./$40.
Civil War Battlefields copper-nickel clad half dollar		Don Troiani/T. James Ferrell	
1995-S Unc.	‹3›	113,045	$9.50/$10.25
1995-S Proof	‹3›	326,801	$10.75/$11.75
Civil War Battlefields silver dollar			Don Troiani/John Mercanti
1995-P Unc.	‹3›	51,612	$27./$29.
1995-S Proof	‹3›	327,686	$30./$34.
Civil War Battlefields gold $5 half eagle			Don Troiani/Alfred Maletsky
1995-W Unc.	‹3›	12,623	$180./$190.
1995-W Proof	‹3›	54,915	$195./$225.
Special Olympics World Games silver dollar		Jamie Wyeth and T. James Ferrell/ Thomas D. Rogers Sr.	
1995-W Unc.	‹3, 6›	89,298	$29./$31.
1995-P Proof	‹3, 6›	352,449	$31./$35.
Atlanta Olympic Games copper-nickel clad half dollar		Clint Hansen/T. James Ferrell	
1995-S Basketball Unc.	‹7›	169,527	$10.50/$11.50
1995-S Basketball Proof	‹7›	170,733	$11.50/$12.50

Date	Footnotes	Final Mintage	Designer Pre-Issue/ Regular Price
Atlanta Olympic Games copper-nickel clad half dollar			Edgar Z. Steever IV/ T. James Ferrell
1995-S Baseball Unc. ‹7›		164,759	$10.50/$11.50
1995-S Baseball Proof ‹7›		119,396	$11.50/$12.50
Atlanta Olympic Games silver dollar			Jim Sharpe/William Krawczewicz
1995-D Gymnastics Unc.‹7›		43,003	$27.95/$31.95
1995-S Gymnastics Proof‹7›		185,158	$30.95/$34.95
Atlanta Olympic Games silver dollar			John Mercanti/William Krawczewicz
1995-D Cycling Unc. ‹7›		20,122	$27.95/$31.95
1995-S Cycling Proof ‹7›		127,465	$30.95/$34.95
Atlanta Olympic Games silver dollar			John Mercanti/William Krawczewicz
1995-D Track & Field Unc. ‹7›		25,425	$27.95/$31.95
1995-S Track & Field Proof ‹7›		143,304	$30.95/$34.95
Atlanta Olympic Games silver dollar			Jim Sharpe/William Krawczewicz
1995-D Paralympic, blind runner Unc. ‹7›		29,015	$27.95/$31.95
1995-S Paralympic, blind runner Proof ‹7›		139,831	$30.95/$34.95
Atlanta Olympic Games gold $5 half eagle			Frank Gasparro
1995-W Torch Runner gold Unc. ‹7›		14,817	$229./$249.
1995-W Torch Runner gold Proof ‹7›		57,870	$239./$259.
Atlanta Olympic Games gold $5 half eagle			Marcel Jovine/Frank Gasparro
1995-W Atlanta Stadium gold Unc. ‹7›		10,710	$229./$249.
1995-W Atlanta Stadium gold Proof ‹7›		43,399	$239./$259.
Atlanta Olympic Games copper-nickel clad half dollar			William Krawczewicz/ Malcolm Farley
1996-S Swimming clad Unc. ‹7›		50,077	$10.50/$11.50
1996-S Swimming clad Proof ‹7›		114,890	$11.50/$12.50
Atlanta Olympic Games copper-nickel clad half dollar			Clint Hansen/Malcolm Farley
1996-S Soccer clad Unc. ‹7›		53,176	$10.50/$11.50
1996-S Soccer clad Proof ‹7›		123,860	$11.50/$12.50
Atlanta Olympic Games silver dollar			Jim Sharpe/Thomas D. Rogers Sr.
1996-D Tennis Unc. ‹7›		16,693	$27.95/$31.95
1996-S Tennis Proof ‹7›		93,880	$30.95/$34.95
Atlanta Olympic Games silver dollar			Bart Forbes/Thomas D. Rogers Sr.
1996-D Rowing Unc. ‹7›		16,921	$27.95/$31.95
1996-S Rowing Proof ‹7›		155,543	$30.95/$34.95
Atlanta Olympic Games silver dollar			Calvin Massey/Thomas D. Rogers Sr.
1996-D High Jump Unc.‹7›		16,485	$27.95/$31.95
1996-S High Jump Proof‹7›		127,173	$30.95/$34.95
Atlanta Olympic Games silver dollar			Jim Sharpe/Thomas D. Rogers Sr.
1996-D Paralympic, wheelchair athlete Unc. ‹7›		15,325	$27.95/$31.95
1996-S Paralympic, wheelchair athlete Proof ‹7›		86,352	$30.95/$34.95
Atlanta Olympic Games gold $5 half eagle			Frank Gasparro/William Krawczewicz
1996-W Olympic Flame brazier Unc. ‹7›		9,453	$229./$249.
1996-W Olympic Flame brazier Proof ‹7›		38,871	$239./$259.
Atlanta Olympic Games gold $5 half eagle			Patricia L. Verani/William Krawczewicz
1996-W Flag Bearer Unc. ‹7›		9,397	$229./$249.
1996-W Flag Bearer Proof ‹7›		33,214	$239./$259.
National Community Service silver dollar			Thomas D. Rogers Sr./William C. Cousins
1996-P Unc. ‹3›		23,463	$30./$32.
1996-S Proof ‹3›		100,749	$33./$37.
Smithsonian 150th Anniversary silver dollar			Thomas D. Rogers/John Mercanti
1996-P Unc. ‹3›		31,320	$30./$32.
1996-S Proof ‹3›		129,152	$33./$37.

Date	Footnotes	Final Mintage	Pre-Issue/ Regular Price
Commemorative			Designer
Smithsonian 150th Anniversary gold $5 half eagle		Alfred Maletsky/T. James Ferrell	
1996-W Unc.	‹3›	9,068	$180./$205.
1996-W Proof	‹3›	21,772	$195./$225.
Botanic Garden silver dollar		Edgar Z. Steever IV/William C. Cousins	
1997-P Unc.	‹3›	83,505	$30./32.
1997-P Proof	‹3›	269,843	$33./37.
Franklin Delano Roosevelt gold $5 half eagle		T. James Ferrell/Jim Peed	
1997-W Unc.	‹3›	11,887	$180/$205.
1997-W Proof	‹3›	29,417	$195/$225.
National Law Enforcement Officers Memorial silver dollar		Alfred Maletsky	
1997-P Unc.	‹3›	28,575	$30./32.
1997-P Proof	‹3›	110,428	$32./37.
Jackie Robinson silver dollar		Al Maletsky/T. James Ferrell	
1997-S Unc.	‹3›	30,180	$30./32.
1997-S Proof	‹3›	110,002	$33./37.
Jackie Robinson gold $5 half eagle		William C. Cousins/Jim Peed	
1997-W Unc.	‹3›	5,174	$180./205.
1997-W Proof	‹3›	24,072	$195./225.
Robert F. Kennedy silver dollar		Thomas D. Rogers/Jim Peed	
1998-S Unc.	‹3›	106,422	$30./32.
1998-S Proof	‹3›	99,020	$33./37.
Black Revolutionary War Patriots silver dollar		John Mercanti/Ed Dwight	
1998-S Unc.	‹3›	37,210	$30./32.
1998-S Proof	‹3›	75,070	$33./37.
Dolley Madison silver dollar		Tiffany & Co.	
1999-W Unc.	‹3›	89,104	$30./32.
1999-W Proof	‹3›	224,403	$33./37.
George Washington Death Bicentennial gold $5 half eagle		Laura Gardin Fraser*	
1999-W Unc.	‹3›	22,511	$180./205.
1999-W Proof	‹3›	41,693	$195./225.
Yellowstone National Park 125th Anniversary silver dollar		Edgar Z. Steever IV/ William C. Cousins	
1999-P Unc.	‹3›	23,614	$30./32.
1999-P Proof	‹3›	128,646	$32./37.
Library of Congress Bicentennial silver dollar		Thomas D. Rogers Sr./John Mercanti	
2000-P Unc.	‹3›	52,771	$25./27.
2000-P Proof	‹3›	196,900	$28./32.
Library of Congress Bicentennial bimetallic (platinum/gold) $10 eagle		John Mercanti/ Thomas D. Rogers Sr.	
2000-W Unc.	‹3›	6,683	$380./405.
2000-W Proof	‹3›	27,167	$395./425.
Leif Ericson Millennium silver dollar		John Mercanti/T. James Ferrell	
2000-P Unc.	‹3›	28,150	$30./3.2
2000-P Proof	‹3›	144,748	$32./37.
Capitol Visitor Center copper-nickel clad half dollar		Dean McMullen/ Alex Shagin and Marcel Jovine	
2001-P Unc.	‹3, 9›	79,670	$8.75/9.75, $7.75/8.50
2001-P Proof	‹3, 9›	77,240	$11.25/12., $10.75/11.50
Capitol Visitor Center silver dollar		Marika Somogyi/John Mercanti	
2001-P Unc.	‹3, 9›	35,500	$30./32., $27./29.
2001-P Proof	‹3, 9›	141,425	$33./37., $29./33.
Capitol Visitor Center gold $5 half eagle		Elizabeth Jones	
2001-W Unc.	‹3, 9›	6,750	$180./205., $175./200.
2001-W Proof	‹3, 9›	26,815	$195./225., $177./207.

Date	Footnotes	Final Mintage	Pre-Issue/ Regular Price
Commemorative			**Designer**
American Buffalo silver dollar			James Earle Fraser
2001-D Unc.	‹3›	227,080	$30./32.
2001-P Proof	‹3›	272,785	$33./37.
U.S. Military Academy Bicentennial silver dollar			T. James Ferrell/John Mercanti
2002-W Unc.	‹3›	103,201	$30./32.
2002-W Proof	‹3›	288,293	$33./37.
Salt Lake City Olympic Games silver dollar			John Mercanti/Donna Weaver
2002-P Unc.	‹3›	40,257	$30./32.
2002-P Proof	‹3›	166,864	$33./37.
Salt Lake City Olympic Games gold $5 half eagle			Donna Weaver/Norman E. Nemeth
2002-W Unc.	‹3›	10,585	$180./205.
2002-W Proof	‹3›	32,877	$195./225.
First Flight Centennial copper-nickel half dollar			John Mercanti/Donna Weaver
2003-P Unc.	‹3›	57,122	$9.75/10.75
2003-P Proof	‹3›	109,710	$12.50/13.50
First Flight Centennial silver dollar			T. James Ferrell/ Norman E. Nemeth
2003-P Unc.	‹3›	53,533	$31./33.
2003-P Proof	‹3›	190,240	$33./37.
First Flight Centennial gold $10 eagle			Donna Weaver
2003-W Unc.	‹3›	10,009	$340./365.
2003-W Proof	‹3›	21,676	$350./375.
Thomas Alva Edison silver dollar			Donna Weaver/John Mercanti
2004-P Unc.	‹3›	92,150	$31./33.
2004-P Proof	‹3›	211,055	$33./37.
Lewis and Clark Expedition Bicentennial silver dollar			Donna Weaver
2004-P Unc.	‹3›	142,015	$33./35.
2004-P Proof	‹3›	351,989	$35./39.
Chief Justice John Marshall silver dollar			John Mercanti/Donna Weaver
2005-P Unc.	‹3›	67,096	$33./35.
2005-P Proof	‹3›	196,753	$35./39.
Marine Corps 230th Anniversary silver dollar			Norman E. Nemeth/Charles L. Vickers
2005-P Unc.	‹3›	49,671	$33./35.
2005-P Proof	‹3›	548,810	$35./39.
Benjamin Franklin Tercentenary, Scientist silver dollar			Norman E. Nemeth/ Charles L. Vickers
2006-P Unc.	‹3›	111,956	$33./35.
2006-P Proof	‹3›	137,808	$35./39.
Benjamin Franklin Tercentenary, Founding Father silver dollar			Donald Everhart II/ Donna Weaver
2006-P Unc.	‹3›	64,014	$33./35.
2006-P Proof	‹3›	184,489	$35./39.
San Francisco Old Mint silver dollar			Sheri Joseph Winter/George T. Morgan
2006-S Unc.	‹3›	65,609	$33./35.
2006-S Proof	‹3›	255,700	$35./39.
San Francisco Old Mint gold $5 half eagle			Charles L. Vickers/Various
2006-S Unc.	‹3›	16,149	$220./245.
2006-S Proof	‹3›	41,517	$230./255.
Jamestown 400th Anniversary silver dollar			Donna Weaver/Susan Gamble
2007-P Unc.	‹3›	79,801	$33./35.
2007-P Proof	‹3›	258,802	$35./39.
Jamestown 400th Anniversary gold $5 half eagle			John Mercanti/Susan Gamble
2007-W Unc.	‹3›	18,843	$220./245.
2007-W Proof	‹3›	47,050	$230./255.

Commemorative		Final	Designer Pre-Issue/
Date	Footnotes	Mintage	Regular Price
Little Rock Central High School Desegregation silver dollar			Richard Masters/ Don Everhart
2007-P Unc.	‹3›	66,093	$33./35.
2007-P Proof	‹3›	124,678	$35./39.
Bald Eagle copper-nickel clad half dollar			Susan Gamble/Donna Weaver
2008-S Unc.	‹3›	120,180	$7.95/8.95
2008-S Proof	‹3›	220,577	$9.95/10.95
Bald Eagle silver dollar			Joel Iskowitz/James Licaretz
2008-P Unc.	‹3›	119,204	$35.95/37.95
2008-P Proof	‹3›	294,601	$39.95/43.95
Bald Eagle gold $5 half eagle			Susan Gamble/Don Everhart
2008-W Unc.	‹3›	15,009	$284.95/309.95
2008-W Proof	‹3›	59,269	$294.95/319.95
Abraham Lincoln Birth Bicentennial silver dollar			Justin Kunz/Phebe Hemphill
2009-P Unc.	‹3›	127,710	$31.95/33.95
2009-P Proof	‹3›	372,224	$37.95/41.95
Louis Braille Birth Bicentennial silver dollar			Joel Iskowitz/Susan Gamble
2009-P Unc.	‹3,11›	85,661	$31.95/33.95
2009-P Proof	‹3›	136,048	$31.95/33.95
Boy Scouts of America Centennial silver dollar			Donna Weaver/James Licaretz
2010-P Unc.	‹3,10›	105,000	$33.95/35.95
2010-P Proof	‹3,10›	245,000	$39.95/43.95
American Veterans Disabled for Life silver dollar			Donald Everhart II/Thomas Cleveland
2010-W Unc.	‹3,10›	77,859	$33.95/35.95
2010-W Proof	‹3,10›	189,881	$39.95/43.95
United States Army copper-nickel clad half dollar			Donna Weaver/Thomas Cleveland
2011-D Unc.	<3,10>	34,758	$15.95/19.95
2011-S Proof	<3,10>	60,022	$17.95/21.95
United States Army silver dollar			Richard Masters/Susan Gamble
2011-S Unc.	<3,10>	40,038	$49.95/54.95
2011-P Proof	<3,10>	104,692	$54.95/$59.95
United States Army gold $5 half eagle			Joel Iskowitz/Joseph F. Menna
2011-P Unc.	<3;10>	5,926	$439.95/444.95
2011-W Proof	<3,10>	15,591	$449.95/454.95
Medal of Honor silver dollar			James Licaretz/Richard Masters
2011-S Unc.	<3,10>	35,575	$49.95/54.95
2011-P Proof	<3,10>	90,815	$54.95/59.95
Medal of Honor gold $5 half eagle			Joseph F. Menna/Joel Iskowitz
2011-P Unc.	<3,10>	5,491	$439.95/444.95
2011-W Proof	<3,10>	14,311	$449.95/454.95

Notes

1. Prices for 1982 George Washington half dollar are for 1982 and 1983 to 1985.
2. Prices for 1983 to 1984 Olympic coins in some cases are first prices charged and do not reflect higher prices charged later.
3. Prices since 1986 are pre-issue/regular issue of single coins only. Most modern commemorative coin programs have offered various packaging options and combinations.
4. Although produced and sold in 1993, none of these coins actually carries the year of issue in its legends, in apparent violation of law. The anniversary dates 1991-1995 refer to the 50th anniversaries of the beginning and ending of United States involvement in World War II. More clearly, it would have been stated "1941-1991/1945-1995."
5. Although produced and sold in 1994, the coin does not carry the year of issue in its legends, in apparent violation of law. 1743 is the year of Jefferson's birth; 1993 is the 250th anniversary of that date.

6. The Special Olympics World Games silver dollar was offered "encapsulated only" without the usual presentation case. The case option was also available, at a slightly higher price.
7. Price options for individual coins. The coins were offered on a subscription basis from Dec. 2, 1994, through Feb. 3, 1995. The coins were then to be released four at a time—one gold, two silver, one clad—in February 1995, July 1995, January 1996 and sometime in the spring of 1996. Pre-issue prices and options were to be offered during the first few weeks of each release.
8. The designs are based on Fraser's submissions in the design contest for the 1932 Washington quarter dollar. The Commission of Fine Art recommended Fraser's designs but was overruled by the secretary of the Treasury, who selected the designs used from 1932 to 1998. A popular movement supporting Fraser's 1932 quarter dollar designs led to them being used on the 1999 gold $5 half eagle.
9. The Mint offered each coin in two packaging offerings (standard packaging with tray and sleeve for the gold and silver coins and Mylar and envelope for the half dollar, and encapsulated with mailer for all), each at pre-issue and regular prices. The different packaging options were designed to afford buyers a choice: the more elaborate and expensive package or the coin in less packaging at lower prices. Prices given are in this order: standard packaging pre-issue and regular, and mailer-only packaging at pre-issue and regular.
10. Not final mintage/sales figures; subject to change.
11. The Uncirculated coin was offered in special packaging that permitted the tactile features of the coin be felt by the blind or visually impaired.

Commemorative coin sets, 1982 to 2010

While the U.S. Mint has offered all commemorative coins issued since 1982 individually, it has also offered commemorative coins in various kinds of sets. What follows is a compilation of all official U.S. coin sets containing one or more commemorative coins. Sets are listed by program in a consistent manner: the type of set, its contents, the number of sets sold and its pre-issue and regular prices. Commemorative coins are identified by date and Mint (and design, if necessary), with compositional information provided. For Prestige Proof set listings, the first coins (limited to one or two pieces) are the commemoratives, following by a brief description of the other coins contained within the set. Certain commemorative sets contained collectibles other than coins; those contents are also identified as fully as possible.

Sales figures provided are as accurate as possible, but may differ slightly from figures published in other unofficial sources for several reasons. United States Mint officials have not always provided final, audited sales figures by options for the various commemorative coin programs. For some programs, the sales totals reported represent those figures provided by the Mint after the close of a program but before final auditing was completed (generally, the differences in final sales and final audited sales are slight).

For multiple Young Collector's Editions or limited edition sets reported as sold out, we provide the maximum number available (usually 50,000); final, audited sales may be slightly smaller due to returns and other sales cancellations.

Multiple sources were use in compiling this list.

1983–1984 Los Angeles Summer Olympics

	Number Sold	Issue Price
Three-coin Uncirculated dollar set; 1983: 1983-P, 1983-D, 1983-S silver $1s	174,014	$89.00/$100
Three-coin Uncirculated silver and gold set, 1983 and 1984: 1983-P $1, 1984-P $1; 1984-W gold $10	29,974	$395
Six-coin silver $1 and gold $10 set, 1983 and 1984: Uncirculated 1983-P, 1983-S, 1984-P, 1984-S silver $1s; Uncirculated 1984-W and Proof 1984-P gold $10, housed in cherry wood box	8,926	$805
Three-coin Proof silver $1 and gold $10 set, 1983 and 1984: 1983-S, 1984-S $1s; 1984-W $10	260,083	$352/$416
Three-coin Coliseum Proof set, 1983 and 1984: 1983-S, 1984-S $1s; 1984-S $10; sold at the Olympic Games	4,000	?
Two-coin Proof dollar set, 1983 and 1984: 1983-S, 1984-S $1s	386,809	$48.00/$58.00
Three-coin Uncirculated dollar set, 1984: 1984-P, 1984-D, 1984-S silver $1s	116,675	$89.00/$100
1983 Prestige Proof set: 1983-S silver $1; regular Proof 1983-S coins, 1¢ to 50¢	140,361	$59.00
1984 Prestige Proof set: 1984-S silver $1; regular Proof 1984-S coins, 1¢ to 50¢	316,680	$59.00
Philatelic-numismatic combination: Proof 1983-S $1, housed in cacheted envelope, postmarked June 28, 1983, at the Benjamin Franklin Station, Philadelphia, and sold over the counter there	290	$35.18

1986 Statue of Liberty

	Number Sold	Issue Price
Two-coin Uncirculated set: 1986-D copper-nickel clad 50¢; 1986-P silver $1	172,033	$25.50/$28.00
Three-coin Uncirculated set: 1986-D 50¢, 1986-P $1, 1986-W $5	49,406	$165/$193
Two-coin Proof set: 1986-S copper-nickel clad 50¢; 1986-S silver $1	3,510,776	$29.00/$31.50
Three-coin Proof set: 1986-S copper-nickel clad 50¢; 1986-S silver $1, 1986-W gold $5	343,345	$175/$206.50
Six-coin Uncirculated and Proof set: one of each coin	39,101	$375/$439.50
1986 Prestige Proof set: 1986-S 50¢, $1; regular Proof 1986-S coins, 1¢ to 50¢	599,317	$48.50

1987 Constitution Bicentennial

	Number Sold	Issue Price
Two-coin Uncirculated set: 1987-P silver $1, 1987-W gold $5	79,688	$217/$240
Two-coin Proof set: 1987-S silver $1, 1987-W gold $5	443,75	$220/$250
Four-coin Uncirculated and Proof set: one of each coin in a mahogany wood case	89,258	$465/$525
1987 Prestige Proof set: 1987-S silver dollar, regular Proof 1987-S coins, 1¢ to 50¢	435,495	$41.00/$45.00

1988 Seoul Winter Olympics

	Number Sold	Issue Price
Two-coin Uncirculated set: 1988-D silver $1, 1988-W gold $5	38,971	$220/$250
Two-coin Proof set: 1988-S silver $1, 1988-W gold $5	225,534	$225/$260
Four-coin Uncirculated and Proof set: one of each coin in a special case	13,313	$485/$550
1988 Prestige Proof set: 1988-S silver $1; regular Proof 1988-S coins, 1¢ to 50¢	231,661	$41.00/$45.00

1989 Congress Bicentennial

	Number Sold	Issue Price
Two-coin Uncirculated set: 1989-D silver 50¢, 1989-D silver $1	57,054	$27.00/$29.50
Three-coin Uncirculated set: 1989-D silver 50¢, 1989-D silver dollar, 1989-W gold $5	15,940	$205/$225

	Number Sold	Issue Price
Two-coin Proof set: 1989-S silver 50¢, 1989-S silver $1	269,550	$31.50/$34.00
Three-coin Proof set: 1989-S silver 50¢, 1989-S silver $1, 1989-W gold $5	110,796	$220/$245
Six-coin Uncirculated and Proof set: one of each coin in cherrywood case	24,967	$435/$480
1989 Prestige Proof set: 1989-S silver 50¢, $1; regular Proof 1989-S coins, 1¢ to 50¢	211,807	$49.00/$52.00

1990 Dwight D. Eisenhower Centennial

	Number Sold	Issue Price
1990 Prestige Proof set: 1990-P silver $1; regular Proof 1990-S coins, 1¢ to 50¢	506,126	$46.00

1991 Mount Rushmore

	Number Sold	Issue Price
Two-coin Uncirculated set: 1991-D copper-nickel clad 50¢, 1991-P silver $1	65,410	$27.00/$30.00
Three-coin Uncirculated set: 1991-D copper-nickel clad 50¢, 1991-P silver $1, 1991-W gold $5	10,051	$210/$235
Two-coin Proof set: 1991-S copper-nickel clad 50¢, 1991-S silver $1	250,348	$35.00/$38.00
Three-coin Proof set: 1991-S 50¢, 1991-S $1, 1991-W gold $5	70,474	$225/$255
Six-coin Uncirculated and Proof set: one of each coin	18,039	$445/$490
1991 Prestige Proof set: 1991-S 50¢, 1991 $1; regular Proof 1991-S coins, 1¢ to 50¢	256,954	$49.00$55.00

1992 Christopher Columbus Quincentennial

	Number Sold	Issue Price
Two-coin Uncirculated set: 1992-D copper-nickel clad 50¢, 1992-D silver $1	56,676	$27.00/$32.00
Three-coin Uncirculated set: 1992-D 50¢, 1992-D $1, 1992-W gold $5	8,972	$205/$230
Two-coin Proof set: 1992-S 50¢, 1992-P $1	226,351	$34.00/$38.00
Three-coin Proof set: 1992-S 50¢, 1992-P $1, 1992-W $5	55,867	$220/$250
Six-coin Uncirculated and Proof set: one of each coin	12,489	$445/$495

1992 XXV Olympiad

	Number Sold	Issue Price
Two-coin Uncirculated set: 1992-P 50¢, 1992-D $1	83,408	$28.00/$33.00
Three-coin Uncirculated set: 1992-P 50¢, 1992-D $1, 1992-W $5	9,724	$210/$235
Two-coin Proof set: 1992-S copper-nickel clad 50¢, 1992-S silver $1	168,234	$35.00/$39.00
Three-coin Proof set: 1992-S 50¢, 1992-S $1, 1992-W gold $5	47,408	$225/$255
Six-coin Uncirculated and Proof set: one of each	15,246	$445/$495
1992 Prestige Proof set: 1992-S 50¢, 1992-S $1; regular Proof 1992-S coins, 1¢ to 50¢	183,285	$49.00/$56.00

1993 Bill of Rights/James Madison

	Number Sold	Issue Price
Two-coin Uncirculated set: 1993-W silver 50¢, 1993-D silver $1	50,766	$31.00/$36.00
Three-coin Uncirculated set: 1993-W 50¢, 1993-D $1, 1993-W gold $5	7,947	$205/$230
Two-coin Proof set: 1993-S 50¢, 1993-S silver $1	168,081	$35.00/$39.00
Three-coin Proof set: 1993-S 50¢, 1993-S $1, 1993-W $5	49,617	$214/$245
Six-coin Uncirculated and Proof set: one of each coin	10,819	$445/$495
Young Collector's Edition set: Uncirculated 1993-W 50¢ in special educational packaging	53,806	$9.75/$11.50

	Number Sold	Issue Price
Coin and medal set: Uncirculated 1993-W 50¢; bronze James Madison presidential medal	49,782	$13.50/$14.50
Coin and stamp set: Proof 1993-S 50¢; 1989 25-cent Drafting of the Bill of Rights U.S. stamp (first offered to customers whose orders for Young Collector's Edition and coin and medal set could not be filled due to sellouts)	49,926	$14.50
1993 Prestige Proof set: Proof 1993-S 50¢, 1993-S $1; regular Proof 1993-S coins, 1¢ to 50¢	232,063	$51.00/$57.00

1993 World War II (anniversary dates 1991-1995 but no date of issue on coin; released in 1993)	Number Sold	Issue Price
Two-coin Uncirculated set: 1993-P copper-nickel clad 50¢; 1993-D silver $1	48,804	$28.00/$32.00
Three-coin Uncirculated set: 1993-P 50¢, 1993-D $1, 1993-W gold $5	9,707	$195/$220
Two-coin Proof set: 1993-P 50¢, 1993-W $1	200,457	$34.00/$38.00
Three-coin Proof set: 1993-P 50¢, 1993-W $1, 1993-W $5	46,950	$215/$245
Six-coin set: one of each coin	10,236	$435/$485
Young Collector's Edition set: 1993-P 50¢ in special packaging	46,849	$9.50/$11.50
Victory set: Uncirculated 1993-D $1; 1993 French World War II commemorative silver 1-franc coin	?	$69.95
Victory medal set: Uncirculated 1993-P 50¢; reproduction of World War II Victory Medal	49,781	$11.50/$13.50
Three-country silver set: Proof 1993-W $1, 1994 British D-Day invasion anniversary 50-pence coin, 1993 French D-Day anniversary silver 1-franc coin, sold by British Royal Mint through arrangement with U.S. Mint and Monnaie de Paris	?	$145
Three-country gold set: Proof 1993-W $5, 1994 British D-Day invasion anniversary 50-pence coin, 1993 French D-Day anniversary silver 1-franc coin, sold by British Royal Mint through arrangement with U.S. Mint and Monnaie de Paris	?	$1,350
Three-piece set: 1993-P silver $1; Matte Finish 1994-P 5¢; Series 1976 $2 note	167,703	$34.00/$39.00

1994 World Cup Soccer	Number Sold	Issue Price
Two-coin Uncirculated set: 1994-D copper-nickel clad 50¢, 1994-D silver $1	30,464	$28.00/$32.00
Three-coin Uncirculated set: 1994-D 50¢, 1994-D $1, 1994-W gold $5	7,149	$195/$220
Two-coin Proof set: 1994-P 50¢, 1994-S $1	148,295	$34.00/$38.00
Three-coin Proof set: 1994-P 50¢, 1994-S $1, 1994-W $5	54,681	$215/$245
Six-coin set: one of each coin	12,000	$435/$485
Young Collector's Edition: Uncirculated 1994-D 50¢ in special packaging	49,999	$10.50/$12.00
Special Edition set: Proof 1994-P 50¢, 1994-S $1 in special packaging	43,106	$33.00/$37.00
1994 Prestige Proof set: Proof 1994-P 50¢, 1994-S $1; regular Proof 1994-S coins, 1¢ to 50¢, five pieces	175,893	$49./56.00

One-coin Host City Venue Packages: Proof 1994-P 50¢; packaging with panoramic portrait of the host city skyline along with facts about the city and stadium, team highlights, past champions and a match schedule and scorecard, housed in a compact disc type plastic holder; packaging different for each host city:

Boston	$17.00
Chicago	$17.00
Dallas	$17.00
Detroit	$17.00
Los Angeles	$17.00
New York	$17.00
Orlando	$17.00
San Francisco	$17.00
Washington, D.C.	$17.00

Boston	1,167
Chicago	1,423
Dallas	1,267
Detroit	1,565
Los Angeles	1,255
New York	1,347
Orlando	1,162
San Francisco	1,161
Washington, D.C.	2,116

Two-coin Host City Venue Packages: Proof 1994-P 50¢, 1994-S $1; packaging with panoramic portrait of the host city skyline along with facts about the city and stadium, team highlights, past champions and a match schedule and scorecard, housed in a compact disc type plastic holder; packaging different for each host city:

Boston	$42.00
Chicago	$42.00
Dallas	$42.00
Detroit	$42.00
Los Angeles	$42.00
New York	$42.00
Orlando	$42.00
San Francisco	$42.00
Washington, D.C.	$42.00

Boston	1,132
Chicago	1,340
Dallas	1,180
Detroit	2,301
Los Angeles	1,544
New York	1,657
Orlando	1,638
San Francisco	1,295
Washington, D.C.	1,873

Striker Commemorative Coin set: Proof 1994-P 50¢, 1994-S $1, in packaging with information about World Cup and an image of Striker, the World Cup mascot — $37.00 — 5,198

Victory Ribbon half dollar set: Uncirculated 1994-D 50¢ mounted in a nickel-plated bezel and suspended from a red-white-and-blue ribbon for presentation — $15.00 — 1,542

Victory Ribbon dollar set: Uncirculated 1994-D $1 mounted in a nickel-plated bezel and suspended from a red-white-and-blue ribbon for presentation — $36.00 — 751

Money clip, half dollar: Uncirculated 1994-D 50¢ mounted in a nickel-plated money clip — $17.00 — 1,628

Money clip, dollar: Uncirculated 1994-D $1 mounted in a nickel-plated money clip — $38.00 — 1,595

Key chain, half dollar: Uncirculated 1994-D 50¢ mounted in a nickel-plated key chain — $16.00 — 1,242

Key chain, dollar: Uncirculated 1994-D $1 mounted in a nickel-plated key chain — $37.00 — 2,332

1994 U.S. Veterans	Number Sold	Issue Price
Three-coin Uncirculated set: 1994-W POW, Vietnam, Women in Military silver $1s	42,684	$75.00/$87.00
Three-coin Proof set: 1994-P POW, Vietnam, Women in Military silver $1s	190,811	$79.00/$91.00

1995 Civil War Battlefield Preservation	Number Sold	Issue Price
Two-coin Uncirculated set: 1995-S copper-nickel clad 50¢, 1995-P silver $1	22,647	$33.00/$36.00
Three-coin Uncirculated set: 1995-S 50¢, 1995-P $1, 1995-W gold $5	5,126	$205/$230
Two-coin Proof set: 1995-S 50¢, 1995-S $1	97,961	$38.00/$43.00
Three-coin Proof set: 1995-S 50¢, 1995-S $1, 1995-W $5	24,538	$225/$255
Six-coin Uncirculated and Proof set: one of each coin	5,509	$455/$490
Prestige Proof set: Proof 1995-S 50¢, 1995-S $1; regular Proof set, 1¢ to 50¢, five pieces	107,112	$55.00/$61.00
Young Collector's Edition: 1995-S 50¢ in special packaging	51,947	$11.50/$12.50
Two-coin Union set: Proof 1995-S 50¢, 1995-S $1; housed in faux Union box photo album	30,398	$49.00/$55.00
Three-coin Union set: Proof 1995-S 50¢, 1995-S $1, 1995-W $5; housed in faux Union box photo album	18,649	$240/$265
Proof $5 and framed print	159	?
Proof $1 and framed print	392	?
Proof 50¢ and framed print	334	?
Proof $5 and print—bugler	9	?
Proof $1 and print—wooden soldier	27	?
Proof 50¢ and print—drummer boy	44	?
Proof three-coin and three framed prints	279	?
Uncirculated 50¢ wrist watch	1,755	?
Uncirculated $1 pocket watch	828	?
Uncirculated 50¢ money clip	6,172	?

1995 Special Olympics	Number Sold	Issue Price
Two-coin Proof set: 1995-P Special Olympics silver $1, 1995-S Kennedy copper-nickel clad 50¢	2,887	$38.00

1995–1996 Atlanta Summer Olympics	Number Sold	Issue Price
Four-coin Proof set: 1995-S Basketball copper-nickel clad 50¢, 1995-P Gymnastics, Paralympics silver $1s, 1995-W Torch Bearer gold $5	18,889	$300/$325
Four-coin Uncirculated set: 1995-S Basketball 50¢, 1995-D Gymnastics, Paralympics $1s, 1995-W Torch Bearer $5	3,623	$285/$308
Two-coin Proof set: 1995-P Gymnastics, Paralympics $1s	35,484	$59.95/$66.95
Young Collector's Edition: Uncirculated 1995-S Basketball 50¢ in special packaging	49,395	$11.95/$13.95
Young Collector's Edition: Uncirculated 1995-S Baseball 50¢ in special packaging	50,533	$11.95/$13.95
Young Collector's Edition: Uncirculated 1996-S Swimming 50¢ in special packaging	26,119	$11.95/$13.95
Young Collector's Edition: Uncirculated 1996-S Soccer 50¢ in special packaging	29,762	$11.95/$13.95

Commemorative coins — 387

Item	Number Sold	Issue Price
Sixteen-coin Proof set by subscription: one of each coin in a cherrywood display case with the Great Seal of the United States laser-engraved on the top, discounted 7% from individual pre-issue prices	385	$1,162
Eight-coin Proof set by subscription: one of each silver $1 in a Georgia green leather-bound display case with silver-tone trim, discounted 7% from individual pre-issue prices	160	$237
32-coin Uncirculated and Proof set by subscription: one of each coin in a cherrywood display case with the Great Seal of the United States laser-engraved on the top, discounted 7% from individual pre-issue prices	4,187	$2,261
1996 Prestige Proof set: 1996-S Soccer 50¢; 1996-P Rowing $1; regular Proof 1996-S coins, 1¢ to 50¢	59,455	$55.00/$61.00
X-canceled die: Obverse die for Proof 1995-W Torch Runner gold $5	8	$49.00
X-canceled die: Obverse die for Proof 1995-W Atlanta Stadium gold $5	39	$49.00
X-canceled die: Reverse die for Proof 1995-W gold $5 (standard Eagle design)	39	$49.00
X-canceled die: Obverse die for Uncirculated 1995-W Torch Runner gold $5	19	$49.00
X-canceled die: Obverse die for Uncirculated 1995-W Atlanta Stadium gold $5	17	$49.00
X-canceled die: Reverse die for Uncirculated 1995-W gold $5 (standard Eagle design)	33	$49.00
X-canceled die: Obverse die for Proof 1995-P Blind Runner silver $1	205	$49.00
X-canceled die: Obverse die for Proof 1995-P Gymnastics silver $1	186	$49.00
X-canceled die: Obverse die for Proof 1995-P Cycling silver $1	207	$49.00
X-canceled die: Obverse die for Proof 1995-P Track and Field silver $1	220	$49.00
X-canceled die: Reverse die for Proof 1995-P silver $1 (standard Clasped Hands design)	375	$49.00
X-canceled die: Obverse die for Proof 1996-W Olympic Cauldron gold $5	60	$49.00
X-canceled die: Obverse die for Proof 1996-W Flag Bearer gold $5	30	$49.00
X-canceled die: Reverse die for Proof 1996-W gold $5 (standard Atlanta Centennial Olympic Games logo)	78	$49.00
X-canceled die: Obverse die for Uncirculated 1996-W Olympic Cauldron gold $5	13	$49.00
X-canceled die: Obverse die for Uncirculated 1996-W Flag Bearer gold $5	13	$49.00
X-canceled die: Reverse die for Uncirculated 1996-W gold $5 (standard Atlanta Centennial Olympic Games logo)	19	$49.00
X-canceled die: Obverse die for Proof 1996-W Wheelchair silver $1	135	$49.00
X-canceled die: Obverse die for Proof 1996-P Tennis silver $1	145	$49.00
X-canceled die: Obverse die for Proof 1996-P Rowing silver $1	143	$49.00
X-canceled die: Obverse die for Proof 1996-P High Jump silver $1	217	$49.00
X-canceled die: Reverse die for Proof 1996-P silver $1 (standard Atlanta Centennial Olympic Games logo design)	632	$49.00
Jesse Owens Medal / Uncirculated 1995 Olympic silver $1	839	?
Jesse Owens Medal / Proof 1995 Olympic silver $1	641	?

1996 National Community Service	Number Sold	Issue Price
Coin and stamp set: Proof 1996-S silver $1; 1940 3¢ Saint-Gaudens stamp	24,811	$40.00/$45.00

1996 Smithsonian Institution 150th Anniversary	Number Sold	Issue Price
Two-coin Proof set: 1996-P silver $1, 1996-W gold $5	12,647	$217/$240

	Number Sold	Issue Price
Four-coin Uncirculated and Proof set: one of each coin	4,918	$440/$475
Young Collector's Edition: Proof 1996-P $1 in special packaging	14,976	$35.00/$40.00
Uncirculated gold $5 pendant	470	?
Uncirculated gold $5 pendant with chain	801	?
Uncirculated silver $1 pocket watch	39	?
Uncirculated gold $5 pendant	6	?
Uncirculated gold $5 pendant in box with chain	4	?
Uncirculated silver $1 money clip	74	?

1997 U.S. Botanic Garden

	Number Sold	Issue Price
Coinage and Currency set: Uncirculated 1997-P silver $1; Matte Finish 1997-P 5¢; Series 1995 $1 note	24,931	$36.00/$41.00
Prestige Proof set: Proof 1997-P $1; regular Proof set, 1¢ to 50¢, five pieces	80,000	$44.00/$48.00

1997 Jackie Robinson

	Number Sold	Issue Price
Two-Proof set: 1997-S silver $1, 1997-W gold $5	7,239	$217/$240
Four-coin Uncirculated and Proof set: one of each coin	3,563	$425/$460
Legacy set: Proof 1997-W $5; reproduction of a Topps 1952 Robinson baseball card; 50th anniversary lapel pin	10,271	$311/$425

1997 Franklin D. Roosevelt

	Number Sold	Issue Price
Two-coin Uncirculated and Proof set: one each 1997-W gold $5	8,725	$350/$399
Lapel pin with Proof $5 in a 14-karat gold reeded bezel	224	$250/$275
Pendant with Proof $5 in a 14-karat gold reeded bezel	659	$240/$270
Pendant/chain with Proof $5 in a 14-karat gold reeded bezel and with a 14-karat 18-inch, mirror-box chain	665	$365/$390
Proof $5 in granite	97	?
Proof $5 leather stamp set	384	

1997 National Law Enforcement Officers Memorial

	Number Sold	Issue Price
Insignia set: Proof 1997-P silver $1; lapel pin; patch	19,045	$55.00
Sterling silver money clip with Uncirculated silver $1	3,439	$59.00

1998 Robert F. Kennedy

	Number Sold	Issue Price
Two-coin Collector Set: Uncirculated 1998-S silver $1; Matte Finish 1998-S John F. Kennedy 50¢	64,141	$59.95
Two-coin Uncirculated and Proof set: one each 1998-S silver $1	29,326	$59.95/$64.95

1998 Black Revolutionary War Patriots

	Number Sold	Issue Price
Two-coin Uncirculated and Proof set: one each 1998-S silver $1	17,170	$59.95/$64.95
Young Collector's Edition: Uncirculated 1998-S $1 in special informative packaging	9,062	$37.00/$40.00
Black Revolutionary War Patriots set: Proof 1998-S $1; four stamps	6,648	$79.00/$84.00

1999 Dolley Madison

	Number Sold	Issue Price
Two-coin Uncirculated and Proof set: one each 1999-P silver $1	66,156	$59.95/$64.95

1999 George Washington Death Bicentennial

	Number Sold	Issue Price
Two-coin Uncirculated and Proof set: one each 1999-W gold $5	17,412	$350/$399

1999 Yellowstone National Park

	Number Sold	Issue Price
Two-coin Uncirculated and Proof set: 2000-P, 2000-S silver $1s	58,949	$59.95/$64.95

2000 Leif Ericson Millennium

	Number Sold	Issue Price
Two-piece set: Proof 2000-P silver $1; Proof 2000 Icelandic silver 1,000-kronur coin	86,136	$63.00/$68.00

2001 American Buffalo

	Number Sold	Issue Price
Two-coin Uncirculated and Proof set: 2001-D, 2001-P silver $1s	120,705	$59.95
Coinage and Currency set: Uncirculated 2001-D $1; face plate print, 1899 $5 silver certificate 1987 Red Cloud 10¢ stamp; 2001 Bison 21¢ stamp	49,963	$54.95

2001 U.S. Capitol Visitor Center

	Number Sold	Issue Price
Three-coin Proof set: 2001-P copper-nickel clad 50¢; 2001-P silver $1; 2001-W gold $5	21,532	$250.00
Uncirculated Clad Collector set: Uncirculated clad 50¢ with historical information	31,256	$16.50/$17.50

2002 Salt Lake City Winter Olympic Games

	Number Sold	Issue Price
Two-coin Proof set: 2002-P silver $1, 2002-W gold $5	19,122	$210.00/$235.00
Four-coin Uncirculated and Proof set: one of each coin	4,869	$440.00/$475.00

2004 Thomas A. Edison

	Number Sold	Issue Price
Thomas Alva Edison Collectors set: Uncirculated 2004-P silver $1; display case with working light bulb replica	24,370	$49.95

2004 Lewis and Clark Bicentennial

	Number Sold	Issue Price
Coin and Pouch set: Proof 2004-P silver $1; hand-sewn pouch by artisans	48,835	$120.00
Coinage and Currency set: Uncirculated 2004-P $1; Uncirculated 2004-D Sacagawea $1; two Uncirculated 2004-D Westward Journey 5¢s; uniface replica of face of 1901 $10 United States note (Bison note); silver-plated bronze 1801 1.3125-inch Jefferson Indian peace medal replica; three Lewis and Clark Expedition stamps; two educational booklets	49,934	$90.00

2005 Chief Justice John Marshall

	Number Sold	Issue Price
Coin and Chronicles set: Uncirculated 2005-P silver $1s; intaglio print; educational booklet	18,065	$59.95
American Legacy Collection: Proof 2009-P Marshall $1; Proof U.S. Marines Corps 2009-P silver $1; one each regular Proof 2005-S coins, 1¢ to $1, 11 pieces	48,057	$135.00

	Number Sold	Issue Price
2005 Marine Corps 230th Anniversary		
Marine Coin and Stamp set: Uncirculated 2005-P $1; uncanceled 1945 3¢ Iwo Jima stamp	50,000	$40.00
American Legacy Collection: See John Marshall listing		
2006 Benjamin Franklin Tercentenary		
Coin and Chronicles set: Uncirculated 2006-P Scientist silver $1; four stamps; Poor Richard's Almanack reprint; intaglio print honoring Franklin's contribution to the drafting of the Declaration of Independence	50,000	$65.00
American Legacy Collection: Proof 2006-P Founding Father silver $1; Proof 2006-S San Francisco Old Mint silver $1; regular Proof 2006-S coins, 1¢ to $1	48,452	$135.00
2006 San Francisco Old Mint Centennial		
American Legacy Collection: See Benjamin Franklin listing		
2007 Little Rock Central High School Desegregation		
Little Rock Coin & Medal set: Proof 2007-P $1; bronze Little Rock Nine congressional 1.5-inch medal	24,925	$40.00
American Legacy Collection: Proof 2007-P Little Rock silver $1; 2007-P Jamestown Tercentenary silver $1; regular Proof 2007-S coins, 1¢ to Presidential and Sacagawea $1s, 14 pieces	26,442	$135.00
2007 Jamestown Tercentenary		
American Legacy Collection: see Little Rock listing		
2008 Bald Eagle		
Three-coin Proof set: 2008-S copper-nickel clad 50¢; 2008-P silver $1; 2008-W gold $5	24,719	$369.95
Bald Eagle Coin and Medal set: Uncirculated 2008-P $1; bronze Bald Eagle medal, National Wildlife Refuge System Centennial	26,918	$44.95
Young Collector set: Uncirculated 2008-S 50¢; "Mint Kids" educational adventure materials	22,439	$14.95
American Legacy set: Proof 2008-P $1; regular Proof 2008-S coins, 1¢ to $1, 14 pieces	21,194	$100.00
2009 Louis Braille Bicentennial		
Education Set: Uncirculated 2009-P silver $1 in tri-fold binder with educational material and readable Braille	11,411	$44.95
Uncirculated silver dollar in easy-open capsule (coin removable for feeling tactile features)	23,746	$31.95/$33.95
2009 Abraham Lincoln Bicentennial		
Abraham Lincoln Coin and Chronicles set: Proof 2009-S silver dollar; four Proof 2009-S cents; Gettysburg Address reproduction; Abraham Lincoln image with signature reproduction	49,984	$55.95

Modern commemorative surcharges

Since the 1983-1984 program commemorating the 1984 Los Angeles Summer Olympics Games, a surcharge has been added to the price of each commemorative coin, initially with the funds raised given to the entity or entities named in the authorizing legislation. In 1996, legislation reformed the payout of surcharges, after the Mint experienced a loss on several poorly received programs but still had to pay all the surcharges raised to the recipient organization.

The reform act, among other provisions, required recovery of Mint expenses before payment of any surcharges to any recipient organization and an audited financial statement that verifies that the organization has raised funds from private sources equal to or greater than the maximum amount of surcharges the organization may receive from sale of numismatic items. The reform act also required certain auditing practices.

Since implementation of the reform act, the Mint has withheld surcharges when a program has failed to meet expenses or the designated recipient failed to meet the requirements of the law.

Many collectors view commemorative coin surcharges as an undesirable burden on the collecting community, with the desire to raise funding for a member of Congress' favored project being considered more important than the national relevance of the commemorative coin program theme.

Program Year/ Commemorative Program Legislation	Authorizing Legislation/Date	Surcharges Collected	Surcharges Paid	Beneficiary
1982: George Washington Commemorative Coin Act	PL 97-104			
Surcharges @ $0 (silver 50¢)	12/31/81	$0	$0	
1984: Olympic Commemorative Coin (1984 Los Angeles Summer Olympic Games)	PL 97-220			1) United States Olympic Committee (50% of surcharges collected) and 2) Los Angeles Olympic Organizing Committee (50% of surcharges collected)
Surcharges @ $50 (gold $10), $10 (silver $1)	7/22/82	$73,461,280	$73,461,280	
1986: Statue of Liberty–Ellis Island Commemorative Coin Act/Liberty Coin Act	PL 99-61			Statue of Liberty –Ellis Island Foundation
Surcharges @ $35 (gold $5), $7 (silver $1), $2 (50¢)	7/9/85	$83,149,316	$83,149,316	
1987: Bicentennial of the Constitution Coins and Medals Act	PL 99-582			Surcharges deposited in Treasury to reduce the national debt
Surcharges @ $35 (gold $5), $7 (silver $1)	10/29/86	$52,744,860	$52,744,860	
1988: 1988 Olympic Commemorative Coin Act	PL 100-141			Surcharges paid to the United States Olympic Committee
Surcharges @ $35 (gold $5), $7 (silver $1)	10/28/87	$22,908,368	$22,908,368	
1989: Bicentennial of the United States Congress Commemorative Coin Act	PL 100-673			Surcharges paid to The Capitol Preservation Fund (50%) and Treasury to reduce the national debt (50%)
Surcharges @ $35 (gold $5), $7 (silver $1), $1 (copper-nickel clad 50¢)	11/17/88	$14,619,072	$14,619,072	
1990: Dwight David Eisenhower Commemorative Coin Act of 1988	PL 100-467			All surcharges to Treasury to reduce the national debt
Surcharges @ $7 (silver $1)	10/3/88	$9,702,910	$9,702,910	
1991: Mount Rushmore Commemorative Coin Act	PL 101-332			1) Federal Treasury – 50% to reduce the national debt and 2) Mount Rushmore National Memorial Society of Black Hills – 50% to improve, enlarge & renovate the Mount Rushmore Memorial
Surcharges @ $35 (gold $5), $7 (silver $1), $1 (copper-nickel clad 50¢)	7/16/90	$12,065,167	$12,065,167	
1991: Korean War Veterans Memorial Thirty-Eighth Anniversary Commemorative Coin Act	PL 101-495			Surcharges deposited to Korean War Veterans Memorial Fund
Surcharges @ $7 (silver $1)	10/31/90	$5,820,759	$5,820,759	

Program Year/ Commemorative Program Legislation	Authorizing Legislation/Date	Surcharges Collected	Surcharges Paid	Beneficiary
1991: United Service Organization's 50th Anniversary Commemorative Coin Act Surcharges @ $7 (silver $1)	PL 101-404 1/2/90	$3,123,631	$3,123,631	1) USO Programs – 50% to fund programs and 2) 50% transferred to the general fund to reduce the national debt
1992: 1992 Olympic Commemorative Coin Act Surcharges @ $35 (gold $5), $7 (silver $1), $1 (50¢)	PL 101-406 10/3/90	$9,202,226	$9,202,226	All surcharges paid to the U.S. Olympic Committee
1992: 1992 White House Commemorative Coin Act Surcharges @ $10 (silver $1)	PL 102-281 5/13/92	$4,996,540	$4,996,540	White House Endowment Fund
1992: Christopher Columbus Quincentenary Coin Act Surcharges @ $35 (gold), $7 (silver $1), $1 (copper-nickel clad 50¢)	PL 102-281 5/13/92	$7,613,251	$7,613,251	Christopher Columbus Fellowship Foundation to establish the Christopher Columbus Fellowship Program
1993: James Madison-Bill of Rights Commemorative Coin Act Surcharges @ $30 (gold $5), $6 (silver $1), $3 (silver 50¢)	PL 102-281 5/13/92	$9,190,797	$9,190,797	James Madison Memorial Fellowship Trust Fund
1993: World War II 50th Anniversary Commemorative Coins Act Surcharges @ $35 (gold $5), $8 (silver $1), $2 (copper-nickel clad 50¢)	PL 102-414 10/14/92	$7,797,614	$7,797,614	Battle of Normandy Foundation – 1st $3 million; American Battle Monuments Commission next $7 million; excess surcharges over $10 million – 30% to the Battle of Normandy Foundation and 70% to the American Battle Monuments Commission
1994: World Cup USA 1994 Commemorative Coin Act Surcharges @ $35 (gold $5), $7 (silver $1), $1 (50¢)	PL 102-281 5/13/92	$9,309,995	$9,309,995	World Cup USA 1994 Inc. (the organizing committee)
1994: Jefferson Commemorative Coin Act of 1993 Surcharges @ $10 (silver $1)	PL 103-186 12/14/93	$5,998,180	$5,998,180	Jefferson Endowment Fund (1st $5,000,000) and the Corporation for Jefferson's Poplar Forest (over $5,000,000)

Program Year/ Commemorative Program Legislation	Authorizing Legislation/Date	Surcharges Collected	Surcharges Paid	Beneficiary
1994: United States Veterans Commemorative Coin Act of 1993	PL 103-186			Prisoner of War Surcharges to 1) Secretary of the Interior, 2) Andersonville POW Museum Endowment Fund. 3) Secretary of Veterans Affairs. Vietnam Veterans Surcharges to Vietnam Veterans Memorial Fund and Women in Military Fund and Women in Military Surcharges to Women in Military Service for America Memorial Foundation Inc.
– Prisoner-of-War Commemorative Coin				
– Vietnam Veterans Memorial Commemorative Coin				
– Women in Military Service for America Memorial Commemorative Coin				
	12/14/93	$8,393,210	$8,393,210	
Surcharges @ $10 (silver $1, three coins)				
Note: No surcharges collected on 36,120 coins purchased by Women in Military Service for America				
1994: Bicentennial of the United States Capitol Commemorative Coin Act	PL 103-186			Capitol Preservation Fund
Surcharges @ $15 (silver $1)	12/14/93	$5,218,665	$5,218,665	
1995/96: Atlanta Centennial Olympic Games Commemorative Coin Act	PL 102-390			Atlanta Committee for the Olympic Games and the United States Olympic Committee
Surcharges @ $50 (gold $5), $10 (silver $1), $3 (copper-nickel clad 50¢)	10/6/92	$26,202,754	$26,202,754	
1995: Civil War Battlefield Commemorative Coin Act of 1992	PL 102-379			Civil War Battlefield Foundation
Surcharges @ $35 (gold $5), $7 (silver $1), $2 (copper-nickel 50¢)	$5,909,649	$5,909,649		
1995: 1995 Special Olympic World Games	PL 103-328			1995 Special Olympics World Games Organizing Committee Inc.
Surcharges @ $10 (silver $1)	9/29/94	$4,410,650	$4,410,650	
1996: National Community Service Commemorative Coins	PL 103-328			National Community Service Trust
Surcharges @ $10 (silver $1)	9/29/94	$1,250,430	$1,250,430	
1996: Smithsonian Institution Sesquicentennial Commemorative Coin Act of 1995	PL 104-96			Smithsonian Institute
Surcharges @ $35 (gold $5), $10 (silver $1)	1/10/96	$2,683,220	$2,683,220	
1997: United States Botanic Garden Commemorative Coins	PL 103-328			National Fund for the United States Botanic Garden
Surcharges @ $10 (silver $1) from Botanic coins	9/29/94	$2,481,760	$2,481,760	
Surcharges @ $10 from Jackie Robinson coins [a]		$1,000,000	$1,000,000	
Total		$3,481,760	$3,481,760	
1997: United States Commemorative Coin Act of 1996: Franklin Delano Roosevelt	PL 104-329			Franklin Delano Roosevelt Memorial Commission
Surcharges @ $35 (gold $5)	10/20/96	$1,447,880	$1,447,880	

Program Year/ Commemorative Program Legislation	Authorizing Legislation/Date	Surcharges Collected	Surcharges Paid	Beneficiary
1997: United States Commemorative Coin Act of 1996: Jackie Robinson	PL 104-329			National Fund for the United States Botanic Garden (for 1st 100,000 silver coins sold) and the Jackie Robinson Foundation
Surcharges @ $35 (gold $5), $10 (silver $1)	10/20/96	$2,425,430	$2,425,430	
Surcharges transferred to the Botanic Garden Program [a]		($1,000,000)	($1,000,000)	
Total		$1,425,430	$1,425,430	
1997: United States Commemorative Coin Act of 1996: National Law Enforcement Officers Memorial	PL 104-329			Secretary of the Interior/National Law Enforcement Officers Memorial Maintenance Fund
Surcharges @ $10 (silver $1)	10/20/96	$1,390,030	$1,390,030	
1997: Robert F. Kennedy Memorial Commemorative Coins	PL 103-328			Robert F. Kennedy Memorial
Surcharges @ $10 (silver $1)	9/29/94	$2,054,420	$2,054,420	
1998: United States Commemorative Coin Act of 1996: Black Revolutionary War Patriots	PL 104-329			Black Revolutionary War Patriots Foundation
Surcharges @ $10 (silver $1)	10/20/96	$1,122,800	$902,758[b]	
1999: United States Commemorative Coin Act of 1996: Dolley Madison	PL 104-329			National Trust for Historic Preservation
Surcharges @ $10 (silver $1)	10/20/96	$3,135,070	$3,135,070	
1999: United States Commemorative Coin Act of 1996: George Washington	PL 104-329			Mount Vernon Ladies' Association
Surcharges @ $35 (gold $5)	10/20/96	$2,247,140	$2,247,140	
1999: United States Commemorative Coin Act of 1996: Yellowstone National Park	PL 104-329			National Park Foundation (50%) and Yellowstone National Park (50%)
Surcharges @ $10 (silver $1)	10/20/96	$2,701,580	$2,701,580	
2000: Library of Congress Bicentennial Commemorative Coin Act of 1998	PL 105-268			Library of Congress Trust Fund Board
Surcharges @ $50 bimetallic $10), $5 (silver $1)	10/19/98	$2,994,135	$2,994,135	
2000: Leif Ericson Millennium Commemorative Coin	PL 106-126			Leifur Eiriksson Foundation Central Bank of Iceland
Surcharges @ $10 (silver $1)	12/6/99	$1,728,980	$1,728,980	
		$1,020,830	$1,020,830[c]	
		$2,749,810	$2,749,810	
2001: Capitol Visitor Center Commemorative Coin	PL 106-126			Capitol Preservation Fund
Surcharges @ $35 (gold $5), $10 (silver $1), $3 (50¢)	12/6/99	$3,527,542	$3,527,542	
2001: National Museum of the American Indian Commemorative Coin Act of 2000 or American Buffalo Coin Commemorative Coin Act of 2000	PL 106-375			National Museum of the American Indian/Smithsonian Institution
Surcharges @ $10 (silver $1)	10/27/00	$5,000,000	$5,000,000	

Program Year/ Commemorative Program Legislation	Authorizing Legislation/Date	Surcharges Collected	Surcharges Paid	Beneficiary
2002: 2002 Winter Olympic Commemorative Coin Act Surcharges @ $35 (gold $5) $10 (silver $1) (Program ended 12/31/02)	PL 106-435 11/6/00	$3,592,380	$3,592,380	Salt Lake Organizing Committee for the Olympic Winter Games of 2002
2002: United States Military Academy Bicentennial Commemorative Coins Surcharges @ $10 (silver $1) (Program ended March 16, 2003)	PL 103-328 9/29/94	$3,914,940	$3,914,940	Association of Graduates U.S. Military Academy
2003: First Flight Commemorative Coins Surcharges @ $10 (silver $1)	PL 105-124 12/1/97	$3,713,537	$3,713,537	First Flight Foundation
2004: Thomas Alva Edison Commemorative Coin Act Surcharges @ $10 (silver $1)	PL 105-331 10/31/98	$3,032,050	$3,033,160	1) Museum Of Arts and History (1/8), 2) Edison Birthplace Association Inc (1/8), 3) National Park Service (1/8), 4) Edison Plaza Museum (1/8), 5) Edison Winter Home and Museum (1/8), 6) Edison Institute/Greenfield Village (1/9), 7) Edison Memorial Tower (1/8) and 8) Hall of Electrical History/Schenectady Museum Association (1/8)
2004: Lewis and Clark Expedition Bicentennial Commemorative Coins Surcharges @ $10 (silver $1)	PL 106-126 12/6/99	$4,940,040	$4,940,040	National Lewis and Clark Bicentennial Council (2/3) and National Park Service (1/3)
2005: John Marshall Commemorative Coin Act Surcharges @ $10 (silver $1)	PL 108-290 8/6/04	$2,638,490	$2,638,490.00	Supreme Court Historical Society
2005: Marine Corps 230th Anniversary Commemorative Coin Act Surcharges @ $10 (silver $1)	PL 108-291 8/6/04	$5,984,810	$5,984,810	Marine Corps Heritage Foundation
2006: Benjamin Franklin Commemorative Coin Act Surcharges @ $10 (silver $1)	PL 108-464 12/21/04	$4,982,670	$4,982,670	The Franklin Institute
2006: San Francisco Old Mint Commemorative Coin Act Surcharges @ $10 (silver $1)	PL 109-230 6/15/06	$4,746,880	$4,746,880	San Francisco Museum and Historical Society

Program Year/ Commemorative Program Legislation	Authorizing Legislation/Date	Surcharges Collected	Surcharges Paid	Beneficiary
2007: Jamestown 400th Anniversary Commemorative Coin Act of 2004	PL 108-289, amended by PL 111-86 8/6/04	$5,692,285	$5,692,285	Jamestown-Yorktown Foundation of the Commonwealth of Virginia 50%. Other 50% split 1) The Secretary the Interior (1/3), 2) The Association for the Preservation of Virginia Antiquities (1/3) and 3) The Jamestown-Yorktown Foundation of the Commonwealth of Virginia (1/3)
Surcharges @ $35 (gold $5), $10 (silver $1)				
2007: Little Rock Central High School Desegregation 50th Anniversary Commemorative Coin Act	PL 109-146 12/22/05	$1,907,710	$1,907,710	The Secretary of the Interior
Surcharges @ $10 (silver $1)				
2008: American Bald Eagle Recovery and National Emblem Commemorative Coin Act	PL 108-486 12/23/04	$7,760,051	$7,760,051	The American Eagle Foundation of Tennessee
Surcharges @ $35 (gold $5), $10 (silver $1), $3 (50¢)				
2009: Abraham Lincoln Commemorative Coin Act	PL 109-285 9/27/06	$4,999,340	$0	Abraham Lincoln Bicentennial Commission
Surcharges @ $10 (silver $1)				
2009: Louis Braille Bicentennial – Braille Library Commemorative Coin Act	PL 109-247 7/27/06	$2,217,090	$2,217,090	National Federation of the Blind
Surcharges @ $10 (silver $1)				
2010: Boy Scouts of American Centennial Commemorative Coin Act	PL 110-363	$3,499,830	$3,499,830	National Boy Scouts of America Foundation
Surcharges @ $10 (silver $1)				
2010: American Veterans Disabled for Life Commemorative Coin Act	PL 110-277	$2,810,710	$2,810,710	Disabled Veterans' LIFE Memorial Foundation
Surcharges @ $10 (silver $1)				
2011: United States Army Commemorative Coin Act of 2008	PL 110-450 12/1/08	$2,372,465	$0	Army Historical Foundation
Surcharges @ $35 (gold) $10 (silver) $5 (clad) Program Ongoing as of June 20, 2011				
2011: Medal of Honor Commemorative Coin Act of 2009	PL 111-91 11/6/09	$0	$0	Congressional Medal of Honor Foundation
Surcharges @ $35 (gold) $10 (silver) Program Ongoing as of June 20, 2011				
Grand Total		**$487,855,419**	**$480,264,662**	

NOTE: Public Law 104-208 requires beneficiary organizations to meet certain requirements (raising private funds and being audited). The United States Mint is also required to assure itself that all costs will be recovered prior to distributing surcharges.

a) Public Law 104-329 required that the surcharges from the first 100,000 silver Jackie Robinson Program coins sold be transferred to the National Fund for the United States Botanic Garden Program.

b) Black Patriots - Benefits reduced by the amount of program loss.

c) Leif Ericson - Proceeds from the sale of Iceland coins went to the Central Bank of Iceland.

AMERICAN
NUMISMATIC
ASSOCIATION

Membership has its perks.

Have **12** issues of *Numismatist* magazine — packed with feature stories, hobby news, collecting tips and ANA updates — delivered to your doorstep.

Learn from the **experts** and join a 33,000-member community.

Borrow books from the largest numismatic lending library in the world.

Get **consumer awareness** information.

Receive **discounts** on numismatic books and supplies, collection insurance and car rentals.

Submit your coins directly to NGC and NCS for **grading** and **conservation**.

JOIN TODAY! DISCOVER THE WORLD OF MONEY AND HOW MEMBERSHIP WORKS FOR YOU.

800.514.2646
membership@money.org
www.money.org

CV07

Error and variety coins 13

Most collectors and noncollectors who check the coins in their change eventually will encounter pieces that look *different,* for lack of a better term. The coins may be missing details like a Mint mark or part of an inscription. On other coins, some design elements may be blurry or even appear doubled. Other coins may be in a different color than normal, thinner than usual or otherwise deviate from the norm in appearance or physical standards.

Individuals finding such pieces may have found error coins or die varieties, or coins from a later die state or coins representing a die stage. Alternatively, they might have encountered coins that have been damaged or have otherwise changed while in circulation, or that were deliberately altered.

Some error coins and die varieties carry premiums, from a few dollars to thousands of dollars. Many pieces are collectible but carry no premium. Damaged and altered coins are worth face value only, and if too badly damaged, may not even work in vending machines.

Entire books are devoted to errors, varieties, die states and die stages, so this chapter is best viewed as an introduction to the subject. Collectors wanting more information may want to read the weekly "Collectors' Clearinghouse" column or the monthly column "Varieties Notebook" in *Coin World,* or acquire any of the specialty books on these topics. In this chapter, we will define the broad terms already used and examine most of the categories of errors, varieties, states and stages.

An *error* coin is one that deviates from the norm because of an accident, mistake or mishap at any stage of the minting processes.

A *die variety* represents a coin produced by a die that differs—from the moment of the die's production—from all other dies for the same denomination, design type or subtype, date and Mint mark. The definitions for specific kinds of die varieties that follow should make this concept easier to understand. Among the 20th century coins considered "varieties" are such coins as the 1955, 1972 and 1995 Lincoln, Doubled Die Obverse cents. Die varieties are encountered less frequently in the 21st century because of modernization of die production processes.

While some classify die varieties as errors, not all die varieties were produced by mistake. The scarcity of die steel in the late 18th century

and early 19th century led Mint officials to practices their 21st century counterparts would reject. For example, a die with one date (1798, for example) might be repunched with another date (1800) and used (1800/798 Draped Bust cents actually exist!). Such coins are a form of die variety called "overdates," and while it is possible that some over-dates occurred by mistake, most of the early overdated dies likely were created deliberately.

Deliberate die varieties were produced as recently as a half century or so ago, because of the temporary closing of the San Francisco Mint beginning in 1955; reverse dies stamped with the San Francisco Mint's S Mint mark purposely were restamped with the D Mint mark of the Denver Mint after the California facility was closed. The dies with the over Mint marks were placed into use at the Denver Mint and used to strike a series of 1955-D/S Jefferson 5-cent coins.

A *die state* simply represents a specific period within a die's use, marked by the presence or absence of wear or abrasion on the die. Dies wear as they strike coins; the wear will appear on the coins they strike.

A *die stage* represents a period within a die's life marked by something other than wear or abrasion. Many examples will be detailed.

Fewer and fewer

Errors are in very short supply when compared to total mintages, especially in the 21st century. Mint officials have introduced equipment that has reduced the number of errors produced and catches more of those pieces that are made. Because of the reduced numbers of errors being made and released, prices for some 21st century errors can be higher than for older examples of the same type of error.

As with error coinage, the Mint has introduced technological changes that have made most of the significant forms of varieties impossible (or highly unlikely). Repunched Mint marks and over Mint marks (both defined later) became impossible at the beginning of the 1990s.

A major doubled die (one with the degree of doubling found on the classic varieties listed in the valuing section of this book) has not been produced for more than a decade. Changes in the die-production process introduced in 1996 and 1997 eliminated the major doubled dies but still permitted production of minor examples, a Denver Mint technician told a *Coin World* staff member in 1996. That technician's statement has gained support with the discovery of numerous coins of various denominations, dates and Mints. The degree of doubling present

on these coins is minor compared to that on classic varieties such as the 1955 and 1972 Lincoln, Doubled Die Obverse cents.

Another entire category of error began circulating in early 2007 following the release of the first Presidential dollars: errors involving the edge inscriptions (see section at end of this chapter).

Values

Values for error coins, die varieties and coins of particular die states and die stages depend on the same factors affecting normal numismatic merchandise: supply, demand, condition and the knowledge levels of the buyer and seller in a particular transaction.

Some die variety coins, such as the 1955 Lincoln, Doubled Die Obverse cent, because of publicity and dealer promotion, "cross over" and become popular with general collectors; thus, demand is higher for a fixed supply, and values are correspondingly higher.

Rare does not necessarily mean great value. Many older error coins struck in small quantities are available for a few dollars. Even errors that are considered unique are often available for several dollars.

The knowledge levels of buyers and sellers can play a role in determining the *price* (in contrast to *market value*) of a coin, die variety, die stage or die state. Knowledgeable collectors and specialist dealers generally have a full understanding of the cause of a particular error, variety, state and stage, and know the market for such pieces. They thus can agree on a fair price that likely will be upheld in the market.

Conversely, online auction sites like eBay have opened up new venues for buying and selling coins, where buyers and sellers may lack the same levels of knowledge as the experts, and sometimes buy and sell at prices the established market would not bear. New collectors of these kinds of coins should exercise caution when buying online; consult with knowledgeable specialists before paying for something a seller promotes as the "hot new error!" New sellers should research their finds before selling and make sure they have accurately described the coins they are offering, and they should place starting prices at appropriate levels.

Finding oddities

Error, variety, die state and die stage coins can be found in circulation, unlike many other collector coins. Some collectors go to banks and obtain large quantities of coins to search through; coins not bearing errors are returned to the bank. Many error, variety, die state and die

stage coins, particularly of the minor classification, can be discovered simply by going through pocket change. All it takes are sharp eyes and knowledge of what to look for.

Major errors, particularly those that leave the coin misshapen, are increasingly difficult to find. The Mint has improved its ability to keep such pieces from escaping the facility where they were struck, thus making such pieces rarer than before. Collectors and dealers have far fewer opportunities to acquire such pieces than in the past.

Many collectors are adept at what is called "cherrypicking." They use their superior knowledge of die varieties when going through a dealer's stock to obtain scarcer pieces at prices less than what a specialist might charge.

Some of that knowledge comes from a clear understanding of the minting process. The minting of a coin is a manufacturing process and should be fully understood by anyone interested in collecting and studying error coins (see **Chapter 14, "How coins are made"**). Many forms of alteration and damage inflicted outside the Mint resemble certain types of errors, but none precisely duplicates a genuine Mint error. Collectors who understand the minting process should be better able to distinguish between errors, damage and alteration.

The following section classifies the pieces under review into three categories: those involving the die (varieties, states and stages), planchet errors and striking errors.

For those pieces involving the dies, we will list whether they represent a variety, state, stage or something else.

Planchet errors are the result of defective or improperly selected planchets.

Striking errors are coins whose errors result from a mishap occurring during the actual striking process.

The list that follows is not comprehensive. Other forms of errors exist, some rarely encountered, including some requiring more explanation than space permits here.

Die varieties, states and stages

Abraded dies: Mint employees use an abrasive on dies to extend their working life and to remove such things as clash marks, die scratches, dirt and grease. If the die is abraded too much, details may be erased or small raised lines may appear on the coins. Most over-abraded errors have little value, but some are exceptions, most prominently the 1937-D Indian Head, Three-Legged Bison 5-cent coin. Regarded by many as a die stage.

BIE: The term commonly used for minor die stage errors affecting the letters of the word LIBERTY on Lincoln cents. A small break in the die between the letters, especially BE, often resembles the letter I, hence the BIE designation. Such die stages are much more common on the coins of the 1950s and early 1960s than on more recent issues. Experienced collectors tend to be less interested in such errors in the early 21st century than they were 30 or 40 years ago. They generally carry little to no premium.

Clashed dies: When, during the striking process, two dies come together without a planchet between them, the dies clash (come into direct contact). Depending on the force with which the dies come together and the nature of the designs, a portion of the obverse design is transferred to the reverse, and a portion of the reverse is transferred to the obverse. Coins struck from the clashed dies

Clashed dies

will show signs of the transferred designs; the transferred design elements are called clash marks. Although the cause of this type of error occurs during the striking process, the die is affected; thus, it is considered a die stage error. Minor clash marks rate only a slight premium, while stronger clash marks might bring slightly higher premiums. The ultimate clashed dies bear clash marks from different denominations, as with several different 19th century coins; these coins can sell for thousands of dollars.

Design mule: The result of dies for two different design types of the same denomination being used to strike a coin. The only known example on a U.S. coin is a 1959-D Lincoln cent struck with the 1958-style Wheat Heads reverse rather than the 1959-style Lincoln Memorial reverse. The Secret Service has not determined this coin to be counterfeit, although grading services have been reluctant to authenticate the coin and some die variety specialists are skeptical. A convicted and imprisoned counterfeiter-murderer claims to have made this piece, although he has offered no proof of his claims and most are skeptical of his claims. Design mules exist for the coins of other countries.

Die breaks, chips, cracks, gouges, scratches: Dies, like any other piece of steel, are subject to all sorts of damage (resulting in different kinds of related die stages). Any incused mark on the die leaves raised areas on coins. Breaks and cracks are similar, appearing on coins as raised lines. A die break affects a larger area than the die crack, and breaks often result in pieces of the die falling out. A die chip occurs when a small por-

tion of the die breaks away, while gouges and scratches generally occur when a foreign object scores the surface of the die. Minor examples of these carry little to no premiums, although the coins are collectible.

A rim-adjacent die break is often, though somewhat strangely, referred to as a "cud." It occurs when the die breaks at the rim and a piece of the die falls out of the press. The metal of coins struck from that die flows up into the missing area, resulting in a raised blob of metal bearing no image. The side of the coin opposite the raised blob is often weak and indistinct; this is because metal flows along the path of least

Die crack

resistance, flowing into the uncontrolling broken area of the damaged die and not enough into the defined recesses of the opposite, normal die. A retained major die break occurs when the die breaks at the rim, but the piece does not fall out. Coins struck from these dies show the break, but also depict the image inside the break. The design element inside the broken area may be mispositioned slightly because the chunk of broken die shifted. Coins with major die breaks carry premiums, with value dependent on coin, date and size of break.

"Cud"

Double-denomination mule: The result of dies for two different denominations being used to strike a coin. The only known double-denomination U.S. mules were struck from a Washington quarter dollar obverse die and Sacagawea dollar reverse die, on a Sacagawea dollar planchet; from a 1995-D Lincoln cent obverse die and Roosevelt dime reverse die, on a cent planchet; from a 1995 Lincoln cent obverse die and Roosevelt dime reverse die, on a dime planchet; and from a 1999 cent obverse die and dime reverse die, on a cent planchet. They are similar in concept to the design mules (dissimilar dies being used to strike a coin). Authentic U.S. double-denomination mules are extremely expensive coins, bringing five-figure prices.

Doubled dies: If, during the hubbing and die making process, a misalignment between hub and partially completed die occurs, overlapping, multiple images may appear on the die, creating a die variety. Coins struck from the die will show the overlapping images, like the doubled date, IN GOD WE TRUST and LIBERTY on the 1955 Lincoln, Doubled Die Obverse cent. Die doubling, on coins with raised designs, features a rounded second image; on incused designs, the second image

is flat and shelflike. At the corners of the over-lapping images are distinct "notches" on coins with raised designs. A tripled or quadrupled die is caused by the same misalignment, but bears a tripled or quadrupled image. Major

Doubled die

U.S. doubled dies are considered impossible since 1996 to 1997 due to technological improvements at the Mint, but minor examples continue to appear. Traditional doubled dies can only occur when more than one impression of hub into die is required, and the alignment between hub and die shifts or distorts between hubbing operations. Some specialists suspect these occur when a hub and die blank are tilted in relation to each other at the start of the hubbing operation. Doubled die varieties can sell for a few dollars or many thousands of dollars each, based on rarity, degree of doubling and overall popularity of the specific variety.

Engraving varieties: While more common on the dies of the 18th and 19th centuries, engraving varieties have been made on modern dies. On the earlier dies, numerals and letters were often repunched to strengthen the design, punched in upside down or otherwise out of alignment, and sometimes, wrong letters or numbers were punched into the die. On more modern dies, engraving errors include the use of the wrong size Mint mark by mistake and Mint marks placed too close to design elements

Repunched date

or otherwise too far from their intended locations. Other "engraving" errors, discussed in separate sections, include doubled dies, overdates and repunched Mint marks. All are die varieties. Premiums range from low to extremely high depending on rarity and popularity of the variety.

Gouges: Die gouges represent damage incurred on a die after it is produced. A tool or other hard object may scrape across the die, leaving a gouge in its surface. The gouge appears raised on the coin. Value depends on the severity and placement of the gouge; some die gouge pieces have been heavily hyped. A gouge is regarded as a die stage.

Misaligned dies: Although one side of the coin appears to have been struck off-center, the planchet was not off-centered during striking, as in an off-center coin. A misaligned die occurs when one die is horizontally displaced to the side, causing only a partial image to appear on that side of the coin. However, unlike the off-center coin that it resembles, only one side is affected. The other side is normal. Some specialists classify misaligned dies as striking errors. Premiums differ, though most are relatively low.

Misplaced dates: A misplaced date is a relatively recently studied

die variety. Researchers have discovered numerous coins with numbers from the date punched well away from the region of the die where the date was punched. For example, coins have been found with a number or numbers punched into the dentils along the rim or into a major design element. While theories abound, no one is sure whether this punching was accidental or deliberate. Premiums vary; refer to specialist books.

Missing Mint marks: Some coins that should have Mint marks don't. While in most cases the cause of the missing Mint mark is a filled die (thus temporary, and worth very little), sometimes the Mint mark is not punched into the die, creating a die variety. A series of missing Mint mark errors occurred on coins placed into Proof sets, from 1968 to 1990; all carry substantial premiums. Another valuable example is the 1982 Roosevelt dime without Mint mark. They, too, carry a strong premium. Collectors should remember that many normal, older coins lack Mint marks, as do all Lincoln cents struck at the Philadelphia Mint.

Overdates: When one or more numerals in the date are engraved, punched or hubbed over a different numeral or numerals, both the original date and the second date can be seen. Twentieth century hubbed examples include the 1943/2-P Jefferson 5-cent coin and the

Overdate

1942/1 Winged Liberty Head dime (both are also doubled dies). The traditional, pre-20th century overdate occurred when one date was punched over another date, as on the 1818/5 Capped Bust quarter dollar. All overdates are die varieties. Premiums vary, with some pieces bringing tens of thousands of dollars, especially in high grade.

Over Mint marks: A form of repunched Mint mark, but when punches of two different Mints are used. Examples include the 1944-D/S Lincoln cent and the 1938-D/S Indian Head 5-cent coin. These can occur accidentally or deliberately, as noted earlier. All are die varieties. Some are inexpensive, while others carry higher premiums.

Over Mint mark

Repunched Mint marks: Mint marks were punched into each individual working die (for coins issued for circulation) by hand with mallet and punch, before changes were made to the process in 1990 and 1991 (see **Chapter 14, "How Coins Are Made,"** and **Chapter 8, "Mints and Mint marks,"** for details). Under the old system, several blows to the punch were needed to properly sink the

Mint mark into the working die. If the punch was not properly placed after the first blow, a multiple image could result. A coin identified as a 1960-D/D Lincoln cent has a repunched D Mint mark, for example. Coins with RPMs are die varieties. Most RPMs carry low premiums.

Repunched Mint mark

Rotated dies: Most U.S. coins have the obverse and reverse sides oriented so each side is upright when rotated on a horizontal axis. The alignment difference between the two is 180 degrees. However, if the dies are aligned at anything other than 180 degrees, the dies are considered rotated. The Mint considers coins rotated by 5 degrees or less within tolerance. Dies can rotate from the optimal position for various reasons although the cause for a specific coin may not be identifiable. Some specialists consider rotated dies to be striking errors since the die's face is unchanged. Prices vary from no premium to premiums of several hundred dollars.

Worn dies: Dies have a limited life, based on the hardness of the coinage metal being struck and the striking pressures involved. When a die wears beyond a certain point, details around the rim tend to flow into the rim, while other details weaken. The surface of the die becomes scarred, as if heavily polished. Some design elements appear blurry or doubled. Coins struck from worn dies rarely have collector value as die errors. Coins from worn dies represent die states.

Planchet errors

Alloy errors: All U.S. coins are produced today from alloyed metals that are mixed when molten to strict specifications. If mixed incorrectly, the metals may cool in nonhomogeneous form, with streaks of different metals appearing on the surface of the coin. Premiums vary, but tend not to be high.

Brass-plated cent: A post-1982 error is the brass-plated cent. Zinc planchets are plated with copper to form a copper-plated zinc planchet. Zinc planchets sometimes remain within the plating tanks and dissolve, contaminating the plating solution (electrolyte), adding their zinc content to the copper, thus forming brass. Subsequent planchets are plated with brass instead of pure copper. Brass-plated cents have a different color than copper-plated cents, although both can tone and may be difficult to distinguish.

Damaged planchets: Planchets are subject to various sorts of damage, including cracks (not to be confused with die cracks),

holes and major breaks. Premiums for these kinds of errors are based on the severity and "coolness" of the planchet damage.

Damaged planchet

Fragments, scrap struck: Small pieces of coinage metal—fragments and scrap left over from the blanking process—sometimes fall between the dies and are struck. Fragments must be struck on both sides and weigh less than 25 percent of a normal coin's weight to qualify as struck fragments. Planchet scrap is generally larger than a fragment, and usually has straight or curved edges because of the blanking process. All carry nice premiums.

Improperly annealed planchets: This form of error, formerly called "copper wash" or "sintered plating," is found on copper-nickel 5-cent coins and copper-nickel clad coins. The coins are found with a thin, varying layer of copper on their surfaces, sometimes cracking and peeling, and they are often varied in color, including bright copper, red, brown, gray and black. New research indicates the copper is intrinsic to the planchet and is not deposited on it from outside sources as was once believed when the phenomenon was called by the older, discarded terms "copper wash" and "sintered plating."

Researcher Mike Diamond queried Mint officials about this form of error in late 2009 and received this reply from the Mint in early 2010:

"I've consulted with our technical experts regarding the cause of the appearance of the coins in the photographs attached with your e-mail.

"The samples shown in the photos were the result of a loss of protective atmosphere or being stuck in the annealing furnace for a prolonged period of time, or both.

"This would result in migration of the copper and nickel to the surface of the blank. Since there is three times as much copper [as] nickel in the outer layer of these coins, the diffusion of copper to the surface will be significantly greater than the diffusion of the nickel, resulting in the reddish appearance noted.

"Depending on the time the blank sits in the annealer, and whether it is exposed to oxidizing conditions, various reactions can occur. This will result in the type of phenomenon shown in the photos, where a distinct layer of material forms on the blank surface (primarily copper, with a high degree of oxidation), which is quite brittle, and will break off in pieces. This will expose the original blank surface, which would also be oxidized,

but closer in color to the original alloy. We have seen these types of blanks but only infrequently."

Incomplete planchets: Often called a "clip," an incomplete planchet results from a mishap in the blanking process. If the planchet strip does not advance far enough after a bank of punches rams through the metal, producing planchets, the punches come down and overlap the holes where the planchets were already punched out. Where the overlapping takes place, a curved area appears to be "missing" from the planchet. The word "clip," commonly used, suggests a piece of an already formed planchet was cut off, which is not the cause of the incomplete planchet. "Clip," when properly used, refers to the ancient process of cutting small pieces of metal from the edges of precious metal coins for the bullion; that is why U.S.

Incomplete
planchet

gold and silver coins have lettered or reeded edges, to make it more difficult to clip a coin. Other incomplete planchets occur when the strip shifts to the side, causing the punches to overlap the strip's edge, or when the punches overlap the end of the strip. The missing area is represented by a straight edge, not curved. An "incomplete clip" occurs when the punch does not completely punch out a planchet, but leaves a circular groove. If the strip advances improperly, planchets overlapping the incomplete punch will bear a curved groove; the groove remains visible after the coin is struck. Most but not all incomplete planchet errors have a "signature" known as the Blakesley effect. The area of the rim 180 degrees opposite the "clip" is weak or nonexistent since the "clip" impairs the rim-making process in the upset mill. The lack of pressure in the upset mill at the missing spot results in improper formation of the rim on the opposite side. All carry premiums; value depends on the denomination and severity of the error.

Laminations: During the preparation of the planchet strip, foreign materials—grease, dirt, oil, slag or gas—may become trapped just below the surface of the metal. Coins struck from this strip later may begin to flake and peel since adhesion is poor in the location of the trapped material. The Jefferson, Wartime Alloy 5-cent coins are particularly susceptible to laminations, due to the poor mixing qualities of the metals used during the war metal emergency. Premiums depend on the severity of the lamination and the coin affected; many are inexpensive.

Split planchets: Planchets can split due to deep internal laminations or, in the case of clad coinage, because of poor adhesion of the

copper-nickel outer layers to the copper core (these are also known as missing clad layer errors). Planchets may split before or after striking. On nonclad coins, the inner portion of the split shows parallel striations typical of the interior structure of coinage metal. The best finds are of both halves of a split planchet. All carry premiums and are nice errors.

Split planchet

Thick and thin planchets: Planchets of the wrong thickness are produced from strip not properly rolled. Too little pressure can result in planchet stock that is too thick; too much pressure can result in thin planchets. Rollers out of alignment on one side create potential for tapered planchets—thicker in one area than another. Values differ.

Unplated planchets: New in U.S. coinage, unplated planchets became possible in 1982 with the introduction of the copper-plated zinc cent (and similarly in 1943 with the zinc-coated steel cents). The zinc-copper alloy planchets are plated after they are punched from the strip, but some planchets miss the plating process. Coins struck on the unplated planchets are grayish-white in color. Beware of Lincoln cents that have had their plating removed or have been replated after leaving the Mint. Major authentication services should be able to distinguish between a genuine unplated planchet and an altered version.

Wrong metal, planchet, stock: A wrong metal error is struck on a planchet intended for a denomination of a different composition. This includes 5-cent coins struck on cent planchets, cents on dime planchets, and higher denominations struck on cent and 5-cent planchets. A second type is the wrong planchet error, defined as a coin struck on a planchet of the correct composition, but the wrong denomination. These include quarter dollars struck on dime planchets, half dollars struck on quarter dollar and dime planchets, and dollars struck on other clad planchets. Some specialists claim that wrong metal and wrong planchet errors are striking errors, not planchet errors. Their argument? The planchet is OK. It was just fed into the wrong coining press. A third type is the wrong planchet stock error. It occurs when clad coinage strip rolled to the thickness of one denomination is fed into the blanking press of another denomination; the diameter is correct, but the thickness is greater or less than normal. The most common is a 1970-D Washington quarter dollar struck on

Wrong planchet

planchet stock intended for dimes. A fourth, rarer, form is the double denomination. It occurs when a coin is struck on a previously struck coin, such as a cent struck over a dime. Since the U.S. Mint has struck coins for foreign governments in the past, it has been possible to find in circulation U.S. coins struck on planchets intended for foreign coins, as well as U.S. coins struck on previously struck foreign coins.

Another rare type of wrong metal error is called the transitional error. It occurs as a coin's composition changes. Some 1965 coins are known struck on silver planchets of 1964 composition, while some 1964 coins were struck on clad planchets. Until 2000, it was thought impossible for a coin to be struck on a planchet larger than normal (the larger planchet, it was thought, would jam the feed mechanism of the press). However, several exceptions to this rule surfaced in 2000, including State quarter dollars struck on the slightly larger Sacagawea dollar planchets. All carry significant premiums, with among the most valuable being double-denomination, transitional errors and, at the top, such coins as the 1943 Lincoln cents struck on copper alloy planchets instead of zinc-coated steel planchets.

Striking errors

Broadstrikes: If the surrounding collar is pushed below the surface of the lower die during the moment of striking, the metal of the coin being struck is free to expand beyond the confines of the dies. The design of the coin is

Broadstrike

normal at center, but as it nears the periphery, becomes distorted due to the uncontrolled spread of metal. All broadstrike errors carry premiums.

Brockage and capped die strikes: If a newly struck coin sticks to the surface of one of the dies, it acts as a die itself—called a die cap—and produces images on succeeding coins. The image produced by any die is the direct opposite on a coin, and brockages are no different. Since the

image is raised on the coin adhering to the die, the image on the brockage is incused and reversed— a true mirror image. The first brockage strikes, perfect mirror images and undistorted, are most prized and carry the highest premiums. As additional coins are struck from the capped die, the die cap begins to spread and is made thinner under the pressures of striking, distorting its image. Although the image is recognizable, the design expands, pro-

Brockage

ducing an image that can be several times the normal size. At some point, as the die cap becomes thinner and the brockage image disappears, the coins struck cease to be brockages and are known as capped die strikes. Capped die strikes are simply a form of struck-through coin. At first, few of the original design elements from the obscured die are visible, though as the cap becomes thinner, more and more of the design elements are transferred from the obscured die through the die cap. Finally, the die cap breaks off or is pounded so thin it ceases to affect succeeding strikes. Sometimes, the die caps fall off early and in a relatively undistorted state. Die caps resemble bottle caps, with the metal wrapping around the shaft of the die. Die caps are very rare and collectible, much more so than capped die strikes. All carry premiums.

Double and multiple strikes: Double strikes are coins struck more than once. If the coin rotates slightly between strikes, but remains centered within the coining chamber, two images will appear on both sides of the coin. The first strike will be almost totally obliterated by the second strike, and the first strike will be flattened and have almost no relief. Sometimes, a struck coin will flip and fall upside down onto the surface of the die; thus, the second strike has an obverse image obliterating the original reverse, and a reverse image flattening the first obverse image. If the coin falls partially outside the dies after the first strike, the second image is only partial. The partial second strike obliterates the original image beneath it, but the rest of the first strike is undistorted, except in the immediate vicinity of the second strike. A saddle strike is generally not a true double strike, but usually the result of having a planchet fall partially between two pairs of dies on a multi-die press. Saddle strikes have two partial images and an expanse of unstruck planchet between the struck areas. Examples of coins struck three, four or more times are known, but are typically rarer than simple double-struck coins. All multiple-struck errors carry premiums.

Filled die

Filled dies: The Mint factory has its share of dirt, grease and other lubricants, and metal filings. The recessed areas of the dies sometimes fill with a combination of this foreign material, preventing the metal of the coins from flowing into the incused areas. This results in weak designs or missing design details, and is among the most common types of errors. Filled-die coins are a form of struck-through error. Filled-die coins rarely carry significant premiums.

Indented errors: An indented error is a coin struck with another coin or planchet lying partially on its surface. The area covered by the

planchet does not hit the die and thus is blank if indented by a planchet, or shows a partial brockage if indented by a struck coin. The most desirable of the indented errors are larger coins with the indentation of a smaller planchet centered on one side. Indented error coins are a form of struck-through error. All carry a premium.

Indented error

Machine, mechanical or strike doubling: Machine doubling is often mistaken by nonspecialists as die doubling although the two forms of errors are unrelated. Machine doubling occurs at the end of the strike and is usually attributed to a loose die or a vibrating die assembly, although other proposed explanations may have validity, notes researcher Diamond. Specialists recognize two forms of machine doubling—"push doubling" and "slide doubling."

Diamond describes the appearances and causes of the two forms:

"Push doubling leaves flat, marginal shelving along the edge of the design and rounded doubling on interior design elements. Push doubling develops when the die (hammer or anvil) bounces up after impact, shifts slightly to one side and lands lightly on the newly-struck design.

"Slide doubling smears the design. It occurs when a die shifts laterally without a bounce and, as a consequence, drags itself through the newly-struck details."

While many specialists find machine doubling uninteresting, some very interesting and collectible pieces have been found. Collectors should be wary of paying a premium for routine examples of machine-doubled coins, although the more exotic pieces may carry collector premiums.

Strike doubling

Off-center coins: If a planchet lies partially outside of the dies during the striking, it receives an off-center strike. Each coin struck off center is unique. Off-center coins with dates are more valuable than coins without dates. Generally but not always, on dated coins, the greater the off-center strike, the more it is worth. Some collectors collect off-center coins by their "clock" positions. Hold the coin with portrait upright and look for the direction the strike lies. If it

Off center

is at 90 degrees, the strike is at 3 o'clock; if it lies at 270 degrees, the strike is at 9 o'clock. Premiums have been rising for late-date examples of this error, since fewer are being produced and released.

Partial collar: Incorrectly called "railroad rim" errors; the edge, not the rim, is the portion of the coin affected. It occurs when the collar, around the anvil die is not fully extended, so that the upper portion of the coin is free to expand beyond the confines of the collar, while the lower portion is restrained. On coins struck from a reeded collar, partial reeding exists on the area restrained by the collar. The error gets the nickname "railroad rim" from its appearance—the coin, viewed edge-on, resembles the wheel from a railroad car. All carry a premium.

Struck-through errors: Struck-through errors occur when foreign objects fall between die and planchet during striking. Pieces of cloth, metal fragments, wire, slivers of reeding, grease, oil, dirt, wire bristles (from wire brushes used to clean dies, resembling staples), die covers, a thin die cap, other coins, planchets and other objects may fall between the dies and the coin. The most collectible struck-

Struck through

through errors are those with the foreign object still embedded in the surface of the coin. Value can be minimal to hundreds of dollars depending on the object or substance a coin was struck through.

Weak strikes: Weak strikes often resemble coins struck from grease-filled dies, but can be identified. They may occur when the press has been turned off—it tends to cycle through several strikings, each with less pressure than the previous. The error can also occur when the press is being set up by the operators, who test the placement of the dies at lower coining pressures, or if the spacing between the faces of the dies is greater than normal. On reeded coins, weak strikes generally have poorly formed reeding (it is strong on filled dies). Depending on the pressure used, the image may be only slightly weak, practically nonexistent or any stage in between. These coins are worth premiums.

Edge errors

Not long after the first 2007 George Washington Presidential dollars were released into circulation in February 2007, collectors, dealers and the general public began reporting numerous edge errors. The date, Mint mark and mottoes IN GOD WE TRUST and E PLURIBUS UNUM appear on the edges of the Presidential dollars, or should. The edge inscriptions on

circulation-quality coins are added in a step separate from and following the striking of the obverse and reverse sides.

The most prevalent form of edge error on the Washington dollar coins is the missing edge lettering. Coins from both the Philadelphia Mint and Denver Mint were struck and shipped to the counting and bagging stations without being fed into the edge-lettering equipment.

Some 2010-D Sacagawea, Native American dollars with plain edges were found in 2010 Uncirculated Mint sets. The number of the errors released in the sets is uncertain.

Numerous other edge errors were discovered as well. One type involves multiplied edge inscriptions, with either partially or completely duplicated edge inscriptions found, some coins having the duplicate inscriptions in the opposite up and down orientation to each other. Another edge error involved improper spacing between individual elements of the inscription. Faint edge inscriptions were encountered, and on some coins, dropped letters from either the obverse or reverse were found impressed into the edge.

An apparently unique error—the design edge mule—was reported in January 2010. A collector found a Zachary Taylor Presidential dollar of 2009 with a 2010-D edge inscription in a roll of 2010-D Native American dollars acquired directly from the U.S. Mint. The Taylor dollar was the last of the 2009 Presidential dollars. This error probably occurred when a Taylor dollar became hung up somewhere between the coining presses and the edge inscription station. Later, when production of 2010-D Native American dollars was begun, the plain edge Taylor dollar was dislodged from its hiding place and became mixed in with Native American dollars being transported to the edge inscription equipment. The Taylor dollar then received the wrong year's edge inscription.

Another category of interesting errors involving the edge occurred when a number of unstruck planchets were edge lettered but not struck between obverse and reverse dies. These pieces are blank on their faces but bear lettered edges; they were found in rolls of Washington dollars.

Some Proof 2007-S Thomas Jefferson Presidential dollars were found with elements of the edge inscriptions out of sequence. Proof coins are struck with three-piece segmented collars that form the edge inscriptions at the time of striking. Mint workers created the Jefferson dollars with out-of-sequence inscriptions by installing the individual collar segments in the wrong order. On the error coins, the motto IN GOD WE TRUST on the edge is followed by the motto E PLURIBUS UNUM.

How coins are made

14

The various coining facilities of the United States Mint are factories, whose products happen to be coinage of the realm.

Like any metal product, coins don't "just happen." A number of intricate steps must be taken, from the preparation of the raw metal used in the coins to the striking of the coins. And before the coins can be struck, dies must be produced.

For a new coin, the design process begins with design renderings by artists for the Mint, who are members of the Mint engraving staff or members of the Mint's Artistic Infusion Program. Once a design for a coin is selected from all the provided sketches, a model is created in the Engraving Department at the Philadelphia Mint.

While some engravers may chose to engrave a model using traditional methods, working in modeling clay, much of the modeling and engraving is now accomplished digitally, using scanners, computers and a computer-controlled milling machine.

In the 21st century, the United States Mint has employed several techniques in designing and model making: the traditional approach, with its origins in the 19th century and earlier, and practiced by a skilled engraver and sculptor; and a modern approach harnessing the power of scanners, computers and lasers in which computer design skills are prized.

Some of the first official comments on the changes in the Engraving Department were made in testimony given before a House subcommittee July 19, 2006, by the deputy director of the Mint. He said: "We have introduced new technologies to improve our design capabilities. The old coin design method—a drawing by hand turned into a clay model followed by a plaster model to be traced and cut into steel—is being replaced with a digital design process—a computer drawing scanned into an engraving machine."

According to the deputy director, this scanning technique was used in making the hubs for the 2006 American Buffalo gold bullion coins, whose designs are based on the designs found on the 1913 Indian Head, Bison on Mound 5-cent coins. The original plasters for the earlier coin by James Earle Fraser were taken from Mint storage and digitally reproduced; new equipment, controlled by computer, cut a hub by laser.

U.S. Mint medallic artist Jim Licaretz models a coin design in Adobe Photoshop, the first step toward making dies.

The Engraving Department also used a computer system in designing the first Presidential dollar. The computer system enables Mint staff to design coins using such computer programs as Adobe Photoshop and Illustrator. Artists can create individual design element "layers." If a particular device needs to be revised, the changes can be made to that layer without the need to revise the entire design.

Whether a model is completely computer generated or modeled in clay and then scanned, the final sculpture is assembled and fine tuned by computer. Then, the master hub is cut by a computer numerical controlled (CNC) milling machine. As of 2008, the Mint had mothballed its Janvier engraving lathe, which was installed at the Philadelphia Mint in 1907 and had been used ever since for engraving master hubs.

In recognition of the changes in the 21st century design techniques introduced, Mint officials have indicated the traditional terms for its staff coin and medal designers—engraver and sculptor-engraver—are becoming as obsolete as silver coins in circulation. The new name for coin and medal designers is "medallic artist." Mint medallic artists hired since 2005 and 2006 reportedly have backgrounds in computer design rather than traditional sculpturing and engraving.

Although the designing and hub production for such issues as the Presidential dollars and American Buffalo gold coins were largely done

by computer, most of the coins discussed and priced in this book were struck from dies produced in the traditional manner, as least as practiced since the late 19th century and early 20th century. Under this traditional process, a sculptor-engraver following a sketch made a model in plastilene, a modeling clay substance. The model was three to 12 times the size of the actual coin, depending on the denomination.

A hard model was then generated, either in metal by an electroplating method (the model made from this method is called a galvano) or, during the last decades of the 20th century, in epoxy.

The galvano or epoxy model was then mounted on a Janvier transfer-engraving machine. This machine used a stylus to trace the exact details of the model, then reduced them through a ratio bar. At the other end of the machine, a needle-like carbide cutting tool cut the design into soft tool steel, producing a positive replica that Mint officials call a "reduction hub" and collectors call a "master hub."

Making dies and hubs

The master hub, no matter the method used to cut it, has the exact dimensions of the coin. It is then tempered and the steel hardened. The steel bar on which the master hub was engraved is trimmed and the shaft is turned to a specific shape. The master hub then is placed in a hydraulic press and slowly pressed into a blank piece of soft die steel called a "die blank," creating a negative replica called a master die.

Die blanks start as a cylindrical piece of steel with a cone-shaped face. A robotic arm loads each die blank into a polishing machine where the face of the blank is polished to a mirror-like finish. The cone shape of the face of the die blank facilitates the process of creating the design details. Design details are first formed in the center, where the metal of the die blank is the highest and thus comes into contact with the hub first.

The master hub is used to form a master die. (Using a single or master hub and die ensures that subsequent work hubs and dies are identical. Dies were made virtually by hand in the early years of the U.S. Mint, with inscriptions, dates and Mint marks punched into the work dies individually, resulting in dies that can be identified individually by the placement of the individual design elements.)

Multiple work hubs (the Mint's term) or working hubs (the hobby's term) are made from the master die in the hydraulic press in the same way as the original, master die was impressed. Work dies (those used to

strike coins) are made from the work hubs in the same way. (A single master die can make multiple work hubs, each of which can be used to make multiple work dies.)

The U.S. Mint used a multiple hubbing process to make master dies, work hubs and work dies for much of its existence. The metal of the hub or die hardened before the design could be fully formed; the uncompleted die or hub had be heated to soften the metal, cooled and reinstalled in the hubbing press. Beginning in fiscal year 1986, the Philadelphia Mint began making master dies and work hubs using a single-squeeze hubbing process. The Denver Mint began making work dies using a single-squeeze press in 1996, upon the opening of a new die shop there. The Philadelphia Mint began using a single-squeeze operation for most dies in 1997. Half dollar and other larger denomination dies continued to be produced throughout 1998 on older equipment requiring multiple impressions of hub into die to fully form the image. The two Mints began producing half dollar dies in a single hubbing operation in 1999. The dies for the 1999 Anthony dollars were made on the old multiple-hubbing press and required multiple hubbings.

The final hub or die needs to be tempered and hardened, and the shafts must be shaped on a lathe to permit their use in the presses.

The introduction of one design element to the die production process requires additional explanation. Mint marks have been added at various stages of the die-production process, depending on the era. Traditionally, beginning in the 1830s, Mint engravers placed the Mint mark by hand on each of the thousands of working dies. That is no longer the case. Mint marks on commemorative coins and Proof coins are placed at the initial modeling stage and have been since the mid- to late 1980s. For the circulating coins, beginning in 1990, the Mint began placing the Mint mark on the master die for the cent and 5-cent coin. The dime, quarter dollar and half dollar followed in 1991. Most recently, the Mint mark (if any) on a circulating coin is placed on the initial model.

All of these changes lessen the possibility of producing Mint mark errors and varieties.

Blanks and planchets

Modern U.S. coins have their beginnings in the private sector, where a number of companies process the raw metals from which coins are made, and produce some coinage blanks and planchets and all coils of strip metal the Mint purchases.

In preparing the raw metals used in coining, the coinage metals are assayed, mixed to the proper proportions, melted and formed into slabs that are heated and rolled to the correct thickness. For clad coinage, bonding operations are required to bond the two outer layers to the inner layer. The strip is then coiled and shipped to the Mint for blanking. The Mint once did all of its own metal processing, including melting, assaying and mixing different metals together to create alloys. The Mint produced its own strip metal as late as Fiscal Year 1982 at the Philadelphia Mint, but the operations were closed in Fiscal 1983.

Die being polished for a Proof coin

Once coinage strip is rolled to the proper thickness, blanks are punched from it (both at the Mint and at the private suppliers, depending on the denomination). Blanks and planchets are the unstruck, circular pieces of metal that become coins when struck between the dies. Blanks and planchets represent the same product at different stages of production, although sometimes the terms "blank" and "planchet" are used interchangeably. Blanks are unfinished planchets that haven't been through all of the processing steps necessary before they can be struck into coins. Once a blank has been through all of the processing steps, it becomes a planchet and is ready to be struck.

Blanks are produced on blanking presses, which are simply punch presses similar to those found in any machine shop. They have a bank of punches (or rams) that travel downward, just barely penetrating the strip of coinage metal. The blanks are partially sheared, partially torn from the strip each time the punches make their downward cycle and pass through the strip. At this stage, the blanks have rough edges where they were torn from the strip. Most of the rough edges (or burrs) are removed during succeeding operations. The blanks at this point are slightly larger than the finished coins.

From this point onward, through the counting and bagging operations that represent the final steps before the Mint ships the coins to the Federal Reserve or other recipient, all the steps are automated. The Mint uses conveyor belts for moving blanks, planchets and coins throughout most steps of the production process, except for Native American and

Presidential dollars. (The description of the processes that immediately follow are those used for the blanks intended for the cent through half dollar denominations, and were for the Sacagawea dollars. Because Native American and Presidential dollars have lettered edges, the blanks for these dollar coins undergo slightly different processes on the way to being struck; those processes are discussed a few paragraphs later.)

Once punched from the strip, the blanks for every circulating coin but Native American and Presidential dollars must next be softened by being heated to controlled temperatures in a process called annealing. The blanks are heated in a rotating tubular furnace to about 1,500 degrees Fahrenheit, changing their crystal structure to a softer state. The annealing process prolongs the life of the coining dies by ensuring well-struck coins with lower striking pressures.

The annealing creates a grayish coloration on the planchets through oxidation, which must be removed. Following the annealing, the blanks are cooled in a "quench tank." From the tank, they are moved into a huge cylindrical tube called the whirlaway. The whirlaway is tilted at a 45-degree angle; blanks travel upward along the whirlaway toward the washer, while the excess liquid picked up in the quench tank is removed. The blanks are placed into washing machines similar to home washers, where they go through a series of cycles that soak and clean the blanks, according to the Mint. The agitation in the washing machines removes the gray oxides, tarnish, discoloration or contamination imparted during annealing. (Blanks for Native American and Presidential dollars are burnished in an extra step.)

After the blanks are removed from the washing machines, they are placed in a tube for drying, then moved to the final step that turns them into planchets. This next step is to give most blanks a slightly raised rim (or proto-rim). This is done in an upsetting mill.

The upsetting mill consists of a rotating wheel with V-shaped grooves on its edge. The grooved edge of the wheel fits into a curved section (or shoe) that has corresponding grooves. The distance between the wheel and the shoe gets progressively narrower so that, as the blank is rolled along the groove, it is compressed and a raised proto-rim is formed on both sides of the blank. This raised rim serves several purposes. It sizes and shapes the blank to lower the stress on the dies in the coining press and facilitates the formation of the rim on the coin. (Their status changes from blank to planchet with the addition of the proto-rim.)

The planchets are ready to be struck into coins.

For Native American and Presidential dollars, the annealing and upsetting steps occur at points in the process different from those steps for blanks for the other coins. These dollar blanks receive a "hard upset"—that is, without being first softened by annealing they are run through the upset mill to form the raised proto-rim. Mint officials indicate the hard upset for these dollar blanks is done before annealing so that the diameter of the blank does not increase during the upsetting step, which would affect application of the edge lettering after striking.

After annealing and being washed in a detergent solution and dried, the Native American and Presidential dollar coin planchets are burnished with steel pellets held inside a solution containing a brightening agent with anti-tarnishing properties. After drying, the brilliant planchets are ready to be struck on the coinage presses.

Striking the coins

Coining presses are designed for any denomination of coin. Dies and collars can be removed and new ones for a different denomination installed. Striking pressures are adjustable for the various denominations and metals. A circular piece of hardened steel forms the collar, which acts as the wall of the coining chamber. The dies impress the various designs and devices on the obverse and reverse for the coin while the collar forms the edge of the coin, flat and smooth on cents, 5-cent coins and Sacagawea/Presidential/Native American dollars, and reeded on the dime, quarter dollar and half dollar. The collar is mounted on springs that allow slight vertical movement. (Forming Native American and Presidential dollar edges requires a separate operation, described later.)

The principal coining press used by the U.S. Mint for striking circulating coinage is made by Schuler AG, a German firm. Each Schuler press uses a single pair of dies, mounted so that the face of each die is perpendicular to the floor. Planchets are fed between the dies by a gravity-fed mechanism and stand on edge during striking. Each press can strike about 750 coins per minute.

While dies are traditionally designated as obverse or reverse, they are also assigned the technical designations of hammer die or anvil die. The anvil die is the fixed die while the hammer die is the one that moves and thus generates the force that raises the design elements on the coins during striking. Either side can be the anvil die or hammer die.

Newly struck coins fall into a trap. Frequently, while a press is in operation, the press attendant will pick up a finished coin for inspection

from the trap, to catch some of the remaining varieties and errors that are still produced. The inspector examines the coin under a magnifier to search for any defects made in the die during operation. If the coin passes inspection, the press operator pulls the trap's lever, which dumps the coins onto a conveyor belt for transportation to the counting and bagging operations, except for the Native American and Presidential dollars.

When those dollars are struck, they have a plain edge. Finished, however, they bear edge inscriptions. The Mint adds these in a separate step following the striking of the coins.

The struck Native American and Presidential dollars, still with plain edges, are moved along a conveyor belt to an edge-lettering station. (The 2007 Presidential dollars were moved from the presses to the edge-inscription station in bins. Tens of thousands of George Washington dollars were released without lettered edges when the bins were moved directly from the presses to the counting-bagging station.)

At the edge-lettering equipment, the coins are vacuumed into an open cylinder that centrifugally forces each struck coin into an edge-lettering channel. On the inner side of the channel is a steel wheel spinning counterclockwise that contacts the plain edge of the struck coin. On the other side is a block of tooling steel that contains the raised edge lettering, formed by laser, in a groove that resembles a semicircle. The struck coins—at the rate of 1,000 coins per minute—pass along the edge lettering segment where they are impressed with the edge inscriptions. The newly edge-lettered coins discharge into a cash box and then are transported to the counting-bagging operation.

Throughout the minting process, computers track such statistics as the productivity of each press operator, any repairs to a coining press, quantities of coins struck per press, plus installation, movement and destruction of the dies.

Once the coins reach the final station, they are counted automatically by machines, and are bagged or placed into shipping bins. The Mint now uses large "ballistic" bags rather than the traditional, smaller canvas bags used for more than a century, for shipping circulating coins to the Federal Reserve. Counters atop the mechanism that dumps coins into the ballistic bags remove most out-of-specification coins (errors).

The ballistic bags are sealed and loaded onto pallets for shipment to the Federal Reserve Banks or the banks' contracted private money-handling firms for distribution into commerce.

Proof and Uncirculated coins

15

United States Mint officials angered many in the collecting community in 2009 when they chose not to issue Proof versions of the American Eagle bullion coins—the first time no Proof American Eagles had been produced since 1986 for the gold and silver coins, and since 1997 for the platinum pieces.

Collector anger was especially strong over the Mint's decision not to issue a Proof 2009-W American Eagle silver dollar. The Proof American Eagle silver coin is popularly collected for several reasons: It bears attractive designs, contains a full ounce of pure silver, is relatively inexpensive (selling at prices ranging from $21 to $29.95 from 1986 to 2008) and was dependably issued annually, until 2009.

In their decision not to issue Proof versions, Mint officials blamed unprecedented demand for the bullion versions of the gold and silver American Eagle coins and a congressional mandate to produce the bullion pieces to meet that demand. All planchets for the gold and silver American Eagles were diverted to the bullion program. None were reserved for collector versions.

While most collectors upset with the Mint's decision cited a "gap" in their collections as the primary reason for their ire, other collectors noted that production gaps had occurred before with the Mint's collector programs, including for Proof coins.

Proof coins are produced using special minting and processing techniques, resulting in coins with special finishes. They have been sold separately in the past, but since 1950, generally have been offered only in sets, although Proof versions of recent commemorative coins, the American Eagle bullion coins, and the Presidential dollars have been offered individually.

For a long time, from 1936 to 1942, from 1950 to 1964, and from 1968 to 1982, the United States Mint offered just one Proof set. The number of coins in the set changed over the years, but never totaled more than six pieces or fewer than five coins. Then, in 1983, the Mint's offerings began to increase as Mint officials experimented with packaging options and including one or more commemorative coins in a set.

What are Proof coins?

Proof coins have always been special. A Proof coin is struck on a specially prepared planchet, using special minting techniques, generally on a specialized coining press.

The term "Proof" means different things to many collectors, dealers and other hobbyists. Some believe Proof is the top level of preservation, or grade—it is not. Others believe Proof coins are particularly shiny coins destined for collectors rather than circulation—they are only partly correct.

"Proof" in numismatics refers to a special manufacturing process designed to result in coins of the highest quality produced especially for collectors. "Proof" is not a grade, as many beginning collectors think, although grading services, dealers and collectors generally assign Proof coins numerical grades such as Proof 65 or Proof 69.

Proof coins result from the same basic processes also required to make coins for circulation. However, Mint employees use special techniques in preparing the surfaces of the dies and planchets intended for Proof coins. Special presses and striking techniques are also used in the production of Proof coins.

Most of the Proof coins sold by the United States Mint today are Cameo Proofs. The flat fields are mirrorlike, reflective and shiny. The raised devices, lettering and other points in relief are frosted, bearing a white, textured, nonreflective finish. The contrast between the frosted relief and mirrored fields gives the coins their cameo appearance. Both the frosted and mirror finishes are the results of the special techniques used in preparing the dies.

To prepare a Cameo Proof die, first, special techniques are used to give the die a rough, textured finish. The fields are then polished to a high sheen to achieve the mirrored effect while leaving the textured, or frosted, devices untouched.

Once the polishing is completed, the die receives a light plating of chrome, two- to three-thousandths of an inch thick. The chrome is then buffed. The finished die now has mirrorlike fields and textured relief, and will impart the same finishes to the coins it strikes.

The planchets used to strike the Proof coins also receive special treatment. The exact treatment has changed over the years, and may be tweaked for planchets of certain compositions. The planchets are burnished in a process that tumbles them in a medium of carbon steel balls, cleaning agents and an anti-tarnishing agent. The process cleans and polishes the planchets. Additional steps are taken to clean the

planchets, finalized by using compressed air to blow lint and dust from the planchets.

Proof coins are struck on special presses that operate at slower speeds than the high-speed presses used for striking circulating coinage. Each Proof coin is struck two or more times, depending on the size of the coin, the design and the composition of the metal. The multiple striking ensures that the detail is brought up fully on each coin. Circulation strikes are struck only once (although some U.S. circulation strikes in the past have been struck more than once, most notably the 1907 Saint-Gaudens, High Relief gold $20 double eagle).

Current Proof coins are then sealed into plastic capsules or plastic holders to give their surfaces some protection (though not total) from potentially damaging environmental factors.

Although most collectors of modern U.S. Proof coins are familiar with the Cameo Proofs in vogue today, the U.S. Mint has used many other types of Proof finishes. Some used by the U.S. Mint include the Matte Proof, first used in the early 20th century; a similar Matte Finish was used on several special coins issued in the 1990s. The entire surface of the coin is uniformly dull or granular; the surface of the original Matte Proof coins resulted from the struck coin being pickled in acid. A Satin Finish Proof coin has a matte, satiny surface; the finishing process, used in the early 20th century, is currently unknown. A Sandblast Proof is a type of Matte Proof in which the surface of the coin is sandblasted, not pickled in acid. A Roman Finish Proof was used on gold Proofs of 1909 and 1910 and is similar to the Satin Finish Proof. A Brilliant Proof is one in which the entire surface is mirrorlike; any frost on its devices is accidental, found generally only on the first few strikes of the die. Brilliant Proofs were produced by the U.S. Mint until the late 1970s and early 1980s, when Mint officials began taking care to produce the Cameo Proofs. A Reverse Proof finish was introduced in 2006 on American Eagle gold and silver coins and in 2007 on American Eagle platinum coins; the finish has frosted fields and mirrored devices, the "reverse" of the standard Proof finish.

A history of U.S. Proof coins

The Philadelphia Mint struck its first true Proof coins in 1817 (then called Master coins, not Proof coins), not for collectors but as presentation pieces. From 1817 to 1859, Proof coins were made in small batches whenever a number of orders had accumulated.

Proof coins were first offered to the public at large in 1858, the

result of a decision by Mint Director John Ross Snowden. Not until 1860, however, did mintages jump, as collector interest caught hold; until then, the Mint produced the Proof coins to order.

Coins were sold both individually and in complete sets, the latter in limited quantities. Sets were sometimes sold as separate sets of minor coins and gold coins in addition to the complete sets.

From 1907 to 1916, the Mint began experimenting with various Proof finishes, including the aforementioned Matte Proof, Sandblast Proof and Roman Finish Proof techniques.

The Mint stopped offering Proof coins in 1916. Walter Breen in his *Encyclopedia of United States and Colonial Proof Coins: 1722-1977* notes: "At first ostensibly because of the war, later more likely because of administration changes (there being no coin collectors in high office until William H. Woodin became secretary of the Treasury), no Proofs were publicly sold. The few made went to VIPs and most are controversial."

Proof coinage resumed in 1936 with the production of Brilliant Proofs. Coins were sold by the piece with five denominations making a complete set. Mintages of the Proof "sets" from 1936 through 1942 are based on the coin with the smallest mintage. Abandoned were the experiments with Matte Proofs and other Proof finishes. Proof production halted again at the end of 1942 because of World War II, and did not resume until 1950.

Beginning in 1950, customers could no longer purchase single coins. The five-coin sets were housed in individual cellophane envelopes, stapled together and placed into a cardboard box, a packaging combination not meant for permanent coin storage, something collectors learned after the staple began to rust and threatened to damage the coins within the set. The 1955 set is available two ways, because in mid-1955 the Mint changed to new packaging: a plastic soft-pack inserted into an envelope. This packaging remained in use through 1964.

No Proof sets were struck in 1965 to 1967 because of the massive coin shortage haunting the nation.

Proof set production resumed in 1968, but at a new location. Prior to 1968, most Proof coins were struck at the Philadelphia Mint. All earlier non-Philadelphia Mint Proof coins are rare. Production was moved to the San Francisco Assay Office (the San Francisco Mint became an Assay Office in 1962, and a Mint again in 1988), and the S Mint mark was added to the coins. The coins were housed in a hard-plastic holder.

Proof sets have been struck every year since 1968. From that year through 1972, the sets contain five coins, from the Lincoln cent to the

Kennedy half dollar, all made in the same alloys as the circulating coins.

A Proof version of the Eisenhower copper-nickel clad dollar was first placed in the set from 1973, increasing the number of coins to six. The Eisenhower dollar is found in all Proof sets from 1973 through 1978, with 1975 and 1976 sets containing the Bicentennial version of the coin (bearing a dual 1776-1976 date and special commemorative reverse).

The Proof sets of 1979 to 1981 contain the Anthony dollar, maintaining a count of six coins. Beginning in 1982, with the cessation of production of the Anthony dollar, the count dropped back to five coins in the standard set, where it would remain for nearly two decades.

With the resumption of commemorative coinage production in 1982, and the introduction of American Eagle bullion coins in 1986, Proof production was spread to all four coining facilities, in Philadelphia, Denver, San Francisco and West Point. The San Francisco Mint continues to strike the regular Proof set in addition to some Proof commemorative and bullion coins.

The Mint began to expand its Proof set offerings when a new level of Proof set—a Prestige Proof set—was sold in 1983 and 1984 and again from 1986 through 1997. Prestige Proof sets contain the regular set and a commemorative half dollar, silver dollar or both.

Congress mandated annual sales of a Silver Proof set in 1990; it authorized a Proof set with 90 percent silver versions of all denominations of a dime or higher, the highest at that time being the half dollar, since no dollar coins had been struck for circulation for about a decade. The Mint did not issue the first Silver Proof sets until 1992, citing 1991 production difficulties. From 1992 to 1998, the Mint offered two packaging versions of the new Proof set: a set in the same kind of holder as the standard Proof set, but marked with the word "silver," and a Premier Silver Proof set containing the same coins in a higher quality package.

Beginning in 1999, again in 2000, yet again in 2004 and 2005, and again in 2009 the number of coins in the annual Proof sets increased as the Mint began redesigning circulating coinage.

The State quarter dollars program, introduced in 1999, was reflected in the Proof sets of 1999 through 2008. Since five State quarter dollars were issued each year, the number of coins in the set rose from five to nine (cent, 5-cent coin, dime, five quarter dollars and a half dollar). The State quarter dollars appear in both of the nine-coin sets (standard and Silver Proof set).

A third annual Proof set was added to the Mint's inventory in 1999: a five-coin set offering the five State quarter dollars in the copper-nickel

clad composition. A Quarters Proof set has been offered every year since. A State Quarters Silver Proof set was introduced in 2004.

A new offering by the Mint generated a good deal of collector hostility in mid-2002. The Mint briefly reopened sales of sets it had previously reported as closed or sold out. It offered a package of 1999, 2000 and 2001 Proof sets at coin market prices, not at their original prices. A majority of collectors objected to the program, saying that once a program is closed or reported as sold out, it should remain closed. The Mint stopped offering the packaged sets after a few weeks of sales; officials claimed that storage problems had resulted in damage to some of the coins in the 1999 sets, making them unsaleable.

Mint officials, in announcing the closing of those sales, also reported that Mint inventories did not contain other unsold coins that it would be offering later.

Meanwhile, additional trends (explored in more detail in other chapters in this book) would increase the number of coins in the standard and Silver Proof sets beginning in 1999. Although the production of 1999 Anthony dollars occurred too late for inclusion in the standard Proof set and the Mint set, production of Sacagawea dollars in 2000 increased the coin count in the 2000-S Proof sets to 10 from nine. (The new coin also prompted the Mint to seek and Congress to grant an exemption to existing law that could have required a 90 percent silver version of the Sacagawea dollar in the Silver Proof set rather than a regular alloy manganese-brass coin; sales of the 2000 Silver Proof set were delayed while the Mint awaited the exemption.) The 10-coin count was maintained until 2004 and 2005, when the production of two Westward Journey 5-cent coins caused an increase to 11 coins. The number of Jefferson 5-cent coins in the standard and Silver Proof sets reverted to one in 2006.

In 2005, the Mint began offering an annual American Legacy Collection set that, like the early Prestige Proof sets, contains one or more commemorative coins plus that year's regular Proof coins.

The Mint starting in 2007 and 2008 offered five different Proof sets: the standard Proof set, with all of the coins in their standard compositions; the Silver Proof set, with the dime, five State quarter dollars and half dollar made of 90 percent silver rather than of copper-nickel clad; the standard State Quarters Proof set, containing all five State quarter dollars in their regular copper-nickel clad composition; the State Quarters Silver Proof set, containing 90 percent silver versions of the five coins; and the new Presidential Dollars Proof set.

The sets beginning in 2007 contain five dollar coins: four

Presidential dollars and a Sacagawea dollar (with, in 2009 and beyond, a reverse that changes every year featuring native American contributions, and called a Native American dollar). The 2007 and 2008 Proof sets contain 14 coins—a cent, 5-cent coin, dime, five State quarter dollars, a half dollar, a Sacagawea dollar and four Presidential dollars.

The State quarter dollar program concluded at the end of 2008, but the same legislation authorizing Presidential dollars also authorized four commemorative 2009 Lincoln cents to celebrate the bicentennial of Abraham Lincoln's birth. Legislation was also approved to strike commemorative 2009 quarter dollars honoring the District of Columbia and five U.S. territories, an extension of sorts to the State quarter dollars program. The number of coins in a 2009 Proof set thus increased to 18. The 2010 sets returned to 14 coins—just one Lincoln cent in the now usual mix of coins, this time including five America the Beautiful quarter dollars.

The introduction of the Presidential dollars in 2007 and Native American dollars in 2009 required innovations by United States Mint officials. The date, S Mint mark and inscriptions IN GOD WE TRUST and E PLURIBUS UNUM appear on the edge of the Proof 2007-S and 2008-S Presidential dollars. Mint officials had to devise set packaging that would permit viewing the edge inscriptions. The new packaging for the "lenses" features an internal holder that surrounds the Presidential dollars with a clear plastic capsule that permits the edge inscriptions to be read.

Beginning in 2009, the motto IN GOD WE TRUST was moved from the edge to the obverse of the Presidential dollars. The production of error plain-edge coins had resulted in what some called "Godless dollars," prompting a congressional order to move the religious motto from the edge to the obverse or reverse of the coin.

Edge inscriptions on the Proof Presidential dollars, or at least the Mint's execution of them, do not please all collectors. *Coin World* received multiple complaints that edge lettering and numerals are so faint on the Proof coins as to be barely discernible. The edge inscriptions are applied to the Proof Presidential dollars during striking, by a segmented collar.

Uncirculated Mint sets

The first Uncirculated Mint sets, with coins dated 1947, were offered in 1948. After the 1947 sets sold out, 1948-dated sets were offered to the public. Sets were again offered in 1949, but none were offered in 1950 due to a Treasury decision to conserve appropriations and manpower during the Korean War, and because Uncirculated coins

were available from banks. From 1951 through 1964, sets were offered every year. The numbers of coins offered fluctuated from year to year, depending upon what denominations were being struck for circulation.

Before 1959, Uncirculated Mint sets were individually packaged in cardboard folders; each set contained two examples of each coin struck that year. Beginning in 1959, sets were packaged in polyethylene packets and contained just one example of each coin struck that year.

No Uncirculated Mint sets or Proof sets were offered from 1965 to 1967 because the Mint focused almost all of its resources to meet a major coin shortage sweeping the country, which was blamed in part on coin collectors and speculators. However, Mint officials did offer Special Mint sets, featuring coins not the quality of Proofs but better than those found in the pre-1964 Uncirculated Mint sets.

Production and sales of Uncirculated Mint sets resumed in 1968. From 1973 to 1978, Philadelphia and Denver Mint examples of the Eisenhower dollar were contained in the set. In 1979, the Eisenhower dollar was replaced by the Anthony dollar, and a San Francisco Assay Office example was added; the Anthony dollars appeared in the sets through 1981. No Uncirculated Mint sets were offered in 1982 and 1983, with Mint officials blaming budgetary cutbacks for the decision to stop their production. Because of collector pressure, Congress passed a law in 1983 requiring annual sales of both Uncirculated Mint sets and Proof sets.

Some Uncirculated Mint sets contain coins not struck for circulation. This generally increases the value of those sets because collectors saving an example of each coin struck each year are unable to find the needed coins in circulation. For example, in 1970, no half dollars were struck for circulation; thus, the 1970-D Kennedy half dollar could be found only in the set. The 1996 Uncirculated sets include a 1996-W Roosevelt dime—available nowhere else—added at no charge to commemorate the 50th anniversary of the coin's introduction. Other sets also contain noncirculating coins.

For much of the history of Uncirculated Mint set production, the coins in the sets were of identical quality to those issued for circulation. Then, late in the 20th century, the Mint began taking extra care in preparing the planchets and striking the coins in order to provide coins better than those found in circulation. Still, through 2004 the coins continued to have the same Uncirculated finish as the coins issued for circulation. That changed in 2005, when the Mint began issuing Uncirculated Mint sets with coins bearing a Satin Finish. The Satin Finish was used for the coins in the Uncirculated Mint sets through 2010; beginning in 2011, the Satin Finish was dropped.

Matte Finish coins

The decision by Mint officials in 2005 to offer Satin Finish Uncirculated Mint sets harkens back to another "unusual" finish used on some special coins on three occasions in the 1990s. As the U.S. Mint began offering more collector coin products in the 1980s and 1990s, officials began experimenting with special finishes to enhance some of the Uncirculated commemorative coins. By the early 1990s, commemorative silver dollars were given a matte surface similar in appearance to the Matte Proof coins of the early 20th century. Then the Mint released a special, unexpected coin in a 1994 commemorative coin set containing the same finish as found on the commemorative silver dollars.

Congress authorized a commemorative silver dollar celebrating the 250th anniversary of Thomas Jefferson's birth, scheduled for release in 1994. The Mint offered the 1994 Jefferson silver dollar in Proof and Uncirculated versions, the latter bearing the special matte surfaces developed. Mint officials also offered the dollar in a variety of purchasing options. Among the special options was a Jefferson Coin and Currency set, which contains three monetary instruments bearing Jefferson's portrait: a 1994-P Jefferson silver dollar, a $2 Federal Reserve note and a 1994-P Jefferson 5-cent coin. While Mint officials intended to limit this set to 50,000 pieces, they forgot to mention that detail in any sales literature. Thus the Mint produced the set to order, selling 167,703 sets.

Mint officials also forgot to tell collectors that the Jefferson 5-cent coin in the set was given the same matte surfaces that had been given to the Jefferson silver dollar in the set, to give the two coins uniform finishes. A collector, however, noted the special finish and informed *Coin World,* which confirmed and reported the news. That suddenly made the Jefferson Coin and Currency set a hot property. Many collectors collect Jefferson 5-cent coins, and many seek to acquire Proof and traditional Uncirculated examples of each date and Mint mark. As collectors and dealers began referring to the coin as having a Matte Finish, many sought examples of the special 5-cent coin to complete their collections of the denomination. Many Matte Finish 5-cent coins probably were removed from their original holders for placement into whatever holders the collectors use to store their Jefferson 5-cent sets.

Three years later, Mint officials offered a second Matte Finish Jefferson 5-cent coin (although Mint officials were still not using this terminology), this one dated 1997-P and housed in the Botanic Garden Coin and Currency set (also containing a Botanic Garden silver dollar and $1

Federal Reserve note). Production of the set was limited to 25,000 sets, meaning just 25,000 Matte Finish 1997-P Jefferson 5-cent coins would be offered, and making this set an even hotter property than the Jefferson sets of three years earlier. In what became one of the most criticized offerings by the U.S. Mint in recent years, the Botanic Garden Coin and Currency set sold out in about a week, before many collectors even received their order forms in the mail. Dozens of irate collectors called *Coin World* to complain about being shut out of the offering because other collectors living closer to where the order forms were placed into the mail had an advantage over those living farther away. Few if any of the callers (including those lucky ones receiving the sets) wanted the sets for the Botanic Garden dollar. Most wanted the extremely limited, 25,000-mintage Matte Finish 1997-P Jefferson 5-cent coin for their collections.

Mint officials apparently learned from this experience, so in 1998, when it offered a Kennedy Collectors set bearing a 1998-P Robert F. Kennedy silver dollar and 1998-P John F. Kennedy half dollar, both with a Matte Finish, it limited sales to a specific ordering period, not to a specific number of sets. Sales totaled more than 63,000 sets. As with the Botanic Garden set, many collectors bought the coin for the Matte Finish half dollar to keep their collections complete, not for the commemorative silver dollar.

America the Beautiful 5-ounce coin finish

Another new finish was introduced on the collector versions of the America the Beautiful 5-ounce silver coins. The collector Uncirculated 5-ounce coins have a matte, satiny finish, quite unlike the brilliant finish used on the bullion coins.

Mint employees apply the satiny finish post-strike, via a vapor-blasting technique. The technique employs a compressed mixture of water vapor and ceramic media. The finish on the 2010-P America the Beautiful 5-ounce silver coins was applied using older equipment, the same as is used to produce a similar finish on the 3-inch copper-alloy medals the Mint sells, though retrofitted for the silver coins. The Mint in 2010 ordered new equipment to perform the vapor blasting step in an more integrated and consistent manner than is available using the retrofitted equipment, although that equipment had not arrived at the Mint by early August of 2011.

Mint officials acknowledged in July 2011 that use of the older equipment had resulted in inconsistent finishes on the coins. Some of

the Uncirculated 2010-P coins have the intended finish on both sides, some pieces have what one grading service characterized as a "Light Finish," and still other pieces lack any trace of the vapor-blasted finish on one or both sides.

About 'mintages'

About the "mintages" given here: It takes Mint officials months or longer after the close of sales of a particular set to audit the numbers and determine a final "mintage" or sales figure. Expect changes yearly for recent sets.

Proof sets

Year Minted	Note	Sets Sold	Commemorative	Selling Price	Face Value
1950		51,386		2.10	0.91
1951		57,500		2.10	0.91
1952		81,980		2.10	0.91
1953		128,800		2.10	0.91
1954		233,300		2.10	0.91
1955		378,200		2.10	0.91
1956		669,384		2.10	0.91
1957		1,247,952		2.10	0.91
1958		875,652		2.10	0.91
1959		1,149,291		2.10	0.91
1960	‹1›	1,691,602		2.10	0.91
1961		3,028,244		2.10	0.91
1962		3,218,019		2.10	0.91
1963		3,075,645		2.10	0.91
1964		3,950,762		2.10	0.91
Production suspended during 1965, 1966, 1967					
1968	‹2›	3,041,506		5.00	0.91
1969		2,934,631		5.00	0.91
1970	‹3›	2,632,810		5.00	0.91
1971	‹4›	3,220,733		5.00	0.91
1972		3,260,996		5.00	0.91
1973		2,760,339		7.00	1.91
1974		2,612,568		7.00	1.91
1975	‹5›	2,845,450		7.00	1.91
1976	‹5›	4,123,056		7.00	1.91
1977		3,236,798		9.00	1.91
1978		3,120,285		9.00	1.91
1979	‹6›	3,677,175		9.00	1.91
1980		3,554,806		10.00	1.91
1981		4,063,083		11.00	1.91
1982	‹7›	3,857,479		11.00	0.91
1983	‹8›	3,138,765		11.00	0.91
1983 Prestige		140,361	1983-S Olympics silver dollar	59.00	1.91
1984		2,748,430		11.00	0.91
1984 Prestige		316,680	1984-S Olympics silver dollar	59.00	1.91
1985		3,362,821		11.00	0.91

Year Minted	Note	Sets Sold	Commemorative	Selling Price	Face Value
1986		2,411,180		11.00	0.91
1986 Prestige		599,317	1986-S Immigrant half dollar, 1986-S Ellis Island silver dollar	48.50	2.41
1987		3,356,738		11.00	0.91
1987 Prestige		435,495	1987-S Constitution silver dollar	45.00	1.91
1988		3,031,287		11.00	0.91
1988 Prestige		231,661	1988-S Olympics silver dollar	45.00	1.91
1989		3,009,107		11.00	0.91
1989 Prestige		211,807	1989-S Congress half dollar 1989-S Congress silver dollar	52.00	2.41
1990	‹9›	2,793,433		11.00	0.91
1990 Prestige		506,126	1990-P Eisenhower silver dollar	46.00	1.91
1991		2,610,833		11.00	0.91
1991 Prestige		256,954	1991-S Mount Rushmore half dollar 1991-S Mount Rushmore silver dollar	55.00	2.41
1992	‹10›	2,675,618		11.00/12.50	0.91
1992 Prestige	‹11›	183,285	1992-S Olympics half dollar 1992-S Olympics silver dollar	49.00/56.00	2.41
1992 Silver	‹11, 12›	1,009,586		18.00/21.00	0.91
1992 Premiere	‹11,12›	308,055		29.50/37.00	0.91
1993		2,337,819		12.50	0.91
1993 Prestige	‹11›	232,063	1993-S James Madison half dollar 1993-S James Madison silver dollar	51.00/57.00	2.41
1993 Silver	‹11, 12›	589,712		18.00/21.00	0.91
1993 Premiere	‹11,12›	201,282		29.00/37.00	0.91
1994		2,308,701		12.50	0.91
1994 Prestige	‹11›	175,893	1994-P World Cup half dollar 1994-S World Cup silver dollar	49.00/56.00	2.41
1994 Silver	‹11, 12›	636,009		18.00/21.00	0.91
1994 Premiere	‹11,12›	149,320		29.00/37.00	0.91
1995		2,018,945		12.50	0.91
1995 Prestige	‹11›	105,845	1995-S Civil War Battlefields half dollar 1995-S Civil War Battlefields silver dollar	55.00/61.00	2.41
1995 Silver	‹11, 12›	537,374		18.00/21.00	0.91
1995 Premiere	‹11,12›	128,903		29.00/37.00	0.91
1996		2,085,191		12.50	0.91
1996 Prestige	‹11›	59,886	1996-S Olympic Soccer half dollar 1996-P Olympic Rowing dollar	55.00/61.00	2.41
1996 Silver	‹11, 12›	623,264		18.00/21.00	0.91
1996 Premier	‹11,12›	151,817		29.00/37.00	0.91
1997		1,975,000		12.50	0.91
1997 Prestige		80,000	1997-S Botanic Garden silver dollar	44.00	1.91
1997 Silver	‹11,12›	605,289		18.00/21.00	0.91
1997 Premier	‹11,12›	135,905		29.00/37.00	0.91
1998		2,086,507		12.50	0.91
1998 Silver	‹11,12›	878,996		18.00/21.00	0.91
1999	‹19›	2,557,899		19.95	1.91
1999 State	‹20›	1,169,958		13.95	1.25
1999 Silver	‹12›	804,565		31.95	1.91

Year Minted	Note	Sets Sold	Commemorative	Selling Price	Face Value
2000	‹19›	3,096,981		19.95	2.91
2000 State	‹20›	995,803		13.95	1.25
2000 Silver	‹12›	965,421		31.95	2.91
2001	‹19›	2,300,944		19.95	2.91
2001 State	‹20›	799,736		13.95	1.25
2001 Silver	‹12›	889,697		31.95	2.91
2002	‹19›	2,319,766		19.95	2.91
2002 State	‹20›	764,419		13.95	1.25
2002 Silver	‹12›	892,229		31.95	2.91
2003	‹19›	2,172,684		19.95	2.91
2003 State	‹20›	1,225,507		13.95	1.25
2003 Silver	‹12›	1,142,858		31.95	2.91
2004	‹19,21›	1,789,488		22.95	2.96
2004 State	‹20›	951,196		15.95	1.25
2004 Silver	‹12,21›	1,175,934		37.95	2.96
2004 Silver State	‹22›	593,852		23.95	1.25
2005	‹19,23,24›	2,260,063		22.95	2.96
2005 State	‹20›	981,278		15.95	1.25
2005 Silver	‹12,24›	1,019,166		37.95	2.96
2005 Silver State	‹22›	606,815		23.95	1.25
2005 United States Mint American Legacy Collection ‹25›		46,057	2005-P Chief Justice John Marshall silver dollar 2005-P Marine Corps 230th Anniversary silver dollar	135.00	4.96
2006	‹19›	1,985,282		22.95	2.91
2006 State	‹20›	876,796		15.95	1.25
2006 Silver	‹12›	1,043,546		37.95	2.91
2006 Silver State	‹22›	528,293		23.95	1.25
2006 United States Mint American Legacy Collection ‹25›		48,452	2006-P Benjamin Franklin, Founding Father silver dollar 2006-P San Francisco Old Mint silver dollar	135.	4.91
2007	‹19,23›	1,702,116		26.95	6.91
2007 State	‹20,23›	672,662		13.95	1.25
2007 Silver	‹12,23›	861,447		44.95	6.91
2007 Silver State	‹22,23›	438,431		25.95	1.25
2007 Presidential Dollars	‹23›	1,285,972		14.95	4.00
2007 United States Mint American Legacy Collection	‹25›	26,442	2007-P Jamestown 400th Anniversary silver dollar 2007-P Little Rock High School Desegregation 50th Anniversary silver dollar	135.00	8.91
2008	‹19,23›	1,405,674		26.95	6.91
2008 State	‹20,23›	672,438		13.95	1.25
2008 Silver	‹12,23›	772,893		44.95	6.91
2008 Silver State	‹22,23›	429,021		25.95	1.25
2008 Presidential Dollars	‹23›	860,172		14.95	4.00
2009	‹33,23,35›	1,477,967		29.95	7.19
2009 Quarters	‹31,23›	615,936		14.95	1.50
2009 Silver	‹34,23,35›	694,406		52.95	7.19
2009 Silver Quarters	‹32,23›	284,884		29.95	1.50
2009 Lincoln Cents	‹35›	200,000		7.95	0.04
2009 Presidential Dollars	‹23›	627,925		14.95	4.00
2010	‹23›	1,086,167		26.95	6.91
2010 Quarters	‹23›	267,883		13.95	1.25

Year Minted	Note	Sets Sold	Commemorative	Selling Price	Face Value
2010 Silver ‹23›		567,514		44.95	6.91
2010 Silver Quarters ‹23›		255,455		25.95	1.25
2010 Presidential Dollars ‹23›	526,628			14.95	4.00

40% silver clad dollars struck in San Francisco

Year Minted	Uncirculated	Proof
1971	6,868,530	4,265,234
1972	2,193,056	1,811,631
1973	1,883,140	1,013,646
1974	1,900,156	1,306,579

Special Mint sets

Year Minted	Sets Sold	Selling Price	Face Value
1965	2,360,000	4.00	0.91
1966	2,261,583	4.00	0.91
1967	1,863,344	4.00	0.91

Uncirculated sets

Year Minted	Sets Sold	Selling Price	Face Value
1947	12,600	4.87	4.46
1948	17,000	4.92	4.46
1949	20,739	5.45	4.96
1951	8,654	6.75	5.46
1952	11,499	6.14	5.46
1953	15,538	6.14	5.46
1954	25,599	6.19	5.46
1955	49,656	3.57	2.86
1956	45,475	3.34	2.64
1957	34,324	4.40	3.64
1958	50,314	4.43	3.64
1959	187,000	2.40	1.82
1960	260,485	2.40	1.82
1961	223,704	2.40	1.82
1962	385,285	2.40	1.82
1963	606,612	2.40	1.82
1964	1,008,108	2.40	1.82
1965	2,360,000	4.00	0.91
1966	2,261,583	4.00	0.91
1967	1,863,344	4.00	0.91
1968	2,105,128	2.50	1.33
1969	1,817,392	2.50	1.33
1970	2,038,134	2.50	1.33
1971	2,193,396	3.50	1.83
1972	2,750,000	3.50	1.83
1973	1,767,691	6.00	3.83
1974	1,975,981	6.00	3.83
1975	1,921,488	6.00	3.82
1976	1,892,513	6.00	3.82
1977	2,006,869	7.00	3.82

UNCIRCULATED SETS (CONTINUED)

Year Minted	Note	Sets Sold	Selling Price	Face Value
1978		2,162,609	7.00	3.82
1979	‹13›	2,526,000	8.00	3.82
1980	‹13›	2,815,066	9.00	4.82
1981	‹13›	2,908,145	11.00	4.82
1984		1,832,857	7.00	1.82
1985		1,710,571	7.00	1.82
1986		1,153,536	7.00	1.82
1987		2,890,758	7.00	1.82
1988		1,447,100	7.00	1.82
1989		1,987,915	7.00	1.82
1990		1,809,184	7.00	1.82
1991		1,352,101	7.00	1.82
1992		1,500,098	7.00/8.00	1.82
1993		1,297,094	8.00	1.82
1994		1,234,813	8.00	1.82
1995		1,013,559	8.00	1.82
1995 Deluxe		24,166	12.00	1.82
1996	‹14›	1,450,440	8.00	1.92
1997		940,047	8.00	1.82
1998		1,188,487	8.00	1.82
1999		1,421,625	14.95	3.82
2000		1,490,160	14.95	5.82
2001		1,113,623	14.95	5.82
2002		1,139,388	14.95	5.82
2003		1,001,532	14.95	5.82
2004	‹21›	842,507	16.95	5.92
2005	‹24›	1,141,895	16.95	5.92
2006	‹23›	915,586	16.95	5.82
2007	‹23›	895,628	22.95	13.82
2007 Presidential Dollar set, P ‹23›		20,440	8.95	4.00
2007 Presidential Dollar set, D ‹23›		13,994	8.95	4.00
2007 Presidential Dollar set, P&D ‹23›		87,423	15.95	8.00
2007 Uncirculated Dollar set ‹23,28›		90,171	31.95	6.00
2008	‹23›	745,464	22.95	13.82
2008 Presidential Dollar set, P&D ‹23›		76,272	15.95	8.00
2008 Uncirculated Dollar set ‹23,28›		68,956	31.95	6.00
2009	‹23,35›	774,844		14.38
2009 Presidential Dollar set, P&D ‹23›		105,059	15.95	8.00
2010	‹23›	573,240	31.95	13.82
2010 Presidential Dollar set, P&D ‹23›		97,139	18.95	8.00
2010 Quarters ‹23›		26,303	21.95	2.50

Proof American Eagle issue prices <15,26,29,30>

Year	Note	Metal	1/10 oz	1/4 oz	1/2 oz	1 oz	Set
1986		Gold	--	--	--	550.	--
		Silver	--	--	--	21.00	--
1987		Gold	--	--	295.	585.	870.
		Silver	--	--	--	23.00	--
1988		Gold	65.00	150.	295.	585.	1065.
		Silver	--	--	--	23.00	--
1989		Gold	65.00	150.	295.	585.	1065.
		Silver	--	--	--	23.00	--
1990		Gold	70.00	150.	285.	570.	999.
		Silver	--	--	--	23.00	--
1991		Gold	70.00	150.	285.	570.	999.
		Silver	--	--	--	23.00	--
1992		Gold	70.00	150.	285.	570.	999.
		Silver	--	--	--	23.00	--
1993		Gold	70.00	150.	285.	570.	999.
		Silver	--	--	--	23.00	--
1993 Philadelphia set <16>							499.
1994		Gold	70.00	150.	285.	570.	999.
		Silver	--	--	--	23.00	--
1995		Gold	70.00	150.	285.	570.	999.
		Silver	--	--	--	23.00	--
1995 10th Anniversary set <17>							999.
1996		Gold	70.00/75.00	150./159.	285./299.	570./589.	999./1025.
		Silver	--	--	--	23.00	--
1997		Gold	75.00	159.	299.	589.	1,025.
		Silver	--	--	--	23.00	--
		Platinum	99.00	199.	395.	695.	1,350.
1997 Impressions of Liberty set <18>							1,499.
1998		Gold	70.00	150.	285.	570.	999.
		Silver	--	--	--	24.00	--
		Platinum	99.00	199.	395.	695.	1,350.
1999		Gold	70.00	150.	285.	570.	999.
		Silver	--	--	--	24.00	--
		Platinum	99.00	199.	395.	695.	1,350.
2000		Gold	70.00	150.	285.	570.	999.
		Silver	--	--	--	24.00	--
		Platinum	118.	227.	405.	740.	1,375.
2001		Gold	70.00	150.	285.	570.	999.
		Silver	--	--	--	24.00	--
		Platinum	118.	227.	405.	740.	1,375.
2002		Gold	70.00	150.	285.	570.	999.
		Silver	--	--	--	24.00	--
		Platinum	118.	227.	405.	740.	1,375.
2003		Gold	85.00	165.	315.	630.	1,098.
		Silver	--	--	--	24.00	--
		Platinum	170.	329.	587.	1,073.	1,995.
2004		Gold	90.	175.	335.	675.	1,175.
		Silver	--	--	--	27.95	--
		Platinum	210.	410.	735.	1,345.	2,495.
2005		Gold	95.	190.	360.	720.	1,260.
		Silver	--	--	--	27.95	--
		Platinum	210.	410.	735.	1,345.	2,495.

Year	Note	Metal	1/10 oz	1/4 oz	1/2 oz	1 oz	Set
2006		Gold	100.	200.	385.	770.	1,350.
			110.	220.	445.	885.	1,575.
			105.	215.	420.	NA	1,495.
		Silver	––	––	––	27.95	––
		Platinum	220.	435.	780.	1,500.	2,750.
2007		Gold	104.95	209.95	399.95	789.95	1,449.95
			116.95	239.95	459.95	NA	1,695.95
			146.95	NA	NA	NA	NA
		Silver	––	––	––	29.95	––
		Platinum	229.95	439.95	809.95	1,599.95	2,949.95
			244.95	475.95	880.95	1,740.95	3,207.95
			269.95	539.95	999.95	1,979.95	NA

Uncirculated American Eagle issue prices <26,27,29,30>

Year	Note	Metal	1/10 oz	1/4 oz	1/2 oz	1 oz	Set
2006		Gold	85.	190.	375.	720.	1,350.
		Silver	––	––	––	19.95	––
		Platinum	180.	390.	720	1,390.	2,585.
2007		Gold	89.95	195.95	379.95	749.95	1,379.95
			99.95	219.95	424.95	831.95	1,559.95
			119.95	279.95	529.95	1,045.95	1,939.95
		Silver	––	––	––	21.95	––
		Platinum	189.95	399.95	759.95	1,489.95	1,869.95
			204.95	435.95	830.95	1,630.95	2,976.95
			229.95	499.95	949.95	2,769.95	3,479.95

Proof American Buffalo coins issue prices <29,30>

Year		Metal				1 oz	
2006		Gold	––	––	––	800.	––
2007		Gold	––	––	––	825.95	––
						899.95	

First Spouse coins issue prices <29,30>

Year		Metal				1 oz	
2007 Proof		Gold	––	––	––	429.95	––
						529.95	
2007 Uncirculated		Gold	––	––	––	410.95	––
						509.95	

Bicentennial sets

Final mintages for the 3-coin set are 3,998,621 for the Proof set, and 4,908,319 for the Uncirculated set.

Notes

1. Includes Large Date and Small Date cents. The Small Date is rarer.
2. Some Proof sets contain dimes struck from a Proof die missing the Mint mark, an engraver's oversight, not a filled die. Unofficially estimated that 20 examples are known. Beware of sets opened and reclosed with "processed" P-Mint coins inserted. Check edge of case for signs of tampering.
3. An estimated 2,200 Proof sets contain dimes struck from a Proof die missing the Mint mark.
4. An estimated 1,655 Proof sets contain 5-cent coins struck from a Proof die missing the Mint mark.
5. Includes 1776-1976 Bicentennial quarter dollar, half dollar and dollar, with the other standard coins.
6. 1979 Proof set: During latter 1979, a new, clearer Mint mark punch was used on the dies. Sets with all six coins bearing the new Mint mark command a premium.
7. 1982 Proof set: A new Mint mark punch with serifs was introduced.
8. 1983 10-cent piece: Some 1983 sets were issued with dimes missing the S Mint mark.
9. The Mint released an estimated 3,555 1990 Proof sets with a cent missing the S Mint mark. The die

was for business strikes at Philadelphia, but was inadvertently sent to San Francisco, prepared as a Proof and placed into Proof production.

10. Price increased from $11 to $12.50 July 1, 1992.

11. Prices are pre-issue discount/regular price.

12. Beginning in 1992 a new type of Proof set was issued, consisting of a regular Proof cent and 5 cents, but with the dime, quarter dollar and half dollar struck on 90 percent silver planchets, rather than the copper-nickel clad planchets of the circulating and regular Proof coinage. A Sacagawea dollar of standard alloy was added to the set in 2000. A "Premiere" edition—essentially fancy packaging—was sold at an additional premium for several years. Starting in 2007, four Presidential dollars were added to the set, and in 2009, the first annual Native American dollar was added (with an annually changing reverse and the Sacagawea obverse but with date and Mint mark moved to the edge).

13. 1979-81 Uncirculated sets: While Anthony dollars were struck for circulation at the San Francisco Assay Office, the Unc. S dollar was not included in the 1979 Uncirculated Mint set, which has 12 coins and a face value of $3.82. The Anthony dollar was included in the 1980 and 1981 sets, which are 13-coin sets with a face value of $4.82.

14. 1996 Uncirculated set: A 1996-W Roosevelt dime, available only in these sets, was added at no additional cost to mark the 50th anniversary of the coin.

15. Prices are for single-coin or -set purchase only; bulk discounts may apply; in 1996, a pre-issue discount was offered on gold coins.

16. Includes tenth-, quarter-, half-ounce gold, 1-ounce silver coin and 1-ounce silver medal.

17. Includes four gold coins and one silver, all with West Point Mint mark.

18. Includes one each Proof 1-ounce platinum, gold and silver bullion coin.

19. Includes one each of that year's State quarter dollars, plus Proof versions of other regular coins.

20. Includes one each of that year's State quarter dollars only.

21. Contains Peace Medal and Keelboat 5-cent coins.

22. Contains one each of that year's State quarter dollars only, in 90 percent silver.

23. Sales figures not final.

24. Contains American Bison and Ocean in View 5-cent coins.

25. Also contains the regular Proof coins of standard compositions.

26. Volatile, mostly rising gold and platinum prices led U.S. Mint officials to halt sales of Proof and Uncirculated American Eagles multiple times, in order to determine new, higher or lower prices. These adjustments started in 2006 for the gold coins and in 2007 for the Proof coins. Tables for both Proof and Uncirculated American Eagles feature the various prices charged for the coins.

27. The Mint began selling a new American Eagles product in the summer of 2006: Uncirculated American Eagles with the W Mint mark of the West Point Mint, struck on planchets burnished with a special media. Mint officials dropped the "Uncirculated" designation it had used since 1986 for the bullion coins and began marketing those pieces as American Eagle bullion coins.

28. Contains four Presidential dollars, Sacagawea or Native American dollar, all in Satin Finish, and an Uncirculated American Eagle silver dollar with W Mint mark.

29. A volatile bullion market in 2008 led to multiple price changes for Proof and Uncirculated American Eagle silver, gold and platinum coins, American Buffalo gold coins and First Spouse gold coins sold as numismatic products. At times, sales of certain of these products were suspended while pricing could be adjusted, or to make planchets used in the production of these collector versions available for some of the bullion coin versions instead. These multiple prices are not listed here.

30. Beginning in 2009, the U.S. Mint began selling noncommemorative precious metals (silver, gold, platinum) coins at prices subject to weekly changes in reaction to bullion market conditions.

31. Contains one of each of six District of Columbia and U.S. Territories quarter dollars.

32. Contains the District of Columbia and U.S. Territories quarter dollars, composed of 90 percent silver.

33. Contains four Lincoln, Bicentennial cents in a 95 percent copper, 3 percent zinc and 2 percent alloy; six copper-nickel clad quarter dollars in the District of Columbia and U.S. Territories quarter dollar program; four Presidential dollars and one Native American dollar in a manganese-brass clad composition; plus the regular Proof 5-cent coin, dime and half dollar.

34. Contains four Lincoln, Bicentennial cents in a 95 percent copper, 3 percent zinc and 2 percent alloy; a copper-nickel 5-cent coin; four Presidential dollars and one Native American dollar in a manganese-brass clad composition; and the dime, six quarter dollars in the District of Columbia and U.S. Territories quarter dollar program, and the half dollar, all in 90 percent silver.

35. Collector versions of the 2009 Lincoln, Bicentennial cent are composed of a 95 percent copper, 3 percent zinc and 2 percent alloy. The bronze-alloy coins are found in various Proof sets and the Uncirculated Mint sets.

Glossary 16

Numismatics (pronounced nu-mis-mat-iks), like any science, has a language of its own, spoken by its practitioners and students. New collectors unfamiliar with terms like obverse, reverse, Mint mark and double eagle may feel confused by a bewildering lexicon. However, the language need not be confusing.

The terms defined here are those that may be commonly encountered during the normal course of coin collecting. A more in-depth glossary can be found online at **www.coinworld.com.**

A

accolated, conjoined, jugate—Design with two heads facing the same direction and overlapping.

accumulation—Coins, tokens, etc., unsorted, unclassified and unattributed; not a collection.

adjustment—Filing down the face of an overweight planchet. Filing marks often survive the coining process; common on 18th century coins.

aes grave—Cast bronze issue of the Roman republic; literally "heavy bronze."

aes rude—Large cast rectangular bronze coin, one of the earliest Roman coins.

alloy—Mixture of two or more metals.

altered—A coin or other numismatic item that has been deliberately changed, usually to make it resemble a rare or more valuable piece.

American Arts Gold Medallions—A series of 1-ounce and half-ounce gold bullion medals issued by the U.S. Mint from 1980 to 1984. Medals depict great American artists, writers and actors.

American Bison 5-cent coin—A 2005 Jefferson 5-cent coin issued as one of four circulating commemorative 5-cent pieces in the 2004 and 2005 Westward Journey series celebrating the bicentennial of the Louisiana Purchase and the Lewis and Clark Expedition.

American Buffalo—The name of two different U.S. coin programs with coins bearing designs based on the Indian Head 5-cent coin designs: a 2001 commemorative silver dollar and a series of .9999 fine gold bullion coins issued beginning in 2006.

American Eagle—Bullion coins produced by the U.S. Mint beginning in 1986 (for gold and silver) and 1997 (for platinum). Thirteen coins have been produced: a 1-ounce, .999 fine silver coin with $1 face value; a 1-ounce, .9167 fine gold coin with $50 face value; a half-ounce, .9167 fine gold coin with $25 face value; a quarter-ounce, .9167 fine gold coin with $10 face value; and a tenth-ounce, .9167 fine gold coin with $5 face value; a 1-ounce, .9995 fine platinum coin with $100 face value; a half-ounce, .9995 fine platinum coin with $25 face value; a quarter-ounce, .9995 fine platinum coin with $10 face value; and a tenth-ounce .9995 fine platinum coin with $5 face value. The bullion versions

are sold to primary distributors, who in turn sell them to other distributors and customers. Coins sell at prices based on current metal prices plus a markup. The Mint sells collector versions directly to collectors and dealers. The gold coins all contain a full measure of pure gold; the gold is alloyed with other metals (for example, the 1-ounce gold coin has a total weight of 1.09 ounce, with 1 ounce of that being pure gold).

America the Beautiful quarter dollar—A series of commemorative quarter dollars in a program introduced in 2010 recognizing a national park, national forest, national military park or other historic site in each of the 50 states, the District of Columbia and the five U.S. territories of the Commonwealth of Puerto Rico, Guam, American Samoa, the United States Virgin Islands and the Commonwealth of the Northern Mariana Islands. Five different coins are issued each year, in the order in which the selected site for each political entity was federally recognized. The coins are being struck in the standard specifications for circulation and the annual collector sets offered by the U.S., and in 3-inch, 5-ounce .999 fine silver bullion coins (the latter also denominated as quarter dollars). Sometimes promoted as National Parks quarter dollars, although many sites being honored are not national parks. The program follows up the 1999 to 2008 State quarter dollars program and 2009 District of Columbia and U.S. Territories quarter dollar program.

ancient coin—Generally any coin issued before A.D. 500.

anneal—To soften dies, planchets or metal by heat treatment.

ant nose—Primitive copper money of China ca. 600 B.C.

anvil die—The die upon which a planchet rests during striking. See hammer die.

as—(Plural: asses) Bronze or orichalcum coins of the Roman republic.

assay—Analytic test or trial to ascertain the fineness, weight and consistency of precious or other metal in coin or bullion. An assay piece is one that has been assayed.

attribution—The identification of a numismatic item by characteristics such as issuing authority, date or period, Mint, denomination, metal in which struck, and by a standard reference.

auction—Method of selling by which items are presented for sale to the highest bidder.

authentication—Authoritative determination of the genuineness of a numismatic item.

B

back—The paper money side opposite the "face"; analogous to the reverse of a coin.

bag marks—See contact marks.

bank note—A promissory note issued by a bank in useful denominations, payable to bearer and intended to circulate as money. The term "bank note" should not be used as a generic term for all forms of paper money since not all notes were issued by banks.

base metal—Nonprecious metal; e.g., copper.

bas-relief—Sculpture style featuring slight differences between the raised design and the field and in which no part of the design is undercut; used to execute models for coins and medals.

Bicentennial coins—The special commemorative quarter dollar, half dollar and dollar

struck from mid-1975 to the end of 1976 in honor of the 200th anniversary of American Independence. Coins feature the dual date 1776-1976 and special reverses emblematic of the celebration. Issued in copper-nickel clad versions for circulation. Special silver-copper clad (40 percent silver) versions were sold to collectors.

bid-buy sale—A combination form of fixed-price list and mail-bid sale. Rules may vary from dealer to dealer. However, customers usually may either buy a lot outright at the fixed price or place a bid (higher or lower). It permits buyers to purchase a lot at less than fixed price (in some cases), or by paying more, to ensure a greater chance of obtaining the lot.

bid sheet—A form used by a buyer in an auction or mail-bid sale, on which the buyer lists the item being bid on by the number it is assigned and the price he is willing to pay.

billon—A low-grade alloy used for some minor coin issues consisting usually of a mixture of silver and copper, and sometimes coated with a silver wash.

bison—Species considered typically North American, used on coinage and paper money of the United States; "bison" is a more accurate term than "buffalo," which is a more general term referring to a number of related but different species outside North America.

bit—A popular term for the Spanish-American 1-real piece (also Danish West Indies and other neighboring islands) that formerly circulated in the United States. More often used in the plural, as two bits (25 cents) or four bits (50 cents). A bit is 12½ cents.

blank—See planchet.

block—In paper money collecting, a series of related notes indicated by the same prefix and suffix letters in the serial number. When the suffix letter changes, a new block is created. The suffix currently changes when the serial number reaches 96 000 000.

bourse—Rhymes with "horse," the area at a coin show or convention where dealers set up tables of collectibles for sale.

box coin—A coin, typically of crown or silver dollar size, that has been cut into two halves, each of which has been hollowed out to hold messages or pictures. The two halves can be reassembled.

bracteate—A very thin silver coin, popular in Germany and surrounding areas between about 1100 and 1350, made by striking so that a relief image appears on the obverse and an intaglio image on the reverse side of the coin. The coin is actually struck from the reverse.

brass—Coinage metal alloy containing chiefly copper and zinc.

Britannia—Allegorical representation of Great Britain first found on Roman coinage struck for the occupied British isles and later used on British coinage. Also, a British .917 fine gold and .925 fine silver bullion coin program introduced in 1987 (for gold) and 1997 (silver), with all pieces bearing various Britannia designs.

broadstrike—Coin struck in error outside a restraining collar.

broken bank note—Paper money of a defunct bank or a bank that has failed (broken), but the term is often applied inaccurately to any obsolete bank note.

bronze—Coinage metal alloy containing chiefly copper and tin.

Brown Back—A Brown Back note is a Second Charter, First Issue national bank note. Has brown ink on the back.

buffalo—See bison.

Buffalo nickel—More properly: Indian Head 5-cent coin.

bullion—Uncoined precious metal in the form of bars, plates, ingots, and other items.

bullion coin—A precious metal coin traded at the current bullion price plus a premium to enable seller to make a profit.

buyer's fee—Winning bidders in a public auction in the United States are usually charged a buyer's fee based on a certain percentage of the winning bid. Most U.S. auction houses charge buyer's fees of 15 percent, with some sellers of world coins charging fees of 17 or 18 percent. A buyer placing a $100 hammer bid on a coin would pay an additional $15 buyer's fee, or $115, if charged a 15 percent buyer's fee.

C

cabinet friction—Slight surface wear on a coin, token or medal caused by friction between it and the tray or envelope in which it is contained.

cameo—One metal superimposed on a portion of the surface of a coin of another metal, typically gold on silver. The term is also used to describe the contrast between frosted relief devices and mirrored fields on Proof coins, resulting in a cameo effect.

cent—A denomination of coin used in the United States, Canada, Australia and other nations with decimal coinage systems that represents one-hundredth of a dollar. See penny.

Chervonetz—Formal name for the 10-ruble Soviet .900 fine gold trade coin struck in 1923 and again between 1975 and 1982.

chop mark (shroff mark)—A small punched impression applied by Chinese (chop) or Indian (shroff) banks or change offices to attest to the full weight and metallic content of a coin.

Civil War tokens—Privately issued emergency coin-like tokens, the approximate size of current U.S. cents, which circulated during the Civil War because of a scarcity of small change. Two major types were issued: patriotic tokens, with patriotic themes; and store cards, advertising pieces often carrying the issuer's name, address and type of business or services.

clad—Composite coinage metal strip composed of a core, usually of a base metal such as copper, and surface layers of more valuable metal, silver (or sometimes copper-nickel). Cladding is a cost-saving measure, making coins cheaper to produce while maintaining a desired appearance. The U.S. Mint has used three different clad compositions for coins (copper-nickel clad, silver-copper clad and manganese-brass clad).

clashed dies—Dies damaged by being struck against each other and leaving the impression from each die to some degree on the other die due to the absence of a coinage blank, then transferring this ghosting image to coins produced after the damage has occurred.

clip—Term used to denote an incomplete planchet coin; in earlier days, clipping was a process of shaving edges of coins to remove small amounts of metal for illegal gain (which gave rise to lettered and reeded edges).

cob—A 16th to 18th century coin produced at Spanish possessions from blanks sliced from a roll of silver or gold.

coin—Usually a piece of metal, marked with a device, issued by a governing authority and intended to be used as money.

Coin note—See Treasury note.

collar—A retaining ring die within which the coin dies operate. An open collar positions the planchet between the dies but does not form the edge device or completely restrain outward metal flow. A close collar forms the edge design of the piece such as reeding and fully restrains outward metal flow.

Colonial—Refers to coins or paper money issued by the Colonial governments of the 13 British Colonies that became the United States. See state coinages.

commemorative—A coin, note or medal issued to mark, honor or observe an anniversary, other event, place or person, or to preserve its memory. Both circulating and noncirculating commemorative coins and notes exist.

community scrip—Localized paper scrip used to promote a local economy, used in the United States and elsewhere in the world. The methods in which the community scrip works may differ from community to community, but generally participating individuals and businesses agree to accept payment for goods and services in the community scrip, which in turn can be used at other businesses in the community. Such programs are used to promote the use of businesses in the community rather than the use of businesses from other regions. Federal officials recognize community scrip as legal.

compound-interest Treasury note—A type of U.S. paper money authorized in 1863 and 1864; it paid 6 percent interest, and was to be redeemed three years after issue.

condition census—Term introduced by Dr. William H. Sheldon to denote a two-numbered code, representing the finest example and the average condition of next five finest known examples of a given variety of large cent. Catalogers have extending the use of the term to other series, though mostly to note the top-ranked pieces of a particular kind of coin.

conjoined—See accolated.

contact marks—Minor abrasions on an otherwise Uncirculated coin, caused by handling in Mint-sewn bags and contact with other coins' surfaces. Originally called bag marks.

Continental currency—Paper money issued by the authority of the Continental Congress during the Revolutionary War.

Continental dollar—A dollar-sized pattern struck in 1776 as a proposed coinage.

COPE, COPE PAK—Acronyms used at Bureau of Engraving and Printing for Currency Overprinting and Processing Equipment and Currency Overprinting and Processing Equipment, Packaging. Machines used to apply overprinting of seals, serial numbers and Federal Reserve index numbers to 16-note half sheets of paper money; then the COPE cuts the half sheets into single notes, bundles them into 100-note packages with a paper band, and into larger plastic-wrapped packages.

copper-nickel—Coinage alloy composed of copper and nickel in varying amounts.

copy—A reproduction or imitation of an original.

Coronet—Style of Liberty Head design used on U.S. copper and gold coins for much of the 19th century. Liberty wears a coronet (most depicting the word liberty).

counterfeit—An object made to imitate a genuine numismatic piece with intent to deceive or defraud, irrespective of whether the intended fraud is primarily monetary or numismatic.

crown—A general term embracing most silver coins from about 20 to 30 grams in weight and from about 33 to 42 millimeters in diameter. The term has become applicable also to most nickel-alloy coins of the same range of size and weight. Coins of 43 or more millimeters in diameter are said to be multiple crowns.

crack out—A slang term for a coin removed from a third-party certification service encapsulation or "slab," for the purpose of being resubmitted.

cud—A form of die break that leaves a shapeless lump of metal on part of a coin.

cupro-nickel—Copper-nickel; term often employed by the government.

currency—Applies to both coins and paper money. Many use the word "currency" for paper money only. Currency is legal tender.

current—Coins and paper money in circulation.

D

Date Back—A Date Back note is a Second Charter, Second Issue national bank note. Refers to the dates 1902-1908 found on the back.

debase—To make less valuable.

decimalization—The changeover from the British pound sterling to a decimal coin system in countries influenced by the British currency system.

demand note—Demand notes, authorized in 1861, were the first paper money issued by the United States federal government for circulation. Nicknamed the "greenback" because of the green ink used on the reverse.

demonetize—The act of declaring a currency no longer legal tender or redeemable.

denarius, denarii (plural)—Roman silver coin, later debased, roughly equal to a Greek drachm. Initiated in 268 B.C., a denarius equaled 16 asses; 25 denarii equal 1 gold aureus.

denomination—The face value of a coin or paper note; the amount of money it is worth.

denticles, dentils—Ornamental device used on rims of coins, often resembling teeth, hence the name; also "beading."

device—The principal element, such as a portrait, shield or heraldic emblem, of the design on the obverse and reverse of a coin, token or medal.

Devil's Face note—On some of Bank of Canada notes, First Issue of 1954, Queen Elizabeth II's hair has a coincidental combination of shading and light that looks like a "devil's face." Shading was quickly changed under public pressure to remove the illusion of a face.

die—A hardened metal punch, the face of which carries an intaglio or incuse mirror-image to be impressed on one side of a planchet.

die scratch—Raised line on the surface of a coin, caused by a scratch in the coinage die.

die variety—Represents a coin struck by a specific pair of dies that can be distinguished from coins of identical design struck from other dies due to differences between the dies. For example, there may be subtle changes in the positions of stars, legends, dates and other design elements unique to one die. Doubled dies, overdates and repunched Mint marks are all examples of die varieties. The term "die marriage" is synonymous.

disme—Spelling of the word "dime" on U.S. 1792 pattern pieces and name given the 10-cent coin authorized in the Mint Act of April 2, 1792. Probably pronounced like "dime." The "s" was likely silent. The "disme" spelling was used in Mint documents into the 1830s.

District of Columbia and U.S. Territories quarter dollars—One-year program (2009) of circulating commemorative quarter dollars honoring the District of Columbia and the five U.S. territories of the Commonwealth of Puerto Rico, Guam, American Samoa, the United States Virgin Islands and the Commonwealth of the Northern Mariana Islands. Issued for circulation and for the annual collector sets. Follow-up to the State quarter dollars program of 1999 to 2008.

dollar—Unit of money in the United States, Canada, Australia and other nations that use a decimal system of coinage. In the United States, coins and paper money are denominated in dollars, as well as fractional and multiple units of the dollar (quarter dollar, $10). The Act of April 2, 1792, authorizes "dollars."

double eagle—A gold $20 coin of the United States.

doubled die—A die that has a multiple image created during the die-making process. Coins struck from a doubled die show a doubled image. There are many different causes of doubled dies and many doubled die coins. Sometimes mistakenly called "double die."

doubloon—Popular slang name given to Spanish gold 8-escudo pieces of the Conquistador era, often associated with pirate treasure; also, a medal in special circumstances, as in a Mardi Gras doubloon. Name also given to the 1787 Brasher doubloon, a privately struck gold coin.

drachm—An ancient Greek silver coin (pronounced "dram"), plural drachms. Drachma (pronounced "DRAHK-muh") is the modern Greek denomination, plural drachmas.

ducat—Medieval gold coin; also any of a number of modern issues of the Dutch Mint. Pronounced "DUCK-et." Modern slang has spread its use to mean "ticket."

E

eagle—A gold $10 coin of the United States.

edge—Often termed the third side of a coin, it is the surface perpendicular to the obverse and reverse. Not to be confused with "rim." Edges can be plain, lettered or milled (reeded or with some other repetitive device).

Educational notes—The Series 1896 $1, $2 and $5 silver certificates are called Educational notes because of the allegorical and educational themes of the vignettes. Replaced in 1899 with a new series.

electrotype—A copy or reproduction of a coin, token or medal made by the electroplating process.

electrum—Naturally occurring alloy of gold and silver used for early coins of the Mediterranean region.

elongated coin—An oval medalet produced by a roller die using a coin, token or medal as a planchet, usually a cent. The noun form of the coin is "elongate."

encapsulated coin—A coin that has been sealed in a plastic holder, especially by a third-party grading service. Also called slabbed.

encased postage stamp—A postage stamp unofficially encased in a metal, plastic or cardboard frame and intended to be used as small change.

error—A coin, token, medal or paper money item evidencing a mistake made in its manufacture.

essai, essay—In paper money, a print made to test a design; analogous to a trial strike in coinage. See also proof.

euro—A monetary and currency denomination used by countries participating in the European Union currency union.

European Currency Union—An organization of European nations that adopted a common currency, the euro. Participating nations in Europe (the "eurozone") replace their national coinages and paper money with euro-denominated coins and notes. The euro coins and paper money begin circulating in January 2002. See euro.

exergue—(Pronounced "EX-surge") Area on a coin generally below the main design area, often site of date.

exonumia—A broad category of nonmoney, non-legal-tender numismatic items, including tokens, medals and badges. An exonumist is a specialist in exonumia. See also numismatics.

experimental pieces—Struck from any convenient dies to test a new metal, new alloy or new denomination; those testing a new shape; those testing a standard metal for a new denomination; and those representing changes in planchets for the purposes of combating counterfeiting.

eye appeal—The quality of a coin's attractiveness, distinct from any quantifiable measure of condition.

F

face—The front of a currency note, generally the side with signatures; analogous to the obverse of a coin.

face value—Refers to the value of a piece of currency; the denomination that appears on the note or coin.

fantasy—An object having the physical characteristics of a coin, issued by an agency other than a governing authority yet purporting to be issued by a real or imaginary governing authority as a coin.

Federal Reserve Bank note—A form of U.S. paper money authorized by the Federal Reserve Acts of Dec. 23, 1913, and April 23, 1918, and by the Act of March 9, 1933. The obligation to pay was by the individual issuing bank, not the federal government or other Federal Reserve Banks. The 1933 notes were an emergency issue to alleviate a shortage of paper money. Not to be confused with Federal Reserve notes.

Federal Reserve note—A form of U.S. paper money authorized by the Federal Reserve Act of February 1913. The obligation to pay is on the United States government and not the issuing banks. This is the only form of paper money currently being printed in the United States.

fiat money—"Unbacked" currency, that which cannot be converted into coin or specie of equal value.

field—The flat part of a surface of a coin surrounding and between the head, legend or other designs.

fineness—Represents the purity of precious metal, either in monetary or bullion form. Most forms of precious metal require an additional metal to provide a durable alloy. Often stated in terms of purity per 1,000 parts: A .925 fine silver coin has 92.5 percent silver and 7.5 percent other metal.

fixed-price list—A price list or catalog of coins, exonumia, paper money or other numismatic items offered at set prices.

flan—A term meaning planchet, generally used for world coins.

flip—A coin holder, usually plastic, that has two pouches, one to hold a coin and the other to hold identification. It is folded over, or "flipped," to close.

flow lines—Microscopic striations in a coin's surface caused by the movement of metal under striking pressures.

follis—A Roman and Byzantine coin denomination; plural is folli.

fractional—Referring to bullion coin, those of less that 1 ounce.

fractional currency—Usually refers to the United States paper money issued from 1862 to 1876 in denominations from 3 to 50 cents.

frost—Crystallized-metal effect caused by striking coin with specially treated dies (where part of die surface is blasted with physical media, pickled in acid or bombarded by computer-guided laser energy) that contrasts with the highly polished, mirrored fields. The "frost" on a coin resembles the frost on a lawn. Often used in reference to Proof coins.

full bell lines—Term is used to describe the lower incused bands on the Liberty Bell on the reverse of the Franklin half dollar when the bands are fully visible, indicative of a sharp strike. Some grading services permit a coin with a slight disturbance to the bands to still receive the "full bell lines" designation. Abbreviated "FBL."

full details—Term coined by numismatist Q. David Bowers to describe an exceptionally well struck coin, with all of the design elements fully struck and formed. Bowers advocates this term over such terms as "full bell lines" and "full head" since some coins bearing those fully struck details still may be weakly struck elsewhere in the design.

full head—Term is used to describe Liberty's head on the Standing Liberty quarter dollar when the figure's cap and head features have full detail. Other areas of a full head coin such as the shield Liberty holds still may be weakly struck.

full split bands, full bands—Term is used to describe the central bands binding the rods that form the fasces on the reverse of the Winged Liberty Head dime when the bands are fully separated. The full split bands generally describe a dime that is well struck. There must be no disturbance to the separation between the bands in order to qualify as full split bands.

full steps—Term is used to describe the steps on Monticello on the reverse of Jefferson 5-cent coins when 5½ or 6 steps are fully defined. There can be no disturbances or interruptions between or crossing the steps.

G

galvano—Although no longer used by the United States Mint, a galvano was a metal, larger-than-life model of one side of a coin that was mounted in a reduction engraving machine. The machine traced the design elements of the galvano, reduced them in size through a series of gears, and cut an exact replica into the blank face of a piece of die steel to create the master hub. From this hub, dies were created. The U.S. Mint replaced the galvano with an epoxy model during the latter years of the 20th century, and then in the 21st century replaced the epoxy model with a coin-sized steel model cut by computer-guided laser, making the use of the reduction engraving machine unnecessary. See master hub.

German silver—An alloy of copper, nickel and zinc but no silver. Also called American silver, Feuchtwanger's composition, nickel silver. Resembles silver in appearance.

gold certificate—A form of U.S. paper money once redeemable in gold coin. Temporarily made illegal for most to hold between 1933 and 1964.

goldine—A gold-colored finish often used for medals or tokens.

grading—The process of determining a coin or note's condition or state of preservation.

H

hairlines—Fine scratches in the surface of the coin. Not to be confused with die scratches.

half dime, half disme—A silver 5-cent coin of the United States. The Mint Act of April 2, 1792, authorizes "half dismes."

half dollar—A 50-cent coin of the United States. The Mint Act of April 2, 1792, authorizes "half dollars."

half eagle—A gold $5 coin of the United States.

hammer die—The die that performs the striking action; see also anvil die.

hammer price—In an auction, the price the auctioneer calls the winning bid, excluding any additional fees the buyer may have to pay for the lot.

Hard Times token—An unofficial large cent-sized copper token struck in a wide variety of types during 1833 to 1843, serving as de facto currency, and bearing a politically inspired legend; or issued with advertising as a store card.

Helvetia—Gold bullion coins issued by Switzerland; also, the allegorical figure representing Switzerland. From the name given to the area by the Romans.

hoard—Usually a deposit of coins, secreted at some time in the past, discovered accidentally.

hobo nickel—An Indian Head 5-cent coin with Indian bust engraved to resemble a hobo or other individual. Engraving may also alter the bison on the reverse.

hologram—A three-dimensional image on a flat surface, gaining experimental use as a security device on credit cards and printed currency.

hub—A right-reading, positive punch used to impress wrong-reading dies.

I

inaugural medal—A medal issued by the official inaugural committee commemorating the inauguration of a U.S. president.

incuse—The opposite of bas-relief; design is recessed rather than raised. Used when referring to coins, medals, tokens and other metallic items.

Indian Head—The preferred name for the 5-cent coin often called "Buffalo nickel." Indian Head cents, gold dollars, gold $3 coins, $5 half eagles and $10 eagles have also been produced.

Indian peace medal—A medal issued by a government agency to an Indian in an attempt to earn goodwill. The U.S. government issued Indian peace medals from the administration of George Washington through the administration of Andrew Johnson.

intaglio—A method of printing using engraved plates. Paper is forced into the ink-filled lines of the plate, leaving a raised line of ink on the paper. U.S. paper money is printed mainly by the intaglio method, although the notes issued since the early 21st century also bear other forms of printing.

intrinsic—As applied to value, the net metallic value as distinguished from face and numismatic value.

irradiated dime—Collectible made by exposing Roosevelt dimes to cesium or other radioactive substance and then placing in a special package; harmless, as any "acquired radioactivity" has dissipated by the time it reaches collectors.

J

jugate—Accolated, conjoined.

K

Koala—Generic name for a .9995 fine platinum bullion series of coins of Australia.

Kookaburras—Generic name for a .999 fine silver bullion series of coins of Australia.

Krugerrand—A gold bullion coin of South Africa introduced in 1967. It is composed of .9167 fine gold and has been produced in 1-ounce, half-ounce, quarter-ounce and tenth-ounce sizes, although each coin contains a full measure of pure gold (the gold is alloyed with other metals). For a period starting in 1986, it was illegal to import Krugerrands into the United States and other nations under restrictions imposed on South Africa in reaction to the nation's apartheid policies. Import restrictions were lifted in 1994, following governmental and policy changes in South Africa.

L

lamination—Coinage defect consisting of a portion of the metal separating from the rest due to impurities or internal stresses; common with clad or plated coinage.

large cent—Refers to U.S. cents of 1793 to 1857, having a diameter between 26 and 29 millimeters, depending on the year of striking.

large date—A variety of coin on which the date is physically larger than other varieties of the same year.

legal tender—Currency (coins and paper money) explicitly determined by a government to be acceptable in the discharge of debts.

legal tender bullion coin—Government-issued precious metal coins produced for investors, they have legal tender status and usually a nominal face value, even though they are not intended to circulate as currency.

legend—The inscription on a numismatic item.

lepton—Denomination of various values and weights used throughout the ancient Greek world and in modern Greece, generally a small copper or bronze coin.

lettered edge—An incused or raised inscription on the edge of a coin.

Libertad—A silver bullion coin of Mexico, containing 1 ounce of .999 fine silver.

lignadenarist—A collector of wooden nickels and similar items.

Loon dollar—An aureate-nickel composition dollar coin depicting a common loon on the reverse, struck by Canada beginning in 1987 to replace the dollar note. Nickname: "Loonie."

love token—A coin that has been altered by smoothing one or both surfaces and engraving initials, scenes, messages, etc., thereon.

luster—Surface quality of a coin, result of light reflected from the microscopic flow lines. See Mint luster.

M

mail-bid sale—Similar to an auction, but all bids and transactions are completed through the mail, by telephone, via e-mail or through other electronic means; no bidding is conducted in person.

Maple Leaf—A gold, silver or platinum bullion coin of Canada of various sizes and finenesses. Plural, Maple Leafs.

Maria Theresia taler—An Austrian silver trade coin dated 1780, but struck

repeatedly since then with the same date.

master die—A metal punch used to produce "working hubs," which are then used to produce "working dies."

master hub—A metal punch used to produce "master dies."

Matte Proof—Especially U.S. gold coins of 1908 to 1916, coins produced from dies entirely sandblasted with no mirror surfaces. (See frost.)

maverick—An example unidentifiable as to source, generally referring to a token.

medal—Usually a piece of metal, marked with a design or inscription, made to honor a person, place or event, or for artistic purposes; not intended to pass as money.

medalet—Depending on sources, a small medal no larger than 1 inch in diameter or a medal 35 millimeters in diameter or less.

medallion—A large Roman presentation piece of the fifth century. Sometimes used for a large medal, usually 3 or more inches in diameter.

medieval coin—A coin struck from about A.D. 500 to 1500.

Mercury—The unofficial nickname given to the Winged Liberty Head dime of 1916 to 1945. The designer never intended the coin to depict Mercury, a male Greek god. The bust on the dime is an allegorical female Liberty Head figure with a winged cap. Also, some coins have been plated outside the Mint with mercury to give them a "Prooflike" appearance; mercury metal is highly toxic and these coins should not be handled.

microprinting—Extremely small lettering difficult to discern with the naked eye, used as an anti-counterfeiting device on paper money.

milling; milled coin—Milling refers to the devices on the edge of a coin; a milled coin is one struck by machine. The terms are related because the importance of the collar increased with machine-produced coinage.

minor coin—A silver coin of less than crown weight, or any coin struck in base metal.

Mint luster—The sheen or bloom on the surface of an Uncirculated numismatic object resulting from the centrifugal flow of metal caused by striking with dies. Mint luster or bloom is somewhat frosty in appearance as opposed to the mirror-like smoothness of the field of a Proof.

Mint mark—A letter or other symbol, sometimes of a privy nature, indicating the Mint of origin.

Mint set—Common term for an Uncirculated Mint set, an official set containing one of each coin struck during a given year.

mirror—Highly reflective surface or field of a coin; usually mirror field with frosted relief.

model—A clay or plaster three-dimensional design for a coin or medal.

modern coin—Traditionally, a coin struck after about A.D. 1500. However, in reference to U.S. coins (all of which are "modern" under the traditional definition), the term "modern" is reserved for coins struck after the mid-1960s (or later, according to some sources).

money—A medium of exchange.

money tree—A group of coins attached to each other by veins, the result of having been made by casting process through a die into which hot metal was poured. The coins can be removed from these veins and used individually.

mule—A coin, token or medal whose obverse die is not matched with its official or regular reverse die. Among coins, several categories of mules have been produced. A design mule is one where two mismatched designs of the

same denomination are used together (for example, a controversial 1959-D Lincoln cent with 1909 to 1958 Wheat reverse instead of the proper Lincoln Memorial reverse). A denominational mule is one where dies for two different denominations are used together (the undated [2000] mule of a State quarter dollar obverse and Sacagawea dollar reverse on Sacagawea planchet). Other mules include a pairing of a Canadian coin die and medal die by the Royal Canadian Mint and a pairing of dies for Canadian 10-cent coins using different finishes. Paper money mules are notes with check numbers of physically different size paired on face and back.

N

national bank note—Paper money issued in United States by national banks from 1863 through 1929 and secured by government bonds or other collateral. Also called national currency.

National Coin Week—An annual observance sponsored by American Numismatic Association to acquaint the public with the hobby and science of numismatics, conducted in April.

national gold bank note—National bank notes payable in gold coin by some California banks and one Boston bank pursuant to authorization by Act of July 12, 1870.

nickel—A silver-white metal widely used for coinage, usually alloyed with copper. Also used as a nickname for the copper-nickel 5-cent coin, and in the mid-19th century, as a nickname for copper-nickel cents and 3-cent coins.

noncirculating legal tender coin—A coin made for collector consumption, but not for circulation, that is still redeemable as legal tender money in the country of issue. Abbreviated as NLCT.

novodel—An official restrike of a coin, typically of Russia or the Soviet Union, produced at the Mint of issue using genuine coin dies.

Nugget—Generic name for a .9999 fine series of gold bullion coins of Western Australia, produced by that Australian state's Perth Mint. Produced in various sizes and forms, including under the umbrella name Kangaroo Nugget (for its depictions of kangaroos).

numismatics—The science, study or collecting of coins, tokens, medals, orders and decorations, paper money and similar objects. See also exonumia.

numismatist—A person knowledgeable in numismatics.

O

obol—Greek denomination equal to one-sixth drachma.

obsolete bank note—Note of an American bank of issue prior to 1865; a more accurate term than "broken" bank note, since many note-issuing banks converted into national banks or liquidated without failing.

obverse—The side of a numismatic item that bears the principal design or device, often as prescribed by the issuing authority. In paper money, this is called the face. Commonly called the "heads" side of a coin.

offset—Printing method in which a metallic plate places an ink impression on an elastic blanket that then transfers the ink to the paper. Also, a term sometimes used to describe a blanket impression paper money error.

Onza—Generic name for a family of precious metal bullion coins of Mexico.

OPA token—A cardboard fiber token issued in the United States by the Office of

Price Administration in 1944 during World War II. OPA tokens were used to make change for meat and processed food coupons (to keep track of ration points awarded each family during periods of rationing). They were issued in red and blue versions. Both sides of an OPA token depict a numeral 1 flanked by two small initials.

overdate—A form of die variety with a date made by a Mint engraver superimposing one or more numbers over the date on a previously dated die (as in 1799/8). Can also be a form of hubbing variety, in which two hubs of different dates were used to produce a die; an example of this kind of overdate is the 1943/2-P Jefferson 5-cent coin.

over Mint mark—A form of die variety with a Mint mark for one Mint punched over the Mint mark for another Mint. Coins struck from a die with an over Mint mark may show a strong primary Mint mark atop a less distinct Mint mark. An example is the 1944-D/S Lincoln cent; it bears a strong D Mint mark punched over a weaker S Mint mark.

P

paper money—Printed monetary instruments. Modern collectors may be challenged for a new term as nations experiment with plastics and other materials for their printed currency.

patina—The surface quality that a coin acquires over time as the metal reacts with the environment.

pattern—Coinlike pieces designed to test proposed coin designs, mottoes or denominations proposed for adoption as a regular issue, struck in the metal to be issued for circulation and which were not adopted, at least in year of pattern issue. Sometimes used in a generic sense describing experimental pieces and trial pieces.

penny—A denomination of British coinage. Also, the commonly used though unofficial nickname for the U.S. cent.

pennyweight—A unit of weight, equal to 24 grains or 1/20 ounce troy weight.

peso—A unit of money used in Mexico and various Central American and South American nations.

Philharmonic—A .9999 fine gold bullion coin of Austria struck beginning in 1989 in four sizes: a 1-ounce, 2,000-schilling denomination; a half-ounce, 1,000-schilling coin; a half-ounce, 500-schilling coin; and a quarter-ounce, 200-schilling coin.

pieces of eight—Popular term for silver Spanish 8-real coins; often associated with pirate treasure.

piedfort—An alternative spelling for the word piefort.

piefort—A piece struck on a planchet twice or more the normal thickness. The French spelling used in Europe is piedfort.

pioneer gold coins—Gold coins, often privately produced, struck in areas of the United States to meet the needs of a coin shortage, generally in traditional U.S. denominations. The U.S. Assay Office of Gold coins of California—official coinage struck before the establishment of the San Francisco Mint—are part of the series. Also known as private gold and territorial gold.

planchet—The disc of metal or other material on which the dies of the coin, token or medal are impressed; also called blank, disc, flan. In paper money, a small colored disc embedded in the paper used as an anti-counterfeiting device.

plaster—See model.

plate number—On modern paper money, used as a cross reference for the plate number that appears on the margin of a currency sheet and that is trimmed from the note before it enters circulation, to identify the printing plate from which the note came. Formerly called a check number. On notes printed on a sheet-fed press, the check number is a letter and number combination appearing in the lower right corner on the face; on the back, it is a number only, appearing at the lower right. On experimental $1 notes printed on a web-fed press, the plate or check number appears in the same location on the face as on a note printed on a sheet-fed press, but it lacks the letter found on the sheet-fed notes; the plate number on the back has been moved to above the e in one, rather than below it as on the sheet-fed notes.

PNC—Abbreviation of philatelic-numismatic combination (or cover). A combination of a coin, medal, token or other numismatic item inserted into an envelope that is postmarked on a special occasion, such as the release of a new coin. The numismatic item (or numis) is generally visible through a window in the envelope.

polymer—The plastic substrate composition used rather than paper materials in some notes.

postage note—The First Issue fractional note series.

postal note—Forerunner of the postal money order, issued by the U.S. Post Office.

pound—A unit of money (coins and notes) in Great Britain.

premium quality—A coin certified by a third-party grading service as higher than the grade assigned, but not high enough to warrant the next grade increment.

Prestige Proof set—A special U.S. Proof set, containing regular Proof coins plus one or two commemorative coins of that year. It was first offered in 1983 with a 1983-S Olympic silver dollar and offered in subsequent years with commemorative coins of other programs. Production ended in 1997.

privy mark—Small device used on coinage often commemorative in nature, similar to Mint mark in placement, but not indicative of Mint of origin.

probe—A rejected pattern for a coin, typically European or South American, that is struck in quantities for collectors. These typically display the word "probe" as part of their legends.

Proof—A coin struck on specially prepared planchets on special presses to receive the highest quality strike possible, especially for collectors. For paper money, a proof is a print made to test the plate, analogous to a die trial strike in coinage.

prooflike—An Uncirculated coin having received special minting treatment and a mirror surface for the benefit of collectors, with minor imperfections due to the minting process possible and permissible.

Proof set—A set of one Proof coin of each current denomination issued by a recognized Mint for a specific year. See Prestige Proof set.

Q

quarter dollar—A 25-cent coin of the United States, of varying sizes and compositions.

quarter eagle—A gold $2.50 coin of the United States.

R

rare—A comparative term denoting a high degree of scarcity. Often modified adverbially, e.g., very rare or extremely rare; or modified by the use of figures,

e.g., R-4 or R-7. There is no universally accepted scale of rarity.

"Red Book"—Nickname given to *A Guide Book of United States Coins,* an annually published price guide. The cover of the original editions (all produced in hardcover) is red in color, hence the nickname. Gives retail prices, or what dealers might charge for U.S. coins.

reeded edge—The result of a minting process that creates vertical serrations on the edge of a coin.

relief—Raised. In coinage and medallic numismatic items, a relief design is raised above the surface of the field. Sometimes called bas-relief. Opposite of incuse and intaglio.

replica—A copy of the original, a facsimile, a reproduction.

repunched Mint mark—A form of die variety with a Mint mark that is punched into a die more than once, with signs of both Mint marks visible on coins struck from that die. The two Mint marks may overlap or be totally separated. For example, the 1960-D/D Lincoln cents have many varieties.

restrike—A numismatic item produced from original dies at a later date; for coins, usually not with a view to meeting monetary requirements but to fill a demand for a numismatic rarity.

reverse—The side opposite to that on which the head or principal figure is impressed. The side opposite from the obverse. On paper money this is called the back. Commonly called the "tails" side for coins.

rim—Raised border around the circumference of a coin, not to be confused with the edge.

ringed bimetallic—A coin planchet assembled with two distinctly different metal compositions, one as the outer ring and the other as the center. The two pieces are locked together and jointly depict the images on the coin surfaces.

ringed trimetallic—A coin planchet assembled with three distinctly different metal compositions, one as the outer ring, a second as an inner ring and the third as the center. The three pieces are locked together and jointly depict the images on the coin surfaces.

S

scarce—Not common, but not as uncommon as rare.

screw press—Early hand-operated machine for striking coins.

scrip—Paper currency usually of denominations less than $1 issued as substitutes for currency by private persons or organizations. Tokens issued by coal mines and sutlers also are called scrip. See community scrip.

scripophily—The study and science of collecting financial documents, including stock certificates, shares, government and private bonds, and checks. A student of scripophily is a scripophilist.

seal—A device placed on paper money indicating authority of issue. Modern Federal Reserve notes have two seals—a green Department of Treasury seal and a black Federal Reserve seal.

security thread—A strip inserted into the substrate of paper money and used as an anti-counterfeiting device. Security threads used on Federal Reserve notes bear legends stating the note's denomination and glow when exposed to ultraviolet light, or bear "moving" design elements.

seigniorage—The profits resulting from the difference between the cost to make a

coin and its face value, or its worth as money and legal tender. Most coins cost less to make than their face value. See Mint chapter.

serial number—Number used chiefly on paper money and sometimes on limited-issue medals to indicate order of production.

series—Related coinage of the same denomination, design and type, including modifications, or varieties, of design. The Lincoln, Wheat cents of 1909 to 1958 represent a complete series.

sestertius—An ancient Roman coin; plural, sestertii.

shekel, sheqel—Shekel is a silver coin of ancient Judaea of various weights. Sheqel is the modern Israeli denomination; plural, sheqalim.

silver certificate—Authorized by the Acts of Feb. 28, 1878, and Aug. 4, 1886. Was redeemable in silver coin, and in early to mid-1960s, silver bullion. No longer produced, but all silver certificates remain legal tender although the notes can no longer be redeemed in silver.

slab—Popular nickname for certain kinds of coin encapsulation methods, especially those that are permanently sealed and rectangular. Sometimes used in verb form, as in "slabbed." See encapsulated coin.

slug—A term applied to the gold $50 coin issued by various private Mints in California from 1851 to 1855 occurring in both round and octagonal shapes, or to tokens manufactured expressly for use in certain coin-operated machines.

small date—A variety of coin on which the date is physically smaller than other varieties of the same year. Similar varieties include medium date and large date.

so-called dollar—A silver dollar-sized medal commemorating a special event. Cataloged in *So-Called Dollars*.

souvenir card—Collectible item, usually well-printed on heavy paper using an engraving used on paper money, stamps or related items. Often also contain historical or commemorative information.

Souvenir Mint sets—An issue of the U.S. Mint, containing the coinage of one Mint. Souvenir Mint sets are generally sold only at the Mint represented by the coins.

Special Mint sets (SMS)—Coins produced under special conditions by the United States Mint at San Francisco during 1965, 1966 and 1967. The coins have no Mint marks. Some 1964 coins are known with a finish the same as or similar to that used on the coins in the Special Mint sets, though the circumstances of their issue are unknown to collectors and dealers.

specie—In the form of coin, especially precious metal coin; paper money redeemable in coin. From Latin meaning "in kind"; see also fiat money.

star notes—Mainly intended as replacements for notes that were damaged or produced with errors or mistakes at the Bureau of Engraving and Printing. On modern Federal Reserve notes, a solid star appears at the end of the serial number; on earlier notes, the star appears at the beginning of the number. Until the 1980s, star notes were also used to represent the 100 millionth note since the serial numbering machinery has only eight digits.

state coinages or notes—Refers to coins issued by one of three state governments (Connecticut, Massachusetts and New Jersey) between the Declaration of Independence and the ratification of the U.S. Constitution when the states' rights to issue coins were suspended, in the period from 1786 to 1788. Vermont issued a copper coinage as an independent republic from 1785 to 1788 before it joined the Union. New York coppers issued in 1786 and 1787 were not

authorized by the state. Among paper money, refers to notes issued between Declaration of Independence and Civil War by state governments. See Colonials.

State quarter dollars—Program of 50 commemorative quarter dollars issued from 1999 to 2008, one for each state in the Union. Five coins were issued each year in the order in which the state entered the Union, starting with the Delaware coin and ending with the Hawaii quarter dollar. Issued for circulation and in annual collector sets offered by the U.S. Mint. The program is credited with popularizing coin collecting nationwide, with more than 140 million American adults collecting the coins at the peak of interest.

stater—Greek coin equal to two drachms, a didrachm, or 12 obols.

Stella—A U.S. gold $4 pattern never issued for circulation. Also struck in other metals.

sterling silver—Silver that is .925 fine; in Israel, .935 fine silver. From the British standard "pound sterling."

store card—A token bearing a business name and/or address, and often intended as a local or ad-hoc medium of exchange as well as an advertisement for the issuer.

strike—The act of impressing the image of a die into a planchet, making a coin. The quality of strike is important when determining the amount of wear.

strip—Rolls of coinage metal to be punched into planchets.

surcharge—An extra charge placed on an item, the revenue of which is usually earmarked for a specific fund. Since 1983 it has been the practice of the United States Congress to place a surcharge on commemorative coins, usually to benefit an organization.

syngraphics—The study of printed currency and related items; from "syngraph," a writing signed by all parties to a contract or bond.

T

token—Usually a piece of durable material appropriately marked and unofficially issued, used monetarily, in exchange for goods or services specified, as advertising or for other use.

Trade dollar—A silver dollar coin produced for overseas markets. The United States issued a Trade dollar between 1873 and 1885 for use in the Orient. Great Britain also issued a Trade dollar. Also used incorrectly to refer to Canadian trade tokens of $1 nominal value.

Treasury note—Sometimes called a coin note. Issued under the Act of July 14, 1890. Redeemable in silver and gold coins.

Tree coinage—Silver coins issued by the Massachusetts Colony in three forms: Willow Tree, Oak Tree, and Pine Tree. Issued between 1652 to 1682 although all but one are dated 1652.

tribute penny—A silver denarius of the Roman emperor Tiberius.

trime—Unofficial nickname given to the silver 3-cent coin. Formed by combining "tri" and the last two letters of "dime."

type set—A collection composed of one of each coin of a given series or period.

U

Uncirculated Mint set—Set of coins issued by the U.S. Mint, consisting of one of each coin issued for circulation from each issuing facility. Also called Uncirculated set or a Mint set. The Mint is required by law to issue Uncirculated Mint sets every year.

uncut sheet—Refers to the 32-note (or 32-subject) sheets of Federal Reserve notes

sold by the Bureau of Engraving and Printing. The 16-note and four-note sheets sold are cut partial sheets, although they are often referred to as uncut sheets. Earlier sheets of U.S. paper money were produced with different numbers of notes.

uniface—A coin or note having a design on one side only.

unique—Extant in only one known specimen. Very often misused, as in "semi-unique."

U.S. Gold—Marketing name for American Arts Gold Medallions. See Precious Metals and Bullion Coin chapters for more details.

United States note—A specific type of note first authorized in 1862 and called legal tender notes; name officially changed to United States notes in July 1873. The term "United States note" is not a generic term for all forms of U.S. paper money.

upsetting mill—A machine that squeezes planchets so that they have a raised rim, in preparation for striking.

V

vectures—Transportation-related tokens, including but not limited to subway and bus tokens, parking tokens and car wash tokens.

vecturist—A collector who specializes in transportation tokens.

vignette—A pictorial element of a note design that shades off gradually into the surrounding unprinted paper or background rather than having sharp outlines or a frame.

Voyageur dollar—A Canadian silver dollar coin between 1936 and 1966 and a nickel composition dollar coin between 1968 and 1987 depicting a trapper and an Indian in a canoe on the reverse. A variation of the design has been used on Canadian commemorative coinage as well.

W

wampum—Small beads made of shells used by North American Indians as money and for ornamentation.

want list—A list given by a collector to a dealer listing items the collector desires for a collection. The dealer keeps the want list and attempts to purchase items listed on it for the collector.

watermark—Design formed by creating differing thicknesses of paper during production; often used as security device in paper money. Watermarks were first used on Federal Reserve notes with the Series 1996 $100 note.

web note—A Series 1988A, 1993 or 1995 $1 Federal Reserve note printed on an experimental press that printed notes on a continuous roll ("web") of paper rather than individual sheets. The Bureau of Engraving and Printing operated the press from 1992 to 1995. Development of the press was halted in 1996 by congressional mandate. Web notes were placed into circulation and are prized by collectors. They differ in slight details from notes printed on a conventional sheet-fed press, including lacking the plate position indicator found in the upper left corner of the face (see check number definition for additional details).

whizzing—The severe polishing of a coin in an attempt to improve its appearance and salability to the uninformed. A form of alteration regarded as inappropriate and misleading by the numismatic community, and that actually lowers the value of the coin.

widow's mite—An ancient Jewish lepton denomination coin of the time of Christ.

windowed—A security thread used in notes in which the thread is only partially

visible on one side of the note due to the penetration of the thread into the other side.

Winged Liberty Head—The correct terminology for describing the obverse of what is often nicknamed the "Mercury" dime, a dime designed by Adolph A. Weinman and struck between 1916 and 1945.

wire rim—Slight flange on coins or medals caused by heavy striking pressure, often characteristic on Proof coins. The metal is squeezed up the side of the die faces by the collar die. Sometimes called knife rim. Sometimes incorrectly called wire edge.

wooden nickels—Originally, substitute for coins first used in the 1931 to 1935 Depression, having originated in Tenino, Wash. Issued in round or rectangular form and in many denominations. Currently used for advertising and souvenir purposes. Many collectors collect wooden nickels. Also known as wooden money or woods.

working die—A metal punch that is used to impress images into coins; wrong-reading.

working hub—A metal punch used to produce "working dies"; right-reading.

Y

year set—A set of coins for any given year, generally containing one specimen of each coin from each Mint issued for circulation, and packaged privately, not by the government.

Z

zinc—Metal used in many coinage alloys by mints worldwide. First used for U.S. Mint coinage in 1864 for the bronze Indian Head cent (replacing the copper-nickel alloy used in the cent; the 1864 bronze alloy also featured 95 percent copper and about 1 percent tin) and new 2-cent coins, then in a new application for the 1943 Lincoln zinc-coated steel cent. The alloy of the cent was changed from 95 percent copper and 5 percent zinc to copper-plated zinc. Zinc is also used in the alloy for Sacagawea, Presidential and Native American dollars.